DICTIONNAIRE D'HISTOIRE ET DE GÉOGRAPHIE ECCLÉSIASTIQUES

Fascicule 192-193a

CAZENOVE DE PRADINES (Édouard, Pierre, Michel de), né le 31 déc. 1838 à Marmande (Lozère), décédé le 13 août 1896 à Le Pouliguen (Loire-Atlantique). Issu d'une ancienne famille de noblesse d'extraction (1548) de la Gascogne. Homme politique, représentant du Lot-et-Garonne à l'Assemblée Nationale de 1871 à 1876 puis député de la Loire-Inférieure de 1884 à 1896. Monarchiste, secrétaire du comte de Chambord puis du comte de Paris, ancien soldat de la légion des Volontaires de l'Ouest, le corps-franc commandé par le général Athanase de Charette (*cf. DHGE*, t. XXXII, col. 588-590) pendant la guerre de 1870-1871 et composé en grande partie d'anciens zouaves pontificaux (*cf. DHGE*, t. XXXII, col. 892-896).

Fils de Léon de Cazenove de Pradines (1793-1881), poète, membre de la Société des Sciences, Lettres et Arts d'Agen, et de Rosa de Bonnefoux de Caminel. Il a épousé Marie de Bouillé, fille et sœur de deux Volontaires de l'Ouest et fait partie, avec eux, des rares porteurs de la bannière du Sacré-Cœur (*cf. DHGE*, t. XXXII, col. 1302-1305) déployée lors de la bataille de Loigny (*cf. DHGE*, t. XXXII, col. 753-755), le 2 déc. 1870 ; Les deux Bouillé sont morts lors de la charge contre les Prussiens et Cazenove de Pradines a été grièvement blessé. De son mariage sont nés trois enfants dont Fernand, capitaine au 208e Régiment d'Infanterie, mort pour la France en 1916.

Maire de Grandchamp, conseiller général de Loire-Inférieure, député du Lot-et-Garonne puis de la Loire-Inférieure, cet ancien sergent des Volontaires de l'Ouest – qui n'a jamais été zouave pontifical – s'est particulièrement distingué dans sa carrière sur les questions politiques et religieuses propres aux anciens soldats du pape. Ses cinq mandats parlementaires ont été mis au service de ses idées royalistes et ultramontaines, qui loin d'être confidentielles ou marginales, étaient alors partagées par une frange importante et conservatrice de la population française. Il était encore blessé et alité lorsqu'il a été élu pour la première fois, le 8 févr. 1871, représentant de Lot-et-Garonne à l'Assemblée nationale, avec 55 283 voix (76 859 votants, 103 962 inscrits). Il siège alors à l'extrême droite, dans le groupe des légitimistes intransigeants. Fervent catholique, il dépose, le 13 mai 1871, une proposition ayant pour objet de « demander des prières publiques dans toute la France pour supplier Dieu d'apaiser nos discordes civiles et de mettre un terme aux maux qui nous affligent ». L'Assemblée a adopté cette proposition à une grande majorité. Plus tard, dans la discussion de la loi sur l'érection d'une église consacrée au Sacré-Cœur sur la colline de Montmartre, le député de Lot-et-Garonne a réclamé l'insertion d'un article additionnel prévoyant que l'Assemblée enverrait une délégation officielle assister à la pose de la première pierre. Sa motion a été rejetée ; mais elle lui a valu la lettre suivante de félicitations de la part du comte de Chambord : « Vous me connaissez trop pour attendre de moi une phrase banale sur votre énergique insistance dans la mémorable lutte dont vous êtes sorti, comme à Patay, le glorieux vaincu. Je vous félicite, je vous remercie et je vous embrasse, heureux d'ajouter au témoignage de ma conscience, celui de mon admiration et de ma vieille amitié, signé : HENRI ».

Cazenove de Pradines a notamment voté avec les conservateurs royalistes pour les pétitions des évêques en faveur des congrégations et pour l'abrogation des lois d'exil concernant les Bourbon. Il a également signé, le 15 juin 1874, la proposition de rétablissement de la monarchie ainsi que l'adresse de félicitations au pape à propos du *Syllabus*. C'est donc un député engagé qui, ne ménageant pas ses efforts, a usé de ses mandats efficacement pour faire passer ses idées et celles de son camp. Ce parti-pris affiché et assumé lui a cependant fait perdre les élections de 1876, où il se présente dans l'arrondissement d'Agen comme candidat monarchiste au lendemain des deux restaurations manquées du comte de Chambord, face à un candidat républicain,

M. Laffitte-Lajoannenque (1583 voix contre 7315 à M. Dollfus, conservateur bonapartiste, et 10 452 à M. Laffitte-Lajoannenque). Il retrouve le Parlement en 1884, élu dans la deuxième circonscription de Nantes (Loire-Inférieure), en remplacement d'Émile Gaudin décédé en cours de mandat, avec 8868 voix (13 850 votants, 27 641 inscrits), contre M. Auguste Chénard, 3914 voix. Il siège au sein de l'Union des Droites et vote pour le maintien de l'ambassade auprès du pape. L'année suivante, il est porté avec succès sur la liste conservatrice de la Loire-Inférieure. « Adversaire déclaré des institutions républicaines, il combat les divers ministères de la législature, et se prononce, dans la dernière session, contre le rétablissement du scrutin uninominal (11 févr. 1889), et contre les poursuites contre trois députés membres de la Ligue des patriotes (14 mars) et les poursuites contre le général Boulanger (4 avril) ». Ce dernier avait, en effet, été élu député de la Seine le 27 janv. 1889 avec le soutien des monarchistes et des bonapartistes afin d'affaiblir le régime républicain. Il avait su rallier et grouper autour de lui tous les mécontents, de l'extrême-gauche à la droite dure et nationaliste, et en particulier la Ligue de Patriotes, née du traumatisme de la défaite de 1870-1871 et de la perte de l'Alsace et de la Lorraine. Fondée par l'auteur dramatique et militant nationaliste Paul Déroulède, la ligue s'était constituée à partir de 1887 en une véritable armée de combat en faveur du Boulangisme. Considérée comme l'instrument de la victoire électorale du général Boulanger à Paris, la Ligue des Patriotes et ses nombreux partisans espéraient prendre le pouvoir le soir même par un putsch militaire, mais Boulanger a refusé. Des poursuites ont été engagées contre la ligue qui a été dissoute ; Boulanger, de son côté, condamné à la prison à perpétuité par contumace, s'est enfui en Belgique et a fini par se suicider.

Aux élections générales du 22 sept. 1889, Cazenove de Pradines est réélu député dans la troisième circonscription de Nantes, au premier tour de scrutin, par 12 896 suffrages contre 12 511 à M. Gaudin. Il l'est encore aux élections du 20 août 1893, dans la même circonscription, et dans les mêmes conditions, avec 12 884 voix contre 11 437 au même concurrent. C'est ainsi que pendant douze ans, de 1884 à 1896, il représente sans interruption la Loire-Inférieure à la Chambre.

Édouard de Cazenove de Pradines est resté jusqu'au bout fidèle à ses convictions intransigeantes : « Tout au plus peut-on, en comparant ses professions de foi de 1889 et de 1893, observer un léger assouplissement de son intransigeance. En 1889, il se pose en défenseur des traditions sociales et des intérêts naturels de ses mandants, en royaliste fidèle au drapeau du roi, en fils dévoué et obéissant de la religion. En 1893, sans rien renier de ses convictions religieuses et politiques, il affirme n'attendre la réalisation de ses espérances que du consentement national loyalement exprimé ; il se dit résolu à ne se prêter jamais à aucune aventure compromettante pour la prospérité et le repos du pays, et, dans son programme, il fait une plus large place à la défense des intérêts moraux et matériels de ses électeurs ».

Ses convictions royalistes lui ont inspiré ses votes et son action au Parlement. Sous la cinquième législature (1889-1893), les deux propositions de loi qu'il avait déposées tendaient, l'une, à abroger la loi de 1886 relative aux membres des familles ayant régné en France, l'autre, à modifier la loi de recrutement de l'armée. Il meurt à 58 ans, en cours de mandat, le 13 août 1896, au Pouliguen. Ce décès ayant eu lieu pendant l'intersession, il ne fut pas prononcé d'éloge funèbre.

H. G. Ogilvy et P. J. de Bourrousse de Laffore, *Nobiliaire de Guienne et de Gascogne. Revue des familles d'ancienne chevalerie ou anoblies de ces provinces, antérieures à 1789*, vol. 3, Paris, 1860, 626 p. – *Annales de l'Assemblée Nationale. Compte rendu in extenso des séances*, Paris, Imprimerie et Librairie du Journal Officiel, La Collection 1871-1896. – A. Robert, E. Bourloton et G. Cougny, *Dictionnaire des parlementaires français de 1789 à 1889*, 5 vol., Edgar Bourloton, 1889-1891. – R. Thévert, *Miles Christi. Sonis-Loigny, par M. le Curé de Loigny-la-Bataille. Récit de la bataille de Loigny, 2 décembre 1870, et du rôle du général de Sonis, du sacrifice des Zouaves pontificaux de Charette*, Chartres, 1955, 52 p. – J. Jolly (dir.), *Dictionnaire des parlementaires français : notices biographiques sur les ministres, députés et sénateurs français de 1889 à 1940 de 1889 à 1940*, 8 vol., Paris, 1960-1977. – R. Baret, *Les Zouaves pontificaux et la Sarthe*, sermon du 18 juin 1961 en l'église d'Yvré-l'Évêque, Le Mans, 23 p. – G. Coüeron, *Comportements et mentalités au XIXe siècle : Zouaves pontificaux et Volontaires de l'Ouest*, dans la revue *Coislin*, 1, 1989, p. 19-39. – J. Benoist, *Le Sacré-Cœur de Montmartre. De 1870 à nos jours*, 2 vol., Paris, 1992, 1280 p. – J. El Gammal, *Politique et poids du passé dans la France « fin de siècle »*, Limoges, 1999, 789 p. – P. Nouaille-Degorce, *Matricule des Volontaires de l'Ouest*, mémoire de D.E.A., Nantes, 2000 (refonte en 2 vol. d'exemplaire dactylographié, sans date ni nom d'auteur) ; Id., *Les Volontaires de l'Ouest : histoire et souvenir, de la guerre de 1870-1871 à nos jours*, thèse de doctorat, Université de Nantes, 2002, 1196 p. – L. Gruaz, *Des Zouaves pontificaux aux Volontaires de l'Ouest, la mutation d'un corps hétéroclite et peu expérimenté en une troupe d'élite (1860-1871)*, dans *Cahiers du Centre d'Études de l'Armée de Terre*, I, n° 43, mars-mai 2016 et II, n° 44, juin-août 2016. – A. Pichon, *Les combattants de Loigny*, dans *Le Colback*, bulletin n°14, Académie toulousaine d'histoire militaire, bulletin n° 50, s.d., 50 p.

L. Gruaz

FAUSTIN LE PRÊTRE, *Faustinus presbyter*, disciple de Lucifer de Cagliari (*cf. infra*, col. ???)

La vie du prêtre Faustin (*Faustinus presbyter*) n'est pas très bien connue. Ce qu'on sait de lui, comme de Marcellin (*Marcellinus*), son compagnon, provient de l'œuvre même de Faustin. Il n'y a guère que Gennade de Marseille (*De uiris illustribus*, 16) qui connaît ses œuvres et parle de lui. Les deux prêtres, Faustin et Marcellin, étaient considérés comme 'Lucifériens' (*Libellus Precum* 84 ; 86) par l'évêque de Rome Damase Ier (366-† 11 déc. 384), car ils s'inscrivaient dans la lignée du 'schismatique' Lucifer, évêque de Calaris (Cagliari) en Sardaigne, nicéen intransigeant, violemment opposé à l'arianisme. Mais, à la différence de Lucifer, Faustin et Marcellin n'ont pas été personnellement persécutés.

Vraisemblablement originaires de Rome et au service d'Éphésius, évêque de la communauté luciférienne de Rome à l'époque de Damase, ils ont probablement accompagné cet évêque en Orient, où ils sont restés quand Éphésius est parti pour l'Afrique. Bien que Faustin et Marcellin aient signé de conserve le *Libellus Precum*, composé sans doute à Constantinople entre le 25 août 383 et le 11 déc. 384, Faustin en a été le seul auteur. Cette supplique, qui sollicitait la protection impériale pour les partisans de Lucifer, a obtenu une réponse du Préfet du Prétoire d'Orient Cynégius (384-388), qui reconnaissait les partisans de Lucifer comme de véritables catholiques, fidèles à la foi de Nicée, et, de ce fait, les protégeait. Faustin a écrit en outre deux autres œuvres : la *Confessio uerae fidei* et le *De Trinitate ad Augustam Flacillam*, adressé ainsi à la première épouse († 386) de l'empereur Théodose.

V. Bulhart, J. Fraipont et M. Simonetti (éd.), *Gregorius Iliberritanus. Gregorius Iliberritanus (Ps.). Faustinus Luciferianus* (Corpus Christianorum Series Latina, 69), Turnhout, 1967 : Faustini *Confessio fidei*, Marcellinus et Faustinus presbyteri, *De confessione uerae fidei et ostentatione sacrae communionis (Libellus precum)*, p. 355-392 ; Faustini *De Trinitate ad Augustam Flaccillam*, p. 289-353. – Jérôme, *Débat entre un Luciférien et un Orthodoxe* (*Altercatio Lucheriani et Orthodoxi*) (Sources chrétiennes, 473) (editio minor), éd. par A. Canellis, Paris, 2003. – Faustin (et Marcellin), *Supplique aux Empereurs = Libellus Precum* (Sources chrétiennes, 504) (editio maior), éd. par A. Canellis, Paris, 2006 : Faustin, *Confession de foi*, Faustin (et Marcellin), *Livre de suppliques*, et *Loi Auguste*. – J. Pérez Mas, *La crisis luciferiana. Un intento de reconstrucción histórica* (Studia Ephemeridis Augustinianum, 110), Roma, 2008. – *Documents from the Luciferians : In Defense of the Nicene Creed* (Writings from the Greco-Roman World), trad. avec notes et introduction (+ texte latin) par C. M. Whiting, Leiden, 2019 : Faustinus, *Confession of Faith*, Faustinus and Marcellinus, *Petition of Requests*, Theodosius, *Augustan Law*, Faustinus, *On the Trinity*, Pseudo-Athanasius, *Epistle 50*, *Epistle 51*. – Dans la coll. de la Nouvelle histoire de la Littérature Latine, t. 6, sub verbo *Faustinus Presbyter* (§ 645, 3), p. 115-117 ; *Luziferianische Pseudepigrapha* (§ 645, 4), p. 117-118. Voir pour la version allemande, P. Lebrecht Schmidt (dir.), *Handbuch der lateinischen Literatur der Antike*, t. 6 (coll. Handbuch der Altertumswissenschaft. Geschichte der römischen Literatur), à paraître en 2019 chez C. H. Beck (München), et pour la version française, J.-D. Berger, Y.-M. Duval (†) et J. Fontaine (dir.), *La littérature de l'Antiquité tardive*, partie 2 : *L'âge de Théodose (374-430)* (Nouvelle histoire de la littérature latine, 6), à paraître chez Brepols (Turnhout).

A. CANELLIS

HILAIRE, diacre romain du IVe siècle.

Avec le prêtre romain Pancrace, le diacre Hilaire (*Hilarius diaconus*) accompagne Lucifer de Cagliari, en 355, au concile de Milan : au lieu de la signature du symbole de Nicée, c'est la condamnation d'Athanase d'Alexandrie qui est réclamée par les Ariens. Comme Lucifer et Eusèbe de Verceil, Hilaire résista aux pressions de l'empereur Constance II, refusa de condamner Athanase et fut exilé, mais on ne sait pas où, et on ignore comment il rentra à Rome après l'amnistie de Julien, probablement après 362. Comme Lucifer aussi, il voulait que l'on rebaptise les Ariens qui reviennent à l'Église, les *faillis* ; il tenait surtout, comme le laissent penser les *libelli de haereticis baptizandis* dont parle Jérôme (*Altercatio* § 27), à ce que soient rebaptisés ceux qui avaient été baptisés par des évêques ariens, puisqu'aux yeux des partisans de Lucifer, c'étaient des Ariens. Il est mort à l'époque où Jérôme écrit l'*Altercatio Luciferiani et Orthodoxi* (§ 21) dont la date est toujours controversée : on hésite encore entre 378/379 et 382/383, même si la seconde date paraît désormais plus vraisemblable. Mais, contrairement aux assertions de Jérôme, la 'secte' d'Hilaire lui survécut... puisque le « schisme luciférien » dura encore quelques décennies.

SOURCES. – Hieronymus, *Altercatio Luciferiani et Orthodoxi (editio maior)* (Corpus Christianorum Series Latina, 79 B), éd. par A. Canellis, Turnhout, 2000. – Jérôme, *Débat entre un Luciférien et un Orthodoxe (editio minor)* (Sources chrétiennes, 473), éd. par A. Canellis, Paris, 2003. – Faustin (et Marcellin), *Supplique aux Empereurs = Libellus Precum (editio maior)* (Sources chrétiennes, 504), éd. par A. Canellis, Paris, 2006 : Faustin, *Confession de foi*, Faustin (et Marcellin), *Livre de suppliques* et *Loi Auguste*. – Saint Jérôme, *Chronique. Continuation de la Chronique d'Eusèbe, années 326-378, suivie de quatre études sur les Chroniques et chronographies dans l'Antiquité tardive (IVe-VIe siècles)* (Coll. « Histoire »), B. Jeanjean et B. Lançon (éd.), Rennes, 2004 : année 355, R. Helm (éd.), *Eusebius Caesariensis. Werke Band 7. Die Chronik des Hieronymus/Hieronymi Chronicon* (Die griechischen christlichen Schriftsteller der ersten Jahrhunderte, t. 47), Berlin, 1956 (Reprint, De Gruyter, 2012, p. 239-240, et trad. B. Jeanjean et B. Lançon (éd.), *op. cit.*, p. 93) ; année 370, R. Helm (éd.), *op. cit.*, p. 200-201, et trad. B. Jeanjean et B. Lançon (éd.), p. 103. – A. Ceresa-Gastaldo (éd.), Gerolamo, *Gli uomini illustri, 95* (Biblioteca Patristica, 12), Firenze, 1988, p. 200-201. – G. F. Diercks (éd.), *Luciferi Calaritani Opera quae supersunt* (Corpus Christianorum Series Latina, 8), Turnhout, 1978 : *Quia absentem nemo debet iudicare nec damnare siue De Athanasio* I et II ; *De regibus apostaticis ; De non conueniendo cum haereticis ; De non parcendo in Deum delinquentibus ; Moriendum esse pro Dei filio ; Epistulae ad Florentium, ad Eusebium, Epistula Liberii papae ad Eusebium, Dionysium et Luciferum in exsilio constitutos ; Fides Luciferi (dubia)*.

TRAVAUX. – *Lucifer de Cagliari* (§ 585), dans R. Herzog (éd.), *Restauration et renouveau. La littérature latine de 284 à 374 après J.-C.* (Nouvelle Histoire de la littérature latine, t. 5), Turnhout, 1993, p. 543-549. – Dans la coll. de la Nouvelle histoire de la Littérature Latine, t. 6, sub verbo *Hilarius Diaconus* (§ 645, 2), p. 114-115, voir pour la version allemande, P. Lebrecht Schmidt (dir.), *Handbuch der lateinischen Literatur der Antike*, t. 6 (coll. Handbuch der Altertumswissenschaft. Geschichte der römischen Literatur), à paraître en 2019 chez C. H. Beck (München), et pour la version française, J.-D. Berger, Y.-M. Duval (†) et J. Fontaine (dir.), *La littérature de l'Antiquité tardive*, partie 2 : *L'âge de Théodose (374-430)* (Nouvelle histoire de la littérature latine, 6), à paraître chez Brepols (Turnhout). – J. Pérez Mas, *La crisis luciferiana. Un intento de reconstrucción histórica* (Studia Ephemeridis Augustinianum, 110), Roma, 2008. – *Documents from the Luciferians : In Defense of the Nicene Creed* (Writings from the Greco-Roman World), trad. avec notes et introduction (+ texte latin) par C. M. Whiting, Leiden, 2019 : Faustinus, *Confession of Faith*, Faustinus and Marcellinus, *Petition of Requests*, Theodosius, *Augustan Law*, Faustinus, *On the Trinity*, Pseudo-Athanasius, *Epistle 50*, *Epistle 51*.

A. CANELLIS

JEAN DE JÉSUS-MARIE (de San Pedro y Ustarroz), carme déchaussé (1564-1615).

I. NAISSANCE ET ADOLESCENCE (1564-1582). – II. ANNÉES DE FORMATION CARMÉLITAINE (1582-1593). – III. MAÎTRE DES NOVICES À GÊNES (1593-1598). – IV. RÉVISIONS DES CONSTITUTIONS (1598-1599). MAÎTRE DES NOVICES À ROME (1601-1611) – V. PRÉPOSÉ GÉNÉRAL (1611-1614) – VI. DERNIÈRE ANNÉE (1614-1615). – VII. MYSTIQUE ET PÉDAGOGUE. – BIBLIOGRAPHIE. – I. BIOGRAPHIES. – II. LES ŒUVRES COMPLÈTES. – III. CATALOGUES DES ŒUVRES. – IV. TRAVAUX.

I. NAISSANCE ET ADOLESCENCE (1564-1582). – Juan de San Pedro y Ustarroz est né à Calahorra – d'où le terme de « Calagurritain » qui sera joint plus tard à son nom de religion, pour le distinguer des homonymes, selon l'usage carmélitain – en Espagne dans la Province de Logroño au début de l'année 1564, de Diego de San Pedro, médecin, et d'Ana de Ustarroz. Il est baptisé le 27 janvier dans sa paroisse, peut-être le jour même de sa naissance. C'est à Calahorra que naquirent aussi le P. Jean-Thaddée de Saint-Élisée (1574-1634), l'un des premiers missionnaires carmes en Perse et le P. Prosper du Saint-Esprit (1583-1643), fondateur des carmes en Syrie et restaurateur de l'esprit d'Élie sur le Mont-Carmel. Juan de San Pedro fait d'abord ses études de grammaire et de rhétorique à Calahorra puis, à 15 ans, il accomplit son *triennum* de philosophie à Alcalá de Henares, où il suit les cours de Gaspar Cardillo de Villalpando (1527-1581), commentateur d'Aristote et restaurateur de l'enseignement scolastique. Neuf ans plus tôt, le 1er nov. 1570, les carmes déchaux avaient érigé leur couvent d'étude à Alcalá sous le titre de « Colegio de nuestra Señora del Carmen » (Collège de Notre-Dame du Carmel). Le P. Balthazar de Jésus (Nieto, 1524-1590), prieur de Pastrana, avait présidé la fondation. Les bâtiments se trouvaient Calle de los Colegios, en face du couvent des trinitaires. Le 3 mars 1581, fête de S. Cyril, on y célébrera le chapitre pendant lequel les carmes déchaux seront constitués comme province autonome, en application du bref *Pia Consideratione* accordé par Grégoire XIII le 22 juin 1580. En souvenir de cet événement, le couvent prend le nom de « Saint-Cyril ».

II. ANNÉES DE FORMATION CARMÉLITAINE (1582-1593). – En janvier 1582, Juan de San Pedro, avant d'achever sa troisième année d'étude, fait son entrée au noviciat des carmes déchaux au couvent de Pastrana. Il a pour maître des novices le P. Jean-Baptiste dit « el Remendado (le Rapiécé) » († 1600), ainsi nommé en raison de l'habit usé et rapiécé qu'il porte en signe de pauvreté. Ce dernier avait fait son noviciat sous la direction de Jean de la Croix (1542-1591) et fait profession le 26 juin 1575 entre les mains d'Antoine de Jésus (Heredia, 1510-1601). En 1588, il sera provincial de Vieille Castille et en 1590, avec Jean de Jésus-Marie (Aravalles, 1549-1609) et Blas de Saint-Albert, il rédigera l'*Instruction des novices déchaux de la Vierge Marie du Mont-Carmel, conforme aux coutumes dudit Ordre* (Madrid, en casa de la Viuda de Alonso Gómez), texte officiel pour les noviciats des carmes déchaux espagnols.

Le noviciat San Pedro de Pastrana, où entre Juan de San Pedro, est célèbre à plus d'un titre : Thérèse présida à sa fondation, le P. Antoine de Jésus (Heredia) l'inaugura et posa le Saint-Sacrement, Jean de la Croix fut le premier maître des novices et ce noviciat sera le berceau d'une génération de carmes très illustres. Le jeune novice a pour compagnon le Frère Pierre de la Mère de Dieu (de Villagrasa, 1565-1608) qui s'établira à Gênes en 1593, avant d'être appelé à Rome par le protecteur de l'ordre, le card. Dominique Pinelli (1541-1611), et de fonder en 1597 le couvent des carmes Sainte-Marie de la Scala au Trastevere.

Juan fait profession, sous le nom de Juan de Jesús María (Jean de Jésus-Marie), le 30 janv. 1583, entre les mains du P. Élie de Saint-Martin (Hériz, † 1614), prieur du couvent. Il commence alors ses études de théologie au collège Saint-Cyril d'Alcalá. Les constitutions rédigées lors du chapitre provincial d'Alcalá de Henares, en 1581, spécifient que pendant leurs études de théologie, les frères ne doivent lire que des ouvrages consacrés à la lutte contre les hérésies et les vices, et proscrire ceux définis comme « représentations ou opinions imaginaires » (*fantasticas immaginationes seu opiniones*). Le texte législatif recommande les œuvres de John Baconthorp († 1348) et Michel Aiguani, prieur général des carmes entre 1381 et 1386. Il faudra attendre les constitutions de 1590, modifiées après le chapitre général de Madrid de la même année, pour que soient recommandées celles de Thomas d'Aquin.

Les études, aussi prenantes soient-elles, ne sauraient nuire à l'observance de la vie régulière prescrite par le Concile de Trente et adoptée par les ordres réformés. D'ailleurs, pour respecter l'équilibre entre la vie régulière et la vie d'études, les constitutions carmélitaines rédigées par le P. Jérôme de la Mère de Dieu (Gratien, 1545-1614) en 1576, puis par celles d'Alcalá de Henares de 1581, interdisent aux religieux d'obtenir les grades universitaires de licenciés, bacheliers, lecteurs ou de jouir des privilèges attachés à ces distinctions académiques, afin de respecter la stricte égalité de tous dans l'observance de la vie conventuelle.

Au chapitre de Lisbonne de mai 1585, le P. Nicolas de Jésus-Marie (Doria, 1539-1594) est élu provincial. Il décide de renforcer la fondation du couvent Sainte-Anne de Gênes (10 déc. 1584) et le chapitre élit le P. Christophe de Saint-Albert (Jara, † 1591) prieur. Ce dernier sera accompagné en Italie par les Frères Jean de Jésus-Marie et Côme de la Mère de Dieu. Ils seraient arrivés aux premiers jours de décembre 1585. La communauté est composée de 12 membres comme l'imposent les constitutions. Le couvent devient alors maison d'études. Pour favoriser le climat du travail intellectuel, le 7 mai 1586, le P. Nicolas Doria exempte les frères de l'office de nuit. Le programme des études est confié aux soins du prieur et du P. Dominique de la Présentation (1553-1603). Jean de Jésus-Marie suit les cours de théologie donnés le matin par le P. Dominique et reste libre de suivre ou non ceux de philosophie du P. Côme de la Mère de Dieu. Le Père provincial lui demande en outre d'enseigner la grammaire et la rhétorique. Décision étonnante, dans la mesure où Frère Jean n'est pas encore prêtre, et qui atteste la confiance de Nicolas Doria pour le jeune religieux. De cette période, on conserve deux *Oraisons pour la naissance de saint Thomas d'Aquin* (1587 et 1588) destinées par Jean de Jésus-Marie à l'usage scolaire.

On ne connaît pas exactement la date de l'ordination presbytérale de Jean de Jésus-Marie. Certains biographes la situent en 1590, d'autres en 1588. Dans cette dernière conjecture, on pourrait dater des années 1586-1588 la composition du premier traité de Jean de Jésus-Marie, *Bref traité des sept sacrements de l'Église*, consacré aux sacrements *in genere* et aux sacrements *in specie*. La moitié de cette seconde partie est réservée au seul sacrement de l'ordre. Quoi qu'il en soit, Jean de Jésus-Marie est certainement prêtre en février 1590, car la communauté l'élit conseiller (*discreto*), indice supplémentaire de l'estime qui lui est accordée malgré son jeune âge. En 1591, il est élu premier *clavario* avec Jean de Saint-Jérôme (de Villanueva). Il doit, à ce titre, seconder le prieur dans l'administration du couvent. Jean de Jésus-Marie est présent au chapitre général de Crémone du 6 au 13 juin 1593, convoqué par le vicaire général Jean-Stéphane Chizzola († 1597) pour élire le successeur du général Jean-Baptiste Caffardi (1500-1592). Ce chapitre général voit la transformation des carmes déchaux en un ordre distinct. Désormais les frères ermites de la bienheureuse Vierge Marie du Mont-Carmel sont séparés en frères chaussés ou de l'ancienne observance, et frères déchaussés.

III. MAÎTRE DES NOVICES À GÊNES (1593-1598). – Retourné à Gênes après le chapitre général, le P. Nicolas de Jésus-Marie (Doria) érige un noviciat au couvent Sainte-Anne et nomme le P. Jean de Jésus-Marie maître des novices. Celui-ci occupera cette charge jusqu'à la fin 1597-début 1598, date à laquelle il se rendra à Rome. Jean de Jésus-Marie devient le premier maître des novices de la future congrégation d'Italie à laquelle il transmet l'observance et la ferveur du noviciat de Pastrana.

Le P. Eusèbe de Tous-les-Saints souligne le caractère affable et serein du P. Jean de Jésus-Marie, et l'exemplarité de sa vie religieuse. Son enseignement se réduit à la pratique des vertus d'obéissance, de pauvreté, de modestie, de recueillement, de solitude, appliquant pour lui-même l'adage attribué au card. François Jiménez de Cisneros : « Le meilleur prédicateur c'est le frère Exemple ». Il inculque aussi l'observance de la règle, des constitutions et autres lois de l'ordre. Il prêche avec douceur et précision, fort de son autorité morale et de son immense culture philosophique et théologique. Dans le domaine de l'oraison, il transmet fidèlement l'enseignement de Thérèse de Jésus, particulièrement le *Chemin de perfection*, le *Livre des Demeures* et le *Livre de la Vie*. De Jean de la Croix, qu'il connut à Alcalá et dont l'esprit restait particulièrement vivant au couvent de Pastrana, Jean de Jésus-Marie n'a jamais rien lu. Cependant, l'influence spirituelle du fondateur de Duruelo en 1568 est réelle dans la doctrine du Calagurritain. Tous les témoins insistent sur les qualités pédagogiques du maître des novices et son amour communicatif pour la Vierge Marie et l'Eucharistie. Entre le 3 mai 1593 et le 20 juil. 1597, dix candidats reçoivent l'habit du Carmel au couvent Sainte-Anne de Gênes et dix y font profession, dont sept ont été directement formés par Jean de Jésus-Marie. Parmi ceux-ci, les Frères Ange de Jésus-Marie (Stampa, † 1625), futur fondateur du Saint-Désert de Varazze et provincial de Lombardie, Clément de Jésus-Marie (Spinola, 1579-1641), qui fondera le couvent d'Avignon en 1608 et sera visiteur des couvents de France et de Belgique et cinq fois provincial de Ligurie, Paul-Simon de Jésus-Marie (Rivarola, 1576-1643), qui sera envoyé en Perse par Clément VIII et exercera à trois reprises la charge de préposé général, titre donné au supérieur général des carmes déchaux, à trois reprises aussi celle de définiteur général, c'est-à-dire conseiller du préposé général, et à cinq reprises celle de provincial de Ligurie. Le 20 mars 1597, par le bref *Sacrarum religionum*, Clément VIII érige le couvent Sainte-Marie de la Scala à Rome, dont Pierre de la Mère de Dieu (de Villagrasa) avait pris possession le 2 février précédent. Le pape décide aussi de séparer les couvents de Gênes et de Rome, ainsi que le monastère des carmélites de Gênes, fondé en 1590, de l'obéissance des supérieurs d'Espagne et de les placer sous l'immédiate juridiction et obéissance du card. Dominique Pinelli. Le 9 mai 1597, Dominique Pinelli ordonne l'élection d'un prieur et d'un sous-prieur à Gênes et à Rome. Ferdinand de Sainte-Marie (Martínez) est élu prieur du couvent Sainte-Anne et supérieur des carmélites de Gênes et Pierre de la Mère de Dieu (de Villagrasa), prieur de celui de la Scala au Trastevere.

IV. RÉVISION DES CONSTITUTIONS (1598-1599). MAÎTRE DES NOVICES À ROME (1601-1611). – Jean de Jésus-Marie, maître des novices du couvent Sainte-Anne de Gênes, sur le point de retourner en Espagne en raison de sa mauvaise santé, sera contraint de se rendre à Rome pour réviser les constitutions de 1592 avec quatre autres pères nommés par le card. Pinelli : Pierre de la Mère de Dieu (de Villagrasa), prieur du couvent de la Scala, Ferdinand de Sainte-Marie (Martínez), prieur du couvent Sainte-Anne de Gênes, François du Saint-Sacrement (Guerrero, 1568-1608), ancien maître des novices à Pastrana et Élisée de Saint-Jean-Baptiste (1572-1601), récemment arrivé d'Espagne. La nouveauté de ce texte législatif, c'est le Prologue, inspiré par Jean de Jésus-Marie. Il exprime la spécificité des carmes thérésiens : « Mais notre religion, restaurée pour avoir puisé à l'une et l'autre sources, largua les amarres dans les hauteurs de sorte que sa meilleure part est l'union mystique, dans laquelle l'âme se joint à Dieu par l'amour et la contemplation, et que la seconde part est portée vers le prochain ». Les œuvres pédagogiques de Jean de Jésus-Marie porteront la marque de cette disposition, qui reflète parfaitement la situation des carmes souvent absents de leur communauté pour motif de prédications, d'aide aux carmélites et au Tiers-Ordre ou autres mouvements pieux qui proliféraient autour de leurs couvents. Sur un autre point, l'intervention du P. Jean de Jésus-Marie est déterminante quant à la définition de la dimension missionnaire de la congrégation d'Italie. C'est à lui que l'on doit le vœu d'aller aux missions : *Votum seu consilium pro missionibus*, 1604, à lui que l'on doit *l'Instructio Missionum* (1605, 1650) écrite à la demande du chapitre général de 1605, comme manuel pour les frères en formation au Séminaire des missions, à lui que l'on doit l'ajout du chapitre 17 de la Troisième partie des constitutions de 1605 : *De conventu missionum*. Tous ces textes accumulés avec le temps portent l'empreinte de ce zèle vigoureux. En témoignent notamment le titre de son premier traité *Tractatus quo asseruntur missiones et rationes adversae refelluntur* (Affirmation et défense des missions contre leurs adversaires, 1604) et celui du dernier ouvrage auquel il apporte ses soins : *Liber seu Historia Missionum* (Livre ou histoire des missions, 1615).

La charge de travail confiée au P. Jean de Jésus-Marie dans la réécriture des constitutions ne lui permet pas d'assumer celle de maître des novices qu'il remplissait à Gênes. Le P. François du Saint-Sacrement (Guerrero), à peine arrivé à Rome, est élu sous-prieur et maître des novices du couvent romain. Mais, le même mois (août 1601), il est nommé conventuel à Gênes où il se rend à la fin de l'année. Le P. Élisée de Saint-Jean-Baptiste lui succède comme maître des novices ; malheureusement il meurt le 7 nov. 1601. Ce qui fait que le P. Jean de Jésus-Marie, *socius*, c'est-à-dire second du maître des novices, depuis son arrivée à Rome en 1598, sera malgré lui nommé maître des novices.

Lors du premier chapitre général des carmes de la congrégation d'Italie, tenu au couvent Sainte-Marie de la Scala début mai 1605, Ferdinand de Sainte-Marie (Martínez) est élu préposé général et Jean de Jésus-Marie conseiller et maître des novices. Le 8 mai 1605, le chapitre général avait confié à Ferdinand de Sainte-Marie (Martínez) et Jean de Jésus-Marie la tâche de réviser l'*Ordinarium* et l'*Institution des novices*. L'*Ordinarium* sera approuvé le 28 mai suivant et l'*Instructio novitiorum* sera publiée à Rome cette même année 1605, puis à Paris en 1611. Ces deux volumes seront utilisés comme code de formation de la congrégation d'Italie au chapitre général de 1623 et serviront jusqu'à une période relativement récente.

Jean de Jésus-Marie conserve l'office de maître des novices jusqu'à la fin de l'année 1606-début 1607. Mais, pour raison de santé, il doit abandonner cette fonction au P. Dominique de Jésus-Marie (Ruzola) et se rendre à Naples y enseigner le cours de théologie. Il retournera à Rome en 1608, parce que le chapitre de cette année lui confiera de nouveau le noviciat en plus des charges de définiteur et procureur général chargé des relations avec la curie romaine. Durant cette courte période d'absence, normalement destinée au repos, le P. Jean publiera six traités : *Liber de Prudentia Justorum* (Naples, 1607), *Ars amandi Deum* (Naples 1607), *Theologia mystica* (Naples 1607), *Instructio Magistri Novitiorum* (Naples 1608), *Lamentationum Jeremiæ Interpretatio* (Naples 1608), *Interpretatio Psalmorum CXXXVI, LXXXIII, XLI* (Naples 1608). Dans le domaine de l'exégèse allégorique, Jean de Jésus-Marie avait déjà composé deux commentaires du Cantique des Cantiques entre 1588 et 1599.

Lors du second chapitre général ouvert le 25 avr. 1608 au couvent Sainte-Marie de la Scala à Rome, le P. Pierre de la Mère de Dieu (de Villagrasa) est élu préposé général et les PP. Ferdinand de Sainte-Marie (Martínez), Jean de Jésus-Marie, François du Saint-Sacrement (Guerrero) et Dominique de la Présentation, définiteurs généraux. Jean de Jésus-Marie est également élu maître des novices et procureur général, charges qu'il occupera jusqu'au 23 avr. 1611, date de son élection comme préposé général. La grande préoccupation du nouveau procureur général est la promotion du procès de béatification de Thérèse de Jésus. Pour ce faire, il compose le *Compendium Vitæ B. Virginis Teresiæ a Iesu, Fondatricis Fratrum Discalceatorum et Monialium B.mæ Virg. De Monte Carmelo* (Résumé de la vie de la bienheureuse vierge Thérèse de Jésus, fondatrice des frères déchaux et des moniales de la Bienheureuse Vierge Marie du Mont-Carmel) qu'il dédicace au Pape Paul V. La même année, le souverain pontife ordonnera à la Sacrée Congrégation des rites de procéder à l'examen des dépositions des témoins *super puritate ac sanctitate vitæ ac miraculis* de la servante de Dieu Thérèse de Jésus. Les premiers témoignages avaient été recueillis en Espagne à partir de 1596. Thérèse d'Avila sera béatifiée le 24 avr. 1614 au moment où Jean de Jésus-Marie achèvera sa charge de supérieur général. Le 27 avril, les carmes du couvent Sainte-Marie de la Scala célèbrent pour la première fois la messe propre de la nouvelle bienheureuse accordée par la congrégation des Rites et approuvée par Paul V. Le 5 octobre suivant, le P. Ferdinand de Sainte-Marie (Martínez) préside au couvent de la Scala la première messe solennelle en l'honneur de la bienheureuse.

Les relations personnelles entretenues entre le P. Jean et la hiérarchie ecclésiastique sont connues par les dédicaces de ses différents opuscules. Ainsi, l'*Ars gubernandi* écrit en 1613 est dédié au card. Scipion Borghèse, neveu de Paul V, le *Liber de bono usu curiæ*, composé en 1612, au card. Jean Millini, protecteur de l'ordre, la *Lamentationum Ieremiæ Interpretatio* de 1607, le *Liber de pia educatione sive cultura pueritiæ*, au card. Benoît Giustiniani, l'*Ars concionandi* de 1606, au card. Robert Bellarmin, le *Liber de studio pacis* de 1612, au card. Edouard Farnèse, la *Cantici Canticorum Interpretatio*, au card. Barthélemy Galli, évêque de Frascati, les *Paraphrasis in Librum Job*, au card. André Montalto.

V. PRÉPOSÉ GÉNÉRAL (1611-1614). – Le 23 avr. 1611, lors du chapitre général tenu au couvent Saint-Sylvestre de Montecompatri, près de Rome, Jean de Jésus-Marie est élu préposé général. L'élection est laborieuse à cause du mauvais état de santé du P. Jean de Jésus-Marie qui l'oblige à manger de la viande, même pendant le carême, ou à s'absenter du chœur, ce qui est contraire aux constitutions et froisse certains capitulants scrupuleux. Mais la majorité finit par céder à la bonté du P. Jean, à sa délicatesse et à son mode de gouvernement ferme et doux correspondant à celui décrit dans les constitutions : gouverner avec « une bonté sévère » et « une sévérité bienveillante ». Les définiteurs généraux, les PP. Dominique de Jésus-Marie (Ruzola), Albert du Saint-Sacrement (Jean-Baptiste Gondolfo, 1569-1616), Ferdinand de Sainte-Marie (Martínez) et Ange de Jésus-Marie (Stampa), prêtent serment d'obéissance au nouvel élu.

Le chapitre général évoque l'expansion de la congrégation d'Italie et prend connaissance de la liste impressionnante de projets de fondations de carmes déchaux en Europe : Pologne, France, Flandres, Allemagne, Sicile, et même Moscou. Le chapitre discute aussi de la possibilité de créer des provinces pour faciliter le gouvernement des couvents de plus en plus éloignés les uns des autres. Mais il faudra attendre 1617 pour que la décision soit effectivement opérante. Un autre aspect important est mis en débat, c'est celui des missions. La maison d'Ispahan existe depuis 1604, date du départ des frères depuis Rome pour la Perse. En janvier 1612, le P. Vincent de Saint-François part d'Ispahan pour fonder une maison à Ormuz et, en avril, se rend à Goa muni d'un bref de Paul V du 10 janv. 1610 adressé à l'archevêque, et d'un autre au vice-roi du Portugal. Malgré leur opposition, le P. Vincent ouvrira un oratoire privé et s'en retournera à Ormuz. L'ampleur que prend la mission au Carmel conduit à la fondation du séminaire des missions, établi près du couvent Saint-Paul. En réalité, la fondation de ce séminaire avait été décidée au chapitre de 1605 et confirmée par le bref de Paul V *Totius terrarum orbis cura* du 15 déc. 1605, mais il n'avait jamais fonctionné comme tel. Un nouveau bâtiment sera construit sur un terrain situé à Monte Cavallo sur lequel existait une petite chapelle dédiée à S. Paul ravi au troisième ciel. Le couvent sera inauguré le 7 sept. 1612. Mais le nombre de frères étant insuffisant, le P. Jean de Jésus-Marie demande au pape l'autorisation de repousser à nouveau de six ou sept ans l'ouverture du séminaire, le couvent restant une communauté de simple exercice. Jean de Jésus-Marie demande également la révocation du bref *Onus pastoralis officii* par lequel Paul V le 22 juil. 1608 avait érigé la congrégation Saint-Paul dédiée uniquement aux missions. Le 7 mars 1613, Paul V donnera le bref *Romani pontificis* qui supprime ladite congrégation et transfère ses compétences sur la congrégation d'Italie des carmes déchaux. Durant toute cette période, le P. Jean de Jésus-Marie assure une correspondance régulière avec les carmes missionnaires. Cette politique est ardemment soutenue par le pape Paul V. Pour le remercier de son soutien sans faille, il lui dédicace certains de ses écrits : *Compendium vitæ B. V. Teresiæ a Iesu* (1608), *Instructio Principum* (1612), *De amore cultuque Reginæ Cœli* (1613), *De notis Ecclesiæ*, *Sacellum Exquilinum* (1613).

Au terme de son généralat, Jean de Jésus-Marie écrit la *Disciplina monastica*, publiée à Rome l'année suivante au couvent du Mont-Quirinal, aujourd'hui Notre-Dame-de-la-Victoire. Dans ce texte, l'auteur puise sa doctrine aux sources des SS. Basile, Bernard et autres docteurs de la vie monastique. *La Disciplina monastica* offre un ensemble de 38 exhortations sur les points particuliers de la règle du Carmel, comme le fit avant notre auteur Jean Soreth ou son contemporain Thomas de Jésus. Le *De regimine monastico* rédigé en 1615, alors qu'il réside au couvent Saint-Silvestre dans la solitude des monts Tusculanos, est également une collection d'avis et de conseils adressés aux supérieurs du Carmel déchaussé. Jean de Jésus-Marie aborde la manière de se conduire lors des chapitres généraux et provinciaux ou de procéder lors des élections, privilégiant un esprit de concorde et de paix.

VI. Dernière année (1614-1615). – Le 16 avr. 1614 s'ouvre à Rome au couvent Sainte-Marie de la Scala, le quatrième chapitre général des carmes déchaux. Jean de Jésus-Marie achève alors son mandat de trois années. Le P. Ferdinand de Sainte Marie (Martínez) est élu préposé général et Jean de Jésus-Marie, premier définiteur. L'année suivante, sentant sa mort approcher, Jean de Jésus-Marie demande au P. Dominique de Jésus-Marie (Ruzola) de l'assister durant ses derniers instants. Il meurt le 28 mai 1615, jour de l'Ascension, à l'âge de 51 ans. Ses funérailles sont célébrées avec une très grande solennité au couvent Saint-Silvestre de Montecompatri. Le 6 juin 1623, le septième chapitre général, réuni au couvent de Loano, décidera d'adopter l'*Instructio novitiorum* et l'*Instructio magistri novitiorum* comme textes fondamentaux dans la formation des novices et celle des éducateurs. Ces traités seront considérés comme la marque spécifique de la congrégation d'Italie.

VII. MYSTIQUE ET PÉDAGOGUE. – Si, selon la définition donnée par Jean de Jésus-Marie, le mystique est celui qui a expérimenté les réalités divines et goûté à la miséricorde de Dieu, on ne peut pas affirmer que le Calagurritain appartienne à cette catégorie. En effet, nulle part il ne rapporte ses expériences intérieures, à l'exception de ses dérélictions, et aucun témoignage de ses contemporains ne rapporte, comme dans le cas de Thérèse, des ravissements, extases, visions imaginaires etc. Ainsi, il faudrait conclure avec Giovanni Strina, que tous les écrits les plus enflammés de Jean de Jésus-Marie seraient l'expression d'une aspiration profonde vers une réalité souverainement désirée et manifestement pas encore possédée pleinement. Mais la délicatesse de la description de ce désir, la finesse d'analyse des états de l'âme parvenue à l'union d'amour, la richesse de la formulation littéraire, supposent tout de même quelque chose de la nature mystique du P. Jean de Jésus-Marie. Sans cela, Bossuet, assez critique sur cet aspect de la vie chrétienne, ne l'aurait certainement pas qualifié de *Summus Theologus summusque Mysticus*.

L'absence d'expérience mystique attestée justifie le recours référentiel permanent aux écrits de Thérèse de Jésus. Jean de Jésus-Marie nourrit pour la Mère fondatrice un amour filial et très affectueux. Il trouve en elle tous les éléments nécessaires à l'élaboration de son propre enseignement : « Celui qui voudra connaître ces passions divines devra lire les œuvres de la bienheureuse vierge Thérèse à qui Dieu donna une grâce particulière : celle de les décrire avec une clarté admirable ».

Mystique à sa manière, fils de Ste Thérèse, Jean de Jésus-Marie est surtout un grand pédagogue. La décision du chapitre général des carmes de 1623 est en ce sens une consécration et une authentification de ce charisme. La volonté de transmettre la richesse de la vie intérieure, l'itinéraire spirituel pour parvenir à l'union à Dieu, la méthode efficace pour acquérir les vertus et les consolider, appartiennent pleinement à la vocation du Calagurritain. Même si son œuvre est essentiellement destinée au monde religieux, aux novices de la congrégation d'Italie, elle s'adresse aussi plus largement à tous les chercheurs de Dieu. Dans ce domaine aussi, l'auteur s'inscrit dans la lignée de Thérèse de Jésus s'adressant aux carmélites dans le *Chemin de perfection* et plus abondamment aux spirituels dans le *Livre des Demeures*.

Ainsi, Jean de Jésus-Marie considère primordial pour tous l'exercice de l'oraison : « Est indigne, non seulement d'être appelé homme spirituel, mais aussi d'être appelé chrétien celui qui ne s'instruit pas de la manière de prier [...]. Donc, celui qui veut vivre spirituellement, doit établir sans fausses excuses, de traiter quelques moments chaque jour avec Dieu en secret, sous la conduite d'un père spirituel, faisant en sorte de ne jamais abandonner, interrompre jamais cet exercice [...]. S'il paraît trop lourd à certains de consacrer une heure entière à l'oraison, qu'il y consacre une demi-heure ; une demi-heure paraît encore trop longue, qu'il commence par un quart d'heure : afin de se déterminer fermement à ne pas abandonner cet exercice sous quelque prétexte que ce soit ». Par expérience, le P. Jean de Jésus-Marie sait que peu de personnes s'acquittent de ce devoir, y compris celles qui, au motif de leurs responsabilités, n'accordent que peu de temps à l'oraison ou s'épuisent des mois pour obtenir une faveur d'un prince et ne consacrent pas même une demi-heure à Jésus-Christ, Roi des rois. Ce discours sur la nécessité de l'oraison adressé à tous les chrétiens, Jean de Jésus-Marie le destine aussi aux princes. Dans son *Instructio Principum*, il rappelle qu'un vrai prince – roi chrétien – se doit de méditer quotidiennement. Il compose pour les évêques un chapitre entier sur cette question : « Cura Episcopi erga orationem, quæ mentalis appellatur » et exhorte fermement les membres de la curie à faire de même.

La préoccupation de la formation à la vie spirituelle et aux voies de l'Esprit qui est celle du P. Jean de Jésus-Marie ne se limite donc pas au public restreint des noviciats carmélitains ; elle s'ouvre à l'ensemble des fidèles, principalement ceux qui exercent une charge dans la société. À l'exemple de l'*Instructio Principum* s'ajoute, comme une confirmation de cette attention pastorale, le *De bono usu contemptuque honorum, divitiarum ac voluptatum*, dédié en 1612 à l'empereur Mathias, souverain du Saint-Empire Romain germanique. Ce texte, divisé en quatre parties, traite du bon usage et du mépris de l'honneur, de la richesse et du plaisir. L'*Ars Gubernandi* publié à Rome en 1613 et à Cologne en 1614, puis inséré aux *Opera omnia*, s'adresse également à tous les dignitaires, papes, prélats, empereurs, rois et aux autres autorités. L'auteur donne des conseils pour gouverner, définit ce qui fait honneur à celui qui gouverne, énumère les vertus nécessaires à celui qui exerce une charge de gouvernement (Crainte de Dieu, Connaissance de la doctrine, Excellente mémoire, Bonne prévoyance, Circonspection, Maturité d'esprit, Diligence, Prudence, Maîtrise de l'âme, Tempérance, Chasteté, Justice, Miséricorde, Observance des lois, Culte de la paix, Fermeté d'âme constante, Reconnaissance, Amabilité, Convenance, Amour pour les sujets) et s'achève par une exhortation en seize points.

BIBLIOGRAPHIE. – I. BIOGRAPHIES. – Isidorus a S. Ioseph, *Vita virtutesque R. P. F. Ioannis a Iesu Maria præpositi generalis fratrum Discalceatorum congregationis S. Eliæ Ordinis Beatissimæ Virginis Mariæ de Monte Carmelo*, Roma, Mascardi, 1649 (elle a été traduite en italien par Basilio Visca, *Un uomo per ogni tempo. Vita del venerabile Padre Giovanni di Gesù Maria capostipite del Carmelo riformato d'Italia*, testo Italiano e Latino, Roma Morena, 2009). – Isidorus a S. Ioseph, « Vita Ven. P. Johannis a Jesu Maria », Ioannis A Iesu Maria, *Operum*, Tomus Quartus, 1650, p. 397-448. – Isidorus a S. Ioseph, « Vita Ven. P. Johannis a Jesu Maria », *Venerabilis Patris Fratris Johannis a Jesu Maria Carmelitæ Excalceati Calaguritani, Opera omnia*, per P. Fr. Ildephonsum a S. Aloysio, t. I, Firenze, 1771, p. I-XXXIV. – B. de Sainte-Anne, *Biographie du Vénérable Père Jean de Jésus-Marie*, dans *Instruction des novices*, Bruxelles, 1872, p. XI-LI ; Id., *Biographie du Vénérable Père Jean de Jésus-Marie*, dans *Chroniques du Carmel. Revue périodique paraissant le 1er de chaque mois*, Bruxelles, 9e année, 1897, p. 46-53, 81-84, 119-122, 152-156, 188-190, 228-232, 264-271, 302-306, 342-346, 372-378, 404-409 ; 10e année, 1898, p. 17-23, 45-49, 84-88, 118-123, 153-158, 194-197, 225-229, 260-263. – A. Krebs, *Johannes a Jesus Maria, ein Mystiker der katholischen Kirche*, dans *Jahresbericht über das Königliche Realgymnasium zu Wiesbaden*, 1881, p. 1-22. – José a Santa Teresa, *Biografía del Ven. P. Juan de Jesús María, carmelita descalzo Calagurritano*, publicada y anotada por P. Pedro de la Madre de Dios, Calahorra, 1884. – Florencio del Niño Jesús, *El V. P. Fr. Juan de Jesús María, prepósito general de los Carmelitas descalzos (1564-1615)*, Burgos, 1919 (*Il Ven. P. Giovanni di Gesù Maria. III Preposito Generale dei Carmelitani Scazi*, trad. de l'espagnol par Francesco Saverio di S. Teresa, Grottaferrata, 1924). – Antonius ab Infante Iesu, *Giovanni di Gesù Maria Calagorritano, O.C.D. (1567* [*sic*]*-1615), e le sue opere di formazione spirituale dei novizi*, Roma, 1960. – Louis-Marie du Christ, *Jean de Jésus-Marie (le Calagurritain)*, dans G. Jacquemet (dir.), *Catholicisme. Hier, aujourd'hui, demain*, t. 6, Paris, 1967, col. 608-610. – J. Ducarme, *Jean de Jésus-Marie*, dans *Dictionnaire des mystiques et des écrivains spirituels*, Limoges, 1968, p. 406. – G. Strina, *Jean de Jésus-Marie le Calagurritain, carme déchaux, 1564-1615*, dans *Dictionnaire de spiritualité Ascétique et Mystique*, t. VIII, Paris, 1974, col. 576-581. – M. Tietz, *Jean de Jésus-Marie*, dans *Dictionnaire de la mystique*, Turnhout, 1993. – E. T. Gil de Muro, *Como con suave melodia. Une biografía del Venerable Padre Juan de Jesús María*, Burgos, 1996. – S. Tomás Fernandez, *Giovanni di Gesù Maria*, dans *Dizionario di mistica*, Libreria Editrice Vaticana, 1998, p. 571-572. – S. Giordano, *Giovanni di Gesù Maria. Appunti per una biografia*, dans *Umanesimo et cultura alle origini dei Carmelitani Scalzi. Giovanni di Gesù Maria*, Genova, 2001, p. 7-43.

II. LES ŒUVRES COMPLÈTES. – R. P. F. Ioannis a Iesu Maria Carmelitæ Discalceati, *Opera omnia*, nunc primum summa cum diligentia collecta et in tres tomos distributa. Adiunctis opusculis latine redditis, quæ Italico idiomate hactenus extiterunt, quarum Elenchum pag. post Præfationem reperies. Cum Rerum et Verborum Indicibus Utilissimis. Anno MDCXXII, Coloniæ Agrippinæ Sumptibus Bernardi Gualteri. Cum Superiorum permissu et Privilegio Speciali. – R. P. F. Ioannis a Iesu Maria Carmelitæ Discalceati Calaguritani, *Operum*, Tomus secundus. Qui libelli, cum in hoc, tum in tertio Tomo contenti, ex Italico Idiomate in Latinum conversi ; qui item nunc primum, e manuscriptis, in lucem prodeant, sequens Præfatio ad Lectorem indicabit. Permissu Superiorum. Coloniæ Agrippinæ Sumptibus Bernardi Gualteri. Anno M. DC. XXII. Cum gratia et Privilegio S. Caes. Maiest. – R. P. F. Ioannis a Iesu Maria Carmelitæ Discalceati Calaguritani, *Operum*, Tomus Tertius. Nunc primum, magno labore et industria ex Italico sermone, in gratiam piorum virorum, magna ex parte, latinitati donatus. Quid in eo contineatur, sequentis paginæ elenchus, indicat. (…) Coloniæ Agrippinæ Sumptibus Bernardi Gualteri. Anno M. DC. XXII. Permissu Superiorum et Privilegio S. Caes. Maiest. – R. P. F. Ioannis A Iesu Maria Carmelitæ Discaceati Calaguritani, *Operum*, Tomus Quartus, Nunc Primum ex variis Tractatibus denuo repertis concinnatus, et publici Iuris factus. Quænam opuscula in eo contineatur, octavæ paginæ Elenchus indicabit. Coloniæ Agrippinæ Apud Iodocum Kalcovium. M. DC. L. Cum gratia et Privilegio S. Caes. Maiest. – *Venerabilis Patris Fratris Johannis a Jesu Maria Carmelitæ Excalceati Calaguritani, Opera omnia*, per P. Fr. Ildephonsum a S. Aloysio, 3 t., Firenze, 1771-1773. – *Venerabilis Patris Fratris Johannis a Jesu Maria Carmelitæ Excalceati Calaguritani, Opera omnia*, per P. Fr. Ildephonsum a S. Aloysio, t. I, Firenze, 1771. – *Venerabilis Patris Fratris Johannis a Jesu Maria Carmelitæ Excalceati Calaguritani, Opera omnia*, per P. Fr. Ildephonsum a S. Aloysio, t. II, Firenze, 1772. – *Venerabilis Patris Fratris Johannis a Jesu Maria Carmelitæ Excalceati Calaguritani, Opera omnia*, per P. Fr. Ildephonsum a S. Aloysio, t. III, Firenze, 1774.

III. CATALOGUES DES ŒUVRES – Dominique de la Sainte Trinité, *Bibliotheca theologica septem libris distincta*..., Roma, typis P. Mancini, 1666-1676. – *Bibliotheca Scriptorum* utriusque Congregationis et sexus Carmelit. Discalceat. collecta et digesta per P. Martialem a S. Joanne Baptista ejusque Ordinis in Prov. Aquitaniæ Theologiæ Professorem et Definit. Provincialem, Bordeaux, 1730. – Cosme de Villiers a S. Stephano, *Bibliotheca Carmelitana* notis criticis et dissertationibus illustrata cura et labore unius e Carmelitis Provinciæ Turoniæ, 2 vol., Orléans, 1752. – Bartolomeaus a S. Angelo, *Collectio scriptorum Ordinis Carmelitarum Exclaceatorum utriusque Congregationis et sextus*..., Savona, 1884. – *Collectio Scriptorum Ordinis Carmelit. Excaleat.* P. Fr. Bartholomæi a S. Angelo, Provinciæ Longobardicæ, cum Suplemento, auctore et collectore P. Fr. Enrico a Ssmo. Sacramento, alumno Provinciæ Genuensis, 2 t., Savona, 1884. – Enrico a Ssmo Sacramento, *Collectio Scriptorum Ordinis Carmelit. Excalceat.*, P. Fr. Bartholomæi a

S. Angelo, 2 t., Savona, 1884. – Siméon de la Sainte-Famille, *Panorama Storico-bibliografico degli autori spirituali teresiani*, Roma, 1972. – I. Husillos Tamarit, *Juan de Jesús María, O.C.D. (San Pedro u Ystarroz), 1564-1615, Bio-Bibliografía en el siglo XX*, dans *Archivum Bibliographicum Carmeli Teresiani*, n° 39, Roma, 2001. – G. Strina, *Bibliografia generale di P. Giovanni di Gesù Maria O.C.D. Calaguritano, 1564-1615, Edizioni*, Presentazione di P. Tomás Alvarez, Bruxelles, 2007.

IV. TRAVAUX. – Augustin de la Vierge, *Le Maître des novices, par le vénérable P. Jean de Jésus-Marie, 3e Préposé général des carmes déchaussés*, dans *Études carmélitaines Historiques & Critiques*, 1912, p. 165-178, p. 280-286, p. 404-425 ; 1913, p. 123-131, 252-261, 432-445, 557-569 ; 1914, p. 91-107, 246-260, 407-419. – Florencio del Niño Jesús, *N. Ven. P. Juan de Jesús María, el Calagurritano (1564-1615)*, dans *El Monte Carmelo*, 18, 1916, p. 407-414. – Théodore de Saint-Joseph, *Éssai sur l'oraison selon l'École carmélitaine*, Brugge, 1923. – Ézéchiel du Sacré-Cœur, *La vie contemplative selon l'enseignement traditionnel des carmes déchaussés. Extraits des ouvrages du vénérable P. Jean de Jésus-Marie, C. D.*, dans *Études carmélitaines Historiques & Critiques*, 9/3-4, juillet-décembre 1924, p. 231-239 ; 10/1-2, janvier-juin 1925, p. 16-108 ; 11, 1926, p. 28-53. – Claudio de Jesus Crucificado, *Metodo Carmelitano de Oración mental*, dans *Revista de Espiritualidad*, 1, 1941-1942, p. 80-104. – Crisógono de Jesús Sacramentado, *La escuela mística carmelitana*, Madrid-Ávila, 1930 (trad. française par D. Vallois del Real, Lyon-Paris, 1934). – Pier Giorgio del Sacro Cuore, *La contemplazione secondo il ven. P. Giovanni di Gesù Maria, carmelitano scalzo : studio di Teologia Mistica*, Cremona, 1950. – Adriano della Santissima Trinità (G. de Kerpel), *L'essercizio della presenza di Dio nei primi due secoli della Riforma Carmelitana*, tesi di Laurea, Roma, 1952. – José María de la Cruz, *Escuela Mística Carmelitana*, dans *El Monte Carmelo*, 62, fasc. 1, 1954, p. 3-40. – Giovanni della Croce, *La teologia mistica clasica en el pensamiento del venerable P. Juan de Jesús María, ibid.*, fasc. 1-3, 1954, p. 423-446. – G. Lercaro, *Metodi di orazione mentale*, Genova-Milano, 1957 (trad. française par Lucien Chavoutier, Le Puy, 1958). – *Escuela de oración y contemplación es el título abreviado de una obrita – 168 paginas – del V. P. Juan de Jesús María, O. C. D.*, dans *Espiritualidad ciencia y vida*, I, Mexico, 1959, p. 151-159. – Evaristo del Niño Jesús, *Contemplación y teologia mística según el P. Juan de Jesús María el Calagurritano (1564-1615)*, dans *El Monte Carmelo*, 68, fasc. 2, 1960, p. 199-240. – Antonio Maria del Stmo Sacramento, *Tres tratadistas de oración mental : Granada-Gracián-Aravalles. Estudio comparative, ibid.*, p. 266-296. – Segundo de Jesús, *El Padre Gracián, maestro de oración y de vida interior*, dans *Revistad de espiritualidad*, 21, n° 85, 1962, p. 481-505. – Román de la Immaculada et César de San Juan de la Cruz, *La principalidad de la oración en el esquema de la vida interior segun el Padre Tomás de Jesús, ibid.*, p. 506-525. – Enrique del Sagrado Corazó, *Indice-Guión de los primeros Tratados sobre oracimental en la Reforma Teresiana (1570-1680), ibid.*, p. 601-630. – Graziano de la Croce, *Patrimonio espiritual de la Congregación de S. Elías en su primer siglo de historia*, dans *El Monte Carmelo*, 70, fasc. 2, 1962, p. 203-246. – Giuseppe del Cuore di Maria, *Una grande figura de la escuela mística carmelitana. El Padre Alessandro di San Francesco, ibid.*, fasc. 3, 1962, p. 315-366. – Roberto di S. Teresa di Gesù, *La contemplazione infusa nel ven. P. Giovanni di Gesù Maria*, dans *Ephemerides Carmeliticæ*, 13, 1962, p. 650-690. – Luis Javier de la Inmaculada, *Juan de Jesús María, el Calagurritano : Une nueva estructura del método carmelitano de oración, ibid.*, 72, fasc. 3-4, 1964, p. 269-301. – G. Strina, *La Teologia Mistica del Ven. P. Giovanni di Gesù Maria, Carmelitano Scalzo, Calagorritano*, Genova, 1967 ; Id., *La teologia mistica dell ven. P. Giovanni di Gesù Maria carmelitano scalzo calagorritano. Introduzione generale*, Bruxelles, 1993 ; Id., *Juan de Jesús María y las Misiones : Viento teresiano el las velas*, dans *Herencia historica y dinamismo evangelizador, Actas del Coloquio Internacional de Misiones OCD, Larrea 14-19 enero 2002*, dans *Monte Carmelo*, 110/1-3, 2002, p. 51-74. – J. García Oro, *La Universitad de Alcalá de Henares en la etapa fundacional (1458-1578)*, Santiago de Compostela, 1992. – P. Hoornaert, *L'aspiration contemplative chez le P. Jean de Jésus-Marie (1564-1615)*, Bruxelles, 1995. – St.-M. Morgain, *La vie religieuse dans les écrits spirituels de Nicolas Doria*, dans S. Giordano et C. Paolocci (éd.), *Nicolò Doria. Itinerari economici, culturali, religiosi nei secoli XVI-XVII tra Spagna, Genova e l'Europa*, (Institutum Historicum Teresianum Studia, 7), Roma, 1996, p. 187-211 ; Id., *Le* De notis Ecclesiæ *de Jean de Jésus Marie ocd. Introduction, texte et notes*, dans C. Paolocci e S. Giordano (éd.), *Giovanni di Gesù Maria. Umanesimo e cultura alle origini dei Carmelitani Scalzi.* Atti della giornata di studi, 12 febbraio 1996 (Fonti e studi per la storia civile e religiosa della Liguria, 2), Genova, 2001, p. 107-136 ; Id., *La transmission de la doctrine thérésienne de l'oraison mentale : Les Avis pour les spirituels du Père Cyprien de la Nativité (1605-1680)*, dans *Bulletin de Littérature Ecclésiastique*, 104/4, Octobre-Décembre 2003, p. 323-356 ; Id., L'Art de bien mourir *de Jean de Jésus-Marie (de San Pedro) 1609 : Entre Jean Gerson et Robert Bellarmin*, dans *Carmel*, 121, 2006, p. 18-37 ; Id., *« Tel père, tel fils ». La transmission de l'esprit du Carmel dans l'*Instruction des novices *(1591) et l'*Instruction du Maître des novices *(1608)*, dans G. Bedouelle, Ch. Belin et S. de Reyff (éd.), *La Tradition du savoir*, Fribourg, 2011, p. 249-269 ; Id., *La préhistoire de l'arrivée des Carmes à Paris : Entre mission et stricte observance (1583-1611)*, dans J.-B. Lecuit (dir.), *Le défi de l'intériorité. Le Carmel réformé en France, 1611-2011*, Paris, 2012, p. 19-45. – S. Giordano et Cl. Paolocci (dir.), *Nicolò Doria. Itinerari economici, culturali, religiosi nei secoli XVI-XVII tra Spagna, Genova e l'Europa*, (Institutum Historicum Teresianum Studia, 7), Roma, 1996. – A. Roggero, *Origini della presenza carmelitana maschile e femminile a Genova, ibid.*, p. 315-331. – J. C. Vizuente Mendoza, *Juan de Jesús María, calagurritano, y su obra de formación de novicios*, dans *Giovanni di Gesù Maria. Umanesimo..., op. cit.*, p. 45-70. – D. A. Fernandez de Mendiola, *Opción misional de la Congregación italiana, siguiendo el espíritu de Santa Teresa y la llamada de los Papas*, dans *Herencia historica y dinamismo evangelizador..., op. cit.*, p. 141-204.

ST.-M. MORGAIN

LIBERMANN (François Marie Paul), ecclésiastique français, né à Saverne (Alsace) le 12 avr. 1802, fondateur des Missionnaires du Saint-Cœur de Marie (1841), supérieur général de la congrégation du Saint-Esprit (1848), mort à Paris le 2 févr. 1852.

Jacob Libermann naît dans le quartier juif de Saverne – cinquième enfant sur sept, plus deux autres d'un second mariage –, d'un père rabbin, de la plus stricte observance, mais d'une science reconnue qui le fera désigner comme membre du grand sanhédrin convoqué par Napoléon en 1807. Dans le contexte particulier du judaïsme alsacien du début du XIXe siècle et d'une famille où l'on ne parle que le judéo-allemand, Jacob devient un « fils de la Loi » par toutes les fibres de son être. Il découvre Celui qui est « le Très-Haut » mais « qui habite avec l'homme contrit et humilié » (Is 57, 15) à travers des études talmudiques d'autant plus longues que son père et maître veut en faire un rabbin « à son image », l'aîné Samson ayant préféré devenir médecin.

Une nouvelle époque commence pour Jacob à l'automne 1822 lorsqu'il se rend à Metz où son père l'envoie pour achever ses études talmudiques en vue du rabbinat. Cette sortie du ghetto familial et villageois de Saverne se révèle vite comme un exil en terre étrangère, et Metz comme une Babylone où la communauté juive locale le déçoit cependant qu'il y découvre un autre monde, véritable « choc de la modernité ». Il y perd le sens de sa vie. Il s'éloigne du Talmud, puis de la Bible elle-même. Le rationalisme s'empare de lui ; sa foi se réduit à un déisme douloureux, nostalgique de la ferveur perdue. La lecture de l'*Émile* de Rousseau le rapproche pourtant de la figure de Jésus qu'il découvre en lisant pour la première fois les Évangiles dans une version en hébreu. Plusieurs de ses frères – dont Samson, l'aîné – se convertissent au catholicisme. Il correspond avec un ami de la famille, David Drach, célèbre grand rabbin lui aussi devenu catholique en raison de ce qu'il appelle « l'harmonie entre l'Église et la Synagogue ».

Drach l'invite à venir à Paris et c'est là qu'en novembre 1826, sa crise se résout, après une prière « au Dieu de ses pères », par une illumination intérieure qui le conduit au baptême la veille de Noël. Aussitôt baptisé, il envisage de devenir prêtre. Entré au séminaire de Paris tenu par les Sulpiciens (1827-1831), de pénibles épreuves de santé – l'épilepsie à la veille de son sous-diaconat en 1829 – l'empêchent d'avancer au sacerdoce.

Alors qu'il n'est que simple acolyte et que probablement il ne deviendra pas prêtre, son influence est considérable au séminaire d'Issy-les-Moulineaux où l'on a accepté de le garder (1831-1837). Il est quasiment directeur spirituel de très nombreux séminaristes, avec l'accord de la direction. On apprécie son discernement. Après sa mort, sa correspondance publiée en fera un des grands auteurs spirituels du XIXe siècle. Dans le cadre du séminaire de Saint-Sulpice, il connaîtra ainsi un nombre important de futurs prêtres (et de futurs évêques) de toutes origines. Ce long temps d'épreuve lui permet de tisser un important réseau de relations à partir duquel se constituera plus tard sa société missionnaire.

Même si les crises d'épilepsie se raréfient, les sulpiciens considèrent sa santé comme encore trop fragile pour lui ouvrir la voie du sacerdoce dans leur société. Ils le recommandent toutefois aux eudistes comme candidat et… assistant du maître des novices pour leur maison de Rennes ! Là, de 1837 à 1839, il vit deux années de terribles épreuves intérieures. Il a le sentiment d'être inutile, de ne pas être à sa place…

Début 1839, il est sollicité par deux séminaristes de Saint-Sulpice, d'origine créole, Frédéric Le Vavasseur (1811-1882, *cf. DHGE*, t. 31, col. 1199-1200) et Eugène Tisserant (1814-1845), qui l'avaient connu à Issy. Ceux-ci ont pris conscience que, dans leurs Églises d'origine de l'Île Bourbon et d'Haïti, personne ne se préoccupe des vrais pauvres, les nègres, esclaves ou esclaves affranchis. En février 1839, ils ont lancé une grande campagne de prière à Notre-Dame-des-Victoires pour l'Œuvre des Noirs. Selon eux, pour que les Noirs ne soient plus laissés pour compte dans les colonies, c'est une réforme du clergé qu'il faut. Ils envisagent donc de fonder une association de prêtres bien formés, menant une vie sainte et vivant en communauté, dont la mission serait d'évangéliser les Noirs.

Le Vavasseur soumet ce projet à Libermann. Ce dernier l'éclaire, l'aide à affiner son plan. À ce moment-là, Libermann ne se sent pas personnellement concerné : devenir prêtre lui semble toujours impossible et sa santé lui interdit de partir au loin. Quelque temps après, Le Vavasseur lui soumet un projet mieux élaboré. Et voici qu'en octobre 1839, Libermann écrit à ce dernier qu'il a eu « quelque petite lumière » le poussant à se joindre à eux. En fait, il a compris qu'il pouvait aider à lancer ce projet. Peut-être ne sera-t-il jamais prêtre, mais il sait comment former des prêtres.

Au nom des candidats à l'Œuvre des Noirs, Libermann se rend à Rome pour y soumettre leur projet. Il s'arrête à Lyon, où il loge chez Frédéric Ozanam. Les jours que Libermann passe à Lyon en décembre 1839 sont beaucoup plus qu'une escale technique dans un voyage géographique : ils constituent une étape spirituelle dans une aventure intérieure à résonance déjà ecclésiale et non plus simplement personnelle. Il y est confirmé à la fois dans l'appel entendu et dans les risques qu'il prend. L'embellie de Lyon prend la forme d'une grâce particulière de paix et de force reçue à Fourvière. La lettre qu'il écrit au sulpicien Féret, le 15 décembre, constitue le premier écrit de Libermann où transparaît sa vision théologique et spirituelle de la Mission pour les 'nègres' dont il prend vigoureusement le parti en Christ en se référant à l'apôtre des Gentils, Paul, dont la vocation lui rappelle sans doute la sienne : « de la race d'Israël, Hébreu fils d'Hébreux » (Ph 3, 5). Fils de rabbin comme Paul était pharisien, lui aussi a rencontré Jésus sur son chemin…

À Rome, Libermann présente à la S. C. *De Propaganda Fide* un *Petit Mémoire sur les Missions étrangères* qui est approuvé dans des délais très brefs, en juin 1840. Il rédige le texte fondateur de sa *Règle provisoire*, véritable « Code de spiritualité missionnaire » (F. Nicolas). Initialement envisagée pour être sous le signe de la Croix, par l'effet d'une grâce intérieure, la future société est consacrée par Libermann « au très Saint-Cœur de Marie, cœur éminemment apostolique… modèle parfait du zèle apostolique… source abondante et toujours ouverte où nous devons le puiser ». L'annonce de l'Évangile est présentée par la Règle dans un climat de véritable identification aux pauvres : « Ils auront un soin et une tendresse sainte et toute particulière pour les plus pauvres et les plus malheureux selon le monde ». « Ils seront les avocats, les soutiens et les défenseurs des faibles et des petits contre ceux qui les oppriment ». « Leur manière d'agir avec ces pauvres âmes dans tous leurs rapports avec elles, sera simple, douce, cordiale »…

La Propagande n'a posé qu'une condition : que Libermann devienne prêtre ! Dans l'obéissance, il entreprend des démarches dans ce sens. À son retour d'un pèlerinage à Notre-Dame de Lorette, deux lettres l'attendent. Elles lui ouvrent la voie du sacerdoce : l'une de l'archevêque de Paris qui accepte qu'il devienne prêtre dans un autre diocèse, et l'autre de l'évêque de Strasbourg lui annonçant qu'il l'accueille dans le sien. Il part donc à Strasbourg, est ordonné sous-diacre et diacre. On propose alors à l'Œuvre naissante une maison située près d'Amiens, à La Neuville. C'est à Amiens que Libermann est ordonné prêtre en 1841, à trente-neuf ans, et que sont accueillis les premiers novices de la « congrégation des missionnaires du Très Saint Cœur de Marie » dont il est élu supérieur.

Quels sont les grands axes tracés par la règle de vie de la nouvelle société missionnaire ? C'est une règle de vie de prêtres (les frères viendront un peu plus tard) choisissant, à l'imitation des apôtres, une vie en communauté pour s'encourager mutuellement, et vivant selon l'esprit des vœux religieux. Ils décident de se mettre au service des personnes alors les plus abandonnées dans l'Église : les nègres. La règle détermine un style de vie : simplicité, refus d'accepter des charges pour aller au plus près des plus pauvres... La mission n'y est pas conçue comme une campagne de propagande mais comme l'annonce d'un salut : c'est une mission par contagion. On tente de vivre ce que l'on veut transmettre.

Et l'on passe immédiatement à l'exercice pratique sur le terrain. On ne peut rappeler ici que les grandes lignes de l'expansion apostolique de la société des Missionnaires du Saint-Cœur de Marie jusqu'en 1848. Dès 1841, Jacques Laval (1803-1864) – futur Bienheureux – part pour l'île Maurice. En 1842, M. Le Vavasseur débarque à l'île Bourbon (La Réunion). M. Tisserant, rendu en Haïti, en est nommé préfet apostolique mais le contexte politique l'oblige à rentrer en France en 1845. La mission sur les côtes d'Afrique, dans ce qu'on appelait les Deux-Guinées, commence en 1843, sous la direction de Mgr Barron venu d'Amérique, mais elle s'avère dramatique, avec deux seuls survivants pour la première expédition : le P. Bessieux et le Frère Grégoire, finalement arrivés au Gabon. Mgr Barron renonce et le relais est passé à Libermann.

Un des buts essentiels fixés par Libermann à sa congrégation est la formation d'un clergé indigène et l'accueil de ces prêtres dans les communautés de l'institut pour les soutenir spirituellement. Une fois formés, ces prêtres pourront évangéliser eux-mêmes leur pays. Les difficultés pratiques rencontrées lors des premières missions le long de la côte d'Afrique (Libreville, Dakar), confortent Libermann dans cette certitude que l'Afrique doit être évangélisée par les Africains.

C'est à ce moment que Libermann est influencé par la pensée de son disciple et ami, Jean Luquet (1810-1858), des Missions Étrangères de Paris, qui, en étudiant les textes fondateurs de sa société, a remis en lumière une vérité essentielle : la naissance d'une Église suppose non seulement la formation d'un clergé indigène mais aussi la nomination d'évêques : c'est l'évêque, successeur des Apôtres, qui fait l'Église en un lieu. Alors qu'il vient de rentrer des Indes et à propos du synode de Pondichéry auquel il a participé, Luquet rédige, à la demande de la Propagande, un rapport qui est un véritable traité de missiologie, fondé sur les célèbres (et pourtant oubliées à Rome même) *Instructions* données en 1659 aux premiers vicaires apostoliques en partance pour les royaumes chinois du Tonkin et de la Cochinchine. En 1845, Rome tire de la réflexion de Luquet une *Instruction* adressée à tous les chefs de mission dans le monde entier : *Neminem Profecto*, le plus grand document missionnaire du XIXe siècle par la solidité de son ecclésiologie et la fermeté de ses consignes sur l'épiscopat et le clergé indigène. Au même moment, Eugène Tisserant, faute de pouvoir repartir en Haïti, est nommé préfet apostolique des Deux-Guinées en 1845 mais meurt dans le naufrage du bateau qui le menait à Dakar.

En 1844, Libermann avait déjà soumis à Rome un nouveau *Projet pour le salut des peuples des côtes de l'Afrique*. Mais en 1846, pour relancer la mission africaine et la repenser, c'est de son ami Luquet et de *Neminem Profecto* que Libermann s'inspire pour la rédaction d'un beaucoup plus grand *Mémoire sur les missions des Noirs*, écrit à Rome et déposé à la Congrégation *De Propaganda Fide*, le 15 août 1846. Dans l'histoire contemporaine des missions, c'est le premier plan d'ensemble pour l'évangélisation de l'Afrique noire. Contre les clichés racistes des penseurs de son temps, Libermann entend montrer aux cardinaux de Rome que l'Afrique a toutes ses chances : « Nous avons le bonheur de pouvoir affirmer à Vos Éminences que les Noirs en général dans tous les pays où nos missionnaires les ont vus, sont d'un naturel bon, doux, sensible et reconnaissant... Les Noirs ne sont pas moins intelligents que les autres peuples »... Il développe ensuite longuement un plan d'évangélisation : il faut créer en Afrique des Églises locales de plein droit, que seuls font exister des *Évêques* à part entière et pas simplement des préfets apostoliques ; pas un évêque seul, mais plusieurs évêques pouvant se réunir en synode. Rome lui fera corriger sa copie initiale trop audacieuse pour qu'il ne demande qu'un seul *vicaire apostolique* pour le moment...

Le *Mémoire* de 1846 montre que Libermann a une vive conscience de ce que l'Afrique est en train de faire son entrée dans l'histoire européo-centrée. Il le redoute pour elle, et voudrait que les Africains entrent dans une autre histoire, l'histoire du salut chrétien. Au-delà des connaissances limitées qu'il a de l'Afrique et des Africains – ce qui affaiblit les solutions pratiques proposées ou fait sous-estimer les difficultés futures –, il faut retenir sa visée théologique fondamentale : l'évangélisation de l'Afrique ne doit pas être improvisée, bâtir des Églises suppose que l'on ait un plan au départ qui assure la droite progression de l'action. Tout ce qu'il dit, avec Luquet, sur les éléments constitutifs d'une véritable Église, qui doivent être « inhérents au sol » – nous parlerions aujourd'hui d'inculturation –, dénote une théologie de l'Église solidement traditionnelle dont on attendra jusqu'au XXe siècle, et même jusqu'à Vatican II, la pleine mise en application.

Début 1847, la société missionnaire de Libermann voit un de ses membres devenir le premier vicaire apostolique des Deux-Guinées, à Dakar : Mgr Benoît Truffet a une très haute et théologiquement très juste idée de la mission, mais sa « recherche d'un absolu missionnaire » (Paule Brasseur) le conduit à la mort en quelques mois par une excessive identification aux conditions de vie locales : d'accord avec la visée de Truffet, Libermann regrettera l'imprudence commise.

Le 19 nov. 1847, dans une lettre à la communauté de Dakar et du Gabon, jaillit sous la plume de Libermann une des plus célèbres consignes missionnaires de l'époque contemporaine : « Faites-vous nègres avec les nègres ». Le héraut de l'Évangile est appelé à devenir le serviteur de ceux qu'il évangélise. C'est la *kénose* évoquée par S. Paul (Ph 2, 5-11) : ce mot grec désigne le mouvement du Verbe qui se vide de lui-même pour se faire serviteur jusqu'à la mort, et la mort sur la croix. Le mot *serviteur* utilisé par S. Paul (en grec, *doulos*) désigne à la fois le serviteur et l'esclave. Quand

Libermann emploie ce mot, il pense à ce double sens. Pour lui, le mot nègre renvoie à esclave. *Faites-vous nègres avec les nègres*, cela signifie littéralement : *Faites-vous esclaves avec les esclaves*, comme le Christ s'est identifié aux plus pauvres. Il n'y a pas de mission si l'on n'épouse pas le mouvement même du Christ. Plus nous imitons le Christ dans le mystère de son incarnation et de sa mort sur la croix, plus advient le salut du monde. Toujours en novembre 1847, Libermann redit la même chose aux Sœurs bleues de Castres en partance pour l'Afrique en leur écrivant qu'elles doivent tout faire pour *abolir la distance* entre elles et les Noirs.

En 1848, Libermann voyait sa société missionnaire se développer avec succès aussi bien sur les côtes d'Afrique (Gabon et Dakar) et dans les îles (Maurice et Bourbon) qu'en France même : le noviciat de La Neuville s'était doublé d'une maison d'études théologiques dans l'ancienne abbaye cistercienne du Gard, près d'Amiens. À Bordeaux, ville portuaire, une communauté avait été ouverte, destinée à devenir une procure pour les missions, mais qui pour le moment s'intéressait à la population la plus abandonnée de la ville : la mission pour Libermann pouvait aussi s'exercer en France.

Les relations de Libermann avec le nonce à Paris et le cardinal préfet de la Propagande à Rome sont excellentes, empreintes de confiance et d'estime réciproques. Sur le terrain, les missionnaires de Libermann se heurtent aux hommes envoyés par le Séminaire du Saint-Esprit qui est en charge officiellement des colonies françaises. Déjà en 1845, Libermann avait tenté un rapprochement avec les Messieurs du Saint-Esprit par l'intermédiaire de la Mère Javouhey, mais en vain. En 1848, les pourparlers reprennent avec les 'spiritains' qui sont réduits à un très petit nombre et ont bien du mal à faire face à leurs obligations aussi bien dans le cadre du Séminaire du Saint-Esprit que sur le terrain des colonies où la mission du clergé a été rendue plus difficile depuis quelques années en raison des débats sur l'abolition de l'esclavage. Pour le bien de la mission et en accord avec Rome, Libermann accepte la dissolution de sa propre congrégation et rentre – avec prêtres (34), frères (28) novices et étudiants (40) –, dans la société du Saint-Esprit fondée en 1703 par le breton Claude-François Poullart des Places (1679-1709) qui n'avait plus que 5 membres à part entière. Il en est élu supérieur général. Sous forme de *Règlements*, il adjoint les éléments de sa propre règle à celle de la congrégation du Saint-Esprit placée sous la protection du Saint-Cœur de Marie. Libermann est considéré comme le deuxième 'fondateur' de la congrégation du Saint-Esprit ; historiquement, il en a été le restaurateur.

Les dernières années de Libermann (1848-1852) sont employées notamment à une réforme vigoureuse et réussie du 'Séminaire' du Saint-Esprit, qui continue à former le « clergé colonial » cependant que les spiritains ont leurs propres maisons de formation pour leurs membres. Chargé des différentes colonies françaises (Martinique, Guadeloupe, Réunion), Libermann se bat pour qu'elles accèdent à un véritable statut d'Églises. Il obtient en 1850 de Rome et du gouvernement français que ces vicariats et préfectures apostoliques deviennent des diocèses à part entière après des négociations qui furent une rude besogne. En 1851, à côté de La Réunion, de Maurice et de l'Afrique – où sont deux vicaires apostoliques qui vont véritablement implanter la mission : Mgr Jean-Rémi Bessieux (1803-1876) au Gabon et Mgr Aloyse Kobès (1820-1872) au Sénégal –, Libermann négocie la reprise en main de la mission de Cayenne (Guyane) à un moment où la maladie s'ajoute aux soucis qu'il a pour l'avenir de sa congrégation : il voit ses missionnaires tentés de privilégier leurs intérêts propres sur 'leur' terrain missionnaire au détriment du bien commun et de la mission générale de l'institut. Il se dépense beaucoup en correspondance et en écrits divers pour maintenir l'unité et le cap missionnaire.

Mais pour Libermann, ce n'est pas la géographie du terrain « au loin » qui fait la Mission. Il s'intéresse aussi à la mission en France. Depuis 1849, il réunit autour de lui, chaque mardi, une quinzaine de jeunes prêtres de Paris : « Aujourd'hui de nouveaux besoins se font sentir ; chaque prêtre, sans sortir néanmoins de la position où il se trouve placé, doit étudier ces besoins, sonder les plaies de la société, et saisir toutes les occasions qui lui sont offertes dans sa position pour apporter un remède ou un soulagement à ces plaies et à ces besoins ». À son ami Dom Sallier qui le sollicite pour le Sud déchristianisé de la France, il répond : « La divine Providence nous a fait notre œuvre par les Noirs, soit de l'Afrique, soit des Colonies ; ce sont sans contredit les populations les plus misérables et les plus abandonnées jusqu'à ce jour. Nous désirerions aussi travailler en France au salut des âmes, mais toujours ayant pour but principal les pauvres »...

Lorsque Libermann meurt à Paris le 2 févr. 1852, il laisse un institut dont les fondations ont été raffermies et qui s'épanouira jusqu'à être, au milieu du XXe siècle, l'une des grandes sociétés missionnaires catholiques, avec ses 5141 membres en 1964, ses 49 évêques ou préfets apostoliques au Concile Vatican II.

Reste que Libermann, de par son itinéraire, représente une figure bien particulière parmi tous les fondateurs du XIXe siècle. Sa vie peut être placée sous la double figure de l'Exode d'Israël et de la Pentecôte des nations. Son passage aux Gentils par sa vocation aux Nègres et son identification intérieure à l'apôtre Paul expliquent son profil particulier dans la galerie des 'convertis' du judaïsme du premier XIXe siècle. Ainsi il se distingue et de son 'catéchète' Drach et des frères Ratisbonne. Alors que ceux-ci, sur les traces de Pierre, se tournaient vers la Synagogue d'où ils venaient pour essayer de l'amener au Christ, Libermann trouvait sa vocation à la suite de l'apôtre Paul en direction des 'païens'.

Qu'à partir du moment où Libermann devient fondateur, quelque chose se passe en lui et donne une dimension nouvelle à sa personnalité, nous le voyons dans la façon dont il est amené à inventer sa voie en se détachant peu à peu de la tradition sulpicienne d'où il sort. L'expérience du fondateur qu'il est devenu l'amène à modifier ce que le directeur spirituel qu'il a été pendant des années avait appris des sulpiciens et de Jean Eudes : « Ayant assumé leur pensée, il peut s'en détacher pour se mettre, avec un esprit fidèle au leur, au service des plus pauvres et des plus démunis, les Noirs esclaves ; et tout d'abord en formant les prêtres qui pourront les évangéliser. En effet Libermann, comme beaucoup de bérulliens du XVIIe siècle, a été un formateur de prêtres doté d'une vaste sensibilité apostolique et missionnaire » (Yves Krumenacker). À ses missionnaires sur le terrain qui ne voient plus comment pratiquer l'*oraison* apprise au séminaire, il ouvre la voie de l'*union pratique* – la contemplation dans l'action – et leur apprend les chemins de la paix. Quelques mois avant sa mort, Libermann écrit à un jeune missionnaire débarquant à Grand-Bassam, M. Lairé : « Ce peuple africain n'a pas besoin et ne sera pas converti par les efforts de missionnaires habiles et capables : c'est la sainteté et le sacrifice de ses Pères qui doivent le sauver ». Être saint et être missionnaire, c'est la même chose : c'est entrer dans le mouvement de l'*agapè* trinitaire. Libermann, loin de concevoir la mission comme un *dé-paysement exotique* (sortir *« de chez-soi »*), la présente comme un *dépassement kénotique* (sortir *« de soi »*).

Auteur de peu d'écrits rédigés (*Commentaire de saint Jean* et des *Écrits spirituels* divers : *cf.* ci-dessous), Libermann laisse un corpus de 1800 lettres que son successeur, le P. Ignace Schwindenhammer, fera méthodiquement rechercher et rassembler. Elles seront rapidement éditées – et trahies – sous la forme de *Lettres spirituelles* expurgées de tous leurs détails concrets et de leur chair historique. Il faudra attendre le milieu du XXe siècle pour qu'elles soient correctement (mais non critiquement) éditées par le P. Cabon en 14 volumes de *Notes et Documents*. Libermann, maître spirituel estimé, sera étudié prioritairement jusqu'au milieu du siècle dernier. Ce n'est qu'ensuite que l'on s'intéressera à sa pensée missionnaire et que paraîtront des études lui redonnant sa véritable place dans l'histoire de l'Église.

L'Église a rapidement reconnu la qualité de son témoignage chrétien. Le 1er juin 1876, Pie IX signe le décret d'introduction de la cause en vue de la béatification. Le 15 mai 1886, Rome approuve par Décret les *écrits* de Libermann avec la notation : « Il est rare que l'examen aboutisse à un résultat aussi favorable ». Le 19 juin 1910, Pie X proclame l'héroïcité des vertus de Libermann et le déclare *Vénérable*. Si la reconnaissance de l'importance de la pensée missionnaire de Libermann est relativement récente, depuis toujours – et encore aujourd'hui – le maître spirituel reste très vivant et fréquenté, cependant qu'un nouvel intérêt se manifeste pour ses origines juives et l'influence qu'elles ont pu avoir dans sa vie et dans sa pensée comme chrétien.

SOURCES ET ÉCRITS. – Archives générales de la congrégation du Saint-Esprit (Chevilly-Larue) : De 3A1.1 à 3A3.7.7 (30 boîtes) + les Autographes classés à part. – *Lettres spirituelles du Vénérable Libermann, premier supérieur général de la congrégation du Saint-Esprit et du Saint Cœur de Marie, publiées par un Père de la même congrégation*, 3e édition, Paris, [1889], t. I, 549 p., 109 lettres ; t. II, 612 p., 128 lettres ; t. III, 675 p., 148 lettres. – *Lettres spirituelles de notre Vénérable Père aux membres de la congrégation*, Procure générale de la congrégation, Paris, [1889], 716 p., 143 lettres. – *Écrits spirituels du Vénérable Libermann*, Paris, 1891. – *Écrits spirituels du Vénérable Libermann, Supplément*, Paris, [1891]. – *Commentaire des douze premiers chapitres du Saint Évangile selon saint Jean* par le Vénérable Libermann, 2e édition, Paris, [1895]. – *Commentaire de saint Jean*, édition critique, Paris, 1958. – *Règle provisoire des missionnaires du Très saint Cœur de Marie*, Amiens, 1845. – *Règlements de la Congrégation du Saint-Esprit sous l'invocation de l'Immaculé Cœur de Marie*, Paris, 1849. – *Règle provisoire des missionnaires de Libermann. Texte et commentaire*, Mortain, 1967 (édition par F. Nicolas, ronéoté). – *Synopse des deux Règles de Libermann, précédée de la première Règle spiritaine. Texte intégral et authentique*, Paris, 1968 (édition par A. Bouchard et F. Nicolas, ronéoté). – *Notes et Documents relatifs à la vie et à l'œuvre du Vénérable François-Marie-Paul Libermann, supérieur général de la congrégation du Saint-Esprit et du Saint Cœur de Marie*, par A. Cabon (éd.), pour distribution privée, 13 vol., 2 *Appendices*, 1 *Compléments*, Paris, 1929-1956, 8734 p. + R. Tabard (éd.) *Compléments II*, 2015, 267 p. – *Petit traité de la vie intérieure*, suivi de *Lettres à Eugène Dupont*, Paris-Orbey, 2011, 169 p. (Préface et Note finale de Paul Coulon).

TRAVAUX. – BIOGRAPHIES – *Vie du R. P. Libermann fondateur de la congrégation du Saint Cœur de Marie et premier supérieur général de la congrégation du Saint-Esprit et de l'Immaculé Cœur de Marie*, par l'auteur de l'*Histoire de saint Léger* [Dom Pitra], Paris, 1855. – *Vie du R. P. Fr.-M.-P. Libermann*, par le card. Jean-Baptiste Pitra, 2e édition, Paris, 1872. – *Vie du vénérable serviteur de Dieu, François-Marie-Paul Libermann*, par le card. Jean-Baptiste Pitra, 3e édition, Paris, 1882 ; 4e édition, Paris, 1882 ; 5e édition, Paris, 1913. – *Vie du Vénérable Père Libermann, fondateur de la société des Missionnaires du Saint Cœur de Marie et premier supérieur général de la congrégation du Saint-Esprit et du Saint Cœur de Marie*, par un Père de la même congrégation [P. Delaplace], Paris, 1878. – P. Goepfert, *The Life of the Venerable Francis Mary Paul Libermann*, Dublin, 1880. – G. Lee, *The Life of the Ven. Fr. Libermann*, St. Louis, 1911. – H. Döring, *Vom Juden zum Ordensstifter*, Knechtsteden, 1920. – E. Conrad (de la congrégation du Saint-Esprit), *Du Judaïsme à l'apostolat des Noirs, Vie populaire du Vénérable Libermann*, Metz, 1926 ; Paris, 1931. – L. Leloir (des pères blancs d'Afrique), *Libermann (Radio-causerie)*, Namur, 1937. – M. Briault, *La Reprise des missions d'Afrique au dix-neuvième siècle, Le Vénérable Père F.-M.-P. Libermann*, Paris, 1946. – M. O'Carroll, *Fr. Libermann*, Dublin, 1952. – H. Walker Homan, *Star of Jacob. The Story of the Venerable Francis Libermann*, New York, 1953 (rééd. Bickley, Kent, UK, 1980). – M.-L. de Sion, *Le Vénérable Libermann*, Paris, 1954. – A. L. van Kaam, *[De Jood van Saverne] De Eerbiedwaardige Frans Libermann. Een ponging tot synthese*, Rhenen, 1954 ; Id., *A Light to the Gentiles. The Life Story of the Venerable Francis Libermann*, Milwaukee, 1959. – Mgr J. Gay (évêque de Guadeloupe), *Libermann*, Paris, 1955 ; Id., *François Libermann, les chemins de la paix*, Paris, 1974 ; Id., *Libermann, juif selon l'Évangile (1802-1852)*, Paris, 1977. – A. H. Alves, *Un judio salvador de la raza negra*, Madrid, 1967. – J.-T. Rath, *Pater Libermann cssp, Ein Leben für Afrika* (*1802-1852*), Knechtsteden, 1980. – F. Nogueira Da Rocha, *O Veneravel Libermann*, Lisboa, 1983. – J. R. Seichas, *Francisco Libermann. De judio a padre de misioneros*, Madrid, 2000. – A. Nemeth, *La Vie du Vénérable Père Libermann* (trad. du hongrois), Paris, 2008.

ÉTUDES (SÉLECTION). – Archives générales de la congrégation du Saint-Esprit (Chevilly-Larue) : 5A3.7 (15 boîtes) + la salle Libermann. – V. Lithard, *Spiritualité spiritaine*, Paris, 1938. – L. Liagre, *Le Vénérable Père Libermann. L'homme. La doctrine*, Paris, 1948. – Mgr J. Gay, *La Doctrine missionnaire du Vénérable Père Libermann*, Basse-Terre (Guadeloupe), [1945]. – A. Rétif, *Pauvreté spirituelle et mission d'après le Père Libermann*, Paris, 1956. – A. Bouchard, *D'un centenaire à l'autre, Notice bibliographique récapitulative des études libermanniennes de langue française publiées de 1952 à 1959*, dans *Spiritus*, 1, octobre 1959, p. 79-95. – P. Blanchard, *Le Vénérable Libermann (1802-1852)*, 2 t., Paris, 1960. – M. Legrain, *Une union de congrégations au XIXe siècle : le Saint-Esprit et le Saint Cœur de Marie. Étude historique et canonique*, Paris, 1965 (thèse dactylographiée de l'Institut catholique). – J. Letourneur, *Cahiers Libermann*, Chevilly, 1967-1968 (9 cahiers multigraphiés). – P. Sigrist, article *Libermann*, dans *Dictionnaire de Spiritualité*, t. IX, Paris, 1976, col. 764-780. – C. V. Burke, *The Development of a Doctrine and Method of Evangelisation in the Life and Works of Francis Libermann (1802-1852)*, thèse, Roma. – H. J. Koren (Henry J.), *Les Spiritains. Trois siècles d'histoire religieuse et missionnaire. Histoire de la congrégation du Saint-Esprit*, Paris, 1982. – B. A. Kelly, *Life began at Forty : The Second Conversion of Francis Libermann cssp*, Dublin, 1983. – A. Gilbert, *Le Feu sur la terre. Un chemin de sainteté avec François Libermann*, Paris, 1985. – M. Cahill, *Libermann's Commentary on John. An Investigation of the Rabbinical and French School Influence*, Dublin-London, 1987.

La reprise et le renouveau des travaux historiques sur Libermann commencent avec l'ouvrage collectif sous la direction de P. Coulon et de P. Brasseur : *Libermann 1802-1852. Une pensée et une mystique missionnaires*, Paris, 1988. Ils continuent par : P. Coulon, *François Libermann (1802-1852). Relecture historique et théologique de l'itinéraire d'un fondateur missionnaire*, Paris, thèse de la Sorbonne/Institut catholique de Paris, 2001. Le maître spirituel est présenté par A. Aubert : *Prier 15 jours avec François Libermann*, Paris, 2004.

À côté de l'ensemble des articles parus dans les Suppléments *Études Spiritaines* à la revue *Spiritus* (1963, 1964, 1965, 1968, 1970, 1971) et dans les *Cahiers Spiritains* (Maison généralice, Roma, 22 numéros, 1976-1988), il faut ajouter l'ensemble récent des articles de P. Coulon : – *Libermann comme ancêtre dans l'Église-famille en Afrique*, dans *Mémoire Spiritaine*, 1, 1995, p. 15-26. – *À propos de la naissance de Libermann : 1802 ou le générique d'un siècle*, *ibid.*, 2, 1995, p. 10-32. – *L'évangélisation de la Côte-d'Ivoire : préhistoire spiritaine d'un Centenaire*, *ibid.*, p. 100-127. – *Un mémoire* secret *de Libermann à la Propagande en 1846 ? Enquête et suspense*, *ibid.*, 3, 1996, p. 19-50. – *Du Très-Haut au Très-Bas : Libermann ou le voyage au bout de Dieu*, dans *Spiritus*, 142, 1996, p. 77-86. – *Libermann et le travail paroissial en Europe*, dans *Vie Spiritaine*, 4, 1997, p. 53-59. – *Libermann chez Frédéric Ozanam, en décembre 1839 : l'embellie de Lyon ou la grâce de Fourvière*, dans *Mémoire Spiritaine*, 6, 1997, p. 7-36. – *Relecture historique et théologique de l'itinéraire d'un fondateur missionnaire : François Libermann (1802-1852). Bilan d'une recherche 1980-2001*, *ibid.*, 15, 2002, p. 7-40. – *Senghor, les spiritains et Libermann. Une* Préface *et son histoire »*, *ibid.*, p. 103-134. – *Le chemin de Libermann : de l'Exode d'Israël à la kénose du Serviteur (1802-1852)*, *ibid.*, 16, 2002, p. 67-76. – *La genèse juive de Jacob Libermann à Saverne (1802-1822)*, *ibid.*, 18, 2003, p. 11-32. – *Frédéric Ozanam et François Libermann. Quelques réflexions à partir d'un grand livre de Gérard Cholvy*, *ibid.*, 23, 2006, p. 165-173. – *De l'école talmudique (Metz) au baptême en Christ (Paris) : Libermann 1822-1826*, *ibid.*, 24, 2006, tout le numéro : 172 p. – *François Libermann (1802-1852) et le « Cœur éminemment apostolique » de Marie*, dans J. Longère (éd.), *Marie dans l'évangélisation*, I, Paris, 2007, p. 183-209. – Contributions de P. Coulon et M. Legrain dans P. Coulon (dir.), *Claude-François Poullart des Places et les Spiritains. De la fondation en 1703 à la restauration par Libermann en 1848* (La congrégation du Saint-Esprit dans son histoire, 1), Paris, 2009, p. 589-658. – *Exchanges on the Essential. The Libermann-Lairé Correspondence*, dans *Spiritan Horizons. A Journal of the Congregation of the Holy Spirit*, 9, 2014, p. 3-15. – *Sur le terrain africain, les spiritains se sont-ils référés à la pensée missionnaire de Libermann ?*, dans O. Saaidia et L. Zerbini, *L'Afrique et la mission. Terrains anciens, questions nouvelles avec Claude Prudhomme*, Paris, 2015, p. 57-72. – *Quelques notes historiques et théologiques sur Libermann et l'esclavage*, dans *Spiritan Horizons* (Pittsburgh), 13, 2018.

Deux articles importants sur les relations de Libermann avec les congrégations missionnaires féminines : B. Ducol, *« Dans la même portion de la vigne » : le père Libermann et la mère Javouhey*, dans *Mémoire Spiritaine*, 12, 2000, p. 10-33. – G. Vieira, *Émilie de Villeneuve (1811-1854) et François Libermann (1802-1852)*, *ibid.*, 20, 2004, p. 8-32.

P. Coulon

LITIFREDO, évêque de Novare de 1122/23 à 1151.

Vivant dans le climat de réformes ecclésiastique dont Grégoire VII avait été le promoteur, Litifredo publia en 1124 et en 1135 des décrets concernant le clergé. En outre, il incita de nouveau les chanoines de sa cathédrale à vivre ensemble dans le même bâtiment.

Le 27 sept. 1124 arrivèrent à Novare les moines de Vallombreuse, qui s'installèrent près de l'église S. Bartolomeo : l'évêque Litifredo consacra leur oratoire le 10 oct. 1128.

Durant son épiscopat, on entreprit la reconstruction de l'église San Giovanni.

À plusieurs reprises, les papes lui adressèrent des brefs : Honorius II le 30 avr. 1125 (Ph. Jaffé et al., *Regesta pontificum Romanorum ad annum 1198*, Leipzig, 1885-1888, n° 7343) et Innocent II le 25 juin 1132 (Ph. Jaffé et al., *op. cit.*, n°° 7573).

En 1144, sur ordre du pape Lucius II et après avoir pris conseil auprès des cardinaux Guido et Ubaldo, Litifredo rendit une sentence dans le procès qui opposait l'évêque de Crémone, Oberto, et le prieur Teudaldo, du monastère de S. Giacomo de Pontida, à propos de la juridiction sur les deux églises de S. Salvatore et de S. Martino à Morengo ; il conclut en faveur du prieur de Pontida (P.-F. Kehr, *Regesta pontificum Romanorum. Italia pontificia*, VI-1, p. 267, 293).

En s'appuyant sur les diptyques de S. Gaudenzio et de la cathédrale de Novare ainsi que sur le fait qu'après sa mort le siège épiscopal de Novare demeura vacant pendant deux ans, Savio attribue à Litifredo un épiscopat de 27 années et 9 mois, place sa mort en 1151 et le présente comme le 51e évêque de Novare.

C. Bascapé, *Novaria, seu de Ecclesia Novariensi libri duo. Primis de locis, alter de Episcopis*, Novariae, 1612. – F. Gemelli, *Dell'unica e costantemente unica cattedrale di Novara...*, s.l., 1798. – F. Savio, *Gli antichi vescovi d'Italia dalle origini al 1300. Piemonte*, Torino, 1898, p. 269-270, voir aussi *ibid.*, p. 241 (*Notiziario sul Catalogo : Litifredo*). – M. L. Gavazzoli Tomea (éd.), *Novara e la sua terra nei secoli XI e XII. Storia, documenti, archittetura*, Milano, 1980. – *Bibliotheca sanctorum*, t. VIII, col. 67-68. – E. Filippini, *Alcuni documenti cremonesi riguardanti l'attività giudiziaria del vescovo Litifredo*, dans *Novarien.*, 28, 1998-1999, p. 107-137.

A. Rimoldi

LIUTUHARD Ier, *Liutardus*, *Liutvardo*, évêque de Côme à la fin du IXe siècle.

Il est mentionné pour la première fois comme évêque de Côme dans une lettre du pape Étienne V (885-891), datée de 887/888, adressée au patriarche d'Aquilée Valperto – dont le siège de Côme était suffragant depuis 569 (année où les Lombards arrivèrent à Milan) – pour lui ordonner de conférer l'ordination épiscopale à Liutuhard, qui avait été élu évêque de Côme dans les formes canoniques (Ph. Jaffé et al., *Regesta pontificum Romanorum ad annum 1198*, Leipzig, 1885-1888, n°° 3442).

L'opposition du patriarche Valperto doit certainement être mise en relation avec les luttes pour la succession de l'empereur Charles III le Gros, qui venait d'être déposé en 887. Liutuhard faisait partie du groupe des grands seigneurs féodaux lombards qui appelèrent en Italie le roi de Provence, Louis, lequel réussira à se faire couronner empereur à Pavie en 900, en présence notamment de l'évêque Liutuhard, qui, à cette occasion, fut nommé par le nouvel empereur archichancelier pour l'Italie, charge qui cessa d'exister dès 902 lorsque Louis III fut obligé par Bérenger Ier du Frioul de retourner en France.

Le patriarche Valperto, au contraire, faisait partie des grands feudataires qui soutenaient la candidature de Bérenger du Frioul, lequel, en 905, devint empereur après avoir réussi à éliminer du trône impérial Louis III, qu'il avait fait aveugler.

Louis III aurait récompensé Liutuhard de son appui en confirmant les privilèges d'immunité qui avaient été concédés antérieurement à l'Église de Côme : en outre, le 7 déc. 901, Liutuhard reçut de Louis III l'abbaye de S. Giorgio de Coronate et, le 13 avr. 902, plusieurs terres situées près de Pavie entre le Pô et le Tessin, destinées à la cathédrale de S. Abbondio.

Dans les nécrologes des monastères de Reichenau et de Saint-Gall, la mort de Liutuhard est mentionnée à la date du 24 juin mais l'année n'est pas précisée : ce fut après 902 et, au plus tard, en 911, année où est déjà mentionné son successeur Valperto.

F. Savio, *Gli antichi vescovi d'Italia dalle origini al 1300. La Lombardia, parte II*, 1 : *Bergamo-Brescia-Como*, Bergamo, 1929, p. 307-310. – P. Pensa, *Dall'età carolingia all'affermazione delle signorie*, dans A. Rimoldi, A. Caprioli et L. Vaccaro (éd.), *Diocesi di Como* (coll. Storia religiosa della Lombardia, 4), Brescia, 1986, p. 48-49, 78. – M. Troccoli Chini, *La diocesi di Como, vescovi*, dans *Helvetia Sacra*, I-6, Basel-Frankfurt am Main, 1989, p. 87-89.

A. Rimoldi

LIUTVARDO, *Liutwardo*, évêque de Verceil de *c.* 880 à 899.

Verceil avait été le chef-lieu d'un comté à l'époque carolingienne, au terme de laquelle, vers 880, le siège épiscopal fut occupé par Liutvardo, archichancelier et archichapelain de l'empereur Charles III le Gros, qui lui accorda diverses faveurs au profit de l'Église de Verceil.

En 887, par suite de la déposition du trône impérial de Charles le Gros, l'évêque Liutvardo perdit ses charges prestigieuses d'archichancelier et d'archichapelain, ainsi que le pouvoir temporel qu'il avait réussi à acquérir sur la ville.

Liutvardo fut au nombre des victimes lors des massacres du clergé de Verceil par les Hongrois, le 13 déc. 899, d'après ce que nous apprend le *Chronicon* de Réginon (qui place cependant l'épisode en 901 mais la chronologie de Réginon de Prüm s'avère souvent douteuse). F. Savio présente Liutvardo comme le 45e évêque de Verceil, en signalant que l'ancien calendrier de l'Église de Verceil rappelle sa mort violente avec tout le clergé de la ville, causée par les Hongrois et par les Ariens (?), mais il réfute l'hypothèse qui s'appuierait sur Réginon et sur les *Annales* de Fulda, selon laquelle sa mort aurait eu lieu respectivement en 901 et en 900.

Les conséquences de ces massacres sur l'Église de Verceil se faisaient encore sentir en 964 lors du synode d'Ingone.

Reginonis abbatis Prumiensis Chronicon, dans F. Kurze (éd.), *Monumenta Germaniae Historica. Scriptores Rerum Germanicarum in usum scholarum separatim editi*, 50, Hannover, 1890, p. 148. – F. Savio, *Gli antichi vescovi d'Italia dalle origini al 1300. Il Piemonte*, Torino, 1899, p. 445-446. – V. Fumagalli, *Il Regno italico* (coll. Storia d'Italia, 2), Torino, 1978, p. 159-182. – M. Bacella et al., *Da San Gallo a Vercelli, una sequenza per Sant'Emiliano. Notker e Liutwardo*, Villanova Monferrato, 2010. – *Lexikon des Mittelalters*, vol. 5, col. 2042. – *Neue Deutsche Biographie*, t. 14, p. 724-725. – W. et T. Bautz (éd.), *Biographisch-bibliographisches Kirchenlexikon*, t. 5, col. 142-143. – *Enciclopedia cattolica*, t. 12, col. 1249-1250 (G. Ferraris). – U. Chevalier, *Répertoire des sources historiques du Moyen Âge. Bio-bibliographie*, t. 2, Montbéliard-Paris, 1903-1907, col. 2844. – *Deutsche Biographische Enzyklopädie*, t. 6, p. 430.

A. Rimoldi

LOUVAIN, *Leuven*, *Lovanium*, ville et université fondée en 1425.

Sommaire. – I. VILLE. – i. Histoire. – 1° *Louvain au Moyen-Âge.* – 2° *Le désastreux* xvie *siècle.* – 3° *Du* xviie *au* xviiie *siècle.* – 4° *Une ville conservatrice dans un État moderne : le long* xixe *siècle.* – 5° *Le* xxe *siècle : la nouvelle Louvain.* – ii. Établissements religieux séculiers. – 1° *Les paroisses de Louvain et la vie paroissiale durant l'Ancien régime.* – 2° *Les établissements religieux séculiers et la vie paroissiale,* xixe *et* xxe *siècles.* – iii. Les monastères. – 1° *Ancien régime.* – Abbaye des clarisses urbanistes. – Abbaye de La Vignette ou la Vigne N.-D. (cisterciennes). – Abbaye de Parc, à Heverlee (prémontrés). – Abbaye Sainte-Gertrude (chanoines réguliers de S. Augustin). – Abbaye bénédictine de Vlierbeek, à Kessel-Lo. – Chartreuse. – Collège des prémontrés. – Commanderie de l'Ordre du Temple. – Commanderie des hospitaliers, autrefois des templiers. – Prieuré de Bethléem à Herent (chanoines réguliers de S. Augustin de *Windesheim*). – Prieuré des Dames blanches de Louvain (chanoinesses régulières de S. Augustin de Windesheim). – Prieuré de Notre-Dame à Heverlee (célestins). – Prieuré de Sainte-Monique (chanoinesses régulières de S. Augustin). – Prieuré de Sainte-Ursule ou Couvent de la Mi-rue (chanoinesses régulières de S. Augustin). – Prieuré du Val-Saint-Martin (chanoines réguliers de S. Augustin de *Windesheim*). – Ter Bank, monastère d'augustines et léproserie à Heverlee. – 2° xixe *et* xxe *siècles.* – Abbaye de Parc (prémontrés), 1929-2018. – Abbaye bénédictine du Mont-César. – Abbaye Sainte-Gertrude (bénédictines). – Monastère Maria Mediatrix (bénédictines). – Monastère Saint-Joseph (Kessel-Lo, clarisses-colettines) (1838). – iv. Les couvents. – 1° *Ancien régime.* – Béguinage de Wierinck de Sainte-Barbara. – Collège pastoral irlandais. – Compagnie de Jésus. – Couvent des alexiens. – Couvent des annonciades. – Couvent des bogards. – Couvent des capucins. – Couvent des carmélites chaussées. – Couvent des carmélites déchaussées ou thérésiennes. – Couvent des carmes déchaussés de Saint-Albert, dit *Tacet*. – Couvent des carmes déchaussés, dit *Placet*. – Couvent des dominicains (1228). – Couvent des dominicains anglais. – Couvent des dominicains irlandais, ou *College of the Holy Cross*. – Couvent des dominicaines de Ste Catherine de Sienne. – Couvent des ermites de S. Augustin. – Couvent des franciscains irlandais ou *St. Anthony's College*, dit aussi couvent des récollets irlandais. – Couvent des minimes. – Couvent des Pères de l'Oratoire. – Couvents des franciscains

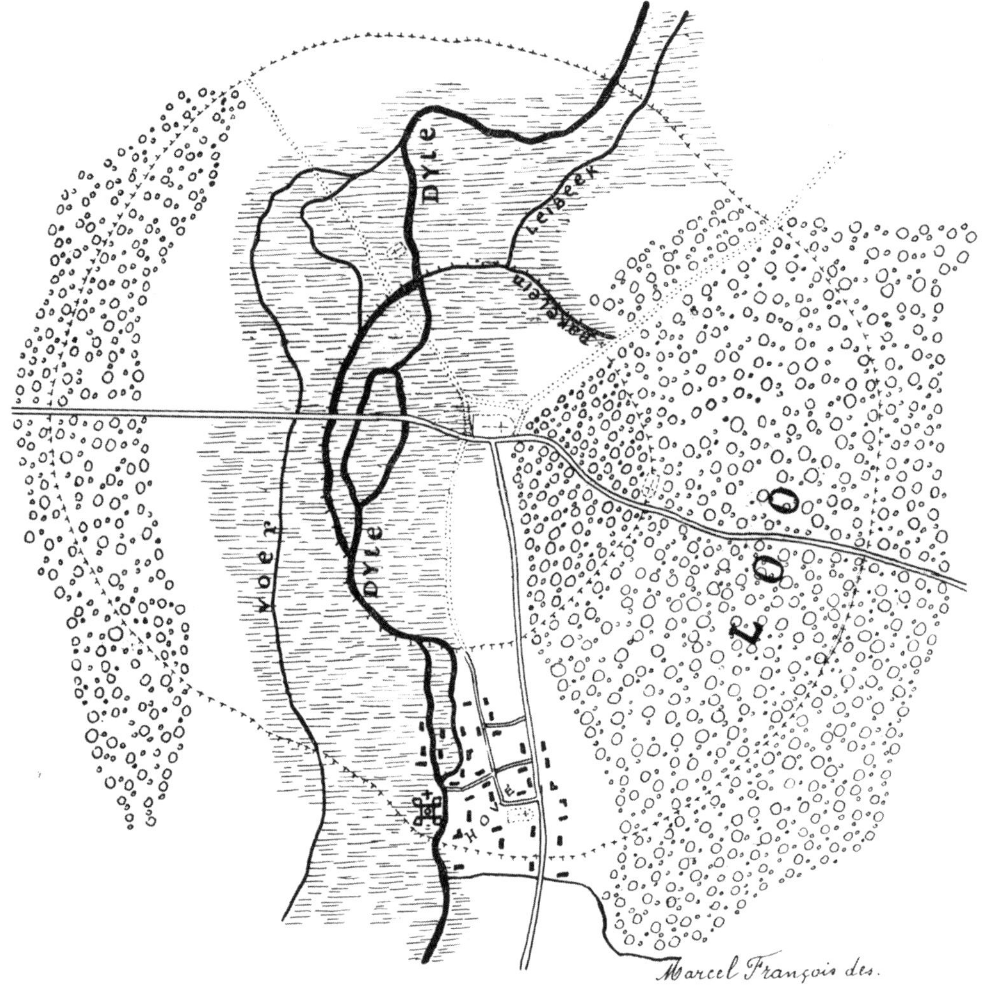

Plan de Louvain aux IXe-Xe siècles, tiré de J. Cuvelier, *La formation de la ville de Louvain des origines à la fin du XIVe siècle*, Bruxelles, 1935, p. 42.

récollets. – Couvent des sœurs grises, puis pénitentes, puis pénitentes-récollectines *(Bethlehem)*. – Couvent des sœurs hospitalières. – Couvent des sœurs noires augustines de Nazareth. – Couvent des ursulines. – Grand béguinage Ten Hove de Sainte-Élisabeth. – Petit béguinage de Sainte-Catherine. – 2° *XIXe et XXe siècles*. – Le réveil religieux après la Révolution française (*c.* 1800-*c.* 1870). – Différenciation et maisons d'étude (*c.* 1870-1950). – Des années 1950 à nos jours : des nouveaux projets de construction optimistes à une présence modeste. – V. BIBLIOGRAPHIE GÉNÉRALE. – II. L'UNIVERSITÉ. – I. ANCIEN RÉGIME. – 1° *L'Université, de sa fondation à sa suppression en 1797*. – Une université propre aux Pays-Bas. – Infrastructure institutionnelle. – Infrastructure matérielle. – Les étudiants. – Les professeurs. – Les facultés : enseignement et recherche. – 2° *La faculté de théologie*. – II. 1817-1834-1968. – 1° *L'université*. – L'université d'État (1817-1834). – L'université catholique de Louvain (1834-1914). – L'université catholique de Louvain (1914-1968). – 2° *La faculté de théologie*. – La nouvelle faculté de théologie au XIXe siècle. – L'expansion de la Faculté au XXe siècle. – III. LA CRISE DES ANNÉES 60 : RÉTROACTES ET DÉROULEMENT. – IV. LA KATHOLIEKE UNIVERSITEIT LEUVEN (KULEUVEN) DEPUIS 1968. – 1° *L'université*. – 2° *La faculté de théologie*. – L'enseignement. – La recherche. – V. L'UNIVERSITÉ CATHOLIQUE DE LOUVAIN (UCLOUVAIN) DEPUIS 1968. – 1° *L'université*. – Aperçu général. – Le cadre institutionnel. – Les hommes. – Le cadre matériel. – La vie des Facultés et Instituts. – 2° *La faculté de théologie*. – Les professeurs de Louvain au Concile Vatican II. – La *Revue théologique de Louvain*. Le transfert à Louvain-la-

Les restes de l'écluse « De Grote Spui », la plus ancienne trace archéologique médiévale de Louvain (1365), © DHGE, 2019.

Neuve. – Le remodelage des programmes d'études. – L'Institut supérieur des sciences religieuses. – Les centres de recherche. – L'évolution des mentalités entre 1975 et 2000. – Les revues et collections cogérées par Leuven et Louvain-la-Neuve. – Le « Processus de Bologne ». – L'heure est aux changements ! – Les formations actuelles à la Faculté de théologie. – En conclusion. – VI. BIBLIOGRAPHIE GÉNÉRALE.

I. VILLE. – I. HISTOIRE. – 1° *Louvain au Moyen-Âge*. – Louvain fut créée à un carrefour de voies terrestres et fluviales qui, déjà à l'époque romaine, remplissait un rôle important dans le commerce entre la mer du Nord et le Rhin. Bien qu'un habitat sporadique ait été attesté au début de l'époque romaine, il n'y a guère de traces de présence humaine lors des périodes romaine tardive et mérovingienne. À l'époque carolingienne, deux noyaux d'habitat se développèrent, à la fois autour de la future église Saint-Pierre et autour du château comtal construit sur la rive gauche de la Dyle. Le château fut brièvement occupé par les Vikings lorsqu'ils conquirent Louvain entre 884 et 891.

Le comte Lambert Ier († 1015) réussit vers l'an 1000 à incorporer la région de Louvain dans sa propriété féodale et jeta les bases du futur duché de Brabant. Il établit un nouveau château sur ce qui deviendrait le « Hertogeneiland», non loin du centre de la future ville. Et sur l'emplacement de l'ancienne église paroissiale, il fit ériger l'église Saint-Pierre, la dotant d'un chapitre de sept chanoines. Depuis le règne de Lambert, Louvain devint la résidence permanente des comtes de Louvain, qui acquirent également en 1106 le titre de duc de Basse-Lotharingie (à partir de 1183, de Brabant). La fondation de l'église Saint-Quentin (avant 1015) et d'un hôpital (1080) témoigne de la croissance de l'activité et de l'habitat à Louvain au XIe siècle.

Au XIIe siècle, Louvain acquit de l'importance au fur et à mesure que s'étendait le pouvoir des ducs de Brabant. Le Duc y établit un atelier de frappe de monnaie qui confirmait le rôle important joué à l'époque par la Dyle et la route Bruges-Cologne dans les flux commerciaux de l'Europe occidentale. Au plan religieux, les ducs fondèrent l'abbaye bénédictine de Vlierbeek (1125), l'abbaye prémontrée de Parc (1129) et la léproserie Ter Bank (vers 1200). Peu à peu se développa un noyau urbain que Godefroid III († 1190) entoura en partie par un rempart communal en pierre (peut-être à partir de 1156-1161). Au centre, on trouvait plusieurs chapelles et il s'y développait un tissu économique comprenant différents marchés, des halles de commerce spécialisées (boulangerie et poissonnerie, avant 1150), des halles aux tissus et à la viande (avant 1200), des halles aux grains (avant 1256) et des maisons de commerce. La vie juridique et politique prit également forme : à l'intérieur des murs de la ville, le droit coutumier de Louvain s'appliquait et était de plus introduit en de nombreux endroits du duché. Le collège échevinal de Louvain, fondé avant 1140, veillait à l'application de ce droit coutumier. Il se composait de sept échevins, tous issus de l'élite des propriétaires terriens (hommes de Saint-Pierre ou des lignages) et nommés par le duc. À la fin du siècle, Louvain comptait environ 7000 habitants et le territoire à l'intérieur de l'enceinte de la ville était presque

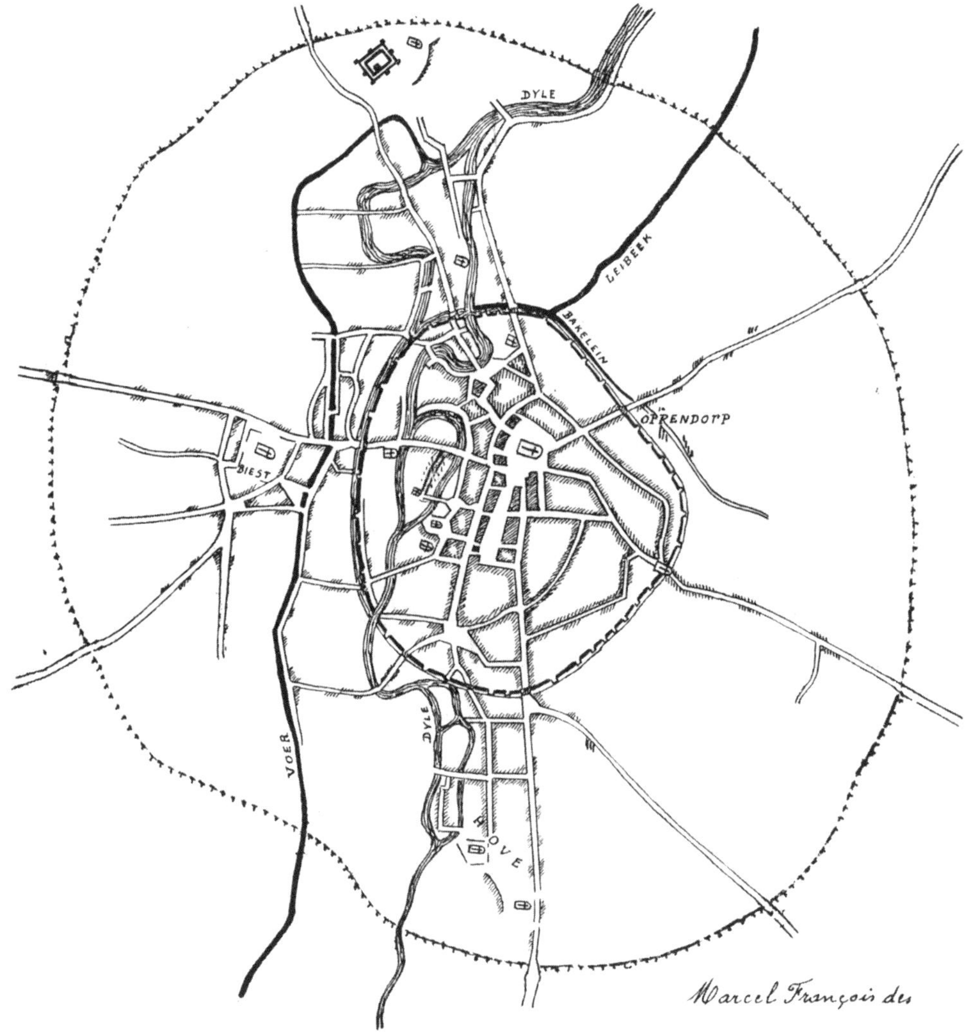

Plan de Louvain au XIIIe siècle, tiré de J. Cuvelier, *La formation de la ville…*, *op. cit.*, p. 131.

entièrement bâti, tandis qu'à l'extérieur de l'enceinte, on comptait aussi différents noyaux résidentiels.

Au XIIIe siècle, le chiffre de la population avait doublé. Jusque dans les années 1340, cette prospérité était soutenue par la croissance du secteur drapier, dont les marchands et les fabricants s'étaient unis avant 1190 dans une guilde du drap. L'essor de ce secteur drapier était alors favorisé par la situation défavorable de l'industrie textile flamande et par l'alliance étroite entre le roi d'Angleterre et le duc de Brabant. En 1252, la paroisse de Louvain fut scindée en cinq : à côté de la paroisse-mère de Saint-Pierre, les chapelles de Saint-Quentin, de Sainte-Gertrude, de Saint-Jacques et de Saint-Michel devinrent le centre d'une paroisse. En plein milieu d'une crise de succession ducale en 1261, les lignages (élites patriciennes) de Louvain se divisèrent en deux camps : les *Colneren*, soutenus par les artisans qui s'étaient révoltés contre le conseil municipal vers 1240, chassèrent hors de la ville les *Blankaarden*, qui soutenaient le futur duc Jean Ier. Après sa nomination en 1267, Jean Ier († 1294) choisira Bruxelles comme résidence, décision qui marqua progressivement pour Louvain la perte des faveurs ducales. À Louvain, le duc instaura le renouvellement annuel du collège échevinal, impliquant la participation de nouvelles familles à la direction de la cité. Néanmoins, les lignages louvanistes conservaient le monopole de la vie politique. Celui-ci n'était d'ailleurs pas vraiment contesté : il connut une brève interruption après 1264, et de 1303 à 1305, une prise de pouvoir des artisans fut évitée grâce à l'intervention du duc.

À partir de 1340, le secteur du textile connut à Louvain un déclin généralisé. Combiné à une charge fiscale élevée (entre autres pour financer le nouveau rempart de la ville en 1356) et à une vague de soulèvements populaires en Flandre et à Liège, cela attisa des décennies de mécontentement des artisans confrontés à leur absence de représentation politique. En 1360, ils soutinrent le bailli Pieter Coutereel dans sa prise de pouvoir sur le conseil patricien. Après des années de lutte, Louvain devint en 1383 la première ville du Brabant où le monopole politique des lignages fut définitivement brisé. Au XVe siècle alternaient les périodes de redressement et de crise. La reconversion vers les industries du luxe apporta un certain soulagement, et la création de l'université (1425) compensa partiellement la perte de prestige survenue après le départ des institutions ducales. La période relativement prospère qui débuta après 1400 se manifesta, entre autres, par la rénovation gothique de l'église Saint-Pierre et la construction du nouvel hôtel de ville. Après la mort de Charles le Téméraire († 1477) et la guerre qui s'ensuivit, le déclin de l'économie louvaniste, et en particulier de son secteur textile, s'est définitivement poursuivi. Extrêmement sensible aux crises, Louvain devint à partir de 1550 une ville ducale de second rang.

H. Van der Linden, *Histoire de la constitution de la ville de Louvain au Moyen Âge*, Gand, 1892. – V. Brughmans, *Les Institutions de la ville de Louvain*, Louvain, 1931. – J. Cuvelier, *De oorsprong der Leuvensche geslachten*, dans *Verslagen en Mededelingen der Koninklijke Vlaamse Academie voor Taal- en Letterkunde*, 43, 1933, p. 127-168 ; Id., *Les institutions de la ville de Louvain au Moyen Âge* (Académie Royale de Belgique. Classe des lettres. Mémoires. Collection in-4. 2e série ; 11,1), Bruxelles, 1935 ; Id., *La formation de la ville de Louvain des origines à la fin du XIVe s.* (Académie Royale de Belgique. Classe des lettres. Mémoires. Collection in-4. 2e série; 10,2), Bruxelles, 1936. – R. Van Uytven, *De sociale crisis der XVIe eeuw te Leuven*, dans *Belgisch Tijdschrift voor Filologie en Geschiedenis*, 36, 1958, p. 356-387 ; Id., *Stadsfinanciën en stadsekonomie te Leuven van de XIIe tot het einde der XVIe eeuw*, Bruxelles, 1961 ; Id. (dir.), *Leuven, « de beste stad van Brabant »*, t. I, *Geschiedenis van het stadsgewest Leuven tot omstreeks 1600*, Leuven, 1980 ; Id., *Het dagelijks leven in een middeleeuwse stad. Leuven anno 1448*, Leuven, 1998. – M. Tits-Dieuaide, *L'assistance aux pauvres à Louvain au XVe siècle*, dans G. Despy et al. (dir.), *Hommage au Professeur Paul Bonenfant (1899-1965)*, Wetteren, 1965, p. 421-439. – L. Bessemans (dir.), *Leven te Leuven in de late Middeleeuwen. Tentoonstellingscatalogus*, Leuven, 1998. – A. Dierkens et D. Guilardian, *Actes princiers et naissance des principautés territoriales : du duché de Basse-Lotharingie au duché de Brabant (XIe-XIIIe siècles)*, dans *Chancelleries princières et Scriptoria dans les anciens Pays-Bas. X[e]-XVe siècles*, dans *Bulletin de la Commission royale d'histoire*, 176, 2010, p. 243-258. – J. Haemers, *Bloed en inkt. Een nieuwe blik op opstand en geweld te Leuven, 1360-1383*, dans *Stadsgeschiedenis*, 7/2, 2012, p. 141-164; Id., *Governing and gathering about the common welfare of the town. The petitions of the craft guilds of Leuven, 1378*, dans H. Olivia, V. Challet et J. Dumolyn (dir.), *La comunidad medieval como esfera publica*, Sevilla, 2014, p. 153-169. – M. Ceunen, *De Leuvense schepenbank* (Claves Scabinorum, 1), Leuven, 2013. – J. Broothaerts, *« Den grote swaren ende druckelijcken tijt van orlogen nu regerende ». Leuven in crisis (1488-1500)* (Claves Scabinorum, 3), Leuven, 2013.

A. BARDYN

Le tombeau du duc Jean Ier de Brabant, tiré de A. Sanderus, *Le grand théâtre sacré du Duché de Brabant...*, t. 1/2, Den Haag, 1729, encart entre les p. 246 et 247.

2° *Le désastreux XVIe siècle*. – En 1526, le chiffre de population du grand Louvain s'élevait à environ 20 000 habitants. À la fin du siècle, la population de la ville était tombée à moins de la moitié (9700 habitants en 1597-1598) et la région environnante s'était presque entièrement dépeuplée. Pour Louvain, ce siècle fut réellement une ère de malheurs. La ville fut durement éprouvée par divers fléaux, spécialement dans le dernier tiers du XVIe siècle : crise économique, famine, peste, inondation de la Dyle et guerre. De retour à Louvain en 1592, l'humaniste Juste Lipse ne reconnut plus du tout la ville telle qu'il l'avait connue dans sa splendeur. Elle s'était pratiquement transformée en ville-fantôme.

Au plan économique, l'inflation, consécutive aux dévaluations monétaires successives décidées par le souverain, touchait sévèrement la population et à partir de 1566, le ralentissement de l'économie – surtout dans l'activité drapière, ébranlée par l'expansion fulgurante d'Anvers, par la concurrence d'autres villes et des autres pays, au premier plan l'Angleterre – s'accentua encore. Cette inflation concernait particulièrement le prix du grain, base de l'alimentation, avec un pic effrayant en 1585, les prix en ayant été multipliés par douze en comparaison avec l'année 1525. L'industrie (avec une exception

La Halle des drapiers, par L. Mommens et A. Joos, XIXe s., © BRES KU Leuven Centrale Bibliotheek, TA00522.

notable pour la brasserie) subissait de lourds revers. De 84 tisserands actifs en 1477, il n'en subsistait plus dans la ville que 32 en 1597. Quant à l'industrie tapissière, si florissante à Louvain au XVe siècle (une cinquantaine d'artisans en 1477), elle avait complètement disparu à la fin du XVIe siècle. Et de même pour les fourreurs et dans une moindre mesure pour les cordonniers.

Corollaire inévitable, la pauvreté ou à tout le moins la grande précarité explosa dans la population, atteignant sans doute 65% de celle-ci à la fin du siècle.

Au cours du XVIe siècle, les Louvanistes connurent 16 années d'épidémie de peste, dont 5 à partir de 1568 (une terrible résurgence de la maladie survint encore en 1635-1636), et 23 années de famine, dont 16 à partir de 1565. Cette année 1565 se signala par des récoltes très mauvaises qui affectèrent en particulier les Pays-Bas espagnols.

Au plan militaire, l'année 1568 marqua le début de la Révolte des Pays-Bas contre la monarchie espagnole. Les armées des Provinces-Unies et une garnison espagnole dont la soldatesque composée en bonne partie de mercenaires n'était pratiquement plus payée, vinrent tour à tour ou simultanément assiéger, occuper, rançonner et piller la région et la ville, favorisant aussi l'émergence d'épidémies meurtrières. Assiégée par Guillaume le Taciturne, prince d'Orange, en 1572, Louvain était demeurée fidèle à la couronne espagnole. De 1578 à 1585, elle dut abriter une garnison espagnole imposée par Don Juan d'Autriche qui représenta un lourd tribut pour la cité louvaniste.

Si l'embellie se dessina à partir de 1598 avec l'arrivée au pouvoir des archiducs Albert et Isabelle, il faudra attendre le XVIIIe siècle pour que la ville et sa région retrouvent le niveau de population atteint au XVe siècle. Comme l'écrit B. Dewilde, « Ces années de misère furent aussi un tournant, au cours duquel Louvain reçut l'identité qu'elle a gardée jusqu'à nos jours ».

R. Van Uytven, *De sociale crisis der XVIe eeuw te Leuven*, dans *Belgisch Tijdschrift voor Filologie en Geschiedenis*, 36, 1958, p. 356-387 ; Id., *Leuven « De beste stad van Brabant »*, partie 1, *De geschiedenis van het stadsgewest Leuven tot omstreeks 1600*, Leuven, 1980, spéc. p. 113-127. – B. Dewilde, *Veerkracht van een stad. Leuven tussen oorlog, crisis en pest (1578-1635)*, dans G. Van Reyn (éd.), *De pest te Leuven 1634-1636. De kapucijnen en de zorg om de mens*, Leuven, 2016, p. 1-17.

E. LOUCHEZ

3° *Du XVIIe au XVIIIe siècle*. – Au XVIIe siècle, Louvain s'enfonça dans la « médiocrité » (R. Van Uytven, 1964). Après une fin de XVIe siècle désastreuse, la ville connut un timide redressement dans les premières décennies du XVIIe siècle, mais après 1650, Louvain se retrouva de nouveau dans une situation épineuse. Durant le XVIIe siècle et une grande partie du siècle suivant, le rôle de Louvain se limitait à celui de chef-lieu administratif et de marché aux grains pour le sud et l'est du Brabant. Officiellement, on considérait encore Louvain comme la première capitale du duché. Dans la pratique, elle avait dû céder cette position avantageuse à Bruxelles dès le XVe siècle. Cela n'enlève rien au fait que, jusqu'à la fin de l'Ancien régime, cette fonction de capitale constitua un élément important de l'identité urbaine de Louvain.

Dans la seconde moitié du XVIe siècle, Louvain avait subi la pire crise sociale et démographique de son histoire. Aux environs de 1600, le chiffre de la population avait considérablement régressé, atteignant à peine 9700 âmes. C'est seulement à la toute fin de l'Ancien régime que le

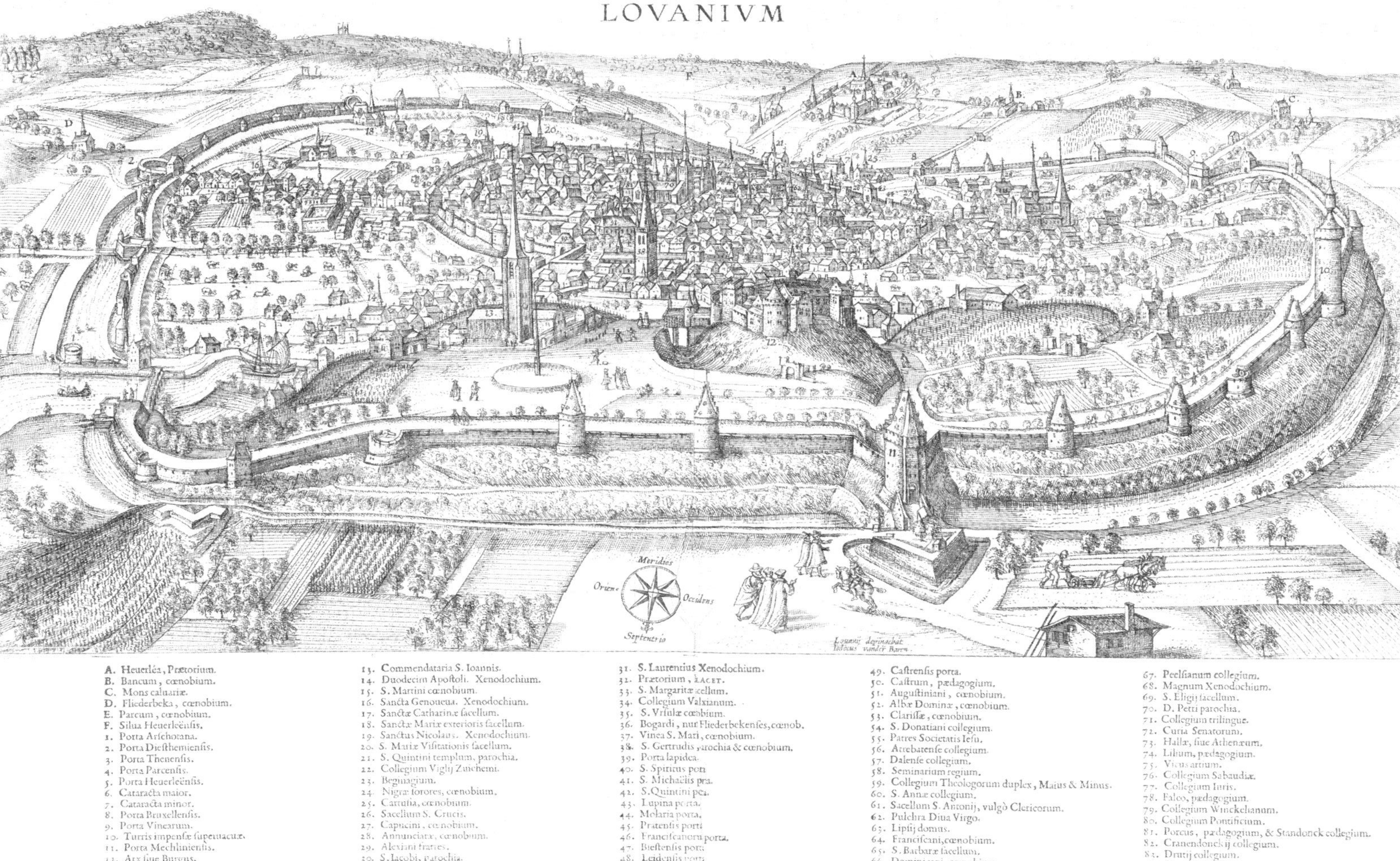
LOVANIVM
Meridies
Oriens
Occidens
Septentrio
Louanij depingebat Iudocus vander Baren.
A. Heuerlée, Prætorium.
B. Bancum, cœnobium.
C. Mons caluariæ.
D. Fliederbeka, cœnobium.
E. Parcum, cœnobium.
F. Silua Heuerleënsis.
1. Porta Arschotana.
2. Porta Diesthemiensis.
3. Porta Thenensis.
4. Porta Parcensis.
5. Porta Heuerleënsis.
6. Cataracta maior.
7. Cataracta minor.
8. Porta Bruxellensis.
9. Porta Vinearum.
10. Turris impensæ superuacuæ.
11. Porta Mechliniensis.
12. Arx siue Burgus.
13. Commendataria S. Ioannis.
14. Duodecim Apostoli. Xenodochium.
15. S. Martini cœnobium.
16. Sancta Genoueua. Xenodochium.
17. Sanctæ Catharinæ sacellum.
18. Sanctæ Mariæ exterioris sacellum.
19. Sanctus Nicolaus. Xenodochium.
20. S. Mariæ Visitationis sacellum.
21. S. Quintini templum, parochia.
22. Collegium Viglij Zuichemi.
23. Beginagium.
24. Nigræ sorores, cœnobium.
25. Cartusia, cœnobium.
26. Sacellum S. Crucis.
27. Capucini, cœnobium.
28. Annunciatæ, cœnobium.
29. Alexiani fratres.
30. S. Iacobi, parochia.
31. S. Laurentius Xenodochium.
32. Prætorium, LACET.
33. S. Margaritæ sacellum.
34. Collegium Valxianum.
35. S. Vrsulæ cœnobium.
36. Bogardi, nunc Fliederbekenses, cœnob.
37. Vinea S. Mari, cœnobium.
38. S. Gertrudis parochia & cœnobium.
39. Porta lapidea.
40. S. Spiritus porta
41. S. Michaëlis porta.
42. S. Quintini porta.
43. Lupina porta.
44. Molaria porta.
45. Pratensis porta
46. Franciscanoru porta.
47. Biestensis porta
48. Leidensis porta
49. Castrensis porta.
50. Castrum, pædagogium.
51. Augustiniani, cœnobium.
52. Albæ Dominæ, cœnobium.
53. Clarissæ, cœnobium.
54. S. Donatiani collegium.
55. Patres Societatis Iesu.
56. Atrebatense collegium.
57. Dalense collegium.
58. Seminarium regium.
59. Collegium Theologorum duplex, Maius & Minus.
60. S. Annæ collegium.
61. Sacellum S. Antonij, vulgò Clericorum.
62. Pulchra Diua Virgo.
63. Lipsij domus.
64. Franciscani, cœnobium.
65. S. Barbaræ sacellum.
66. Dominicani, cœnobium.
67. Peelsianum collegium.
68. Magnum Xenodochium.
69. S. Eligij sacellum.
70. D. Petri parochia.
71. Collegium trilingue.
72. Curia Senatorum.
73. Hallæ, siue Athenæum.
74. Lilium, pædagogium.
75. Vicus artium.
76. Collegium Sabaudiæ.
77. Collegium Iuris.
78. Falco, pædagogium.
79. Collegium Winckelianum.
80. Collegium Pontificium.
81. Porcus, pædagogium, & Standonck collegium.
82. Cranendonckij collegium.
83. Drutij collegium.
84. Hauterlé collegium.

Plan de Louvain en 1605, par J. vander Baren, © BRES KU Leuven Centrale Bibliotheek, TB00052.

La brasserie et la meunerie de la Vignette à Louvain, lithographie par E. Toovey (milieu XIXe s.), © BRES KULeuven Centrale Bibliotheek TC00210.

niveau du début du XVIe siècle fut de nouveau atteint. Le commerce et l'industrie subirent de durs revers. Par le biais de subventions et de mesures protectrices de grande envergure, le Conseil municipal tentait d'attirer des entrepreneurs du textile afin de revitaliser une industrie textile depuis longtemps sur le déclin. Cependant, sur le long terme, ces artifices n'eurent que peu d'effet sur le cours des événements. À la fin du XVIe siècle, l'industrie drapière louvaniste ne comptait plus qu'une poignée de tisserands, de tondeurs, de teinturiers et de fouleurs en activité. Comme bien d'autres petites villes, Louvain s'est avérée incapable de développer des alternatives pour pallier le déclin de son industrie textile. Au cours des XVIIe et XVIIIe siècles, l'économie locale était principalement axée sur l'approvisionnement de la ville et sur l'agriculture de l'arrière-pays. En tant que ville universitaire, ville monastique et chef-lieu administratif, Louvain remplissait il est vrai une importante fonction résidentielle. Cela assurait des opportunités d'emplois supplémentaires pour le personnel de service et stimulait le développement du secteur de l'approvisionnement. Aux alentours de 1700, les secteurs de l'alimentation, des boissons et de l'habillement regroupaient les trois-quarts des artisans. Le poids des métiers de l'approvisionnement s'accrut encore dans le courant du XVIIIe siècle, comme en témoigne la forte augmentation des effectifs dans les métiers des victualiers (vendeurs de produits gras), brasseurs-bistrotiers et merciers-épiciers.

Louvain fut heureusement relativement épargnée par la résurgence de la violence guerrière qui survint à l'issue de la Trève de douze ans (1609-1621). En 1635, un siège entrepris par des troupes françaises et leurs alliés des Provinces-Unies est repoussé par les actions héroïques (*dixit* la tradition) des citoyens, des étudiants et des moines, bien aidés en cela par des soldats wallons et irlandais. En 1710, une nouvelle invasion française fut également arrêtée grâce à « l'intervention courageuse des citoyens ». Outre ces tentatives infructueuses de s'emparer de Louvain, l'état de guerre endémique maintenait la cité sous une poigne de fer. Louvain fut transformée en une véritable ville fortifiée et, à partir des dernières décennies du XVIIe siècle, la ville a dû tolérer presque en permanence la présence d'une garnison à l'intérieur des remparts. Cette situation paralysait l'économie et perturbait les finances urbaines. Le Conseil communal essaya d'assurer ses revenus en prélevant de nouvelles taxes sur la production et la consommation de bière. Cette tentative de répercuter sur les brasseurs le coût de l'entretien des troupes déboucha en 1684 sur le soulèvement des brasseurs qui se solda par la décapitation du chef de l'insurrection, le doyen Dierick Van der Borcht. Entre 1746 et 1749, la ville se trouvait aux mains des troupes françaises. La grande majorité des couvents, des collèges et des halles universitaires furent réquisitionnés par les soldats. Même les citoyens durent faire de la place pour les militaires dans leur maison. Les caisses communales étaient vides. Une première ordonnance de 1746 stipulait que la ville devait réserver 1000 florins par mois pour l'entretien de la garnison. En 1748, Louvain dut même contracter un prêt à intérêt de 60 000 florins afin de

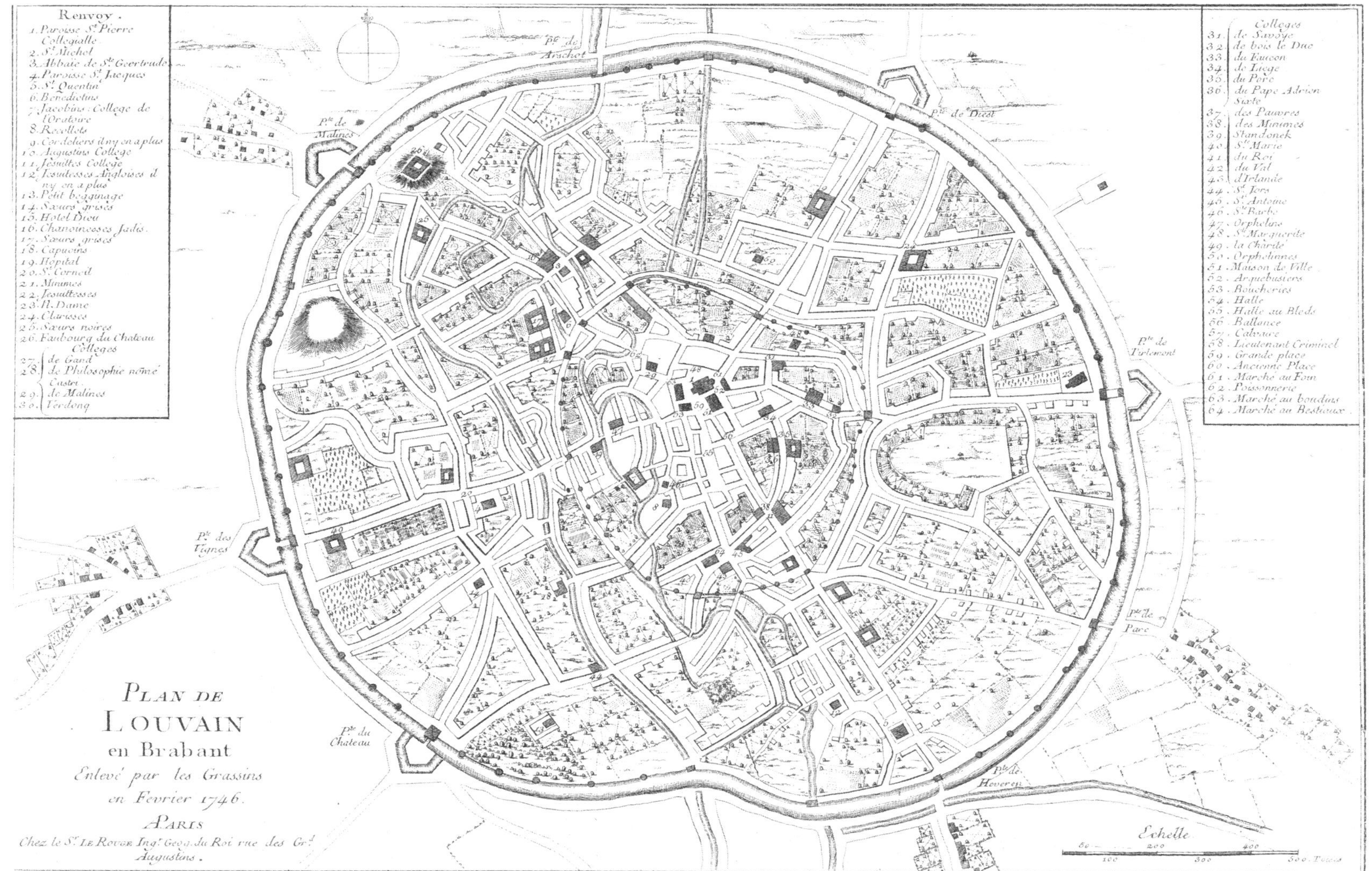

Plan de Louvain en 1746, © BRES KU Leuven Centrale Bibliotheek, TB00002.

couvrir les frais de la guerre. Ce n'est qu'avec la Paix d'Aix-la-Chapelle (1748) et la libération de la ville par les Autrichiens le 25 janv. 1749 que Louvain put clore un chapitre calamiteux de son histoire.

Dans la seconde moitié du XVIIIe siècle, Louvain connut un puissant redressement. Grâce à l'extension du réseau routier et à la construction du canal Louvain-Malines (1750-1763), la ville se développa jusqu'à devenir une plaque tournante du commerce de transit international. De même, l'industrie se mit à prospérer grâce à la création de manufactures et à la forte expansion de l'industrie brassicole. Les fondements de cette croissance de l'industrie de la bière furent jetés dès le XVIIe siècle, mais c'est surtout à la suite de l'ouverture du canal (1752) que les exportations de bière décollèrent vraiment. Dans le dernier quart du XVIIIe siècle, pas moins de 70 à 90 pour cent de la production brassicole de Louvain était destinée à l'exportation. Dans les chiffres, le volume des exportations est passé de 88 400 hectolitres en 1700 à 234 150 hectolitres en 1785. Outre les causes économiques et structurelles, ce succès de l'industrie de la bière à Louvain avait également des causes politiques importantes. Bien aidés par leur position dominante au conseil municipal, les grands exportateurs du secteur brassicole pouvaient répercuter les droits d'accises sur la bière directement sur la consommation, ce qui a permis de préserver leur position à l'exportation.

J. B. Lameere, *Beschryf van oud en nieuw Loven*, Leuven, 1829. – G. J. C. Piot, *Histoire de Louvain depuis son origine jusqu'aujourd'hui*, t. 1, *Histoire de la ville*, Leuven, 1839. – *Guide des étrangers à Louvain*, Leuven, 1852. – H. Vander Linden, *Geschiedenis van de stad Leuven*, Leuven, 1899 (réimpr. anastatique, Brussel, 1975). – J. Cuvelier, *La population de Louvain aux XVIe et XVIIe siècles*, dans *Annales de la Société Royale d'Archéologie de Bruxelles*, 22, 1908, p. 337-376. – J. Verhavert, *Het ambachtswezen te Leuven*, Leuven, 1940. – A. H. Schillings, *Oud en nieuw Leuven*, Leuven, 1948. – A. Smeyers, *Leuven vroeger en nu*, Leuven, 1948. – J. Verbeemen, *De demografische evolutie van Leuven in de XVIIe en de XVIIIe eeuw*, dans *De Schakel*, 9, 1954, p. 89-93 ; Id., *Louvain en 1755 : sa situation démographique et économique*, dans *Tablettes du Brabant*, 4, 1960, p. 247-274. – P. Smolders, *Verkeersmiddelen voor Leuven*, dans *Bijdragen tot de Geschiedenis*, 39, 1956, p. 14-32, 79-89, 147-159 ; 40, 1957, p. 81-92. – R. Van Uytven, *De sociale krisis der XVIe eeuw te Leuven*, dans *Belgisch Tijdschrift voor Filologie en Geschiedenis*, 36, 1958, p. 356-387 ; Id., *De Leuvense bierindustrie in de XVIIIe eeuw*, dans *Bijdragen voor de Geschiedenis der Nederlanden*, 16, 1961, p. 193-227 ; Id., *Triomf van administratie en middelmatigheid in de onbekende XVIIe eeuw*, dans Id. (éd.), *Leuvens verleden*, Leuven, 1964, p. 98-102 ; Id., *1713-1789 : hernieuwd leven en geluid*, *Ibid.*, p. 122-127 ; Id., *In de schaduwen van de Antwerpse groei : het Hageland in de zestiende eeuw*, dans *Bijdragen tot de Geschiedenis*, 57, 1974, p. 171-187 ; Id. (éd.), *Leuven, « de beste stad van Brabant »*, I : *De geschiedenis van het stadsgewest Leuven tot omstreeks 1600*, Leuven, 1980 ; Id., *Leuven 1575-1635*, dans E. Cockx et G. Huybens (éd.), *De Leuvense prentenatlas : zeventiende-eeuwse tekeningen uit de Koninklijke Bibliotheek te Brussel*, Leuven, 2003, p. 823-858. – G. Van Houtte, *Leuven in 1740, een krisisjaar. Ekonomische, sociale en demografische aspekten*, Brussel, 1964. – J. Ulens, *De crisisjaren rond 1700 te Leuven. Economische, sociale en demografische aspecten*, mémoire de licence inédit, Leuven, 1967. – L. Van Buyten, *De achttiende-eeuwse inmengingspolitiek van de centrale besturen in de Brabantse steden*, dans *Mededelingen van de Geschied- en Oudheidkundige Kring voor Leuven en omgeving. Lustrumuitgave « De Brabantse Stad »*, 1965, p. 49-80 ; Id., *Verlichting en traditie. De Leuvense stadsfinanciën en hun economische grondslagen onder het Oostenrijks Regiem (1713-1794)*, thèse de doctorat inédite, Leuven, 1970 ; Id., *Bronnen voor de geschiedenis van de transitohandel en de transitowegen in de Oostenrijkse Nederlanden. De doorvoerhandel op Lorreinen*, dans H. Coppejans-Desmedt (éd.), *Economische geschiedenis van België : behandeling van de bronnen en problematiek*, Brussel, 1972, p. 311-334 ; Id., *Infrastructuur en revolutie. Openbare werken en urbanisatie te Leuven tijdens de tweede helft van de 18de eeuw*, dans *Leuven, een stad die groeit : een gemeenschap bouwt aan haar milieu*, Leuven, 1975, p. 71-89 ; réimpr. dans L. Van Buyten et al. (éd.), *Het Villerscollege te Leuven : Geschiedenis, restauratie, bestemming*, Brussel, 2002, p. 7-23 ; Id., *De stad Leuven ca. 1600*, dans *Leuven anno 1600*, Leuven, 1978, p. 23-37 ; Id. (éd.), *Leuven anno 1789*, Leuven, 1989. – P. M. M. Klep, *Brabantse tellingen en capitale imposities, 1692-1709. Notities over belangrijke bronnen in woelige jaren*, dans *Bijdragen tot de Geschiedenis*, 57, 1974, p. 203-227 ; Id., *Bevolking en arbeid in transformatie. Een onderzoek naar de ontwikkelingen in Brabant, 1700-1900*, Nijmegen, 1981. – J. Roelants, *Aspecten van de Leuvense economie in de 17e eeuw. De voeding en de dranken*, mémoire de licence inédit, Leuven, 1979. – I. Gorissen, *Leuven in het midden van de 18e eeuw volgens de volkstelling van 1755. Sociaal-economische aspecten*, mémoire de licence inédit, Leuven, 1986. – K. Van Honacker, *Lokaal verzet en oproer in de 17de en 18de eeuw. Collectieve acties tegen het centraal gezag in Brussel, Antwerpen en Leuven*, Kortrijk-Heule, 1994. – E. Van Ermen (éd.), *Van Petermannen en koeienschieters. Kroniek van Leuven*, Leuven, 1997 ; Id. (éd.), *Waar is de tijd : 2000 jaar Leuven en Oost-Brabant*, Zwolle, 2000. – D. Vande Gaer, *Leuven 1600-1649 : enkele demografische aspecten*, dans *Oost-Brabant*, 35, 1998, p. 109-118, 150-154 ; 38, 2001, p. 25-32, 136-140. – M. Swevers, *Brouwers en politiek in Leuven tijdens de 17de eeuw*, mémoire de licence inédit, Brussel, 1999. – B. Dewilde et J. Poukens, *Bread Provisioning and Retail Dynamics in the Southern Low Countries. The Bakers of Leuven, 1600-1800*, dans *Continuity and Change*, 36/3, 2011, p. 405-438. – B. Dewilde, *Corporaties en confrerieën in conflict : Leuven 1600-1750*, thèse de doctorat inédite, Leuven, 2012 ; Id., *In de ban van hertog Jan. Schuttersgilde en kleinhandelsrevolutie in Leuven, zeventiende en achttiende eeuw*, dans *Noordbrabants Historisch Jaarboek*, 29, 2012, p. 99-119 ; Id., *Theater en commerciële cultuur in een secundaire stad : Rederijkerskamer De Kersouwe te Leuven, zeventiende-achttiende eeuw*, dans *Stadsgeschiedenis*, 8, 2013, p. 140-158 ; Id., *« Pro bono publico ». Ambachten en stedelijke politiek in de 17de en 18de eeuw*, dans *Vensters op Leuven. Een geschiedenis*, Leuven, 2019 ; Id., *Expanding the Retail Revolution : Multiple Guild Membership in the Southern Low Countries, 1600-1800*, dans G. Nigro (éd.), *Il commercio al minuto. Domanda e offerta tra economia formale e informale secc. XIII-XVIII. Retail Trade. Supply and Demand in the Formal and Informal Economy from the 13th to the 18th Century*, Firenze, 2015, p. 91-112.

B. DEWILDE

4° *Une ville conservatrice dans un État moderne : le long XIXe siècle.* – En 1830, Louvain était une ville belge de taille moyenne comptant *c.* 29 000 habitants. À partir de la seconde moitié du XIXe siècle, l'université devint un facteur important de développement social, économique et culturel. Dans les cénacles louvanistes, on parlait français, et à l'université, tout se déroulait dans la langue de Molière, à l'exception notable du cours

La gare de Louvain en 1845, par A. Canelle, © BRES, KU Leuven Centrale Bibliotheek, TA00245.

optionnel de « Nederlandse Letterkunde » (littérature néerlandaise) du chanoine Jan-Baptist David qui était donné en néerlandais.

La gare ferroviaire bâtie à l'extérieur du centre urbain a entraîné l'aménagement de nouvelles rues et l'urbanisation du territoire communal jusqu'à la porte de Parc. Dans ce quartier furent également érigées le long du rempart de la ville la prison auxiliaire (« Maria-Theresiastraat », rue Marie-Thérèse) et la grande prison de Louvain central. Plus loin, au sud-est et au sud de la ville, entre la première muraille et la nouvelle muraille datant du XIVe siècle, on trouvait encore beaucoup de terres agricoles. Cette situation demeura inchangée jusques dans les années '1920. L'industrie se concentrait au XIXe siècle dans le quartier « Vaartkom » et le long du canal en direction de Malines. À Kessel-Lo, la compagnie nationale des chemins de fer avait installé ses « ateliers centraux ». Et de nouveaux quartiers ouvriers se développaient dans leur voisinage immédiat. Avant le milieu du XIXe siècle, la ville s'était également dotée d'équipements publics modernes tels que l'approvisionnement en eau courante, l'éclairage au gaz (1835) et l'électricité.

À partir de 1807, les Louvanistes purent assister à des concerts, des festivals musicaux et du théâtre dans la salle des fêtes « Frascati » qui, aux dires des contemporains, était devenue après les rénovations entreprises en 1824 « l'une des plus belles et des plus grandes d'Europe ». On y organisait des bals, des rencontres de masse, des hommages et des réceptions. Cette salle disparut en 1868, lors de la construction de la Statiestraat (rue de la Station, aujourd'hui la Bondgenotenlaan, « l'Avenue des Alliés ») large de 25 m et longue d'un kilomètre. À son emplacement, on érigea le théâtre communal.

La vie des bourgeois louvanistes au XIXe siècle contrastait singulièrement avec les conditions de vie et de travail de la classe ouvrière. Des initiatives communales et ecclésiastiques essayèrent d'y remédier quelque peu en promouvant l'aide aux indigents et la charité. En contrepoids à l'attitude paternaliste des politiciens conservateurs libéraux et catholiques, le socialisme obtint aussi un soutien appréciable à Louvain après 1885. Il se créa des coopératives et des associations socialistes et on ouvrit une salle du parti socialiste (« De Proletaar »). L'action politique des socialistes visait d'une part à répondre aux besoins matériels des travailleurs et d'autre part à obtenir le suffrage universel. Du côté catholique, la « Gilde van ambachten en Neringen » (corporation de métiers), le Katholieke Volksbond et le Boerenbond s'investissaient dans l'action sociale. En outre, un mouvement syndical chrétien fut mis sur pied. La grève générale nationale pour le droit de vote universel du 18 avr. 1902 se conclut à Louvain par une manifestation de masse, qui s'acheva de façon dramatique lorsque la Garde civique ouvrit le feu sur la foule des manifestants, laissant six morts sur le carreau. Deux ans plus tard, le 6 nov. 1904, était inauguré dans le cimetière communal un monument en mémoire de ces victimes tombées pour défendre la démocratie.

Avant la Première guerre mondiale, Louvain disposait d'un réseau bien étoffé d'institutions de bienfaisance publiques et privées (orphelinats, hôpitaux, maisons de retraite). Dans ce secteur, on ne peut ignorer l'importance d'une personnalité bien connue à Louvain, celle de l'industriel, politicien et philanthrope Edouard Remy (1813-1896). Le monument de la place Herbert Hoover et l'établissement de repos et de soins dans la rue Frederik Lints, qui porte son nom, nous rappellent encore aujourd'hui son sens aigu de la charité.

M. Ceunen

5° *Le XXe siècle : la nouvelle Louvain.* – Dès le début du Premier conflit mondial, Louvain fut confrontée, le 25 août 1914, aux manifestations les plus brutales de la violence guerrière. Les troupes allemandes répandirent la terreur, un certain nombre de civils furent sommairement exécutés et une grande partie du centre-ville fut incendiée. Parmi les monuments emblématiques, les halles universitaires et l'ancienne bibliothèque de l'Université furent livrées aux flammes. L'hôtel de ville – qui abritait dans son grenier les riches archives de la ville – échappa à la destruction parce que l'armée allemande y avait installé son poste de commandement. L'incendie de Louvain, dans lequel environ un tiers des maisons et de nombreux bâtiments publics de la ville furent réduits en cendres, fut condamné dans le monde entier en tant que 'barbarie' allemande.

Avec la reconstruction de la ville dans l'immédiat après-guerre, un nouveau Louvain vit le jour. Dans le centre, les nouvelles habitations furent bel et bien rebâties dans l'ancien style mais par contre le plan des rues fut modifié ici et là et la perspective sur la ville changea considérablement. Avec le soutien financier d'associations américaines, de particuliers et d'établissements d'enseignement, une nouvelle bibliothèque universitaire fut érigée et, entre la rue du Parc et la rue de Namur (« Naamsestraat »), un nouveau quartier sortit de terre avec des maisons unifamiliales, incluant souvent une façade en pierre jaune, des fenêtres art déco et des balcons en baie arrondie. Ailleurs dans la ville, la « Maatschappij voor de Bouw van Goedkope Woningen » (Société pour la construction d'habitations bon marché) construisit entre 1922 et 1932 des quartiers résidentiels (Voorzorgstraat, « rue de la Prévoyance », et Tervuursevest, « Rempart de Tervuren ») ainsi que des maisons mitoyennes (Nerviërsstraat, « rue des Nerviens », et Heilige Geeststraat, « rue du Saint-Esprit »). Et des initiatives similaires furent également menées dans les communes périphériques de Heverlee, Kessel-Lo et Wijgmaal, qui avaient été également endommagées par la violence de la guerre.

En mai 1940, le déclenchement de la Seconde guerre mondiale entraîna de nouveau la mort et la destruction à Louvain. C'est surtout le quartier de la gare qui eut le plus à souffrir. On dénombra aussi des victimes à Kessel-Lo et à Heverlee. Les dégâts aux habitations furent importants et la nouvelle bibliothèque universitaire fut à son tour ravagée par les flammes. Après la capitulation de l'armée belge (28 mai 1940), la vie ordinaire reprit son cours et l'université rouvrit ses portes. Néanmoins, les pénuries alimentaires et le rationnement pesaient lourdement sur le moral de la population et des étudiants. Dans la nuit du 11 au 12 mai 1944, un bombardement aérien allié frappa très durement le centre-ville entre l'église Saint-Michel (Sint-Michielskerk) et l'église Sainte-Gertrude (Sint-Geertruikerk). Wilsele et le quartier de Blauwput (Kessel-lo) étaient aussi jonchés de décombres. Au total, plus de 6000 bâtiments ont été détruits par la guerre et plus de 500 civils ont été tués.

Le 4 sept. 1944, les troupes anglaises du régiment de cavalerie de la Garde (*Life Guards*) libérèrent Louvain après un bref combat qui fit de nouvelles victimes civiles et militaires.

Après 1945, le centre-ville fut reconstruit et le conseil communal prit diverses initiatives pour favoriser le logement social et les espaces verts. De nombreux bâtiments universitaires furent également rénovés et un nouveau campus avec laboratoires, salles de classe, installations sportives et logements étudiants fut édifié dans l'Arenbergpark (parc d'Arenberg) à Heverlee.

En 1977, le territoire administratif belge enregistra un accroissement d'échelle conséquent à la suite de la fusion des communes. Pour Louvain, cela se traduisit par une expansion englobant Kessel-Lo, Heverlee, Wilsele, Wijgmaal et une partie de Korbeek-Lo et de Haasrode. Après la fusion, la ville comptait désormais 86 000 habitants sur une superficie de 5816 ha. Dans les années qui suivirent, la situation économique fut difficile, ce qui entraîna la fermeture de nombreuses entreprises installées au Vaartkom et le long du canal.

Depuis la création de la province du Brabant flamand (1995), Louvain est la capitale de la province. L'implantation et la construction du nouveau bâtiment provincial et la rénovation de la Martelarenplein (place des Martyrs) devant la gare et de la Martelarenlaan (avenue des Martyrs) de l'autre côté de la ligne ferroviaire ont donné un nouvel élan aux quartiers de la gare tant à Louvain qu'à Kessel-Lo. La gare des bus (« De Lijn »), la maison communale et le centre administratif du gouvernement flamand sont sortis de terre. Le parc du « Kop van Kessel-Lo » est toujours en construction, et plus au nord, des plans importants existent pour le développement du « Vaartkom » et de ses environs. Un parc public a été érigé au Keizersberg (Mont-César) et les quartiers à la périphérie de la ville et dans les anciennes communes ont également changé d'aspect.

De nos jours, les usines ont disparu du paysage urbain de Louvain, mais entre le chemin de fer et le Vaartkom, on trouve toujours une grande brasserie (*Stella Artois* devenue *Anheuser-Busch InBev*) avec ses racines historiques et familiales à Louvain. Avec l'université, ce groupe brassicole international est l'un des employeurs les plus importants de la région. Juste à l'extérieur de la ville, mais toujours sur le territoire de Louvain, le « Gasthuisberg », le « site médical universitaire » de renommée internationale, continue de s'étendre. De nombreux habitants de Louvain et d'ailleurs sont nés sur cette « ville sur la colline ». L'hôpital universitaire est le plus grand du pays et offre aux patients de toute la Belgique des soins de haute qualité. Au cours des quinze dernières années, toute une série de *spin-off* de haute technologie ont également vu le jour dans l'ombre de l'université, dont Imec (*Interuniversity microelectronics centre*, nanoélectronique et technologie digitale) s'avère certainement l'un des fleurons. Toutes ces entreprises contribuent à situer Louvain sur la carte du monde en tant que ville possédant une véritable industrie de la connaissance.

P. Heyrman, R. Hoekx, P. Veldeman et B. Willems, *Leve het Algemeen Stemrecht! Vive la Garde Civique! De strijd voor het algemeen stemrecht*, Leuven, 1902 (rééd. Leuven, 2002). – R. Van Uytven, *Stadsfinanciën en stadseconomie te Leuven van de XIIde tot het einde van de XVIde eeuw*, Brussel, 1961 ; Id., *Leuven. « De beste stad van Brabant ». Deel I. De geschiedenis van het stadsgewest Leuven tot omstreeks 1600* (Arca lovaniensis, 7), Leuven, 1980 ; Id., « Leuven 1575-1635 », dans E. Cockx et G. Huybens (éd.), *De Leuvense prentenatlas. Zeventiende-eeuwse tekeningen uit de Koninklijke Bibliotheek te Brussel* (Jaarboek van de Geschied- en Oudheidkundige Kring voor Leuven en omgeving, 41), Leuven, 2003, p. 823-858. – W. Hahn et J. Kühl, *Der Fall Löwen und was dort wirklich geschah*, Holstein, 1963. – J. Roegiers (éd.), *Erasmus en Leuven. Catalogus*, Leuven, 1969 ; Id. et I. Vandevivere (éd.), *Leuven/Louvain-la-Neuve. Kennis Maken*, Leuven, 2001. – S. Van Hemelrijck, *De morfologische groei van de stad Leuven in de 19de en 20ste eeuw*, mémoire de licence inédit, KU Leuven, Leuven, 1971. – M. Magits, *Demografische en sociale structuren te Leuven (1846-1860) : bijdrage tot de stadsgeschiedenis in de 19de eeuw*, Bruxelles, 1974. – W. Nauwelaerts, *Bijdrage tot de geschiedenis van de pers in het arrondissement Leuven. Repertorium (1773-1914)*, Leuven-Paris, 1978. – W. Jonckheere et H. Todts, *Leuven Vlaams. Splitingsgeschiedenis van de Katholieke Universiteit Leuven*, Leuven, 1979. – M. De Cooman, *De Leuvense gangen*, mémoire de licence inédit, KU Leuven, 1980. – G. Convents, *De komst en de vestiging van de kinematografie te Leuven, 1895-1918*, dans L. Van Buyten (éd.), *Fiets en film rond 1900. Moderne uitvindingen in de Leuvense samenleving* (Arca Lovaniensis – jaarboek 1979), Leuven, 1982, p. 257-422. – W. Hermans, *De sociale mentaliteit van de Leuvense burgerij in de bewogen jaren 1878-1891*, mémoire de licence inédit, KU Leuven, Leuven, 1982. – J. Mampuys, *ACV. Een bijdrage tot de geschiedenis van de kristelijke arbeidersbeweging te Leuven, 1904-1984*, Leuven, 1984. – G. De Neef, *De eerste vrouwelijke studenten aan de universiteit te Leuven (1920-1940)*, Leuven-Amersfoort, 1985. – R. Deprouw, *Leuven, een garnizoenstad, 1830-1940*, dissertation de fin d'études, École Royale Militaire, Bruxelles, 1988. – L. Van Buyten, *Het geslacht Artois en de brouwerijen de Horen, de Franse Kroon en Prins Karel (1717-1840), genealogische schets van de Leuvense Artois*, Leuven, 1982 ; Id., *De Leuvense stadsfinanciën onder het Oostenrijks Regiem : 1713-1794* (Arca Lovaniensis artes atque historiae reserans documenta : Jaarboek, 11, 14/1-2), Leuven, 1982, 1985 ; Id. (éd.), *Leuven Anno 1789*, Leuven, 1989. – L. De Vos, W. Steurbaut et A. Wouters, *Leuven in de Tweede Wereldoorlog*, Leuven, [1990], 54 p. – P. Uyttenhove et J. Celis, *De wederopbouw van Leuven na 1914*, Leuven, 1991. – G. Huybens, *Kunst en cultuur in de 19de en 20ste eeuw*, dans *Jaarboek van de Geschied- en Oudheidkundige Kring voor Leuven en omgeving*, 32, 1992, p. 79-139. – K. Aerts et al., *Leuven : de bevrijding 1944-1945*, Leuven, 1994. – V. Duchêne, *150 jaar stadsgas te Leuven. Een episode uit de geschiedenis van de Belgische energiesector*, Deurne, 1995. – R. Uytterhoeven et C. Morias, *Heverlee 1846-1976 : evolutie in woord en beeld*, Leuven, 1996. – K. Matthijs, J. Van Bavel et I. Van De Velde, *Leuven in de negentiende eeuw. De Bevolking : een spiegel van het dagelijks leven*, Leuven, 1997. – C. De Decker et J. L. Roba, *Doelwit : Leuven. De luchtaanvallen van 12 en 13 mei 1944 en de berging van een Halifax-bommenwerper bij Geraardsbergen*, Erpe, 1998. – G. Vandegoor, *Het kanaal Leuven-Mechelen in heden en verleden (1750-2000)*, Winksele, 1998. – S. Jacobs, Y. Schoonjans, J. Van Vaerenbergh et L. Verpoest, *Tweebronnen. De reconversie van de Technische School van Henry van de Velde tot Openbare Bibliotheek en Archief van Leuven*, Leuven, 2000. – M. Derez, *Leuven. Stad en universiteit*, Tielt, Leuven, 2001 ; Id. et al. (éd.), *Vrijgevochten stad. Leuven en de revolutie van 1830/1831*, Leuven, 2006. – J. Horne et A. Kramer, *German Atrocities, 1914. A History of Deniel*, New Haven-Londen, 2001. – Y. Segers, W. Lefebvre et H. Verhoosel, *Lekker dier !? : vlees in de stad : het bevoorradingssysteem in Leuven 19de-20ste eeuw*, dans *CAG sporen*, 2, Leuven, 2003. – M. Ceunen et P. Veldeman, *Aan onze helden en martelaren. Beelden van de brand van Leuven (augustus 1914)*, Leuven, 2004 ; Id. *Kwistig met kennis. Leuven in honderd vragen en antwoorden*, dans *Salsa!*, cahier 4, Leuven, 2006 ; Id. G. Claesen et P. Veldeman, *Leuven onder water. De overstroming van 14 mei 1906*, dans *Salsa!*, cahier 2, Leuven, 2006 ; Id. *De stilte van de storm omhelst ons. Getuigenverklaringen over de brand van Leuven (25-27 augustus 1914)*, dans *Salsa!*, cahier 12, Leuven, 2014. – J. Tollebeek et L. Nys (éd.), *De stad op de berg. Een geschiedenis van de Leuvense universiteit sinds 1968*, Leuven, 2005. – R. Belemans, M. Ceunen et I. Steen, *Leuven zit aan. Feestelijk eten tussen 1850 en 1950*, dans *Salsa!*, cahier 3, Leuven, 2006. – P. Dewever, *Leuven en Oost-Brabant in de Tweede Wereldoorlog*, s.l., 2006. – C. Vleugels, *Armoede bestreden. Het Werkhuis van Weldadigheid in het Leuvense Van Dalecollege 1802-1866*, dans *Salsa!*, cahier 5, Leuven, 2007. – *Leuven 1914* (Oorlog in beeld, 3), Erpe-Mere, 2008. – T. Verschaffel, *Leuven 1958*, dans *Salsa!*, cahier 6, Leuven, 2008. – R. Belemans, E. De Voede et C. Vleugels, *Van roeës tot uile. De geschiedenis van het groot en het klein struifspel in Leuven*, dans *Salsa!*, cahier 7, Leuven, 2009. – J. Verniest (éd.), *Het blauwe doosje. Het oude E. Remy en C° en het nieuwe Beneo-Remy in Wijgmaal. Van Stijfsel tot functionele voedingsingrediënten*, Leuven, 2010. – J. Brepoels, *Wij zijn de bouwers van een komende aarde. 125 jaar socialisme in Leuven*, Leuven, 2011. – A. Cresens, *De Leuvense Vaart. Van de Vaartkom tot Wijgmaal. Aspecten uit de industriële geschiedenis van Leuven*, 2 vol., Leuven, 2012. – J. Van de Maele, *Felbevochten vergroeningen. Het Leuvense stadsnatuurbeleid, 1918-1958*, dans *Salsa!*, cahier 8, Leuven, 2012. – M. Derez et M. Ceunen, *Leuven, Furore Teutonico Diruta*, dans A. Tixhon et M. Derez (dir.), *Visé, Aarschot, Andenne, Tamines, Dinant, Leuven, Dendermonde. Martelaarssteden. België, augustus september 1914*, Namur, 2014, p. 319-395. – J. La Rivière, *De Dijle in Leuven, een vloek en een zegen. Een relaas van meer dan 120 jaar waterbeheersing, 1891-2014*, Aalst, 2014. – H. Verboven, *Bezette stad, Verwoeste stad : Leuven 1914*, dans *M&L*, 33/4, 2014, p. 40-62.

M. Ceunen

II. Établissements religieux séculiers. – 1° *Les paroisses de Louvain et la vie paroissiale durant l'Ancien régime.* – L'histoire des paroisses de Louvain remonte au IXe siècle, lorsque le noyau d'habitat, plus tard appelé Loven ou Leuven, se transforma en une circonscription ecclésiastique concrète au sein du diocèse de Liège. La paroisse ou le doyenné d'origine comprenait également des territoires de l'autre côté de la Dyle, comme Veltem et Winksele, de sorte que les frontières du diocèse de Liège présentaient une excroissance remarquable vers l'ouest. Selon Verbesselt (1948), l'église Saint-Pierre faisait fonction d'église-mère du doyenné de Louvain, et non, comme le proposait Cuvelier (1935), les chapelles palatines de Ten Hove (Sint-Kwinten, « Saint-Quentin ») ou de l'Hertogeneiland. Van Buyten (1975 ; 2002), pour sa part, émet l'hypothèse que Sint-Michiel (Saint-Michel) était la plus ancienne église paroissiale, mais avait déjà perdu de son importance après l'an 1000.

En tant que siège du comté de Louvain et, plus tard, du duché de Brabant, Louvain connut une forte expansion aux XIIe et XIIIe siècles. Le couronnement suivit en 1156-1165 avec la construction de la première muraille en pierre. Parallèlement à l'essor politique et économique de la ville, la population se mit également à croître, entraînant l'urbanisation progressive des zones situées au pied des remparts. Au cours de la même période, quatre chapellenies furent créées afin de pourvoir aux besoins religieux de la population installée hors de la cité. Une charte de 1140 indique clairement que l'église Saint-Pierre était l'église principale dont dépendaient les lieux de prière des nouveaux quartiers.

L'église Saint-Jacques en 1578 par L. J. Van Peteghem, XIXe s., © BRES, KU Leuven Centrale Bibliotheek, LM00043.

Les chapelains étaient nommés par le chapitre de Saint-Pierre. Ils avaient des pouvoirs limités : ils ne pouvaient administrer que les sacrements de la confession, de l'eucharistie et de l'extrême-onction. Le baptême, le mariage et l'enterrement devaient se dérouler dans l'église principale.

En 1252, la ville fut finalement divisée en cinq paroisses. Avec l'autorisation du pape Innocent IV, Sint-Jacob (Saint-Jacques), Sint-Geertrui (Sainte-Gertrude), Sint-Michiel et Sint-Kwinten furent séparées de la paroisse-mère de Saint-Pierre. Les curés des nouvelles paroisses reçurent les pleins pouvoirs. Néanmoins, le chapitre de Saint-Pierre conservait le droit de proposer les curés de la paroisse. En raison du démembrement de la paroisse-mère, le chapitre de Saint-Pierre perdit des revenus importants. En compensation, les nouvelles paroisses payaient une taxe annuelle qui, selon les données disponibles pour 1252, 1360 et 1480, était proportionnelle aux revenus réels de chaque paroisse. Ces données montrent aussi que la paroisse Saint-Pierre demeura la plus importante pendant toute cette période. Cependant, les paroisses périphériques revendiquaient une part substantielle de la vie ecclésiastique et religieuse.

De 1252 à 1798, cette division en cinq paroisses se maintint, même si des étrangers étaient parfois convaincus que Louvain en comptait plus (Percival, 1723). En même temps, les paroisses faisaient fonction de division administrative de la ville. Ce n'est qu'en 1675 qu'une nouvelle division communale fut conçue, basée sur la densité d'habitat dans les différents quartiers de la ville. Les limites paroissiales restèrent pratiquement inchangées jusqu'à la fin du XVIIIe siècle. Saint-Pierre couvrait la majeure partie du territoire à l'intérieur de la première enceinte. Saint-Jacques s'étendait sur la partie ouest de la ville à l'extérieur de la première enceinte, Sainte-Gertrude occupait la partie nord de la périphérie, Saint-Quentin la partie sud et Saint-Michel la partie est. Cette dernière englobait également les hameaux de Blauwput, Heffel, Linden, de Plein, Schore, Kessel et Vlierbeek (*cf.* les limites paroissiales corrigées dans B. Dewilde, *Corporaties*..., 2012, p. 72-73).

Les premières traces archéologiques de l'église Saint-Pierre remontent au début du XIe siècle, mais en tant qu'église-mère présumée de Louvain, il est vraisemblable qu'il existait déjà un lieu de culte à cet endroit dès le IXe siècle. Dans la première moitié du XIe siècle, l'église Saint-Pierre reçut le statut de collégiale après que Lambert Ier ou Lambert II eut attaché un chapitre à l'église. À partir du XIVe siècle, la tour ouest de Saint-Pierre servit de beffroi et l'on y conserva les privilèges de la ville ainsi que ses sceaux. Grâce à une bulle du pape Eugène (1443), l'église Saint-Pierre était aussi étroitement liée à l'université. Dix prébendes canoniques du chapitre de Saint-Pierre étaient réservées aux professeurs. Le doyen du chapitre était également chancelier de l'université et, à ce titre, il décernait les grades académiques. La plupart des corps de métiers et des guildes possédaient leur autel ou leur chapelle à Saint-Pierre. L'église gothique actuelle date en grande partie du XVe siècle.

La fondation de l'église Saint-Jacques est généralement rattachée à la route de pèlerinage qui mène de Cologne et Aix-la-Chapelle à Compostelle. La première mention concrète de l'église Saint-Jacques date de 1187, mais selon Verbesselt (1948), une chapelle existait déjà à cet emplacement à la fin du XIe siècle. La tour ouest, partie la plus ancienne de l'église actuelle, fut érigée dans les années 1222-1235. Les travaux de la nouvelle église commencèrent à la fin du XIIIe siècle et furent achevés en plusieurs étapes au XVIe siècle. Avec le transfert à Louvain du chapitre appauvri d'Incourt, Saint-Jacques fut élevée au rang d'église collégiale en 1454. Le doyen était aussi le gardien des privilèges de l'Université de Louvain. En 1585, le chapitre de Saint-Jacques fut à son tour incorporé à l'université afin que tous les membres du chapitre puissent bénéficier des privilèges universitaires et des mesures d'exception.

Vers l'an 1100, une chapelle dédiée à Ste Gertrude de Nivelles figurait sur l'emplacement de l'actuelle église Sainte-Gertrude. Autour de la chapelle se développa une communauté monastique qui reçut en 1206 le statut de prévôté des chanoines réguliers de Saint-Augustin. En 1449, la prévôté fut élevée au rang d'abbaye. Après la division en paroisses de 1252, l'église de la prévôté servit aussi d'église paroissiale. L'abbé était le curé de droit, mais il confiait habituellement les soins de la paroisse à un prieur. Cependant l'incorporation de la paroisse dans l'abbaye ne se déroula pas sans difficultés. Encore en 1531, une intervention du légat pontifical s'avéra nécessaire pour confirmer les droits de l'abbaye. La construction de l'église actuelle remonte au premier quart du XIIIe siècle. De grandes parties de l'église furent entièrement rénovées entre la fin du XIIIe siècle et la fin du XVe siècle.

La chapelle Saint-Michel d'origine fut édifiée vers 1165 au-dessus de la Hoelstraatpoort (« porte de la rue Creuse »), la porte de la ville dans la première enceinte sur l'actuelle Tiensestraat. Pendant longtemps, la tour de l'église fut la plus haute de Louvain et servit donc de clocher, jusqu'à ce qu'elle s'effondre partiellement en 1225. Au XVe siècle, l'église fut considérablement agrandie. Pendant le XVIIIe siècle, l'église était devenue très délabrée, si bien qu'en 1778, le siège de la paroisse de Saint-Michel fut transféré dans la Naamsestraat, à l'église de l'ordre des Jésuites récemment aboli. Cependant, cette translation amena l'église paroissiale Saint-Michel sur le territoire de Saint-Quentin, ce qui nécessita une légère révision des limites paroissiales. L'ancienne église Saint-Michel fut démolie en 1781.

Saint-Quentin fut probablement créée pour faire office de chapelle de la cour comtale de Louvain, avant que Lambert Ier le Barbu ne déplace sa résidence à l'Hertogeneiland peu après 977. La chapelle servit ensuite de lieu de culte pour le noyau d'habitat qui se développait à cet endroit. Les plus anciens vestiges de l'église Saint-Quentin datent de la première moitié du XIIIe siècle. La construction de l'église actuelle commença au début du XVe siècle et se poursuivit jusqu'en 1535 environ. Saint-Quentin fut toujours la paroisse la plus modeste de Louvain. C'est surtout aux XVIIe et XVIIIe siècles qu'elle acquit l'aspect d'une paroisse pauvre. Au cours de la même période, les maigres revenus de l'église causèrent des conflits persistants entre le curé et le conseil de fabrique à propos de la gestion financière de la paroisse. En compagnie de Saint-Michel, Saint-Quentin fut incorporée à l'université en 1662.

Les cinq églises paroissiales de Louvain hébergeaient de nombreuses confréries. Les confréries ou associations religieuses jouaient un rôle important dans la vie paroissiale. Les dépenses qui étaient consignées dans les comptes de ces associations indiquent des activités somme toute routinières : achats de cire pour les bougies, nettoyage de l'autel, entretien et réparations mineures du mobilier de l'église, rémunérations du sacristain et du sonneur de cloche, etc. En elles-mêmes, ces contributions n'ont rien de spécial, mais elles témoignent d'une communauté active de laïcs qui organise de façon autonome la vie religieuse au niveau paroissial.

En outre, les confréries louvanistes jouèrent un rôle important comme *collectrices de fonds*. Au XVe siècle, les confréries de Saint-Michel, Saint-Quentin et Sainte-Gertrude sont étroitement associées au financement de la construction ou de la rénovation des églises paroissiales. La confrérie Saint-Hubert de Saint-Jacques fut même explicitement fondée en 1483 dans le but de générer de nouveaux moyens financiers pour soutenir la campagne de restauration de l'église. Les confréries apportaient en outre un grand soin à la décoration des autels et des chapelles. Entre 1464 et 1468, Dirk Bouts, par exemple, peignit sa célèbre *Dernière Cène* pour la confrérie du Saint-Sacrement de Saint-Pierre. Quant au *Triptyque de Sainte Anne* de Quentin Metsys de 1509 (MRBAB, Bruxelles), il était destiné à la chapelle de la confrérie Sainte-Anne à Saint-Pierre.

La plupart des confréries paroissiales avaient été instituées au XVe siècle, bien que la confrérie de Saint-Jacques dans l'église du même nom avait probablement été fondée dès la fin du XIVe siècle. À la fin du XVIe siècle, chaque paroisse avait au moins une confrérie, d'ordinaire dédiée au saint de la paroisse. Celle de Saint-Pierre remportait la palme avec pas moins de huit confréries. Sainte-Gertrude suivait avec quatre confréries. Saint-Jacques en possédait deux, Saint-Michel et Saint-Quentin une chacune. Au XVIIe siècle, la réforme catholique donna un élan novateur à la vie confraternelle. Dans toutes les paroisses, mais surtout à Saint-Quentin et Saint-Michel, beaucoup de nouvelles confréries furent fondées après 1600. Vers la fin du XVIIe siècle, des confréries virent même spécialement le jour pour les jeunes hommes et les jeunes femmes non mariés. En adéquation avec l'esprit du Concile de Trente, l'accent était mis dans ces nouvelles confréries sur la discipline, la docilité et l'autorité. L'initiative des laïcs fut considérablement réduite en faveur d'une supervision plus stricte par le curé de la paroisse et l'archevêque. Une dernière vague de fondations se produisit au XVIIIe siècle, lors de l'épiscopat de l'archevêque Thomas-Philippe d'Alsace (voir l'aperçu et le répertoire des confréries louvanistes dans B. Dewilde, *Corporaties…*, *op. cit.*, 2012).

À côté des confréries, à partir de la fin du XVe siècle, il existait un groupe de guildes d'archers paroissiales, connues comme les 'petites' guildes ou guildes « vander gebrokender pesen » (« des cordes cassées »). Les guildes des quatre paroisses périphériques de Saint-Jacques, Sainte-Gertrude, Saint-Michel et Saint-Quentin reçurent le nom du saint patron. Dans l'église Saint-Pierre, la guilde paroissiale était vouée à la Sainte Trinité. Une sixième petite guilde réunissait la jeunesse du quartier de la chapelle Sainte-Barbara sur le territoire de Saint-Pierre.

Contrairement aux 'grandes' guildes urbaines des archers ou des arbalétriers, les guildes paroissiales n'avaient pas à remplir des tâches policières ou militaires explicites. Elles agissaient plutôt comme des ambassadeurs cérémoniels de la paroisse. Lors des fêtes paroissiales, les petites guildes se joignaient à la procession ou organisaient leurs propres processions avec des personnages en costumes et des *tableaux vivants*, soulignant ainsi le prestige de la paroisse et de leur propre association. Les guildes finançaient également des services religieux dans l'église paroissiale, pour lesquels elles collaboraient habituellement avec les confréries.

TRAVAUX. – *1° Les paroisses en général.* – E. Reusens, *Démembrement de l'église Saint-Pierre de Louvain en 1252*, dans *Analectes pour servir à l'histoire ecclésiastique de la Belgique*, 29, 1902, p. 347-362. – A. D'Hoop, *Inventaire général des archives ecclésiastiques du Brabant*, 6 vol., Bruxelles, 1905-1932. – J. Cuvelier, *La formation de la ville de Louvain : des origines à la fin du XIVe siècle*, Bruxelles, 1935. – J. Verbesselt, *Het ontstaan van het parochiewezen te Leuven*, dans *Miscellanea historica in honorem Leonis van der Essen*, Bruxelles, 1947, p. 167-175 ; Id., *Het ontstaan van het parochiewezen te Leuven*, dans *Eigen Schoon en de Brabander*, 34, 1951, p. 65-73. – R. M. Lemaire, *La formation du style gothique Brabançon*, t. 1, *Les églises de l'ancien quartier de Louvain*, Antwerpen, 1949. – M. F. Van Lil, *L'ancien doyenné de Louvain et sa réorganisation en 1803*, dans *Mededelingen van de Geschied- en Oudheidkundige Kring voor Leuven en omgeving*, 4, 1964, p. 149-180. – *Bouwen door de eeuwen heen : inventaris van het cultuurbezit in Vlaanderen. Architectuur*, t. 1, *Provincie Brabant, arrondissement Leuven*, Liège, 1971. – L. Van Buyten, *Infrastructuur en revolutie. Openbare werken en urbanisatie te Leuven tijdens de tweede helft van de 18de eeuw*, dans *Leuven, een stad die groeit : een gemeenschap bouwt aan haar milieu*, Leuven, 1975, p. 71-89 (réimpr. dans L. Van Buyten et al. (éd.), *Het Villerscollege te Leuven : Geschiedenis, restauratie, bestemming*, Bruxelles, 2002, p. 7-23). – R. Van Uytven (éd.), *Leuven, « de beste stad van Brabant »*, t. 1, *De geschiedenis van het stadsgewest Leuven tot omstreeks 1600*, Leuven, 1980 ; Id., *Vroomheid*, dans E. Van Ermen (éd.), *Waar is de tijd : 2000 jaar Leuven en Oost-Brabant*, vol. 3, Zwolle, 2000, p. 59-78. – M. Cloet, *Het decanaat Leuven in 1732-1734. Visitatieverslag van Rombout van Kiel*, Bruxelles, 1990. – J. Roegiers (éd.), *De Kerk in het midden : 750 jaar parochieleven te Leuven*, Leuven, 2002. – R. Uytterhoeven, *750 jaar Leuvense parochies*, Leuven, 2002. – A. Bergmans (éd.), *Brabantse bouwmeesters. Het verhaal van de gotiek in Leuven*, Leuven, 2004. – V. Debonne et al., *Inventaris van het bouwkundig erfgoed, Provincie Vlaams-Brabant, gemeente Leuven, Aanvulling grote complexen* (Bouwen door de eeuwen heen in Vlaanderen, onuitgegeven werkdocumenten 2010-2011, https://inventaris.onroerenderfgoed.be). – B. Dewilde, *Corporaties en confrerieën in conflict : Leuven 1600-1750*, thèse de doctorat inédite, Leuven, 2012 ; Id. et J. Poukens, *Confraternities, Jansenism and the Birth of a Consumer Society in 17th-18th-Century Leuven*, dans F. Ammannati (éd.), *Religione e istituzioni religiose nell'economia europea 1000-1800. Religion and religious institutions in the European economy 1000-1800*, Firenze, 2012, p. 671-693 ; Id., *Genereus geloof. De corporatieve financiering van de Leuvense stedelijke religie*, dans *Eigen Schoon en De Brabander*, 100, 2017, p. 311-340.

2° Saint-Pierre. – E. Van Even, *Monographie de l'église de Saint-Pierre à Louvain*, Bruxelles, 1858. – L. Van der Essen, L., *Notre-Dame de St-Pierre (Louvain) : « Siège de la Sagesse » (1129-1927)*, Leuven, 1927 ; Id., *Le registre de la confrérie de la* Sedes Sapientiae *détruit dans l'incendie de la Bibliothèque de l'Université de Louvain (1940)*, dans *Miscellanea J. Gessler*, Antwerpen, 1948 p. 475-482. – J. Mertens, *De romaanse krocht en de oudere Sint-Pieterskerk te Leuven*, Leuven, 1958. – L. Ceyssens, *L'accession de Jacques Speecq au décanat de Saint-Pierre à Louvain (1653-1654)*, dans *Bijdragen tot de geschiedenis inzonderheid voor het hertogdom Brabant*, 11, 1959, p. 157-177. – J. Paquet, *L'exemption du Chapitre Saint-Pierre de Louvain et la visite de la collégiale par le nonce Morra (1617-1619)*, dans *Bulletin de l'Institut Historique Belge de Rome*, 38, 1967, p. 234-270. – R. Van Uytven et J. Crab, *Het ambachtsaltaar van de brouwers in de St.-Pieterskerk te Leuven*, dans *Arca Lovaniensis*, 2, 1973, p. 303-308. – M. Smeyers, *Het laatgotisch koormobilair in de Sint-Pieterskerk te Leuven*, dans *Dirk Bouts en zijn tijd*, Leuven, 1975, p. 71-84 ; Id., *De kapel van de H. Drievuldigheid in de Sint-Pieterskerk te Leuven en het geslacht Van Baussele*, *Ibid.*, p. 499-536 ; Id., *Altaren in de Sint-Pieterskerk te Leuven*, dans J. Van der Stock (éd.), *Stad in Vlaanderen : cultuur en maatschappij 1477-1787*, Bruxelles, 1991, p. 553-554 ; Id., *The Living Bread: Dirk Bouts and the Last Supper*, dans Id. (éd.), *Dirk Bouts (ca. 1410-1475) : een Vlaams Primitief te Leuven*, Leuven, 1998, p. 35-58 ; Id., *De altaren in de Sint-Pieterskerk te Leuven*, *Ibid.*, p. 327-328 ; Id., *De broederschap van het Heilig Sacrament*, *Ibid.*, p. 341-343 ; Id., *Het Levende Brood : Dirk Bouts en het Laatste Avondmaal*, dans A. Bergmans (éd.), *Leuven in de late middeleeuwen. Dirk Bouts, Het Laatste Avondmaal*, Tielt, 1998, p. 163-167. – E. Vanderheyden, *Monographie de la paroisse de S. Pierre à Louvain*, Leuven, 1981. – M. Jordens, *De schilderkunst van de contrareformatie in de Sint-Pieterskerk te Leuven*, dans *Brabantse Folklore*, 254, 1987, p. 106-144 ; 255, 1988, p. 181-200. – A. Bergmans, *Het interieur van de Leuvense Sint-Pieterskerk ontpleisterd « onder alle oogpunten van ontegensprekelijk nut »?*, dans *Arca Lovaniensis*, 18, 1990, p. 1-21. – R. Uytterhoeven, *Het verdwenen tochtportaal van de Leuvense Sint-Pieterskerk*, dans *Mededelingen van de Geschied- en Oudheidkundige Kring voor Leuven en omgeving*, 33, 1993, p. 156-165. – M. Comblen-Sonkes et J. Cairns, *The Collegiate church of Saint Peter, Louvain*, Bruxelles, 1996. – F. Doperé, *Les techniques de taille sur le grès calcareux : une nouvelle méthode pour déterminer la chronologie et étudier l'*évolution des chantiers dans l*'est du Brabant pendant la première moitié du XVe siècle*, dans M. Lodewijckx (éd.), *Archaeological and Historical Aspects of West-European Societies. Album Amicorum André Van Doorselaer*, Leuven, 1996, p. 418-426. – L. De Clercq, I. Leirens et M. Serck-Dewaide, *Het koor van de Sint-Pieterskerk in de late middeleeuwen*, dans A. Bergmans (éd.), *Leuven in de late middeleeuwen...*, *op. cit.*, p. 88-131. – M. Horsten, *Ter ere van God en van de stad : de bouw van de nieuwe Sint-Pieterskerk*, dans A. Bergmans (éd.), *Leuven in de late middeleeuwen*, *op. cit.*, p. 38-51. – D. Mellaerts, *De Sint-Pieterskerk te Leuven. Architectuur en kunstpatrimonium, Leuven, 1998.* – R. Van Uytven, *Sedes sapientiae en Leuvense stadsprocessies in de 14de en 15de eeuw*, dans *Jaarboek van de Geschied- en Oudheidkundige Kring voor Leuven en omgeving*, 40, 2002, p. 80-91. – A. Maesschalck et J. Viaene, *De genese van de gotische Sint-Pieterskerk te Leuven : over de allereerste eerstesteenlegging, over de kerkfabriek en over een anderhalve eeuw oud dwaalspoor*, Leuven, 2005. – H. Callewier, *Inventaris van het oud archief van de Sint-Jacobskerk te Leuven (1273-1803) met inbegrip van het archief van de rentmeester van het Sint-Pieterskapittel te Leuven (1552-1797)*, Bruxelles, 2005. – A. Vogels, *Het Laatste Avondmaal en de Sacramentsbroederschap in de Leuvense Sint-Pieterskerk*, dans N. Gabriëls et E. Schreurs (éd.), *Petrus Phalesius en het stedelijk muziekleven in de Vlaamse Renaissancestad Leuven*, Leuven-Neerpelt, 2005, p. 79-81.

3° Sainte-Gertrude. – J. G. Van Ryckel, *Historia S. Gertrudis, Principis Virginis, Primae Nivellensis Abbatissae (...)*, Bruxelles, 1637. – A. J. L. Jacobs, *L'Abbaye noble de Sainte-Gertrude à*

Louvain depuis son origine jusqu'à sa suppression, Louvain, 1880. – M. Smeyers, *De stichting en vroegste geschiedenis van de Sinte-Geertruiproosdij te Leuven (1204-1347)*, mémoire de licence inédit, Leuven, 1961 ; Id., *Het voormalige hoogaltaar van de Sinte-Geertruikerk te Leuven. Een werk van Guillielmus Kerricx*, dans *Mededelingen van de* Geschied- *en Oudheidkundige Kring voor Leuven en omgeving*, 7, 1967, p. 180-208 ; Id., *Abbaye de Sainte-Gertrude à Louvain*, dans *Monasticon Belge*, t. IV, *Province de Brabant*, partie 4, Liège, 1970, p. 865-961 ; Id., *De statuten van de abdij van Sinte-Geertrui te Leuven en hun relatie tot deze van het kapittel van Windesheim*, dans *Pascua Mediaevalia. Studies voor Prof. Dr. J.M. De Smet*, Leuven, 1983, p. 226-245 ; Id. et M. Buyle, *De koorbanken van de Sint-Geertruikerk te Leuven*, dans *Monumenten & Landschappen*, 10, 1991, p. 41-60. – L. Van Buyten, *De bevolking van de Sint-Gertrudisparochie te Leuven in 1523*, dans *Bulletin van de Koninklijke Commissie voor Geschiedenis*, 132, 1966, p. 233-259. – D. Van Humbeeck, *Les tours successives de l'église Sainte-Gertrude à Louvain*, dans *Mededelingen van de Geschied- en Oudheidkundige Kring voor Leuven en omgeving*, 5, 1967, p. 37-58, 102-119, 179-203. – J.-P. Félix et G. Loncke, *Histoire des orgues de l'église Sainte-Gertrude à Louvain*, dans *Mededelingen van de Geschied- en Oudheidkundige Kring voor Leuven en omgeving*, 16, 1976, p. 165-191. – P. Schepens, *Wijken der berechting en broederschap van de H. Rosalia in de Leuvense Sint-Geertruikerk (1700-1900)*, Leuven, 1988. – J.-B. Buntinx et al., *Inventaire analytique du chartrier de l'abbaye de Sainte-Gertrude à Louvain, années 1192 à 1431 : Archives ecclésiastiques du Brabant, N°s 10.256-10.280*, Bruxelles, 1996. – R. Stas, *Archief Sint Geertruikerk Leuven. « Wijken der Berechting ». Oudnederlandse teksten ontcijferd en leesbaar gemaakt*, document de travail inédit, Leuven, 2004. – *Sint-Geertruikerk Leuven. Inventaris van de archiefstukken in het bezit van de kerkfabriek*, document de travail inédit, Leuven, 2006. – E. Put, *Inventaris van het archief van de Sint-Geertruiparochie te Leuven (14de-20ste eeuw)*, Bruxelles, 2013.

4° Saint-Jacques. – J. Halflants et J. De Kempeneer, *Un édifice monumental en péril. La collégiale Saint-Jacques à Louvain*, Leuven, 1963. – C. Fripon, *Het domein van de kerkfrabriek Sint-Jacob te Leuven (1730-1797)*, mémoire de licence inédit, Leuven, 1971. – E. Meel, *Het afsluithekken rond de sacramentstoren van de Sint-Jacobskerk in Leuven, uitgevoerd door Jan II Veldener (1568). Bijdrage tot de geschiedenis van het geelkopergieten te Leuven in de 16de eeuw*, dans *Huldealbum Jan Crab, conservator 1960/2-1981*, Leuven, 1982, p. 107-116. – D. Mellaerts, *De laatgotische lichtbeuk en het dwarschip van de Leuvense S.-Jacobskerk*, dans *Jaarboek van de Geschied- en Oudheidkundige Kring voor Leuven en omgeving*, 31, 1991, p. 114-140 ; Id., *Een kerk in beweging. De stabiliteitsproblematiek van de Leuvense Sint-Jacobskerk*, *Ibid.*, 32, 1992, p. 27-37. – P.-J. Lahaye, *Alles gaat voorbij... maar de Kerk blijft staan. Een boek over de opkomst, groei, bloei, ondergang en wederopstanding van verenigingen, scholen, kloosters, bekende figuren,... in de St.-Jacobswijk te Leuven*, Leuven, 2002. – H. Callewier, *Inventaris van het oud archief van de Sint-Jacobskerk te Leuven (1273-1803) met inbegrip van het archief van de rentmeester van het Sint-Pieterskapittel te Leuven (1552-1797)*, Bruxelles, 2005. – D. Nuytten, *Naar Santiago de Compostella en terug. Bouwgeschiedenis en stabiliteitsproblematiek van de Sint-Jacobskerk in Leuven*, dans *Monumenten & Landschappen*, 27, 2008, p. 34-62. – M. Smeets, *Het archeologisch vooronderzoek in de Sint-Jacobskerk te Leuven*, dans H. Degryse (éd.), *Archeologie 2011. Recent archeologisch onderzoek in Vlaams-Brabant*, Leuven, 2011, p. 20-22.

5° Saint-Michel. – L. Ceyssens, *De Tongenaar Petrus Marcelis. Zijn benoeming tot pastoor in 1650*, dans *Album Dr. M. Bussels*, Hasselt, 1967, p. 107-117 ; Id., *Pierre Marcelis. La première moitié de sa vie*, dans *Bulletin de l'Institut Historique Belge de Rome*, 38, 1967, p. 403-473. – M. Jordens, *De schilderkunst van de Contrareformatie (1585-1700) in de Leuvense Sint-Kwintens en Sint-Michielskerk*, dans *Brabantse Folklore*, 249, 1986, p. 28-44. – J. Lambrechts, *Het altaar buiten de kerk. De Sint-Michielskerk te Leuven*, Leuven, 2002. – E. Put, *Inventaris van het archief van de Sint-Michielsparochie te Leuven (1307-20ste eeuw)*, Bruxelles, 2013.

6° Saint-Quentin. – A. Everaerts, *Vie de Saint Quentin d'après un manuscrit conservé dans les archives de l'église Saint-Quentin à Louvain*, Louvain, 1874. – J. Cuypers, *De architectuur van de Sint-Kwintenskerk te Leuven. Een kunsthistorische en oudheidkundige monografie*, mémoire de licence inédit, Leuven, 1958. – A. D'Haenens, *Beknopte inventaris van het parochiearchief van Sint-Kwintens te Leuven*, Leuven, 1963. – R. Banner, *The Saint-Quentin rotulus*, dans *Scriptorium*, 21, 1967, p. 252-259. – E. Steyaert, *De geïllustreerde rol met de legende van Sint-Kwintens uit de Koninklijke Bibliotheek Albert I te Brussel*, mémoire de licence inédit, Leuven, 1976. – M. Boden, *Het meubilair van de Sint-Kwintenskerk te Leuven van circa 1500 tot circa 1800. Onderzoek naar de inrichting van het kerkgebouw gedurende de late middeleeuwen en de moderne tijden*, mémoire de licence inédit, Leuven, 1983. – A. Bergmans, *Leuven, Sint-Kwintenskerk*, dans M. Buyle et M. Bergmans, *Middeleeuwse muurschilderingen in Vlaanderen*, Bruxelles, 1984, p. 154-155. – M. Jordens, *De schilderkunst..., op. cit.*, p. 28-44. – L. Juveyns, *De St.-Quintenskerk te Leuven : verhalen en kunstwerken*, Leuven, 2000. – *Van peys en soet accoort : over lijden, sterven en begraven worden in Leuven, Sint-Kwinten*, Leuven, 2002. – D. J. B. Vanpee, *De confrérie « Notre Dame de Paix et bon accord » – Broederschap « Onze Lieve Vrouw van peys en Zoet accoord » te Leuven*, dans *Huldenbergs heemblad*, 24, 2005, p. 246-253. – E. Put, *Inventaris van het archief van de Sint-Kwintensparochie te Leuven (1297-20ste eeuw)*, Bruxelles, 2013.

B. Dewilde

2° *Les établissements religieux séculiers et la vie paroissiale, XIXe et XXe siècles*. – L'annexion française de 1795 soumit les Pays-Bas méridionaux à la législation révolutionnaire. Dans les années qui suivirent, Louvain eut à souffrir d'une forte persécution de l'Église qui culmina entre 1797 et 1799. Les églises paroissiales furent fermées, proposées en vente publique et les chapitres furent abolis. Les édifices religieux, les statues et les œuvres d'art subirent parfois des dommages irréparables. L'église Saint-Michel fut dédiée à la déesse de la raison. On abolit les tables des pauvres à l'appui des nécessiteux pour les remplacer par une instance citoyenne d'assistance publique.

L'arrivée au pouvoir de Napoléon Bonaparte entraîna un apaisement. Grâce au concordat de 1802, la religion put de nouveau être librement pratiquée et les églises furent rouvertes. Des années de réveil religieux s'ensuivirent. Peu après la conclusion du concordat, deux nouvelles paroisses furent créées à Louvain : Onze-Lieve-Vrouw-ten-Predikheren (« Notre-Dame des Prêcheurs », 1803), qui installa son siège dans l'église du même nom de l'ancien monastère dominicain construit dans la « Onze-Lieve-Vrouwstraat » (« rue Notre-Dame ») ; et la paroisse Saint-Joseph (1814), dont les paroissiens se réunissaient d'abord dans la « Vleminckxkapel » (en l'honneur de Notre-Dame-des-fièvres), dans la « Vlamingenstraat » (« rue des

L'église *Notre-Dame Médiatrice* à Louvain, aujourd'hui église du patriarcat copte orthodoxe d'Alexandrie, paroisse de la Vierge Marie et les Douze Apôtres, © DHGE, 2019.

Flamands »), puis, à partir de 1870, occupèrent une nouvelle église néo-gothique dans la « Ravenstraat » (« rue des cahots ou cahoteuse »). Ainsi, à la fin de la période française (jusqu'en 1814), Louvain comptait environ 23 000 âmes, disséminées sur sept paroisses : Saint-Pierre était l'église principale de la première justice de paix, avec comme églises auxiliaires : Sainte-Gertrude, Saint-Michel et « Onze-Lieve-Vrouw-ter-Koorts » (« Notre-Dame-des-Fièvres », devenue ultérieurement Saint-Joseph) ; Onze-Lieve-Vrouw-ter Predikheren était l'église principale de la seconde justice de paix, avec comme églises auxiliaires Saint-Quentin et Saint-Jacques.

La liberté religieuse qui accompagna l'indépendance belge en 1830 a œuvré comme catalyseur pour la renaissance de l'Église. De nombreuses congrégations religieuses refirent leur apparition et de nouvelles furent fondées, chacune possédant sa propre intonation dans l'apostolat. Elles trouvèrent souvent refuge dans les propriétés monastiques abandonnées à l'époque française. En 1835, l'université revint sur son ancien emplacement, désormais en tant qu'institution catholique administrée par les évêques. La lutte scolaire de 1879 favorisa la formation d'un réseau d'écoles catholiques à côté des réseaux communal et officiel. Dans la seconde moitié du XIXe siècle, le mouvement ultramontain prit également son essor. Il a stimulé une piété caractérisée par une vie sacramentelle et dévotionnelle intense, de grandes manifestations religieuses et des fondations caritatives, telles les sociétés de Saint-Vincent-de-Paul. En 1833, par exemple, la paroisse Saint-Pierre organisa une célébration solennelle pour marquer le quatrième centenaire de la confrérie du Très-Saint-Sacrement de l'Autel. Dans la paroisse Saint-Jacques, au cours du XIXe siècle, émergea un véritable culte du Saint-Sacrement du Miracle. Beaucoup de nécessiteux faisaient appel au soutien des administrateurs de la table des pauvres paroissiale. C'est surtout dans les paroisses Saint-Joseph et Saint-Jacques qu'on dut faire face à ce problème puisqu'elles comptaient en 1870 respectivement 35% et 27,5% de leurs paroissiens inscrits en tant que « nécessiteux » (contre seulement 3% dans les paroisses Onze-Lieve-Vrouw-ter Predikheren et Saint-Michel).

La percée de la démocratie à la fin du XIXe siècle a soutenu le développement du catholicisme dit organisationnel, un réseau catholique d'associations sociales, culturelles et récréatives. À la veille de la Première guerre mondiale, les blessures de la Révolution française semblaient en grande partie avoir guéri. La nouvelle dévastation que ce conflit a apportée à la ville et à son patrimoine ecclésiastique – en particulier à l'église paroissiale Saint-Pierre – n'a pas pu contrecarrer cette dynamique. L'Entre-deux-guerres représenta le point culminant dans la reconstruction de la puissance de l'Église.

Depuis le XIXe siècle, les paroisses de Louvain étaient englobées dans la circonscription ecclésiastique plus large du doyenné de Louvain, qui couvrait à la fois la ville de Louvain et les communes environnantes. À la sortie de la Première guerre mondiale, le doyenné comptait 22 paroisses et paroisses auxiliaires, ainsi qu'une chapelle. À partir de 1925, la paroisse auxiliaire nouvellement fondée de « Onze-Lieve-Vrouw-Middelares » (« Notre-Dame-Médiatrice ») a été ajoutée à la « Diestsevest » (« rempart de Diest »). La même année se produisit une modification plus drastique dans le découpage ecclésial. En effet en 1925, le doyenné de Louvain fut scindé en deux districts. Le premier, avec le curé de Saint-Pierre comme doyen, couvrait Louvain, Herent et Wilsele et se composait de 12 paroisses et paroisses auxiliaires, ainsi que d'une chapelle. Le curé de Saint-Lambertus à Heverlee devenait le doyen du second district. Ce dernier comprenait les banlieues au sud et à l'est de la ville : Heverlee, Bertem, Korbeek-Dijle, Kessel-lo, Oud-Heverlee, Vaalbeek, Leefdaal et Neerijse. À la veille de la Seconde guerre mondiale, ces deux districts du doyenné de Louvain comptaient ensemble 24 paroisses et paroisses auxiliaires, une annexe et une chapelle.

Les huit paroisses de la ville de Louvain (incluant encore Saint-Pierre et Onze-Lieve-Vrouw-ten-Predikheren comme églises principales et Saint-Joseph, Saint-Jacques, Sainte-Gertrude, Saint-Quentin, Saint-Michel et Onze-Lieve-Vrouw-Middelares comme églises auxiliaires) comptaient, selon les rapports décanaux, entre 1914 et 1940, en moyenne plus de 41 000 fidèles par année. Au fil des ans, il se produisit un léger déclin, causé par la courbe démographique descendante : à la veille de la Première guerre mondiale, on recensait environ 43 900 paroissiens, alors qu'en 1940, ce chiffre atteignait environ 40 650, soit environ 8% de moins. Les quelque 25 communautés religieuses masculines qui demeurent dans l'agglomération urbaine pendant l'Entre-deux-guerres assistaient le clergé paroissial dans la prédication, le ministère des sacrements et les autres tâches pastorales. Les tâches éducatives et hospitalières étaient laissées en majeure partie aux quelque 40 communautés religieuses féminines qui œuvraient à Louvain durant la même période.

Néanmoins, l'Église a perdu progressivement son emprise sur une partie de la population. D'après des chiffres sommaires concernant la pratique pascale, il ressort que le rejet de la foi dans l'Entre-deux-guerres s'avérait considérable et qu'il était aussi beaucoup plus important chez les hommes que chez les femmes. Dans la paroisse Saint-Michel, par exemple, le nombre des non-pascalisants est passé de 10% en 1913 à 30% en 1922 ; dans la paroisse de Onze-Lieve-Vrouw-ten-Predikheren, de 7% en 1927 à 22% en 1935. Cependant ceux qui restaient dans le giron de l'Église vivaient souvent plus profondément leur engagement. Ainsi il y eut une forte augmentation du nombre d'hosties partagées lors de l'eucharistie, à la fois en chiffres absolus (+45% entre 1913 et 1940, soit de 283 500 à 411 100) et par personne (+57% au cours de la même période, de 6,45 à 10,11).

L'engagement religieux de la population louvaniste se traduisait également par la vie resplendissante des associations. À côté des associations religieuses traditionnelles telles que les nombreuses confréries religieuses et les organismes à vocation sociale, les années '30 virent la croissance rapide des organisations d'action catholique, surtout à destination de la jeunesse. Dans la plupart des paroisses, on créa des sections de la Jeunesse ouvrière catholique (KAJ et VKAJ), de la Jeunesse indépendante chrétienne féminine (VKBJ) et de son homologue francophone, la Jeunesse indépendante catholique (JIC). La croisade eucharistique connut aussi une expansion généralisée. Dans plus d'une paroisse, il existait également une section florissante de la guilde des femmes ouvrières catholiques, la « Katholieke Arbeidersvrouwen » (KAV). Fondée avant la Première guerre mondiale par les jésuites, l'œuvre des Ligues du Sacré-Cœur obtenait une grande résonance à Louvain.

Cette vie catholique romaine resplendissante s'était maintenue largement jusques dans les années 1950. Le cycle traditionnel de l'année ecclésiastique, une série de manifestations de dévotion récurrentes, connaissait depuis l'Entre-deux-guerres un contenu toujours plus riche. En mars, la dévotion à S. Joseph dans l'église des Pères des Sacrés-Cœurs sur le « Sint-Antoniusberg » (« Mont de Saint-Antoine ») était renforcée par la décision prise en 1934 par le card. Van Roey de construire une nouvelle « Hof van Sint-Jozef » (parc de Saint-Joseph) au Ramberg. En mai, le mois de Marie fut rehaussé d'un lustre supplémentaire avec la création du Mariapark dans la « Bankstraat » (« rue de Terbank », où se situaient l'ancienne léproserie et la chartreuse) par les Frères mineurs capucins. À partir de 1927, une nouvelle tradition se développa avec le *pardon des chapelles*, une circumambulation se déroulant la veille du 1er mai le long des chapelles mariales de la paroisse de Saint-Quentin. En 1931, la paroisse Saint-Pierre rénovait la procession traditionnelle de « Onze-Lieve-Vrouw-Belegering » (« Notre-Dame-du-Siège »), qui fut transformée en une parade historique au mois de juillet en l'honneur de la Bienheureuse Marguerite de Louvain (« Fier Margrietken »). Régulièrement, l'occasion se présentait aussi pour une célébration spéciale, comme ce fut le cas en mai 1936, lors du transfert de la dépouille mortelle du P. Damien de Veuster à Louvain et son inhumation dans la crypte de l'église des picpus sur le Sint-Antoniusberg.

Le Concile Vatican II (1962-1965) réveilla un esprit réformiste parmi les ecclésiastiques et les fidèles, donnant à la vie ecclésiale un nouveau visage. La liturgie devint un événement communautaire en langue vernaculaire. Les anciennes dévotions s'éteignirent et les processions disparurent des rues. La nouvelle paroisse de l'Université de Louvain, fondée en 1963, et qui avait trouvé sa demeure dans la « Begijnhofkerk » (« église du Béguinage »), devint une pionnière importante du renouveau de l'Église flamande. Dans la seconde moitié des années 1960, la stratégie fut encore davantage adaptée pour affronter en 1966 la crise du « Leuven Vlaams » (*Louvain flamande*) et la révolte estudiantine de 1968. L'Église et la vie religieuse semblaient à la dérive, une évolution qui s'accompagnait d'une baisse drastique des effectifs du clergé et de la pratique religieuse. La communauté des croyants évolua au cours des dernières décennies du XXe siècle pour devenir une petite minorité dans un monde pluraliste.

L'infrastructure ecclésiale s'est adaptée à la nouvelle réalité. En décembre 1961, l'ancien archidiocèse de Malines fut scindé et Louvain fit désormais partie d'un archidiocèse de Malines-Bruxelles amputé des paroisses du nouveau diocèse d'Anvers. À Louvain même, une réduction dans la division paroissiale traditionnelle fut entreprise en 1963 avec la réintégration de la paroisse Onze-Lieve-Vrouw-ten Predikheren dans la paroisse Saint-Pierre. L'église néogothique de Saint-Joseph fut démolie et déménagea en 1974 dans un nouveau bâtiment plus petit et plus moderne, situé dans la « Bogaardenstraat » (« rue des Bogards »), et qui répondait aux besoins de la liturgie post-conciliaire. En 2000, Onze-Lieve-Vrouw-Middelares fut à son tour dissoute en tant qu'église paroissiale. La pénurie aiguë des curés de paroisse était compensée par le recours croissant à des animateurs pastoraux masculins et féminins. La création de la fédération Louvain en 2001 illustra la tendance croissante à la collaboration entre les paroisses d'une part et entre le clergé et les laïcs d'autre part. Depuis 2013, l'archidiocèse a lancé un projet de réforme des fédérations en zones pastorales. En 2015, outre les six anciennes paroisses restantes (Saint-Pierre, Sainte-Gertrude, Saint-Jacques, Saint-Joseph, Saint-Quentin et Saint-Michel), la zone pastorale de Louvain engloba aussi la paroisse universitaire. Elle fait toujours partie du doyenné de Louvain, dont ressortissent également les zones pastorales d'Heverlee, Kessel-lo Oost, Kessel-lo West, Wilsele, Holsbeek et Bertem.

De Keizersberg, 1899-1949, Leuven, 1949. – G. Regent, *Onze-Lieve-Heilige van Leuven en zijn heiligdom. Bijdrage tot de geschiedenis van de Sint-Jozefsverering in de Nederlanden*, Leuven, 1959. – F. Spaey, *Het « godshuis der predikheren binnen Leuven »*, Leuven, 1961. – C. Gijsegom, *De jonge werkman en het K.A.J.-Verbond Leuven (1920-1936)*, mémoire de licence inédit, KULeuven, Leuven, 1973. – *De Sint-Michielskerk Leuven*, Leuven, 1977. – A. Osaer, *Inventaris van het archief van de Kring van Godsdienstleer te Leuven, 1905-1943* (Inventaris Kadoc reeks A, 3), Leuven, 1981. – *Nood zoekt troost. De Vleminckx-kapel in de Vlamingenstraat te Leuven en het mirakuleus beeld Onze-Lieve-Vrouw-ter-Koorts*, Vaalbeek,

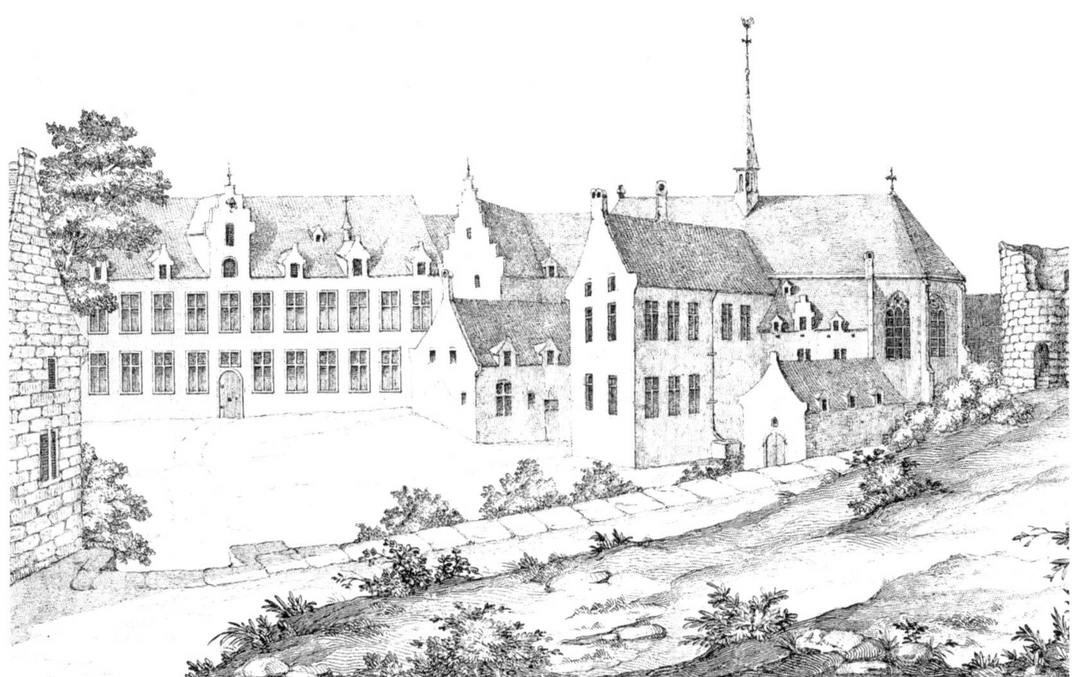

L'abbaye des clarisses, par A. Joos, XIX[e] s., © BRES KU Leuven Centrale Bibliotheek, LM00088.

1986. – R. Uytterhoeven, *750 jaar Leuvense parochies*, Leuven, 2002. – L. Gevers, *Kerkelijk leven in een Brabantse stad : 750 jaar Leuvense parochies*, dans *Ibid.*, p. 12-21.

O. Meulemans, *Guide touristique, historique et administratif de la ville de Louvain*, Leuven, s.d. – A. Smeyers, *Leuven vroeger en nu*, Leuven, 1948. – *Leuven, een stad die groeit. Een gemeenschap bouwt aan haar milieu*, catalogue d'exposition, Leuven, 1975. – R. Uytterhoeven, *Leuven weleer*, parties 1-6, Leuven, 1985-1990. – Site Internet *Inventaris Onroerend Erfgoed.*

L. Gevers

III. Les monastères. – 1° *Ancien Régime*. – Abbaye des clarisses urbanistes. – La date de fondation de 1508, mentionnée dans certaines publications, n'est pas encore fondée avec certitude, bien qu'on ne puisse exclure que l'autorisation du conseil municipal de Louvain du 17 juin 1513 d'établir un monastère dans la Nieuwstraat (« rue Neuve », aujourd'hui Leopold Vanderkelenstraat), ait été précédée par une implantation quelques années auparavant. Dans cette rue, une maison et des bâtiments annexes furent concédés aux clarisses urbanistes de Louvain et des environs, parmi lesquelles Katelijne van Oppendorp qui était la veuve du chevalier Jan de Beloys. Les premières sœurs venaient apparemment du monastère voisin de Hoogstraten. Leur nombre aurait rapidement atteint 25 à 30 religieuses. Ce n'est qu'en 1597, et donc après les soubresauts religieux de la seconde moitié du XVIe siècle, qu'on put envisager de nouveau l'expansion matérielle du complexe monastique. Ces travaux de construction traînèrent approximativement jusqu'en 1634. Peu après l'abolition de 1783 par Joseph II et la vente des bâtiments en 1786, l'ensemble du monastère fut détruit.

Liste des abbesses. H. Prevost, *La vie exemplaire de neuf abbesses... de Saincte Claire à Louvain*, dans *Analectes pour servir à l'histoire ecclésiastiques de la Belgique*, 22, 1880, p. 107-112.

Sources. H. Roggen, *De clarissenorde in de Nederlanden* (Instrumenta franciscana, 1), Sint-Truiden, 1995, p. 208-209.

Travaux. J. Molanus, *Historiae Lovaniensium libri XIV*, éd. P.-F.-X. De Ram, *Les quatorze livres sur l'histoire de la ville de Louvain* (Commission royale d'histoire, in-4°), I, Bruxelles, 1861, p. 339-340. – E. Van Even, *Louvain monumental ou description historique et artistique de tous les édifices civils et religieux de ladite ville*, Leuven, 1860, 36, p. 267-268 ; Id., *Louvain dans le passé & dans le présent. Formation de la ville-Événements mémorables-Territoire-Topographie-Institutions-Monuments-Œuvres d'art*, Leuven, 1895, p. 519-520. – H. Prevost, *La vie exemplaire de neuf abbesses... de Saincte Claire à Louvain*, dans *Analectes pour servir à l'histoire ecclésiastiques de la Belgique*, 22, 1880, p. 107-112 (1ère édition, Liège, 1660). – G. Paulus-Schmets, *Urbanisten en Annunciaten te Leuven getroffen door het edict van Jozef II (1783)*, dans *Franciscana*, 17, 1962, p. 26-48. – G. Schmets, *De afschaffing van de kloosters te Leuven door keizer Jozef II (1780-1790)*, dans *Mededelingen van de Geschied- en Oudheidkundige Kring voor Leuven en Omgeving*, 6, 1966, p. 3-20 ; 7, 1967, p. 71-84. H. Roggen, *De clarissenorde in de Nederlanden* (Instrumenta franciscana, 1), Sint-Truiden, 1995, p. 208-213 (avec une bibliographie).

P. Trio

L'abbaye de Parc sous l'Ancien régime, © BRES KU Leuven Centrale Bibliotheek, LM00065.

Abbaye de La Vignette ou la Vigne N.-D. (cisterciennes), dit aussi Couvent sous le Château (*Klooster onder de Borgt*). – En 1518 fut fondée une abbaye de cisterciennes au pied du château du Mont-César. Au cours des premières décennies du XVIe siècle, le nombre des monastères de femmes contemplatives édifiés dans la ville a rapidement augmenté. Cinq ans plus tôt avait été érigé à Louvain le monastère des *Rijke Klaren* (Riches Claires, clarisses). Et il semble que les mêmes familles patriciennes de Louvain étaient derrière cette nouvelle fondation, en particulier Catharina van Oppendorp, veuve de Jan van Blois, ainsi que Walter vanden Tympele, bourgmestre. L'approbation de cette fondation par la ville en 1522 vint également accentuer l'ancrage louvaniste. La direction spirituelle se trouvait entre les mains de l'abbé de Saint-Bernard et les premières moniales vinrent de Wauthier-Braine. Cependant, l'abbaye de La Vignette demeura toujours une fondation assez pauvre. Les moniales furent toutes expulsées en 1798.

Abbaye de la Vignette, à Louvain, dans É. Brouette et al. (dir.), *Monasticon belge*, IV, *Province du Brabant*, vol. 2, Liège, 1968, p. 491-497 (avec la liste des abbesses).

M. CARNIER

Abbaye de Parc, à Heverlee (prémontrés), *ecclesia Sanctae Mariae (1129), ecclesia Parchensis (1131), abbas et conventus de Parcho (1134), Parchum dominorum (1235), monasterium Parcensis (1401), abts ende convents goidtshuys van heeren Percke, herenpercke (1381), goidtshuys van Percke (1501), goidtshuys van Perck by Loven (1593), Parcum (1610), Heeren Park (1665), d'abdije van Perck (1750).* – Quand, en 1129, Godefroid le Barbu, comte de Louvain et duc de Brabant, fit don de son parc à gibier, situé juste au sud-est de Louvain, aux prémontrés de l'abbaye française Saint-Martin de Laon, aucun contemporain du seigneur n'aurait pu imaginer que cette fondation naissante deviendrait une maison qui allait défier pendant les neuf cents prochaines années toutes les tempêtes successives.

Le premier abbé, Simon de Saint-Maurice, et ses disciples firent du bon travail dans ces premières années. Ils pouvaient compter sur l'appui des ducs de Brabant et, en 1154, la jeune communauté possédait déjà plus de 350 ha de forêts, de terres agricoles et de pâturages dans plus d'une douzaine de villages. L'abbé disposait des droits de patronage dans une dizaine de paroisses autour de Louvain, mais aussi dans d'autres plus éloignées de la maison-mère. Là, les chanoines de l'abbaye (dits chanoines forains) accomplissaient leur travail apostolique en tant que pasteurs.

Le cœur de ce domaine se situait dans le quartier de Park-Heverlee, où la propriété abbatiale s'étendait autour du territoire du parc à gibier ducal (qui a donné son nom à l'abbaye) et recouvrait les hameaux de Vinkenbos, Langendaal, Ten Broeke et Voorde : un vaste complexe continu qui, vers le nord, atteignait les murs de Louvain. Dans le sud-ouest, l'abbaye rivalisait avec les seigneurs d'Heverlee, contemporains du comte Godefroid, qui, aux XIVe et XVe siècles, durent laisser place à d'autres familles.

Durant le fastueux XVe siècle, dominé par les succès des Ducs de Bourgogne, Parc fut prise dans le marasme qui frappait l'institution ecclésiale. L'augmentation de la prospérité affaiblit la discipline monastique et les vieilles traditions norbertines de préoccupations paroissiales et de vie communautaire s'effondrèrent.

Au début du XIIe siècle, le fondateur de l'Ordre, Norbert (1080-1134), avait exigé de ses disciples, en fait des chanoines-prêtres réguliers, une combinaison de vie monastique contemplative et de travail pastoral. L'affaiblissement de la discipline monastique ne profita ni au travail apostolique ni à la gestion d'un patrimoine déjà étendu. Certains preneurs à bail commencèrent en leur nom propre à vendre ou à donner en gage des parties du territoire abbatial. Le revirement définitif n'intervint que sous l'abbatiat de l'abbé Diederik Van Tulden (1462-1494), un natif du Brabant septentrional, qui, entre autres, rationalisa la gestion des biens et mit fin aux pratiques désordonnées. Toujours en 1462, première année de son abbatiat, le pape lui accorda, ainsi qu'à ses successeurs, le privilège de la *pontificalia*, c'est-à-dire le port de la mitre et de la crosse durant l'Eucharistie, donc une dignité épiscopale. L'étoile Van Tulden s'éleva rapidement dans le firmament norbertin et il fut notamment chargé par le chapitre-général de l'Ordre d'une enquête sur les statuts des prémontrés.

Sous le règne de l'empereur Charles-Quint (1516-1558), de puissants abbés s'opposèrent au *placet* impérial pour d'importantes fonctions ecclésiastiques et, comme leurs prédécesseurs, prémunirent l'abbaye de Parc contre la pratique fâcheuse de la commende : l'attribution d'abbayes à des personnes non qualifiées par les autorités, uniquement pour les revenus ou les usufruits. Les prélats de Parc jouissaient alors d'un grand prestige comme archichaplains des ducs de Brabant depuis 1416, mais surtout comme représentants de l'ordre du clergé aux États du Brabant et aux États généraux. Lors des réunions de ces États, ils participaient à la décision sur le budget du pays. En raison de leur influence et grâce au vaste domaine abbatial, les abbés s'avéraient des pièces redoutables sur l'échiquier politico-économique.

À la fin des années 1560, l'iconoclasme marqua le début de l'éprouvante guerre de Quatre-Vingts ans. Ce n'est pas sans réticence que le prélat de l'époque, l'abbé Karel Vander Linden (1558-1576), choisit de se ranger dans le camp espagnol. Au contraire, avec son frère, l'abbé de l'abbaye Sainte-Gertrude de Louvain, ce prélat se posait bien des questions à propos de la position inflexible du roi Philippe II, fils et successeur de Charles-Quint.

En fin de compte, rien ni personne ne réussit à conjurer le conflit dévastateur entre le Nord et le Sud, et cette guerre civile prolongée et sans cesse réactivée conduisit les Pays-Bas méridionaux au bord de l'abîme. L'abbaye de Parc souffrit énormément de la violence. Son domaine agricole s'avéra particulièrement vulnérable aux caprices de la soldatesque et les chanoines furent même contraints de troquer la tranquillité de leur abbaye pour un séjour temporaire dans un refuge plus sûr à Louvain.

Parc flirtait régulièrement avec la faillite, mais l'abbé Franciscus Van Vlierden (1585-1601) réussit à guider ses frères à travers les tempêtes. Il continua avec obstination à louer les fermes abbatiales, ce qui procura à l'abbaye les revenus en nature bien nécessaires pendant une période de dévaluation monétaire désastreuse. Une paralysie de la main droite et du bras, qui l'empêchait de signer des documents, n'empêcha cependant pas Van Vlierden de demeurer à la tête de l'abbaye jusqu'à sa mort, survenue le 3 mai 1601.

Le nouveau prélat, fils d'une famille patricienne de Louvain, Jan Druys/Drusius (1601-1634), poursuit avec persévérance sa quête de stabilité. Jouant habilement de la volonté de rétablir la paix exprimée par les archiducs Albert et Isabelle (signature de la Trève de Douze Ans avec les Provinces-Unies en 1609), l'abbé Druys réussit même, pour la première fois en près d'un siècle, à agrandir le domaine abbatial par trois importantes exploitations agricoles (totalisant 225 ha). En tant que visiteur de l'université, Drusius traça en 1617 les grandes lignes du nouveau règlement organique de l'Alma Mater de Louvain (publié en 1627). Un document stratégique par lequel les prélats de Parc reprirent leur ancien rôle de pionniers sociétaux.

Sous l'un des successeurs de Jan Druys, le Louvaniste Libert de Pape (1648-1682), l'abbaye atteignit son apogée. Les interminables péripéties de la guerre de Quatre-vingts ans étaient définitivement terminées, permettant à l'Église et aux couvents de fleurir sous les bons auspices de la Contre-Réforme. À la campagne, la paix retrouvée assurait de nouveau de plantureuses récoltes. Et pour un grand propriétaire foncier comme Parc, ce n'était pas rien ! 3300 ha de terres, sans compter les revenus des cens et des dîmes, dont 2472 ha de champs fertiles (le reste étant constitué de bois et de prairies), quatre moulins à eau et dix-huit fermes de grande taille ou de taille moyenne, faisaient de l'abbaye une institution prospère au milieu du XVIIe siècle.

Durant le long abbatiat de Libert de Pape, les chanoines n'hésitaient aucunement à investir les revenus excédentaires du domaine dans l'embellissement de leur propre résidence. Les magnifiques plafonds en stuc de Jan-Christiaan Hansche dans la salle à manger du monastère et dans la bibliothèque datent de cette époque. Un peu plus anciens sont les vitraux du cloître, que l'abbé Jan Maes commanda à Jan De Caumont en 1634.

Conscient que la prospérité de ses confrères reposait largement sur le rendement annuel du vaste domaine agricole, de Pape décida d'améliorer considérablement l'infrastructure agricole. Dans l'abbaye, il fit construire la ferme actuelle, dans le style traditionnel en brique et en grès, avec une influence baroque, ainsi qu'une grande grange à dîme. À la campagne, la quasi-totalité des fermes furent rénovées.

Au XVIIIe siècle, les successeurs de l'abbé de Pape s'efforcèrent essentiellement de maintenir le statu quo. Sous le régime autrichien de l'empereur Charles VI (1714-1740) et de sa fille Marie-Thérèse (1740-1780), le grand domaine, auquel rien de plus n'avait été ajouté, obtint généralement de bons rendements annuels. Quant aux vocations, elles ne manquaient pas. En 1723, l'abbaye comptait 48 chanoines résidents. Un chiffre qui augmenta encore de quelques unités à la fin du XVIIIe siècle. En pleine fidélité à la tradition norbertine, seize paroisses étaient alors desservies par l'abbaye. Le cœur de ce réseau était situé dans le Hageland où quelques grands presbytères typiques rappellent la présence multiséculaire des prémontrés.

L'abbaye Sainte-Gertrude, chanoines réguliers de Saint-Augustin, par R. Blokhuysen, *c.* 1720, © BRES KU Leuven Centrale Bibliotheek, TC00202.

Entretemps, le prélat Hieronymus de Waerseggehere (1719-1730) pensait que le temps était mûr pour d'importantes transformations architecturales de l'abbaye. C'est lui qui donna à l'abbaye son aspect actuel. Le plan médiéval datant des XIIe, XIIIe, XIVe et XVe siècles fut conservé, mais différents éléments du portail et le quartier abbatial furent enjolivés. En 1729, à l'occasion du 600e anniversaire de l'abbaye, survint le couronnement de l'œuvre : la construction de la tour de l'abbaye, précisément sur l'infrastructure romane de l'ancienne église abbatiale.

Par la suite, l'activité de construction s'arrêta et la fin du XVIIIe siècle, marquée par la Révolution française, apporta son lot de bouleversements qui culminèrent dans la fermeture et la vente de l'abbaye de Parc en 1797.

L. De Pape, *Summaria chronologia insignis ecclesiae Parchensis ordinis Praemonstratensis sitae prope muros oppidi Lovaniensis*, Leuven, 1662. – R. Van Waefelghem, *Le nécrologe de l'Abbaye du Parc*, Bruxelles, 1908. – J. E. Jansen, *L'abbaye norbertine du Parc-le-Duc. Huit siècles d'existence, 1129-1929*, Mechelen, 1929. – N. Backmund, *Monasticon Praemonstratense*, t. II, Straubing, 1949-1960, p. 391. – *L'abbaye de Parc*, dans A. D'Haenens et al. (dir.), *Monasticon Belge*, t. IV, *province de Brabant*, vol. 3, Liège, 1969, p. 773-827. – M. Smeyers, *De abdij van Park. 850 jaar premonstratenzerleven*, Leuven, 1979. – E. Shortell, *An image of the abbey church of Prémontré under construction*, dans *Gesta*, 29/2, 1990, p. 234-238. – U. Mende, *Der Osterleuchter von Parc und Fragen der Lokalisierung romanischer Bronzen zwischen Maasgebiet und Niedersachsen*, dans *Bulletin des Musées royaux d'art et d'histoire*, 67, 1996, p. 57-68. – J. Appelmans, *Thierry de Tuldel et les Prémontrés brabançons face à la commende (1470-1481)*, dans *Analecta Praemonstratensia*, 76/1-4, 2000, p. 158-220. – S. Van Lani, *Abdij van Park in Heverlee. Het samengaan van symboliek en functionaliteit in de kloosterarchitectuur* (M&L, cahier 7). *De beeldentaal van symbolen*, Bruxelles, 2002. – C. Baisier et S. Van Lani, *Met zicht op de abdij : de iconografie van de abdij van Park*, Leuven, 2003. – J.-M. Canivez et T. Matei, *De betekenis van de abdijen van Park en Averbode voor Pieter-Jozef Verhaghen*, dans P. Carpeau et V. Vandekerchove (dir.), *Pieter-Jozef Verhaghen (1728-1811). In het spoor van Rubens*, Leuven, 2011, p. 125-131.

S. Van Lani

Abbaye Sainte-Gertrude (chanoines réguliers de S. Augustin). – En 1204, le Chapitre de Saint-Pierre de Louvain répondit favorablement à la demande du duc Henri Ier d'autoriser une communauté de chanoines réguliers de la Congrégation de Saint-Victor dans le lieu de culte dédié à Ste Gertrude qui était soumis à leur autorité. Cependant, l'affiliation à Saint-Victor ne rencontra pas de succès, de sorte qu'un deuxième acte de ce même chapitre, daté de 1206, ne faisait plus désormais référence qu'à une communauté de chanoines réguliers. La même année, le duc Henri Ier accorda une charte dans laquelle était établie la base matérielle de la fondation. L'origine des premiers chanoines n'a pas encore fait l'objet d'une enquête approfondie, mais il semble qu'on avait affaire à la fois avec des membres du clergé louvaniste et des personnes de l'entourage du duc. Très rapidement, la fondation fut semble-t-il réservée aux membres de la noblesse. Le chapitre resta toujours éloigné de toutes les affiliations possibles des chanoines réguliers. En 1344, le responsable du chapitre, jusqu'alors un prévôt, obtint l'autorisation de porter le titre d'abbé, mais ce n'est qu'à partir de 1451 que ce titre devint permanent. Malgré sa fondation tardive, le chapitre réussit à obtenir des droits de patronage sur toute une série de paroisses. Le prévôt, plus tard abbé de Sainte-Gertrude, supervisait également le Petit Béguinage voisin.

Au cours du XVe siècle, l'abbé de Sainte-Gertrude devint l'un des ecclésiastiques parmi les plus en vue du Brabant, occupant généralement la fonction de protecteur des privilèges universitaires, un poste qui coïncida rapidement avec l'abbatiat et qui avait son siège dans les États du Brabant. À partir du XVIe siècle, l'ingérence du souverain dans la nomination et la politique du chapitre s'accrut sensiblement. Cela n'empêcha pas certains abbés de mener une opposition très ferme dans les États.

Les dépenses de l'abbaye augmentèrent fortement au XVIIIe siècle et ne purent dans un premier temps être contrôlées que par une réduction systématique du nombre de chanoines. Des projets de réformes, comme la sécularisation du chapitre, demeurèrent sans suite. L'abbaye resta profondément endettée jusqu'à la suppression de l'institution par les Français en 1797.

A. Jacob, *L'abbaye noble de Sainte-Gertrude à Louvain depuis son origine jusqu'à sa suppression*, Louvain, [1880]. – M. Smeyers, *Abbaye de Sainte-Gertrude, à Louvain*, dans W. Lourdaux et al., *Monasticon belge*, IV, *Province du Brabant*, vol. 4, Liège, 1970, p. 865-961 ; Id., *De statuten van de abdij van Sinte-Geertrui te Leuven en hun relatie tot deze van het kapittel van Windesheim*, dans R. Lievens, E. Van Mingroot et W. Verbeke (dir.), *Pascua Mediaevalia. Studies voor Prof. Dr. J.M. De Smet* (Mediaevalia Lovaniensia, series I, studia 10), Leuven, 1983, p. 226-245.

M. CARNIER

Abbaye bénédictine de Vlierbeek, à Kessel-Lo (*cf. DHGE*, t. XXXII, col. 509-512). – Par une charte de fondation de 1125, le duc de Basse-Lotharingie, Godefroid le Barbu, établit sur son domaine de Vlierbeek, juste en dehors de Louvain, un prieuré placé sous la tutelle de l'abbaye d'Affligem. Dans la décennie 1163-1173, grâce à l'intervention du duc de Brabant et du pape, Affligem accorda à Vlierbeek une certaine autonomie par rapport à l'abbaye-mère, et à partir de cette période, l'établissement put élire son propre abbé. Cependant, jusqu'en 1259/1260, les abbés de Vlierbeek continuèrent à provenir d'Affligem, comme il était stipulé dans l'accord de scission. La visite épiscopale, ordonnée par l'évêque de Liège en 1243, déboucha sur un rapport relativement favorable à la vie religieuse au sein de cette abbaye. À la fin du XVe siècle, celle-ci passa sous l'influence du mouvement réformateur initié à l'abbaye de Bursfelde. En 1533, l'abbé Paanhuys obtint du pape le droit, pour lui-même et tous ses successeurs, de porter la mitre, la crosse et l'anneau. En 1544, l'abbaye de Vlierbeek comptait 14 religieux, dont 13 prêtres. Lors des convulsions religieuses de la seconde moitié du XVIe siècle, l'abbaye souffrit beaucoup. À la suite de la destruction presque complète et du pillage du complexe abbatial perpétrés en 1572 par les troupes de Guillaume d'Orange, les résidents de l'abbaye n'eurent d'autre choix que de s'installer à Louvain pour une longue période. Ce n'est qu'en 1642 que l'ancien site fut suffisamment rénové pour qu'on puisse derechef s'y établir. À l'époque de l'abbé Paridaens (1699-1728), ce dernier fut accusé, ainsi que certains moines et frères qui s'étaient réfugiés à l'abbaye, de soutien et d'adhésion au jansénisme. Avec l'appui du gouvernement autrichien, les autorités religieuses de la province ecclésiastique de Malines le forcèrent à démissionner, l'expulsèrent de l'abbaye et le rattachèrent à l'abbaye de Gembloux. En 1776 démarra une nouvelle reconstruction complète de l'abbaye, sur les plans de Laurent-Benoît Dewez, architecte du gouverneur Charles de Lorraine. Mais seules l'église et une aile de la résidence des moines furent achevées avant l'expulsion de la communauté monastique, le 11 janv. 1797. Ces bâtiments-là survécurent jusqu'à nos jours aux coups de massue de la confiscation, de la liquidation et de la démolition qui accompagnaient généralement la Révolution française.

LISTES DES ABBÉS. M. Smeyers, *Abbaye de Vlierbeek, à Kessel-Lo*, dans U. Berlière et al., *Monasticon Belge*, IV, *Province de Brabant*, vol. I, Liège, 1964, p. 81-110.

SOURCES. M. Smeyers, *Abbaye de Vlierbeek, à Kessel-Lo*, dans U. Berlière et al., *Monasticon Belge*, IV, *Province de Brabant*, vol. I, Liège, 1964, p. 81-110 ; Id., *Inventaris van het archief en de parochie Vlierbeek (Kessel-Lo), Stedelijk museum Leuven, Inventarissen Afdeling A*, Leuven, 1966, p. 205-242.

TRAVAUX. J. Molanus, *Historiae Lovaniensium libri XIV*, éd. P.-F.-X. De Ram, *Les quatorze livres sur l'histoire de la ville de Louvain* (Commission royale d'histoire, in-4°), I, Bruxelles, 1861, p. 183 et sv. – A. Sanderus, *Chorographia*, I, p. 3-12, 55 et sv. – C. Van Gestel, *Historia sacra et profana Archiepiscopatus Mechliniensis*, t. 1, Den Haag, 1725, p. 186 et sv. – *Gallia Christiana*, t. V, Paris, 1731, p. 49-50. – E. Van Even, *Lijst van juweelen toebehoorende aen de abtdy van Vlierbeek, ten jare 1478*, dans *Vaderlandsch museum voor Nederduitsche letterkunde, oudheid en geschiedenis*, 2, 1858, p. 319-321 ; Id., *Louvain monumental ou description historique et artistique de tous les édifices civils et religieux de ladite ville*, Leuven, 1860, p. 241 et sv. ; Id., *Les armoiries des abbés des trois anciennes abbayes de Louvain*, dans *Annales de l'académie d'archéologie de Belgique*, 28, 2e série, t. 8, 1872, p. 542-549 ; Id., *Een onbekende Vlaamsche dichter uit de 15e eeuw, Jan Amoers, monnik van Vlierbeek*, dans *Verslagen en mededelingen van de Koninklijke Vlaamsche Academie voor taal- en letterkunde*, 1897, p. 667-670 ; Id., *Louvain dans le passé & dans le présent. Formation de la ville-Événements mémorables-Territoire-Topographie-Institutions-Monuments-Œuvres d'art*, Leuven, 1895, p. 450-458 et *passim*. – J. Pantaléon de Troyes, *Visite de l'abbaye de Vlierbeek par Jacques Pantaléon de Troyes, archidiacre de Liège*, dans *Analectes pour servir à l'histoire ecclésiastique de la Belgique*, 6, 1869, p. 483-486. – U. Berlière, *Documents Vaticans. Notes sur les abbés de Vlierbeek aux XIVe et XVe siècles*, dans *Bijdragen tot de geschiedenis, bijzonderlijk van het aloude hertogdom Brabant*, 3, 1904, p. 261-282. M. Smeyers, *Abbaye de Vlierbeek, à Kessel-Lo*, dans U. Berlière et al., *Monasticon Belge*, IV : *Province de Brabant*, vol. I, Liège, 1964, p. 81-110 (et bibliographie) ; Id., *De eerste steenlegging van de abdijkerk van Vlierbeek (1776). Bijdrage tot de studie van het werk van architect L.B. Dewez*, dans *Gentse bijdragen tot de kunstgeschiedenis*, 23, 1973-1975, p. 241-254 ; Id., *De abdij van Vlierbeek te Leuven (Kessel-Lo)*,

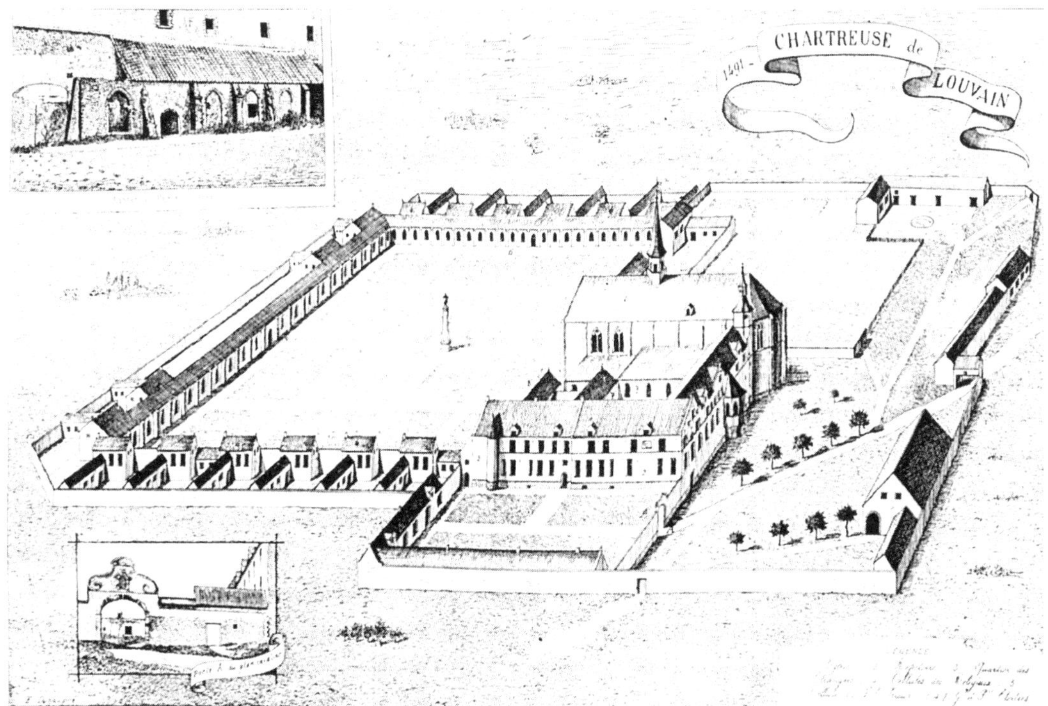

La chartreuse Sainte-Marie-Madeleine-sous-la-Croix de Louvain, gravure tirée de *Maisons de l'Ordre des Chartreux. Vues et notices*, t. II, Montreuil-sur-Mer, 1915, p. 253.

Leuven, 1983 (1ère édition, 1955) ; Id., *Vlierbeekse kroniek (1125-1991)*, Leuven, 1992 ; Id., *Vlierbeek, acht eeuwen abdij*, Kessel-Lo, Leuven, 2003 (1ère édition, 1964). – R. M. Lemaire (dir.), *Bouwen door de eeuwen heen. Inventaris van het cultuurbezit in België. Architectuur*, 1 : *Provincie Brabant, Arrondissement Leuven*, Liège, 1971, p. 188-194. – A. Kerkhof, *L'intervention de Laurent-Benoît Dewez à l'abbaye de Vlierbeek et ses antécédents*, Mémoire de licence en archéologie et histoire de l'art, Louvain, 1976. – *200 jaar abdijkerk Vlierbeek 1776-1976*, Kessel-Lo, 1976. – *850 jaar Benedictijns leven in het Leuvense. Tentoonstelling ingericht naar aanleiding van de viering van het XVe* Benedictus centenarium, Abdij Keizersberg 11 juli-14 september 1980, Leuven, 1980, p. 31-62. – C. Matheeussen et al., *Rondom Laurent-Benoît Dewez*, Dilbeek-Brussel, 1986. – D. Dictus et al., *Brand, herstel en restauratie van de kerk van Vlierbeek (1953-1959)*, Leuven, 2013. – *DHGE*, t. XXXII, col. 509-512.

P. Trio

Chartreuse. – La chartreuse de Louvain fut la dernière fondation de l'ordre dans les Pays-Bas. En 1486, Wouter Waterlet, alias Henrici, l'ancien aumônier du duc Charles le Téméraire, et d'autres mécènes achetèrent le domaine de Redingen dans l'enceinte de la ville. On discuta de le céder afin d'y fonder un nouveau monastère. En 1489, la ville donna son accord et deux ans plus tard, Louvain signa avec la nouvelle chartreuse une convention sur les droits et franchises afférents. La première pierre avait été posée en 1489 par Marguerite d'York, la veuve de Charles le Téméraire. Mais ce n'est qu'en 1492 que débuta la construction du monastère. Ces travaux se prolongèrent jusqu'en 1530, mais, à cause de la situation financière souvent précaire, ledit monastère ne fut jamais complètement achevé. Néanmoins, dans les premières années, la fondation put compter sur le soutien généreux d'importantes familles de la noblesse locale. En 1504, le Chapitre général admit la nouvelle communauté au sein de l'ordre et en 1521, la chartreuse fut incorporée à l'université. De 1578 à 1588, la chartreuse de Louvain accueillit également en ses murs les chartreux anglais de Bruges. Le monastère fut aboli en 1783 et les huit religieux quittèrent le bâtiment la même année. Le monastère devint une propriété privée avant d'être finalement acheté par les capucins en 1917. Ils y restèrent de 1921 à 2004.

H. Delvaux, *Chartreuse de Louvain*, dans H. Delvaux et al., *Monasticon belge*, IV, *Province de Brabant*, vol. 6, Liège, 1972, p. 1457-1494. – A. Gruis, *Kartuizen in de Nederlanden (1314-1796). Klein monasticon en literatuuroverzicht van de geschiedenis der Zuid- en Noordnederlandse Kartuizen*, dans R. Rothfusz et A. J. H. Rozemond (dir.), *De Kartuizers en hun Delftse Klooster. Een bundel studieën uitgegeven ter gelegenheid van het achtste lustrum van het genootschap Delfia Batavorum*, Delft, 1975, p. 157-244. – J. De Grauwe et F. Timmermans, *Visitationes des chartreuses belges. Ad honorem Reverendo John Clark*, dans J. Hogg, « Stand up to Godwards ». Essays in mystical and monastic Theology in honour of the Reverend John Clark on his sixty-fifth Birthday (Analecta Cartusiana, 204), Salzburg, 2002 ; Id. (éd.), *Cartae visitationum cartusiae Lovaniensis (1504-1537 et 1559-1561)* (*Analecta cartusiana*, 248), Salzburg, 2007. – M. Carlat et F. Timmermans, *Les Prieurs des chartreuses de la Province Cartusienne de Teutonie, cités dans l'obituaire de la Chartreuse de Bonnefoy. Contribution à une classification*, dans F. Timmermans et F. Gaens (dir.), *Magister Bruno. Negen eeuwen uitstraling van de kartuizerorde*, Louvain, 2003, p. 101-117. – S. Lucas, *François de Busleyden ecclésiastique et diplomate à la cour de Philippe le Beau et donateur aux Chartreuses de Scheut et de Louvain*, dans R. Bindel, *35 années de recherche et de spiritualité*. Congrès International des Analecta Cartusiana du 23 au 26 juin 2005. Chartreuse de Molsheim-France (Analecta Cartusiana, 253), Salzburg, 2007, p. 259-269 ; Id., *Nouvelles hypothèses au sujet d'un vitrail se trouvant à Bramley, Grande-Bretagne, et provenant de la Chartreuse de Louvain*, dans M. Valder (dir.), *Moines et moniales dans l'ordre des chartreux : l'apport de l'archéologie*. Actes du Premier Congrès International d'Archéologie Cartusienne 22-25 juin 2006 (Analecta Cartusiana, 245), Salzburg, 2007, p. 105-113. – S. Excoffon (dir.), *Atque haec quidem fuerunt ! The Carthusians and College Foundations at the the University of Leuven*, dans *Les chartreux et les élites XIIe-XVIIIe* s. Colloque international du CERCOR (30-31 août 2012) (Analecta Cartusiana, 298), Saint-Étienne, 2013. p. 259-284.

M. Carnier

Collège des prémontrés. – Le Concile de Trente réforma la formation sacerdotale. Les abbés des abbayes prémontrées, qui desservaient de nombreuses paroisses, avaient l'intention de nommer leurs propres religieux en tant que professeurs chargés de la formation sacerdotale de leurs membres. Mais ceux-ci devaient avoir suivi au préalable une solide formation. Dans ce contexte, en 1571, les abbés des abbayes de Parc, Averbode, Ninove et Grimbergen prirent l'initiative d'établir une maison d'études dans le refuge de l'abbaye de Grimbergen à Louvain, au coin de l'actuelle Naamsestraat (rue de Namur) et de la Charles de Bériotstraat (rue Charles de Bériot). L'abbé de Floreffe, comme vicaire commissaire du Chapitre général pour les Pays-Bas espagnols, entérina le projet. Les abbés de Tongerlo et de l'abbaye Saint-Michel d'Anvers adhérèrent également à l'initiative. L'acte de fondation fut rédigé en 1572, et, à la Noël 1573, le collège fut officiellement ouvert. C'était néanmoins un faux départ. Entretemps les guerres de religion avaient éclaté et les étudiants furent contraints de partir. À partir de 1577, la maison servit de refuge aux religieux de l'abbaye de Parc fuyant les hostilités.

Il est possible que le collège rouvrit ses portes vers 1588, lorsque l'abbé de Heylissem rejoignit le conseil de direction et qu'un nouveau président fut nommé. Selon d'autres sources, cela ne s'est produit que dix ans plus tard. En 1611, les sept abbés participants conclurent de nouvelles ententes pour l'entretien et l'utilisation futurs du collège. Désormais, son taux d'occupation se développa considérablement : de dix-huit étudiants en 1612, on passa à trente-trois l'année suivante, qui représentaient la plupart des abbayes belges. En 1616, Floreffe ouvrit son propre collège pour les abbayes de cette circarie, ce qui réduisit le nombre d'étudiants de la rue de Namur. Cependant Heylissem continua d'envoyer ses étudiants au collège existant. En 1649, l'abbé de Dielegem rejoignit également le conseil de direction. Vingt ans plus tard, son successeur s'en retira de nouveau. En 1658, le collège fut incorporé au sein de l'université, l'abbaye de Parc l'étant déjà depuis longtemps.

Les statuts du collège étaient préservés. Les statuts de 1572 furent renouvelés et adaptés en 1619, 1628, 1648 et 1656. Les premiers statuts étaient largement dérivés de ceux du collège du Saint-Esprit. Les étudiants suivaient les cours et les *disputationes* à l'université, en vue d'obtenir un grade universitaire. Ultérieurement, le collège organisa aussi des *disputationes* et des cours. À la tête se trouvait un président, assisté à partir de 1628 par un vicaire et un procureur. Cinq des six premiers présidents étaient des prémontrés de Parc, mais ensuite ils vinrent à tour de rôle des différentes abbayes.

À la fin du XVIIe siècle, le bâtiment existant avait vraiment mal vieilli. Il fut entièrement rénové en 1753-1755 d'après les plans de Grégoire Godissart (1708-1780), frère laïc de l'abbaye d'Averbode, qui dessina également la nouvelle façade. L'entrepreneur était Libert Janssens de Louvain.

En 1787, les prémontrés durent aussi séjourner au séminaire général de Joseph II. En 1790, les étudiants étaient de retour. Lorsque les Français fermèrent l'université en 1797, cela signifia aussi la fin du collège.

En 1818, l'Institut de physique de l'université restaurée fut installé dans le bâtiment. Georges Lemaître (1894-1966) (*cf. D.H.G.E.*, t. 31, col. 378-382) y avait son bureau. En 1926 et 2006, l'Université conclut un bail à long terme avec la ville. Peu après 1930, l'ensemble de la construction intérieure du bâtiment fut remplacé par du béton et des bâtiments adjacents furent ajoutés. En 1942, la façade fut classée comme monument historique. Une nouvelle rénovation totale se produisit en 2015. Par la suite, le bâtiment fut réaménagé en bureaux pour la Faculté des sciences économiques et commerciales.

Du collège, on ne conserve aucune archive. Il faut chercher dans les archives abbatiales des abbés, présidents et procureurs qui l'administraient, en particulier dans les abbayes d'Averbode et de Parc. Il en va de même pour les noms des étudiants, que l'on retrouve dans les matricules publiées de l'ancienne université.

Présidents : voir L. Goovaerts, *Écrivains, artistes et savants de l'ordre de Prémontré*, partie IV, Bruxelles, 1909, p. 8-11.

M. Dupré, *Annales breves Ordinis Praemonstratensis*, Namur, 1886. – M. Van Waefelghem, *Le collège des Prémontrés de Louvain*, dans *La Bibliothèque Norbertine*, 3, 1901, p. 217, et 4, 1902, p. 12. – Pl. Lefèvre, *Le collège des Prémontrés à Louvain*, dans *Analecta Praemonstratensia*, 11, 1935, p. 44-73. – B. Ardura, *Le collège du Brabant à Louvain*, dans A. Sohn et J. Verger (éd.), *Les collèges réguliers en Europe au Moyen Âge et à la Renaissance*, Bochum, 2012, p. 187-188. – N. Backmund, *Monasticon Praemonstratense*, t. II, Straubing, 1952, p. 301-302 (bibliographie). – E. De Maesschalck, *Het college van Premonstreit*, dans *550 jaar Universiteit Leuven*, Leuven, 1976, p. 103-104, n° 150 (bibliographie). – Site Internet *Inventaris Onroerend Erfgoed* (avec bibliographie).

H. Janssens

Commanderie de l'Ordre du Temple. – Les spécialistes s'accordent généralement pour dater du dernier quart du XIIe siècle – et après l'année 1184 – le début de la présence des templiers à Louvain. Pour le reste, les sources sont réellement parcellaires et de nombreux auteurs de l'époque moderne et du XIXe siècle donnèrent souvent bien du crédit à de simples légendes. L'écrasante majorité des informations qu'on peut glaner figurent dans les archives des hospitaliers qui ici comme partout récupérèrent les biens des templiers lors de la suppression de l'ordre par le pape Clément V en 1312 et le transfert de tous les biens templiers aux hospitaliers (bulle *Ad Providam*, 2 mai 1312). Le

Le professeur Georges Lemaître (1894-1966) et Andrée Bartholomé utilisant la Burroughs E101 au laboratoire de recherches numériques (mai 1959), © Archives de l'Université catholique de Louvain/Archives Georges Lemaître, BE A4006 FG LEM-1287.

château-commanderie des templiers (en fait plutôt une vaste maison, moins importante qu'une commanderie) se situait près de la chapelle en pierres de taille dédiée à Saint-Nicolas (plus tard rebaptisée Saint-Jean-Baptiste par les hospitaliers), à qui les templiers vouaient un culte particulier. Son emplacement se trouvait non loin du château ducal sur le Mont-César. Le premier chapelain templier connu serait un dénommé Renier dont le nom apparaît dans plusieurs chartes du début du XIIIe siècle. Un autre commandeur avéré est le frère Jean Limenghe (ou *Leminghe*), mentionné dans une charte du 5 sept. 1289 signée par Henri de Lille, le commandeur des maisons du Temple en Brabant. Ce document confirme la location d'un vignoble appartenant à la commanderie louvaniste à un certain Henri de Landestorp. Un acte scabinal daté du 27 mars de la même année nous renseigne sur l'identité d'un autre templier louvaniste : Gérard Mavoisin (ou de Mavesyn). Il ne fait guère de doute que le commandeur de Louvain exerçait, en pleine période des croisades, une influence importante sur les Ducs de Brabant. Parmi les seigneurs plus importants entrés dans l'ordre du Temple et qui auraient séjourné pendant un temps à Louvain, on peut citer Arnould III de Wezemaal († 1291), entré chez les templiers peu après 1267, qui fut commandeur de la Brie et de Reims, puis conseiller du roi de France Philippe III le Hardi et surintendant de sa maison royale.

Peu d'autres informations nous sont parvenues sur la maison du Temple louvaniste : signalons néanmoins, en 1265, ce conflit territorial à propos de droits sur des bois qui surgit entre le commandeur templier de Louvain et la duchesse Adélaïde de Brabant, épouse du duc Henri III.

Le domaine et les revenus de la commanderie louvaniste étaient plutôt limités, comme on peut le constater à la lecture de l'inventaire des biens templiers établi par les hospitaliers en mai 1313. Les templiers y faisaient surtout fonction d'agents commerciaux français – entre la riche Flandre, la principauté de Liège et les foires de Champagne – et financiers, en tant que banquiers prêteurs entre le roi de France et les princes brabançons. Leur objectif premier consistait à trouver des ressources financières et humaines pour mener des expéditions militaires vers l'Orient et les Lieux Saints. Il semble bien que, comme les hospitaliers à leur suite, les templiers jouissaient du titre de conseillers intimes du Duc de Brabant et qu'ils avaient bien profité des largesses des ducs successifs à leur égard. Il est certain que le Duc Jean II de Brabant, en octobre 1307, pour ne pas déplaire au roi de France Philippe le Bel, fit emprisonner les templiers présents sur ses territoires et confisquer leurs biens. Mais l'opération se fit certainement de manière moins implacable qu'en France. Il semble ainsi que plusieurs templiers louvanistes aient pu rejoindre ultérieurement les rangs des hospitaliers de S. Jean de Jérusalem. Ce n'est qu'en mai 1313 que les hospitaliers de Brabant procédèrent à l'inventaire des biens templiers passés

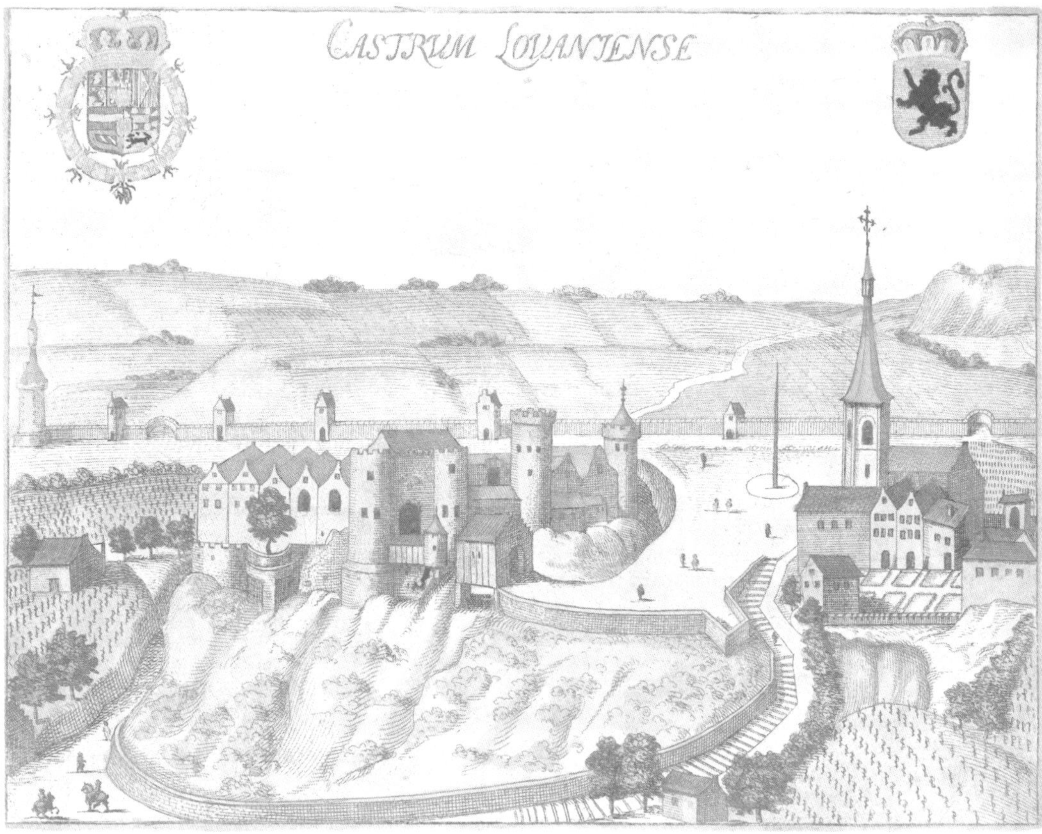

Le château de Louvain, la chapelle Saint-Jean-Baptiste et l'ancienne commanderie des templiers puis des hospitaliers de Saint-Jean de Jérusalem, 1659 © BRES KU Leuven Centrale Bibliotheek, TA00306.

en leur possession, soit en l'occurrence six maisons (Louvain incluse), leurs dépendances et privilèges y afférant dans le duché de Brabant.

H. Vander Linden, *Les Templiers à Louvain*, dans Académie royale de Belgique, *Bulletins de la classe des Lettres et des Sciences morales et politiques*, 5e série, t. IX, 1923, p. 248-263. – G. Dansaert, *Histoire de l'ordre souverain et militaire de Saint-Jean de Jérusalem dit de Rhodes ou de Malte en Belgique*, Bruxelles-Paris, 1932, p. 117-118. – M. Marchal-Verdoodt, *Les maisons des Hospitaliers et des Templiers dans l'ancien duché de Brabant au début du XIVe siècle*, dans *Hommage au professeur Paul Bonenfant (1899-1965). Études d'histoire médiévale dédiées à sa mémoire par les anciens élèves de son séminaire à l'université libre de Bruxelles*, Bruxelles, 1965, p. 255-266. – L. Dailliez, *Les Templiers : Flandre, Hainaut, Brabant, Liège et Luxembourg*, Nice, 1978, p. 173-176. – J.-L. Alias, *Acta Templarorium ou la prosopographie des Templiers*, Condom, 2002, p. 240, 440-441. – M. Nuyttens, *Krijgers voor God. De orde van de tempeliers in de Lage Landen (1120-1312)*, Leuven, 2007, p. 91, 102-103, 108, 117, 123, 125, 151-152.

E. Louchez

Commanderie des hospitaliers, autrefois des templiers (chapelle Saint-Nicolas, devenu église Saint-Jean), au Mont-César. – Alors que les débuts du Mont-César (Keizersberg) et de son château ont à bien des égards un caractère mythique, les archéologues et historiens sont de plus en plus convaincus que les bâtiments les plus anciens sur la colline ont appartenu à la commanderie des templiers (*cf. supra*), fondée entre 1184 et 1220. La chapelle de la commanderie, située à l'est du château ducal qui serait érigé peu après, fut dédiée à S. Nicolas et resta en usage par les templiers jusqu'à la suppression de leur ordre en 1312. La place des templiers fut prise par un autre ordre militaire, celui des hospitaliers de Saint-Jean de Jérusalem (autrement dit l'Ordre de Malte). Ces hospitaliers dépendaient de la commanderie de Chantraine à Huppaye, près de Jodoigne. Après un incendie à Chantraine au début du XVe siècle, les commandeurs firent de la maison de Louvain leur résidence habituelle. Comme ils profitaient de leur proximité du château ducal pour devenir des conseillers intimes des ducs de Brabant, les commandeurs y restèrent même après la reconstruction de la commanderie de Chantraine. Au Mont-César, les hospitaliers transformèrent l'ancienne chapelle de Saint-Nicolas en église et, après des restaurations en 1454, la dédièrent à S. Jean-Baptiste. Les hospitaliers restèrent au Mont-César jusqu'au début du XVIIe siècle. Après, leurs bâtiments furent habités par des jésuites anglais, puis de 1625 à 1650 par des dominicains irlandais. L'église fut ensuite desservie pour l'Ordre par un prévôt séculier. En 1773, la maison de Louvain avait encore un revenu de 1100 florins, mais la plupart de ses bâtiments furent détruits après la Révolution française, aux alentours de 1801. Les édifices qui subsistaient furent utilisés un siècle plus tard comme atelier et ferme de la nouvelle abbaye bénédictine du Mont-César, mais eux aussi disparurent définitivement pendant la Seconde guerre mondiale, en 1944. Les archives de la commanderie ont été en grande partie détruites (tant celles des templiers que celles des hospitaliers), mais quelques études anciennes se basaient encore sur les documents perdus (voir surtout les travaux de Devillers et de Gachet, cités ci-dessous).

SOURCES. – L. Devillers (éd.), *Inventaire analytique des archives des commanderies belges de l'ordre de Saint-Jean de Jérusalem ou de Malte*, Mons, 1876. – A.-M. Legras, R. Favreau et A. Luttrell (éd.), *L'enquête pontificale de 1373 sur l'ordre des hospitaliers de Saint-Jean de Jérusalem*, Vol. 1 : *L'enquête dans le Prieuré de France* (Documents, études et répertoires publiés par l'Institut de Recherche et d'Histoire des Textes), Paris, 1987, p. 148-149, 154, 349, 354, 466.

TRAVAUX. – E. Gachet, *Essai sur le bailliage d'Avalterre et sur les commanderies de l'ordre de Saint-Jean de Jérusalem en Belgique*, dans *Compte-rendu des séances de la Commission Royale d'Histoire ou Recueil de ses bulletins*, 15, 1849, p. 3-95. – G. Dansaert, *Histoire de l'ordre souverain et militaire de Saint-Jean de Jérusalem dit de Rhodes ou de Malte en Belgique*, Bruxelles, 1932, p. 112-121, 131-133. – D. Amand, *De geschiedenis en situering van de verdwenen gebouwen op en rond de Keizersberg*, dans E. Cockx et G. Huybens (dir.), *De Leuvense prentenatlas : Zeventiende-eeuwse tekeningen uit de Koninklijke Bibliotheek te Brussel* (Jaarboek van de Geschied- en Oudheidkundige Kring voor Leuven en Omgeving, 41), Leuven, 2003, p. 693-705 (spéc. p. 697-700). – W. Sevenants et al., *Archeologische evaluatie en waardering van de site Keizersberg (Leuven, provincie Vlaams-Brabant)*, s.l., 2010, *passim* (consultable sur le site du *Agentschap Onroerend Erfgoed)*.

F. KEYGNAERT

Prieuré de Bethléem à Herent (chanoines réguliers de S. Augustin de *Windesheim*, *cf. DHGE*, t. XXIII, col. 1421-1423). – En 1407, l'évêque de Liège, Jean III de Bavière, approuva l'incorporation de l'église d'Oosterhem (Herent) dans une nouvelle fondation de chanoines réguliers. Cette fondation fut initiée par le curé Godefridus de Curia et remplaça un ermitage situé près de l'église. La communauté suivait les usages de Windesheim. Les premiers membres vinrent du prieuré de Korsendonk et en 1414 on adopta la clôture. En 1604, le prieuré fut incorporé à l'Université. Joseph II abolit le monastère en 1784. L'institution fut refondée en 1790 mais les religieux ne réussirent pas à réoccuper les bâtiments du monastère et furent contraints de demeurer dans leur refuge à Louvain. En 1796, l'institution fut définitivement abolie.

E. Persoons, *Domus beatae Mariae in Bethleem prope Lovanium (Betlehem, Herent)*, dans W. Kohl, E. Persoons et A. Weiler, *Monasticon Windeshemense*, Partie 1 : *Belgien*, Bruxelles, 1976, p. 18-30 ; Id., *Prieuré de Bethleem, à Herent*, dans W. Lourdaux et al., *Monasticon belge*, t. IV, *Province du Brabant*, vol. 4, Liège, 1970, p. 1005-1024. – *DHGE*, t. XXIII, col. 1421-1423.

M. CARNIER

Prieuré des Dames blanches de Louvain (chanoinesses régulières de S. Augustin de Windesheim). – C'est le plus ancien monastère féminin fondé à Louvain. En 1245, il y avait dans la ville une « Domus Dei in Lovanio de ordine beate Marie Magdalene ». Ces pénitentes, créées à l'origine pour les filles publiques converties, furent affiliées en 1252 à l'ordre de Saint-Victor suite à l'intervention du légat apostolique Hugo de Saint-Cher. Ces chanoinesses régulières, situées dans la Diestsestraat (rue de Diest), furent ainsi nommées suivant le nom de leurs habits : les dames blanches. En 1466, dans le cadre de la réforme de Windesheim, un premier essai de réforme du prieuré échoua. Ce n'est qu'en 1501 que l'évêque de Liège put réformer le monastère et y introduire la clôture. Le prieuré fut ravagé par les flammes en 1589 et la reconstruction prit beaucoup de temps puisque ce n'est pas avant 1627 qu'on construisit un tout nouveau monastère et une église. Le nouveau maître-autel était couronné d'une « Adoration des trois mages » par Pierre-Paul Rubens (1633). Le monastère fut aboli par Joseph II en 1783.

P. Coenegracht, *Ontstaan van de Brabantse Witte Vrouwen en hun overgang naar de orde van Sint-Victor*, dans *Ons Geestelijk Erf*, 34, 1960, p. 53-90 ; Id., *Prieuré des Dames Blanches à Louvain*, dans Id. et al., *Monasticon belge*, t. IV, *Province de Brabant*, vol. 5, Liège, 1971, p. 1235-1246.

M. CARNIER

Prieuré de Notre-Dame à Heverlee (célestins). – Le 21 mai 1521, quelques jours avant sa mort, Guillaume II de Croÿ, seigneur de Chièvres, indiquait dans son testament qu'il laissait de l'argent pour la fondation et la construction d'un prieuré de célestins. L'exécution testamentaire revint à son épouse, Marie de Hamal. En 1525, les premiers moines purent emménager dans le nouveau bâtiment, près du château de Heverlee. Ces premiers moines, huit prêtres et quatre frères laïcs, étaient venus de Metz en 1522 et avaient d'abord séjourné au château jusqu'à leur entrée solennelle dans leur nouveau monastère le 27 sept. 1525. En ce jour, la dépouille mortelle du fondateur y fut aussi transférée. Le monastère des célestins d'Heverlee fut le premier de son genre dans les Pays-Bas et restera d'ailleurs unique. Le choix des célestins comme gardiens de la nécropole de la famille fondatrice s'inspirait probablement de l'exemple royal français. Un exemple que Guillaume de Croÿ, en tant que diplomate, ne pouvait ignorer. Même si le monastère appartenait à la province française, en assurer le contrôle adéquat demeura longtemps impossible en raison des guerres endémiques. Les visites effectuées par des membres d'autres ordres présents dans les Pays-Bas et l'incorporation du prieuré en 1555 par l'université ne pouvaient empêcher la discipline monastique de laisser quelque peu à désirer et le monastère se trouvait constamment en discrédit, malgré les règles strictes auxquelles les célestins étaient soumis. Ce n'est qu'au XVIIe siècle que l'abbé de Parc Johannes Drusius put y rétablir une certaine discipline. Sa nature exclusivement contemplative et les problèmes nouveaux du XVIIIe siècle firent en sorte que ce prieuré richement doté entra naturellement dans le viseur de Joseph II. En 1784, le couvent fut aboli et ses biens confisqués. En 1786, le duc d'Arenberg put racheter au gouvernement la plupart des bâtiments du monastère et ainsi conserver

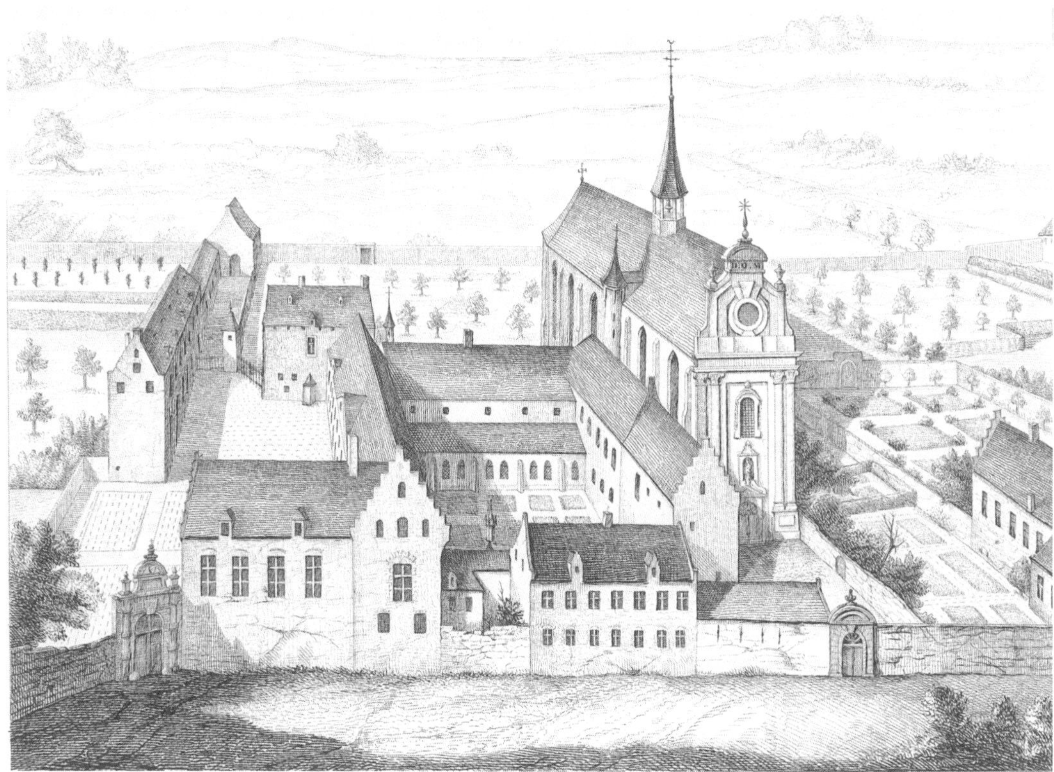

Le prieuré du Val Saint-Martin, par H. Otto et L. J. Van Peteghem, XIXe s., © BRES KU Leuven Centrale Bibliotheek, M00073.

cette fondation au sein de la famille. Il fit transformer une grande partie des bâtiments en écuries. Cependant, quelques années plus tard, les biens de la famille furent en butte à la violence et à la rapacité des révolutionnaires français et durant cette période, le magnifique mausolée de la famille fut entièrement détruit.

A. Becquet, *Coelestinorum Congregationis Ordinis S-Benedicti Monasteriorum Fundationes, Virorumque Vita Aut Scriptis illustrium, Elogia Historica. Servato Ordine Chronologico, Opus Biparritum*, Paris, 1719. – M. Derez, G. Langouche et A. Verbrugge (éd.), *De celestijnenpriorij te Heverlee. Van klooster tot bibliotheek*, Leuven, 2005.

M. CARNIER

Prieuré de Sainte-Monique (chanoinesses régulières de S. Augustin), dit aussi Couvent des nonnes anglaises. – Au cours du XVIe siècle et au début du siècle suivant, le monastère de Sainte-Ursule connut un afflux important de religieuses anglaises. Des tensions entre les sœurs anglaises devenues majoritaires et les religieuses autochtones conduisirent à la fondation d'un nouveau couvent qui fut confirmé par l'archevêque en 1609. Le couvent définitif fut installé près de l'église Saint-Jacques sur la Voer, un affluent de la Dyle. Le nombre de chanoinesses régulières augmenta rapidement, de sorte qu'une nouvelle fondation de Louvain fut initiée à Bruges en 1629. Les religieuses trouvèrent refuge en Angleterre en 1794, et on procéda à la vente publique des bâtiments en 1798.

A. Hamilton, *The chronicle of the English Augustinian Canonesses Regular of the Lateran, at St Monica's in Louvain (now at St Augustine's priory, Newton Abbot, Devon) 1548-1625*, Edinburgh-London, 1904. – L. Spinael, *Het St-Monicaklooster te Leuven*, dans *De Brabantse Folklore*, 168, décembre 1965, p. 428-440. – E. Persoons, *Prieuré de Sainte-Monique à Louvain*, dans P. Coenegracht et al., *Monasticon belge*, t. IV, *Province de Brabant*, vol. 5, Liège, 1971, p. 1317-1321. – C. Van de Wiel, *Inventaris van kloosterarchivalia in het Aartsbisschoppelijk Archief te Mechelen*, t. II, Bruxelles, 2002, p. 705-706. – P. Valvekens, *Het Sint-Monicaklooster in Leuven : tekst en beeld*, dans *Leuven historisch. Leuvens Historisch Genootschap. Nieuwsbrief*, VIII-31, 2011, p. 4-9.

M. CARNIER

Prieuré de Sainte-Ursule ou Couvent de la Mi-rue (chanoinesses régulières de S. Augustin). – L'initiative de cette fondation revient à Elisabeth van Wesele, veuve de Hendrik van Duysenborgh. En 1415, elle réserva trois maisons testamentaires, des jardins et des vignobles de la Halvestraat à l'intention d'une nouvelle institution religieuse. Les six premières religieuses étaient des sœurs de la vie commune de Zutphen qui, avec trois religieuses originaires de Louvain, constituèrent en 1416 cette nouvelle communauté. Cependant, le couvent se trouvait insuffisamment doté, ce qui rendit les premières années très difficiles et menaça sérieusement le maintien de la communauté. Le prince-évêque de Liège approuva formellement la nouvelle fondation en 1419 et en fit un monastère de chanoinesses régulières avec clôture.

Le prieuré de Ter Bank, tiré de E. Van Even, *Louvain dans le passé & dans le présent : formation de la ville, événements mémorables, territoire, topographie, institutions, monuments, œuvres d'art*, Louvain, 1895, p. 509.

La fondation était placée sous la direction du prieur de Bethléem à Herent. De nouvelles religieuses prirent l'habit en 1420, et la clôture adoptée en 1421. La communauté s'agrandit régulièrement et comptait 42 membres en 1466. Le couvent fut supprimé par le régime français en 1797.

L. Anthuenis, *Elisabeth van Wesele, stichtster van het Sint-Ursulaklooster te Leuven (1415-1420)*, dans *Mededelingen van de geschied- en oudheidkundige kring van Leuven en omgeving*, 1, 1961, p. 109-114. – E. Persoons, *Prieuré de Sainte-Ursule à Louvain*, dans P. Coenegracht et al., *Monasticon belge*, t. IV, *Province de Brabant*, vol. 5, Liège, 1971, p. 1323-1332.

M. Carnier

Prieuré du Val-Saint-Martin (chanoines réguliers de S. Augustin de *Windesheim*). – En 1433, une communauté de frères de la vie commune s'installa à Louvain sur les possessions de Hendrik Wellens dans la Grymstraat (rue de Grym). En 1447, ils devinrent des chanoines réguliers et l'évêque de Liège stipula qu'ils devaient adopter la clôture à l'instar de Bethléem à Herent. En 1461, ils s'affilièrent à la congrégation de Windesheim. La construction d'une nouvelle église, qui fut consacrée en 1478, plongea le monastère dans une grave crise financière. Ce n'est qu'en 1500, avec l'arrivée du nouveau Prieur Johannes de Jonckheer provenant du monastère de Groenendaal, que la crise put être surmontée ; le monastère connut alors, pendant la première moitié du XVIe siècle, une grande prospérité spirituelle, intellectuelle et financière. Le monastère fut à son tour incorporé à l'université en 1524. Pour le Val-Saint-Martin aussi, la période de la guerre civile s'avéra difficile, l'institution enregistrant une forte baisse de ses revenus. En 1586, le chapitre général décida et approuva à l'unanimité l'incorporation des biens et de la communauté du prieuré du Trône-Notre-Dame à Grobbendonk qui avait été ravagé durant la guerre civile. Le monastère du Val-Saint-Martin fut fermé par Joseph II en 1784, mais en 1790 la fondation put être restaurée. Mais pas pour longtemps, puisqu'en 1795, le monastère fut transformé par les Français en hôpital militaire. Plus tard, le bâtiment servit de caserne d'infanterie et de cavalerie.

W. Lourdaux, *Moderne devotie en christelijk humanisme. De geschiedenis van Sint-Maarten te Leuven van 1433 tot het einde der XVIe eeuw*, Louvain, 1967 ; Id., *Prieuré du Val-Saint-Martin, à Louvain*, dans Id. et al., *Monasticon belge*, t. IV, *Province du Brabant*, vol. 4, Liège, 1970, p. 1137-1154 ; Id., *De Sint-Maartensschool te Leuven. Moderne devoten en onderwijs, een omstreden probleem*, dans *Bijdragen. Tijdschrift voor filosofie en theologie*, 37, 1976, p. 172-211 ; Id., *Les Dévots Modernes, rénovateurs de la vie intellectuelle*, dans *Bijdragen en mededelingen betreffende de geschiedenis der Nederlanden*, 95, 1980, p. 279-297 (dont S.-Martin à Leuven). – M. Haverals, *Windesheime kloosters in Brabant. Bijdrage tot de bouwgeschiedenis* [10, dont Louvain], dans *Arca Lovaniensis. Artes atque historiae reserans documenta. Jaarboek*, 5, 1975-1976, p. 113-219 ; Id. et W. Lourdaux, *Domus Sancti Martini in Lovanio (Sint-Maartensdal, Löwen)*, dans W. Kohl, E. Persoons et A. Weiler, *Monasticon*

Windeshemense, Teil 1, *Belgien*, Bruxelles, 1976, p. 139-160. – F. Vanhoof, *De reguliere kanunniken van Windesheim en de universiteit van Leuven*, dans *Trajecta*, 21/1, 2012, p. 53-96.

M. Carnier

Ter Bank, monastère d'augustines et léproserie à Heverlee. – C'est en 1203 voire même un peu plus tôt que fut fondée la léproserie de *Ter Banck*, située à l'extérieur de la porte bruxelloise de Louvain sur une colline (Heverlee). Dans les hôpitaux, au début du XIVe siècle, les frères disparurent et seules demeurèrent les sœurs qui s'occupaient des malades et de la gestion quotidienne. Très tôt, en 1224, la communauté des sœurs se trouvait sous la tutelle de l'abbé de Villers, alors que la ville continuait à peser sur la gestion de l'institution par l'entremise de son droit de contrôle sur les hôpitaux et les lieux de culte. À la fin du Moyen-Âge, le nombre de lépreux s'affichait en constante diminution. La dernière hospitalisation d'un malade de la lèpre eut lieu en 1652. L'inutilité de la fonction de léproserie d'une part et l'augmentation des revenus et la diminution des dépenses d'autre part rendaient nécessaire la fixation de nouveaux objectifs pour la communauté. Le 30 janv. 1673, l'abbé de Villers donna l'autorisation de transformer l'institution en une communauté monastique contemplative de douze membres. Le recrutement se fit principalement dans la haute bourgeoisie et les familles nobles de Louvain et des environs. Comme le couvent était devenu 'inutile', Joseph II, avec son édit du 26 avr. 1783, supprima également le monastère de *Ter Banck*, qui comptait encore à l'époque 10 religieuses. Peu de temps après, en 1787, la vente s'ensuivit, mais entre 1792 et 1794, les 10 sœurs qui avaient vécu dans une maison privée de la Dominicanenstraat (« rue des Dominicains ») depuis 1790 purent y retourner temporairement. De la reconstruction du complexe après la destruction de 1635 – l'église baroque fut consacrée en 1672 –, rien ne subsiste.

Liste des prieures. E. Van Even, *Louvain dans le passé &dans le présent. Formation de la ville-Événements mémorables-Territoire-Topographie-Institutions-Monuments-Œuvres d'art*, Leuven, 1895, p. 511.

Sources. Archives de l'État à Louvain, Institutions ecclésiastiques, prieuré de Ter Banck, voir A. Uyttebroeck, *Inventaire des archives de la léproserie de Terbank (Inventaire analytique des archives ecclésiastiques du Brabant*, 2e série : Établissements religieux, 1, Bruxelles, 1963 ; Archives de l'État à Louvain, archives d'Ancien Régime, voir J. Cuvelier, *Inventaire des Archives de la ville de Louvain*, 3 parties, Leuven, 1929-1932.

Travaux. J. Servranckx, *Histoire de la commune d'Héverlé et de ses seigneurs*, Leuven, 1855, p. 175 et sv. – E. Van Even, *Louvain monumental ou description historique et artistique de tous les édifices civils et religieux de ladite ville*, Louvain, 1860, p. 362-364 ; Id., *Louvain dans le passé & dans le présent. Formation de la ville-Événements mémorables-Territoire-Topographie-Institutions-Monuments-Œuvres d'art*, Leuven, 1895, p. 508-511. – J.-M. Canivez, *L'ordre de Cîteaux en Belgique : des origines (1132) au XXe siècle. Aperçu d'histoire monastique*, Forges-lez-Chimay, 1926, p. 221. – J. Vanden Bussche, *De leprozerie Terbank bij Leuven : haar stichting en organisatie (c. 1200-1433)*, mémoire de licence en histoire inédit, KU Leuven, 1955. – A. Uyttebroeck, *La date de fondation de la léproserie de Terbank*, dans *Annales de la Société Belge d'histoire des hôpitaux*, 4, 1966, p. 3-30 ; Id., *Séquestration ou retraite volontaire? Quelques réflexions à propos de l'hébergement des lépreux à la léproserie de Terbank-lez-Louvain*, dans *Mélanges offerts à G. Jacquemyns*, Bruxelles, 1968, p. 615-632. – V. Lahaye, *De priorij van Ter Banck, 1673-1806*, Leuven, 1986. – L. Dhaene, N. Cox et G. Vignero, *Terbank, 800 jaar zorg voor mensen*, Leuven, 1997. – P. J. Niebes, *Institutions hospitalières du diocèse de Liège dans ses limites médiévales*. Première Série. *Communautés hospitalières d'Augustines et de Filles Dévotes. Répertoire*, t. 1, Bruxelles, 2002, p. 57-73.

P. Trio

2° *XIXe et XXe siècles*. – Abbaye de Parc (prémontrés), 1929-2018. – À la fin du XVIIIe siècle, l'activité de construction s'arrêta et cette période apporta des changements révolutionnaires, entre autres l'abolition de l'abbaye de Parc en 1797. En 1836, la communauté abbatiale réussit à se réinstaller, dans un nouveau pays et dans une nouvelle ère. Sous la direction du supérieur Petrus Ottoy, ancien curé de Diest, les survivants d'avant la Révolution française reprirent une vie communautaire dans une nouvelle abbaye de Parc.

Auparavant, en 1803, et grâce au concordat entre Napoléon et le pape, l'ancienne église abbatiale était devenue le siège de la nouvelle paroisse de Saint-Jean l'Évangéliste. Grâce à Everard Tops, un prête-nom qui avait acheté la propriété de l'abbaye, les prémontrés avaient récupéré les bâtiments de l'abbaye à Heverlee avec beaucoup de terrain. Les ventes du XIXe siècle firent rétrécir le domaine jusqu'aux 42 ha qui sont aujourd'hui protégés en tant que paysage et en tant que monument.

Aux XIXe et XXe siècles, la communauté des prémontrés d'Heverlee voulut renouer avec son ancien rôle religieux, socioculturel et économique, avec un succès variable. De cette période datent la création de stations missionnaires au Brésil, le développement de la paroisse abbatiale avec un ancrage éducatif (l'école *Norbertus* à la chaussée de Jodoigne voisine), le démarrage d'une ferme laitière et d'une entreprise de torréfaction.

C'est aussi de cette époque que date la création du cimetière actuel qui s'est lentement transformé en un véritable *campo Santo* pour nombre de Louvanistes célèbres mais aussi pour beaucoup d'autres personnes originaires de bien plus loin.

Mais la dynamique d'avant la révolution française n'est plus d'actualité. Au XXIe siècle, l'abbaye est devenue un sanctuaire, un site patrimonial d'importance internationale, un monument d'exception, intact et exemplaire, avec une vision d'avenir. Ce concept, soucieux de l'authenticité et de l'intégrité de l'ensemble, prit forme dès les années quatre-vingt-dix du siècle dernier et rassemble des fonctions diverses : animation touristique et muséale, promenade écologique et calme au centre de la ville de Louvain, ancrage prémontré grâce à la présence permanente d'une petite communauté de norbertins. Entre-temps, Louvain et la Flandre ont commencé les travaux de restauration qui devraient être achevés vers 2024.

L. De Pape, *Summaria chronologia insignis ecclesiae Parchensis ordinis Praemonstratensis sitae prope muros oppidi Lovaniensis*, Leuven, 1662. – J. E. Jansen, *L'abbaye norbertine du Parc-le-Duc. Huit siècles d'existence, 1129-1929*, Mechelen, 1929. – A. D'Haenens, *L'abbaye de Parc*, dans Id. et al., *Monasticon Belge*, t. IV, *Province de Brabant*, vol. 3, Liège, 1969, p. 773-827. – M. Smeyers, *De abdij van Park.*

L'abbaye bénédictine du Mont-César, © DHGE, 2019.

850 jaar premonstratenzerleven, Leuven, 1979. – S. Van Lani, *Abdij van Park in Heverlee. Het samengaan van symboliek en functionaliteit in de kloosterarchitectuur* (M&L, cahier 7, *De beeldentaal van symbolen*), Brussel, 2002. – C. Baisier et S. Van Lani, *Met zicht op de abdij : de iconografie van de abdij van Park*, Leuven, 2003.

S. Van Lani

Abbaye bénédictine du Mont-César, *Abbatia Reginae Caeli de Castro lovaniensi, abdij Keizersberg*, située à Leuven (Louvain), actuel archidiocèse Malines-Bruxelles. – L'abbaye du Mont-César doit sa fondation à l'abbaye de Maredsous qui en 1872 avait été établie par l'abbaye de Beuron dans le diocèse de Namur. Parmi ses activités, Maredsous avait prévu une école abbatiale. Mais son recteur regrettait de voir se disperser ses rhétoriciens lors de leurs études universitaires à Louvain. Aussi souhaitait-il la présence d'une maison communautaire dans la cité universitaire. Ce qui fut réalisé mais bientôt on envisagea aussi un prieuré ou une abbaye aux portes de la cité universitaire. Encore fallait-il découvrir un endroit propice pour la réalisation d'une telle fondation. Dom Gérard van Caloen, responsable de la maison des étudiants, fut chargé d'une telle prospection. On prit un moment en considération la reprise de l'ancienne abbaye de Vlierbeek mais l'état des bâtiments claustraux encore conservés laissait fort à désirer. Dom Robert de Kerchove d'Exaerde qui avait entretemps remplacé Dom Gérard comme recteur de la maison estudiantine allait découvrir un endroit idéal, le Mont-César, lieu historique au nord de Louvain où jadis se dressait un château des comtes de Louvain. Certes il fallait convaincre les divers propriétaires du lieu de vendre leurs parcelles de terrain. Dom Hildebrand de Hemptinne, abbé de Maredsous et fondateur, se mit à dessiner les plans de la nouvelle abbaye. Pour Maredsous, on avait choisi le gothique, pour le Mont-César, ce sera le néo-roman. Il s'adressa au célèbre architecte Guy Langerock pour la réalisation de ses plans. Le 19 avr. 1899, l'équipe des fondateurs conduite par Dom Robert de Kerchove, qui sera investi quelques mois plus tard comme premier abbé, assisté de Dom Columba Marmion, de quelques moines maretsoliens et de jeunes clercs aux études, prenait possession de la première aile construite. Des candidats se présentant, Dom Bruno Destrée, frère de l'homme politique socialiste Jules Destrée, viendra de Maredsous se joindre en tant que maître des novices. L'abbaye se voulait placée sous le patronage de Marie, reine du ciel. En juillet 1906 fut solennellement bénie par l'archevêque de Malines, Mgr Désiré Mercier, la statue monumentale de Marie, reine du ciel, œuvre du sculpteur louvaniste Benoît van Uytvanck. Elle se dresse depuis lors au haut des remparts de l'ancien château, face à la ville. Dès 1907 était formée une chorale de jeunes choristes qui régulièrement le dimanche et les jours des fêtes à la messe conventuelle comme aux vêpres rehausseront de leurs voix le chant grégorien des moines. Pour des laïcs souhaitant bénéficier de la spiritualité bénédictine se présentait un cercle d'Oblat(e) s séculier(e)s. Mais sous l'impulsion de Dom Lambert Beauduin, tout d'abord aumônier du travail, allait se manifester un désir de réforme liturgique. Du 23 sept. au 27 sept. 1909, les évêques de Belgique avaient convoqué un congrès à Malines pour étudier les problèmes que posait l'évolution des idées et leur trouver des solutions chrétiennes. Le P. Abbé Robert sollicita du card. Mercier une place au Congrès pour un rapport sur la liturgie. Le comité organisateur prévoyait curieusement pour celui-ci la section de l'art religieux. Ce rapport qui était en fait rédigé par Dom Lambert Beauduin s'inspirait des directives du pape Pie X. Il revendiquait la liturgie pour le peuple des fidèles, montrant comment elle pouvait remédier aux causes de l'indifférence religieuse. Dans son discours de clôture, le Président du Congrès, l'historien Godefroid Kurth, abordant les rapports sur l'enseignement chrétien, reprit les idées fortes de Dom Lambert. Le Mont-César était ainsi appelé à devenir un foyer d'apostolat liturgique. Il prévoyait pour les prêtres à qui appartenait l'action directe auprès des fidèles une revue d'action et de documentation : *Les Questions liturgiques*. À l'abbaye d'Affligem revenait le soin d'assumer la rédaction d'une revue flamande, *Het Liturgisch Tijdschrift*. Il fallait organiser des réunions : congrès, journées ou semaines liturgiques et grégoriennes. Les rencontres francophones se situeront pour la plupart au Mont-César. Deux nouvelles ailes de bâtiments étaient venues s'ajouter, comprenant des lieux divers pour l'accueil des congressistes. Un Bureau des œuvres liturgiques se chargerait de diffuser des missels dominicaux, des petits rituels. Le mouvement liturgique pouvait compter sur l'appui bienveillant du card. Mercier. La Première guerre mondiale allait momentanément freiner l'apostolat liturgique. L'abbaye avait échappé de justesse à l'incendie de Louvain provoqué par l'armée d'occupation. La réforme liturgique tentait désormais de s'internationaliser. À l'abbaye, lors des grandes solennités, on assiste à un déploiement d'ornements liturgiques de qualité. Les orgues étaient tenues par des organistes compétents. Les acolytes étaient bien formés. Mais pour Dom Beauduin, toujours actif, s'ouvraient de nouvelles perspectives. En 1925 était fondé à Amay sur Meuse le monastère des moines de l'Union des Églises. Le P. Abbé Robert lui céda trois de ses moines avec dom Lambert Beauduin comme premier prieur. Par certaines de ses initiatives, Dom Lambert s'attira les foudres 'romaines' et il fut exilé en France. En 1938, le monastère d'Amay, devenu depuis lors abbaye, s'installera à Chevetogne où Dom Lambert passera les dernières années de sa vie, justement considéré pour ses grandes intuitions. Quand le P. Abbé Robert résigna en 1927 pour raison d'âge sa tâche abbatiale, la communauté du Mont-César élut comme abbé coadjuteur dom Bernard Capelle, directeur de la *Revue Bénédictine*, profès de Maredsous. Dom Bernard était bien connu du Mont-César où il se rendait régulièrement pour des cours aux jeunes moines aux études. Il allait mettre à la disposition de sa nouvelle communauté ses vastes connaissances exégétiques et patristiques. Il encouragera en 1929 la parution d'une revue de haute valeur scientifique, intitulée *Recherches de théologie ancienne et médiévale*. Celle-ci se donnait comme champ d'investigation l'histoire de la théologie en Occident depuis l'utilisation par elle de la langue latine (approximativement au temps de Tertullien) jusqu'à l'époque du concile de Trente. À ce périodique collaboraient régulièrement plusieurs moines universitaires du Mont-César. Dom Odon Lottin en fut le directeur jusqu'en 1962. Dom Hildebrand Bascour lui succéda. Les initiatives liturgiques se poursuivirent également. L'abbé Bernard Capelle, en collaboration avec Dom Bernard Botte, organisait à l'abbaye des cours supérieurs de liturgie pour les religieux de la ville. Il fut aussi mandé par Mgr Ladeuze pour assurer un cours de liturgie à la faculté de théologie de l'université. Lors d'un congrès à Rome, le 12 déc. 1935, Pie XI, s'adressant à Dom Capelle, lui dit : « Il faut chercher à élever peu à peu la prière des fidèles, leur apprendre à prier comme l'Église. La liturgie, c'est la didascalie de l'Église ».

La Seconde guerre mondiale allait frapper durement l'abbaye. De nombreux Pères de l'abbaye furent mobilisés comme aumôniers ou brancardiers. Des bâtiments claustraux furent réquisitionnés par les armées d'occupation. Les 10 et 11 mai 1944, Louvain subit de la part des alliés des bombardements nocturnes terriblement destructeurs. L'abbaye en sortit inhabitable. L'ancienne commanderie-ferme, située dans le domaine, était anéantie. La restauration ne se fera heureusement pas attendre. Du 15 au 17 juin 1948 se tint même à l'abbaye une nouvelle semaine liturgique, la vingt-deuxième d'expression française, pour exposer l'encyclique *Mediator et hominum* de Pie XII sur la liturgie. En 1951, l'abbaye procéda à la fondation à Wavreumont-Stavelot d'un prieuré Saint-Remacle qui voulait renouer avec le passé monastique de l'ancienne abbaye de Stavelot-Malmedy. Ce sera le dernier acte abbatial de l'Abbé Capelle auquel succéda comme Abbé le prieur Dom Rombaut Van Doren qui, longtemps maître des cérémonies, encouragea les divers apostolats de l'abbaye : animations de retraites, spécialement pour jeunes collégiens, aides en paroisse, écrits divers. Comment ne pas signaler aussi les multiples dévouements discrets à l'intérieur de l'abbaye. Vint l'époque du Concile Vatican II. Il fut fait appel à plusieurs Pères comme experts liturgiques. L'église abbatiale du Mont-César allait connaître des transformations importantes quant à l'aménagement de son *presbyterium* et du chœur des moines. Les célébrations se feront désormais face aux fidèles, la concélébration sera introduite. Déjà Dom Paul Duez avait pu réaliser pour l'église abbatiale une série de quatre grands vitraux et une rosace, figurant des visions de l'Apocalypse. En 1966, Dom Rombaut, mandaté par le card. Suenens, procéda à la dédicace de l'église, considérée dès lors comme définitive. En juillet 1968, suite aux lois linguistiques, l'abbaye passa au régime néerlandophone. Dom Ambroos Verheul, prieur de l'abbaye d'Affligem, liturgiste, en fut nommé supérieur, et en 1974 élu abbé. Il maintint les activités liturgiques du Mont-César et fit aménager l'hôtellerie en une vaste pédagogie pour étudiants. L'abbaye restait fidèle à sa vocation de maison d'étude. En 1993, la communauté se choisit un jeune Abbé, Dom Kris Op de Beeck, qui allait assumer de plus les tâches d'organiste et de chantre, ainsi que la direction de la pédagogie. Lors de l'année 1999 furent organisées diverses manifestations en l'honneur du premier centenaire de l'abbaye. Kris Op de Beeck résigna sa charge en 2017 et Dom Dirk Hanssens fut nommé le 26 févr. 2018 prieur-administrateur de l'abbaye. Sans doute plus réduite qu'autrefois, la communauté du Mont-César / Keizersberg, restée fidèle à la prière liturgique et à ses objectifs, considère avec confiance l'avenir malgré des temps moins favorables.

E. Van Even, *Louvain dans le passé et le présent*, Louvain, 1895. – I. Van Houtryve, *Dom Robert de Kerchove d'Exaerde, premier abbé du Mont-César (1846-1899-1942)*, Louvain, 1950. – A. Haquin, *Dom Lambert Beauduin et le renouveau liturgique*, Gembloux, 1970. – G. Michiels, *Les 75 ans des « Questions liturgiques »*, dans *Questions liturgiques*, 65, 1984, 3-4, p. 161-180. – D. Amand, E. Put et E. Van Ermen, *Loven Boven Altijdt God Loven. 1899-1999. 100 Jaar Abdij Keizersberg*, Leuven, 1999 (album jubilaire illustré). – G. Michiels, *L'apport de l'abbaye du Mont-César aux études patristiques et médiévales. À l'occasion du premier centenaire de l'abbaye*, dans *Recherches de théologie et philosophie médiévales*, 67/1, 2000, p. 1-9.

G. MICHIELS†

Abbaye Sainte-Gertrude (bénédictines). – Le 30 janv. 1912, le chanoine Thiéry, ami et disciple de dom Marmion, pour l'abbé de Maredsous mais qui avait séjourné au Mont-César de Louvain de 1899 à 1909, achetait l'ancienne abbaye Sainte-Gertrude, fondée en 1206 par les chanoines de Saint-Augustin, pour la restaurer après l'interruption consécutive à la révolution de 1789 et l'offrir à une communauté religieuse. Une oblate du Mont-César, J. Van Roosbroeck lui suggéra, en octobre 1914, de la donner à des moniales bénédictines. Le chanoine Thiéry en parla à dom Marmion, lui fit visiter l'abbaye et lui dit : « Trouvez-moi une communauté pour continuer dans cette abbaye l'observance monastique et la louange divine. Je vous la donne pour cela ». À partir de ce moment, Dom Marmion mettra tout en œuvre pour faire aboutir la fondation : il la croit réellement voulue par Dieu et ira trouver le card. Mercier pour en obtenir l'autorisation.

En avril 1917, il présenta son projet et la première postulante, J. Van Roosbroeck, à la révérende Mère Placide Delhaes, abbesse de la Paix Notre-Dame à Liège. Jouissant d'une grande autorité morale sur tous ceux qui sont mêlés à la fondation, il est tenu au courant du détail des négociations. Le conseil de l'abbaye de Liège émit des réserves touchant les ressources matérielles et l'exiguïté du terrain. Le chanoine Thiéry proposa de demander au cardinal un monopole pour loger des étudiantes de l'Université de Louvain à Sainte-Gertrude. Il envoya à dom Marmion un plan de l'abbaye et des possibilités d'achat de propriétés attenantes. Le chanoine Vreuls, visiteur des communautés religieuses du diocèse de Liège, contacta dom Marmion au sujet de ce monopole et proposa une date pour rencontrer le cardinal avec le chanoine Thiéry. Melle Van Roosbroeck, d'accord avec dom Bruno Destrée, fit part à Dom Marmion de son désir de voir à Sainte-Gertrude un pensionnat plutôt qu'une pédagogie d'étudiantes pour éviter la rivalité avec un autre établissement louvaniste, l'Institut des Filles de Marie Paridaens, qui convoitait également ledit « monopole ». Elle partit à Liège le 26 mai exposer son point de vue à l'abbesse. Celle-ci rendit compte de l'entrevue à dom Marmion dans une lettre du 27 mai et il demanda à Mlle Van Roosbroeck de venir le plus tôt possible pour l'entretenir du projet de fondation. La révérende Mère Placide entreprit son premier voyage à Louvain le 12 juin. Dom Marmion lui fit savoir qu'elle devait demander au card. Mercier l'autorisation écrite d'établir cette fondation. Il l'engagea à mettre le révérendissime P. dom Robert de Kerchove, abbé du Mont-César, au courant du projet d'installation de bénédictines à Sainte-Gertrude. Il ajoutait qu'ayant fait jusque-là tout ce qu'il avait pu pour soutenir la fondation, il se retirait pour faire place à l'abbé du Mont-César.

Melle Van Roosbroeck, encouragée dans sa vocation bénédictine par dom Marmion, entra à l'abbaye de Liège le 28 août en vue de faire partie de la fondation de Louvain. Dom Marmion prêcha la retraite à la Paix Notre-Dame du 1er au 8 septembre, ce qui amena la révérende Mère Placide à lui parler longuement de cette fondation. Sa difficulté résidait maintenant dans le choix des religieuses à envoyer à Louvain. Dom Marmion lui conseilla de choisir Charlotte Rensonnet comme prieure.

Du 23 au 30 septembre, l'abbesse de la Paix Notre-Dame effectua un second séjour à Sainte-Gertrude. Elle choisit la semaine où dom Marmion prêchait une retraite à Louvain pour discuter également avec lui des travaux à faire, de l'affectation des locaux, de l'autorisation d'ouvrir la chapelle au public à obtenir du cardinal par son entremise. Dom Marmion passa quelques heures à l'abbaye le 24 et accepta d'y prendre son dîner le 27. Durant les mois suivants, il continua à être informé de tout ce qui avait trait à la fondation. À l'occasion de ses visites à Liège, il fut mis au courant par l'abbesse, par la maîtresse des novices et par Melle Van Roosbroeck elle-même des difficultés que celle-ci rencontrait dans son postulat. Dom Marmion s'en remit à l'avis de la révérende Mère Placide qui à son tour se rangea derrière la décision de la maîtresse des novices.

Le 9 mars 1918, Melle Van Roosbroeck dut quitter la communauté de la Paix Notre-Dame. Le chanoine Thiéry informa alors dom Marmion des prises de parti et des remous d'opinions que suscitait à Louvain ce départ et des dispositions de l'ex-postulante. L'entourage de Melle Van Roosbroeck se posait trois questions : la Paix Notre-Dame a-t-elle bien fait de la renvoyer ? A-t-elle la vocation ? Est-il souhaitable qu'elle demande à être admise à un second postulat à Liège ? Son directeur, dom Bruno Destrée, le chanoine Thiéry, son amie carmélite sœur Marie-Joseph Van Aerden, lui conseillaient de prendre pour arbitre dom Marmion. Dans sa lettre du 8 mai, le Père abbé de Maredsous éleva le débat au plan doctrinal et donna une leçon magistrale sur la profession monastique. Malgré le contexte, le chanoine Thiéry désirait que la fondation se fasse tout de suite, mais à Liège, le conseil était toujours réticent : des décès, des maladies, des difficultés financières ne permirent pas à l'abbesse de s'engager plus avant. Le chanoine Thiéry fut tenté de l'accuser de manque de foi. Il semble qu'à ce moment, dom Marmion se soit employé à renforcer l'estime du chanoine pour la révérende Mère Placide.

Le 29 avr. 1919, cinq bénédictines de la Paix Notre-Dame s'établirent à Sainte-Gertrude et Charlotte Rensonnet fut nommée prieure. Sur la trentaine de moniales que comprendra la communauté dans les années 1950, une quinzaine de sœurs sont des professes de la Paix-Notre-Dame, envoyées généreusement à Louvain par l'abbesse de Liège, Mère Raphaël Falise, au prix de grands sacrifices. À partir d'octobre 1920, les jeunes filles furent autorisées à fréquenter les cours à l'Université de Louvain. Les moniales ouvrirent alors une pédagogie pour étudiantes dans les bâtiments encore peu confortables de l'abbaye. Chaque année, les moniales aménageaient quelques chambres supplémentaires et accueillaient ainsi jusqu'à 110 étudiantes des trois régimes linguistiques dans leur pédagogie, ainsi que des jeunes filles étrangères, notamment des jeunes Chinoises envoyées par le P. Lebbe. Tout se passait pour le mieux. Le recteur, Mgr Ladeuze, soutenait le projet des bénédictines. En 1954, la fondation de 1919 fut érigée en abbaye. Mère Michaël Lange, née en 1902, en devint la première abbesse et reçut la bénédiction abbatiale le 14 avr. 1955. Elle fut une grande abbesse aux dons multiples. Née à Namur d'un père architecte - qui lui lègue son goût de la construction et tout son talent – Suzanne Lange entre chez les bénédictines de la Paix-Notre-Dame à Liège où elle reçoit le nom de « sœur Michaël » et fait profession monastique en 1924. Rapidement devenue excellente maîtresse de classe et professeur de grec à l'école abbatiale, la sœur Michaël est envoyée en 1941 à Louvain dans la communauté de Sainte-Gertrude submergée par les difficultés financières. Elle en sera supérieure jusqu'en 1981. Elle redresse les finances et après le bombardement de 1944, reconstruit peu à peu les bâtiments fortement endommagés. En 1977, elle préside avec l'architecte Odette Blondel-Filippone à la construction très réussie du monastère de Louvain-la-Neuve, bâtiment bien adapté aux besoins de la communauté. D'intelligence vive, Mère Michaël a l'art de gouverner : elle écoute, fait confiance aux sœurs et les encourage. Chaque fois qu'il lui apparaît clairement qu'une suggestion, d'où qu'elle vienne, est pertinente, elle l'appuie de toute son expérience et de son autorité. Les sœurs se sentent soutenues par cette collaboration sans ombre. Pendant 40 ans également, Mère Michaël confie la formation des novices à sœur Marie-Jacques Rubens, personne très ouverte et en contact avec de nombreuses personnalités spirituelles. La communauté a enfin largement profité des compétences de Sœur Gabriel Peters en patrologie. Sœur Gabriel communiquait son enthousiasme à découvrir les Pères de l'Église. Elle a commencé ce cours à l'Abbaye Sainte-Gertrude à Louvain, en 1960, pour la communauté. Elle est invitée à ce titre dans d'autres monastères et elle laisse un ouvrage important (G. Peters, Lire les Pères de l'Église. Cours de Patrologie en 3 volumes, I. Les Pères apostoliques, II. Les Pères anténicéens, III. Les Pères postnicéens, 1960-1978, hors commerce, 219, 252, 321 p.).

Grâce à Sœur Marie-André Houdart, qui collaborait activement à l'organisation des conférences et sessions œcuméniques à l'abbaye Sainte-Gertrude avec la paroisse universitaire (1966 sv.), grâce à son activité épistolaire et relationnelle, la communauté de Sainte-Gertrude prit une grande part dans le dialogue œcuménique. Et la communauté fut informée de toutes ces questions auxquelles elle s'intéressait vivement.

Les sœurs attachaient également une grande importance à l'accueil : elles avaient l'habitude de dire que lorsqu'elles accueillaient quelqu'un à l'hôtellerie, ce n'était pas elles qui offraient leur silence et leur partage monastique, mais que c'est davantage la communauté qui recevait l'exemple de ces personnes. Par ailleurs, Sœur Marie-André fit partie du Dialogue inter-monastique (DIM) et elle mit Sainte-Gertrude en contact avec des communautés non chrétiennes. Là aussi, son rôle était important pour la communauté.

En 1968, malheureusement, il n'était plus possible de rester à Louvain. La communauté était entièrement francophone et après de nombreux échanges communautaires, elle envisagea de suivre l'Université catholique de Louvain (section francophone) à Louvain-la-Neuve. Elle profita de ce déménagement pour faire son *aggiornamento* vivement souhaité par l'Église, ainsi que par les membres de la communauté. À l'exemple des moines de Clerlande, installés au Bois de Lauzelle à Ottignies, les sœurs firent construire un petit monastère-maison à l'Hocaille et modifièrent petit à petit toutes les structures et les statuts de la communauté. Elles étaient vingt-trois bénédictines en arrivant, en 1978, à Louvain-la-Neuve. Elles y resteront jusqu'en 2006 : à ce moment, elles n'étaient plus que huit sœurs, de plus en plus âgées… Elles cherchèrent alors une autre solution. L'évêque de Tournai avait souhaité avoir une communauté bénédictine dans son diocèse et leur proposa la Maison de Mesvin. Quelques sœurs firent une expérience de deux ans dans cette maison diocésaine et puis abandonnèrent le projet. Quelques sœurs s'installèrent néanmoins à Quévy-le-Grand, pour commencer une fraternité qui deviendra la communauté de l'Annonciation, érigée en prieuré en 1980. Mais cette communauté ne s'agrandit pas. Les derniers membres iront s'installer vers 2004 à Liège dans une annexe de l'Abbaye de la Paix Notre-Dame.

Lorsque Mgr Descamps, dernier recteur de l'Université unitaire, leur avait demandé en 1970 de s'implanter à Louvain-la-Neuve et après de nombreux échanges communautaires pour discerner quel avenir s'offrait à la communauté de Sainte-Gertrude, les sœurs décidèrent de répondre positivement à cette demande. Mais en quittant Louvain, un problème grave se posait cependant concernant leurs moyens de subsistance. De quoi allaient-elles vivre à Louvain-la-Neuve ? Quelques sœurs eurent alors la chance de trouver un travail rémunéré, mais qui posait la question d'un travail à l'extérieur du monastère. Cinq sœurs furent engagées à l'Université catholique de Louvain : une comme chercheuse au Centre de traitement électronique des documents (CETEDOC) du professeur Paul Tombeur ; une comme bibliothécaire à l'Institut supérieur des sciences religieuses et à la Faculté de théologie ; une comme secrétaire d'administration à l'Institut orientaliste, etc. Une Sœur travaillait au Centre William Lenox, au Bois de Lauzelle. Et au sein du monastère, les autres sœurs avaient mis sur pied deux ateliers, qui attiraient une clientèle suffisante : la céramique et la reliure. Évidemment, cela exigeait que l'horaire et l'organisation des journées soient adaptés à cette nouvelle situation. Tout se déroula au mieux et la communauté construisit alors à l'Hocaille son petit monastère 'blanc' – une 'exception' à Louvain-la-Neuve, où les bâtiments comportaient presque toujours un parement de briques – où elle vécut très heureuse de 1978 à 2006. En 1988, suite à la démission volontaire de Mère Michaël Lange, la communauté élut Mère Marie-Cécile Claeys seconde abbesse qui restera canoniquement à la tête de la communauté jusqu'en 2012. En 2005, la communauté d'Ermeton-sur-Biert proposa à la communauté de recevoir les sept dernières sœurs de Louvain-la-Neuve, la huitième, sœur Marie-Paul Laviolette, optant directement pour la communauté de la Paix-Notre-Dame à Liège, où elle décéda en 2015.

À partir de 2010, dans des circonstances qui ne seront éclaircies qu'en 2018, la plupart des sœurs furent contraintes de quitter une à une la communauté d'Ermeton et furent accueillies dans cinq communautés différentes : une sœur partit dans la communauté œcuménique des sœurs de Pomeyrol (Saint-Étienne-du-Grès, en Provence), deux sœurs allèrent à la Paix-Notre-Dame à Liège, une sœur à Bossut (Congrégation Notre-Dame des Apôtres), une sœur à Hurtebise et deux sœurs restèrent définitivement à Ermeton. Telle est la situation des sœurs de Sainte-Gertrude en 2019. Elles se retrouvent périodiquement dans l'un ou l'autre monastère pour une journée de rencontre fraternelle…

À Leuven, après le départ des bénédictines, les bâtiments furent achetés en 1978 par la ville de Louvain, progressivement restaurés et affectés à de nouvelles destinations. D'après le site Internet de l'inventaire du patrimoine flamand (*Inventaris Onroerend Erfgoed*), en 1987, l'aile « Thiéry » fut transformée en logements tandis que les ailes ouest et sud étaient occupées par le *Centrum voor Orthopedagogische Behandeling* ; en 1985, le quartier abbatial de la rive droite de la Dyle fut transformé en maison de retraite (*Home Sion*) ; la chapelle est occupée par le *Scouts- en Gidsenmuseum* (Musée des Scouts et Guides), etc.

Sources. – les Archives de l'Abbaye Sainte-Gertrude, propriété de l'asbl Sainte-Gertrude, sont conservées à l'abbaye de la Paix Notre-Dame (Liège). Les archives à Liège sont conservées dans trois armoires métalliques, groupées ensemble dans le même local. Dans ces armoires, les documents sont classés chronologiquement dans des classeurs (A4) depuis 1917 jusqu'à 2019, en continu. Se retrouvent également dans ce classement chronologique tous les documents épars retrouvés çà et là (l'abbaye Sainte-Gertrude a été bombardée en mai 1944), ainsi que des dossiers et des chemises sur des sujets précis (« Les dommages de guerre », par exemple, etc.). Par contre, tous les objets, comme la crosse abbatiale, par exemple, sont conservés dans le même local que les archives de la Paix Notre-Dame. Parmi ces archives, on peut citer : *Une longue histoire*, [2010], 29 p., biographie de Sœur Marie-André Houdart, écrite par elle-même ; *Un souffle d'air pur*, 3 feuillets tapuscrits de Sœur Marie-Jacques Rubens, datés du 5 janv. 1972 ; le témoignage le plus important, ce sont les *Annales* de Sœur Delmer, que Sœur Marie-Pierre Fosse (Hurtebise) a terminé en 2019, 100 ans après la fondation – Voir dans *Lien vivant. Périodique d'information de l'Union des religieuses contemplatives* (n° 1, mars 1971, et sv.) les nombreux comptes rendus des sessions organisées par l'Union des religieuses contemplatives et auxquelles participaient les sœurs de Sainte-Gertrude. – Nombreux renseignements à glâner dans M. Tierney, R.-F. Poswick et N. Dayez (éd.), *Columba Marmion. Correspondance. 1881-1923*, Paris, 2008, *passim*.

Travaux. – Diverses contributions de M. Smeyers, *Abbaye de Sainte-Gertrude à Louvain*, Liège, Centre National de Recherches Religieuses, 1970, qui se trouvent dans les Archives de l'Abbaye Sainte-Gertrude (BIB n. 006). – M. Smeyers, *Armand Thiéry (Gentbrugge 1868-Leuven 1955) : apologie voor een geniaal zonderling* (Arca Lovaniensis artes atque historiae reserans documenta. Jaarboek, 19-20), Leuven, 1992, p. 419-432. – *De Louvain à Louvain-la-Neuve et à Ermeton*, dans *Lettre de Maredsous*, 35/3, 2006, p. 129-133.

M.-P. Fosse

Monastère Maria Mediatrix (bénédictines). – Le monastère des bénédictines de Maria Mediatrix est depuis 2006 situé au n° 94 de la Maria-Theresiastraat (rue Marie-Thérèse), à Louvain. Fondé en 1921 à Kapellenbos (Villa Evergreen) par le prieur de l'abbaye d'Affligem, Franco Wyels (1886-1962), comme un ermitage (d'où vint son nom flamand « De Kluis »), il fut déplacé plusieurs fois avant de s'établir à Louvain. Les religieuses, dirigées par Gertrudis Molengraaf-Schim van der Loeff jusqu'à sa mort en 1965, ne restèrent à Kapellenbos qu'une année. On les retrouve d'abord à Heide-Kalmthout (1922-1928), puis dans une maison de l'abbaye d'Affligem (1928-1932), et ensuite à Hekelgem (1932-2006). Le monastère fut élevé au rang d'abbaye en 1946, sous le nom de Maria Mediatrix ; depuis 1953, il abrite une partie des reliques de Ste Wivine. Actuellement, selon les informations obtenues d'une des sœurs, il reste encore cinq religieuses sur place.

Travaux. – J. De Maeyer, *Des vierges et des manuscrits dans les châteaux et des abbayes. Réalité médiévale ou fiction romantique ?*, dans T. Coomans et J. De Maeyer (dir.), *The Revival of Medieval Illumination. Nineteenth-Century Belgium Manuscripts and Illuminations from a European Perspective* (Kadoc Artes, 8), Leuven, 2007, p. 63-89 (spéc., p. 73-75). – É. Weebers, *Kleine geschiedenis Affligem-Maria Mediatrix*, dans *De Faluintjes. Heemkundige Kring*, 20/4, 2007, p. 396-403.

F. Keygnaert

Monastère Saint-Joseph (Kessel-Lo, clarisses-colettines) (1838). – Après une présence urbaine de plusieurs siècles de clarisses-urbanistes (Riches Claires) à Louvain (1515-1783), des clarisses-colettines s'y installèrent à nouveau après la révolution belge, en 1838. Le monastère était établi par des clarisses venues de Bruges, l'une des rares communautés contemplatives à avoir réussi à traverser les réformes de la fin de l'Ancien Régime et les difficultés des régimes français et hollandais. Les premières années furent très difficiles pour les cinq religieuses venues de Flandre, mais la situation se stabilisa quand les religieuses purent emménager dans un nouveau bâtiment de la Bogaardenstraat en 1843, grâce à l'aide bienveillante de leur protecteur, le chanoine Jean-Baptiste David (1801-1866), pour l'heure professeur à l'Université de Louvain et président du Collège du pape, et qui fut leur premier directeur spirituel jusqu'à sa mort. Sous l'autorité de la première abbesse, Mère Marie-Thérèse Denijs (1803-1869), le monastère rassembla alors durablement une communauté d'une trentaine de sœurs en moyenne. Ce recrutement rendit possible le transfert de religieuses au profit de nouveaux monastères de clarisses, en Belgique (à Ypres et à Bruxelles) et à l'étranger (Baddesley-Clinton, Londres et Manchester, au Royaume-Uni).

Tandis que les sœurs cloitrées se consacraient exclusivement à une vie de prière et de contemplation, les sœurs externes restaient en contact avec le monde extérieur et fondèrent en 1843 un jardin d'enfants, qui resta en activité jusqu'en 1938. Ce mode de vie austère n'évoluera qu'à la fin des années 1950 et au début des années 1960 avec le vent d'*aggiornamento* qui souffla dans l'Église et qui culmina au Concile Vatican II (1962-1965). Les sœurs bénéficièrent d'une plus grande ouverture au monde extérieur, notamment en termes de formation religieuse, et les sœurs cloîtrées purent développer une activité à l'intérieur de la clôture monastique, en créant des ateliers d'objets liturgiques et de fabrication d'hosties. Ces activités leur permirent de mieux gérer leurs ressources financières et d'être moins dépendantes de protecteurs. Grâce à leur engagement dans la Fédération des clarisses flamandes, les liens entre les sœurs de Louvain et les autres monastères flamands, et plus largement, la famille franciscaine, s'en trouvèrent renforcés.

Dans le sillage des renouveaux conciliaires, la communauté des clarisses quitta le centre-ville de Louvain pour s'installer dans un nouveau monastère bâti au Predikherenberg (« mont des Frères Prêcheurs »), à Korbeek-Lo. Les sœurs récupéraient ainsi la maison d'études des Aumôniers du travail construite en 1968, qui leur offrait de meilleures conditions de prière et d'accueil. La liturgie des sœurs s'ouvrit aux paroissiens, ce qui permit une plus grande hospitalité concrétisée par la création d'une petite maison d'hôtes. Un certain nombre d'évêques chinois, invités par la Fondation Ferdinand Verbiest, par exemple, y furent accueillis. Malgré le vieillissement de la communauté, les ateliers d'objets liturgiques subsistèrent jusqu'en 1999, mais en 2017, les dernières clarisses quittèrent leur monastère de Kessel-Lo.

SOURCES. Documentatie- en Onderzoekscentrum voor Religie, Cultuur en Samenleving (Kadoc), *Archief Clarissen – Monasterium van de H. Jozef Kessel-Lo. 1837-2011* (21 m courants).

TRAVAUX. *125 jaar bestaan van het huidige Clarissenklooster te Leuven*, dans *De Band*, 11, 1967, p. 217-219. – *Clarissen in de stad Leuven*, *Ibid.*, 14, 1970, p. 148-152. – F. Olmbrechts, *Klarissen voelen zich rijk in hun armoede*, dans *Zie-magazine*, 23 décembre 1977, p. 105-108. – M. Jacques, *Ons werk is tegelijkertijd een gebed. De zusters Clarissen van Korbeek-Lo*, dans *Vrouw & Wereld*, mai 1980, p. 20-22. – H. Roggen, *De Clarissenorde in de Nederlanden*, Sint-Truiden, 1995, p. 138-152 (Bruges) et 208-213 (Leuven) ; Id., *De Clarissen-Coletinen in Vlaanderen na de Franse Revolutie. Kloosterlexicon* (Instrumenta Fransiscana, 39), Sint-Truiden, 1997, p. 31-37, 41-43, 101-103. – R. Soumillon, *De Clarissen-Coletinen in Vlaanderen na de Franse Revolutie : een bijdrage* (tiré à part de *Franciscana*, 1999, n° 2), p. 6-7 (Bruges), 25-26 (Leuven). – A. Ricard, *Sainte Claire d'Assise* (Collection XIX), 2016 [consultable sur Internet], s. p. (spéc. le dernier chapitre : *Les monastères de Sainte-Claire en Belgique*). – K. Suenens, *Clarissen-Monasterium van de H. Jozef Leuven/Kessel-Lo (1838-2017)*, [2017], consultable sur le site Internet *ODIS*, géré par le Kadoc de Leuven.

L. COURTOIS

IV. COUVENTS. – 1° *Ancien régime*. – Béguinage de Wierinck de Sainte-Barbara. – Le bâtiment est attesté en 1278 et 1289 comme infirmerie pour béguines pauvres située sur le site du *Wierinck* à Louvain, du moins si l'on accorde quelque confiance à l'historiographe louvaniste Molanus. La chapelle était dédiée à Ste Barbara. Au cours du XIVe siècle, entre 1307 et 1372, le béguinage fut transformé en lieu de culte.

TRAVAUX. J. Molanus, *Historiae Lovaniensium libri XIV*, éd. P.-F.-X. De Ram, *Les quatorze livres sur l'histoire de la ville de Louvain* (Commission royale d'histoire, in-4°), I, Bruxelles, 1861, p. 619-620. – W. Simons, *Cities of ladies. Beguine communities in the medieval Low Countries, 1200-1565* (The middle ages series), Philadelphia, 2001, p. 287.

P. TRIO

Collège pastoral irlandais. – Il fut fondé en 1622 pour former le clergé séculier irlandais. L'initiative en vint de l'archevêque de Dublin, Eugene Macmahon (Mathews), décédé en 1623, qui fit pression avec succès à Rome, laissant dans son testament une somme équivalant à deux bourses. Ce collège, situé dans l'actuelle Vital De Costerstraat, fut reconnu par le pape Urbain VIII en 1624. Le collège pastoral irlandais connut un grand succès et était souvent bien pourvu en personnel. La fondation disparut avec l'abolition de l'université en 1797.

J. Nilis, *Irish Students at Leuven University 1548-1797. A prosopography*, Leuven, 2010.

M. CARNIER

Compagnie de Jésus. – Très tôt dans l'histoire de l'Ordre, les jésuites étaient présents à Louvain. En effet, la Compagnie de Jésus fut approuvée par le pape Paul III le 27 sept. 1540, et deux ans plus tard, il y avait déjà des jésuites à Louvain. Cependant, ceci est dû à une coïncidence historique. En effet, cela se produisit à cause de la décision de François Ier, prise en juillet 1542, d'expulser hors du territoire français tous les sujets de Charles Quint. Or à cette époque, seize jésuites étudiaient à Paris, dont huit d'entre eux de nationalité espagnole. Ils partirent donc pour Louvain afin d'y poursuivre leurs études, y arrivant le 13 août 1542 : Juan Jeronimo Domenech (1516-1592), Andrés de Oviedo, futur patriarche d'Éthiopie (1518-1577), Emilio de Loyola (neveu d'Ignace), Pedro de Ribadeneira (1526-1611), Diego Espech, Antonio et son frère Francisco de Estrada (Strada, 1519-1584), et Laurent Dels de Ypres (qui quitta l'ordre à Rome en 1544). Ils s'établirent d'abord dans la Minderbroedersstraat. Peu de temps après, Domenech et Ribadeneira plièrent bagage pour Rome. Francesco de Estrada, même s'il était encore novice, se consacrait aux *Exercices Spirituels*, et Ruard Tapper (1480-1559), vice-chancelier de l'université, faisait les exercices auprès de lui. Cornelius Wischaven (1509-1559), chapelain de l'église Saint-Pierre, se joignit bientôt au groupe. Pierre Favre (1506-1546), l'un des premiers compagnons d'Ignace, vint également à Louvain en 1543. Et ses prédications latines étaient très prisées. Entretemps, dix-neuf étudiants avaient exprimé le souhait d'entrer dans l'Ordre. Wischaven, alors qu'il était lui aussi encore novice, fut placé à la tête du groupe. Ils s'installèrent dans sa maison, près du cimetière de la paroisse Saint Michel. Cette situation fut approuvée par Ignace le 24 juin 1547. Cependant, il leur demanda de se rendre à Rome pour y faire leur noviciat.

En 1549, ce groupe, dirigé par Adriaan Adriaansen (1520-1580), s'installa dans une habitation de la Nieuwstraat (actuellement la Vanderkelenstraat), en face du couvent des clarisses. Adriaansen, qui s'était joint au groupe autour de Wischaven en 1545, avait fait son noviciat avec Ignace en 1548, et fut envoyé l'année suivante par Ignace à Louvain comme supérieur. Il entendait les confessions et prononçait des sermons, d'abord dans l'église Saint-Michel, puis plus tard aussi à Saint-Pierre. Dans la maison se trouvait une chambre pour ceux qui voulaient faire les *Exercices Spirituels*. C'était le cas pour l'abbé de Liessies, Louis de Blois (Blosius, 1506-1566), venu avec quelques moines pour faire les *Exercices* – il deviendra ultérieurement un soutien important pour les jésuites de Louvain. Les réactions à l'activité des jésuites étaient partagées : il existait de l'enthousiasme pour le renouveau religieux initié dans la ville par leur arrivée, mais des rumeurs négatives se répandaient aussi. Du côté de l'université, la sympathie était évidente, en particulier de la part de Ruard Tapper.

Ignace n'avait pas initialement l'intention de fonder une maison à Louvain, mais quand il vit que cette initiative (plutôt accidentelle) fonctionnait bien, il songea à installer une résidence, c'est-à-dire un petit groupe de Pères pour l'apostolat auprès des étudiants. Pour ce faire, il demanda la permission, et l'université rendit un avis positif. La Régente Marie de Hongrie (1505-1558) pensait pourtant que la présence des jésuites à Louvain était superflue tant la ville comptait déjà beaucoup de religieux, et le président du Conseil Privé, l'humaniste Wigle van Aytta van Zwichem (Viglius ab Aytta, 1507-1577), partageait cet avis. Ignace s'adressa directement à Charles Quint, mais en vain. Après l'abdication de ce dernier (1555), Ignace renvoya le jeune Ribadeneira à Louvain pour y prêcher. Celui-ci en demanda la permission à Philippe II. Le 15 août 1556, peu après la mort d'Ignace, il reçut l'autorisation, mais seulement après avoir promis que les jésuites n'utiliseraient pas tous leurs privilèges pontificaux – comme celui de prêcher et d'entendre la confession sans la permission de l'évêque.

Après cette approbation, Elie van Schore, secrétaire du Conseil du Brabant, acheta une maison pour les jésuites dans la Bakelijnestraat (rue du Petit-Ruisseau, aujourd'hui la Vital Decosterstraat), et en 1557 ils prirent possession des lieux. En 1560, le chanoine Wouter Rosseel (1506-1578) leur offrit également plusieurs maisons voisines. Cependant, la ville de Louvain refusa de donner son autorisation d'amortissement, entre autres parce que les jésuites avaient récemment été condamnés par la Sorbonne. C'est ainsi que les jésuites se tournèrent vers la gouvernante Marguerite de Parme (1522-1586). L'amortissement fut approuvé par le Conseil Privé le 20 mai 1560, mais le magistrat de la ville ajouta des clauses supplémentaires, telles que le fait pour les jésuites de n'être pas autorisés à prêcher et à confesser sans le consentement de la ville. Après l'intervention, au nom de la faculté de théologie, de quelques professeurs importants, Michel de Bay (Michael Baius, 1513-1589), Josse Ravesteyn (Judocus Tiletanus, 1506-1570), Maarten Bouwens (Martinus Rythovius, 1511-1583), Johannes Hessels (1522-1566), Koen Pieters (Cunerus Petri, 1530-1580) et Cornelius Jansénius (1510-1576), le conseil communal approuva définitivement l'amortissement en 1569.

Diego Laínez (1512-1565), le Supérieur général ayant succédé à Ignace, envisageait avec davantage d'ambition que le Fondateur l'avenir des jésuites à Louvain, notamment sous la forme d'un projet de collège pour la formation des nouveaux membres de l'Ordre qui pourraient suivre des cours à l'Université. Le noviciat fut établi à Tournai, et après cela les scolastiques

Michael Baius (1513-1589), © BRES KU Leuven Centrale Bibliotheek, PA00021a.

purent étudier à Louvain : ils prenaient des cours à l'Université et recevaient des répétitions privées à la maison. À partir de 1570, les jésuites donnèrent des cours supplémentaires de philosophie (métaphysique, éthique et mathématiques), qui n'étaient pas enseignés à l'Université, et un cours de théologie, également distinct de l'Université. Jusqu'en 1572, on acceptait également des étudiants externes (non-jésuites), qui séjournaient dans la même maison – les scolastiques selon les usages du *Collegium Romanum*, les étudiants externes suivant ceux du *Collegium Germanicum*. En outre, en vue de la formation théologique du clergé local, un cours de « théologie pastorale » était enseigné, dans lequel on abordait des sujets tels que la morale, les devoirs du curé, la liturgie et le ministère sacramentel, l'homilétique, etc. Un des jésuites, Jan Willems (Johannes Harlemius, 1538-1578), fut choisi comme professeur pour le *Collegium Trilingue*, le seul jésuite à avoir enseigné dans l'ancienne université. En 1570, une chapelle fut construite et consacrée le 30 sept. 1571 par l'évêque auxiliaire de Malines.

Dès le début, les jésuites firent des sermons en latin – ce qui était très apprécié – et le Supérieur général Francisco de Borja (Borgias, 1510-1572) envoya à Louvain en 1569 le jeune Robert Bellarmin (1542-1621), qui était encore à l'époque étudiant en théologie, pour soutenir cette initiative. Ce qu'il fit durant sept ans ; en 1570, il fut ordonné prêtre et à partir de ce moment, il entendit aussi les confessions. Au début de l'année académique, Bellarmin commença aussi à donner des leçons de théologie.

Le collège des jésuites, tiré d'E. Van Even, *Louvain dans le passé...*, *op. cit.*, p. 492-493.

En 1578, la maison de formation des jeunes jésuites était définitivement organisée, avec des enseignants prometteurs, comme Jan van Hamel (Hamelius, 1554-1589) et Lennaert Leys (Leonard Lessius, 1554-1623) qui avaient reçu leur formation à Rome. Cependant ce dernier entra en conflit avec l'Université de Louvain. Cela concernait l'enseignement d'un des professeurs de théologie, Michel de Bay (Michael Baius), président du Collège du pape et doyen de l'église Saint-Pierre, qui entretenait d'ailleurs de bons contacts personnels avec les jésuites. Des points de son enseignement avaient été condamnés par la Sorbonne en 1560 et par le pape Pie V en 1567. Bellarmin avait discuté de ces points controversés dans ses leçons, sans mentionner Baius par son nom. Quand, en 1580, se produisit une nouvelle condamnation papale par l'entremise de Grégoire XIII, Baius supposa qu'une initiative des jésuites louvanistes en était la cause. En outre, les amis de Baius avaient argumenté en ce sens sur base des notes prises aux cours de Lessius. Ceci entraîna une censure de la part de la faculté de théologie, qui condamna les propositions de Lessius comme *dogmata peregrina, offensiva et periculosa*. La censure, signée par l'archevêque de Malines, fut publiée. Lessius envoya ensuite une apologie à Rome. Cependant, l'Université de Louvain interdit aux étudiants de suivre des cours avec Lessius. Le Supérieur général Claudio Acquaviva (1543-1615) essaya d'aborder la question avec prudence et, en 1587, il demanda au Pape Sixte V de prononcer un jugement sur l'affaire. S'ensuivirent diverses consultations entre d'une part les théologiens de Louvain, l'archevêque de Malines et le nonce, et Lessius d'autre part, dans l'espoir de parvenir à un accord, mais en vain. Le 10 juillet, le pape fit savoir que les deux parties étaient autorisées à continuer d'enseigner leurs opinions et qu'aucune des parties ne pouvait accuser l'autre d'hérésie jusqu'à ce que Rome se soit prononcée sur la question, ce qui ne se produisit jamais. Bien sûr, l'affaire n'avait pas été réglée sur le fond, et la question dressa l'Université et les jésuites les uns contre les autres.

Ce ressentiment s'accrut encore davantage dans les années ultérieures. Philippe II avait donné aux jésuites la permission d'enseigner la philosophie et la théologie, mais les étudiants devaient passer leurs examens à l'Université – une disposition que l'Ordre avait approuvée. La situation changea lorsque l'évêque d'Anvers, Lieven Van der Beken (Livinus Torrentius, 1525-1595) fit un don important, destiné à un collège universitaire de philosophie qui serait sous la direction des jésuites. Cependant, l'Université ne voulait certainement pas d'un nouveau collège, en plus des quatre existants, et soulevait deux problèmes importants : l'enseignement des jésuites était gratuit, et les professeurs seraient également indépendants des autorités académiques. C'est pourquoi l'on souhaitait que les leçons fussent limitées à la métaphysique et aux mathématiques qui, comme nous l'avons déjà mentionné, n'étaient de toute manière pas des disciplines enseignées à l'Université. En principe, les jésuites étaient d'accord, mais Mgr Van der Beken insista pour s'en tenir au plan initial. Après plusieurs tentatives de médiation, l'Université initia une procédure judiciaire officielle à la Chancellerie de Brabant afin d'annuler cette initiative. Le 11 août 1595, le gouverneur décida que les jésuites pouvaient commencer leur enseignement, à condition de se soumettre au pouvoir des autorités académiques. Les jésuites supposèrent qu'ils pouvaient commencer, et le 3 octobre, la leçon inaugurale fut prononcée par le P. Cornelis van den Steen (Cornelius a Lapide, 1567-1637). Entretemps cependant, par l'intermédiaire d'un ancien étudiant influent, Gerard Vuskens (Gerardus Vossius, vers 1547-1609), qui avait fait carrière à Rome, l'Université avait pris contact avec le pape Clément VIII. Le 22 déc. 1595, ce dernier décida que les jésuites devaient immédiatement arrêter les cours de philosophie. Cependant, cette décision devait être communiquée par les abbés de Parc et de Sainte-Gertrude, qui essayèrent de gagner du temps. Dans l'intervalle, le gouverneur Albert d'Autriche (1559-1621) en avait été informé et il se sentait mis à l'écart par l'Université. Il prit la décision d'autoriser la poursuite des leçons. Ce conflit, qui avait entretemps atteint un haut niveau politique, prit un nouveau tournant définitif lorsque le Supérieur général Claudio Acquaviva stipula que les jésuites de Louvain devaient immédiatement obéir au pape. Il en résulta que les jésuites ne pouvaient plus assurer des cours publics de philosophie à Louvain, et que leurs cours ne seraient plus destinés qu'aux seuls membres suivant leur formation en interne. Seul l'enseignement public du cours de théologie pouvait encore être suivi par des étudiants externes. En 1598, les jésuites abandonnèrent leur maison de la Bakelijnestraat. En effet, grâce au legs important de l'évêque Torrentius, ils avaient pu acquérir un domaine important : la Cour de Schoonhoven (à côté du Collège du Pape), la Cour d'Aarschot (avec un jardin jusqu'à la Kattestraat [rue de la Palissade], l'actuelle Charles Deberiotstraat) et la Cour de Sestich (Kattestraat). Les bâtiments existants furent aménagés et une église baroque construite entre 1650 et 1666, d'après un projet du P. Willem van Hees (Wilhelm Hesius, 1601-1690), qui était non seulement recteur de la maison des profès d'Anvers, mais également un architecte expérimenté. L'église fut consacrée en 1671 seulement. Il convient de mentionner que le Supérieur provincial Carolus Scribani (1561-1629) avait pris l'initiative de créer une école spéciale de mathématiques à Anvers, qui fut temporairement fixée à Louvain durant la période 1621-1641.

Le chanoine louvaniste Raphaël Gemma demanda en 1622 à la ville si les jésuites étaient autorisés à ouvrir un collège de sciences humaines à l'école Saint-Pierre, ce qui fut initialement autorisé, de sorte que les leçons commencèrent dès 1624. Cependant, l'Université y vit une concurrence pour sa Faculté des Lettres et des Arts et envoya à Madrid le professeur de théologie Cornelius Jansénius (1585-1638), futur évêque d'Ypres, pour plaider leur cause devant le roi Philippe IV (1605-1665). Ce dernier rejeta les plans des jésuites, de sorte que l'Ordre dut s'incliner définitivement devant le fait que leur enseignement n'était pas intégré au sein de l'Université ; à partir de ce moment, les jésuites se limitèrent à la pastorale auprès des étudiants de l'Université.

Un dernier avatar de cette situation conflictuelle surgit en 1640, après la publication posthume de l'*Augustinus* de Jansénius. Les jésuites de Louvain percevaient dans cet ouvrage une confirmation des erreurs précédemment condamnées de Baius, et ils mobilisèrent leurs confrères en France et à Rome sur cette affaire, avec succès puisque le livre fut condamné.

Les professeurs de la faculté de théologie, Mgr Jacob Boone (1573-1655), Mgr Antoon Triest (1577-1657), évêque de Gand, ainsi que les religieux qui avaient pris la défense de Jansénius, furent considérés comme des « jansénistes », et furent par cette décision dans le collimateur de Rome. La controverse féroce et complexe marqua pendant près d'un siècle les relations entre les deux écoles, même après qu'en 1730, les professeurs de théologie de Louvain se fussent soumis à tous les décrets anti-jansénistes.

Comme on le sait, le 21 juil. 1773, l'Ordre des jésuites fut aboli par Clément XIV avec le bref *Dominus ac Redemptor*, ce qui marqua la fin de leur présence à Louvain. Quelques décennies plus tard (en 1797), l'Université fut également dissoute par les autorités françaises. Après le rétablissement de la Compagnie de Jésus le 7 août 1814 par le pape Pie VII (*Sollicitudo omnium ecclesiarum*), il fallut un certain temps avant qu'une autre maison d'études jésuite soit fondée à Louvain. Cela se produisit en 1839, d'abord seulement comme résidence d'une petite communauté, puis comme maison d'études pour les étudiants en philosophie et en théologie de l'Ordre, dans la Minderbroedersstraat, dans l'ancien refuge de l'abbaye de Parc, où les Ursulines tenaient une école. La rénovation de ces bâtiments, ainsi que la construction d'une église, prirent beaucoup de temps : le dernier auditoire n'étant achevé qu'en 1895.

A. Poncelet, *Histoire de la Compagnie de Jésus dans les anciens Pays-Bas : établissement de la Compagnie de Jésus en Belgique et ses développements jusqu'à la fin du règne d'Albert et Isabelle*, 2 vol., Bruxelles, 1926. – F. Claeys Boúúaert, *L'ancienne Université de Louvain : Études et documents* (Bibliothèque de la Revue d'histoire ecclésiastique, 28), Louvain, 1956. – *Un Collège Théologique de la Compagnie de Jésus. 150e anniversaire : Louvain 1838-Bruxelles 1988*, Bruxelles, 1988. – S. Decloux, *Jesuiten für Europa : Anfänge der Gesellschaft Jesu in Löwen*, dans A. Falkner et P. Imhof (éd.), *Ignatius von Loyola und die Gesellschaft Jesu 1491-1556*, Würzburg, 1990, p. 311-317. – E. J. M. van Eijl, *La controverse louvaniste autour de la grâce et du libre arbitre à la fin du XVIe siècle*, dans M. Lamberigts (éd.), *L'augustinisme à l'ancienne Faculté de Théologie de Louvain* (Bibliotheca Ephemeridum Theologicarum Lovaniensium, 111), Leuven, 1994, p. 207-282. – P. Begheyn, *Gids voor de geschiedenis van de jezuïeten in Nederland 1540-1850* (Jesuitica Neerlandica, 2), Nijmegen-Roma, 2006 ; Id. et al. (dir.), *Jesuit Books in the Low Countries 1540-1773. A Selection from the Maurits Sabbe Library* (Documenta Libraria, 38 – Jesuitica Neerlandica, 3), Leuven, 2009. – T. Quaghebeur, *L'écho européen du conflit entre les jésuites et l'université de Louvain 1586-1686*, dans G. P. Brizzi et R. Greci (éd.), *Gesuiti e università in Europa (secoli XVI-XVIII). Atti del Convegno di studi. Parma, 13-15 dicembre 2001* (Centro interuniversitario per la storia delle università italiane. Studi, 3), Bologna, 2002, p. 145-150 ; Id., *De rol van de jezuïeten te Brussel in de liquidatie van het jansenisme aan de Leuvense Universiteit 1640-1740*, dans A. Deneef et X. Rousseaux (dir.), *Quatre siècles de présence jésuite à Bruxelles*, Bruxelles-Leuven, 2010, p. 264-282. – J. Roegiers, *Awkward Neighbours : The Leuven Faculty of Theology and the Jesuit College (1542-1773)*, dans R. Faesen et L. Kenis (éd.), *The Jesuits of the Low Countries : Identity and Impact (1540-1773)* (Bibliotheca Ephemeridum Theologicarum Lovaniensium, 251), Leuven, 2012, p. 153-175. – J. Luyten, *Ad majorem Dei Gloriam. The Archives of the Flemish Jesuits*, *Ibid.*, p. 241-244. – M. Hermans, *Archives de la Province belge méridionale et du Luxembourg (ABML). Aperçu des fonds historiques*, *Ibid.*, p. 245-253.

R. FAESEN

Couvent des alexiens. – En 1345, les comptes de la ville font référence à des *Lollardi* ou *Mattemans*. C'est probablement la première mention de la communauté qui sera plus tard connue sous le nom d'alexiens. En 1480, la communauté comptait dix membres, en 1526 douze. En 1485, ils s'installèrent définitivement dans l'actuelle rue du Bruxelles (à l'époque la Wijngaerdstraat). La communauté était impliquée dans les soins aux malades, surtout pendant les épidémies de peste. Au cours du XVIIe siècle, l'accent était mis sur l'admission des malades mentaux. En 1707, le noviciat de l'Ordre fut également établi à Louvain. Le monastère fut officiellement supprimé le 27 janv. 1797, mais l'institution continua à fonctionner comme hospice sous la supervision du comité des lieux de culte civils. Les alexiens s'appliquaient à soigner les handicapés mentaux, d'abord dans l'ancien monastère, puis à partir de 1892 à Winksele, dans la Herestraat, juste à l'extérieur des anciennes murailles de la ville. Le couvent y demeura jusqu'en 1963, année où l'archevêché de Malines en fit un séminaire.

P.-J. Niebes, *Les frères cellites ou alexiens en Belgique. Monasticon* (Introduction bibliographique à l'histoire des couvents belges antérieure à 31796, 52), Bruxelles, 2002, p. 213-216 (avec la liste des supérieurs).

M. CARNIER

Couvent des annonciades. – Le couvent des annonciades fut fondé en 1530 à l'initiative de Marie de Hamal, marquise d'Aarschot et veuve de Guillaume II de Croÿ. Depuis longtemps, la marquise projetait d'établir un établissement religieux à Louvain, avait déjà acheté les bâtiments nécessaires en 1524 et avait reçu l'autorisation de la ville en 1527. Le projet initial d'y établir des chartreuses fut abandonné et on opta pour un ordre récemment fondé, celui des annonciades, dont le premier couvent aux Pays-Bas avait été érigé en 1516 à Bruges par la gouvernante Marguerite d'Autriche. Marguerite avait connu personnellement la fondatrice de l'Ordre, Jeanne de France. Les annonciades appartenaient au second ordre de Saint-François et se trouvaient sous la tutelle des franciscains observants. Les premières religieuses vinrent du couvent de Bruges et adoptèrent la clôture le 15 mai 1530. Le même jour, 14 novices y firent leur entrée. Ce succès initial fut fortement entravé par une épidémie de peste (1575) et par les troubles religieux. Ce n'était que temporaire puisqu'au début du XVIIe siècle, le couvent connut un afflux massif. Dans une requête de 1607 adressée au chapitre Sainte-Gertrude de Nivelles afin d'obtenir l'autorisation d'établir un couvent à Nivelles, la Mère supérieure (*ancilla*) de Louvain laissait entendre que son couvent de Louvain abritait 72 religieuses et qu'il comptait encore plus de 30 postulantes. Le couvent de Louvain fut à l'initiative de sept nouvelles fondations entre 1608 et 1638. Le monastère fut supprimé en 1784 et utilisé comme caserne. Il fut finalement démoli en 1796.

M. Carnier, *De orde van allerheiligste Maagd Maria of (Franse) annuntiaten*, Brussel, 1998, p. 129-143.

M. CARNIER

Couvent des bogards. – L'année d'arrivée des bogards à Leuven est inconnue. Dans une charte de 1280, le duc Jean prenait les bogards sous sa protection. À cette époque, les bogards ou béguards étaient principalement actifs dans l'industrie textile. À la fin du XIVe siècle,

Le couvent des carmes, dit *Tacet*, tiré d'E. Van Even, *Louvain dans le passé…*, *op. cit.*, p. 498.

le couvent fut placé sous la tutelle de la ville, la visite canonique étant effectuée par le prévôt de Sainte-Gertrude. En 1468, ils adoptèrent la règle du tiers-ordre de S. François. En 1590, les quelques membres restants rejoignirent l'abbaye de Vlierbeek et leurs biens y furent incorporés. Néanmoins, le chapitre de Zepperen fonda un collège à Louvain en 1638 (Bogaardenstraat), mais il avait déjà été abandonné à la fin du siècle.

M. Carnier

Couvent des capucins. – En 1591, deux capucins s'installèrent à Louvain avec l'intention d'y fonder un nouveau couvent. Ils reçurent de Jacques de Bay, théologien et président du collège de Savoie, un terrain le long de la Voer. Dès l'année suivante, les religieux purent emménager dans le nouveau couvent et en 1595 l'église fut consacrée. Un nouveau couvent fut construit dans les années 1613-1614. Le couvent de Louvain servit aussi de noviciat. Les capucins furent expulsés de leur communauté louvaniste en 1797. Le jardin botanique, le plus ancien de Belgique, s'installa en 1821 sur le terrain de l'ancien couvent.

P. Hildebrand, *De kapucijnen in de Nederlanden en het prinsbisdom Luik*, partie 5, *De Vlaamse kloosters*, Antwerpen, 1950, p. 70. – E. Persoons, J. Snaet et L. Van Buyten, *De kapucijnen te Leuven*, dans *De pest te Leuven. De kapucijnen en de zorg om de mens*, Leuven, 2016, p. 285-397.

M. Carnier

Couvent des carmélites chaussées. – Ce couvent fut fondé en 1663 par le carmel de Bruges. Les carmélites s'installèrent dans l'ancien hôpital Saint-Nicolas dans la rue des Flamands (Vlamingenstraat). Charles II leur accorda cela en 1666. Le couvent fut aboli sur ordre de Joseph II le 30 avr. 1783. Le bâtiment fut vendu en 1798 et démoli en deux étapes, une première partie la même année et une seconde en 1803.

E. Van Even, *Louvain dans le passé & dans le présent. Formation de la ville-Événements mémorables-Territoire-Topographie-Institutions-Monuments-Œuvres d'art*, Leuven, 1895, p. 532.

M. Carnier

Couvent des carmélites déchaussées ou thérésiennes. – En 1607, la ville permit aux carmélites déchaussées de s'installer à Louvain. La fondation, organisée à partir du couvent de Bruxelles, fut l'œuvre d'Anne de Jésus, la compagne de Thérèse d'Avila. C'était un couvent strictement contemplatif. Comme le premier emplacement devint vite trop petit, elles achetèrent un certain nombre de bâtiments dans la Tiensestraat. Le 10 juin 1620, les archiducs Albert et Isabelle posèrent la première pierre du nouveau couvent. L'église du couvent fut construite entre 1626 et 1631. Ce couvent contemplatif n'a évidemment pas survécu aux suppressions décidées par Joseph II et fut, comme tant d'autres, supprimé en 1783. Après avoir servi de caserne, le bâtiment fut démoli en 1809.

Le couvent des carmes déchaux, dit *Placet*, tiré d'E. Van Even, *Louvain dans le passé…*, *op. cit.*, p. 499.

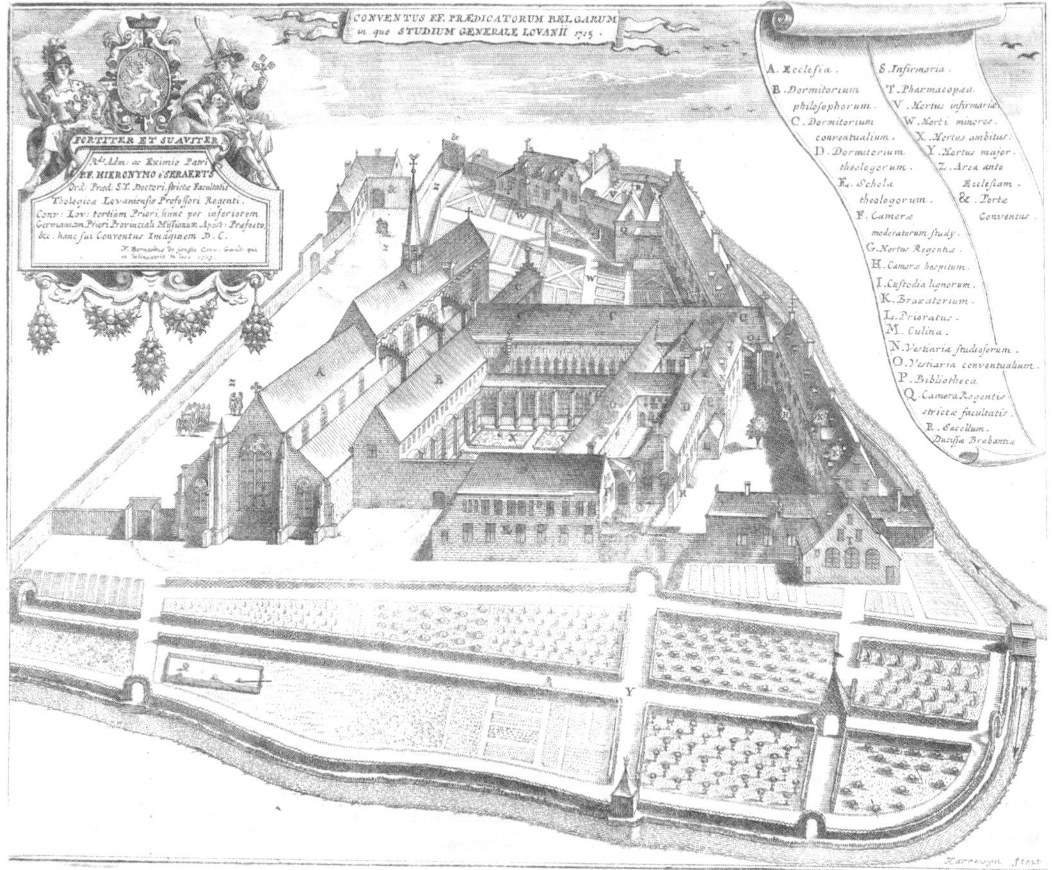

Le couvent des dominicains et le studium generale, par J. Harrewijn, 1715, © BRES KU Leuven Centrale Bibliotheek, TA00279.

E. Van Even, *Louvain dans le passé & dans le présent. Formation de la ville-Événements mémorables-Territoire-Topographie-Institutions-Monuments-Œuvres d'art*, Leuven, 1895, p. 524-527. – J. Calbrecht, *De kranige Priorin de Liebigh bij de vernieling van de Karmel in de Tiensestraat*, dans *Mededelingen van de Geschied-en Oudheidkundige Kring voor Leuven en omgeving*, 11, 1971, p. 153-180.

M. CARNIER

Couvent des carmes déchaussés de Saint-Albert, dit *Tacet*. – En 1611, un couvent de carmes déchaussés fut fondé dans l'actuelle Naamsestraat. On l'appela plus tard *Tacet* parce qu'il abritait le noviciat de la province (« il se tait », renvoyant au silence et à l'obéissance des novices). Ce couvent fut supprimé le 27 nov. 1796 – il comptait alors 16 religieux – et détruit trois ans plus tard.

E. Van Even, *Louvain dans le passé & dans le présent. Formation de la ville-Événements mémorables-Territoire-Topographie-Institutions-Monuments-Œuvres d'art*, Leuven, 1895, p. 498-499.

M. CARNIER

Couvent des carmes déchaussés, dit *Placet*. – En 1621, les carmes de la ville achetèrent le *Praetorium Placet* pour y fonder un séminaire à destination de leurs étudiants en théologie. Les archiducs préféraient que ce séminaire reste à Louvain, à l'encontre des projets de l'ordre qui prévoyaient son implantation à Tournai. L'église, édifiée entre 1653 et 1655, fut payée par Don Esteban de Gamarra, gouverneur de la citadelle de Gand. Comme il jouissait d'une belle vue sur la ville, le monastère était dénommé *Placet* (« Il plaît »). Il fut supprimé le 27 nov. 1796 et rasé deux ans plus tard.

E. Van Even, *Louvain dans le passé & dans le présent. Formation de la ville-Événements mémorables-Territoire-Topographie-Institutions-Monuments-Œuvres d'art*, Leuven, 1895, p. 499-500.

M. CARNIER

Couvent des dominicains (1228). – En juin 1228, le Chapitre général des dominicains à Paris reconnut la fondation de l'ordre à Louvain, les premiers frères devant venir de Trèves. Les ducs de Brabant soutinrent la fondation en mettant à la disposition des frères, par étapes, l'ancienne résidence ducale située entre les deux bras de la Dyle, *l'Île ducale* ou *s'Hertogen-Eylandt*. Le fait que le futur duc Henri III († 1261) et son épouse Adélaïde de Bourgogne († 1273) furent tous deux enterrés dans l'église du couvent démontre la grande confiance que le couple ducal plaçait dans cet ordre mendiant et dans sa communauté locale. L'église originale des années 1250-1260, qui fut achevée au début du XIVe siècle dans le style protogothique, a été largement conservée jusqu'à nos jours, avec des ajouts et des modifications ultérieures. Situé près de la Dyle, le couvent était régulièrement endommagé par les inondations. L'importance du couvent au sein de l'ordre est démontrée par le fait qu'en 1447, une maison d'études (*studium generale*) y fut fondée, attirant surtout au XVIe siècle des étudiants d'un peu partout. À partir du XVIIe siècle, grâce en partie à l'apport financier des archiducs Albert et Isabelle, l'enseignement de la théologie était particulièrement florissant. Avec l'aide de Jacob Sprenger, supérieur provincial de la province d'Allemagne, dont Louvain faisait partie, et de Marguerite d'York, épouse de Charles le Téméraire, le monastère fut soumis en 1495 à une réforme limitée. En conséquence, le couvent se trouvait désormais sous l'autorité non seulement du provincial de la province teutonique, mais aussi du vicaire de la province réformée hollandaise. En 1515, le monastère fut incorporé dans la nouvelle province de Basse-Allemagne. Pendant la montée du protestantisme et du jansénisme, les dominicains se signalèrent dans leur prédication comme d'ardents défenseurs de la vraie foi catholique. À la veille de sa suppression, plus précisément en 1773, le couvent comptait 34 frères prêtres et 15 frères laïcs. En 1796, le rideau tomba sur le couvent, précédant la vente publique qui eut lieu dans les années 1797-1798. Seule l'église, qui avait été complètement redessinée dans les années 1762-1764, demeura intacte et reçut en 1803 une nouvelle affectation comme église paroissiale. Une partie du mobilier put être sauvée grâce à son rachat par des sympathisants. En 1937, l'église a été classée et appartient désormais au Centre Culturel de Louvain.

LISTE DES PRIEURS. L. De Mecheleer, *De orde van de dominicanen. Monasticon* (Bibliografische inleiding tot de Belgische kloostergeschiedenis voor 1796, 35), Brussel, 2000, p. 377-380.

SOURCES. L. De Mecheleer, *De orde van de dominicanen…*, *op. cit.*, p. 339-363. – E. Put, *Inventaris van het archief van de parochie Onze-Lieve-Vrouw-ter-Predikheren te Leuven (1670) 19de-20ste eeuw* (Rijksarchief te Leuven, Inventarissen, 52), Brussel, 2013.

TRAVAUX. J. Molanus, *Historiae Lovaniensium libri XIV*, éd. par P.-F.-X. De Ram, *Les quatorze livres sur l'histoire de la ville de Louvain* (Commission royale d'histoire, in-4°), II, Bruxelles, 1861, p. 1191-1192. – B. De Jonghe, *Belgium dominicanum, sive historia provinciae Germaniae inferioris sacri ordinis FF. praedicatorum*, Bruxelles, 1719 (Elementa Historiae Ordinis predicatorum, 1 ; réimpr. anastatique), Bruxelles, 1996, p. 126-159. – E. Van Even, *Louvain monumental ou description historique et artistique de tous les édifices civils et religieux de ladite ville*, Louvain, 1860, p. 228-231 ; Id., *Louvain dans le passé & dans le présent. Formation de la ville-Événements mémorables-Territoire-Topographie-Institutions-Monuments-Œuvres d'art*, Leuven, 1895, p. 412-413. – A. Iweins d'Eeckhoutte, *Le couvent des dominicains de Louvain*, Louvain, 1902. – A. De Meyer, *Fratres ordinis praedicatorum in Universitate Lovaniensi*, dans *Archivum fratrum praedicatorum*, 4, 1934, p. 271-287. – F. Spaey, *Het 'Godshuis' der Predikheren binnen Leuven*, Leuven, 1961. – P. Reekmans, *Inventaris van de kerk van Onze-Lieve-Vrouw-ter-Predikheren te Leuven*, dans *Mededelingen van de Geschied- en Oudheidkundige Kring voor Leuven en Omgeving*, 5, 1965, p. 3-26. – R.-M. Lemaire (dir.), *Bouwen door de eeuwen heen. Inventaris van het cultuurbezit in België. Architectuur*, 1 : *Provincie Brabant, Arrondissement Leuven*, Liège, 1971, p. 228-230. – L. Van Buyten, *Leuven anno* 1600, catalogue d'exposition, Leuven, 1979, p. 31. – M. Rooryck, *Een betere datering voor de kerk van O.-L.-Vrouw-ter-Predikheren op 's Hertogeneiland te Leuven*, dans *Mededelingen van de Geschied- en Oudheidkundige Kring voor Leuven en Omgeving*, 20, 1980, p. 4-36 ; Id., *De geschiedenis van de kerk van O.-L.-Vrouw-ter-predikheren te Leuven vanaf de 15^e* eeuw tot vandaag, *Ibid.*, 21, 1981, p. 173-203. – D. Mellaerts, *De dominikanenkerk O.L.V.-ten-Predikheren te Leuven*, Leuven, 1994. – L. De Mecheleer, *De orde van de dominicanen. Monasticon* (Bibliografische inleiding tot de Belgische kloostergeschiedenis voor 1796, 35), Brussel, 2000, p. 334-380 (avec une bibliographie exhaustive). – Th. Coomans, *L'architecture médiévale des ordres mendiants (franciscains, dominicains, carmes et augustins) en Belgique et aux Pays-Bas*, dans *Revue belge d'archéologie et d'histoire de l'art*, 70, 2001, p. 90-92 ; Id., *Les églises des Dominicains et du Grand Béguinage à Louvain : comparaisons typologiques*, dans P. Volti (éd.), *Mulieres religiosae et leur univers. Aspects des établissements béguinaux au moyen âge tardif. Actes de la journée d'*études *du 27 octobre 2001 à l'Université Paris X-Nanterre*, Amiens, 2003, p. 25-41 ; Id. et D. Van Eenhooge, *De 13de-eeuwse oostvleugel van het Predikherenklooster te Leuven*, dans *Monumenten, landschappen & archeologie*, 24/5, 2005, p. 35-50 ; Id., *De oudste dakconstructie in de Leuvense binnenstad : bouwhistorisch onderzoek in de predikherenkerk (prov. Vlaams-Brabant)*, dans *Relicta*, 1, 2006, p. 183-213. – M. Buyle, *Een unieke 13de-eeuwse architectuurpolychromie in de sacristie van de Predikherenkerk in Leuven*, dans *Monumenten, landschappen & archeologie*, 24/5, 2005, p. 51-74. – A. Bergmans et T. Coomans, *Van hertogelijke grafkerk tot studium generale : de Onze-Lieve-Vrouw-ter-Predikherenkerk in Leuven*, *Ibid.*, p. 6-34 ; Id. *Fundatio et memoria. Verdwenen gedenkstukken van de Brabantse hertogen in de Leuvense predikherenkerk (13de eeuw) (prov. Vlaams-Brabant)*, dans *Relicta*, 1, 2006, p. 213-235. – W. Slock, *De restauratie van de Onze-Lieve-Vrouw-ter-Predikherenkerk in Leuven*, dans *Monumenten, landschappen & archeologie*, 24/5, 2005, p. 26-29.

P. Trio

Couvent des dominicains anglais. – Dans son testament (1694), le cardinal anglais Howard incluait les revenus nécessaires pour l'établissement par les dominicains anglais, aux Pays-Bas, d'une maison d'études en philosophie et théologie. Cela leur permit l'acquisition d'une maison dans la rue de Cracou (Krakenstraat). La fondation officielle de la maison et l'incorporation à l'université datent de 1697. Cette fondation demeura pauvre et limitée et ne put subsister que grâce aux fonds que les dominicains flamands et irlandais lui consentaient. Il s'avérait également difficile de trouver des professeurs compétents parce que les meilleurs éléments étaient impliqués dans le travail missionnaire. La maison fut supprimée par les révolutionnaires français en 1796.

P. Majerus, *Ordres mendiants anglo-irlandais en Belgique. Monasticon*, Bruxelles, 2001, p. 306-315.

M. Carnier

Couvent des dominicains irlandais, ou *College of the Holy Cross* – Vers 1623, deux dominicains irlandais arrivèrent à Louvain avec l'intention d'y établir une maison d'études. Ils s'installèrent sur le Mont-César, à l'endroit où les jésuites anglais avaient essayé de fonder un couvent. Les Irlandais étaient pris en charge par les dominicains flamands et étudiaient la théologie et la philosophie dans les collèges universitaires. En 1626, l'archiduchesse Isabelle autorisa un monastère de prédicateurs irlandais à Louvain, malgré l'avis préalable négatif de la ville, mais à la condition d'une indépendance financière complète. Cependant, cela s'avéra impossible sans l'intervention directe du souverain. La fonction du monastère était d'accueillir et de former des novices irlandais. Le renforcement de la politique anti-catholique en Irlande entraînait la prise en charge de plus en plus fréquente de dominicains irlandais en exil par Louvain et l'intervention financière de Rome.

À partir de 1650, ils commencèrent à construire leur propre monastère à l'angle de l'actuelle rue de Bruxelles et de la rue des dominicains irlandais (Ierse Predikherenstraat). L'église fut consacrée en 1659. Cette année-là, le monastère fut également incorporé à l'université. L'apostolat missionnaire constituait l'objectif premier de cette solide formation, non seulement en Irlande mais aussi, par exemple, dans les îles Vierges. À l'instar des frères mineurs irlandais, ils ont joué un rôle important dans la survie de la culture celtique menacée. Le couvent fut fermé par les Français en 1797.

The Irish Dominicans of the Seventeenth Century, Louvain, 1706 (réédition : J. O'Heyne [éd.], 1902). – P. Majerus, *Ordres mendiants anglo-irlandais en Belgique. Monasticon*, Bruxelles, 2001, p. 347-377. – H. Fenning, *Irish Dominicans at Louvain before 1700. A biographical register*, dans *Collectanea hibernica*, 43, 2001, p. 112-160. – J. Nilis, *Irish students at Leuven University. 1548-1797. A Prosopography* (Fasti Academici, 4), Leuven-Den Haag, 2010.

M. Carnier

Couvent des dominicaines de Sainte-Catherine de Sienne. – Le couvent des dominicaines est une fondation tardive, et même la dernière fondation du second ordre dans les Pays-Bas méridionaux. Deux Sœurs de Haarlem, Agatha Bennebroek et Caecilia Berenstein, en prirent l'initiative, désireuses qu'elles étaient de fonder, avec leurs propres ressources, un couvent de moniales. Le magistrat de Louvain donna son autorisation à la condition que le couvent se situe en dehors du centre-ville. Le plan fut soutenu par le maître général de l'Ordre qui exhorta le provincial de la province de Basse-Allemagne à le mettre en œuvre. Deux moniales du couvent d'Anvers, les Sœurs Anna et Maria van Espelghem, emménagèrent à Louvain en janvier 1654. Le couvent, établi dans l'actuelle rue des Brasseurs (Brouwersstraat), fut fermé en 1783 et vendu à des particuliers en 1802.

L. De Mecheleer, *De orde van de Dominicanessen. Monasticon*, Brussel, 2001, p. 125-136.

M. Carnier

Couvent des ermites de S. Augustin. – L'année de l'arrivée à Louvain des augustins demeure encore de nos jours l'objet de conjectures. On s'accorde sans guère de certitudes sur le second quart du XIIIe siècle. Encore situé à l'intérieur de la première enceinte de la ville, leur complexe monastique se serait progressivement étendu entre le Vismarkt (marché aux Poissons), la Vaartstraat et la Augustijnenstraat, et de plus aurait partiellement jouxté l'enceinte et un bras de la Dyle à l'ouest. La première église, dédiée à S. Jean-Baptiste, fut achevée en 1276, après que le pape Clément V, en 1265, eut donné la permission de construire un monastère. L'église conservait une relique du Saint Sacrement du Miracle (la prétendue profanation d'hosties par des juifs qui aurait été suivie d'une effusion de sang provenant de celles-ci, à Bruxelles, en 1370). En 1462, à cet effet, l'orfèvre louvaniste Gijsbrecht Pigge réalisa une belle croix-reliquaire que la ville remit en cadeau à Philippe II en 1588. Le mobilier d'origine comprenait également un tableau attribué à Jean Gossaert, et conservé aujourd'hui au Musée du Prado à Madrid. Le couvent fut également étroitement associé à l'enseignement universitaire et ce dès la fondation en 1425 de l'*Alma Mater* de Louvain, mettant à disposition des autorités académiques ses bâtiments et son lieu de culte. En 1447, il y eut même une sorte d'incorporation du couvent à l'université, en sorte que son propre enseignement théologique devint une formation universitaire. À ses débuts, le Collège des Trois langues (*collegium trilingue*), qui avait ouvert ses portes en 1518, y trouva un toit. Cet environnement et ces contacts permirent au couvent de procurer à l'université un grand nombre d'étudiants, des enseignants et une excellente bibliothèque. En 1612, les augustins fondèrent un collège Saint-Augustin qui compta rapidement plusieurs centaines d'élèves. En raison de difficultés avec le collège de la Sainte-Trinité, les portes de leur propre collège furent fermées au début des années 1740. Après la suppression le 27 nov. 1796 et la vente en 1798, la démolition du couvent suivit moins de trois ans plus tard. Seuls quelques bâtiments du XVIIe siècle ont échappé au marteau des démolisseurs.

LISTE DES PRIEURS. D. Leyder, *Monasticon augustinianum Belgicum* (Bibliografische inleiding tot de Belgische kloostergeschiedenis voor 1796, 16), Brussel, 1998, p. 354-358.

SOURCES. D. Leyder, *Monasticon*..., *op. cit.*, p. 358-371.

TRAVAUX. E. Van Even, *Louvain dans le passé & dans le présent. Formation de la ville-Événements mémorables-Territoire-Topographie-Institutions-Monuments-Œuvres d'art*, Leuven, 1895, p. 475-478. – J. Wils, *Obituaire des Augustins de Louvain*, dans *Analectes pour servir à l'histoire ecclésiastique de la Belgique*, 2e série, 14, 1903, p. 348-442. – N. Teeuwen, *Het college der Augustijnen te Leuven*, dans *Augustiniana*, 1, 1951, p. 48-74. – R. Van Uytven, *De onroerende goederen van het voormalig augustijnenklooster te Leuven in de XVIIIe eeuw*, dans *Bijdragen tot de geschiedenis van het hertogdom Brabant*, 39, 1956, p. 5-13 ; Id., *Cijnsrollen van de augustijnen te Leuven in de middeleeuwen*, dans *Augustiniana*, 9, 1957, p. 386-411. – M. Smeyers, *Een altaarstuk van Gaspar de Crayer uit de voormalige Augustijnerkerk te Leuven*, dans *Arca Lovaniensis. Jaarboek*, 1, 1972, p. 111-142. – F. A. Lefever, *Daar waar de Augustijnen woonden*..., dans *Mededelingen van de Geschied- en Oudheidkundige Kring voor Leuven en Omgeving*, 24, 1984, p. 97-132. – D. Leyder, *Contrareformatorische dynamiek in het Leuvense augustijnenklooster. Een moeizaam en multidimensioneel proces (1609-1648)*, dans *Trajecta*, 8, 1992, p. 120-141 ; Id., *Onderwijs als hefboom voor de opleving van de Keulse Augustijnenprovincie (zeventiende eeuw)*, *Ibid.*, 6, 1997, p. 318-333 ; Id., *Monasticon augustinianum Belgicum* (Bibliografische inleiding tot de Belgische kloostergeschiedenis voor 1796, 16), Brussel, 1998, p. 349-371. – Th. Coomans, *L'architecture médiévale des ordres mendiants (franciscains, dominicains, carmes et augustins) en Belgique et aux Pays-Bas*, dans *Revue belge d'archéologie et d'histoire de l'art*, 70, 2001, p. 89. Voir aussi la littérature ayant trait à l'université de Louvain.

P. TRIO

Couvent des franciscains irlandais ou *St. Anthony's College*, dit aussi couvent des récollets irlandais. – En 1607, des frères mineurs irlandais de Salamanque arrivèrent à Louvain pour fonder un monastère destiné à la formation de leurs futurs missionnaires. Pour ce faire, le provincial des frères mineurs d'Irlande avait reçu l'autorisation du roi Philippe III (1606), du pape Paul V (1607) et des archiducs (1607). En 1609, la dédicace de ce collège à S. Antoine est en tout cas un fait avéré. L'année suivante, les franciscains firent l'acquisition d'un bâtiment sur le Varkensmarkt (marché aux Porcs, Pater Damiaanplein), qui fut progressivement agrandi sur les terrains environnants en direction de la Dyle. Le monastère irlandais de Louvain devint un centre intellectuel de très haut niveau, notamment dans les domaines de l'historiographie, de la linguistique et de la théologie. Il revêtirait une importance capitale pour la préservation et la diffusion du patrimoine littéraire celtique. De plus, ce monastère était le seul, excepté à Rome, à posséder une presse pour les caractères gaéliques. L'afflux important de novices entraîna rapidement la surpopulation du monastère, ce qui conduisit à la fondation d'un collège similaire à Prague en 1630. Cependant, l'afflux demeurait spectaculaire. Entre 1607 et 1794, pas moins de 356 franciscains irlandais furent ordonnés, selon les registres des ordinations de Malines. Cependant, le XVIIIe siècle connut une diminution sensible du nombre de nouvelles vocations. La politique des autorités autrichiennes de rendre les monastères, présents dans les territoires héréditaires, indépendants de l'influence étrangère toucha au cœur des activités des frères mineurs irlandais. L'afflux de frères mineurs irlandais en provenance du monastère de Prague, fermé par Joseph II, ou de la France, causa des divisions et des problèmes disciplinaires. Une abolition par l'autorité centrale en 1784 put être évitée non sans difficulté en plaçant le collège sous la supervision de l'archevêque. Le monastère fut aboli en 1797. Les bâtiments furent rachetés par les hommes de paille, mais le redémarrage s'avéra très compliqué. En 1822, ils étaient de nouveau vendus et connurent un certain nombre d'utilisateurs, mais ils restèrent en grande partie intacts. À partir de 1925, les bâtiments repassèrent entre les mains des franciscains irlandais.

V. De Buck, *L'Archéologie Irlandaise au Couvent de Saint Antoine de Padoue à Louvain*, Paris, 1869. – Ch. P. Meehan, *The Rise and Fall of the Franciscan Monasteries*, Dublin, 1877, *passim*. – W. O. Cavenagh, *The Irish Franciscan College at Louvain, Belgium*, dans *The Journal of the Royal Society of Antiquaries of Ireland*, 5e série, 18, 1908, p. 175-178. – B. Jennings, *The Return of the Irish Franciscans to Louvain, 1606-1925*, dans *An Irish Quarterly Review*, 14, n° 55, septembre 1925, p. 451-458 ; Id., *Louvain Papers. 1606-1827*, Dublin, 1968. – F. O'Donoghue, *Liber Lovaniensis. A collection of Irish Franciscan documents. 1629-1717*, London, 1956. – B. Millett, *The Irish Franciscans. 1651-1665* (Analecta gregoriana, 129), Roma, 1964, p. 105-133. – P. Conlan, *St. Anthony's College of the Irish Franciscans*, Leuven-Dublin, 1977. – I. Fennessy, *Printed books in St. Anthony's College, Louvain, 1673 (F.L.K., MS A 34)*, dans *Collectanea Hibernica*, 38, 1996, p. 82-117 ; Id., *Guardians and staff of St. Anthony's College, Louvain, 1607-1999*, dans *Collectanea Hibernica*, 42, 2000, p. 215-241. – P. Majerus, *Ordres mendiants anglo-irlandais en Belgique. Monasticon*, Brussel, 2001, p. 433-502. – N. Ó Muraille (éd.), *Mícheál Ó Cléirigh, His Associates and St. Anthony's College*, Leuven-Dublin, 2008. – J. Nilis, *Irish students at Leuven University. 1548-1797. A Prosopography* (Fasti Academici, 4), Leuven-Den Haag, 2010.

M. CARNIER

Couvent des minimes. – Le couvent fut fondé en 1639, à l'initiative d'Ernestine de Ligne, veuve de Jan, comte de Nassau, apparemment en remerciement pour la naissance de leur fils. En 1656, l'institution s'est vu attribuer la chapelle de l'église Sainte-Geneviève (*Sint-Genoveva godshuis*). Le monastère fut aboli par Joseph II en 1787. À l'époque, la communauté était encore composée de deux religieux et d'un frère laïc. Néanmoins, elle fut rétablie en 1790, avant de disparaître définitivement en 1796.

E. Van Even, *Louvain dans le passé & dans le présent. Formation de la ville-Événements mémorables-Territoire-Topographie-Institutions-Monuments-Œuvres d'art*, Leuven, 1895, p. 502-503.

M. CARNIER

Couvent des Pères de l'Oratoire. – Sur demande de l'archevêque de Malines, Jacob Boonen (1573-1655), les oratoriens français, un institut de prêtres séculiers, s'installèrent à Louvain en 1626. L'année suivante, ils achetèrent l'Oude Valk (le Vieux Faucon, une pédagogie) dans la Tiensestraat, qui servit alors de refuge à l'abbaye de Saint-Bertin. En 1641, ils déménagèrent dans la Mechelsestraat où ils achetèrent le refuge de l'abbaye de Vlierbeek. En 1658, le monastère fut incorporé à l'université et servit de maison d'études pour les membres de l'ordre. Le couvent fut aboli en 1797.

E. Van Even, *Louvain dans le passé & dans le présent. Formation de la ville-Événements mémorables-Territoire-Topographie-Institutions-Monuments-Œuvres d'art*, Leuven, 1895, p. 501-502.

M. Carnier

Couvents des franciscains récollets. – La plupart des sources ultérieures mentionnent une date de fondation en 1228, ce qui s'avère crédible selon la représentation que nous avons de la propagation de l'ordre en Brabant. L'impulsion est venue du chapitre de la province allemande. Le monastère, qui devint rapidement une partie de la province du Bas-Rhin, custodie de Brabant, était situé entre (plus tard même au-dessus) la Dyle, la Waaistraat (« rue au Vent ») et la Minderbroedersstraat (« rue des Récollets ») jusqu'au premier canal de la ville. Une première église de Notre-Dame fut consacrée en 1233. En 1536 survint une nouvelle consécration pour une église beaucoup plus grande. L'augmentation de 21 résidents en 1480 à 52 en 1526 est due en partie à l'utilisation de la maison d'études dans le cadre du développement universitaire. De nombreuses personnalités trouvèrent leur dernier lieu de repos dans l'église du monastère, comme le peintre Dirk Bouts († 1475) et l'humaniste Juste Lipse (†1606). Après une première réforme en 1499 par le biais des colétains, le monastère fut définitivement transféré chez les observants en 1506, et en 1529 il fut incorporé dans la *Provincia Germaniae inferioris* de l'observance. L'abolition des ordres monastiques dans nos régions, le 6 sept. 1796, conduisit à l'expulsion, le 1er déc. 1796, de la communauté monastique restante, composée de 30 prêtres et ecclésiastiques et de 20 frères laïcs.

Liste des prieurs. J. Baetens, *Minderbroederskloosters in de Zuidelijke Nederlanden* (Kloosterlexicon, 44), dans *Franciscana*, 42, 1987, p. 133-137.

Sources. J. Baetens, *Minderbroederskloosters*..., *op. cit.*, p. 126-128.

Travaux. S. Van Ruysevelt, *De Franciscaanse kerken. De stichtingen van de dertiende eeuw : 9 Leuven*, dans *Franciscana*, 27, 1972, p. 107-121. – C. Van Der Straeten, *De Franciscanen te Leuven (1228-1319)*, mémoire de licence en histoire inédit, KU Leuven, 1984. – J. Baetens, *Minderbroederskloosters*..., *op. cit.*, p. 81-137 [repris dans *Lexikon van de Belgische Minderbroederskloosters* (Bibliografische inleiding tot de Belgische kloostergeschiedenis voor 1796, 59), Bruxelles, 2002, p. 531-555]. – F. Gistelinck, C. Coppens et J. Baetens, *De minderbroeders en de oude Leuvense universiteit* (Documenta libraria, 10), Leuven, 1989. – Th. Coomans, *L'architecture médiévale des ordres mendiants (franciscains, dominicains, carmes et augustins) en Belgique et aux Pays-Bas*, dans *Revue belge d'archéologie et d'histoire de l'art*, 70, 2001, p. 92-93.

P. Trio

Couvent des sœurs grises, puis pénitentes, puis pénitentes-récollectines *(Bethlehem)*. – En 1395, une certaine Laureys de Vroede légua sa maison aux sœurs du troisième ordre de Saint-François de Tirlemont. Ce document fut confirmé par l'official de Liège en 1402, mais on ne connaît pas le moment de la fondation à Louvain par

Une hospitalière de Louvain, tirée de P. J. Maillart et sœur, *Collection de costumes de tous les ordres monastiques*..., Bruxelles, 1811, © BRES KULeuven Centrale Bibliotheek, PA08036.

les sœurs grises tirlemontoises. La première mention date seulement de 1447. En 1526, il y avait 18 sœurs au couvent, mais en 1587 il n'y en avait plus que deux ou trois et la communauté de Malines, dont le monastère avait été détruit lors de la révolte, s'installa dans le monastère de Louvain. Et la supérieure de Malines se vit confier la direction de la communauté fusionnée. Les religieuses malinoises introduisirent à Louvain la clôture qu'elles avaient déjà probablement adoptée à Malines. En 1626, l'évêque Jacob Boonen leur donna de nouveaux statuts. En 1696, l'archevêque de Malines, Humbert de Precipiano (1627-1711), abandonna sa juridiction sur le couvent (1689-1711) aux franciscains récollets qui introduisirent en son sein la réforme des pénitentes-récollectines. À cet effet, le provincial fit venir quatre moniales de Maastricht. Le monastère ferma ses portes en 1796 et les bâtiments furent détruits en 1804.

C. Harline, *The burdens of Sister Margaret. Private lives in a seventeenth century convent*, New York, 1994. – P. J. Niebes, *Les pénitentes-récollectines de la congrégation de Limbourg*, Bruxelles, 2000, p. 204-210. – M. Carnier, *De communauteiten van tertiarissen van Sint-Franciscus. Monasticon. I. De grauwzusters*, Bruxelles, 2002, p. 337-342.

M. Carnier

Couvent des sœurs hospitalières. – On ignore la date de fondation du Grand Hôpital à Louvain. Ceci se produisit probablement vers 1090. Comme la plupart des hôpitaux, il était desservi par une communauté religieuse d'hommes et de femmes. Vers 1220, l'hôpital déménagea vers son emplacement définitif dans la rue de Bruxelles et en 1222, les archidiacres de Liège donnèrent l'autorisation de construire une chapelle près de l'hôpital. En adéquation avec le concile de Vienne (1311), la communauté mixte de Louvain semble également avoir disparu au XIVe siècle et il n'est plus alors question que d'une communauté de femmes. Une tentative de réforme à la fin du XVe siècle s'avéra très difficile, en raison des protestations persistantes de la communauté. Finalement, sous l'impulsion de la duchesse Marguerite d'York, l'ancienne communauté fut répartie entre divers couvents et l'institution fut peuplée par des religieuses de la Maison-Dieu de Valenciennes. En 1480, le couvent hospitalier fut également pourvu de nouveaux statuts. Le nombre de religieuses en fut fixé à 19 unités. Ce nombre augmenta graduellement au cours des XVIIe et XVIIIe siècles et s'établit à 30 religieuses en 1780. La communauté continua à travailler pendant la période française, mais leurs biens furent pris en charge par la commission des lieux de culte civils. Par décret du 18 déc. 1809, l'institut fut reconnu par les autorités (voir à ce moment la partie sur l'époque contemporaine).

O. Vereecke, *Het gasthuis van Leuven (XIe-XVe* eeuw), mémoire de licence inédit, KU Leuven, 1959. – P. J. Niebes, *Institutions hospitalières du diocèse de Liège dans ses limites médiévales*. Première Série. *Communautés hospitalières d'Augustines et de Filles Dévotes. Répertoire*, t. 1, Bruxelles, 2002, p. 123-150.

M. CARNIER

Couvent des sœurs noires augustines de Nazareth. – Selon la tradition, les origines du couvent des sœurs noires remonteraient à l'année 1438. La juive liégeoise Elisabeth Imbrechts († 1482), convertie au christianisme, y aurait joué un rôle. On ignore quelle communauté fut initialement impliquée. En 1462, la communauté adopta la règle de S. Augustin. Les alexiens de Louvain étaient en charge de la direction spirituelle. Peu de temps après, plus précisément en 1478, la nouvelle chapelle put déjà être consacrée. Le couvent s'étendait le long des actuelles Zwartzustersstraat (rue des Sœurs Noires) et Schapenstraat (rue des Moutons) jusqu'à la Dyle. Les bâtiments toujours conservés aujourd'hui datent principalement des années 1680 et suivantes (entre autres la chapelle), 1757-1753 (l'aile entre la Dyle et la Zwartzustersstraat) et du XIXe siècle (le logement pour les patients le long de la Dyle). À partir de 1513, le prieur du Val-Saint-Martin (Windesheim) obtint le droit de contrôle. En 1781, le rôle des religieuses dans les soins aux malades les fit entrer en conflit avec la guilde des chirurgiens et barbiers de Louvain. Entre 1625 et la fin du XVIIIe siècle, l'effectif des religieuses se situait généralement entre 20 et 30 et devait être supérieur à celui de la période précédente. Parce que les sœurs avaient commencé à centrer leurs activités sur le soin aux femmes déficientes mentales, elles purent continuer à œuvrer sous l'administration française. Cependant, les bâtiments se trouvaient maintenant entre les mains de la Commission des hospices civils. Au XIXe siècle, les soins aux malades mentaux nécessitèrent une expansion et une nouvelle construction. Ce n'est qu'en 1969 que les religieuses, entretemps affiliées aux Sœurs norbertines de Duffel, quittèrent le bâtiment monastique pour déménager à Korbeek-Lo, d'où elles partirent en 1993 pour s'établir à Zoersel (diocèse d'Anvers).

LISTE DES PRIEURES. G. Vanden Bosch, *Monasticon van Zwartzusters-augustinessen in België* (Bibliografische inleiding tot de Belgische kloostergeschiedenis voor 1796, 18), Bruxelles, 1998, p. 308-309.

SOURCES. G. Vanden Bosch, *Monasticon..., op. cit.*, p. 309-319. – M. Bourguignon, *Inventaire des archives de l'Assistance publique de la ville de Louvain*, Tongeren, 1933, p. 591-592 [rééd., Bruxelles, 2001 (Rijksarchief te Leuven. Inventarissen, 14].

TRAVAUX. J. Molanus, *Historiae Lovaniensium libri XIV*, éd. par P.-F.-X. De Ram, *Les quatorze livres sur l'histoire de la ville de Louvain* (Commission royale d'histoire, in-4°), I, Bruxelles, 1861, p. 345-346. – W. Boonen, *Geschiedenis van Leuven geschreven in de jaren 1593-1594*, éd. par E. Van Even, II, Louvain, 1880, p. 470. – E. Van Even, *Louvain monumental ou description historique et artistique de tous les édifices civils et religieux de ladite ville*, Louvain, 1860, p. 267 ; id., *Louvain dans le passé & dans le présent. Formation de la ville-Événements mémorables-Territoire-Topographie-Institutions-Monuments-Œuvres d'art*, Louvain, 1895, p. 517-518. – M. Bourguignon, *Inventaire des archives..., op. cit.*, p. XCVIII-XCIX. – A. Meulemans, *Oude Leuvense straten en huizen*, dans *Mededelingen van de Geschied- en Oudheidkundige Kring voor Leuven en Omgeving*, 7, 1967, p. 168. – L. Van Buyten, *De oorsprong van het patrimonium der Leuvense Commissie van Openbare Onderstand. De Leuvense liefdadigheidsinstellingen op de vooravond van de Franse annexatie*, dans *Oude kunst C.O.O.*, Leuven, 1970, p. 4-15, 24, 60-71 et 110-126 ; Id., *De bouwgeschiedenis van het Leuvense zwartzusterklooster Nazareth (begin 17de-midden 19de eeuw)*, dans *Acta lovaniensis. Jaarboek Vrienden Stedelijk Museum-Leuven*, 9, 1982, p. 141-151 ; Id., *Leuven anno 1789*, Leuven, 1989, p. 10 ; id., *Kwantitatieve bijdrage tot de studie van de kloosterdemografie in het Leuvense. De priorij 's-Hertogeneiland te Gempe, het zwartzustersklooster en de communauteit van het Groot-Ziekengasthuis te Leuven (16de-18de eeuw)*, dans *Arca Lovaniensis, artes atque historiae reserans documenta. Jaarboek Vrienden Stedelijk Museum – Leuven*, 5, 1976, p. 241-276 (réimpr. dans *Historica Lovaniensis*, 142, Leuven, 1983) ; Id., *De bouwgeschiedenis van het Leuvense zwartzustersklooster Nazareth (begin 17de-midden 19de eeuw)*, *Ibid.*, 9a, 1982, p. 141-151 (réimpr. dans *Historica Lovaniensis*, 79, Leuven, 1983). – G. Vanden Bosch, *Monasticon..., op. cit.*, p. 305-322.

P. TRIO

Couvent des ursulines. – En 1669, les ursulines de Huy demandèrent à fonder un monastère à Louvain pour l'enseignement des jeunes filles. Six religieuses et une sœur laïque vinrent de Huy à cette intention. Elles louèrent d'abord une maison dans la Minderbroedersstraat, qu'elles purent acheter en 1685. Le monastère fut supprimé en 1798, les 23 religieuses expulsées et l'immeuble vendu.

Ph. Annaert, *Les collèges au féminin. Les Ursulines. Enseignement et vie consacrée aux XVIIe et XVIIIe* siècles, Namur, 1992.

M. CARNIER

Grand béguinage Ten Hove de Sainte-Élisabeth. – La première mention de celui-ci date d'août 1232 lorsqu'il

Le couvent des ursulines, par H. Otto, XIXe s., © BRES KU Leuven Centrale Bibliotheek, TA00224.

est question d'une autorisation pour une chapelle concernant les « religieuses de Ten Hove » (*religiosae de Hovis*), dépendant de la paroisse louvaniste de Saint-Quentin et située sur la Dyle. Le béguinage obtint davantage d'indépendance lorsque le saint patron, le chapitre de Saint-Pierre à Louvain, permit en 1250/51 au béguinage de former sa propre paroisse. La nouvelle chapelle, dédiée à Ste Catherine, fut consacrée en 1294. Le béguinage ne sera inclus à l'intérieur des murs de la ville qu'en 1363, lorsqu'un second rempart plus étendu sera terminé. En 1291 déjà, il possédait une infirmerie pour soigner les béguines malades, et la Table du Saint-Esprit et la bourse des pauvres (ou *caisse des pauvres*) qui soutenaient les béguines nécessiteuses mais aussi des personnes extérieures. Quatre grandes maîtresses se trouvaient à la tête. Les plus anciens statuts furent publiés en 1271/72 par l'abbé de Villers-la-Ville qui, au Moyen-Âge, disposait du droit de visite et de celui de présentation. À partir de 1588, tous les béguinages de l'archidiocèse de Malines furent soumis au règlement édicté par l'archevêque. En 1527, le cloître comptait 107 béguines, en 1697, pas moins de 298 et 8 novices, pour retomber à 98 en 1795. À son apogée, le béguinage englobait une centaine de maisons. Grâce au soutien de multiples bienfaiteurs, parfois des béguines elles-mêmes, divers couvents furent créés. Un couvent représentait un groupe de maisons avec son propre règlement complémentaire. En 1798, du fait de son activité dédiée au soin des malades, à la suite des mesures prises par les révolutionnaires français, le béguinage fut transféré à la commission des hospices civils (prédécesseur de nos CPAS actuels). Bien que vendus, les bâtiments purent être sauvés grâce à des hommes de paille et les béguines encore restantes purent continuer à y résider. Depuis 1962, la KU Leuven gère le Béguinage en tant que résidence.

SOURCES. Rijksarchief Leuven, *Openbare onderstand, Leuven*, voir M. Bourguignon, *Inventaire des archives de l'Assistance publique de la ville de Louvain*, Tongeren, 1933, p. 276-497. – Stadsarchief Leuven, *Oud Archief*, voir J. Cuvelier, *Inventaire des Archives de la ville de Louvain*, 3 parties, Leuven, 1929-1932. – KU Leuven, Universiteitsbibliotheek, *Fonds Philippen*. – Mechelen, aartsbisschoppelijk Archief.

TRAVAUX. J. Molanus, *Historiae Lovaniensium libri XIV*, éd. par P.-F.-X. De Ram, *Les quatorze livres sur l'histoire de la ville de Louvain* (Commission royale d'histoire, in-4°), Bruxelles, 1861, t. I, p. 348-353 ; t. II, 1191-1192 et 1210-1212. – W. Boonen, *Geschiedenis van Leuven geschreven in de jaren 1593-1594*, éd. par E. Van Even, Louvain, 1880, p. 467-468. – C. Van Gestel, *Historia archiepiscopatus Mechliniensis*, t. I, Den Haag, 1725, p. 170 (réimpr. anastatique, Bruxelles, 1997). – E. Van Even, *Louvain monumental ou description historique et artistique de tous les édifices civils et religieux de ladite ville*, Louvain, 1860, p. 272 ; Id., *Louvain dans le passé & dans le présent. Formation de la ville-Événements mémorables-Territoire-Topographie-Institutions-Monuments-Œuvres d'art*, Louvain, 1895, p. 535-542. – M. Bourguignon, *Inventaire..., op. cit.*, p. XLI-LXXI. – R.-M. Lemaire et al., *L'infirmerie du Grand-Béguinage de Louvain. Notice historique et archéologique préparatoire à la restauration*, dans *Bulletin de la Commission royale des monuments et des sites/Bulletin van de Koninklijke Commissie voor Monumenten en Landschappen*, 16, 1965-1966, p. 7-178. – J. Crab, P. V. Maes et L. Van Buyten, *Bronnen voor de kunstgeschiedenis van het arrondissement Leuven*, série A : *Inventarissen*, partie 1 : *Kerk van het Groot-Begijnhof*, Leuven, 1966. –

Une béguine de Louvain, tirée de P. J. Maillart et sœur, *Collection de costumes*..., *op. cit.*, © BRES KULeuven Centrale Bibliotheek, PA08033.

J. Delmelle, *Le Grand béguignage de Louvain (ten Hove) dans l'histoire, la spiritualité, l'art et la littérature*, dans *Le Folklore Brabançon*, 172, 1966, p. 363-404. – Y. Peeters, *De tafel van de Heilige Geest van het Leuvens Groot-Begijnhof (1395-1446)*, mémoire de licence inédit, KU Leuven, 1969. – A. Milissen, *Een Leuvense liefdadigheidsinstelling in de* XVIe *eeuw : de infirmerie van het Groot-begijnhof*, mémoire de licence en histoire inédit, KU Leuven, 1971. – R.-M. Lemaire (dir.), *Bouwen door de eeuwen heen. Inventaris van het cultuurbezit in België. Architectuur*, 1 : *Provincie Brabant, Arrondissement Leuven*, Liège, 1971, p. 235-241. – W. A. Olyslager, *Het Groot begijnhof van Leuven*, Leuven, 1973 ; Id., *The* Groot begijnhof *of Leuven*, Leuven, 1983. – A. Bergmans et C. De Maegd, *De Sint-Jan-de-Doperkerk van het Groot begijnhof in Leuven*, dans *Monumenten & Landschappen*, 4, 1985, p. 6-28. – K. Elsen, *Het Groot-begijnhof te Leuven rond 1700 : sociale aspecten van het leven als begijn*, mémoire de licence inédit, KU Leuven, 1986. – R. Uytterhoeven, *Het Groot begijnhof van Leuven*, Leuven, 1996. – A.-M. Mommens, *Aspecten van het materiële en socio-financiële leven in het Leuvense Groot-begijnhof (1755-1796)*, mémoire de licence en histoire inédit, KU Leuven, 1988. – E. Cockx et L. Fabri, *Het Groot-begijnhof van Leuven. Een eigenzinnig verhaal van een eigenzinnige beweging*, Tielt, 1994. – P. Majerus, *Ces femmes qu'on dit béguines... Guide des béguinages de Belgique. Bibliographie et sources d'archives* (Introduction bibliographique à l'histoire des couvents belges antérieure à 1796, 9), t. II, Bruxelles, 1997, p. 584-604. – W. Simons, *Cities of ladies. Beguine communities in the medieval Low Countries, 1200-1565* (The middle ages series), Philadelphia, 2001, p. 286. – A. Bergmans, *Femmes saintes, la passion du Christ et l'amour mystique. Les peintures murales médiévales dans les églises des béguinages de Louvain et de Saint-Trond*, dans P. Volti (dir.), *Mulieres religiosae et leur univers. Aspects des établissements béguinaux au moyen âge tardif. Actes de la journée d'*études du 27 octobre 2001 à *l'Université Paris X-Nanterre*, Amiens, 2003, p. 43-73. – Th. Coomans, *Les églises des Dominicains et du Grand Béguinage à Louvain : comparaisons typologiques*, dans *Ibid.*, p. 25-41. – P. Valvekens, *Het kunstpatrimonium van de kerk van het Klein-begijnhof te Leuven. De verdwenen Catharinakerk van het Klein-begijnhof te Leuven. Het werk van enkele Leuvense en Mechelse ambachtslui* (Arca Lovaniensis. Supplementa, 2), Leuven, 2009.

P. Trio

Petit béguinage de Sainte-Catherine. – Ce béguinage s'est probablement développé vers le milieu du XIIIe siècle à partir de la communauté des sœurs converses de l'abbaye voisine de Sainte-Gertrude. La première mention explicite date de 1269. Il s'agit d'un don d'une certaine Bertula qui y était béguine. Dès 1275, une infirmerie apparaît dans les sources. Un règlement domestique pour les béguines datait de 1369 et fut acté dans une charte qui émanait de la duchesse Jeanne de Brabant. L'abbé de Sainte-Gertrude était le visiteur de l'institution et publiait régulièrement de nouveaux statuts, par exemple en 1416. La gestion quotidienne était l'affaire de deux maîtresses de cloître. Plus tard, le rôle du curé du béguinage prendrait aussi davantage de poids dans l'administration de celui-ci. Ce n'est qu'en 1631 que le béguinage reçut le statut de paroisse distincte dédiée à Ste Catherine. La nouvelle chapelle fut achevée en 1639. Le qualificatif « petit » était bien approprié par rapport au grand béguinage puisque ses maisons étaient toutes situées sur une seule rue. Ainsi, le petit béguinage ne compta jamais plus d'une trentaine de maisons et cinq couvents. Probablement en raison de la période précédente traversée par l'adversité, incluant les troubles religieux, le béguinage ne comptait qu'une dizaine de béguines à la fin du XVIe siècle. La population béguine augmenta ensuite fortement et passa en 1665 à 79 béguines pour s'établir à la fin du siècle à environ quatre-vingt-dix unités. La Révolution française entraîna la vente des bâtiments le 30 juil. 1798 qui furent ensuite progressivement démolis durant les deux siècles suivants.

Sources. E. Put et P. Valvekens, *Inventaris van het archief van het Klein begijnhof te Leuven (1295-1810)* (Rijkasarchief te Leuven, Inventarissen, 57), Leuven, 2003. – Stadsarchief Leuven, *Oud Archief*, voir J. Cuvelier, *Inventaire des Archives de la ville de Louvain*, 3 parties, Louvain, 1929-1932. – KU Leuven, Universiteitsbibliotheek, *Fonds Philippen*. – Mechelen, Aartsbisschoppelijk archief.

Travaux (voir aussi la littérature en rapport avec l'abbaye de Sainte-Gertrude). E. Van Even, *Louvain monumental ou description historique et artistique de tous les édifices civils et religieux de ladite ville*, Louvain, 1860, p. 247 ; Id., *Louvain dans le passé & dans le présent. Formation de la ville-Événements mémorables-Territoire-Topographie-Institutions-Monuments-Œuvres d'art*, Louvain, 1895, p. 542. – M. Bourguignon, *Inventaire des archives de l'Assistance publique de la ville de Louvain*, Tongeren, 1933, p. LXXI-LXXVI. – A. Struyf, *De konventen en de infirmerij van het Klein-begijnhof te Leuven*, dans *Mededelingen van de Geschied- en Oudheidkundige Kring voor Leuven en Omgeving*, 4, 1964, p. 73-96 ; Id., *Kerk en pastoors van het Klein begijnhof te*

Leuven, Ibid., p. 31-44 ; Id., *De bevolking van het Klein begijnhof te Leuven gedurende de* XVIIde *en* XVIIIde *eeuw, Ibid.*, 5, 1965, p. 149-168. – M. Smeyers et L. Van Buyten (éd.), *De oudste statuten van het Kein-begijnhof te Leuven, Ibid.*, 7, 1967, p. 10-26. – P. Valvekens, *Het kunstpatrimonium van de Kerk van het Klein-begijnhof te Leuven* (Arca Lovaniensis, supplementa, 2), Leuven, 1980. – P. Majerus, *Ces femmes qu'on dit béguines... Guide des béguinages de Belgique. Bibliographie et sources d'archives* (Introduction bibliographique à l'histoire des couvents belges antérieure à 1796, 9), II, Bruxelles, 1997, p. 577-583. – W. Simons, *Cities of ladies. Beguine communities in the medieval Low Countries, 1200-1565* (The middle ages series), Philadelphia, 2001, p. 286-287.

P. Trio

2° *XIXe et XXe* siècles. – Le réveil religieux après la Révolution française (*c.* 1800-*c.* 1870). – Au début du XIXe siècle, il ne restait que quelques reliquats de la riche vie monacale louvaniste de l'Ancien régime. Les moines et les moniales avaient été expulsés. Les bâtiments monastiques, souvent imposants, servaient désormais de dépôts, de casernes ou de réserves de pierres à bon marché afin d'alimenter d'autres projets de construction. Seules quelques communautés semi-religieuses féminines, telles les maricoles et les béguines, ainsi que des congrégations actives dans le soin des malades – Sœurs hospitalières, Sœurs noires et Frères alexiens – avaient réussi à survivre, clandestinement ou non. Bien que les instituts religieux soient restés soumis jusqu'en 1830 à une stricte supervision étatique, les premiers germes d'un réveil se développaient déjà en pleine période de la révolution belge. Ce redressement naissant a d'abord revêtu un visage très féminin. Bien moins ciblées par les autorités civiles que leurs collègues masculins, les religieuses pouvaient encore œuvrer discrètement durant les régimes français et hollandais. En 1794, le curé de la paroisse Saint-Jacques de Louvain, Jan-Baptiste Van Cauwenberghe (1749-*c.* 1799), fonda une communauté de sœurs chargées de l'éducation des pauvres et des soins aux personnes âgées et aux malades dans le besoin. L'abbé Van Cauwenberghe s'était inspiré, pour ses Sœurs de la charité, des Filles de la Charité françaises de S. Vincent de Paul. Les deux congrégations partageaient un engagement apostolique affirmé et une structure organisationnelle efficace qui devinrent dans le courant du XIXe siècle des caractéristiques de la grande vague des nouvelles fondations monastiques.

Le curé Van Cauwenberghe entretenait des rapports étroits avec son contemporain, le prêtre Jean-Hubert Devenise (1757-1814), qui avait organisé à Louvain, au début des années 1790, un grand séminaire improvisé au Collège de Mons de la Nieuwstraat (aujourd'hui Vanderkelenstraat). Devenise fut à son tour impliqué au début du XIXe siècle dans la fondation d'une autre institution religieuse pionnière de Louvain : les Filles de Marie. Cette congrégation, fondée en 1805 par Cicercule Paridaens (1769-1838), devint un acteur majeur de l'éducation (élitiste) des filles à Louvain. Toujours au XIXe siècle, les Maricoles de Louvain à la rue Charles de Bériot, qui jusqu'à la révolution étaient une communauté semi-contemplative, furent également transformées en une congrégation éducative : les « Sœurs de Marie ». Ces sœurs se consacraient principalement à l'éducation des pauvres et furent à l'origine de l'Institut *Sancta-Maria* de Louvain. Le besoin d'éducation, combiné à d'autres besoins socio-économiques urgents, constitua une force motrice importante pour le puissant développement du système monastique apostolique du XIXe siècle. Dans la jeune Belgique, les religieuses purent ainsi remplir un rôle sociétal important.

La spiritualité du renouveau religieux du XIXe siècle, fortement orientée vers l'action sociale, constituait également un facteur déterminant de son succès. Proches de la population, les sœurs s'avéraient d'importantes ambassadrices du climat général de réveil religieux et du redressement ecclésiastique qui émergea après la période révolutionnaire. En s'engageant dans les soins aux malades, aux orphelins, aux personnes âgées et aux handicapés (Sœurs hospitalières, Sœurs noires, Sœurs de la Charité), l'éducation d'élite et l'éducation populaire, les congrégations louvanistes assirent leur position tant dans le contexte civil que dans le contexte religieux. Après la fondation des Filles de Marie (Paridaens), il fallut attendre un demi-siècle avant que de nouvelles congrégations féminines apostoliques ne deviennent actives à Louvain. À la fin des années 1830, deux communautés contemplatives furent fondées au centre-ville. En 1839, les carmélites s'installèrent dans la Naamsestraat, près de l'actuel hôpital du Sacré-Cœur (H. Hartziekenhuis). Les clarisses-colletines étaient déjà arrivées dans la ville un an auparavant et avaient emménagé en 1843 dans un monastère de la Bogaardenstraat. Même cette communauté strictement contemplative avait opté au XIXe siècle pour l'ouverture d'une école maternelle, il est vrai desservie par des sœurs laïques.

Les instituts religieux masculins revinrent finalement à Louvain, bien qu'ils durent attendre l'indépendance belge et sa Constitution favorable (liberté d'association, de religion et d'éducation) avant de les voir de nouveau au devant de la scène. Les jésuites étaient présents clandestinement dans la ville depuis un certain temps, mais leurs fondations officielles ne reprirent qu'après 1830. Ce n'est pas un hasard si les Frères de la Charité furent les premiers à fonder en 1832 une nouvelle communauté à Louvain. À l'instar des congrégations de sœurs mentionnées ci-dessus, cette congrégation de frères, fondée en 1807 à Gand par le chanoine Petrus-Jozef Triest, représentait un exemple-type de congrégation apostolique du réveil religieux. Ils associaient un engagement social fort et diversifié à une structure organisationnelle flexible, sans guère de propension à la spécification. Cette attitude en faisait des instruments populaires entre les mains des autorités civiles autant qu'ecclésiastiques. La même année que les Frères de la Charité, les prémontrés de l'Abbaye de Parc (Heverlee) reprirent ouvertement la vie monastique. Dans leur sillage suivirent un certain nombre de congrégations et de sociétés de prêtres : les jésuites en 1836, les picpus en 1840 et les dominicains en 1853. Les joséphites, installés à Louvain depuis 1842, se transformèrent, sous l'impulsion de leur fondateur Van Crombrugghe (1789-1865), d'une congrégation de frères axée sur l'éducation des pauvres en un institut sacerdotal pourvu d'une poignée d'institutions éducatives renommées, parmi lesquelles

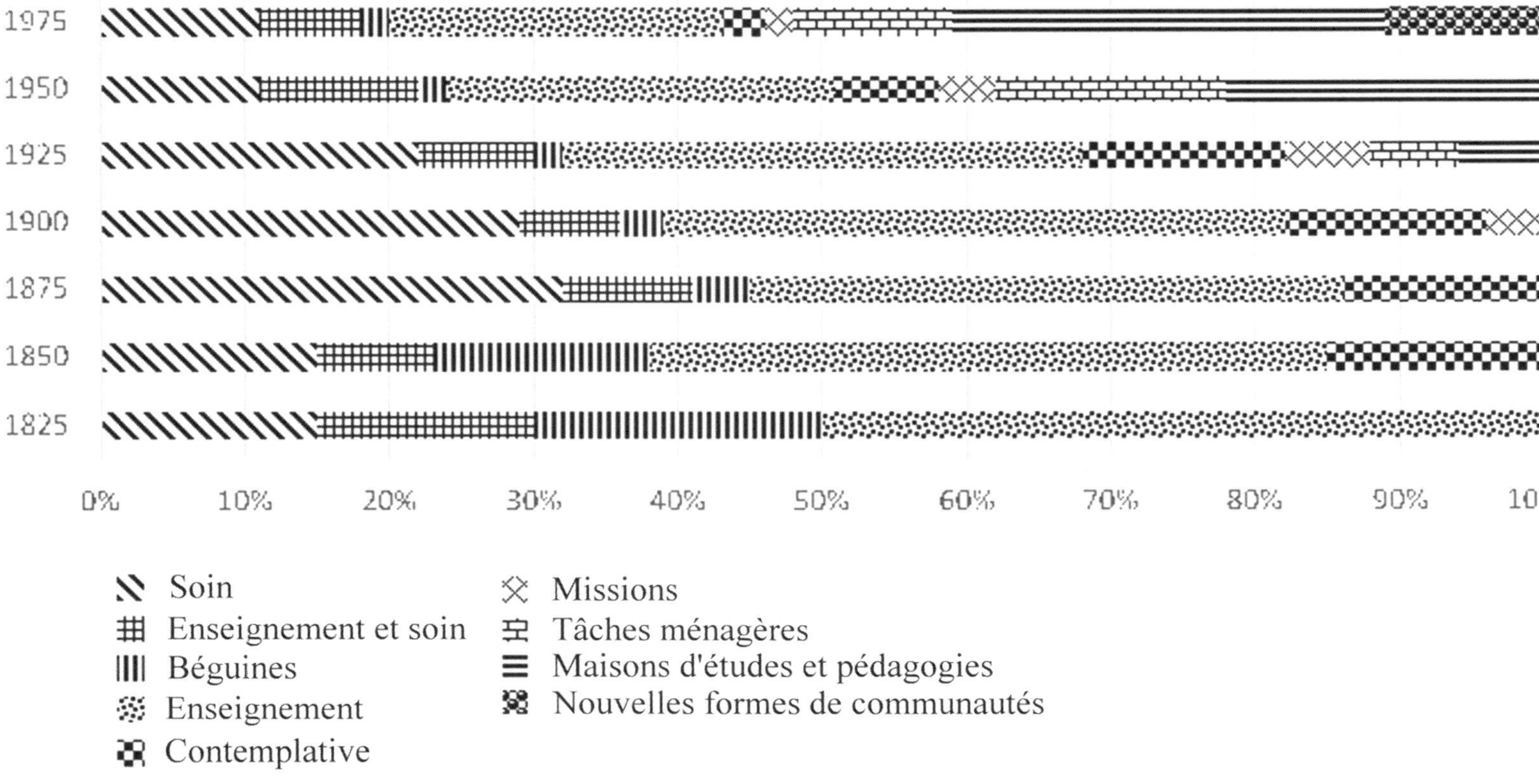

Graphique 1. Profil apostolique des instituts religieux féminins à Louvain (1825-1975), source : site Internet www.odis.be ; Annuaires officiels de l'Archidiocèse de Malines ; Annuaires catholiques de Belgique, © Kadoc.

le collège louvaniste de la Sainte-Trinité (Heilige-Drievuldigheidscollege).

Les crises socio-économiques du milieu du XIXe siècle eurent un impact conséquent sur le profil social des instituts religieux louvanistes, ainsi que sur l'arrivée d'un certain nombre de nouvelles congrégations. La famine, la pauvreté, les épidémies, la surpopulation et les troubles sociaux incitèrent un certain nombre d'instituts – souvent à la demande des autorités civiles et ecclésiastiques – à différencier leur apostolat existant. Ainsi en 1841, les Sœurs de Marie (Paridaens) reprirent l'école gratuite de l'institut des Minimes. Les Frères de la Charité commencèrent en 1858 la prise en charge des orphelins et des personnes âgées. Les Sœurs de la Charité de Saint-Vincent ajoutèrent les soins à domicile à leurs tâches habituelles, surtout durant les épidémies de choléra et de typhus. Grâce à l'intercession de l'archevêque Engelbert Sterckx (1792-1867), de plusieurs instituts religieux masculins, d'un certain nombre d'éminents notables catholiques (par exemple la famille d'Udekem d'Acoz, ou la famille Schollaert) et de l'influente famille noble d'Arenberg, plusieurs congrégations françaises s'installèrent à Louvain dans les années 1850 et 1860 pour satisfaire les nouveaux besoins. Dès 1856, les Petites Sœurs des pauvres se consacraient aux soins des personnes âgées vivant dans la misère. Les Filles de la Charité ouvrirent un orphelinat à la Redingenstraat (rue des Redingen) en 1858. La même année, des dominicains français inauguraient un foyer pour enfants handicapés dans l'ancienne abbaye de Terbank. Les Sœurs de Notre-Dame du Bon Pasteur, arrivées à Louvain en 1864, y développèrent des initiatives d'accueil pour les « madeleines » (prostituées, mères célibataires et femmes marginalisées) et les orphelins. Quant aux Sœurs belges de la Providence (de Champion), elles s'engagèrent dès 1869 à prendre en charge la prison pour femmes de Louvain.

À la fin des années 1860, l'afflux de nouvelles congrégations et l'expansion des instituts religieux existants avaient remis à l'avant-plan le monachisme à Louvain – en particulier les congrégations féminines. Dans la partie sud de la ville, entre la Tiensestraat (rue de Tirlemont) et le Kapucijnenvoer (Pré des Capucins) et en particulier sur la Damiaanplein (place Damien), on pouvait même de nouveau évoquer une présence dominante. Cependant, cette croissance remarquable, marquée par des ressources humaines et matérielles limitées, conduisit également à une concurrence accrue entre eux. Les Sœurs de la Sainte Famille de Tielt, et leur pensionnat de la Tiensestraat fondé en 1868, représentaient une trop grande menace pour l'Institut Paridaens et furent « expulsées » de Louvain au début du XXe siècle.

Le retour des jésuites à Louvain. – L'Université catholique de Malines, transférée à Louvain en 1835, transforma de nouveau la ville brassicole brabançonne en un laboratoire éducatif de renommée internationale. La Province jésuite de Belgique, restaurée en 1832, établit également en 1836 une nouvelle résidence dans la jeune ville universitaire. Au sein de ce nouveau bastion intellectuel catholique, l'enseignement supérieur, la formation religieuse et la recherche scientifique devinrent les activités principales de l'ordre des jésuites. Dans les anciens bâtiments de refuge de l'abbaye de Parc, rachetés aux ursulines en février 1838, le provincial Karel Franckeville (1800-1877) fonda le « Collegium Maximum », la maison d'études de la province. La maison de la Minderbroedersstraat (rue des Récollets) fut placée sous le patronage de S. Jean Berchmans, et le cœur de celui-ci fut plus tard conservé comme relique dans la nouvelle église néo-romane du collège (1867).

À partir de 1839, la théologie fut enseignée dans la maison d'études louvaniste à un nombre toujours plus important de novices de la Province jésuite refondée. En 1841 déjà, on comptait une communauté de 15 prêtres, 30 scolastiques et 3 frères coadjuteurs. La bibliothèque du collège, construite en 1853-1854, et qui abritait environ 24 000 volumes, était un joyau et un exemple de la richesse intellectuelle des jésuites. Aloïs De Backer (1823-1883) et Joseph de Ghellinck (1872-1950) étaient des bibliothécaires actifs qui firent croître de façon remarquable cette collection déjà très étoffée.

Conçu en 1841, le projet de transfert des étudiants jésuites de Namur vers Louvain pour le cursus philosophique se heurta immédiatement à une forte résistance de la part des évêques belges. Au collège Notre-Dame de la Paix de Namur, fondé en 1831 par les jésuites, les cours de philosophie étaient dispensés depuis 1833, non seulement aux étudiants scolastiques de l'Ordre, mais aussi aux laïcs. Le clergé séculier craignait la concurrence de la Compagnie de Jésus. Leur opposition était également alimentée par la polémique qui faisait rage à l'époque sur le discours philosophique lamennaisien et semi-traditionnaliste auquel adhéraient de nombreux professeurs de Louvain, et vis-à-vis duquel les jésuites, en tant que défenseurs de l'ultramontanisme, réagissaient violemment. Ce n'est qu'en 1867 que les étudiants en philosophie de la Compagnie de Jésus purent suivre les cours dans la ville universitaire de Louvain, après que Rome eut fermement condamné en 1866 les publications du professeur et défenseur de l'école philosophique louvaniste, Gerard-Casimir Ubaghs (1800-1875). Un an plus tôt, les jésuites avaient déjà installé un cabinet de physique dans leur maison d'études. Un observatoire astronomique fut construit en 1880. Et le collège Saint-Jean Berchmans de Louvain abrita aussi un atelier de chimie et un musée de minéralogie.

Au fil des ans, les jésuites ont ouvert leurs connaissances, leurs infrastructures et leurs compétences aux non-membres de la Société de Jésus. À partir de 1877, les cours de la maison d'études de Louvain devinrent accessibles aux non-Belges, entre autres jusqu'en 1898 pour les étudiants du collège américain (American College). D'autres instituts religieux souvent plus modestes envoyaient aussi leurs scolastiques ou leurs étudiants sur les bancs des collèges jésuites, citons notamment les chanoines du Latran, les franciscains conventuels, les missionnaires de Scheut, les joséphites et les prêtres du Sacré-Cœur. L'enseignement y était assuré par l'élite des professeurs jésuites, tels que le rénovateur de la Société des Bollandistes, Charles De Smedt (1833-1911), le canoniste et moraliste Arthur Vermeersch (1858-1936), le philosophe-métaphysicien Pierre Scheuer (1872-1957), le philosophe Joseph Maréchal (1878-1944) et le missiologue novateur Pierre Charles (1883-1954).

Grâce à l'édition de nombreuses revues scientifiques, l'université de Louvain était connue bien au-delà des frontières nationales. Le susmentionné Joseph de Ghellinck, bibliothécaire et professeur de patristique, fonda la revue *Spicilegium Sacrum Lovaniense* en 1921, en collaboration avec le professeur prêtre Joseph Lebon (1879-1957) de l'Université de Louvain. La même année, le périodique théologique *Nouvelle Revue Théologique*, qui avait été lancé en 1869 par le prêtre tournaisien Jean-Joseph Loiseaux (1815-1904), reçut un nouveau départ et fut publié à Louvain par les jésuites belges. En 1925, le jésuite et canoniste Joseph Creusen (1880-1960) porta sur les fonts baptismaux la *Revue des Communautés Religieuses*, qui fournit des informations et des directives à de nombreuses institutions religieuses qui devaient s'adapter au nouveau code canonique de 1917. Son confrère mathématicien Ignace Carbonelle (1829-1889) avait antérieurement fondé la célèbre *Revue des Questions Scientifiques*, dont le but était de favoriser le dialogue entre la foi et la science moderne. La série *Museum Lessianum*, initiée en 1922, offrait un espace pour la publication des nombreux travaux de recherches menés par les jésuites dans les domaines de la recherche scientifique, de la théologie, de la philosophie, de l'ascétique et de la sociologie. Dans l'Entre-deux-guerres, le *Theologicum* se coupa de l'activité scientifique. C'est ainsi qu'en 1935, à la veille de la séparation de la province jésuite unitaire en une aile autonome flamande et son pendant wallon, les scolastiques prient l'initiative de créer un « Centre catéchétique », qui servit de base à l'actuel centre « Lumen Vitae », centre dont l'objectif était de mettre à disposition la documentation nécessaire pour dispenser un enseignement religieux de grande qualité.

La place Saint-Antoine (puis Place de Damien) : centre de la vie monastique louvaniste au XIXe siècle. – On ne trouve pas meilleur endroit que la Damiaanplein (jusqu'à l'Entre-deux-guerres : Sint-Antoniusplaats) pour obtenir une image à la fois claire et diversifiée de la vie conventuelle apostolique à Louvain telle qu'elle a pris forme à l'époque du renouveau religieux. Dans la première moitié du XIXe siècle, quatre couvents furent fondés sur la place étirée entre la Naamsestraat et les rives de la Dyle. En 1805, avec l'appui de Jean Devenise, Cicercule Paridaens posa les premières fondations de son pensionnat et de sa Congrégation des Filles de Marie dans les bâtiments de l'ancien Collège irlandais, propriété des frères mineurs irlandais sous l'Ancien régime. En 1812, la communauté des sœurs déménagea dans l'ancien Collège hollandais, situé aussi dans la Sint-Antoniusplaats. Paridaens et ses successeurs transformèrent ce Collège hollandais en un grand monastère et un complexe scolaire. Vers 1815, Paridaens abritait régulièrement dans son monastère des anciens jésuites vivant dans la clandestinité. Il s'y tint aussi des tractations secrètes sur le rétablissement de l'ordre des jésuites en Belgique. Le Collège hollandais est resté la maison principale de la Congrégation jusqu'à ce que les dernières sœurs quittent leur couvent de la Diestsestraat en 2014.

Une vingtaine d'années après que la communauté des Sœurs de Paridaens eut abandonné le Collège irlandais, d'autres religieux emménagèrent dans le bâtiment. En 1832, les Frères de la Charité y fondèrent un couvent et une école pour les pauvres. En 1925, les frères vendirent de nouveau le monastère aux franciscains irlandais. Mais leur école primaire, située un peu plus haut dans la Redingenstraat, est restée. Ils s'installèrent eux-mêmes dans un couvent à l'arrière de la Brusselsestraat (rue de Bruxelles). Les franciscains irlandais restaurèrent le collège afin d'en faire une maison d'étude pour leurs confrères. En 1984, le bâtiment fut transformé en centre de conférences et d'études sous l'appellation de « Leuven Institute for Ireland in Europe ».

De l'autre côté de la Sint-Antoniusplaats, dans l'ancien refuge de l'Abbaye de Valduc, sur la pente escarpée du Sint-Antoniusberg, les Pères des Sacrés-Cœurs de Jésus et de Marie érigèrent en 1840 leur premier couvent belge. Cette congrégation missionnaire, dont les pères sont aussi connus sous le nom de Picpus, d'après le nom de la rue à Paris où se trouve la maison-mère, fut fondée en 1800. En tant que ville universitaire catholique, Louvain s'avérait un lieu d'implantation attractif pour le noviciat belge de la congrégation et le « Collège des missions lointaines » pour la formation des missionnaires. Les Pères des Sacrés-Cœurs devinrent également à Louvain les promoteurs zélés de la dévotion à S. Joseph, comme en témoigne la transformation de l'ancienne chapelle de Saint-Antoine en un véritable sanctuaire dédié à S. Joseph. En 1936, cette chapelle devint aussi la sépulture du P. Damien De Veuster, picpus et ancien élève du couvent louvaniste. Le P. Damien lui-même est l'archétype du missionnaire intrépide et oublieux de lui-même, raisons pour lesquelles il a été canonisé en 2009 et proclamé saint patron des lépreux et des malades du SIDA.

L'attractivité de l'université joua aussi un rôle décisif dans l'établissement des joséphites à Louvain. En 1842, à la demande de l'archevêque Sterckx, la Congrégation reprit une école secondaire catholique dans la Diestsestraat. Pour le fondateur Constant van Combrugghe (1789-1865), une maison à Louvain était indispensable pour transformer sa congrégation de frères, fondée à Geraardsbergen (Grammont) en 1817, en congrégation de prêtres. En outre, le nouvel établissement d'enseignement offrait la possibilité de concrétiser ses nouveaux plans, à savoir l'éducation des enfants de la haute bourgeoisie. À peine un an plus tard, les joséphites s'installèrent dans l'ancien collège de la Sainte-Trinité sur le Oude Markt (Vieux Marché), dont les jardins bordaient la chapelle Saint-Antoine sur la Sint-Antoniusplaats. Les joséphites rétablirent le Collège de la Sainte-Trinité dans sa gloire d'antan et établirent à Louvain la maison de formation pour les membres de la Congrégation.

Comptant quatre couvents, quatre écoles ou instituts de formation religieuse et une chapelle publique desservie par des religieux, la Sint-Antoniusplaats constituait, dans la Louvain du dernier quart du XIXe siècle, un remarquable centre d'activité religieuse apostolique.

Différenciation et maisons d'étude (*c.* 1870-1950). – En 1870, on comptait dans le grand Louvain 22 instituts religieux actifs différents pour un total de 26 communautés monastiques. Seuls sept d'entre elles étaient des couvents d'hommes. En 1950, le point culminant de l'évolution quantitative du système conventuel belge, Louvain abritait 46 communautés de sœurs et 32 couvents de pères ou de frères (voir les

Le couvent des franciscains à Vaalbeek, © DHGE, 2019.

cartes *infra*). L'essor remarquable de la vie monastique féminine du début du XIXe siècle se poursuivit au cours de la période 1870-1950. Mais après 1870 les religieux connurent à leur tour un mouvement de rattrapage considérable. Après Rome, Louvain devint l'un des centres intellectuels et de formation parmi les plus importants pour la vie religieuse masculine.

Tout comme les joséphites et les Pères des Sacrés-Cœurs dans les années 1840, de nombreuses congrégations et ordres masculins – souvent à la suite de la critique sur la faible éducation de leurs membres – réclamaient avec toujours plus d'insistance des possibilités éducatives solides pour leurs novices en nombre croissant. L'arrivée de nouveaux instituts religieux était donc toujours associée à la fondation de maisons d'études (noviciats, scolasticats, enseignement de la philosophie et de la théologie, écoles normales, etc.), d'où un effectif religieux relativement jeune, cosmopolite, mais aussi en évolution très rapide. Quelques monastères – en particulier les communautés franciscaines (Frères mineurs depuis 1871, franciscains conventuels depuis 1872, capucins depuis 1898), les dominicains et les rédemptoristes (depuis 1912) – s'investirent consciemment dans la pastorale locale. Cependant, l'accent était mis pratiquement partout sur le caractère éducatif des communautés. Par exemple, les Frères des écoles chrétiennes ouvrirent une école primaire à Louvain, mais ils se focalisaient principalement sur leur école normale pour la formation de leurs propres frères enseignants, fondée en 1889. Contrairement aux religieuses, l'implantation locale des instituts masculins à Louvain était donc plutôt limitée. En ce sens, il est significatif qu'aucun institut religieux pour hommes n'a été fondé à Louvain.

À Louvain, les visées étaient beaucoup plus larges. C'était d'abord le cas pour les instituts missionnaires qui s'y installaient. En 1888, les Pères de Scheut avaient ouvert une maison d'étude pour les étudiants en théologie de la congrégation et prenaient peu après la direction du Séminaire africain pour la formation des missionnaires, fondé en 1886. Les Missionnaires du Sacré-Cœur emménageaient en 1900 dans un noviciat et une maison d'étude. Divers instituts religieux firent également de Louvain un centre opérationnel pour la diffusion de nouvelles formes d'apostolat. Comme on l'explicite *infra*, l'abbaye bénédictine du Mont-César (Keizersberg) – fondée en 1898 par Maredsous – devint, à partir de 1910 environ, le pivot d'un mouvement de renouveau liturgique de renommée internationale. Quant aux dominicains et aux assomptionnistes, ils ne se concentraient pas uniquement dans la ville universitaire sur la formation de leurs membres et sur les tâches pastorales, mais ils se montraient aussi très actifs dans le domaine de la presse catholique.

En 1900, les derniers nommés avaient fondé un monastère et une maison d'étude internationale à Louvain. Cette décision était la conséquence immédiate de la dissolution de la congrégation en France. Auparavant, les chanoines réguliers du Latran, expulsés de France en 1881, avaient également trouvé un abri temporaire (1887-1918) à Louvain. Le climat anticlérical persistant chez nos voisins du sud conduisit deux congrégations missionnaires françaises, les Pères de Notre-Dame de Sion (1904) et les Pères du Saint-

Esprit (1911), à transférer leurs maisons d'étude à Louvain.

Des couvents à la campagne : les maisons d'étude des grands instituts religieux dans la périphérie de Louvain. – Durant l'Entre-deux-guerres, de nombreux grands instituts monastiques furent confrontés à une limitation de leur espace ou à un manque de place dans le centre-ville de Louvain, où les ordres et les congrégations avaient de longue date installé leurs couvents et maisons d'étude. L'afflux massif de nouveaux novices, les plans de restauration après la destruction catastrophique du centre-ville de Louvain pendant la Première guerre mondiale, la recherche d'hygiène et d'un air extérieur pur et l'amélioration des infrastructures de circulation conduisirent certains supérieurs hiérarchiques à prendre en considération de nouveaux espaces de construction disponibles en dehors du centre historique de la ville. La commune voisine d'Heverlee était particulièrement dans leur collimateur. À la fin du XIXe siècle et au siècle suivant, pas moins de 19 couvents furent implantés à Heverlee. Ainsi, dès 1902, les missionnaires du Sacré-Cœur s'installèrent sur le Ruelensvest (rempart Erasme Ruelens), juste à l'extérieur des remparts de la vieille ville de Louvain. En 1929, les Pères blancs ou missionnaires d'Afrique implantèrent leur nouvelle résidence d'étude à Terbank. Dans l'après-guerre, de nombreuses congrégations ou ordres approuvèrent des plans pour la construction d'une nouvelle maison d'étude à Louvain, qu'ils soient ou non déplacés d'un autre endroit. Les salésiens de Don Bosco transférèrent en 1935 leurs étudiants en théologie de Farnières (aujourd'hui la commune de Vielsam, dans la province de Luxembourg) à Oud-Heverlee. Leur nouvelle maison d'étude fut construite dans le hameau d'Oppem. Les salésiens qui faisaient leurs études universitaires à l'Université Catholique de Louvain furent logés à partir de 1938 au Collège Don Bosco de la Naamsestraat, près de l'église Saint-Quentin. Dans les années suivant le Second conflit mondial (1947), les franciscains de la province flamande de Saint-Jozef construisirent une nouvelle maison de formation pour leur ordre sur la Prosperdreef (drève de Prosper) à Vaalbeek, à la fois pour remplacer leur maison d'étude de Saint-Trond et l'aile dédiée aux études mais devenue trop petite (et entre-temps démolie) de leur couvent du centre-ville, dans la Vlamingenstraat. Les augustins commencèrent en 1955 la construction de leur maison de formation, le couvent de Saint-Thomas. Le 28 janv. 1958, le *theologicum* du couvent Saint-Étienne des augustins à Gand fut transféré à Heverlee. En 1964, le *filosoficum* suivit et trois ans plus tard le noviciat. Comme pour les franciscains mineurs, le projet original des augustins belges – qui devait être équivalent à celui de l'abbaye de Maria Laach dans l'Eifel et même héberger les étudiants en théologie américains de l'ordre – n'a été que partiellement réalisé. Les salvatoriens ou membres de la Société du Divin Sauveur s'installèrent également à Heverlee en 1966, après que les plans d'une maison d'étude initialement prévue à Kessel-Lo n'aient pas pu être finalisés.

Une fois de plus, il faut mentionner dans cet essor urbain à Louvain le parcours singulier accompli par les jésuites. Dans les années 1920, les jésuites avaient déjà en partie quitté leur maison d'études du XIXe siècle dans le centre-ville de Louvain. En 1925, les philosophes de la province belge, alors encore unitaire, furent envoyés à Egenhoven dans un *philosophicum* nouvellement construit, conçu par l'architecte Theodoor Van Dormael (1872-1947), élève de l'architecte et professeur à l'université Joris Helleputte. Cependant la formation théologique de l'ordre demeurait dans la Minderbroedersstraat. À la division de la vaste province de Belgique en 1935 – en 1929, elle comptait 1455 membres ! –, les bâtiments du collège installé sur la Sint-Jansbergsesteenweg (chaussée de la Montagne Saint-Jean) à Egenhoven devinrent la propriété de la province de Belgique-Sud. Cependant, les étudiants en philosophie des deux provinces continuaient de suivre les cours à Egenhoven ; et les théologiens des deux provinces à la Minderbroedersstraat. À la fin des années '30, le plan prévoyant de transférer aussi la formation théologique à Egenhoven est devenu irréalisable à cause des complications dues à la guerre. Ce n'est qu'au sortir de la Seconde guerre mondiale, en 1948, qu'une scission effective put se concrétiser. En 1959, les scolastiques de la province flamande quittèrent à leur tour le centre-ville de Louvain. À la route de Wavre (Waversebaan) à Heverlee, le Collège philosophique et théologique des jésuites flamands, conçu par l'architecte limbourgeois Jos Ritzen (1896-1961), sortit de terre dans les années 1954-1958.

Pour les religieuses du grand Louvain – qui avaient atteint l'effectif de trente communautés religieuses en 1918 – les décennies entre 1870 et la Première guerre mondiale représentèrent une période d'expansion continue. Cette croissance fut en grande partie réalisée par des instituts déjà présents dans le contexte louvaniste. Comme ailleurs en Belgique, l'afflux conséquent de nouvelles novices et la notoriété croissante de leurs œuvres apostoliques leur offraient de nouvelles opportunités de développement à l'intérieur et à l'extérieur de la cité. Citons le cas des Sœurs de Marie de Louvain qui, entre 1850 et 1914, fondèrent dans le Brabant (flamand) et le Limbourg, à partir de leur monastère-mère de la Charles de Bériotstraat, plus d'une vingtaine de succursales. Un nombre considérable de ces fondations furent établies dans le cadre de la Première guerre scolaire (1879-1884). À Louvain même, ce conflit entre libéraux et cléricaux n'entraîna pas spécialement un grand nombre de nouvelles initiatives religieuses, mais déboucha bien en définitive sur la création d'une nouvelle congrégation.

En 1887, poussé par le conflit avec les libéraux d'une part et préoccupé par les possibilités limitées de formation continue pour les filles issues de milieux défavorisés d'autre part, le prêtre Xavier Temmerman (1850-1920) créa une école domestique et professionnelle dans le centre de Louvain : l'Institut du Sacré-Cœur (Heilig-Hartinstituut). Il reçut pour cela le soutien des cercles catholiques gravitant autour de Franz Schollaert, Joris Helleputte et de l'influente famille noble d'Arenberg, déjà mentionnée. L'école était desservie par les annonciades de Huldenberg et déménagea au milieu des années 1890 dans un environnement spacieux à Heverlee. Comme nous le verrons plus avant, la communauté des sœurs, devenue en 1910 une congrégation autonome d'annonciades, développa le projet initial en un véritable complexe éducatif.

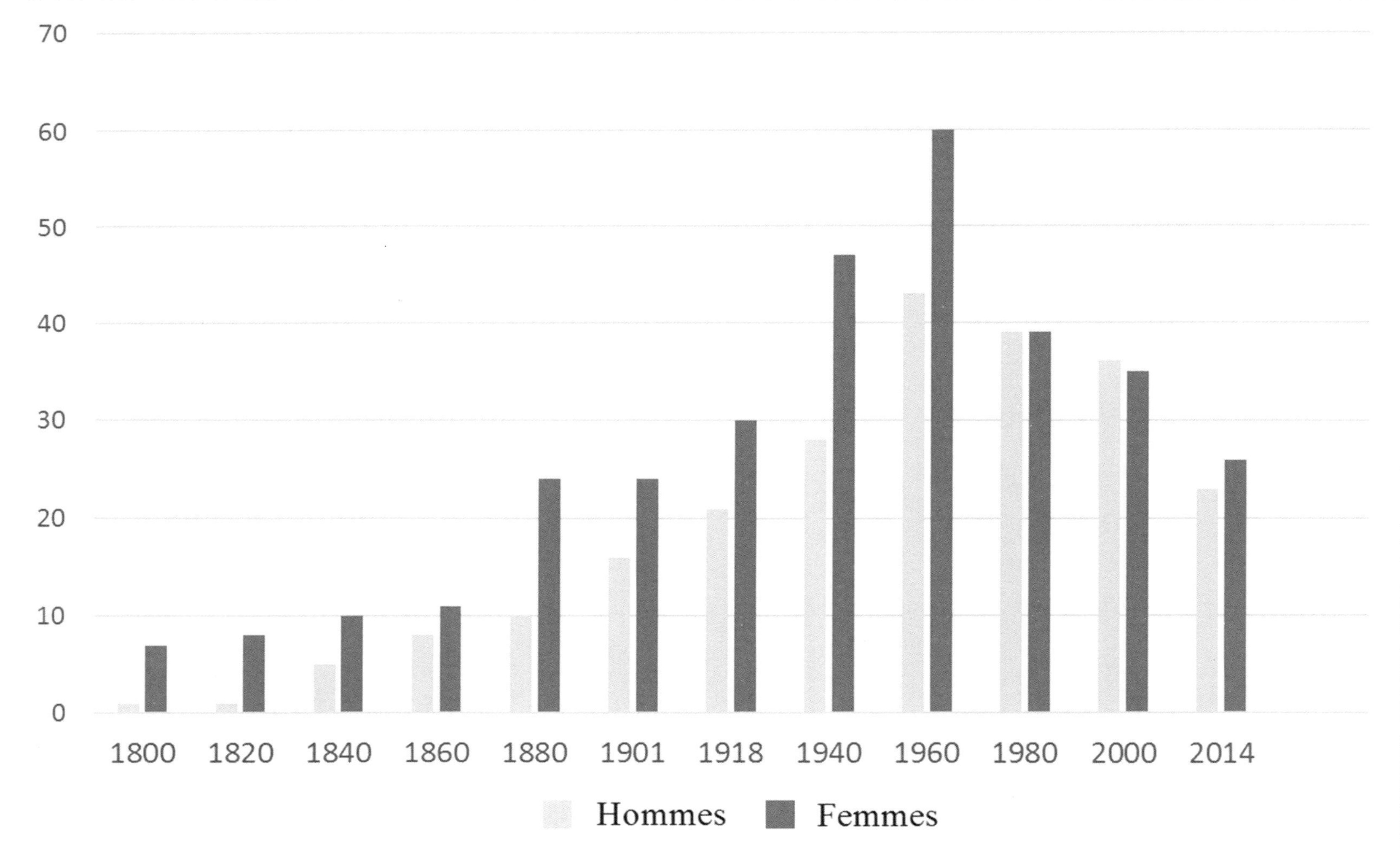

Graphique 2. Communautés religieuses masculines et féminines dans le grand Louvain (1800-2014), source : Annuaires de l'Archidiocèse de Malines et site Internet www.odis.be, © Kadoc.

D'autres congrégations de religieuses, qui s'étaient établies à Louvain pour la première fois, lorgnaient un certain nombre de secteurs spécifiques. En 1895, les Sœurs noires de Dendermonde acceptèrent le ministère de l'hôpital militaire de Louvain. Comme les annonciades, la première congrégation missionnaire féminine à Louvain s'installa en 1897 dans un vaste domaine sur la Naamsesteenweg à Heverlee. Ces chanoinesses missionnaires du Cœur Immaculé de Marie reçurent bientôt leur appellation populaire – les Sœurs de la Chasse (zusters van de Jacht) – du nom du quartier dans lequel elles étaient implantées. En 1874, les rédemptoristines devinrent la troisième communauté féminine contemplative du centre-ville. Un an plus tard, une communauté de franciscaines allemandes s'installa à son tour, fuyant les mesures anticléricales prises dans le cadre du *Kulturkampf*. Les sœurs furent à l'origine de la clinique du Sacré-Cœur (Heilig-Hartkliniek) et ouvrirent une école d'infirmières à Louvain. Des problèmes avec les sœurs d'origine allemande, soumises à une sévère suspicion pendant et après la Première guerre, puis finalement expulsées, entraîna en 1922 l'indépendance de la branche belge de la congrégation, avec leur maison-mère située à Louvain.

Durant l'Entre-deux-guerres et après, la croissance du réseau congrégationniste féminin dans le grand Louvain – qui comptait pas moins de 46 communautés de sœurs en 1950 – fut largement déterminée par les développements de l'université. En 1920, l'Alma Mater ouvrit ses portes aux étudiantes. Peu après, les premières sœurs étudiantes s'inscrivaient à l'université et un certain nombre de congrégations féminines établissaient des pédagogies dans la ville pour leurs propres sœurs et étudiantes laïques. Sur ce plan, d'importantes congrégations éducatives comme les Sœurs de Paridaens, les annonciades d'Heverlee (dès 1920), les ursulines de Notre-Dame de Wavre (en 1922) et des congrégations missionnaires, telles les Sœurs blanches (en 1925), faisaient figure de pionnières. Mais de vraies maisons d'étude conçues sur le modèle religieux masculin ne furent construites pour les religieuses qu'à l'approche du Concile Vatican II. Les difficultés de recrutement auxquelles le système monastique belge était alors de plus en plus souvent confronté – voir le graphique 2 – firent qu'elles ne connurent généralement qu'une brève existence.

Les religieuses prenaient également des engagements au sein des structures de l'Université de Louvain. À la demande du recteur Paulin Ladeuze (1870-1940), les Sœurs de la Charité de Gand prirent, à partir de 1929, la responsabilité des soins hospitaliers à la clinique universitaire Saint-Rafael (Sint-Rafaëlziekenhuis) et ouvrirent l'établissement psychiatrique *Salve Mater* à Lovenjoel – dont on parlera plus en détail ci-après. À Louvain même, elles établirent également l'école d'infirmières Sainte-Élisabeth et une maison d'études pour leurs propres sœurs inscrites à l'université. Moins visibles, mais représentant néanmoins en 1950 plus de 15% des communautés de religieuses établies à Louvain, des dizaines de religieuses se dévouaient comme travailleuses domestiques dans les collèges universitaires, les pédagogies et les maisons d'études des prêtres séculiers et réguliers. Il s'agissait de congrégations de sœurs louvanistes – telles les Sœurs de Marie et les franciscaines du Sacré-Cœur – qui percevaient ce type d'activités comme un apostolat supplémentaire. Mais d'autres congrégations de religieuses belges s'y intéressaient également, ainsi des Sœurs des Saints Anges de Lokeren, qui avaient fait de cette forme de prestation une spécialité. Dans les années 1950 et 1960, ces congrégations-là furent de plus en plus fréquemment remplacées par des congrégations de religieuses étrangères.

Les couvents en tant que points de repère dans le paysage. – Nous avons sans doute explicité à suffisance que dans la période post-révolutionnaire (1802-), Louvain connaissait une forte concentration d'institutions religieuses. Cette forte présence se matérialisait dans des complexes monastiques particulièrement imposants, pour lesquels les instituts concernés durent mettre en commun de nombreuses ressources. Quatre sites se détachent. Ils représentent, pour ainsi dire, des phares dans le paysage, non seulement en raison de leur présence matérielle représentative, mais aussi et peut-être surtout en raison de leur signification apostolique.

Tout visiteur de Louvain ne peut manquer de se rendre à l'abbaye du Mont-César. Depuis la colline où se trouvait autrefois le château ducal, elle surplombe la ville historique. Si en 1782 l'imposant château fut finalement détruit jusqu'à ses fondations sur l'ordre de l'empereur Joseph II, c'est sur ce site qu'à partir de 1897, sur un projet original de l'architecte Pierre Langerock (1859-1923, étudiant, futur collaborateur de Joris Helleputte), sera construite l'imposante abbaye bénédictine néo-romane « Regina Coeli ». En effet, en 1888, l'abbaye-mère de Maredsous avait décidé d'établir à Louvain un centre d'études pour la formation universitaire de ses moines les plus prometteurs. Le 13 avr. 1899, le moment était venu et les premiers moines arrivèrent. Au cours des cent dernières années, l'abbaye devint non seulement une maison d'études, mais aussi un important centre de recherche ecclésiastique pour la théologie chrétienne antique et médiévale, l'histoire de la liturgie, ainsi qu'en témoignent la bibliothèque forte de plus de 250 000 ouvrages et revues ainsi que la collection microfilmée de manuscrits médiévaux qui intéresse beaucoup les chercheurs. Cette abbaye a également joué un rôle de premier plan dans le mouvement liturgique, sous l'impulsion de Dom Lambert Beauduin (1873-1960) qui, après la Première guerre mondiale, fut le promoteur du mouvement œcuménique et se trouvait à l'initiative de la fondation de l'abbaye de Chevetogne (1925/1939-à nos jours). Le mouvement liturgique joua un rôle majeur, *cf.* la publication par le Mont-César du périodique *La Vie Liturgique/Liturgisch Leven* (1909-1914) et de la série *Semaines liturgiques/Liturgische weken* (1910-1939). Et la Semaine liturgique existe toujours en Flandre. Plusieurs moines marchèrent sur les traces de dom Beauduin, comme dom Bernard Botte (1893-1980) et dom Ambroos Verheul (1916-2005). L'expression matérielle de ces nouvelles perspectives liturgiques trouva son origine à l'abbaye du Mont-César par l'entremise du cercle artistique « La Croix Latine » qui s'y était installé. Ce cercle comptait parmi ses membres des moines de l'abbaye tels que le talentueux orfèvre Dom Martinus Martin (1889-1965) qui collabora avec le célèbre atelier des Frères

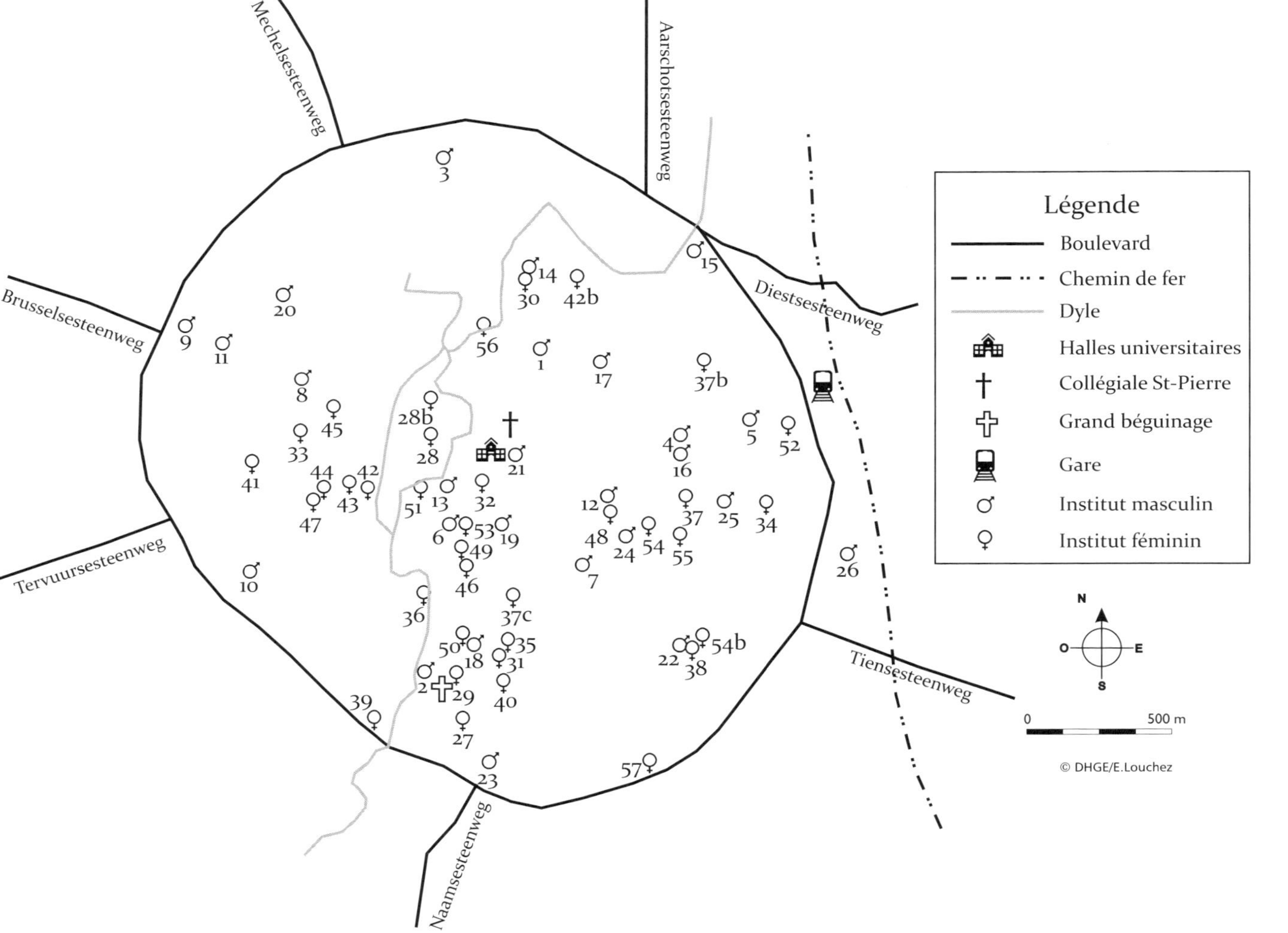

Carte des congrégations et des ordres religieux à Louvain (1950), données tirées de l'*Annuaire officiel de l'Archidiocèse de Malines 1951*, p. 163-222, et de l'*Annuaire catholique de Belgique 1951*, p. 175-336, © DHGE, 2019.

Assomptionnistes–1 / Aumôniers du travail–2 / Bénédictins (Mont-César)–3 / Bénédictins du Mont-Olivet–4 / Dominicains–5 / Franciscains–6 / Franciscains observants–7 / Frères de la charité de Gand–8 / Frères des Écoles chrétiennes–9 / Frères mineurs capucins–10 / Frères mineurs conventuels–11 / Frères mineurs conventuels–12 / Jésuites–13 / Lazaristes–14 / Montfortains–15 / Passionistes–16 / Pères blancs–17 / Pères de Notre-Dame de Sion–18 / Pères des Sacrés-Cœurs de Jésus et de Marie (picpus)–19 / Pères du Saint-Esprit (spiritains)–20 / Pères joséphites–21 / Rédemptoristes–22 / Salésiens de Don Bosco–23 / Scheutistes–24 / Servites de Marie–25 / Société des Auxiliaires des Missions–26 l Annonciades (Heverlee)–27 / Augustines hospitalières (Louvain)–28 / Béguines–29 / Bénédictines (abbaye Ste Gertrude)–30 / Carmélites–31 / Carmélites du Tiers-Ordre, Missionnaires de Ste-Thérèse de l'Enfant Jésus (Rome)–32 / Chanoinesses régulières de Saint-Augustin (Jupille)–33 / Clarisses-Colletines–34 / Dominicaines (Lubbeek)–35 / Filles de la charité de S. Vincent de Paul (Paris)–36 / Filles de Marie–37 / Filles de Marie (Willebroek)–38 / Franciscaines du Christ-Roi (Scailmont)–39 / Franciscaines du Sacré-Cœur–40 / Rédemptoristines–41 / Servantes de Marie–42 / Sœurs du Bon-Pasteur–43 / Sœurs de la Charité de Jésus et de Marie (Gand)–44 / Sœurs de la charité de S. Vincent de Paul–45 / Sœurs de l'Enfant-Jésus (Nivelles)–46 / Sœurs Maricoles (carmélites)–47 / Sœurs de Marie (Louvain)–48 / Sœurs missionnaires de Notre-Dame d'Afrique–49 / Sœurs Noires–50 / Sœurs du Pauvre-Enfant-Jésus (Simpelveld)–51 / Sœurs de la Providence et de l'Immaculée Conception (Champion)–52 / Sœurs du Sacré-Cœur (Rome)–53 / Sœurs du Sacré-Cœur de Marie ('s Gravenwezel)–54 / Sœurs des Saints Anges (Lokeren)–55 / Ursulines (Notre-Dame de Wavre)–56 / Ursulines (Union romaine)–57.

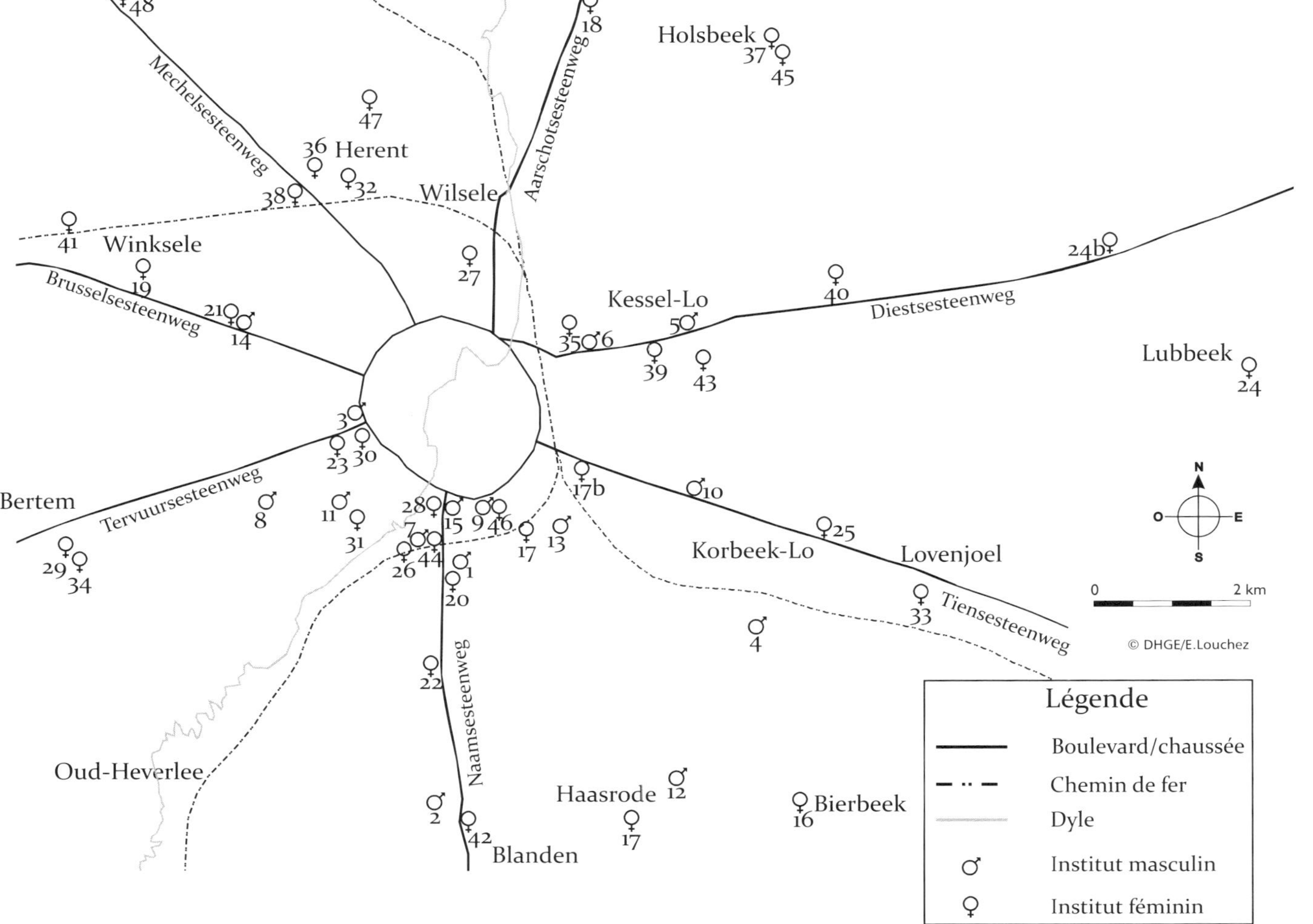

Carte des congrégations et des ordres religieux autour de Louvain (1950), données tirées de l'Annuaire officiel de l'*Archidiocèse de Malines 1951*, p. 163-222, et de l'*Annuaire catholique de Belgique 1951*, p. 175-336, © DHGE, 2019.

Augustins–1 / Franciscains–2 / Frères Alexiens–3 / Frères de la charité de Gand–4 / Frères maristes–5 / Frères de Notre-Dame de la Miséricorde (Malines)–6 / Frères de Notre-Dame de Lourdes (Oostakker)–7 / Jésuites–8 / Missionnaires du Sacré Cœur de Jésus–9 / Oblats de Marie Immaculée–10 / Pères Blancs–11 / Pères carmélites–12 / Prémontrés (abbaye de Park)–13 / Prêtres du Sacré-Cœur de Jésus–14 / Salésiens de Don Bosco–15 I Annonciades (Huldenberg)–16, 17-17b, 18 / Annonciades (Veltem)–19 / Annonciades apostoliques (Heverlee)–20 / Carmélites du Tiers-Ordre (Luxembourg)–21 / Chanoinesses missionnaires de Saint-Augustin–22 / Dominicaines (Bruges)–23 / Dominicaines (Lubbeek)–24-24b / Filles de la Charité de Saint Vincent de Paul–25 / Filles de la Charité de Saint Vincent de Paul (Paris)–26 / Filles de Marie (Louvain)–27 / Filles de Marie-Auxiliatrice ou Sœurs de Don Bosco (Grand-Bigard)–28 / Filles de Saint-Joseph / Sœurs de Saint Vincent de Paul (Opwijk)–29 / Oblates régulières de Saint-Benoît–30 / Servantes de Marie (Oberpleis)–31 / Sœurs Augustines Hospitalières (Louvain)–32 / Sœurs de la Charité de Jésus et de Marie (Gand)–33, 34 / Sœurs des Écoles chrétiennes (Vorselaar)–35, 36, 37 / Sœurs Grises (Tirlemont)–38 / Sœurs de Marie (Louvain)–39, 40 / Sœurs Missionnaires de Notre-Dame d'Afrique–41 / Sœurs de Notre-Dame des Sept Douleurs (Steenhuffel)–42 / Sœurs de la Providence (Champion)–43 / Sœurs de la Providence (Ruillé-sur-Loir)–44 / Sœurs du Sacré-Cœur de Marie (Berlaar)–45 / Sœurs du Sacré Cœur de Marie ('s Gravenwezel)–46 / Ursulines–47 / Ursulines (Tildonk)–48.

L'institut Saint-Camille des Frères de la Charité (Bierbeek), © DHGE, 2019.

Wolfers (1927-1939) puis avec la maison parisienne des Frères Tétard (1936-1960), le peintre et poète Dom Gregorius De Wit (1892-1978), mais aussi des laïcs comme le peintre Alfred Delaunois (1875-1941), le peintre et graphiste Anto Carte (1886-1954), les verriers père et fils Fernand et Jacques Colpaert et le couple Pierre Van Humbeeck (1891-1964) et Marie Piron (1888-1969). C'est ce cercle d'artistes qui, par exemple, signa la décoration de l'église et du presbytère de Notre-Dame du Sacré-Cœur à Etterbeek-Bruxelles. Une autre expression des vues liturgiques et musicales est fournie par les « choristes » du Mont-César, des garçons et des adultes qui pratiquent l'étude du chant grégorien. D'autres moines, tel Bruno Destrée (1867-1919) – frère de l'éminent ministre socialiste Jules Destrée – étaient des écrivains et des poètes talentueux. Dirk Hanssens, l'actuel prieur et administrateur, poursuit cette tradition. Bref, au siècle passé, l'abbaye devint un centre intellectuel ecclésiastique représentatif, et c'est pourquoi le card. Désiré-Joseph Mercier (1851-1926), pour n'en citer qu'un, fut heureux d'y prendre ses retraites sacerdotales. Tout cela constitue des arguments plus que suffisants pour protéger l'abbaye en tant que monument.

Quand on s'approche de Louvain en provenance de Liège, on ne peut manquer de remarquer l'impressionnant site de Saint-Camille (Sint-Camillus) à Bierbeek. De loin, sa tour de style néo-renaissance flamand se détache dans le paysage. En 1929, à la demande de l'université, un complexe de pavillons harmonieusement aménagés dans un espace de verdure fut implanté par les Frères de la Charité afin d'y soigner environ 800 patients masculins souffrant de maladies mentales. Chaque pavillon correspondait à un traitement ou à des soins adaptés conformément au diagnostic spécialisé. Ce site peut donc être considéré comme emblématique de la professionnalisation de la tâche hospitalière que les Frères de la Charité assumaient depuis leur fondation en 1807 par le chanoine gantois Petrus Jozef Triest (1760-1836) et qui déboucha en 1950 à Bierbeek sur une collaboration structurelle entre les médecins-psychiatres, psychologues, infirmiers psychiatres, et l'université. Ce centre psychiatrique universitaire est renommé par son approche de la réinsertion des patients dans la société et par le développement de traitements et de soins interdisciplinaires. Cette démarche a conduit en 1990 – aussi sous la pression d'un certain nombre de critiques extérieures – à une révision et à une restructuration en profondeur des soins de santé mentale. Aujourd'hui encore, Saint-Camille à Bierbeek est une référence en Belgique et à l'étranger, et le site et les bâtiments ont été à juste titre classés comme monuments historiques par la Communauté flamande.

Le troisième site représentatif, la clinique neuropsychiatrique *Salve Mater* à Lovenjoel, constitue à bien des égards le pendant féminin de Bierbeek. À l'origine, en 1927, le site fut également créé à la demande de l'université pour soigner des patientes atteintes de

Un des bâtiments de la clinique Salve Mater à Lovenjoel (Sœurs de la Charité), © DHGE, 2019.

troubles psychiatriques. Et de façon similaire, la tâche fut confiée à une congrégation fondée par le chanoine Triest, à savoir les Sœurs de la Charité de Jésus et de Marie (1803). Les bâtiments néo-traditionnels – adaptés comme à Saint-Camille selon la formule des pavillons répartis selon le diagnostic – furent conçus par l'architecte Joseph Hachez. L'ensemble est plus féminin, moins étendu, sans tour imposante et se dissimule avec une certaine discrétion dans le parc ayant appartenu à l'origine au Vicomte Karel de Lovenjoel. En 1915, ce domaine passa aux mains de l'université, qui le transféra aux sœurs via un bail à long terme. La chapelle constituait un joyau du néo-gothique tardif, richement décoré de motifs mariaux, entre autres sur les vitraux. Les dernières patientes quittèrent le site en 2007 dans le cadre d'une réorganisation des soins psychiatriques et de la dispersion des patients dans les autres centres universitaires. *Salve Mater* était un nom réputé en matière de psychiatrie féminine.

Le quatrième et dernier site considéré se situe à Heverlee, visible pour tous ceux qui pénètrent à Louvain sur le côté droit de la Naamsesteenweg (Chaussée de Namur). C'est l'impressionnant campus de l'Institut du Sacré-Cœur des annonciades d'Heverlee (1887/1907-aujourd'hui). L'évolution des annonciades vers une puissante tradition d'enseignement et de travail missionnaire est certainement représentative des instituts religieux apostoliques des XIXe et XXe siècles. À partir de 1907, les annonciades d'Heverlee formèrent une congrégation de droit pontifical autonome. Leur spiritualité et leur dévouement apostolique s'inspirent de leurs origines déjà mentionnées, à savoir les annonciades de Huldenberg et la règle monastique historique des annonciades. En matière éducative, elles participaient d'une façon exemplaire faisant même autorité quant à sa modernisation et à sa professionnalisation, ce qui conduisit à une offre éducative large et variée, allant de la maternelle, du primaire, de l'agricole ou du ménager au secondaire général, sans oublier la formation pédagogique. Bien illustratif de cette approche est le fait que la majorité des religieuses disposaient déjà d'un diplôme universitaire au début du XXe siècle. Aujourd'hui, l'Institut du Sacré-Cœur originel a évolué, tant sur le plan de l'architecture que sur celui de l'organisation pédagogique, pour devenir un véritable campus d'instituts autonomes qui, selon leur site Internet, sont tous liés par une vision chrétienne actuelle de la jeunesse. Le complexe quadrangulaire original de l'architecte Joris Helleputte (1852-1925) constitue le point de référence du campus. La grande chapelle du message marial est une autre perle du lieu. Elle fut conçue entre 1930 et 1932 par des artistes appartenant au Mouvement des Pèlerins, en conformité avec le mouvement liturgique susmentionné : l'architecte Flor Van Reeth (1884-1975), le verrier Eugeen Yoors (1879-1975) et le talentueux orfèvre Rie Haan (1906-1984). Les deux bâtiments sont protégés en tant que monuments. Rien d'étonnant au fait que la Congrégation

L'institut du Sacré-Cœur à Heverlee (annonciades), © DHGE, 2019.

prenne grand soin de son patrimoine historique en Flandre par l'intermédiaire du centre du patrimoine culturel des annonciades d'Heverlee. De ce point de vue aussi, ce site est un phare qui donne le ton.

Des années 1950 à nos jours : des nouveaux projets de construction optimistes à une présence modeste. – Un élan d'optimisme : les années 1950 et 1960. – Dans les années 1950, les instituts religieux de Louvain continuèrent sur le schéma esquissé ci-dessus. Après tout, Louvain faisait pleinement honneur à sa réputation de lieu unique pour la formation philosophique et théologique des réguliers. Le fait que les facultés de théologie, de droit canonique et l'Institut supérieur de philosophie cherchèrent à différencier graduellement leurs programmes d'études et que les théologiens louvanistes jouèrent un rôle majeur dans le soutien théorique au renouveau de l'Église avant et durant le Concile Vatican II contribua grandement à l'attractivité de l'Université.

Cette grande attractivité s'était manifestée, comme on l'a vu précédemment, dans un certain nombre de nouveaux projets de construction à grande échelle initiés dans les années 1950-1960. Ils témoignaient d'un grand optimisme et d'une foi en l'avenir de la vie religieuse. Le revirement silencieux qui commença à s'immiscer dans les esprits et les changements culturels, ainsi que la parole prémonitoire des sociologues de la religion, ne furent manifestement pas suffisamment captés par les supérieurs provinciaux des ordres et des congrégations.

En revanche, ces supérieurs étaient confrontés à la demande croissante des nouveaux membres des congrégations originaires de l'étranger qui désiraient venir étudier à Louvain, ce qui aiguisait les demandes de nouvelles capacités mais plaçait les responsables de projet face à des dilemmes. Précédemment ont été évoqués les projets des jésuites et des dominicains dans la banlieue verte de Louvain, concrètement à Heverlee. En 1963, Scheut construisit une autre grande maison missionnaire sur une verte colline à Kessel-Lo, – le *Verbistcentrum* –, destinée à servir de centre de formation pour ses membres et en même temps de centre de retraite pour les élèves de l'enseignement secondaire catholique. Mais dans le centre-ville aussi, dans le sillage de la dynamique des années 1950, il y eut un certain nombre de nouveaux projets de construction : à titre d'exemples, citons le nouveau bâtiment des Pères assomptionnistes dans la Halvestraat (Mi-rue) ou la nouvelle aile construite par les scheutistes dans la Vlamingenstraat. L'un des derniers grands projets de ce type fut le nouveau complexe des Pères dominicains édifié en 1970-1971 dans la Ravenstraat et le couvent des Sœurs de Marie (maricoles) dans la Charles de Bériotstraat.

La foi en l'avenir reçut une autre impulsion grâce au Concile Vatican II. En tant que centres pour jeunes religieux, mixés avec la vie étudiante au sein de laquelle l'esprit novateur de la révolution culturelle des esprits se manifesta dans les années 1960 et particulièrement durant l'année 1968, les maisons d'études des ordres et des congrégations œuvrèrent au renouvellement des règles de vie et des célébrations liturgiques, ce dont témoignait entre autres une vague d'adaptations des espaces de prière existants. En réalité, Louvain joua relativement tôt un rôle de premier plan dans le renouveau liturgique et son idéal de l'interaction avec l'art religieux, comme en faisaient acte l'exposition *Ars Sacra* à l'église Saint-Pierre de Louvain (1958) et l'établissement à Vaalbeek un an auparavant du centre *Pro Arte Christiana*, sous l'impulsion de quelques franciscains passionnés. Dans ce contexte, le rôle des liturgistes de l'abbaye du Mont-César a déjà été mentionné *supra*, tandis que la *Fontaine des Philosophes* des dominicains d'Heverlee, constituait également un exemple de l'interaction entre religion, art et architecture à cette époque.

De vastes zones d'ombre : les années 1970-1990. – À la fin des années 1960, les premières zones d'ombre, de plus en plus étendues, firent leur apparition. L'élan religieux commençait à s'essouffler et les maisons de Louvain durent faire face à divers problèmes. Tout d'abord, il y eut les suites de la scission de l'Université de Louvain. Les maisons d'études des réguliers francophones furent contraintes de suivre l'université francophone à Louvain-la-Neuve. Compte tenu de la volonté d'innovation évoquée ci-avant, ce fut naturellement aussi l'occasion de concrétiser les exigences de l'époque en matière de vie religieuse par l'entremise de nouveaux projets de construction à une plus petite échelle à Louvain-la-Neuve et dans les environs. Le monastère bénédictin de Saint-André à Clerlande (Ottignies) en fournit un bon exemple.

En second lieu, dans ce contexte des glissements culturels des années 1960, émergèrent des critiques de plus en plus nombreuses de la vie monastique traditionnelle, des appels persistants à la modernisation et à l'assouplissement des règles de la vie religieuse, des demandes d'infrastructures plus familiales, des tensions entre l'identité religieuse et la sexualité, des recherches sur un nouveau positionnement des instituts missionnaires confrontés à la fin de l'ère coloniale et au début de l'ère post-coloniale. Le nombre de vocations était en chute libre et simultanément les supérieurs étaient confrontés à une vague de sorties (voir le graphique n° 2).

À Louvain, on réagit de trois façons différentes aux défis auxquels on était confrontés. Premièrement, on créa des communautés à petite échelle où les plus jeunes membres des instituts religieux pouvaient vivre ensemble. Dans ce contexte, on peut citer des communautés telles que *Bellarmino* (Damiaanplein), telles que la maison des jésuites sur la Smoldersplein (place Smolders), les maisons de jeunes Frères franciscains dans la Charles de Bériotstraat et la De Bayostraat (rue De Bayot), ou encore la *Huize Kariboe* des Pères blancs à la Brabançonnestraat.

Une seconde tendance consistait à tenter d'élaborer des initiatives de formation commune. Ainsi, une formation de ce genre fut initiée autour du Centre d'Études Ecclésiastiques (fondé en 1967), qui était abrité dans la tour résidentielle des dominicains dans la Ravenstraat. En outre, il existait également le noviciat commun au Centre Lerkeveld des jésuites à Heverlee. Et désormais les religieuses purent aussi suivre ces formations, première étape vers leur émancipation intellectuelle.

La troisième et dernière approche consistait à louer les chambres disponibles (et parfois même des ailes complètes de bâtiment) à des étudiants laïcs. En raison de la démocratisation de l'enseignement supérieur, l'université néerlandophone dut faire face au nombre croissant d'étudiants et au grand besoin de logements en découlant. De cette façon, bien des couvents remplirent un rôle secondaire utile, même si l'infrastructure n'était pas toujours entièrement adaptée. Par ailleurs, les instituts prirent conscience des opportunités existantes pour le développement d'une pastorale des étudiants, en collaboration ou non avec la paroisse universitaire, fondée en 1963, et qui avait acquis une position extraterritoriale en droit canon. De cette manière, les maisons religieuses de Louvain parvinrent à un nouvel équilibre qui susbista jusqu'aux années 1980-1990.

Une transformation radicale : vers une présence discrète à partir des années 1990. – Cependant les inflexions changeantes du charisme des institutions religieuses combinées à des communautés en déclin et vieillissantes ne permettaient pas de maintenir très longtemps cette politique d'affectation secondaire, à quelques exceptions près que nous envisageons ci-après. De plus en plus de maisons religieuses louvanistes fermaient leurs portes. Ainsi les Frères mineurs franciscains vendirent leur couvent du centre-ville à la KULeuven afin que cette dernière puisse y établir le siège du « KADOC-Documentatie en Onderzoekscentrum voor Religie, Cultuur en Samenleving » (« Centre de recherche et de documentation sur la religion, la culture et la société »). Après rénovation, le Kadoc y prit ses quartiers en 1989. La communauté des augustines hospitalières abandonna en 1999 le site historique de l'hôpital et plus particulièrement sa maison Morlion du XVIe siècle pour s'installer à Herent près de Louvain où elles rassemblèrent jusqu'en 2014 les sœurs et les laïcs engagés dans la maison de repos et de soins *Godsvriendenhuis Bethlehem*. En 2013, dans le centre historique de la ville, les rédemptoristes cédèrent leur monastère de la Brabançonnestraat, naguère très actif (monastère, maison de formation, imprimerie, etc.), pour faire place à la maison de repos et de soins Sint-Vincentius. La même année, les missionnaires de Scheut se retirèrent définitivement de leur historique séminaire africain de la Vlamingenstraat (1886-Scheut en 1888) pour se replier au Verbistcentrum de Kessel-Lo. En 2004, les Frères mineurs conventuels vendirent à l'école secondaire *Sancta Maria* leur chapelle et leur complexe d'appartements qui servait de résidence conventuelle. Pour leur part, les Sœurs de Paridaens vendirent le Collège hollandais (déjà mentionné) à la KULeuven, qui y hébergea le « Metaforum comme espace pour les rencontres académiques portant sur la concertation et la culture ». Mais ce fut le cas aussi pour des couvents relativement récents implantés à Korbeek-Lo – par exemple, celui des oblats de Marie Immaculée (qui y avaient établi leur noviciat en 1937) ou celui des salvatoriens à Heverlee – qui furent vendus et servent de maisons de retraite ou de maisons de soins psychiatriques. Il en fut de même en 2016 avec le monastère, l'hôpital et les écoles des moniales dominicaines de Lubbeek également acquis par la KU Leuven. Un exemple parlant est le transfert en 2007 de la pédagogie salésienne *Don*

Bosco d'Heverlee à la KU Leuven. L'histoire s'inverse : alors que l'université avait d'abord fait fonction de facteur d'attraction pour la formation supérieure des membres nationaux et étrangers des instituts religieux, elle œuvrait désormais à la fin du XXe siècle comme une arche de Noé, grâce à son expansion dans le domaine de l'éducation (nombre croissant d'étudiants) et de la recherche, pour le patrimoine mobilier (archives, bibliothèques patrimoniales) et immobilier (sites et immeubles) des ordres et congrégations présents à Louvain. Pour l'instant, ce mouvement n'est pas terminé et se poursuivra encore pendant un certain temps au XXIe siècle.

Pourtant, à la fin du XXe siècle, d'autres impulsions se produisirent. Un certain nombre de congrégations religieuses lancèrent de nouvelles initiatives à Louvain, bien qu'à une plus petite échelle. Ainsi de la communauté des Sœurs de Don Bosco sur le Groenveld, qui ouvrirent leur maison aux filles internes à la recherche d'un foyer sécurisé. En raison de l'attrait de la ville universitaire, les sœurs de l'ancienne abbaye de Sainte-Marie Médiatrice (Hekelgem-Affligem) se réfugièrent dans une petite communauté bénédictine – sorte de nouveau refuge – dans la Maria-Theresiastraat, où elles désirent mettre en pratique l'œcuménisme. À son tour, la maison dominicaine de la Fontaine des Philosophes à Heverlee se transforma en une communauté inspirée, ouverte et accueillante pour les personnes en recherche de sens. Elle est devenue une enclave d'exploration spirituelle et liturgique. En un certain sens, elle constitue le pendant masculin de la « Godsvriendenhuis (Maison des Amis de Dieu) » des augustines hospitalières de Herent où l'accent est davantage mis sur la spiritualité féminine. Récemment, les jésuites ont annoncé qu'en 2019, ils transféreront la communauté *Pierre Favre* du couvent d'Heverlee vers un bâtiment historique à rénover dans la Maria-Theresiastraat en vue de démarrer un nouveau projet apostolique depuis le centre-ville. Cette tendance à la recherche de l'expérience religieuse contemporaine et de la spiritualité prouve combien Louvain, par la présence de l'université, stimule la formation théologique et humaine. Alors que durant le dernier quart du XXe siècle, Louvain constituait un espace de concentration pour des formations communes (par exemple, avec les jésuites de Lerkeveld-Heverlee, le Centre d'études ecclésiastiques susmentionné ou avec le Centre d'études franciscaines de Vaalbeek), toute une série de petites communautés ou d'initiatives de formation se manifestent aujourd'hui. En leur sein, la présence relativement importante des religieux, hommes et femmes, réguliers et séculiers, et des laïcs engagés, conduit à un partage de foi spirituel. Le fait que le séminaire diocésain Jean XXIII, fondé à Louvain en 1964 et basé sur une collaboration interdiocésaine, entre aussi en dialogue avec les responsables de la formation ou les étudiants laïcs engagés en pastorale, est un pas dans cette direction. Dans le contexte de l'appui au développement des Églises locales, nous devons mentionner en 2009 la création du Collège chinois de Louvain pour la formation des prêtres chinois séculiers et réguliers, qui s'est fixé en 2014 au Séminaire africain (ex-Scheut) de la Vlamingenstraat dont il est question ci-dessus. En ce sens, l'interaction entre les instituts religieux et Louvain n'est pas une histoire finie et on ne peut pas déjà en tirer des conclusions.

E. Van Berlo, *Geschiedenis van het vermaard miraculeus beeld van Onze-Lieve-Vrouw-ter-Koorts, vereerd in de Minderbroederskerk te Leuven (1535-1906)*, Leuven, 1906. – J. Pignal, *Si Jansénius avait su... Mère Marie-Thérèse Paridaens, fondatrice de la Congrégation des Filles de Marie*, Toulouse, 1967. – C. Sandra et al., *Marie-Louise De Meester. Op weg met God*, Beveren, 1981. – *De bouwgeschiedenis van het Leuvense zwartzusterklooster Nazareth (begin 17de-midden 19de eeuw)*, dans *Acta lovaniensis. Jaarboek Vrienden Stedelijk Museum-Leuven*, 9, 1982, p. 141-151. – A. Kiebele et al. (éd.), *Salvatoriaans jubileumboek. Uit de geschiedenis van de eerste honderd jaren, 1881-1981, met enkele perspectieven op de toekomst*, Heverlee, 1986. – R. Boudens (éd.), *Rond Damiaan* (KADOC-studies, 7), Leuven, 1989. – C. Dumont, *L'enseignement théologique au Collège jésuite de Louvain. Louvain 1838-Bruxelles 1988*, dans *Nouvelle revue théologique*, 111, 1989, p. 556-576. – D. Verhelst et H. Daniëls (éd.), *Scheut vroeger en nu. 1862-1987 : geschiedenis van de Congregatie van het Onbevlekt Hart van Maria C.I.C.M.*, Leuven, 1991. – K. J. Couttenier et A. Depré (éd.), *Thuis op de Oude Markt : Jozefieten te Leuven, 150 jaar H.-Drievuldigheidscollege*, Leuven, 1992. – D. Laureys (éd.), *De Mindere Broeders van Franciscus, 1842-1992. 150 jaar minderbroeders in Vlaanderen*, Leuven, 1992. – R. Christens, *100 jaar Heilig-Hartinstituut Heverlee : geschiedenis van een school en een congregatie*, Heverlee/Leuven, 1994. – C. Engelen et M. Marx, *Jubileumboek 150 jaar Zusters van Maria te Leuven. 1843-1993. Maricolen 1663-1843*, Leuven, 1994. – R. Uytterhoeven et H. Van den Heuvel, *Twee eeuwen Zusters van Liefde van Sint-Vincentius a Paulo te Leuven. 1794-1994*, Leuven, 1994 ; Id. et Chr. Morias, *Heverlee, 1846-1976. Evolutie in woord en beeld*, Leuven, 1996. – Y. Segers et al., *1845-1995. 150 jaar Zusters van het Heilig Hart van Maria van Berlaar. In eenvoud en dienstbaarhei*, Berlaar-Leuven, 1995. – W. Grootaers et al. (éd.), *Zeven eeuwen Augustijnen. Een kloostergemeenschap schrijft geschiedenis*, Gent, 1996. – F. Staelens, *Don Bosco. 100 jaar in Vlaanderen, 1896-1996*, Bruxelles, 1996. – R. Verstraeten et M. Preneel, *175 jaar Zusters der Christelijke Scholen Vorselaar. 1820-1995*, Leuven, 1996. – G. Vanden Bosch, *Monasticon van de Zwartzusters-Augustinessen in België*, Bruxelles, 1998, p. 305-322. – E. Van Ermen et al., *Loven Boven Altijdt Godt Loven : 1899-1999 : 100 jaar Abdij Keizersberg Leuven*, Leuven, 1999. – A. Denaux et G. Harpigny, *VI. La Belgique*, dans J. Doré (dir.), *Le devenir de la théologie catholique mondiale depuis Vatican II. 1965-1999* (Sciences théologiques et religieuses), Paris, 2000 p. 157-160 (jésuites et facultés de théologie). – P. Begheyn et E. van Deutekom, *Gids voor de geschiedenis van de jezuïeten in Nederland 1850-2000* (Jesuitica Neerlandica, 1), Nijmegen-Roma, 2002. – *Lexikon van de Belgische Minderbroederskloosters*, t. I, Bruxelles, 2002, p. 555-563 et 575-676. – B. Knebel (dir.), *100 jaar Salvatorianessen in België. 1905-2005*, Hasselt, 2005. – J. Decavele et al. (éd.), *De Oude Abdij van Drongen. Elf eeuwen geschiedenis*, Drongen-Leuven, 2006. – R. Stockman, *Pro Deo : de geschiedenis van de christelijke gezondheidszorg*, Leuven, 2008. – B. Slechten, *Kloosterbouw in de gemeente Heverlee in de 19de en 20ste eeuw*, mémoire de maîtrise de la KU Leuven, Leuven, 2010. – L. Dhaene, N. Cox et G. Vignero, *Terbank : 800 jaar zorg voor mensen*, Heverlee/Leuven, 2013. – Site Internet www.odis.be (voir les lemmes des instituts religieux et des périodiques cités). – Sites Internet des instituts religieux et des maisons concernés, ainsi que leurs publications périodiques.

J. De Maeyer, J. Luyten et Kr. Suenens

V. Bibliographie générale. – E. Van Even, *Louvain monumental ou description historique et artistique de tous les édifices civils et religieux de la dite ville*, Louvain, 1860 ; Id., *Louvain dans le passé et dans le présent*, Louvain, 1895. –

L. van der Essen, *Geschiedenis van Leuven*, Bruxelles, 1936. – Ch. Piot, *Histoire de Louvain depuis son origine jusqu'aujourd'hui*, Louvain, 1939 [Fait une large part aux établissements religieux]. – E. Persoons, J. Staes et L. Oosterlynck, *Steden van België : Leuven*, Bruxelles 1984. – G. Ceulenaere, L. Galicia, K. Glabeke, P. Valvekens, R. Verbruggen, R. Kenis et P. Reekmans, *Tijdslijn van Leuven. Mensen en feiten*, Louvain, 2012.

II. L'UNIVERSITÉ. – I. ANCIEN RÉGIME. – 1° *L'Université, de sa fondation à sa suppression en 1797*. – Une université propre aux Pays-Bas. – L'Université de Louvain est l'une des représentantes de la deuxième phase de fondation des universités européennes (de *c.* 1378 à *c.* 1540). Ce fut la sixième et dernière d'une série de fondations universitaires dans le Saint-Empire romain qui débuta avec le *studium generale* d'Erfurt en 1379. Au sein du royaume bourguignon, l'Université de Louvain fut précédée par le *studium generale* de Dole (actuel département du Jura) fondé en 1422/1423 par la bulle papale de Martin V, à la demande de Philippe le Bon, comte de Franche-Comté et duc de Bourgogne.

L'Université fut créée à l'initiative du conseil communal de Louvain et du chapitre de Saint-Pierre, avec le soutien du duc de Brabant, Jean IV. Le pape Martin V approuva la nouvelle fondation, la scella par une bulle de fondation (5 déc. 1425) et lui accorda les privilèges habituels. Ce n'est qu'en 1432 que le pape Eugène IV donna l'autorisation de commencer une formation théologique. Ce n'est qu'à ce moment que la création du *Studium Generale Lovaniense* fut achevée. Le 7 sept. 1426, l'*alma mater* de Louvain fut inaugurée par de nombreuses festivités. Le chanoine et écolâtre Guillaume Neefs, qui avait été envoyé auprès du pape Martin V pour obtenir son approbation, en devint le premier recteur. Au fil des ans, la ville tint ses promesses et élabora toutes sortes de règlements concernant les bâtiments et les salaires.

L'Université est demeurée à Louvain, connaissant des hauts et des bas. À partir du XVIe siècle, elle fut fortement influencée par les Ultramontains, ce qui, au XVIIIe siècle, sous les souverains autrichiens Marie-Thérèse et Joseph II qui voulaient moderniser et laïciser l'Université, provoqua de nombreux conflits. Joseph II délocalisa même temporairement toute l'Université à Bruxelles, à l'exception de la faculté de théologie (1788-1790). Mais la fin définitive survint lors de l'annexion par la France. Conformément à ce qui s'était passé ailleurs en France, l'*alma mater* de Louvain fut abolie le 25 oct. 1797 et tout le matériel utilisable fut transféré à l'École Centrale nouvellement fondée à Bruxelles.

La ville et l'université ont revendiqué et conservé jalousement la position monopolistique de leur université, et ce jusqu'à sa dissolution en 1797. Pourtant, malgré les vives réactions de l'Université de Louvain, cette dernière ne put empêcher en 1559 la fondation d'une deuxième université à Douai, en Flandre francophone. En créant un *studium* dans la partie francophone des Dix-sept provinces, Philippe II espérait, pour des raisons idéologiques, endiguer le flux d'étudiants flamands désireux d'apprendre le français et qui s'inscrivaient pour ce faire dans leurs universités de prédilection qu'étaient Paris, Orléans, Angers et Montpellier.

Infrastructure institutionnelle. – L'organisation. – Selon l'historien de l'ancienne université, Nicolaus Vernulaeus

Le pape Martin V, tiré de *Portraitz des Papes depuis S. Pierre Apostre jusques a present, tirez des Antiques, avec le temps que chacun d'eulx a tenu le siège selon Onufrius Panvinius*, 1605, non paginé.

(1583-1649), la composition du *Studium Generale* peut être comparée à une monarchie aristocratique modérée. Le recteur, toujours un ecclésiastique, était assisté de deux dignitaires, le chancelier, dont la dignité était liée au poste de prévôt du chapitre de Saint-Pierre et le conservateur des privilèges, installé par le pape afin de protéger l'université contre les empiétements et les erreurs judiciaires commis par les prélats ou les seigneurs temporels. Les détenteurs de ces fonctions étaient toujours des hauts dignitaires ecclésiastiques. Le recteur, avec les *deputati* (les cinq doyens, le *dictator* ou secrétaire et l'avocat-fiscal), en formaient le bureau. Le recteur devait s'adresser au Conseil académique ou *Senatus* pour résoudre les problèmes concernant le fonctionnement général de l'institution. La composition du Conseil n'était pas fixée ; mais il était régulièrement constitué du recteur, des doyens et des membres des collèges restreints (*collegia stricta*). Dans chaque faculté, le collège restreint était composé des titulaires de chaires, les *doctores regentes*. L'adhésion au collège restreint était très recherchée et strictement limitée aux professeurs titulaires du grade de docteur, car ses membres remplissaient non seulement des tâches importantes dans le domaine de l'éducation (faire passer les examens et présider les « disputes ») ou de la gestion, mais surtout parce que les revenus de la faculté, y compris les frais d'examen, étaient répartis entre ses membres.

Les privilèges. – Avec la bulle de fondation, le pape Martin V accordait les privilèges universitaires traditionnels à l'*alma mater* louvaniste. Les plus importantes d'entre elles sont relatives à l'organisation des corporations indépendantes au sein de l'université et de la juridiction (*privilegium fori*), en vertu desquelles les suppôts (membres) de l'Université sont soustraits à l'autorité directe des autorités séculières et ecclésiastiques locales (tribunaux urbains et ecclésiastiques). En outre, les suppôts n'avaient pas à payer de droit d'accise sur la bière et le vin et étaient affranchis des tours de garde. Les clercs

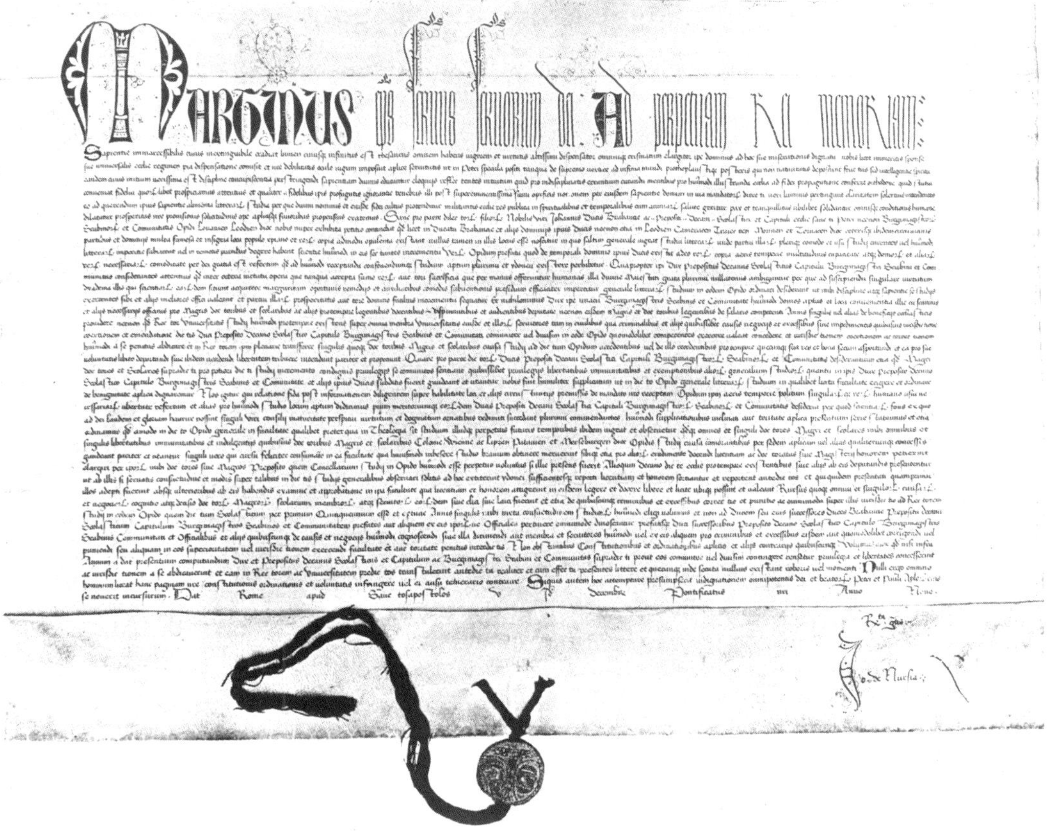

Bulle de fondation de l'Université de Louvain *Sapientie Immarcessibilis*, du 9 déc. 1425, tirée de L. Courtois (dir.), *Mémoires de Wallonie. Les rues de Louvain-La-Neuve racontent*, Louvain-La-Neuve, 2011, p. 21.

académiques avaient également le droit d'exercer des charges ecclésiastiques et d'en percevoir les revenus sans avoir à résider sur place. En 1483, on ajouta un important privilège de nomination. Le pape Sixte IV accorda en effet au recteur de l'Université de Louvain le droit de nommer des clercs-suppôts pour des charges ecclésiastiques (inférieures) et des bénéfices, dans le territoire des Pays-Bas. Le statut privilégié et étendu des étudiants provoqua de nombreux conflits avec les citoyens et les autorités locales. Cela valait en particulier pour les exemptions juridiques et l'exonération fiscale.

Pour devenir suppôt (ou membre) de l'Université (*suppositus*), tout étudiant ou toute personne qui travaillait à l'Université ou pour l'Université (comme les libraires, les copistes, les imprimeurs) devait payer des frais d'inscription et prêter un serment d'allégeance et d'obéissance aux statuts.

Le rôle des autorités. – Dès le début, les souverains habsbourgeois des Pays-Bas bourguignons se sentirent responsables de « leur » université, dont la tâche principale était d'éduquer les élites et de former les cadres séculiers et ecclésiastiques nécessaires pour le bon fonctionnement de leurs territoires. Certes, lorsque l'Université traversait une crise ou que des plaintes survenaient, les princes diligentaient une enquête ou une visite (*visitatio*) afin de remédier aux abus et aux carences (Charles le Téméraire en 1477, Alva en 1568, Farnèse en 1587). La visite la plus importante se déroula en 1607-1617 sous le règne des archiducs Albert et Isabelle. La révolte des Gueux avait entraîné des conséquences désastreuses pour l'*alma mater* de Louvain, qui avait besoin de davantage de combativité pour faire face, entre autres, à la concurrence de l'université calviniste fondée à Leiden en 1575. Les décisions (1617) de cette visite firent fonction de règlement organique de l'université qui eut force de loi jusqu'à sa dissolution en 1797. Tout y était réglementé : l'enseignement, la discipline, l'administration, les relations extérieures. Sous l'impératrice Marie-Thérèse, au XVIIIe siècle, aucune nouvelle visite ne fut effectuée, mais l'Université fut lentement réformée par des ordonnances et des décrets, principalement entre 1754 et 1765.

Infrastructure matérielle. – Les Halles universitaires et le *Vicus*. – La ville de Louvain tint ses promesses et offrit des amphithéâtres à la jeune université. Pour les cours de la faculté des arts, la ville procéda à l'acquisition d'une maison privée qui fut rebaptisée *Vicus Artium*. Au début, on y enseignait les cours de philosophie, mais ceux-ci migrèrent vers la fin du XVe siècle vers les pédagogies (*cf.* ci-dessous). Les collèges de morale et d'éloquence subsistèrent dans le *Vicus* jusqu'à la fin de l'Ancien régime. Pour les facultés supérieures, la ville offrit plusieurs

Les armoiries des quatre pédagogies, par L. J. Van Peteghem, XIXe s. © BRES KU Leuven Centrale Bibliotheek LM00105.

locaux dans la halle aux draps communale. Les facultés supérieures de médecine, de théologie, de droit civil et de droit canonique – la Faculté des arts était à l'époque une faculté propédeutique – se virent attribuer chacune un auditoire permanent. Au fil des ans, la communauté universitaire disposait de plus en plus de salles de classe et de salles de réunion. En 1678, la halle aux draps fut entièrement remise à l'Université et, deux ans plus tard, on lui adjoignit un étage supplémentaire dans le nouveau style baroque. Au XVIIIe siècle, une aile arrière de style classiciste fut construite pour abriter la collection centrale de livres de l'Université, initiée en 1636.

Les pédagogies et les collèges. – Au fil des siècles, l'Université de Louvain se dota d'une bonne infrastructure d'accueil des étudiants : quatre pédagogies et une cinquantaine de collèges. Ils offraient une alternative à la location d'une chambre chez des particuliers, ce qui était principalement le cas pour les étudiants des facultés supérieures.

Dans les quatre pédagogies (le Château [*Castrum*], le Lys [*Lilium*], le Faucon [*Falco*] et le Porc [*Porcus*] et le Collège de Standonck, tous liés à la Faculté des arts, les étudiants étaient logés et nourris. Les étudiants pauvres vivaient très sobrement grâce à une bourse d'études, les riches obtenaient contre paiement beaucoup plus de luxe. Au début, certains enseignements étaient facultatifs (répétitions et exercices), mais comme les bâtiments facultaires devinrent rapidement trop étroits pour un nombre croissant d'étudiants, les cours magistraux (*lectiones ordinariae*) furent également transférés vers les pédagogies. À partir de 1486, cela fut officiellement reconnu.

Les collèges procuraient aux étudiants des facultés supérieures le logement et la nourriture. Initialement, ils avaient été créés pour héberger des étudiants pauvres boursiers (*bursales*). Comme pour les pédagogies, quelques collèges acceptaient aussi des étudiants payants (*commensales*) pour couvrir leurs dépenses, ceux-ci disposant d'une meilleure chambre et d'une table plus riche. L'enseignement régulier n'y était pas dispensé, seulement un enseignement complémentaire (répétitions et exercices).

À l'instar de Douai, la plupart des ordres religieux à Louvain disposaient d'un collège pour accueillir les étudiants de leur Ordre. Après la Réforme, plusieurs collèges furent fondés pour des réfugiés catholiques. Bon nombre de ces étudiants s'y préparaient à devenir missionnaires. Ainsi, jusqu'au XVIIIe siècle, les Anglais, les Écossais, les Irlandais, les Allemands et les Hollandais possédaient leurs propres collèges.

Les étudiants. – Âge et origine sociale. – L'âge auquel un garçon commençait ses études universitaires variait sensiblement selon qu'il avait suivi une formation préparatoire dans une école latine ou dans l'enseignement privé. Jusqu'aux environs de 1500, les jeunes quittaient l'école latine en moyenne vers l'âge de 13-14 ans et continuaient à se perfectionner dans les arts libéraux dans la faculté des arts la plus proche. Une très bonne connaissance du latin était absolument nécessaire, mais les universités elles-mêmes offraient des remédiations. Les étudiants pouvaient se consacrer à l'étude du latin et d'autres matières préparatoires au sein d'une école privée, d'une pédagogie, ou sous la supervision d'un enseignant qu'ils avaient eux-mêmes choisis et qui était reconnu par la faculté. L'expansion des écoles latines accentua nettement la frontière entre l'enseignement secondaire et l'enseignement supérieur et augmenta l'âge des *novicii* lors de leur immatriculation. La faculté des arts de l'université put ainsi rehausser le niveau du contenu des cours, et se concentrer par exemple davantage sur le *quadrivium*. Comme jeunes n'étaient pas encore suffisamment préparés aux études supérieures, la faculté des arts de Louvain organisa elle-même un collège pour l'enseignement des humanités gréco-latines, le Collège de la Trinité (1657), qui acquit une grande réputation en tant que préparation idéale à l'enseignement universitaire.

Environ dix pour cent des étudiants étaient enregistrés sous l'étiquette de pauvres. Cela signifiait que l'étudiant ne disposait pas de son propre patrimoine et ne pouvait étudier que grâce à une bourse ou qu'il devait travailler pour couvrir ses frais (voir *supra* Pédagogies et collèges). Normalement, les études supérieures n'étaient accessibles qu'aux étudiants les plus fortunés, à moins qu'une bourse ne soit accordée par le clergé (en particulier pour la philosophie et la théologie) ou par les autorités séculières (souvent pour les étudiants en droit). Fréquemment, des particuliers ajoutaient également des bourses d'études dans leurs testaments. D'ordinaire, le groupe visé était mentionné : faculté, personnes originaires de certaines villes ou régions, membres de la famille…

Pendant la période de la Renaissance et de l'Humanisme, l'Université de Louvain connut un afflux croissant de nobles, d'artisans et de pauvres enregistrés comme tels. La grande valeur attachée à l'enseignement et l'augmentation des possibilités de carrière dans la fonction publique et le secteur des services rendirent l'Université bien plus accessible. La révolte des Pays-Bas freina les activités universitaires jusqu'aux années quatre-vingt-dix du XVIe siècle, à la suite desquelles le *studium* se rétablit. Cependant, la dynamique démocratique était terminée. L'objectif principal de l'enseignement académique était la formation des élites sociales et politiques. La haute bourgeoisie urbaine et, dans une moindre mesure, la noblesse, dominaient désormais l'université, en particulier la Faculté de droit. Pour les plus démunis, il y avait peu de place, sauf dans les facultés des arts et de théologie où ils étaient préparés pour une charge ecclésiastique.

Le niveau social des étudiants en médecine augmenta au cours des XVIe et XVIIe siècles. Sous l'influence de la révolution scientifique, l'intérêt pour les sciences médicales s'accrut considérablement et, parallèlement, le prestige et le statut social des médecins. Néanmoins, au début de la période moderne, la faculté de médecine était la plus petite, comptant seulement 1 à 3% des étudiants. Les théologiens représentaient pour leur part 2 à 5% des étudiants et les juristes de 6 à 15%. Au moins les trois quarts des effectifs étudiants peuplaient la faculté des arts libéraux.

Effectifs et origines géographiques. – L'enseignement universitaire n'était réservé qu'à une petite minorité. Selon les régions, vers 1500, 1% à 2,5% au maximum des jeunes d'Europe suivaient un enseignement supérieur qui, à l'époque, était uniquement dispensé par les universités. Les Pays-Bas obtenaient un score élevé pour des raisons économiques, financières, pédagogiques et culturelles. Dès le commencement, l'Université de Louvain répondit à un vrai besoin. Au Moyen-Âge, le *studium generale* louvaniste représentait en taille la sixième université du Saint-Empire et, vers 1500, elle devint presque l'institution la plus densément peuplée. Aux XVe et XVIe siècles, on comptait de trois à cinq cents inscriptions par an. À partir des années 1560, ce nombre chuta de façon spectaculaire à cause de l'état de guerre permanent qui sévissait dans les Pays-Bas. Au cours des XVIIe et XVIIIe siècles, le nombre d'inscriptions n'atteignit plus jamais semblable niveau. Selon les calculs de Leo Van Buyten, au XVIe siècle, le total des suppôts s'établissait annuellement autour des 2000 unités, pour retomber approximativement à 1200 durant les deux siècles ultérieurs.

La majorité des étudiants étaient originaires des Pays-Bas (80 à 90%). Dans la première moitié du XVIe siècle, le nombre d'étrangers augmenta, Louvain étant l'un des centres d'études humanistes les plus importants du nord-ouest de l'Europe et un lieu de rencontre pour les étudiants et les savants de toute l'Europe. Cela était dû en grande partie au célèbre Collège des Trois langues (*Collegium Trilingue*) fondé en 1517 (voir *infra* la partie sur la Faculté des arts). Dès le début, le succès fut au rendez-vous. En 1521, Erasme, qui séjourna ensuite à Louvain, affirmait qu'environ trois cents étudiants – jeunes et vieux – y suivaient des leçons, non pas pour obtenir des grades, mais simplement par amour des langues classiques et des *Belles Lettres*. La Faculté de droit, où plusieurs professeurs étaient des adeptes de l'humanisme juridique (voir ci-dessous la partie Facultés), pouvait également se prévaloir d'un public international. Par ailleurs, le développement de l'État bourguignon entraîna l'augmentation du nombre des étudiants universitaires. Les services publics réclamaient toujours davantage de fonctionnaires très instruits, mais cette demande pour une meilleure éducation était aussi une réalité dans les secteurs économiques et les professions libérales.

Dès le dernier quart du XVIe siècle, l'Université put compter sur une autre clientèle étrangère. Dès le début de la Réforme aux Pays-Bas, l'*alma mater* de Louvain se révéla la gardienne de la foi catholique orthodoxe. De ce fait, elle devint un lieu de prédilection pour les dissidents catholiques des pays protestants, et en particulier pour ceux des Îles britanniques et des Pays-Bas du Nord. Afin de les assister financièrement et de les recevoir convenablement, on créa des bourses d'études et des cours pour les étudiants catholiques. L'Université de Douai était souvent perçue comme un centre de *dispatching* pour les étudiants catholiques britanniques. Après leur traversée, ils y étaient accueillis dans un collège anglais, irlandais ou écossais, puis par après, ils étaient envoyés dans d'autres universités, dont Louvain. Jusqu'à la fin du XVIIIe siècle, ce modèle décrit ci-dessus demeura valable.

Les professeurs. – Dès les origines, l'Université de Louvain connaissait le système des chaires professorales (*cathedrae*), à savoir des postes d'enseignement auxquels était attaché un revenu fixe, et généralement aussi l'enseignement d'une matière ou d'un sujet précis. Comme convenu, en 1426, la ville recruta les nouveaux enseignants et les autres membres du personnel. Ceci fut fait avec l'accord de la faculté concernée, qui fut rendu obligatoire à partir de 1617. Seule la faculté des arts pouvait nommer en majeure partie ses propres professeurs. En principe, pour être nommé, seul un diplôme de licencié était requis. Cependant, pour faire carrière au sein du corps professoral, le grade de docteur était nécessaire. Pour cette raison, de nombreux enseignants défendaient leur doctorat après avoir déjà occupé une chaire. Les professeurs étaient répartis en différentes catégories, chacune avec ses propres dénominations, droits et devoirs.

Les professeurs *regentes* et *legentes*. – Primitivement, les enseignants de l'Université de Louvain étaient séparés sur base de leurs compétences en *professores regentes* et *professores legentes*.

La compétence des *professores legentes* se limitait à l'enseignement. Dans la faculté des arts, ils enseignaient pour leur propre compte ou pour celui d'un régent. Après quelque temps, ils furent considérés par les régents comme des assistants dans leur pédagogie et au XVIe siècle, leur nombre fut fixé à quatre par pédagogie, deux *professores primarii* et deux *professores secundarii*. Les régents eux-mêmes n'enseignaient plus, mais étaient devenus une sorte d'administrateurs des pensions sous leur autorité.

Les régents, en revanche, jouaient aussi un rôle dans la direction facultaire et formaient ensemble le *strictum collegium* ou la *stricta facultas*. La façon dont les gens étaient admis dans le groupe privilégié des *professores regentes* différait d'une faculté à l'autre. Par exemple, les postes de régents dans les facultés de droit et de médecine étaient directement liés à des chaires d'enseignement bien précises qui, de ce fait, étaient particulièrement prisées. Contrairement aux autres facultés, où il fallait être à la fois professeur ordinaire et docteur pour être admis à la *regentia*, à la faculté de théologie, le titre de docteur était suffisant.

Tout théologien qui voulait faire carrière au sein de la faculté avait donc tout intérêt à assumer le coût élevé du doctorat. Par conséquent, plus de 70% des professeurs de théologie étaient des docteurs, alors qu'en droit, ils étaient 60% à être pourvus de ce grade et en médecine seulement 45% (période 1426-1797). Les régents formaient le conseil facultaire, examinaient et touchaient les revenus de la faculté.

Les *professores ordinarii, primarii, extraordinarii, secundarii* et *regii*. – Au sein de l'Université d'Ancien régime coexistaient d'autres classifications qui ne sont pas toujours claires. En fonction du type de chaire attribuée, une seconde distinction était faite entre *professores ordinarii* et *professores non ordinarii* ou *extraordinarii*. L'*ordinarius* ou professeur ordinaire lisait et expliquait systématiquement les livres les plus importants qui se rapportaient à la matière, les soi-disant *auctoritates* (ouvrages faisant autorité), pendant les jours d'enseignement (*dies legibiles*) et principalement durant l'avant-midi, d'où son nom de *professor primarius*. Les cours magistraux du matin traitaient des aspects essentiels de la matière contenue dans les textes faisant autorité par discipline, et les étudiants étaient donc obligés d'assister à ces leçons. Toute personne désireuse de devenir *professor primarius* devait en principe être titulaire d'un doctorat. Dans chaque faculté, les *professores primarii* étaient les professeurs les mieux payés. Les *lectiones extraordinariae*, qui peuvent être considérées comme des travaux pratiques, étaient du ressort des professeurs extraordinaires (*professores extraordinarii*) ou des *baccalarii* (bâcheliers) pour lesquels les tâches d'enseignement faisaient partie du curriculum. Ces *lectiones* se déroulaient normalement l'après-midi des *dies legibiles*, d'où les *professores secundarii*. Les leçons extraordinaires concernaient des passages du texte de moindre importance. Elles pouvaient prendre la forme de *repetitiones*. Au cours d'une répétition, on analysait en profondeur une partie du texte et on la confrontait à des problèmes connexes.

Vers le milieu du XVIe siècle, l'empereur Charles Quint, à l'imitation de ses fondations universitaires en Espagne, introduisit un troisième type de chaire à l'Université de Louvain, celle tenue par le professeur royal ou *professor regius* (ou *caesareus*). Contrairement au *professor ordinarius* et au *professor extraordinarius* qui étaient en principe nommés et rétribués par le conseil communal de Louvain – et même s'il est vrai qu'au cours du XVe siècle et certainement à partir du siècle suivant, les professeurs étaient de plus en plus souvent rémunérés par le système des prébendes (les *professores salariati et beneficiati*) –, le *professor regius* était engagé et payé par le souverain ou son représentant.

La position du professeur à l'université et au sein de la société. – Au sein de la communauté universitaire, le statut d'un professeur dépendait de la faculté à laquelle il appartenait. À l'*alma mater* de Louvain, on connaissait une stricte hiérarchie entre les différentes facultés. Ainsi, pendant longtemps, la faculté de théologie fut considérée comme la plus prestigieuse et la plus digne de toutes les facultés. Les professeurs qui y enseignaient avaient donc priorité sur tous les autres. Dans la hiérarchie universitaire, les professeurs de théologie étaient suivis par les professeurs des deux facultés de droit, qui précédaient les professeurs de médecine. Les professeurs des Arts se situaient au bas de l'échelle académique. Dans le corps enseignant d'une faculté, les fonctions et les compétences les plus importantes étaient le plus souvent confiées aux professeurs les plus âgés. Étant donné que les principales chaires procuraient généralement un revenu considérable, l'ancienneté d'un professeur avait donc aussi une incidence sur ses honoraires.

Bien que les origines sociales d'un professeur eussent une certaine influence sur sa position sociétale, son statut social était principalement déterminé par son patrimoine financier. La rémunération d'un professeur dépendait, non seulement de l'importance de sa chaire (*ordinarius*, *extraordinarius* ou *regius*), mais aussi de la faculté à laquelle il appartenait. Ainsi, les professeurs des facultés supérieures gagnaient beaucoup plus que les professeurs de la faculté des arts, et les juristes étaient mieux payés que les théologiens, que l'on supposait être désintéressés. Le traitement qui était attaché à leur professorat ne représentait qu'une partie du revenu annuel des universitaires. Ainsi, les professeurs qui étaient membres d'un collège restreint (*professores regentes*) recevaient, en plus de leurs honoraires, divers droits pour la tenue des examens, la présidence des disputes, etc. D'autres professeurs bénéficiaient d'un revenu supplémentaire en fournissant des conseils juridiques ou médicaux ou en publiant des traités scientifiques. Les professeurs de Louvain qui assumaient la présidence d'un collège bien doté percevaient un traitement supplémentaire de 800 à 1000 florins (à titre de comparaison, à l'année, un maître-maçon gagnait au XVe siècle environ 60 florins). De plus, les professeurs ecclésiastiques, que ce soit ou non en supplément de leur salaire de professeur, disposaient souvent des revenus d'un bénéfice ecclésiastique

Le statut social des professeurs s'avère moins clair. Nous ne sommes pas bien informés, surtout en ce qui concerne le recrutement social du corps enseignant. Malgré l'absence de chiffres exacts, on peut cependant avancer que la majorité des professeurs dans les Pays-Bas appartenaient à la classe moyenne : ils étaient les fils de citoyens bien formés au plan intellectuel, de médecins, d'enseignants, de professeurs, etc. Naturellement, des professeurs d'origine aristocratique enseignaient également à l'Université, mais presque exclusivement dans les facultés de droit. En raison de leurs revenus relativement élevés et de leur statut privilégié, qui pouvait être comparé à celui de la noblesse, de nombreux professeurs titulaires d'un doctorat pensaient pouvoir rivaliser, aux temps modernes, avec les nobles en termes de prestige et de dignité. Par le biais de l'apparence extérieure, bon nombre de familles de professeurs essayèrent de revendiquer une position équivalente dans la société.

Les facultés : enseignement et recherche. – L'organisation de la faculté et de l'enseignement était fixée dans les statuts (voir *supra* Les professeurs). Les statuts de l'université et des facultés de Louvain furent d'abord copiés – parfois littéralement – sur ceux de l'université de Cologne. Ces derniers reflétaient à leur tour les usages de l'université de Paris. Durant l'existence de l'université, ces statuts évoluèrent par petites touches, au sein de chaque faculté ou dans les règlements généraux de l'université comme dans les *visitationes*. Principalement après 1750, entre autres sur les instances du comte Patrice-François de Neny, commissaire royal de l'Université de Louvain, l'enseignement fut modernisé. Dans une certaine mesure, une spécialisation s'opéra, rendue possible également par la nomination de professeurs royaux dans les différentes facultés. La recherche fut principalement concentrée au sein de l'Académie thérésienne, fondée en 1772, dont, d'ailleurs, aucun professeur de la faculté des arts ne devint jamais membre.

En principe, tous les étudiants commençaient leurs études à la faculté des arts, qui servait de préparation aux études supérieures. À partir du XVIe siècle, la faculté inférieure des arts s'émancipa pour devenir une faculté philosophique, plaçant moins l'accent sur les cours de langue latine, enseignés dans le *trivium* (grammaire, rhétorique, éthique) parce que ceux-ci étaient mieux enseignés, et de façon plus approfondie, dans les écoles secondaires orientées sur les humanités classiques. Dans la mesure du possible, les étudiants omettaient complètement ou partiellement de choisir les études d'arts, malgré les plaintes répétées de la faculté des arts de Louvain. En fait, seule la faculté de médecine considérait qu'une solide préparation dans les arts libéraux était nécessaire. C'est surtout l'étude du *quadrivium*, avec ses quatre branches plus scientifiques (mathématiques, géométrie, astronomie et musique), qui était importante pour eux. En principe, une année propédeutique dans les arts était également obligatoire pour les étudiants en théologie, mais les *scolares* des ordres réguliers qui avaient étudié pendant quelques années dans un *studium generale* de leur Ordre en étaient dispensés. Il est donc compréhensible que les jésuites aient essayé par tous les moyens de mettre en place après le gymnase un enseignement philosophique et mathématique dans les grandes villes des Pays-Bas comme Anvers, Louvain et Liège, ce qui se heurta à l'opposition farouche de l'*alma mater* louvaniste. Statutairement, les étudiants en droit n'étaient pas obligés de suivre d'abord une formation en arts. Et seule une petite moitié d'entre eux ressentaient la nécessité de fréquenter d'abord la faculté des arts libéraux ou d'obtenir le graduat ès arts.

La méthodologie, la didactique et le matériel des cours étaient semblables dans toutes les disciplines de l'enseignement universitaire. En général, ils persistèrent jusqu'à la fin de l'Ancien régime, malgré l'apport des humanistes qui prônaient des changements didactiques en profondeur. Leurs plaintes au sujet des méthodes rigides et sclérosées de la scolastique étaient justifiées mais excessives. Sous leur influence, les professeurs adaptèrent leur enseignement à l'évolution des conceptions pédagogiques et aux nouveaux besoins sociétaux.

La nature et l'évolution de l'enseignement avaient des systèmes communs et appliqués à l'échelle internationale : cours magistraux, séminaires, exercices et répétitions, disputes avec le grand public et disputes facultaires plus orientées sur la matière concernée. La matière était déterminée par le collège restreint de la faculté. Le grand défi consistait à concilier tradition et innovation. En général, on peut dire que les facultés de Louvain introduisirent des innovations avec lenteur et par petites touches. Cela fut plus fructueux dans certaines facultés que dans d'autres, suivant la composition du corps professoral et selon l'époque. Ce n'est que sous le régime autrichien que l'on commença la modernisation des programmes, sans qu'on puisse cependant percevoir une grande originalité ou une dynamique scientifique comparable aux universités avant-gardistes comme celles des Pays-Bas septentrionaux.

Cela ne signifie d'ailleurs pas que les professeurs fonctionnaient dans une vacuité scientifique. Par l'entremise des publications scientifiques, de la correspondance et des réseaux, ils se tenaient au courant des développements scientifiques à l'étranger. Les notes de cours et autres sources, incluant les témoignages de sanctions disciplinaires, montrent que certaines parties des nouvelles sciences pénétraient également dans l'enseignement.

Comme partout ailleurs, les facultés de Louvain délivraient trois diplômes différents : *baccalaureus*, *licentiatus* et *doctor*. Dans les facultés des arts et de théologie, il était de coutume d'appeler un docteur *magister*. Chaque examen devait être payé séparément. Les coûts du *magisterium* (doctorat) en arts étaient beaucoup moins élevés que dans les facultés supérieures ; la procédure était également plus simple. C'est pourquoi la plupart des licenciés ès arts obtenaient en plus le *magisterium*. Il en allait autrement dans les trois facultés supérieures. Un doctorat coûtait très cher, et la procédure, ou plutôt les exigences, étaient bien plus élevées. Pour un emploi, ce doctorat n'était pas obligatoire, à quelques exceptions près, comme une chaire de professeur, où cela ne se discutait même pas. Et si quelques chanceux aspiraient encore pour des raisons de prestige à une bulle doctorale, elle était obtenue dans une université étrangère, souvent au cours d'un voyage d'études ou Grand Tour après la fin de leurs études à Louvain. Louvain joua ainsi son rôle d'université d'Ancien régime en formant des hommes socialement adaptés, éduqués, cultivés et conscients des valeurs sociales, morales et religieuses.

La Faculté des arts. – Initialement, la formation dans la faculté des arts libéraux durait deux ans et demi mais fut déjà réduite à deux ans vers 1475. Depuis la seconde moitié du XVe siècle, l'enseignement était dispensé dans les quatre pédagogies. À partir du milieu du XVIe siècle, chaque pédagogie comptait quatre professeurs ordinaires : deux *primarii* – un pour chacune des deux années – et deux *secundarii*, qui devaient assister les *professores primarii* pour donner les cours. Outre ces seize professeurs, deux autres professeurs publics enseignaient l'éthique et la rhétorique dans le *Vicus Artium*. Cet enseignement était traditionnel, fidèle aux statuts.

L'enseignement était placé sous le signe de la conceptualisation élémentaire, la connaissance des définitions et des principes corrects, et l'analyse logique des arguments scientifiques. Il comprenait théoriquement un panorama complet des sept *artes liberales*. Dans la pratique, surtout à partir du XVIe siècle, il ne restait plus que la *Logica* et la *Physica*. L'ordre dans lequel les matières étaient enseignées demeura inchangé pendant des siècles. Ce n'est que lorsqu'un traité était complètement épuisé qu'on passait au suivant. Après un certain temps, la *Grammatica* se retrouva dans l'enseignement préparatoire. Jusqu'au XVIIe siècle, l'enseignement de la *Logica* était basé sur Porphyre et les autres traités de logique du *Corpus aristotelicum*. La *Physica* était aussi entièrement basée sur Aristote. Le programme comprenait initialement les traités *Physica*, *De coelo et mundo*, *De generatione et corruptione*, *Meteorologica*, *De anima* et les *Parva naturalia*. Ce morceau indigeste de philosophie naturelle était suivi par la *Metaphysica*. L'avant-dernière partie était consacrée aux *Mathematica*, auxquelles était également rattachée l'astronomie. Celle-ci était enseignée au moyen du traité *De Sphaera* de Joannes de Sacrobosco (*c.* 1195-*c.* 1256). En outre, le premier livre d'Euclide, les *Arithmetica* de Boèce et les *Musica* de Jean des Murs (*c.* 1290-*c.* 1355) complétaient le programme. Un cursus complet en arts s'achevait par les *Ethica* d'Aristote.

Au début du XVIe siècle, l'influence humaniste s'accrut dans les traités de logique et d'éthique. Laurent Valla (*c.* 1407-1457) et Rudolf Agricola (1443-1485) firent leur entrée dans ces domaines enseignés. Au milieu du XVIe siècle, les mathématiques reçurent de plus en plus d'attention. Traditionnaliste dans son enseignement, l'*alma mater* de Louvain ne s'adapta que lentement à la « nouvelle » science. Le cartésianisme n'y fut accepté qu'après 1658 et un peu plus tard la physique expérimentale fut au programme de la faculté des arts. Vers 1680, tout le monde s'accordait sur la nécessité d'une réforme profonde du programme. C'est le début d'une série de révisions et de réformes qui perdureront jusqu'à la fin du XVIIIe siècle, surtout pour faire de la place aux sciences naturelles modernes dans le *curriculum*. Ainsi la loi de la gravitation d'Isaac Newton ne fut introduite dans l'enseignement que dans la seconde moitié du XVIIIe siècle, après les réformes de Neny.

Une charge de professeur à la faculté des arts était considérée par la plupart des titulaires comme un tremplin vers une nouvelle carrière, soit dans une faculté supérieure, soit à l'extérieur de l'université. Pour beaucoup, c'était considéré comme une sorte de bourse d'études : pendant qu'ils y enseignaient, ils suivaient des leçons dans une faculté supérieure. En tant que groupe, les professeurs en *artes* dépendaient entièrement des professeurs de théologie, dont ils étaient soit les étudiants soit les futurs collègues.

Un enseignement scientifique humaniste et novateur était dispensé en marge de la faculté. Au XVIe siècle, Louvain devint le centre le plus important des Pays-Bas pour les mathématiques, la construction des instruments d'astronomie et la cartographie. L'impulsion directe donnée à ce développement était l'œuvre de Gemma Frisius (1508-1555), un médecin qui était la cheville ouvrière d'un groupe de mathématiciens, astronomes, cartographes et constructeurs d'instruments scientifiques ayant de solides liens sociaux et intellectuels : les cartographes Jacob van Deventer, Gérard Mercator, Jean Stade, et le propre fils de Gemma Frisius, Cornelius, ainsi que son neveu, Walter Arsenius, un fabricant d'instruments. Les théories de Copernic furent adoptées et propagées par Frisius. Ces activités conduisirent à la demande d'un solide enseignement des mathématiques. Pour répondre à ce besoin, Philippe II introduisit une chaire royale en mathématiques en 1571.

La fondation en 1517 du *Collegium Trilingue*, qui était également dénommé *Collegium Buslidianum* d'après son fondateur Jérôme de Busleyden (1470-1517), fut la grande nouveauté institutionnelle. Le but était d'enseigner les trois langues bibliques, le latin, le grec et l'hébreu, dans un esprit humaniste. Bien que le collège des Trois Langues n'avait comme intention que de compléter l'enseignement de la faculté des arts, sa fondation ne fut pas accueillie favorablement par les professeurs et les étudiants de cette même faculté. Un vent contraire soufflait aussi en provenance des théologiens parce qu'ils pensaient que l'étude des langues anciennes allait compromettre les conceptions traditionnelles dans le domaine de l'exégèse biblique. Malgré toutes les protestations, et sous l'impulsion du professeur Juan Luis Vives (1492-1540), l'Université donna son approbation définitive le 13 mars 1520 et incorpora le collège des Trois Langues en tant qu'institution autonome au sein de la faculté des arts. En raison du grand succès du collège trilingue, deux chaires royales supplémentaires furent créées en 1592, l'une pour l'histoire ancienne et l'autre pour le latin. Juste Lipse fut nommé titulaire pour les deux chaires. En 1687, on ajouta un *regius professor* pour le français (*langue bourguignonne*). Dans la seconde moitié du XVIIIe siècle, ces chaires royales furent abolies ou ne furent plus pourvues.

La faculté de médecine. – Vu que la faculté de médecine était petite, elle ne comptait, au début du XVIe siècle, que deux chaires ordinaires qui étaient aussi appelées chaires prébendières (*professores prebendiati*), parce que leurs titulaires recevaient une prébende dans le chapitre collégial de Saint-Pierre. Grâce à un privilège du Pape Martin V daté de 1426, les prêtres de Louvain furent autorisés à étudier et à enseigner la médecine.

La matière des cours était déterminée par le collège restreint. Le programme comprenait à l'origine l'anatomie, la physiologie, l'hygiène, l'enseignement des maladies et des remèdes (*materia medicalis*) et était assuré par les deux *professores ordinarii*. Beaucoup d'étudiants prenaient également des cours au *Collegium Trilingue*, notamment André Vésale qui dut pourtant s'expatrier à l'Université de Padoue parce que ses vues sur l'anatomie ne concordaient pas avec celles de la faculté. Après les protestations des étudiants, un nouveau règlement entra en application en 1557. En plus des cours magistraux déjà fixés, les deux professeurs devaient également organiser des cours pratiques et intégrer des cours de botanique. En outre, quatre dissections publiques avaient lieu chaque année. La cour intervint également dans la formation médicale : en 1558, Philippe II, appuyé par les États de Brabant, nomma un professeur royal pour approfondir Galien. Après la visite de 1617, le corps professoral de la faculté fut fixé à quatre membres : deux *ordinarii* et deux *regii* (anatomie et chirurgie). Les développements scientifiques du XVIIe siècle stimulèrent la création de chaires royales : botanique en 1663 et chimie en 1685. Au XVIIIe siècle, on conçut un autre *hortus botanicus*, un théâtre anatomique et un laboratoire de chimie. Cela devait conduire non seulement à un enseignement pratique plus répandu et de meilleure qualité, mais encore à des recherches expérimentales. Cependant de nombreux professeurs de médecine exerçaient traditionnellement une activité en dehors de la faculté, comme médecins des princes ou des prélats, médecins de la ville ou médecins indépendants.

Les facultés de droit canonique et civil. – L'enseignement et la vie des deux facultés de droit étaient étroitement liés l'un à l'autre. Ainsi les professeurs passaient habituellement d'une faculté à l'autre. Sous Joseph II, les deux facultés furent même réunies (1788-1789).

Les *facultates* de droit comptait chacune trois *professores ordinarii* et deux *professores extraordinarii*.

Les *ordinarii* enseignaient les aspects essentiels du *Corpus Iuris Civilis* – les Digestes et le Code – et du *Corpus Iuris Canonici* – le *Decretum Gratiani* et les Décrétales de Grégoire IX. En 1557, des chaires supplémentaires furent instaurées par Philippe II pour faciliter aux étudiants l'étude approfondie des traités juridiques. Le monarque espagnol désigna trois professeurs royaux : deux pour le droit romain et un pour le droit canonique. Le *regius* de droit romain donnait un aperçu général des *Institutes* de Justinien, l'autre une brève discussion de fond sur les résumés des Digestes et du Code (*Paratitla*). Le *regius* de droit canonique fournissait une introduction générale au droit canonique.

La Faculté de droit louvaniste acquit une certaine renommée au XVIe siècle parce que Gabriel vander Muyden (Mudaeus) et ses élèves y défendaient la nouvelle orientation de l'humanisme juridique, qui s'avérait fortement historico-philologique. À la fin du XVIe siècle et dans la première moitié du XVIIe siècle, les facultés de droit de Louvain connurent un certain essor grâce à la recherche d'un compromis entre l'humanisme historico-philologique et le bartolisme plus traditionnel qui se rattachait davantage à la pratique quotidienne du droit indigène. Vers le milieu du XVIIe siècle, l'enseignement y devint rigide et le fossé entre le droit romain étudié à la faculté, le droit coutumier bien vivant, la législation royale et les procédures judiciaires s'élargit considérablement. Les souverains autrichiens tentèrent à plusieurs reprises de moderniser l'enseignement du droit, notamment en introduisant une chaire de droit public (1723-1724 et 1753-1756). Les réformes plus radicales de Joseph II mirent l'accent sur le droit naturel, le droit international et le droit public qui devait aussi traiter des relations entre l'Église et l'État.

SOURCES. Archives de l'État à Louvain, Fonds *Oude Universiteit Leuven*. Inventaire par H. De Vocht, *Inventaire des archives de l'Université de Louvain (1427-1797) aux Archives Générales du Royaume à Bruxelles*, Louvain, 1927. – Archives de l'Université de Louvain (1425-1797) à Leuven *(Universiteitsarchief)* et à *Louvain-la-Neuve (Archives de l'Université)*. – Bibliothèque royale de Belgique, Ms. 22172-22176 : travaux de J. L. Bax sur l'Histoire de l'Université de Louvain et listes de promotions, 1429-1797. – P. F. X. De Ram (éd.), *Codex veterum statutorum Academiae Lovaniensis*, Bruxelles, 1861 ; Id. (éd.), *Anciens statuts de la faculté de médecine de Louvain*, dans *Bulletin de la Commission Royale d'Histoire*, 3e série, t. 5, 1863, p. 391-404. – E. Reusens, *Promotions de la Faculté des Arts de l'Université de Louvain (1428-1797)*, dans *Analectes pour servir à l'histoire ecclésiastique de la Belgique*, 1, 1864, p. 377-417 ; 2, 1865, p. 222-253, 293-332 ; 3, 1866, p. 5-39, 243-253, 348-374, 446-476 ; 4, 1867, p. 232-254, 433-457 ; 5, 1868, p. 385-406 ; Id., *Documents relatifs à l'histoire de l'université de Louvain 1425-1797*, *Ibid.*, 5 vol., Louvain, 1881-1885 (tables de J. Buchet, Louvain, 1977). – J. Wils, *Documents relatifs à l'histoire de l'université de Louvain 1425-1797*, *Ibid.*, 38, 1912, p. 185-200, 277-296 ; 39, 1913, p. 275-304 ; 40, 1914, p. 97-128 (tables de J. Buchet, Louvain, 1977). – V. Brants (éd.), *Visite de l'Université, Bruxelles, 18 avril 1617*, dans *Recueil des Ordonnances des Pays-Bas. Règne d'Albert et Isabelle* (*1597-1621*), vol. 2, Bruxelles, 1912, p. 326-339. – E. Reusens, J. Wils et A. Schillings (éd.), *Matricule de l'Université de Louvain* (Commission Royale d'Histoire, in 4°), 10 t., 17 vol., Bruxelles, 1903-1967. – A. Van Hove (éd.), *Statuts inédits du Collège de la Faculté de Médecine de l'Université de Louvain (1607)*, Bruxelles, 1920. – Cl. Bruneel et Cl. de Moreau de Gerbehaye (éd.), *Les gradués de la faculté de médecine de l'ancienne université de Louvain (XVIe-XVIIIe* siècles) (Commission Royale d'Histoire, in 4°), Bruxelles, 2004.

TRAVAUX. Nicolaus Vernulaeus, *Academia Lovaniensis libri III*, Louvain, 1627 (reprint Whitefish, MT, Kessinger Legacy Reprints, 2009). – Valerius Andreas, *Fasti academici studii generalis Lovaniensis*, Louvain, 1635. – F. de Reiffenberg, *Mémoires sur les deux premiers siècles de l'université de Louvain*, Bruxelles, 1829-1835. – F. Nève, *Mémoire historique et littéraire sur le collège des Trois-langues à l'Université de Louvain [1517-1797]* (Mémoire couronné de l'Académie Royale de Belgique, 28), Bruxelles, 1856. – Jean Molanus, *Historiae Lovaniensium libri XIV* (Commission Royale d'Histoire, in 4°), éd. par P. F. X. de Ram, 2 vol., Bruxelles, 1861. – C. Broeckx, *Prodrome de l'histoire de la faculté de médecine de l'ancienne université de Louvain depuis son origine jusqu'*à sa suppression, Anvers, 1865. – P. De Ram, N. J. Laforêt et A. Namêche, *Analectes pour servir à l'histoire de l'université de Louvain*, dans *Annuaire de l'Université de Louvain*, 1838-1865. – E. Reusens, *Documents relatifs à l'histoire de l'Université de Louvain (1425-1797)*, dans *Analectes pour servir à l'histoire ecclésiastique*, 17 et sv., Louvain, 1881-1892. (rééd. : Université catholique de Louvain. Catalogues, inventaires et répertoires de la Bibliothèque centrale, 4, 6 vol., Louvain, 1977). – A. Verhaeghen, *Les cinquante dernières années de l'ancienne université de Louvain*, Liège, 1884. – V. Brants, *La faculté de droit de l'Université de Louvain à travers cinq siècles (1426-1926)*, Louvain-Paris, 1906. – J. Wils, *Les professeurs de l'ancienne Université de Louvain*, dans *Ephemerides teologicae lovanienses*, 4, 1927, p. 338-358. – *L'Université de Louvain à travers cinq siècles [1426-1926]*, Bruxelles, 1927. – J. J. Tricot-Royer, *Coup d'œil sur l'ancienne faculté de Médecine de Louvain*, dans *Revue des questions scientifiques*, 12, 1927, p. 47-72. – L. Van Der Essen, *Les tribulations de l'Université de Louvain pendant les guerres de Louis XIV en Belgique (1684-1713)*, s.l., s.d. – G. Van Der Schueren, *Een geschiedkundige schets van het eeuwenoud onderwijs in de anatomie te Leuven*, dans *Verhandelingen van de Koninklijke Akademie voor Geneeskunde van Belgie*, 12, 1950, p. 242-259. – H. De Vocht, *History of the Foundation and the Rise of the Collegium Trilingue Lovaniense 1517-1550* (Humanistica Lovaniensia, 10-13), 4 vol., Louvain, 1951-1955. – F. Claeys-Boúúaert, *L'Ancienne Université de Louvain. Études et documents* (Bibliothèque de la Revue d'histoire ecclésiastique, 28), Louvain, 1956 ; Id., *Inventaire de pièces d'archives provenant de l'ancienne université de Louvain*, dans *Revue d'histoire ecclésiastique*, 53, 1958, p. 796-829, et 54, 1959, p. 66-114 ; Id., *Contribution à l'histoire économique de l'ancienne Université de Louvain* (Bibliothèque de la Revue d'histoire ecclésiastique, 32), Louvain, 1959. – R. Feenstra, *Université de Louvain, répertoire et bibliographie jusqu'*à *l'an 1500*, Milano, 1966 ; Id., *Teaching the civil law at Louvain as reported by Scottish students in the 1430s (Mss. Aberdeen 195-197) with addenda on Henricus de Piro (and Johannes Andreae)*, dans *Tijdschrift voor rechtsgeschiedenis*, 65, 1997, p. 245-280. – A. De Smet, *Leuven als centrum van de wetenschappelijke kartografische traditie in de voormalige Nederlanden gedurende de eerste helft van de zestiende eeuw*, dans *Acta Geographica Lovaniensia*, 5, 1967, p. 97-116 [réimpr. dans *Album Antoine de Smet* (Publications du Centre national d'histoire des sciences, 4), Bruxelles, 1974, p. 329-345]. – J. Paquet, *Louvain*, dans R. Gilbert, J. Paquet, S. Ellehoj, F. Kavka et J. Havranek, *Bibliographie internationale de l'Histoire des universités. I : Espagne-Louvain-Copenhague-Prague*, Genève, 1973, p. 103-164 et 225-229 ; supplément : Id., *Bibliografie der geschiedenis van de oude Universiteit Leuven (1425-1797). Publikaties in* *de jaren 1972-1976 uitgegeven, met toevoegingen voor de voorafgaande jaren*, dans *Bijdragen tot de Geschiedenis*, 62, 1979, p. 267-294 ; Id., *L'université aux* XVe *et* XVIe siècles, dans A. d'Haenens (dir.), *L'Université catholique de Louvain. Vie et mémoire d'une institution*, Louvain-la-Neuve, 1992, p. 75-101. – L. Van Buyten, *De Leuvense universiteitsmatrikels (16*[de]*-18*[de] *eeuw). Kritische beschouwingen*, dans *Arca Lovaniensis*, 3, 1974, p. 9-35. – E. Lamberts (éd.), *Van Vicus artium tot nieuwbouw : 550 jaar faculteitsgeschiedenis* (catalogue de l'exposition à Louvain, 13 nov.-19 déc. 1975), Leuven, 1975. – J. Roegiers (éd.), *550 ans de vie universitaire à Louvain*, dans *Catalogue sommaire, Louvain Musée Communal 31 janv.-25 avril 1976*, Leuven, 1976 ; Id., *300 jaar chemie in Leuven : 1685-1985* (Catalogue de l'exposition à Louvain, Universiteitshal, 14/11/1985-07/12/1985), Leuven, 1985 ; Id., *Professorencarrières aan de Oude Universiteit Leuven*, dans A. Jans (éd.), *Liber Amicorum Dr. J. Scheerder*, Leuven, 1987, p. 227-240 ; Id., *Was de oude Universiteit Leuven een Rijksuniversiteit ?*, dans *Archief-en bibliotheekwezen in België*, 1990, p. 545 ; Id., *De Leuvense Professorencorpsen van 1780 tot 1830 : Universiteit en Politiek*, dans P. Lenders (éd.), *Le personnel politique dans la transition de l'ancien régime au nouveau régime en Belgique (1780-1830)* (Anciens pays et assemblées d'états, 16), Heule, 1993, p. 71-83 ; Id. et I. Vandevivere (éd.), *Leuven/Louvain-la-Neuve. Aller-Retour*, Leuven, 2001 ; Id., *Catholic Universities and the Enlighted State : The Louvain Case*, dans P. Hurtubise (éd.), *Université, Église, Culture. L'Université Catholique à l'*Époque Moderne. De la Réforme à la Révolution, *XVI*[ème]*-XVII*[ème] *siècles*, Actes du Troisième Symposium, Universidad Iberoamericana México, 30 avril-3 mai 2003, Paris, 2005, p. 193-231. – F. A. Sondervorst, *Histoire de l'ancienne Faculté de médecine de Louvain*, dans *Louvain médical*, 96, 1977, p. 47-54 ; Id., *Histoire de la médecine belge*, Bruxelles, 1981, p. 202-212. – J. M. Bujanda (dir.), *Index des livres interdits*, II, *Index de l'Université de Louvain, 1546, 1550, 1558* (Sherbrooke. Centre d'études de la Renaissance), Introduction de L.-E. Halkin, Genève, 1986. – C. Bruneel, *Le* « Primus » *de Louvain au* XVIIIe *siècle*, dans *Revue du Nord*, 69, n° 274, juillet-septembre 1987, p. 575-588 ; Id., *Répertoire des thèses de l'Ancienne Université*, Louvain, 1977. – E. Lamberts et J. Roegiers (éd.), *L'Université de Louvain 1425-1975*, Leuven, 1976 ; Id. (éd.), *Leuven University 1425-1985*, Leuven, 1988. – J. Goossens, *De oudste algemene statuten van de universiteiten van Keulen en Leuven : Een vergelijkende tekstanalyse*, dans *Archives et bibliothèques de Belgique*, 48, 1977, p. 42-78. – E. De Maesschalck, *Kollegestichtingen aan de Universiteit te Leuven (1425-1530). Pogingen tot oplossing van armoede- en tuchtproblemen*, Thèse de doctorat inédite en histoire, Leuven, KULeuven, 1977 ; Id., *Scholarship Grants and Colleges Established at the University of Louvain up to 1530*, dans J. Paquet et J. IJsewijn (éd.), *Les universités à la fin du Moyen Âge* (Publications de l'Institut d'études médiévales. Textes, études, congrès, 2), Louvain-la-Neuve, 1978, p. 484-494 ; Id., *Beurzen en colleges te Leuven in de 15de en 16de eeuw*, dans *Spiegel Historiael*, 13/9, 1978, p. 556-564 ; Id., *De criteria van de armoede aan de middeleeuwse universiteit te Leuven*, dans *Revue belge de philologie et d'histoire*, 58, 1980, p. 337-354 ; Id., *The Relationship between the University and the City of Louvain in the Fifteenth Century*, dans *History of Universities*, 9, 1990, p. 45-72 ; Id., *Foundation and Evolution of Louvain Colleges in the Late Middle Ages*, dans D. Maffei et H. De Ridder-Symoens (éd.), *I collegi universitari in Europa tra il* XIV *e il* XVIII *secolo* (Atti del Convegno di Studi della Commissione Internazionale per la Storia delle Università, Siena-Bologna, 16-19 maggio 1988), Milano, 1990, p. 155-162. – E. J. M. Van Eijl, *The foundation of the University of Louvain*, dans J. Paquet et J. IJsewijn (éd.), *Les universités..., op. cit.*, p. 29-41 ; Id., *Löwen (Leuven, Louvain), Universität*, dans *Theologische Realenzyklopädie*, t. 21, 1991, p. 419-423. – A. Van Belle, *La faculté des arts de Louvain. Quelques aspects de son organisation au* XVe siècle, dans J. Paquet et J. IJsewijn (éd.), *Les universités..., op. cit.*, p. 42-48 [= *The Universities in the Late Middle Ages* (Katholieke Universiteit Leuven, Mediaevalia Lovaniensia, Series 1, Studia 6), Louvain-Den Haag, 1978]. – A. Weiler, *Les relations entre l'Université de Louvain et l'Université de Cologne au* XVe siècle, dans J. Paquet et J. IJsewijn (éd.), *Les universités..., op. cit.*, p. 49-81. – A. L. Gabriel, *Intellectual relations between the University of Louvain and the University of Paris in the 15th century*, dans J. Paquet et J. IJsewijn (éd.), *Les universités..., op. cit.*, p. 82-132. – M. Smeyers, *De Leuvense boekdrukkunst en de Universiteit 1473-begin 17de eeuw*, dans *Varia Historica Brabantica*, 6-7, 1978, p. 319-357. – Ph. Godding, *La Faculté de droit de l'Université de Louvain. De Louvain à Louvain-la-Neuve (1426-1978)*, dans *Journal des tribunaux*, n° 5053, 14 févr. 1978, p. 553-557 ; Id., *La formation des étudiants en droit à Louvain (fin 16*[ème]*-début 17ème siècle) : fait-elle place au droit coutumier et édictal de nos régions?*, dans G. Asaert et al. (éd.), *Recht en Instellingen in de Oude Nederlanden tijdens de Middeleeuwen en de Nieuwe Tijd. Liber Amicorum Jan Buntinx* (Symbolae Facultatis Litterarum et Philosophiae Lovaniensis, Series A, vol. 10), Leuven, 1981, p. 435-446 ; Id., *De la robe à la « toge ». Le costume académique à l'Université de Louvain 1425-1995*, dans *Louvain. Mensuel de l'Université catholique de Louvain et de l'Association des anciens et des amis de l'Université catholique de Louvain*, février-mars 1995, p. 13-16. – *De la Faculté des arts à la Faculté de philosophie et lettres. Des siècles d'histoire*, dans J. Ruwet (éd.), *Catalogue de l'exposition à Louvain-la-Neuve, 4-15 mars 1980*, Louvain-la-Neuve, 1980. – J. Ruwet, *Die Reform der Universität Löwen 1740-80*, dans *Oesterreich im Europa der Aufklärung. Kontinuität und Zäsur*, vol. 2, *Europa zur Zeit Maria Theresias und Joseph II*, Wien, 1985, p. 813-846. – H. De Ridder-Symoens, *Internationalismus versus Nationalismus der Universitäten um 1500 mit spezieller Berücksichtigung der Situation in den Südlichen Niederlanden*, dans F. Seibt et W. Eberhardt (éd.), *Europa 1500. Integrationsprozesse im Widerstreit. Staaten, Regionen, Personenverbände, Christenheit*, Stuttgart, 1986, p. 397-414 ; Id. *Rich Men, Poor Men: Social Stratification and Social Representation at the University (13th-16th Centuries)*, dans W. Blockmans et A. Janse (éd.), *Showing Status. Representation of Social Positions in the Late Middle Ages* (Medieval Texts and Cultures of Northern Europe, 2), Turnhout, 1999, p. 159-175. – *De Universiteit te Leuven 1425-1985* (Fasti Academici, 1), Leuven, 1986. – G. Vanpaemel, *Cartesianism in the Southern Netherlands : the role of the Louvain Faculty of Arts. Actes du colloque international « René-François de Sluse » (1622-1685)*, dans *Bulletin de la Société royale des sciences de Liège*, 55, 1986, p. 221-230. – A. Felix, *Les débuts et les titulaires de la chaire de chimie à la Faculté de Médecine de l'ancienne université de Louvain*, dans *Revue Belge de Philologie et d'Histoire*, 64-2, 1986, p. 234-255. – C. Vandenghoer, *De rectorale rechtbank van de oude Leuvense Universiteit (1425-1797)* (Verhandelingen van de Koninklijke Vlaamse Academie voor Wetenschappen, Letteren en Schone Kunsten, Kl. der Letteren, jaargang 49, n° 124), Bruxelles, 1987. – G. Van Dievoet et al., (éd.), *Lovanium docet, 1425-1914. Geschiedenis van de Leuvense Rechtsfaculteit* (Catalogue de l'exposition à Leuven, 26 mai-2 juillet 1988), Leuven, 1988. – C. Gijsel, *Zuid-Nederlandse hoogleraren in de Geneeskunde tijdens de Renaissance*, dans *De Geneeskunde in de Zuidelijke Nederlanden (1475-1660)*, Antwerpen, 1990, p. 39-65. – A. D'Haenens (éd.), *L'Université catholique de Louvain. Vie et mémoire d'une institution*, Bruxelles, 1992. – J. M. Fletcher et H. De Ridder-Symoens (éd.), *Lines of Contact. Proceedings of the Second Conference of Belgian, British, Irish* *and Dutch Historians of Universities Held at St Anne's College Oxford 15-17 September 1989* (Studia Historica Gandensia, 279), Gent, 1994. – E. Van Mingroot, *Sapientie immarcessibilis. A Diplomatic and Comparative Study of the Bull of Foundation of the University of Louvain (December 9, 1425)* (Medievalia Lovaniensia, Series I/Studia, XXV), Leuven, 1994. – P. Vandermeersch, *Teachers*, dans H. De Ridder-Symoens (éd.), *A History of the University in Europe*, vol. 2, *Universities in Early Modern Europe (1500-1800)*, Cambridge, 1996, p. 210-255. – M. Laureys, *Leuven als Zentrum des niederländischen Humanismus*, dans *Gymnasium. Zeitschrift für Kultur der Antike und humanistische Bildung*, 103/4, 1996, p. 355-374. – O. Steeno, *Professorale economie. De strijd om 'profijten' en 'emolumenten'. In: Johannes-Remigius Jacquelart uit Nijvel (1721-1809). Professor Regius aan de Medische Faculteit van de Oude Universiteit Leuven (1745-1790)*, Leuven, 1997. – C. Coppens (éd.), *Materiae Promotionis. Natuurwetenschap aan de oude Universiteit Leuven* (Catalogue de l'exposition à Louvain, 27 juin-5 sept. 1997), Leuven, 1997 ; Id., M. Derez et J. Roegiers, *Leuven University Library 1425-2000*, Leuven, 2000. – B. Van Tiggelen, *Les réformes dans l'enseignement des sciences à la faculté des arts de Louvain au* XVIII*ème siècle*, dans *Scientiarum Historia*, 23-2, 1997, p. 41-71. – B. Boutte, *Regnum, Sacerdotium en Studium in de vroegmoderne periode. Het voorbeeld van de Leuvense benoemingsprocedures. 1483-1573*, dans *Trajecta*, 7/2, 1998, p. 154-179. – M. Nelissen, *Papal charters of foundation for universities [Leuven et Rostock]*, dans *Paedagogica historica*, 34/2, 1998, p. 365-374 ; Id., J. Roegiers et E. Van Mingroot, *De stichtingsbul van de Leuvense universiteit 1425-1914*, Leuven, 2000. – Ch. Coppens (dir.), *Leuven in Books, Books in Leuven. The Oldest University of the Low Countries and its Library* (Ex officina, 2), Leuven, 1999. – T. Padmos et G. Vanpaemel (éd.), *De Geleerde Wereld van Keizer Karel* (Symbolae Facultatis Litterarum Lovaniensis, Series B/vol. 19), Leuven, 2000. – R. Van Hee, *Thomas Fijens (1567-1630). Chirurg te Antwerpen, hoogleraar te Leuven*, dans *Scientiarum Historia (Antwerpen)*, 26/1-2, 2000, p. 15-21. – J. Papy (éd.), « Justus Lipsius », *Iusti Lipsi Lovanium*, Leuven, 2000. – S. De Knijf, *Studiefinanciering aan de Oude Universiteit van Leuven. Beurzenstichtingen voor studenten uit Brabant (1540-1640)*, 2 vol., Mémoire de licence en histoire inédit, Bruxelles, Vrije Universiteit Brussel, 2001. – P. Delsaerdt, *Suam Quisque Bibliothecam. Boekhandel en particulier boekenbezit aan de oude Leuvense universiteit, 16de-18de eeuw* (Symbolae Facultatis Litterarum Lovaniensis, Series A/vol. 27), Leuven, 2001. – K. Van Cleempoel, *A Catalogue Raisonné of Scientific Instruments from the Louvain School, 1530-1600* (De diversis artibus. Collection de travaux de l'Académie internationale d'histoire des sciences, 65), Turnhout, 2002. – F. Hiraux, L. Honnoré et F. Miguet (éd.), *La vie étudiante à Louvain 1425-2000. Chronique de l'Université de Louvain, publiée à l'occasion de l'exposition au Forum des Halles à Louvain-la-Neuve, du 2 au 15 mai 2002* (Publications des Archives de l'Université Catholique de Louvain, 4), Louvain-la-Neuve, 2002. – T. Quaghebeur, *L'écho européen du conflit entre les jésuites et l'université de Louvain 1586-1686*, dans G. P. Brizzi er R. Greci, *Gesuiti e università in Europa (secoli* XVI-XVIII*). Atti del Convegno di studi. Parma, 13-15 dicembre 2001* (Centro interuniversitario per la storia delle università italiane. Studi, 3), Bologna, 2002, p. 145-150 ; Id., *The University of Louvain under the Constant Threat of Visitations, 1617-1702*, dans *Revue belge de philologie et d'histoire*, 85/3-4, 2007, p. 685-719. – H. Schmitz du Moulin, *Louvain, plaque tournante des idées jansénistes*, dans D. Tollet (dir.), *Le jansénisme et la franc-maçonnerie en Europe centrale aux* XVII*e et* XVIII*e siècles. Actes du Colloque en Sorbonne des 23 et 24 mai 1998*, Paris, 2002, p. 141-156. – S. Grommen, *Joannes Lambertus Bax (1753-1834), procurator van het Groot Heilig-Geestcollege en historicus : leven en werk*, Mémoire de licence en histoire inédit, Leuven, KU Leuven, 2003. – B. Boute, *Academics in Action. Scholarly Interests and Policies in the Early Counter-Reformation : the Reform of the University of Louvain 1607-1617*, dans *History of Universities*, 18-2, 2003, p. 34-8 ; Id., *Academic Interests and Catholic Confessionalisation in the Archducal Netherlands (1598-1621). The Louvain Privileges of Nomination to Ecclesiastical Benefices*, Leiden, 2010. – S. Vanden Broecke, *The Limits of Influence. Pico, Louvain, and the Crisis of Renaissance Astrology* (Medieval and Early Modern Science, 4), Leiden, 2003. – F. Hiraux et F. Mirguet (éd.), *Collection de cours manuscrits de l'Université de Louvain 1425-1797. Catalogue analytique* (Publications des Archives de l'Université Catholique de Louvain, 7), Louvain-la-Neuve, 2003. – D. Lanoye et P. Vandermeersch, *The University of Louvain at the End of the Sixteenth Century. Coping with Crisis ?*, dans *History of Universities*, 20/1, 2005, p. 81-107. – J. M. M. Hermans et M. Nelissen, *Charters of Foundation and Early Documents of the Universities of the Coimbra Group*, Leuven, 2005. – E. Put, *Mal du siècle des archives ? Jacques Wellens et le classement des archives de l'Université de Louvain en 1757-1766*, dans H. Schwall, D. Vanysacker, J.-P. Delville et P. Delsaerdt (dir.), *The Quintessence of Lives. Intellectual Biographies in the Low Countries presented to Jan Roegiers* (Bibliothèque de la Revue d'histoire ecclésiastique, 91), Louvain-Louvain-La-Neuve-Turnhout, 2010, p. 283-292. – G. Vanpaemel, K. Smeyers, A. Smets et D. van der Meijden (éd.), *Ex Cathedra. Leuvense collegedictaten van de 16de tot de 18de eeuw*, Leuven, 2012. – L. Waelkens et F. Stevens (éd.), *Geschiedenis van de Leuvense rechtsfaculteit*, Brugge, 2014. – H. De Ridder-Symoens et J. Roegiers, *Lecture Tools at the Leuven Faculty of Arts from its origin (1425) until the end of the seventeenth century*, dans *Annali di Storia delle Università Italiane*, 19-1, 2015, p. 25-43. – P. Bockstaele, *Een Leuvens mathematisch pamflet uit 1638*, dans R. Holvoet (éd.), *Liber amicorum Prof. em. H. Florin*, Leuven, 1975, p. 45-61.

H. De Ridder-Symoens

2° *La Faculté de théologie.* – Sept ans seulement après la fondation de l'Université, le 7 mars 1432, le pape Eugène IV fonda la Faculté de théologie. Les premiers statuts de la Faculté s'inspiraient de ceux de Cologne et de Paris, et les premiers professeurs provenaient également de ces institutions. Cinq professeurs ordinaires, tous titulaires d'une prébende dans le chapitre séculier de Saint-Pierre, formèrent le premier noyau du corps professoral (et cet usage sera conservé jusqu'à la Révolution française). Bien que la Faculté théologique fût toujours dirigée par des prêtres séculiers, une collaboration se développa dès le début avec les *studia* des dominicains, franciscains et ermites-augustins qui s'étaient établis dans l'ancienne capitale du Brabant. Leurs couvents, et plus tard ceux des autres ordres et congrégations (à l'exception des jésuites), furent « incorporés » à l'Université. Cela signifiait, entre autres, que les religieux de ces monastères devenaient des suppots de l'université, avec tous les droits et privilèges qui y étaient attachés, et que les monastères s'engageaient à envoyer au moins un étudiant à la Faculté.

Les étudiants qui avaient obtenu un grade en arts libéraux, ou qui avaient suivi une formation équivalente dans le *studium* de leur monastère, pouvaient être autorisés à étudier la théologie. La formation en théologie durait d'abord onze ans, puis douze ans, mais elle fut progressivement réduite au XVIe siècle pour se voir fixée à sept ans au début du XVIIe siècle. La formation impliquait que tous les étudiants suivent quotidiennement des cours avec les professeurs ordinaires qui traitaient une question basée sur les Écritures ou les *Sentences* de Pierre Lombard, qu'ils participent aux disputes organisées et qu'ils fassent les exercices spécifiques au stade de formation où ils se situaient. Une fois devenus *baccalaurei biblici* ou *cursores*, les étudiants étaient chargés de lire et de commenter l'Écriture Sainte à l'attention de leurs condisciples plus jeunes. Les *baccalaurei sententiarii* et *neo-formati* commentaient pour leur part les *Sentences* de Pierre Lombard. Parvenus à la licence, ces étudiants devaient prouver encore plus leurs compétences dans les *responsiones pro forma*. Après l'obtention du grade de licencié en théologie, seuls quelques-uns commençaient le doctorat, qui par ailleurs s'avérait une épreuve coûteuse.

L'une des controverses subtiles qui touchèrent le monde de la théologie au milieu du XVe siècle et dans laquelle l'Université de Louvain se trouvait au cœur de la tempête, concernait les *futura contingentia*, où la position de Petrus de Rivo (Peter van der Beken, *c.* 1420-1499), professeur de rhétorique à la Faculté des arts de Louvain, était dénoncée par le théologien Hendrik van Zomeren (*c.* 1418-1472). La querelle prit une dimension internationale, conduisit à un procès de l'Inquisition contre de Rivo et déboucha sur sa condamnation définitive par Sixte IV en 1474.

À la fin du Moyen-Âge se fit ressentir le besoin, au-delà des questions purement spéculatives, de prêter davantage attention aux nouveaux problèmes qui se posaient dans le domaine de la morale et de la discipline ecclésiastique. La formule des *quaestiones quodlibeticae* se prêtait particulièrement bien à des formes plus créatives de raisonnement et de discussion, comme on le remarque surtout chez Adriaan van Utrecht (1459-1523). Dans son argumentation, Adriaan se réfère longuement à l'Écriture, à la législation pontificale et aux Pères de l'Église, donnant ainsi une impulsion essentielle au renouvellement de l'enseignement théologique à l'aube du crucial XVIe siècle.

Confrontés à la montée de l'humanisme érasmien et à la Réforme, les étudiants d'Adriaan étaient mis au défi de défendre avec rigueur le point de vue catholique – Luther lui-même fut condamné par la Faculté le 7 nov. 1519. Les chefs de file de cette période se nommaient entre autres Jacobus Latomus, *Jacques Masson* (*c.* 1475-1544), Johannes Driedo (*c.* 1480-1535) et Ruard Tapper (1487-1559). En discussion avec le principe humaniste *ad fontes!* et la *sola scriptura* luthérienne, les théologiens acceptaient la primauté des Écritures mais soulignaient que toutes sortes de traditions en matière liturgique et de discipline ecclésiastique (voire même certains points de la foi) n'avaient pas été explicitement exprimées dans les Écritures, mais avaient été conservées dans l'Église par la tradition. Selon eux, la *Vulgate* latine reflète au mieux la foi de l'Église, bien que son texte eût besoin d'être amendé sur base du texte originel en hébreu et en grec. En 1517, Louvain fonda le *Collegium Trilingue*, au sein duquel Érasme, parmi d'autres, agissait comme l'« exécuteur testamentaire » de Jérôme de Busleyden. Cette formation

La Sedes Sapientiae, emblème de l'Université de Louvain, réplique de la statue de Louvain installée au 5e étage de l'aile rectorale des Halles universitaires, tirée de L. Courtois (dir.), *Mémoires de Wallonie…*, *op. cit.*, p. 441.

dans les trois langues s'avérera très utile pour les études bibliques alors en développement à Louvain.

La doctrine catholique de la justification était également approfondie, en discussion avec, d'une part, l'accent mis par Érasme sur les pouvoirs du libre arbitre de l'homme et la valeur salvifique de ses œuvres et, d'autre part, la thèse de Luther selon laquelle le salut ne vient pas des œuvres mais seulement de la foi qui accorde le salut à l'humanité pêcheresse comme une grâce pure, par l'entremise de la mort du Christ en croix et de sa résurrection. Les théologiens louvanistes, de leur côté, insistaient sur l'idée que les possibilités de la volonté humaine n'avaient pas été complètement détruites par la chute, mais avaient été sérieusement endommagées. Ce n'est que par l'action de la *gratia inhaerens* – résultant du baptême et de la conversion durable – que l'humanité peut croire en l'Évangile et accomplir des œuvres qui plaisent à Dieu et produisent des mérites en vue du salut éternel.

Pour élaborer leur théologie, les *Lovanienses* s'appuyaient sur les Écritures et les Pères de l'Église, et tout particulièrement Augustin, sur son *De doctrina Christiana* pour le développement de l'herméneutique biblique et sur ses œuvres antipélagiennes en ce qui concerne la doctrine de la justification. En règle générale, la doctrine d'Augustin était lue à partir d'un cadre d'interprétation qui passait encore par la scolastique (Pierre Lombard, et de façon toujours plus accrue Thomas d'Aquin).

La position doctrinale de Louvain est résumée et « codifiée » une première fois dans les 32 articles que Ruard Tapper a élaborés à la fin de 1544 à la demande de l'empereur Charles Quint, tandis que le point de vue de Johannes Driedo sur la *Vulgate* et les autres versions de la Bible, tout comme son regard sur la grâce et le libre arbitre, influencèrent grandement le Concile de Trente pendant sa période (1546).

L'année 1546 orienta le développement ultérieur de la Faculté de théologie. Ainsi, cette année-là, deux chaires royales furent instaurées, l'une pour la Bible et l'autre pour la théologie scolastique. Les titulaires de ces chaires devaient enseigner tous les jours (alors que les *ordinarii* n'enseignaient que durant six semaines). Ces leçons quotidiennes données par un professeur qualifié finirent par rendre superflues les lectures par les *baccalaurei*. Les études bibliques, stimulées par la fondation de la chaire royale, allaient connaître un grand épanouissement. Celui-ci se manifesta avant tout dans le domaine de la critique textuelle de la *Vulgate* : la Bible (latine) de Louvain de Johannes Henten (1547), révisée par Franciscus Lucas de Bruges (1574) restera l'édition de référence de l'Église catholique pendant des décennies. Les commentaires bibliques de divers théologiens louvanistes de l'époque se révéleraient également très influents. C'est le cas du commentaire sur l'harmonie des Évangiles de Cornelius Jansenius « de Gand » (1510-1576) qui reliait sa recherche du sens littéral de la Bible, basée sur les acquis de la philologie et de l'humanisme biblique, à des objectifs pastoraux. Plus tard dans ce siècle, Thomas Stapleton (1535-1598) publia plusieurs commentaires bibliques et des sermonnaires (les *promptuaria*) qui étaient formulés sous la forme de la controverse théologique et visaient à contredire l'interprétation biblique de Calvin, de Théodore de Bèze et des autres réformateurs. Dans la tradition de Louvain, Stapleton se référait à S. Augustin mais interprétait le Père de l'Église d'un point de vue nettement thomiste et parfois même moliniste. Ceci le conduisit à mettre l'accent sur la participation du libre arbitre à l'initiative salvifique de Dieu, et à considérer sérieusement la prédestination sur la base de la prescience divine des mérites humains.

En tant que professeur royal en Écritures Saintes, Stapleton était le successeur, mais aussi l'antithèse, de Michael Baius, *Michel De Bay* (1513-1589) qui acquit une grande renommée dans l'histoire de la théologie. Baius incarnait le changement de génération qui s'était accompli à la Faculté de théologie de Louvain à partir du milieu du XVIe siècle, et dans lequel les élèves d'Adriaan avaient été remplacés par une jeune génération de théologiens aux idées évoluées. Baius chérissait une théologie fortement antipélagienne fondée sur une vision pessimiste des possibilités de l'homme après la chute et un accent presque exclusif sur l'initiative de la grâce divine. Lorsque Baius voulut également minimiser la contribution de la théologie scolastique et ne voulut plus en définitive que la Bible et Augustin (en particulier dans ses œuvres antipélagiennes), il semblait bien se rapprocher dangereusement du protestantisme et devoir s'attendre à une condamnation doctrinale. Après que les facultés de théologie d'Alcalá et de Salamanque eurent déjà condamné plusieurs de ses thèses en 1565 et 1567, Baius fut sanctionné par Pie V (1567) et Grégoire XIII (1580).

En réaction, le professeur royal de théologie scolastique, Johannes Lensaeus (*Jean de Lens*, 1541-1593) rédigea en 1586 la *Formula doctrinae*, dans laquelle il exprimait, en opposition à Baius, la doctrine officielle augustinienne et thomiste de la Faculté théologique de Louvain. L'encre de la *Formula doctrinae* n'était pas encore sèche, qu'elle était déjà contestée par quelques jeunes jésuites de Louvain, en l'occurrence Leonardus Lessius (*Lenaert Leys*, 1554-1623) et Johannes Hamelius (1554-1589). La Faculté les accusait d'attacher trop de valeur à la participation humaine au processus de rédemption et d'accepter la prédestination, dans laquelle Dieu choisit les personnes sur la base de sa connaissance préalable des mérites humains (*predestinatio 'post' previsa merita*). Les théologiens de Louvain commencèrent alors à établir une distinction nette entre la *gratia sufficiens* et la *gratia efficax* : la première signifiait que le Christ, par sa mort et sa résurrection, ouvrait à tous les hommes la possibilité d'être sauvés ; la seconde que la grâce de Dieu agit toujours efficacement (*gratia ex se ab intrinseco efficax*), sur ceux que Dieu a élus de toute éternité à recevoir cette grâce, sans prendre en compte aucun mérite de leur part (*predestinatio 'ante' previsa merita*). Le 12 sept. 1587, la Faculté de théologie de Louvain publia une censure sur diverses propositions de Lessius et Hamelius. La relation entre les jésuites et la Faculté de théologie de Louvain devint encore plus aigrie parce que les jésuites étaient soupçonnés de vouloir organiser des leçons publiques de philosophie et de théologie à Louvain, en s'en prenant ainsi au monopole de l'Université en matière d'enseignement.

Déjà la nomination de Stapleton avait montré avec clarté que le balancier théologique après Baius repartait dans la direction opposée. En 1596, Phillipe II institua une seconde chaire royale de théologie scolastique, avec Joannes Malderus (*Jean van Maldere*, futur évêque d'Anvers, 1563-1633) comme premier titulaire de la chaire, et prit la décision de remplacer définitivement les *Sentences*, en tant que manuel de théologie scolastique, par la *Summa* de Thomas d'Aquin. Ces décisions entraînèrent un remarquable renouveau thomiste dans les premières décennies du XVIIe siècle, en particulier en la personne de Johannes Wiggers (1571-1639) : son commentaire sur la *Summa* de Thomas d'Aquin, fruit de ses leçons à la Faculté, fut publié à titre posthume en 1641 et utilisé de façon intensive à Louvain au siècle suivant.

En 1598, Jacobus Jans(s)onius (1547-1625) succéda à Stapleton en tant que professeur royal d'Écriture Sainte. Nanti d'une pensée augustinienne antipélagienne, il n'atteignait pas les sommets académiques d'un Guilielmus Estius (*Willem van Est*, 1542-1613) à Douai ou du commentateur des Écritures Cornélius a Lapide (1567-1637, sur celui-ci, *cf. DHGE*, t. XXXII, col. 645-649) dans la maison d'étude des jésuites à Louvain. Toutefois, la visite que les archiducs firent effectuer à l'Université après les dernières décennies difficiles du XVIe siècle apporta une importante contribution et aboutit en 1617 à la publication d'un nouveau document d'orientation, simplement dénommé *Visitation*. Jans(s)onius défendit en outre le monopole de l'Université contre les tentatives des jésuites d'organiser des cours complets de philosophie (et plus tard de théologie) à Louvain, ainsi que le droit exclusif de délivrer des grades académiques.

Avec Cornelius Jansénius (1585-1638), titulaire depuis 1630 de la chaire royale d'Écriture Sainte, un nouveau sommet fut atteint dans la théologie basée sur la Bible et sur Augustin l'anti-pélagien. Son œuvre la plus importante, l'*Augustinus*, fut publiée à titre posthume en 1640, et ce fut aussi le cas avec ses commentaires bibliques les plus célèbres, le *Tetrateuchus* – commentaire des Évangiles – (1639) et le *Pentateuchus* (1641). Il n'est pas difficile de trouver dans les œuvres de Jansénius des déclarations suggérant que le Fils de Dieu, qui est mort pour son troupeau, est mort seulement pour les élus (ce qui équivaut à un déni de la *gratia sufficiens*). Jansénius insistait pareillement sur l'efficience de la grâce de Dieu sur les élus, et la (quasi-)impossibilité pour leur volonté de résister à cette grâce. C'est ce genre de thèses qui furent finalement condamnées par la bulle papale *Cum Occasione*, publiée par Innocent X en 1653, mais qui était aussi le résultat des pressions exercées par les jésuites belges, français, et leur confrère romain, le futur card. Francesco Albizzi (1593-1684). La Faculté de théologie de Louvain se soumettrait à cette bulle papale et à celles encore à venir contre le jansénisme, mais confirmerait aussi sa doctrine traditionnelle augustinienne et thomiste.

L'édition posthume des œuvres de Jansénius fut assurée par Libertus Fromondus (Libert Froidmont, 1587-1653), son ami et disciple. Froidmont poursuivait la grande tradition louvaniste du commentaire biblique, était une figure orthodoxe au plan doctrinal et montrait un penchant pour la théologie mystique (voir son commentaire sur le Cantique des Cantiques, 1653). Cette évolution n'a guère été étudiée au sein du jansénisme belge ou louvaniste. Après la mort de Froidmont, les antijansénistes parvinrent à obtenir la chaire royale d'Écriture Sainte pour Nicolas Dubois, personnage notoirement incompétent dans le domaine

Le théologien et inquisiteur Ruard Tapper (1487-1559), © BRES KULeuven Centrale Bibliotheek, PA00096.

de l'étude des Écritures. Dubois marqua la fin de l'âge d'or de l'exégèse biblique à Louvain et le déclin de l'enseignement théologique à Louvain.

Dès lors, des théologiens de Louvain aux convictions « jansénistes » se profilèrent sur des thèmes autres que la doctrine de la grâce, du libre arbitre et de la prédestination. Par exemple, ils appuyèrent plusieurs évêques « belges » dans les controverses qui les opposaient aux jésuites et aux théologiens aux vues similaires, qu'ils accusaient de convictions morales « laxistes » et de promotion de l'« attritionnisme », tant dans leurs écrits que dans la pratique de la confession et de la communion. Les théologiens de Louvain étaient généralement partisans de conceptions morales plus « rigoristes » et exigeaient un repentir sincère lors de la confession et de la communion (« contritionnisme »). Les théologiens louvanistes condamnèrent, en 1653 et encore en 1657, les thèses qui frisaient le laxisme, mais aussi le probabilisme, qui en était considéré comme la racine. Une députation de Louvain, envoyée à Rome dans les années 1677-1679, réussit finalement à obtenir une condamnation de la part d'Innocent XI de 65 thèses soi-disant laxistes qui étaient prises pour la plupart dans les publications jésuites, parmi lesquelles celles de Lessius et de Luis de Molina (1535-1600). Les jésuites, à leur tour, remportèrent une condamnation de 31 thèses qui auraient été défendues à la Faculté, principalement par Gommarus Huygens (1631-1702), et qui étaient cataloguées comme rigoristes.

En 1713, la fraction janséniste reçut le coup de grâce avec la promulgation de la bulle *Unigenitus*. Après que des professeurs comme Martin Steyaert (1647-1701)

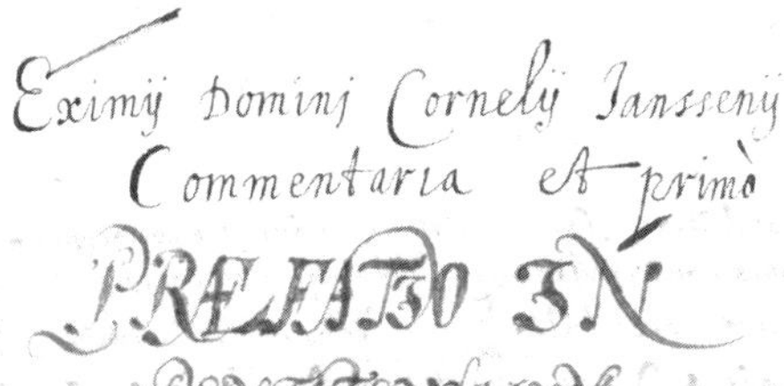

Eximij Domini Cornelij Janssenij
Commentaria et primò
PREFATIO IN
PENTATEUCHUM

Pentateuchus quasi quinque voluminum liber vocatur: quam divisionem Philosophus libro de mundo (si tamen eius est) a Moyse factam esse indicat, dum primum librum ab eo Genesin inscriptum tradit: sed in utroque videtur falli. Nam cum Hebraei omnibus reliquis Scripturae libris a materia vel Authore nomen dederint, solos illos quinque a primis vocabulis nuncupant, quia potius continuationem narrationis quam separationem prae se fert. Unde cum latini et Graeci ab argumentis eos nomineant verisimile est septuaginta interpretes primum illam fecisse divisionem. Unde Christus Dominus eos non citat, nisi generaliter sub nomine Moysis, ut Lucae 16. et 20. et Joannis 5. vel legis Moysis ut Lucae ultimo, sicut etiamnum a Judaeis vocantur. Ex quibus locis, et omnium tam Patrum quam Judaeorum consensu, perspicuum est Pentateuchi authorem esse Moysen, adversus haereticos Nazarraeos, qui teste Epiphanio haeresi 8. Moysen quidem fatebantur, sed dicebant fictos esse illos libros, et nihil horum quae narrabantur a Patribus factum esse: quos Manichaei scriptos a Moyse, sed Principe tenebrarum et dictatos esse delirabant, ut Aug. lib. de haeresibus. Non tamen a Moyse sic scripti sunt, quin aliquae eius partes a nonnullis additae dici possent, ut mors Moysi et nomen Dan Genes. 14. et quaedam alia. Quamvis et ista nonnulli et mortem ipsam suam Prophetice scripsisse Moysen sentiant, Philosophus in fine libri tertij de vita Moysis, et Josephus 4. Antiquitatum capite 8.

Porro qualis et quantus fuerit Moyses, Philosophus tribus libris est persecutus, et uno Gregorius Nyssenus in quo totius vitae gesta mystice ad exprimendos viri perfecti mores transfert. Sed ex nemine certius, quam ex his ipsis libris colligi potest. Ex eis namque constat fuisse summum historicum, sive veritatem primam historiae laudem spectes sive longissimi temporis seriem. Fuisse Poëtam insignem probant pulcherrima duo cantica Exodi 15. et Deut. 32. Rhetorem eloquentem oratio Judae ad Josephum: sublimem Philosophum ea quae de mundo divinitus inspiratus tradidit: Theologum eminentissimum, sublimis illa divinorum attributorum commendatio; tota

Moyses qualis fuerit.

fuit Historicus

Poëta.

Rhetor.

Theologus.

Notes prises durant l'année académique 1631-1632 par un étudiant de Jansénius durant son cours « Commentaires sur le Pentateuque », original © KU Leuven, MauritsSabbe Bibliotheek, 2019, PM0073/Q.

eurent déjà tourné le dos aux idées jansénistes et opté pour le point de vue romain pour des raisons de sécurité voire d'opportunisme, la Faculté tout entière s'y soumit à son tour.

À compter de ces années-là, la Faculté adopta une position ultramontaine : elle s'était déjà opposée au gallicanisme (et à ses quatre articles de 1682) à la fin du XVIIe siècle, et au XVIIIe siècle, elle réfuta aussi le fébronianisme, qui était fondé, entre autres, sur les idées du canoniste de Louvain Zeger-Bernard van Espen (1646-1728). Tandis que Van Espen et ses partisans plaidaient contre une mainmise excessive de Rome – et a priori contre les prétentions d'infaillibilité papale – et pour l'indépendance des Églises locales, sous la responsabilité des évêques locaux et l'autorité ultime du souverain, la Faculté défendait les revendications pontificales.

Au plan théologique, la Faculté perdit beaucoup de son dynamisme et de sa créativité au XVIIIe siècle, des éléments caractéristiques du XVIe siècle et de la première moitié du siècle suivant. On se reposait sur les réalisations des grands jours, par exemple dans le domaine de l'étude biblique, mais les nouvelles matières qui avaient déjà été introduites à l'étranger, comme l'histoire de l'Église, manquaient au programme de Louvain. La Faculté ne présentait pas non plus de grands penseurs aptes à entrer en débat avec les idées des Lumières et de l'athéisme naissant. Dans les milieux « éclairés », mais aussi au sein de l'université elle-même, on se plaignait de l'aridité de la matière, de l'éternelle casuistique et de la dissection de questions inutiles.

Sous l'impératrice Marie-Thérèse et plus encore sous Joseph II et leur administration bruxelloise respective, des tentatives furent entreprises pour s'emparer de la gestion de la Faculté et de l'enseignement de la théologie (et pour amoindrir les inclinations romaines). Des professeurs et des régents pro-gouvernementaux furent systématiquement nommés. Un collège fut créé dans lequel les anciens étudiants de la Faculté recevaient une formation plus pastorale et continue (le *Collegium Veteranorum*, 1779). Un cours d'histoire de l'Église fut introduit (1783). Cette évolution prit fin en 1786, lorsque la Faculté de théologie et les séminaires diocésains furent remplacés par un séminaire général à Louvain. Dans ce séminaire, on devait former un nouveau clergé, se défiant des conceptions ultramontaines et des chicaneries scolastiques, mais avec une orientation pastorale – selon la définition de Joseph II – et donc ouverte d'esprit, axée sur une charité chrétienne active et attentive à l'ordre moral. Et tout ceci dans l'intérêt de l'État.

Après l'échec du séminaire général, la Faculté essaya de conserver encore un peu l'ancien régime, jusqu'à ce que les Français la suppriment avec toute l'Université en 1797, non sans qu'elle ait donné encore une ultime preuve de sa mentalité ultramontaine, en s'opposant au serment d'allégeance à la République imposé au clergé.

J.-N. Paquot, *Mémoires pour servir à l'histoire littéraire des dix-sept provinces des Pays-Bas, de la principauté de Liège, et de quelques contrées voisines*, 18 vol., Leuven, 1763-1770. – P. F. X. de Ram, *Mémoire sur la part que le clergé de Belgique, et spécialement les docteurs de l'université de Louvain, ont prise au concile de Trente* (Nouveaux mémoires de l'Académie Royale des Sciences et Belles-Lettres de Bruxelles, XIV), Bruxelles, 1841. – E.-H.-J. Reusens, *Documents relatifs à l'histoire de l'Université de Louvain (1425-1797)*, 5 vol., Leuven,

Libert Froidmont (1587-1653), tiré de J. F. Foppens, *Bibliotheca Belgica, sive virorum in Belgio vita...*, t. 2, Bruxelles, 1739, encart après la p. 818.

1881-1903. – V. Laminne, *La controverse sur les futurs contingents à l'Université de Louvain au XVe s.*, dans *Bulletin de l'Académie royale de Belgique. Classes des lettres*, 1906, p. 377-348. – V. Brants, *La création de la chaire de théologie scolastique et la nomination de Malderus à l'Université en 1596*, dans *Analectes pour servir à l'histoire ecclésiastique de la Belgique*, 4, 1908, p. 46-54. – H. de Jongh, *L'Ancienne Faculté de théologie de Louvain au premier siècle de son existence (1432-1540). Ses débuts, son organisation, son enseignement, sa lutte contre Érasme et Luther, avec des documents inédits*, Leuven-Paris, 1911 [réimpr. : Utrecht, HES, 1980]. – E. Hocedez, *Louvain et Rome*, dans *Gregorianum*, 8, 1927, p. 161-182. – É. de Moreau, *Luther et l'Université de Louvain*, dans *Nouvelle revue théologique de Louvain*, 54, 1927, p. 401-435 (réimpr.: Tournai, 1927). – J. Wils, *Les professeurs de l'ancienne Faculté de théologie de l'Université de Louvain*, dans *Ephemerides Theologicae Lovanienses*, 4, 1927, p. 338-358. – F. Deininger, *Johannes Sinnich. Der Kampf der Löwener Universität gegen den Laxismus*, Düsseldorf, 1928. – É. van Cauwenbergh, *The old theological school of Louvain*, dans *American College Bulletin*, 24, 1931, p. 12-22. – J. Coppens (dir.), *Le cinquième centenaire de la Faculté de théologie de l'Université de Louvain (1432-1932)*, Brugge-Leuven, 1932 [= *Ephemerides Theologicae Lovanienses*, 9] ; Id., *Notata de traditione divina. Een onuitgegeven Leuvensch handschrift als bijdrage tot de geschiedenis van de Leuvensche Theologische Faculteit* (Mededeelingen van de Koninklijke Vlaamsche Academie voor Wetenschappen, Letteren en Schoone Kunsten van België. Klasse der Letteren, VII-1), Bruxelles, 1945. – H. de Vocht, *Monumenta Humanistica Lovaniensia : Texts and Studies about Louvain Humanists in the first half of the XVIth century : Erasmus – Vives – Dorpius – Clenardus – Goes – Moringus* (Humanistica Lovaniensia, 4), Leuven-Oxford, 1934. – L. Ceyssens, *De rehabilitatie van Martinus Steyaert (1684-1685)*, dans *Historisch tijdschrift*, 17, 1938, p. 189-228 ; Id., *L'ancienne Université de Louvain et la Déclaration du clergé de France (1682)*, dans *Revue d'histoire ecclésiastique*, 36, 1940, p. 345-399 ; Id., *De Leuvense deputatie te Rome (1677-1679)*, dans *Historisch tijdschrift*, 19, 1940, p. 252-312 et 21, 1941, p. 99-136 ; Id., *Het theologisch denken en het Jansenisme 1640-1730*, dans D. P. Blok, W. Prevenier, D. J. Roorda et al. (dir.), *Algemene geschiedenis der Nederlanden*, vol. 8 : *Nieuwe Tijd*, Haarlem, 1979, p. 418-438 ; Id., *L'authenticité des cinq propositions condamnées de Jansénius*, dans *Antonianum*, 55, 1980, p. 368-424 ; Id., *Que penser finalement de l'histoire du jansénisme et de l'antijansénisme?*, dans *Revue d'Histoire Ecclésiastique*, 88, 1993, p. 108-130. – R. Guelluy, *L'Évolution des méthodes théologiques à Louvain, d'Érasme à Jansénius*, dans *Revue d'Histoire Ecclésiastique*, 37, 1941, p. 31-144. – A. Lanz, *L'autorità e l'infallibilità del Papa nella dottrina Lovaniense del secolo* XVI, dans *Gregorianum*, 23, 1942, p. 348-374. – J. Grisar, *Die Universität Löwen zur Zeit der Gesandschaft des P. Franciscus Toletus (1580) nach bisher unbenützten Quellen des Vatikan Archivs*, dans *Miscellanea historica in honorem Alberti de Meyer*, t. 2, Louvain, 1946, p. 941-968. – L. Willaert, *Les Origines du jansénisme dans les Pays-Bas catholiques*, Bruxelles, 1948. – J. Étienne, *Spiritualisme érasmien et théologiens louvanistes : un changement de problématique au début du* XVI*e s.* (Universitas catholica Lovaniensis. Dissertationes ad gradum magistri in Facultate theologica vel in Facultate juris canonici consequendum conscriptae. Series 3, 3), Leuven, 1956. – F. Claeys Boúúaert, *L'Ancienne Université de Louvain : Études et Documents* (Bibliothèque de la Revue d'histoire ecclésiastique, 28), Louvain, 1956 ; Id., À propos de l'*intervention de l'université de Louvain dans la publication des décrets du Concile de Trente*, dans *Revue d'histoire ecclésiastique*, 55, 1960, p. 508-512. – K. Blockx, *De Veroordeling van Maarten Luther door de Theologische faculteit te Leuven in 1519* (Verhandelingen van de Koninklijke Vlaamse academie voor Wetenschappen, Letteren en Schone Kunsten van België. Klasse der letteren, 31), Bruxelles, 1958. – J. L. Murphy, *The Notion of Tradition in John Driedo* (Pontificia Universitas Gregoriana. Thèse de doctorat. Théologie), Milwaukee (Wis.), 1959. – M. R. O'Connell, *Thomas Stapleton and the Counter Reformation* (Yale Publications in Religion, 9), New Haven (Conn.), 1964. – V. J. Peter, *The Doctrine of Ruard Tapper (1487-1559) : Regarding Original Sin and Justification* (Pontificia Universitas a S. Thoma Aquinate in Urbe. Thèse de doctorat. Théologie), Roma, 1965. – V. Grossi, *Baio e Bellarmino Interpreti di S. Agostino nelle questioni del Soprannaturale* (Studia Ephemeridis « Augustinianum », 3), Roma, 1968. – J. Roegiers, *De achttiende-eeuwse Faculteit der Theologie te Leuven vóór de verlichte hervormingen*, dans *Bijdragen en Mededelingen betreffende de geschiedenis der Nederlanden*, 86, 1971, p. 363-394 ; Id., *De Leuvense theologen en de Verlichting. Onderwijs, wetenschap, polemiek en politiek van 1730 tot 1797*, thèse de doctorat inédite en 3 parties, Leuven, KU Leuven, 1979 ; Id., *Awkward Neighours : The Leuven Faculty of Theology and the Jesuit College (1542-1773)*, dans R. Faesen et L. Kenis (dir.), *The Jesuits of the Low Countries : Identity and Impact (1540-1773). Proceedings of the International Congress at the Faculty of Theology and Religious Studies, KU Leuven (3-5 December 2009)* (Bibliotheca Ephemeridum Theologicarum Lovaniensium, 251), Leuven, 2012, p. 153-175. – R. F. Collins (dir.), *The Faculty of Theology of Louvain. Studies on the History of the Faculty of Theology on the Occasion of the 550th Anniversary of the Founding of the Catholic University of Louvain* (Annua Nuntia Lovaniensia, 20), Leuven, 1975 [= *Louvain Studies*, 5, 1974-1975, p. 217-328]. – E. J. M. van Eijl (dir.), *Facultas S. Theologiae Lovaniensis 1432-1797. Bijdragen tot haar geschiedenis* (Bibliotheca Ephemeridum Theologicarum Lovaniensium, 45), Leuven, 1977 (inclus E. J. M. van Eijl, *Bibliografie*, p. 495-557); Id., *Löwen (Leuven, Louvain), Universität*, dans *Theologische Realenzyklopädie*, t. 21, 1991, p. 419-423. – R. Aubert, *La faculté de théologie de Louvain du* XV*e siècle à Vatican II*, dans M. Caudron (dir.), *Faith and Society. Foi et Société. Geloof en Maatschappij*. Acta Congressus Internationalis Theologici Lovaniensis 1976 (Bibliotheca Ephemeridum Theologicarum Lovaniensium, 47), Leuven, 1985, p. 17-37. – E. Rummel, *Erasmus and his Catholic Critics*, 2 vol. (Bibliotheca humanistica et reformatorica, 45), Nieuwkoop, 1989, vol. 1, p. 72-87. – J. Orcibal, *Jansénius d'Ypres (1585-1638)* (Études augustiniennes. Série Moyen Âge et Temps modernes, 22), Paris, 1989. – M. Lamberigts et L. Kenis (dir.), *L'Augustinisme à l'ancienne Faculté de théologie de Louvain* (Bibliotheca Ephemeridum Theologicarum Lovaniensium, 111), Leuven, 1994 (inclus L. Kenis et M. Lamberigts, *L'ancienne Faculté de théologie de Louvain 1432-1797. Bibliographie des années 1977-1992*, p. 419-442). – M. Gielis, *Scholastiek en Humanisme : De kritiek van de Leuvense theoloog Jacobus Latomus op de Erasmiaanse theologiehervorming* (TFT-Studies, 23), Tilburg, 1994 ; Id., *Leuven Theologians as Opponents of Erasmus and of Humanistic Theology*, dans E. Rummel (dir.), *Biblical Humanism and Scholasticism in the Age of Erasmus* (Brill's Companions to the Christian Tradition, 9), Leiden-Boston, 2008, p. 197-214. – E. Marcus-Leus, *Johannes Wiggers Diestensis (1571-1639)* (Diestsche Cronycke, 11), Diest, 1995. – C. Schabel, *Peter de Rivo and the Quarrel over Future Contingents at Louvain : New Evidence and New Perspectives*, dans *Documenti e studi sulla tradizione filosofica medievale*, 6, 1995, p. 363-473 ; 7, 1996, p. 369-435. – J.-P. Delville, *Jansenius de Gand (1510-1576) et l'exégèse des paraboles*, dans *Revue d'histoire ecclésiastique*, 92, 1997, p. 38-69. – G. Cooman, M. van Stiphout et B. Wauters (dir.), *Zeger-Bernard Van Espen at the Crossroads of Canon Law. History, Theology and Church-State Relations* (Bibliotheca Ephemeridum Theologicarum Lovaniensium, 170), Leuven, 2003. – S. Vanden Broecke, *The Limits of Influence : Pico, Louvain, and the Crisis of Renaissance Astrology* (Medieval and early modern science, 4), Leiden, 2003. – F. Gistelinck, M. Sabbe et L. Knapen (dir.), *Early Sixteenth Century Printed Books 1501-1540 in the Library of the Leuven Faculty of Theology. Supplement : Ten Years of Acquisitions 1994-2004* (Documenta Libraria, 30), Leuven, 2004. – T. Quaghebeur, *Pro aris et focis. Theologie en macht aan de Theologische Faculteit te Leuven 1617-1730*, thèse de doctorat inédite de la Faculté de lettres en 2 parties, Leuven, KU Leuven, 2004 ; Id., *Quelques caractéristiques de la querelle entre l'université de Louvain et le Saint-Office sur le jansénisme louvaniste du* XVII*e siècle*, dans R. Dekoninck et J. Desmulliez (dir.), *Controverses et polémiques religieuses. Antiquité-Temps modernes* (Structures et pouvoirs des imaginaires), Paris, 2007, p. 87-96 ; Id., *The Religion of Unigenitus in the Faculty of Theology at Louvain, 1713-1719*, dans *The Catholic Historical Review*, 93, 2007, p. 265-299 ; Id., *De rol van de jezuïeten te Brussel in de liquidatie van het jansenisme aan de Leuvense Universiteit 1640-1740*, dans A. Deneef et X. Rousseaux (dir.), *Quatre siècles de présence jésuite à Bruxelles*, Bruxelles-Louvain, 2012, p. 264-282. – V. Soen, *Geen pardon zonder paus! : studie over de complementariteit van het koninklijk en pauselijk generaal pardon (1570-1574) en over inquisiteur-generaal Michael Baius (1560-1576)* (Verhandelingen van de Koninklijke Vlaamse academie van België voor wetenschappen en kunsten. N. R., 14), Bruxelles, 2007. – W. François, Ad divinarum rerum cognitionem. *Petrus Mosellanus and Jacobus Latomus on Biblical or Scholastic Theology*, dans *Renaissance and Reformation/ Renaissance et Réforme*, 29, 2005, p. 13-47; Id., *Vernacular Bible Reading and Censorship in Early Sixteenth Century. The Position of the Louvain Theologians*, dans A. A. den Hollander et M. Lamberigts (dir.), *Lay Bibles in Europe. 1450-1800* (Bibliotheca Ephemeridum Theologicarum Lovaniensium, 198), Leuven, 2006, p. 69-96 ; Id., *John Driedo's* De ecclesiasticis scripturis et dogmatibus *(1533) : A Controversy on the Sources of the Truth*, dans L. Boeve, M. Lamberigts et T. Merrigan (dir.), *Orthodoxy, Process and Product. On the Meta-Question* (Bibliotheca Ephemeridum Theologicarum Lovaniensium, 227), Leuven, 2009, p. 85-118 ; Id., *Augustine and the Golden Age of Biblical Scholarship in Louvain (1550-1650)*, dans B. Gordon et M. McLean (dir.), *Shaping the Bible in the Reformation: Books,*

Scholars and Their Readers in the Sixteenth Century (Library of the Written Word, 20), Leiden-Boston, 2012, p. 235-289 ; Id., *Maarten van Dorp, the Oratio Paulina (1516/1519), and the Biblical-Humanist Voice among the Louvain Theologians*, dans *Lias : Journal of Early Modern Intellectual Culture and its Sources*, 39, 2012, p. 163-193 ; Id., *Efficacious Grace and Predestination in the Bible Commentaries of Estius, Jansenius and Fromondus*, dans D. Burkard et T. Thanner (dir.), *Der Jansenismus – eine <katholische Häresie>? Das Ringen um Gnade, Rechtfertigung und die Autorität Augustins in der frühen Neuzeit* (Reformationsgeschichtliche Studien und Texte, 159), Münster, 2014, p. 117-143 ; Id., *The Catholic Church and the Vernacular Bible in the Low Countries : A Paradigm Shift in the 1550s?*, dans S. Corbellini, M. Hoogvliet et B. Ramakers (dir.), *Discovering the Riches of the Word : Religious Reading in Late Medieval and Early Modern Europe* (Intersections, 38), Leiden, 2015, p. 234-281. – L. Kenis (dir.), *Collegium Veteranorum aedes Sacrae Facultatis. Bij de inwijding van het Veteranencollege, Faculteit Godgeleerdheid, K.U. Leuven, 1 juli 2009*, Leuven, 2009. – A. Visser, *How Catholic was Augustine? Confessional Patristics and the Survival of Erasmus in the Counter-Reformation*, dans *Journal of Ecclesiastical History*, 61, 2010, p. 86-106. – B. Boute, *Academic Interests and Catholic Confessionalisation : The Louvain Privileges of Nomination to Ecclesiastical Benefices* (Education and Society in the Middle Ages and Renaissance, 35), Leiden, 2010. – M. Verweij, *Adrianus VI (1459-1523). De tragische paus uit de Nederlanden*, Antwerpen-Apeldoorn, 2011. – H. Grundmann, *Gratia Christi : Die theologische Begründung des Ablasses durch Jacobus Latomus in der Kontroverse mit Martin Luther* (Arbeiten zur historischen und systematischen Theologie, 17), Münster, 2012. – W. Decock, *Adrian of Utrecht (1459-1523) at the Crossroads of Law and Morality: Conscience, Equity, and the Legal Nature of Early Modern Practical Theology*, dans *The Legal History Review*, 81, 2013, p. 573-593. – E. Agten, *Martinus Steyaert and His 235 Rules for Reading Scripture in Seventeenth-Century Louvain*, dans *Revue d'histoire ecclésiastique*, 108, 2013, p. 780-808. – G. Gielis, *Hemelbestormers : Leuvense theologen en hun streven naar geloofseenheid en kerkvernieuwing (1519-1578)* (KU Leuven, thèse de doctorat non publiée. Histoire), Leuven, 2014 ; Id., *«Post exactam et diligentem examinationem». How the Leuven theologians condemned Luther's theses (1519) : context, practices and consequences, dans Annali di Storia delle Università Italiane*, 21, 2017, p. 121-134 ; Id., *In gratia recipimus. De Leuvense theoloog Nicolaas Coppin (ca. 1476-1535) en de inquisitie in de Nederlanden* (Verhandelingen Van de Koninklijke Vlaamse Academie van België voor Wetenschappen en Kunsten, N.R., 27), Leuven, 2018. – S. Masolini, *Petrus de Rivo (ca. 1420-1499) : Portrait(s) of a Louvain Master* (KU Leuven, thèse de doctorat non publiée. Philosophie), Leuven, 2016. – M. Lamberigts et W. De Pril (dir.), *Louvain, Belgium, and Beyond. Studies in Religious History in Honour of Leo Kenis* (Bibliotheca Ephemeridum Theologicarum Lovaniensium, 299), Leuven, 2018 (dont : W. François, *The sixteenth century Louvain faculty of theology and the debate about Bible reading in the vernacular : the positions of Cornelius Jansenius 'of Ghent' and Josse Ravesteyn "of Tielt'*, p. 3-22 ; G. Gielis, *Viri docti et periti rerum divinarum. Leuven theologians, ecclesiastical reform and the 'episcopal turn' in the early modern Low Countries*, p. 23-38 ; V. Soen, *A protestant polemist among the alumni of the Leuven faculty of theology. Henricus Boxhornius during the Eighty Years War in the Low Countries*, p. 39-52 ; E. Agten, *A manual for future pastors : the Pastor bonus of Johannes Opstraet*, p. 53-73). – A. Gerace, *Biblical scholarship in Louvain in the 'golden' sixteenth century* (Refo500 Academic Studies, 60), Göttingen, 2019. – A. Vind, *Latomus and Luther : The debate: Is every good deed a sin?* (Refo500 Academic Studies, 26), Göttingen, 2019. – *Dictionnaire de Théologie Catholique. Tables*, col. 3028-3032.

Le théologien Martin Steyaert (1647-1701), tiré de J. F. Foppens, *Bibliotheca Belgica…*, *op. cit.*, encart après la p. 860.

Sur le collège de Busleyden (Trois langues). – F. Nève. *Mémoire historique et littéraire sur le collège des Trois-langues à l'université de Louvain* (Mémoires couronnés et mémoires des savants étrangers, publiés par l'Académie royale des sciences, des lettres et des beaux-arts de Belgique, 28), Bruxelles, 1856. – H. de Vocht, *Jerome de Busleyden, Founder of the Louvain Collegium Trilingue : His Life and Writings* (Humanistica Lovaniensia, 9), Turnhout, 1950 ; Id., *History of the Foundation and the Rise of the Collegium Trilingue Lovaniense. 1517-1550*, 4 vol. (Recueil de travaux d'histoire et de philologie, 3/43, 4/4-5, 4/10 ; Humanistica Lovaniensia, 10-13), Leuven, 1951-1955 ; Id., *Les Débuts du Collège Trilingue de Louvain, 1517-1550*, dans *Bulletin trimestriel de l'Association des amis de l'Université de Louvain*, 2, 1958, p. 51-62. – J. IJsewijn et J. Roegiers (dir.), *Charisterium H. de Vocht. 1878-1978* (Supplementa Humanistica Lovaniensia, 2), Leuven, 1979. – J. Papy (dir.), *Erasmus' droom. Het Leuvense Collegium Trilingue 1517-1797. Catalogus bij de tentoonstelling in de Leuvense Universiteitsbibliotheek, 18 oktober 2017-18 januari 2018*, Leuven, 2017 ; Id., Ch.-H. Nyns et L. Isebaert (dir.), *Le Collège des Trois Langues de Louvain 1517-1797. Érasme, les pratiques pédagogiques humanistes et le nouvel institut des langues*, Leuven, 2018 (dont G. Gielis, *Au-delà du conflit. Symbiose de la scolastique et de l'humanisme à la Faculté de Théologie*, p. 33-56).

W. François

II. 1817-1834-1968. – 1° *L'université*. – L'Université d'État (1817-1834). – Après l'annexion des Pays-Bas autrichiens par la France (1795), l'ancien *Studium Generale* de Louvain fut supprimé le 25 oct. 1797. Les collèges universitaires furent dissous et la plupart d'entre eux vendus par la suite au public. Tout le matériel didactique utile et tous les livres furent réclamés pour l'organisation de l'École centrale du Département de la Dyle, à Bruxelles, qui était en réalité une institution d'enseignement secondaire. Ce n'est qu'à partir de 1806 que débuta réellement l'organisation de l'enseignement supérieur dans les régions belges. Dans certains centres urbains importants, des facultés ou des écoles de médecine furent créées dans le cadre de « l'Université Impériale », mais Louvain n'occupa aucune place dans ce réseau.

Lors de l'effondrement du Régime français, la plupart des établissements d'enseignement supérieur disparurent également. Les Pays-Bas méridionaux faisaient désormais partie du « Royaume-Uni des Pays-Bas » (1815-1830) et c'est dans ce cadre que s'effectuera la réorganisation de l'enseignement supérieur. Déjà à la fin de septembre 1815, le nouveau roi Guillaume Ier avait promis qu'une université serait établie à Louvain, mais il ne pensait absolument pas à une restauration de l'ancien *Studium Generale*. Enfin, son gouvernement (règlement organique du 25 sept. 1816) choisit de suivre le modèle nord-hollandais et d'établir trois universités nationales, dont, à côté de Louvain, celles de Gand et de Liège.

L'Université de Louvain fut inaugurée le 6 oct. 1817. Elle différait fondamentalement de l'ancien *Studium Generale*. Elle avait été totalement soustraite à l'influence de l'Église catholique et était sans aucun doute une véritable institution d'État, soumise dans les moindres détails de sa gestion à la réglementation gouvernementale. L'université avait été dotée de quatre facultés : de Lettres, de Mathématiques et Physique, de Droit et de Médecine. Contrairement aux universités de Gand et de Liège, aucune place n'avait été prévue pour l'enseignement technique à Louvain. Les plans envisagés pour la création d'une faculté de théologie ne furent jamais mis en œuvre. Le latin restait la langue officielle d'enseignement. Dans la composition du corps professoral, on fit appel de façon frappante à des professeurs allemands, qui devaient avoir des idées plus éclairées que les anciens professeurs de Louvain. Pour l'enseignement et la recherche, la ville mit à disposition de la nouvelle institution un nombre limité de bâtiments de l'ancienne université qui n'avaient pas été rachetés. Le nombre d'étudiants resta relativement limité : il passa de 200 à 400 environ de 1817 à 1830, soit un peu plus qu'à Gand et à Liège. Dans l'ensemble, on peut dire que l'Université de Louvain était devenue une institution solide, mais qu'elle n'avait guère l'aura de sa devancière.

L'Université d'État de Louvain fut d'abord une école professionnelle destinée à la formation des professions libérales et des cadres de l'administration et s'employait surtout à fournir aux étudiants une formation professionnelle et culturelle. Elle chercha à se mettre au service de la culture politique du gouvernement, qui était principalement influencé par l'esprit des Lumières allemand. C'est dans ce contexte que fut établi à l'Université en 1825 un Collège philosophique, dont la mission était d'offrir une formation philosophique éclairée à tous les séminaristes du royaume. Cette immixtion de l'État dans les affaires internes de l'Église se heurta à une résistance opiniâtre du haut clergé, qui entendit lutter désormais farouchement contre le monopole de l'État en matière d'éducation. Ce mouvement de résistance prit de plus en plus des accents libéraux et conduisit à un rapprochement avec le jeune courant libéral d'inspiration romantique. L'entente – l'« unionisme » – des opposants libéraux et catholiques allait finalement conduire en 1830 à une révolution et à l'indépendance de l'État belge.

E. Lamberts

L'université catholique de Louvain (1834-1914). – Après la révolution, le paysage universitaire devint chaotique. Le système des universités d'État était en plein effervescence, notamment en raison de l'apparition de nouveaux acteurs. En premier lieu, l'épiscopat entendait faire plein usage de la liberté d'enseignement reconnu par la Constitution belge (1831). Au diocèse de Gand en particulier, étaient conçus des plans en vue de la création d'une faculté de théologie et bientôt, d'une université catholique complète. À Bruxelles, dans certains cercles libéraux et bourgeois, l'idée de la fondation d'une université libre faisait également son chemin. Ces initiatives furent rapidement concrétisées. Une université catholique était créée à Malines le 4 nov. 1834 et, deux semaines plus tard, une université libre ouvrait ses portes à Bruxelles pour faire contrepoids. Cette évolution obligea le législateur à élaborer une loi-cadre sur l'enseignement supérieur (27 sept. 1835) qui prévoyait, entre autres, la suppression de l'Université d'État de Louvain. Cette mesure ouvrait la voie au transfert de l'université catholique nouvellement créée de Malines à Louvain, où elle pourrait être liée aux traditions séculaires de l'ancien *Studium Generale*. C'était intentionnellement prévu dès le départ : l'université catholique n'entendait nullement s'inscrire dans le prolongement de l'université d'État supprimée, mais bien comme l'héritière légitime de l'ancienne université de Louvain.

Si l'Université catholique devait son existence au lien affectif qui subsistait avec l'antique université de Louvain, sa fondation était en réalité une pure réalisation moderne, née en particulier du principe constitutionnel de la liberté d'enseignement. Cela ne fut pas sans conséquence sur son statut. Elle fut établie avec le consentement du Saint-Siège, mais était placée sous la direction directe des évêques. Elle était complètement indépendante de l'État, bien qu'elle doive se conformer dans une certaine mesure à la législation sur l'enseignement supérieur. Par exemple, la loi-cadre de 1835 pour la collation des diplômes juridiques imposait des programmes de formation détaillés et des jurys d'État centraux furent établis. Le statut d'université libre de l'Université catholique comprenait certes des avantages mais présentait aussi des inconvénients, notamment d'ordre financier. Elle ne pouvait compter sur aucune intervention financière de l'État et devait tirer ses revenus des contributions des étudiants et surtout des collectes de fonds menées auprès des fidèles. Elle ne bénéficiait pas non plus du statut juridique de personne morale et ne pouvait donc acquérir, en tant que telle, aucun patrimoine. Le conseil communal de Louvain, cependant, se montra très accommodant, et mit à disposition de la jeune l'université sept bâtiments pour lui permettre de mener à bien ses missions d'enseignement et de recherche.

L'université catholique prit un départ prometteur sous la direction dynamique de son premier recteur, Pierre de Ram (1804-1865, recteur de 1834 à 1865), qui marquera profondément la politique universitaire. Il agissait comme le mandataire direct des évêques et exerçait un pouvoir quasi absolu au sein de l'université. Il était de nature entreprenante, conscient de sa valeur, administrateur

Le collège philosophique, par J. B. Jobard, 1830 © BRES KU Leuven Centrale Bibliotheek, TA00515.

talentueux et un historien de mérite. Ses préoccupations historiques le conduisirent à inscrire autant que possible la nouvelle université dans l'héritage des pratiques et de l'organisation de l'ancien *Studium Generale*. L'antique cérémonial académique fut restauré et lissé : la toge des professeurs et le mortier, les parades académiques, les promotions solennelles, etc. Cinq facultés étaient organisées : théologie, droit, médecine, philosophie et lettres, sciences. La Faculté de théologie, qui conservait le latin comme langue d'enseignement alors que les autres facultés enseignaient en français, bénéficiait d'une prééminence absolue et occupait une place centrale dans l'université. La Faculté de philosophie et lettres dispensait principalement les études préparatoires aux études de droit, et la Faculté des sciences les études préparatoire à la médecine. Il est frappant de constater que la première année d'études des deux facultés de lettres et de sciences resta commune jusqu'en 1849, ce qui perpétuait en réalité la fonction propédeutique de l'ancienne *Facultas artium*. La vie étudiante était elle aussi modelée autant que possible sur les antiques usages. Un grand nombre d'étudiants étaient logés dans des « pédagogies », où ils recevaient le gîte et le couvert, bénéficiaient très souvent de cours complémentaires, et où ils étaient soumis à une stricte discipline.

Le souci de la discipline chez les étudiants était assorti d'une volonté de créer, à l'université, une atmosphère catholique. Les évêques attendaient essentiellement de l'institution qu'elle soit un centre de formation de l'intelligentsia catholique. C'est pourquoi l'éducation devait d'abord être orthodoxe. Les professeurs et les étudiants devaient professer la foi catholique et en assumer tous les devoirs, notamment en termes de pratique religieuse, et leur conduite morale se devait d'être irréprochable. En seconde instance, l'université était également une institution d'enseignement destinée à la formation professionnelle des futurs théologiens, avocats et médecins. Comme dans les autres universités belges de l'époque, l'éducation y était avant tout théorique et encyclopédique, partiellement en raison du système d'examen centralisé imposé par la loi. L'éducation dispensée à Louvain, néanmoins, acquit rapidement une bonne réputation, notamment grâce à d'éminents professeurs comme le zoologue Pierre van Beneden (1809-1894), l'économiste Charles de Coux (1787-1864) ou l'orientaliste Jan Theodoor Beelen (1807-1884).

L'université catholique devint rapidement l'institution d'enseignement supérieur la plus fréquentée du pays. En 1839, elle comptait 490 étudiants, tandis que Gand en dénombrait 296, Liège 331 et Bruxelles 279. La conjoncture politique favorable y contribua beaucoup. Tant au niveau local que national, les conservateurs unionistes étaient au pouvoir et ils privilégièrent par différentes voies l'Université de Louvain et ses diplômés. Progressivement cependant, la marée commença à refluer. De plus en plus de libéraux s'opposaient à l'unionisme, qui servait principalement les intérêts de l'aristocratie terrienne et du haut clergé, au détriment de la bourgeoisie urbaine. Ils fondèrent leur propre parti, qui parvint à conquérir le pouvoir en 1847 au niveau national et l'année suivante à Louvain. L'université de Louvain subit les conséquences négatives de cette évolution et perdit beaucoup d'avantages acquis au fil des ans. De plus, elle dut bientôt faire face à des conflits internes qui ralentiront son développement pendant plusieurs décennies.

De Ram avait fait de son université un bastion catholique, mais pas un boulevard du conservatisme.

Dans sa jeunesse, il avait été fortement influencé par les idées de Félicité de Lamennais et ne cessa de témoigner, dans le reste de son existence, de ses convictions catholiques libérales. Entre ses mains, l'Université devint un foyer de catholicisme libéral et pénétra l'élite catholique de cette philosophie politique. Le recteur avait également toléré l'enseignement du semi-traditionalisme professé par Casimir Ubaghs et son école. Ce mouvement philosophique était lié aux idées de Lamennais, lesquelles avaient cependant été solennellement condamnées par le Saint-Siège en 1834. La politique académique menée par de Ram ne rencontra dès lors plus aucune tolérance dans le chef des plus conservateurs, le clergé ultramontain, soutenu par l'influente Compagnie de Jésus. Après 1840, les conflits s'intensifièrent et devinrent de plus en plus aigus, au fur et à mesure que les ultramontains antilibéraux, qui avaient l'oreille de Rome, renforçaient leur position dans le giron de l'épiscopat. L'évêque de Bruges surtout, Jean-Baptiste Malou, ainsi que l'évêque de Liège, Théodore de Montpellier, menèrent la croisade contre le semi-traditionalisme et s'offusquèrent de l'attitude évasive de de Ram et de l'archevêque de Malines, le card. Sterckx. En 1863, ils rompirent même ouvertement avec l'université en retirant leurs étudiants-prêtres de l'université et en suspendant les collectes annuelles pour Louvain dans leur diocèse. In fine, le conflit fut tranché par une intervention du Saint-Siège, qui allait dans le sens du clergé ultramontain. L'enseignement du semi-traditionalisme fut interdit en 1864 et peu de temps après, Ubaghs fut congédié de l'université.

Cette controverse prolongée devait assombrir les dernières années de la vie du recteur de Ram, qui décéda le 14 mai 1865. Il fut remplacé, après des tractations difficiles au sein de l'épiscopat, par Nicolas Laforêt (1823-1872, recteur de 1865 à 1872), un philosophe ouvert d'esprit, candidat du card. Sterckx. Les évêques conservateurs, cependant, marquèrent également des points. Il fut explicitement stipulé qu'ils obtiendraient un droit de regard plus important sur l'enseignement dispensé à l'université et les coudées plus franches en matière de nomination des professeurs. Le nouveau recteur bénéficia d'une moins grande liberté d'action que son prédécesseur.

La vigilance constante des évêques conservateurs devait freiner un temps le développement des sciences humaines à Louvain. C'est dans le secteur des sciences exactes que, au cours du rectorat de Mgr Laforêt, un développement important devait se réaliser. D'abord, en 1865, avec un retard conséquent par rapport à Gand et à Liège (1838), des Écoles spéciales d'ingénieurs furent enfin créées. Avec cette création, une formation plus technique était introduite à Louvain. À la faculté des sciences – et c'était encore plus important – les premières mesures furent prises, sous l'influence de la science allemande, en vue de développer la recherche expérimentale. Sous l'impulsion du chimiste Louis Henry (1834-1913), les premiers laboratoires dignes de ce nom furent créés. En 1871, en avance sur le prescrit légal, un diplôme à titre scientifique fut introduit qui permettait la spécialisation, organisait des travaux pratiques et imposait la rédaction d'une thèse de doctorat.

Au cours du rectorat d'Alexandre Namêche (1811-1893, recteur de 1872 à 1881), l'université conserva le cap ainsi fixé. En 1878, une nouvelle orientation d'études techniques fut mise sur pied, avec l'Institut agronomique. Le développement scientifique de l'université s'accentua. Il fut encouragé par un changement majeur en matière de législation sur l'enseignement supérieur. La loi du 20 mai 1876 abolissait le système des jurys d'État et accordait aux universités le droit d'organiser elles-mêmes les examens et d'accorder les diplômes légaux. Les professeurs pourraient désormais mettre davantage l'accent sur les exercices pratiques et la recherche personnelle. La mise en œuvre de la loi de 1876 conduisit à la nomination du biologiste et prêtre Jean-Baptiste Carnoy (1836-1899) et du médecin Gustave Verriest (1843-1918) qui, en peu de temps, renouvelèrent complètement l'enseignement des sciences et de la médecine. Carnoy en particulier, développa progressivement un mouvement visant à transformer l'université en un véritable centre de recherche scientifique. Et son influence se fit également sentir, au fil du temps, dans le secteur des sciences humaines.

Pour l'heure, ces dernières n'étaient pas encore prêtes pour une recherche critique et décomplexée. La surveillance stricte des évêques ultramontains sur l'université n'encourageait guère à l'aventure intellectuelle, d'autant que le conservateur recteur Namêche se pliait volontiers aux souhaits des évêques. Quiconque proclamait des idées trop progressistes était rappelé à l'ordre, voire écarté. Ainsi, le célèbre avocat Jean-Joseph Thonissen (1817-1891) qui plaidait dans son cours de justice pénale en faveur de l'abolition de la peine de mort fut contraint de taire cette « funeste » position.

Une telle censure était contraignante pour les professeurs, mais ne touchait guère les étudiants. Ils affluaient en nombre toujours croissant. Cette évolution, qui prenait corps également dans les autres universités, était la conséquence d'une longue période de prospérité économique. En 1870, l'Université de Louvain comptait 907 étudiants et dix ans plus tard, 1451 déjà. La croissance du nombre d'étudiants eut des répercussions en termes disciplinaires : il devenait de plus en plus difficile, pour les autorités académiques, d'exercer un contrôle préventif sur eux. Les rênes du pouvoir devaient être relâchées. La vie sociale connut également des changements dus à l'afflux croissant de jeunes gens issus de la petite-bourgeoise. De nouveaux cercles d'étudiants virent le jour, qui se focalisaient davantage sur les activités de détente que sur l'étude ou la formation culturelle. Ils s'organisèrent sur une base régionale et s'affranchirent de la tutelle des professeurs. C'est surtout à travers ces « régionales », qu'un mouvement flamand naissant émergea peu à peu parmi les étudiants originaires des provinces flamandes.

Les débats autour de l'enseignement et de la population étudiante obligèrent bientôt les autorités académiques à adapter les infrastructures matérielles. Jusque-là, l'Université avait pu utiliser les bâtiments mis à sa disposition par la ville. Ce n'était désormais plus suffisant. Du Conseil communal libéral, il était inutile d'attendre de nouvelles interventions et l'Université dut dès lors engager sa propre politique d'achat et de construction. Les nouveaux laboratoires et bâtiments nécessitèrent des dépenses très élevées et mirent sérieusement à mal les finances de l'Université. C'est dans un climat de malaise financier que Mgr Namèche démissionna en 1881 en tant que recteur magnifique.

Il fut remplacé par le latiniste Constant Pieraerts (1835-1887, recteur de 1881 à 1887), une figure modérée, sous l'administration duquel un nouveau climat vit le jour à l'université. Les circonstances, qui avaient changé, y contribuèrent. L'épiscopat, rajeuni, était devenu d'allure plus progressiste. La querelle entre catholiques libéraux et ultramontains se régla avec la Guerre scolaire (1879-1884), qui réclamait l'unité de l'ensemble des forces catholiques contre les libéraux, mais surtout, grâce à l'accession de Léon XIII au pontificat. La triste période des querelles politico-religieuses prenait fin. La pression conservatrice sur l'université diminua. Le renouveau scientifique gagnait maintenant les sciences humaines. À la demande de Léon XIII, une chaire de philosophie thomiste fut fondée en 1882. Son titulaire, Desiré Mercier, y dispensa un enseignement qui lui assura un grand succès. L'activité de Charles de Harlez de Deulin (1832-1899), spécialiste mondialement connu des cultures persane et chinoise anciennes, donna un nouvel élan aux études orientales. La science historique emprunta également de nouvelles voies : les premiers cours pratiques d'histoire virent le jour, d'abord sous la forme de cercles d'études facultatifs. Et en mars 1886, des diplômes scientifiques, non prévus par la loi, furent introduits en philosophie, philologie et histoire.

Au fur et à mesure que la vie scientifique se développait, les étudiants continuèrent à développer leurs associations. C'est au cours de cette période que la plupart des cercles à ancrage régional virent le jour. On constate, dans ce contexte, une forte croissance du mouvement étudiant flamand. L'activité intense du mouvement flamand provoqua en retour les premières tensions avec les étudiants wallons. La volonté des Flamands de donner à leur culture une place légitime dans la vie étudiante était rejetée par la plupart des Wallons comme une menace contre la bonne entente à l'université, mais elle n'eut pour conséquence que de freiner le mouvement. Lors de la célébration du cinquantième anniversaire en 1884, la communauté universitaire se rallia encore plus fermement aux idéaux communs, qu'exprimait la devise : « Religion ! Patrie ! Liberté ! ».

À la mort de Mgr Pieraerts en 1887, les bases d'une grande expansion de l'université étaient jetées pour les décennies suivantes, en partie en raison de l'arrivée au pouvoir d'un gouvernement catholique inaugurant une période ininterrompue de trente années de gouvernement conservateur. La personnalité du nouveau recteur, l'orientaliste Jean-Baptiste Abbeloos (1836-1906, recteur de 1887 à 1898), allait également contribuer à cette croissance. Il raffermit à nouveau la fonction rectorale face à l'épiscopat, s'affirma comme un bon administrateur, et se révéla être l'homme qu'il fallait pour stimuler davantage l'esprit scientifique et critique à l'université. Au cours de son rectorat, l'enseignement de la théologie connut un nouvel essor grâce à la nomination de plusieurs jeunes professeurs comme les théologiens Albin Van Hoonacker (1857-1933), Paulin Ladeuze (1870-1940) et le chanoine historien Alfred Cauchie (1860-1922). Ce dernier porta l'enseignement de l'histoire à un niveau très élevé grâce à la création de son séminaire historique. Désiré Mercier, pour sa part, s'attacha à développer la philosophie au sein d'un Institut thomiste qu'il avait créé (1889) et n'hésita pas à discuter pied à pied avec les sciences positives du temps. Les études orientales et la philologie en général reçurent de nouvelles impulsions. Les sciences sociales connurent également leurs premiers développements. En 1892, une école de sciences politiques et sociales était créée, rattachée à la faculté de droit. Dans cette école, la recherche sociale et politique fut stimulée par des professeurs tels que Victor Brants (1856-1917) et Jules van den Heuvel (1854-1926). Et cette école, conjointement avec l'Institut supérieur de philosophie thomiste, allait avoir une influence majeure sur l'éveil des mouvements sociaux catholiques dans le pays.

Dans le domaine des sciences exactes, Carnoy en particulier eut une influence décisive. Il fut le véritable promoteur de la recherche expérimentale, tant à la Faculté de médecine qu'à la Faculté des sciences. Il forma dans ses laboratoires une pléiade de professeurs, parmi lesquels le chanoine botaniste Victor Grégoire (1870-1938), le bactériologiste Joseph Denys (1857-1932) et le neurologue Pierre-Arthur van Gehuchten (1861-1914). Et Charles de la Vallée Poussin (1827-1903) et le chanoine Henry de Dorlodot (1855-1929) jetèrent les bases de la recherche géologique à Louvain. Dans les années 1890, l'université catholique de Louvain était devenue une ruche bourdonnante d'activité scientifique. La nouvelle législation sur l'enseignement supérieur de 1890-1891 – qui avait déjà été anticipée dans certaines institutions –, en imposant la spécialisation, les travaux pratiques et une thèse de doctorat, contribua à ce boom scientifique.

Au cours de cette période, l'université fut le théâtre d'activités étudiantes intenses et souvent tapageuses. Les étudiants ne restèrent pas en marge de la vie politique et sociale. Beaucoup d'entre eux soutinrent les aspirations de la démocratisation de la vie politique ou furent aux avant-postes des catholiques sociaux. Les étudiants flamands, qui s'étaient donné un puissant organe avec *Ons Leven* en 1888, prirent une part active dans la lutte d'émancipation flamande. Les associations d'étudiants se constituèrent dans une large mesure indépendamment des autorités académiques, ce que le recteur Abbeloos, connu pour ses sympathies démocratiques et flamandes, ne chercha pas à empêcher.

Les sympathies politiques du recteur et un conflit institutionnel avec D. Mercier, qui avait développé son Institut supérieur de philosophie quasi comme une institution autonome, conduisit à la destitution d'Abbeloos en 1898. Son successeur, l'orientaliste Adolphe Hebbelynck (1859-1939, recteur de 1898 à 1909), fut chargé de normaliser les relations entre l'université et l'Institut de philosophie et de mettre un frein à l'agitation politique et flamingante à Louvain. Il fallait également assainir les finances de l'université, qui semblaient en difficulté. Hebbelynck réussit brillamment la première et la dernière mission. Il parvint à rétablir une bonne relation avec Mercier et à réunir les capitaux nécessaires pour élever toute une série de nouveaux bâtiments pour les sciences exactes. Désormais, les laboratoires de sciences ne devraient plus se contenter des espaces confinés d'Ancien régime.

Mais les luttes entre les étudiants flamands et wallons ne cessèrent pas d'empoisonner la vie d'Hebbelynck.

Le recteur Pierre François Xavier de Ram (1804-1865), tiré de P. Delannoy, *L'université de Louvain. Conférences données au Collège de France en février 1915*, Paris, 1915, p. 211.

À partir de 1907, le mouvement flamand s'engagea fortement en faveur de l'introduction progressive de cours en langue néerlandaise. Le recteur soulevait principalement des objections financières, mais certains évêques, comme Mercier, devenu archevêque de Malines en 1906, avaient des objections plus fondamentales : le néerlandais ne leur semblait pas une langue apte à l'éducation et à la science. En mai 1909, les étudiants flamands perturbèrent les festivités organisées à l'occasion du 75e anniversaire de l'université avec une manifestation de protestation. Cette manifestation discrédita le recteur, qui démissionna de son poste en juillet 1909 et fut bientôt remplacé par l'exégète Paulin Ladeuze (recteur de 1909 à 1940). Nul doute que Ladeuze était le candidat de Mercier et que ce dernier réussit habilement à l'imposer à la conférence épiscopale, malgré les suspicions de modernisme de cet exégète progressiste et bientôt, l'opposition de Rome… Avec lui commence un grand rectorat – on l'a parfois appelé « le second fondateur de l'Université de Louvain » : travailleur infatigable, ayant renoncé à « ses chères études » pour se vouer tout entier à son rectorat, il n'eut de cesse de fournir à ses professeurs, malgré la faiblesse des moyens des universités libres à l'époque, des conditions de travail satisfaisantes. En outre, comme le note le chanoine Aubert : « tout accaparé qu'il fût par ses multiples tâches administratives, il n'en resta pas moins à la tête de l'Alma Mater un universitaire de grande classe, convaincu de ce que, si les universités sont devenues aussi des écoles qui préparent aux carrières dirigeantes, elles doivent être avant tout un centre de recherche scientifique et "des écoles où l'on forme des savants" ».

C'est que durant les décennies précédentes, une transformation importante s'était produite au sein de l'université à travers le développement d'une importante fonction de recherche. À cet égard, elle pouvait désormais supporter la comparaison avec les autres universités belges. Un trait distinctif fut qu'à Louvain les « humanités », en particulier la théologie, la philosophie et un certain nombre de disciplines connexes, occupaient une place de choix et que, surtout dans ces domaines, de nombreux professeurs-prêtres étaient occupés à l'enseignement. Il convient également de mentionner que le modèle de Louvain était entre-temps devenu une source d'inspiration pour de nombreuses universités catholiques, tant en Europe qu'en dehors de celle-ci.

Au cours des cinq premières années de son rectorat, Ladeuze s'engagea d'emblée dans une politique volontariste sur le plan scientifique. Du côté des sciences exactes, de nouveaux laboratoires furent installés à l'Institut agronomique, ceux de chimie furent modernisés, tandis que deux ailes supplémentaires étaient ajoutées à l'institut Carnoy en vue d'accueillir de nouveaux laboratoires de biologie et un musée de botanique. Du côté des sciences médicales, la première pierre du nouvel Institut de physiologie fut posée, tandis qu'on développait un service de radiographie à la pointe du progrès à l'hôpital universitaire. En sciences humaines, on peut signaler l'inauguration, en 1912, du nouvel Institut de Spoelberch destiné aux facultés de droit et de théologie qui, en s'y installant, libérèrent de la place aux Halles universitaires où la bibliothèque universitaire – dont le rôle en sciences humaines est essentiel – put être réorganisée. En outre ce nouvel Institut accueillit les collections naissantes de petits musées dédicacés à l'archéologie classique, à l'ethnologie congolaise et à la Bible.

Au cours de ce premier rectorat précédant la guerre, l'enseignement ne fut pas négligé. À côté des cours donnés dans le cadre des programmes légaux, Ladeuze fit créer une série de cours libres correspondant à des disciplines nouvelles en plein essor à l'étranger. En sciences, une nouvelle section, plus pratique, vit le jour à l'Institut agronomique, tandis que l'on réformait l'Institut de Brasserie. Les programmes des Écoles spéciales furent entièrement revus en 1911 et une nouvelle spécialisation d'ingénieur géologue fut introduite l'année suivante. En médecine, il créa un cours de dentisterie et présida à l'organisation d'une clinique spécialisée pour les maladies nerveuses. En sciences humaines, il inaugura, en 1912, un cours général d'art et d'histoire de l'art sur le modèle de celui de l'École du Louvre et mit sur pied une nouvelle section dédicacée aux problèmes bancaires à l'École de Commerce.

Autre élément important, il engagea la conférence épiscopale, dès 1911, à commencer à répondre – encore timidement, mais le mouvement était amorcé – aux

L'entrée de l'hôpital universitaire de la KU Leuven, © DHGE, 2019.

revendications flamandes de recevoir un enseignement en néerlandais en dédoublant deux cours par faculté, les étudiants étant libres de choisir l'un ou l'autre cours. Ceci contribua à détendre l'atmosphère, mais n'empêcha pas l'éclatement d'une crise assez sérieuse dans le corps étudiant pour protester contre les rigueurs du nouveau vice-recteur nommé en 1911, Jean Van Cauwenbergh (1879-1950)... Les choses rentrèrent rapidement dans l'ordre, mais des événements beaucoup plus graves allaient survenir du fait de la guerre.

E. Lamberts

L'université catholique de Louvain (1914-1968). – Violant la neutralité belge, les troupes allemandes étaient entrées en Belgique le 4 août 1914 et le 25, alors qu'elles étaient en position aux abords de Malines, elles furent l'objet d'une contre-attaque de régiments belges sortis du camp retranché d'Anvers. Ces troupes allemandes refluèrent vers Louvain, semant la panique parmi les soldats allemands qui s'y trouvaient cantonnés : dans la lumière du crépuscule, croyant voir arriver des Français, ces derniers tirèrent sur leurs propres troupes. Convaincu qu'ils étaient pris pour cibles par des francs-tireurs belges, le commandement riposta par le sac de la ville au cours duquel plusieurs quartiers furent incendiés, dont les halles universitaires qui abritaient la bibliothèque et ses riches collections d'incunables et de manuscrits. Au terme des opérations, on déplorait également l'incendie de l'École de commerce, la destruction des collèges de Drieux et Saint-Yves, témoins de l'ancienne Université, et de 22 maisons de professeurs, avec leur bibliothèque et leurs notes, ainsi que des imprimeries de la ville, où les stocks et les ouvrages en cours d'impression furent également détruits. Ces événements tragiques devaient valoir à la ville universitaire la réputation de ville-martyre, victime de la « barbarie allemande », ce qui l'aidera plus tard à l'heure de la reconstruction, la propagande belge réussissant à auréoler la cité universitaire de ce statut...

Très vite, Louvain reçut des propositions pour rouvrir ses portes temporairement en Angleterre et en Hollande, mais ce n'était pas réaliste eu égard à l'occupation allemande et à la dispersion de la communauté universitaire. C'est du reste ce qui amena les quatre universités à ne pas rouvrir leurs portes avant la fin de la guerre. La fermeture de l'université devait être effective pendant les quatre années du conflit, malgré la pression des autorités allemandes faisant valoir qu'il pourrait favoriser Louvain par rapport à Liège, Gand et Bruxelles « dans un but de préservation chrétienne » (les catholiques allemands du *Zentrum* étaient présents au gouvernement). À partir de février 1915, pour meubler une vie académique en léthargie, on commença par visiter les instituts et laboratoires universitaires sous la conduite de leur responsable, mais ce programme fut rapidement épuisé. Lui succédèrent des conférences faites par l'un ou l'autre professeur à leurs collègues sur des sujets de culture générale, mais pour le reste, tout tournait au ralenti !

La réouverture de l'Alma Mater eut lieu dans la liesse générale le 21 janv. 1919. Louvain sortait du conflit avec un prestige international accru : au statut de ville-martyre, au symbole de l'incendie de la bibliothèque, s'ajoutait le prestige du card. Mercier, dont la résistance à l'occupant rejaillit sur l'Université. Dès la fin de la guerre, un comité – l'Œuvre internationale de Louvain – s'était mis sur pied

La rue de Tirlemont dévastée en 1914, © ILLUM KU Leuven Centrale Bibliotheek GD011562 box 116.

pour aider à la reconstitution de la bibliothèque, laquelle bénéficia d'un article particulier du traité de Versailles qui lui permettait de récupérer en Allemagne l'équivalent des ouvrages précieux détruits en 1914.

Les difficultés étaient néanmoins considérables. Même si les services administratifs s'étaient remis au travail dès avant la fin du conflit, l'administration centrale et ses archives avaient été détruites en 1914. Il fallait reconstituer le corps académique dont beaucoup de membres étaient dispersés à l'étranger. Ce ne fut cependant pas compliqué : les professeurs rentrèrent rapidement à Louvain, tandis qu'un certain nombre de nominations permettaient de reconstituer le corps professoral. À la surprise générale, le nombre d'étudiants fut plus important que prévu : on avait misé sur 1500 inscriptions, mais il y en eut 3180 (pour 2880 en 1914) ! Ce ne fut pas sans poser des problèmes d'organisation, beaucoup de ces étudiants s'inscrivant en première année, dès lors encombrée, suite à la fermeture des universités pendant quatre ans. Enfin, la situation financière était préoccupante. Les professeurs avaient continué à être payés pendant le conflit grâce à un prêt sans intérêt de la Société générale et, outre certaines destructions (les Halles surtout), il fallait faire face à la nécessité de moderniser les installations. Enfin, l'inflation galopante compliquait singulièrement la gestion courante de l'institution.

Ici aussi, les difficultés purent être surmontées. En mars 1919, une souscription lancée par les évêques rapporta deux millions et demi de francs et Louvain, comme les autres universités belges, se vit doter d'un capital de vingt millions de francs constitué grâce au reliquat de la *Commission for the Relief of Belgium* d'Herbert Hoover pour le ravitaillement de la Belgique occupée. Il faut ici également rappeler que depuis 1911, grâce à la loi de Lantsheere, les universités libres de Bruxelles et de Louvain s'étaient vu reconnaître la personnification civile, ce qui leur permettait enfin de posséder des biens en propre et de recevoir officiellement des legs et des dons. Tandis que la reconstruction des Halles était financée par les Dommages de guerre, un comité américain prit en charge la construction d'une nouvelle bibliothèque à l'actuelle place Ladeuze. Plus important, en 1922, l'État décida de financer – c'était une nouveauté depuis leur création – les universités libres de Bruxelles et de Louvain à hauteur d'un million par an, somme qui fut doublée à partir de 1925. Après ces interventions ponctuelles des premières années consécutives au conflit, la loi du 23 juin 1930 devait consacrer définitivement le principe du financement étatique : un subside correspondant au 3/5e du budget des deux universités d'État serait désormais octroyé aux deux universités libres. Cette proportion fut augmentée par la loi du 23 avr. 1949 et par la loi du 2 août 1960, qui octroyait en outre des subsides supplémentaires par tranches de 1500 étudiants aux universités libres, qui étaient en fait plus peuplées que leurs consœurs de l'État. La loi du 9 avr. 1965, dite d'« expansion universitaire », allait porter le taux de subsidiation pour Louvain à 91% du budget d'une université d'État et celle du 27 juil. à 100%, mais avec comme corollaire, la désignation au sein de l'institution d'un commissaire du gouvernement et d'un inspecteur des finances nommés par l'exécutif. Du côté du mécénat privé, si ce dernier eut à souffrir du bouleversement des patrimoines consécutif à la guerre, le mécénat industriel prit le relais. Enfin, les universités purent compter, à partir de 1928, sur les aides financières du Fonds national de la recherche scientifique.

Autre conséquence de la guerre : les changements de mentalité, auxquels il fallut s'acclimater. Ceux-ci furent particulièrement sensibles dans deux domaines : l'émancipation féminine et la question flamande. On a du mal aujourd'hui à imaginer le conservatisme des milieux catholiques en matière de condition féminine, très attachés qu'ils étaient à l'idée que les femmes étaient avant tout « épouse et mère ». Il faut dire que si des étudiantes avaient fait leur entrée à Bruxelles dès 1880-1881, à Liège dès 1881-1882 et à Gand dès 1882-1883, leur nombre resta très longtemps dérisoire faute d'un enseignement secondaire féminin complet qui les préparât à entrer à l'université… À Louvain, il fallut attendre juillet 1913 pour que Mgr Ladeuze attire l'attention des évêques sur la nécessité d'« au moins » envisager la question de l'introduction des étudiantes. Les demandes d'admissions féminines à l'Université se multipliaient et surtout, de nombreux indices montraient que la demande d'un enseignement secondaire féminin ne cessait de croître, ce qui supposait de commencer par former à Louvain les futurs cadres féminins de cet enseignement secondaire catholique en les admettant au moins aux Facultés de Lettres et de Sciences. Aucune décision ne fut prise en 1914 mais les esprits mûrirent durant le conflit. La mesure, qui avait pu paraître saugrenues au corps épiscopal avant la guerre, figurait en 1920 parmi les « mesures à prendre d'urgence » et c'est sans difficulté que Ladeuze réussit alors à obtenir leur admission en première année de toutes les études organisées à Louvain. De 37 jeunes filles sur 3248 étudiants (1,13%) la première année (dont 6 étrangères pour 31 belges, et 11 religieuses pour 26 laïques), elles seront 454 sur 4610 (9,85%) en 1939-1940… Dans la même perspective, on peut souligner la même hésitation en matière de féminisation du corps professoral. Il faudra en effet attendre 1960 pour que la première femme, Marguerite Lefèvre (1894-1967), revête enfin la toge professorale : nommée chef de travaux en 1928, elle remplissait en fait les fonctions d'un professeur ordinaire avec le titre de « directeur de l'Institut de géographie » depuis 1938 !

Sur le plan légal, les lois de 1876 (pour les sciences exactes) et de 1890 (pour les lettres) avaient introduit dans les grades légaux non seulement davantage de travail expérimental et personnel (avec l'organisation de laboratoires et de travaux pratiques, ainsi que l'obligation de présenter une dissertation écrite finale), mais également une plus grande spécialisation (avec la création, dès les candidatures, de sections de philosophie, histoire, philologie classique, romane et germanique, en lettres, chimie, zoologie, botanique et minéralogie, en science). La loi de 1929 devait accentuer le mouvement en introduisant le grade intermédiaire de licencié et en réservant le grade de docteur à la présentation d'un travail de recherche conséquent, tandis que l'on introduisait une formation pédagogique conduisant au titre d'agrégé de l'enseignement secondaire destiné aux futurs enseignants des collèges et lycées.

Sur le plan linguistique, l'évolution des esprits se fit également sentir après-guerre. Les milieux flamands, qui avaient le sentiment que la Flandre avait supporté le gros de l'effort de guerre, étaient bien décidés à obtenir la satisfaction d'une de leurs vieilles revendications : l'obtention d'un enseignement universitaire en néerlandais. Du côté « francophone » (ce qui comprend les fransquillons, c'est-à-dire une bonne partie des élites flamandes francisées), la collaboration avec les Allemands de la branche « activiste » du mouvement flamand rendait cette idée foncièrement suspecte. En toute hypothèse, il était évident que la flamandisation de l'Université de Gand serait à terme inévitable, ce qui posait avec acuité le problème linguistique à Louvain, le risque étant que beaucoup d'étudiants ne privilégient leur engagement flamand (en choisissant d'étudier en néerlandais, mais à l'université « neutre » de Gand) au détriment de leur engagement catholique (en refusant d'étudier à l'université catholique de Louvain, mais en français)… Plusieurs solutions furent envisagées. Dédoubler les cours à Louvain, mais n'était-ce pas risquer de créer une opposition entre francophones et flamands qui se prolongerait ensuite dans la société ? Créer une université flamande à Anvers, mais était-ce acceptable de demander aux Flamands d'aller étudier à Anvers alors que Louvain était située en Flandre ? Les hommes politiques flamands consultés estimèrent que non ! Le moins dangereux paraissait dès lors d'en revenir à l'idée d'un dédoublement graduel à Louvain. D'aucuns auraient voulu procéder immédiatement mais, outre que les ressources manquaient, n'était-ce pas prendre le risque – vision prémonitoire de Ladeuze – de faire apparaître les francophones comme une minorité en terre flamande à éradiquer ? D'où l'idée de procéder graduellement, avec les ressources procurées par le mouvement flamand ! Dans les années 1920, le dédoublement fut plutôt laborieux, malgré la création par le chanoine Joseph Sencie de l'association des *Vlaamse Leergangen* chargée de procurer les ressources nécessaires, mais les choses changèrent fin 1930 avec la flamandisation complète de l'Université de Gand : dès 1935, à l'exception de la Faculté de théologie et de l'Institut supérieur de philosophie, toutes les facultés étaient en réalité dédoublées.

Les embellies financières, et d'autres qui se réalisèrent au cours de l'entre-deux-guerres jetèrent les bases d'un développement matériel et scientifique considérable, malgré la crise des années 1930. Parallèlement aux travaux de reconstruction, Ladeuze poursuivit la politique de construction entamée avant la guerre, avec l'érection du nouveau complexe des cliniques universitaires Saint-Raphaël (avec l'Institut d'anatomie pathologique, dit aussi Institut du cancer, l'Institut de chirurgie, les cliniques obstétricale et gynécologique, l'Institut de pédiatrie, l'Institut de médecine interne, la clinique chirurgicale B et le pavillon des rayons profonds) et du nouvel ensemble des Écoles spéciales au domaine d'Arenberg à Heverlee (Instituts de mécanique, de métallurgie, de chimie industrielle, etc.), auquel s'ajoutèrent bientôt le nouvel Institut d'agronomie, ainsi que l'Institut d'éducation physique. À côté de ces deux grands chantiers, on peut encore signaler la construction du Centre de zootechnie de Lovenjoel, des nouveaux Instituts de pharmacie, de physique et de zoologie, sans parler de l'Institut psychiatrique, construit par les Sœurs de la Charité de Gand à Lovenjoel également.

Mgr Ladeuze décéda inopinément dans la nuit du 9 au 10 févr. 1940 et c'est son vice-recteur, Honoré Van Waeyenbergh (1891-1971), qui lui succéda. Celui-ci n'avait jamais fait partie du corps académique, mais il avait pour lui ses capacités de gestion qu'il avait démontrées en tant que directeur de Collège, son expérience de vice-recteur, sa connaissance de l'action catholique et sa sympathie pour le mouvement flamand. Il n'eut pas le temps de prendre ses marques que la Seconde guerre éclatait, avec son cortège de difficultés : dispersion de la communauté universitaire, nouvel incendie de la bibliothèque, dégâts à une dizaine de bâtiments académiques, cliniques universitaires en partie réquisitionnées par la soldatesque allemande… Jugeant que la situation n'était pas comparable avec celle de la Première guerre, il prit les mesures nécessaires pour reprendre rapidement les cours, dès le 8 juillet, alors même que tous les membres de la communauté universitaire n'étaient pas encore rentrés d'exode…

La cohabitation avec les autorités occupantes ne fut pas toujours aisée pour le nouveau recteur, l'occupant cherchant régulièrement à s'immiscer dans les affaires universitaires : il refusa le chaperonnage d'un commissaire allemand, tout comme la soumission des nominations à l'agrément de l'occupant. Il interdit l'échange de professeurs allemands à Louvain et inversement, le séjour de professeurs louvanistes dans les universités allemandes, etc.

À la fin 1941, les Allemands ayant imposé la fermeture de l'Université de Bruxelles, Louvain prit des mesures spéciales – dont la suspension de l'article du règlement obligeant les étudiants à professer la religion catholique – pour accueillir les étudiants bruxellois qui furent 583 à s'inscrire. Cet afflux d'étudiants fut en outre renforcé par l'inscription massive de jeunes gens qui n'auraient pas pensé faire des études universitaires en temps normal mais qui y voyaient un bon moyen d'échapper au travail obligatoire en Allemagne… Tout cela dans un contexte de désorganisation générale et de pénurie ! Plus sérieux fut l'incident qui éclata en février 1943. Mgr Van Waeyenbergh ayant appris l'intention des Allemands de réquisitionner les étudiants de première année pour le travail obligatoire Outre-Rhin, contacta immédiatement ses collègues de Liège et de Gand et leur soumit une lettre de protestation qui fut transmise aux autorités allemandes à la fin du mois. Malgré les tentatives d'intimidation, le recteur resta inébranlable, même après la menace de mesures de rétorsion grave, dont la fermeture de l'Université. Ayant refusé, avec l'aval du Conseil rectoral, de plier, Van Waeyenbergh fut arrêté le 5 juin et condamné bientôt à 18 mois de prison. Devant l'indignation générale en Belgique, ainsi que la protestation du Saint-Siège et du Comité international de la Croix Rouge, la peine fut commuée en résidence surveillée aux abords de Bruxelles, d'où le recteur continua d'ailleurs à diriger clandestinement l'Université.

Si l'année 1943-1944 se déroula sans trop de mal, malgré la désorganisation croissante, la fin de l'année se compliqua à partir du printemps à cause des bombardements alliés qui préparaient le débarquement, et bientôt de la retraite allemande, ce qui ne se fit pas sans de nouvelles destructions, notamment aux bâtiments académiques : le Collège du Saint-Esprit, deux pédagogies et le nouvel Institut de physique, furent entièrement détruits dans la nuit du 11 au 12 mai 1944, alors que les Instituts de bactériologie et de zoologie, les Instituts Carnoy et de Spoelberch, ainsi que les Halles furent gravement endommagés ; trois mois plus tard, lorsque les Allemands firent sauter les ponts de la Dyle, le Collège Juste-Lipse et certains bâtiments de médecine eurent à souffrir ; et il en fut de même fin novembre 1944, lorsque la chute d'un V 1 à la rue Van Even abîma sérieusement le nouvel Institut de chimie et l'Institut d'électromécanique.

Sans attendre le règlement de la question des dommages de guerre, les travaux de reconstruction furent entamés sans délais : lors de la rentrée solennelle, le 15 janv. 1945, tous les cours purent être organisés, grâce d'ailleurs au dévouement de tous les membres de la communauté universitaire. En quelques années, la plupart des bâtiments endommagés furent reconstruits, beaucoup furent agrandis et d'autres virent le jour. Dans le sillage de la reconstruction de l'Institut de physique du centre-ville, on se décida à construire un Institut de physique nucléaire ultra moderne au parc d'Heverlee. Cette première réalisation d'envergure de Van Waeyenbergh fut le prélude à de nombreuses réalisations, principalement, comme sous le rectorat précédent, en médecine (érection des nouveaux Instituts d'anatomie et de neurologie, extension et modernisation des cliniques, aménagement d'une nouvelle cabine de radiothérapie, etc.) et en sciences exactes (agrandissement de l'Institut de chimie, nouveaux Instituts d'électrotechnique et du génie civil, expansion de l'Institut des constructions mécaniques et de l'Institut d'Agronomie, etc.).

Il faut dire que construire fut une nécessité vitale au cours du rectorat de Van Waeyenbergh, qui vit la population universitaire passer de 4610 à 13 772 étudiants… Par ailleurs, le développement d'Instituts autonomes augmentaient les besoins : à l'Institut orientaliste créé en 1936, s'ajouta l'Institut supérieur des sciences religieuses (1941), l'Institut d'archéologie et d'histoire de l'art, l'École pour éducateurs annexée à la Faculté de médecine (1942), l'Institut africaniste (1950), l'Institut des sciences de la littérature, l'Institut supérieur du travail, l'Institut d'études des pays en voie de développement, l'Institut des sciences sexologiques et familiales, etc. Par ailleurs, en 1950, l'École des sciences politiques et sociales, fondée en 1892, et l'École des sciences commerciales et consulaires, fondée en 1897, furent détachées de la Faculté de droit pour former une nouvelle Faculté des sciences économiques et sociales ; et en 1961, les Écoles spéciales d'ingénieurs, réorganisées, furent constituées en Faculté des sciences appliquées ; et en 1967 (à la section flamande) et 1969 (à la section francophone), l'Institut de psychologie et de pédagogie, fondé en 1944 au départ de l'École de pédagogie annexée à la Faculté de Lettres (1923), fut érigé en facultés autonomes.

La fin du rectorat de Mgr Van Waeyenbergh allait être assombrie par les problèmes linguistiques et communautaires, qui conduiront à la scission de l'Université en 1968, comme nous le verrons au point suivant. Ce qui mérite néanmoins d'être signalé ici, c'est l'effort parallèle qui fut entrepris par l'épiscopat dans les années 1960 pour moderniser les structures de direction de l'Université, qui étaient restées jusque-là très sommaires. Longtemps, les évêques – mais le rôle de l'archevêque de Malines fut de fait toujours prépondérant – eurent la haute main sur l'institution, le recteur étant regardé comme leur simple délégué. Les choses commencèrent à changer à la fin du XIXe siècle, sous les rectorats d'Abbeloos et Hebbelynck : le développement considérable de l'université rendait sa direction épiscopale effective de plus en plus chimérique et, après la Seconde guerre, la complexification des problèmes universitaires devait la rendre purement nominale. En octobre 1962, les évêques renoncèrent, dans les nouveaux statuts, à constituer le Conseil d'administration de l'Université (Conseil qu'il formait depuis la loi de 1911), pour limiter leur rôle à celui de pouvoir organisateur (avec l'aide de quatre conseillers choisis hors-université).

Du côté du recteur, personnage central au sein de l'Université, comme on l'a vu, il fut longtemps fort solitaire dans son travail. À côté de son secrétaire personnel, toujours un prêtre, il n'était guère assisté que par un vice-recteur (aidé d'assesseurs, tous prêtres), pour les affaires disciplinaires, et d'un secrétaire de l'université, choisi dans le corps professoral et toujours un laïc. Autour du recteur, les organes purement consultatifs prévus n'eurent jamais qu'un rôle décoratif : le conseil rectoral (recteur, vice-recteur, secrétaire de l'Université, doyens de Faculté et présidents d'Instituts), qui se réunissait mensuellement ; le sénat académique (les professeurs ordinaires et les présidents de pédagogie), convoqué par le recteur pour les cas graves ; et depuis 1911, le Conseil général (cinq professeurs désignés par leur faculté, cinq nommés par les évêques parmi les associations d'anciens, cinq parmi les bienfaiteurs de l'Université et cinq « personnalités éminentes » cooptées par le reste du Conseil). Pour le reste, l'administration rectorale était réduite à sa plus simple expression (une dizaine de personnes au plus, travaillant dans des conditions difficiles). À partir de 1957, Van Waeyenbergh prit quelques mesures pour déconcentrer son administration personnelle (introduction d'un conseiller du recteur, d'un administrateur des études et de la recherche, etc.), mais il fallut attendre les nouveaux statuts du 11 oct. 1962 pour voir progressivement la mise en place de réformes radicales : direction plus collégiale, renforcement du rôle des doyens, mise en place d'un Conseil académique, émanation de la communauté universitaire pour la gestion scientifique, et d'un Conseil d'administration pour la gestion financière, développement d'une véritable administration centrale spécialisée, etc.

RECTEURS. – Pierre de Ram (1834-1865). – Nicolas Laforêt (1865-1872). – Alexandre Namèche (1872-1881). – Constant-Joseph Pieraerts (1881-1887). – Jean-Baptiste Abbeloos (1887-1898). – Adolphe Hebbelynck (1898-1909). – Paulin Ladeuze (1909-1940). – Honoré Van Waeyenbergh (1940-1964). – Albert Descamps (1962-1968).

L. COURTOIS

TRAVAUX. – I. L'UNIVERSITÉ D'ÉTAT (1817-1835). – B. Borghgraef van der Schueren, *De Universiteiten in de Zuidelijke Provincies onder Willem I*, Bruxelles, 1973. – *La faculté de droit de l'université d'État de Louvain*, dans *Jura Falconis*, 11, 1975 (3). – A. Thomas, *Theologiestudenten des Löwener « Collegium Philosophicum » in Trier. 1827-1830*, dans *Annalen des Historischen Vereins für den Niederrhein*, 10, 1975, p. 117-143. – M. De Neef, *De Faculteit Wijsbegeerte en Letteren van de Rijksuniversiteit te Leuven (1817-1835)*, Mémoire de licence inédit en histoire, Katholieke universiteit Leuven, Leuven, 1986. – G. Vanpaemel, *J. B. Van Mons (1765-1842) en het scheikundige-onderwijs aan de Rijksuniversiteit Leuven*, dans *Academiae analecta. Mededelingen van de Koninklijke academie voor wetenschappen, letteren en schone kunsten van België. Klasse der wetenschappen*, 48, 1986, n° 4, p. 87-100. – G. Couderé, *De studenten aan de Rijksuniversiteit Leuven (1817-1835)*, dans *Liber amicorum dr. J. Scheerder : tijdingen uit Leuven over de Spaanse Nederlanden, de Leuvense Universiteit en historiografie*, Leuven, 1987, p. 241-262. – A. Graffart, *La matricule de l'Université de Louvain (1817-1835)*, dans *Album Carlos Wyffels offert par ses collaborateurs scientifiques – Album C. Wyffels aangeboden door zijn wetenschappelijke medewerkers*, Bruxelles, 1987, p. 117-188.

II. L'UNIVERSITÉ CATHOLIQUE (1834-1968). – Généralités. – P. Harsin, *Quelques incidents de la vie universitaire à Liège et à Louvain avant la révolution de 1830*, dans *La Vie Wallonne*, 10, 1929, p. 315-333. – E. Lousse, *L'Université de Louvain pendant la seconde guerre mondiale. 1939-1945*, Bruges, 1945. – Id. et C. Vervoort, *Université catholique de Louvain. Bibliographie académique*, t. VII, 1934-1954, vol. I, *Partie générale. Autorités académiques. Facultés de théologie et de droit canonique*, Louvain, 1955. – L. Wils, *Kanunnik David en de Vlaamsche Beweging van zijn tijd*, Leuven, 1957. – J. Coppens, *Nederlandse hoogleraren aan de Leuvense Universiteit vooral sinds 1834*, dans *Dietsche Warande en Belfort*, 108, 1963, p. 404-420. – R. Mathes, *Löwen und Rom. Zur Gründung der Katholischen Universität Löwen unter besonderer Berücksichtigung der Kirchen- und Bildungspolitik Papst Gregors XVI.*, Essen, 1975. – J. Hoornaert, E. De Maesschalck, J. Roegiers et E. Lamberts (dir.), *Het Atrechtcollege. 1508-1979*, Leuven, 1979 (2e édition, 1992).– E. Lamberts, *De Leuvense universiteit op een belangrijk keerpunt tijdens het rektoraat van A.J. Namèche en C. Pieraerts (1872-1887)*, dans G. Braive et J. Lory (dir.), *L'Église et l'État à l'époque contemporaine. Mélanges dédiés à la mémoire de Mgr Aloïs Simon* (Publications des Facultés universitaires Saint-Louis, 3), Bruxelles, 1975, p. 337-369 ; Id., *Het historisch profiel van de Katholieke Universiteit Leuven (1835-1985)*, dans *Onze Alma Mater*, 42, n° 1, mars 1988, p. 63-73 ; Id., *La transformation de la « catholicité » des Universités de Louvain et de Nimègue*, dans P. Hurtubise (dir.), *Fédération Internationale des Universités Catholiques. Actes du second symposium du projet : Université, Église, culture. Les Universités catholiques dans le monde (1815-1962). Institut Catholique de Paris (23-25 avril 2001)*, Paris, 2003, p. 117-140. – R. Mathes, *Löwen und Rom. Zur Gründung der Katholischen Universität Löwen unter besonderer Berücksichtigung der Kirchen-und Bildungspolitik Papst Gregors XVI* (Beiträge zur neueren Geschichte der katholischen Theologie, 18), Essen, 1975. – L. Vos-Gevers, *De Vlaamse studentenbeweging te Leuven. 1836-1914*, dans *Onze Alma Mater*, 29, 1975, p. 109-142. – *F.N.R.S. 1928-1978*, Bruxelles, 1978. – C. Gobbe, *La vie estudiantine à l'Université de Louvain. 1898-1914. Un printemps agité en 1914*, Mémoire de licence inédit en histoire, Université catholique de Louvain, Louvain-la-Neuve, 1985. – A. d'Haenens (dir.), *La vie quotidienne à l'Université de Louvain. Scansions d'une longue durée : 1425-1985* (École des mémoires culturelles. Publications, 1), Louvain-la-Neuve, 1985. – L. Courtois, *L'introduction des étudiantes à l'Université de Louvain. Les tractations préliminaires (1890-1920). Étude statistique (1920-1940)* (Travaux de la Faculté de philosophie et lettres de l'Université catholique de Louvain, 33 – Section d'histoire, 7), Louvain-la-Neuve, 1987 ; Id., *À propos de l'admission des étudiantes à l'Université catholique de*

Louvain (1920), dans *Louvain. Revue mensuelle de l'Association des anciens et amis de l'Université catholique de Louvain*, février 1988, p. 16-17 ; Id., *Les premières générations d'étudiantes. Exposition du 05-02 au 17-02-1990 à la Maison de la Fédération wallonne des Régionales-UCL*, [Louvain-la-Neuve], [1990] ; Id., *Vers l'admission des étudiantes à Louvain (octobre 1920) : jalons pour une histoire des mentalités catholiques en matière de condition féminine*, dans *Revue d'histoire ecclésiastique*, 86, 1991, n° 3-4, p. 324-346 ; Id., *Le rectorat de Monseigneur Ladeuze à l'Université catholique de Louvain (1909-1940)*, dans G. Bedouelle et O. Landron (dir.), *Les universités et instituts catholiques. Regards sur leur histoire (1870-1950)*, Paris, 2012, p. 179-200. – L. Vos, *Twee Leuvense studentenrevoltes (1924/1925-1968). Een vergelijking*, dans A. Jans et G. Janssens (dir.), *Liber amicorum dr. J. Scheerder. Tijdingen uit Leuven over de Spaanse Nederlanden, de Leuvense Universiteit en historiografie* (Vereniging Historici Lovanienses), Leuven, 1987, p. 291-310 ; Id., *Idealisme en engagement. De roeping van de katholieke studerende jeugd in Vlaanderen (1920-1990)*, Leuven-Den Haag, 2011. – L. Ernst et F. Thys-Clement, *Le financement des universités*, dans *Histoire des finances publiques*, t. 4, Gand, 1993, p. 381-406. – *75 années de formation à l'Université de Louvain. Arrêts sur quelques pratiques d'apprentissage* (Publications des Archives de l'Université catholique de Louvain, 1), Louvain-la-Neuve, 2000. – R. Halleux, J. Vandersmissen, A. Despy-Meyer et G. Van Paemel, *Histoire des sciences en Belgique. 1815-2000*, 2 vol., Bruxelles, 2001. – P. Servais (dir.), *La recherche. Passions, pratiques, parcours. La communauté scientifique à l'UCL depuis 1834* (Publications des Archives de l'Université catholique de Louvain, 2), Louvain-la-Neuve, 2001. – V. Viaene, *Belgium and the Holy See from Gregory XVI to Pius IX (1831-1859). Catholic Revival, Society and Politics in 19th-Century Europe* (KADOC-Studies, 26), Leuven, 2001. – F. Hiraux, L. Honnoré et F. Mirguet (dir.), *À la découverte de la recherche et des chercheurs. Actes des Entretiens de Louvain-la-Neuve organisés le 16 avril 2001 par le Service des Archives de l'Université catholique de Louvain* (Publications des Archives de l'Université catholique de Louvain, 5), Louvain-la-Neuve, 2002. – F. Hiraux, (dir.), Id. *Travailler à l'Université. Histoire et actualité des personnels de l'Université de Louvain* (Publications des Archives de l'Université catholique de Louvain, 12), Louvain-la-Neuve, 2006, p. 31-38. – A. Ciampani, *Religione, politica e cultura nelle relazioni italo-belghe : studenti romani all'Università di Lovanio (1871-1878)*, dans A. Ciampani, P. Tilly et V. Viaene (dir.), *Italia e Belgio nell'ottocento europeo. Nuovi percorsi di ricerca. Atti del Convegno internazionale* (Rassegna Storica del Risorgimento, 89, 2003, n° 3), p. 67-92. – M. De Groote et F. Hiraux (dir.), *Images de l'Université et des étudiants de Louvain : introduction méthodologique et analyse de cas* (Publications des Archives de l'Université catholique de Louvain, 10), Louvain-la-Neuve, 2005. – C. Sappia et P. Servais (dir.), *Les relations de Louvain avec l'Amérique latine (1953-1983). Entre évangélisation, théologie de la libération et mouvements étudiants* [Actes du colloque international tenu à l'Université catholique de Louvain le 22 avril 2004] (Publications des Archives de l'Université catholique de Louvain, 14), Louvain-la-Neuve, 2006. – P. Dhondt, *De verloren strijd voor één universiteit in België. 1814-1835*, dans *Bijdragen en Mededelingen voor de Geschiedenis van de Nederlanden*, 121, 2006, p. 197-221. – R. Halleux et G. Xhayet, *La liberté de chercher. Histoire du Fonds National belge de la Recherche Scientifique*, Liège, 2007. – R. Mantels, *Geleerd in de tropen. Leuven, Congo & de wetenschap, 1885-1960*. Leuven, 2007. – M. Collin, *L'Université catholique de Louvain et la coopération au développement. Entre microcosme des relations internationales et laboratoires d'innovations sociales 1908-1981*, Louvain-la-Neuve, 2008 ; Id., *L'illusion identitaire des étudiants francophones. Le mouvement des étudiants universitaires belges d'expression française (MUBEF) 1961-1974*, Louvain-la-Neuve, 2008. – H. Cottyn (dir.), *Kennismakers. 80 jaar Fonds Wetenschappelijk Onderzoek-Vlaanderen*, Bruxelles, 2008. – K. Corens, *Inventaris van het archief van Rector Honoré Van Waeyenbergh (1891-1971)* (Fasti academici, 3), Leuven, 2009. – P. Dhondt, *Un double compromis : enjeux et débats relatifs à l'enseignement universitaire en Belgique au XIXe siècle*, Gand, 2011. – G. Vanpaemel, M. Derez et J. Tollebeek, *Album van een wetenschappelijke wereld. De Leuvense universiteit omstreeks 1900* (Lovaniensia), Leuven, 2012. – J.-P. Vander Straeten, *Chronique d'un étudiant à Louvain au temps du Walen buiten* (Encres de vie), Paris, 2016.

Sciences exactes. – F. Kaisin, *La minéralogie et la géologie à l'Université de Louvain restaurée de 1837 à 1927*, dans *Revue des questions scientifiques*, 12, 1927, p. 101-113 ; Id., *La géologie à l'Université de Louvain*, dans *Vie scientifique*, 1966. – Ch. Nelis, *Un siècle de biologie à l'Université de Louvain*, dans *Revue des questions scientifiques*, 12, 1927, p. 114-161. – E. Leplae, *La société scientifique de Bruxelles et la fondation de l'Institut agronomique de l'Université de Louvain*, *Ibid.*, 5e série, partie 3, 1938, p. 75-95. – V. Antoine, *L'institut agronomique*, dans *Revue trimestrielle des Amis de l'Université de Louvain*, 1956, n° 3, p. 65-73. – G. Bailleu, *Inventaire des travaux d'études rédigés pour L'institut agronomique de l'Université catholique de Louvain de ses origines (1878) à 1947*, Louvain, 1967. – *Florilège des sciences en Belgique pendant le XIXe* siècle et le début du *XXe*, Bruxelles, 1968. – *De fakulteit van landbouwkunde van de universiteit Lovanium te Kimuenza Leopoldstad*, dans *Bulletin met nieuws van de vereniging van de ingenieurs en gediplomeerden van het landbouwinstituut te Leuven*, 1964, n° 2, p. 3-6. – R. Antoine et G. Hennebert, *1878-1978. Le centenaire de la Faculté des Sciences Agronomiques. Une université dans l'université*, dans *Louvain. Revue trimestrielle des Amis de l'Université de Louvain*, 1978, n° 2, p. 5-12 ; Id., *La Faculté des sciences agronomiques de l'Université catholique de Louvain. 1878-1985*, *Ibid.*, 1985, n° 2, p. 3-66 ; Id., *L'histoire de la Faculté des sciences agronomiques de Louvain*, dans *Bulletin de l'A.I.L.V. Organe de l'asbl Association des ingénieurs de la Faculté des sciences agronomiques de l'Université catholique de Louvain*, 1986, n° 3, p. 13-22. – G. Verbinnen, *100 jaar hoger landbouwonderwijs te Leuven*, dans *Academisches tijdingen*, 1979, n° 7, p. 1 et 6-13. – *Les sciences exactes et naturelles à l'Université de Louvain de 1835 à 1940. Colloque d'histoire des sciences III. Louvain-la-Neuve, 17 mars 1977* (Université de Louvain. Recueil de travaux d'histoire et de philologie, 6e série, fasc. 15), Louvain, 1979, incluant : A. Bruylants, *L'école de chimie de l'Université de Louvain des origines à la première moitié du XXe siècle*, p. 13-21. – B. De Bont, P. Van de Kerckove et T. Lemaître, *Louvain-en-Woluwe*, Wilsele, 1980. – A. Meulemans, *Farmaceutisch onderwijs te Leuven van 1794 tot 1968*, Leuven, 1982. – V. Marchand, *De receptie van het darwinisme aan de leuvense universiteit (1859-1914)*, Mémoire de licence inédit en histoire, Katholieke Universiteit Leuven, Leuven, 1984. – P. Macq, *Marcq de Hemptinne, fondateur des cyclotrons de Belgique*, dans *Physicalia Magazine*, 8, n° 2, 1986, p. 91 et sv. – *300 jaar chemie te Leuven, 1685-1985. Tentoonstelling in de Universiteitshal 14 november-7 december 1985*, Leuven, 1985. – G. Derdelinckx, *100 ans de Brasserie à l'université*, dans *Louvain. Revue mensuelle de l'Association des Anciens et Amis de l'Université Catholique de Louvain*, 1987, n° 10, p. 8-11 (n° spécial sur la Brasserie à l'Université Catholique de Louvain). – P. Op 't Roodt, *Armand Thierry en de stichting van het Laboratorium voor experimentele psychologie te Leuven*, Mémoire de licence inédit en histoire, Katholieke Universiteit Leuven, Leuven, 1989. –B. Van Tiggelen, *Chronique de la Faculté des sciences de Louvain : l'institution et les hommes*, Louvain-la-Neuve, 1989. – L. Verpoest, *125 jaar ingenieursopleiding aan de Katholieke Universiteit te Leuven*, dans *Onze Alma Mater*, 43, 1989, nos 1 et

4, p. 25-51 et p. 383-397 (deux parties : *De eerste halve eeuw 1864-1914 : de vorming van katholieke ingenieurs*, et *De tweede halve eeuw, 1914-1964 : van Speciale Scholen tot Faculteit der Toegepaste Wetenschappen*). – J. Mawhin, *Une brève histoire des mathématiques à l'Université catholique de Louvain*, dans *Revue des questions scientifiques*, 163, 1992, p. 369-386. – R. Meire, A. Moreels, R. Poffe et J. Uytterhoeven, *Nostalgie naar vroegere tijden : 1968 en de splitsing van de Fakulteit*, dans *Nieuwsbrief van de Faculteit landbouwkundige en toegepaste biologische wetenschappen en haar Vereniging van ingenieurs*, 1998, n° 3, p. 27-28. – K. Indecleef, *Ontstaan en ontwikkeling van het hooger technisch landbouwonderwijs in Belgie, ca 1830-1934*, Leuven, 2001. – *Een halve eeuw genetica aan de Faculteit Landbouwkundige en toegepaste biologische wetenschappen*, dans *Nieuwsbrief van de Faculteit landbouwkundige en toegepaste biologische wetenschappen en haar Vereniging van ingenieurs*, 2004, n° 2, p. 10-13. – R. Geers, *75 jaar proefhoeve en 25 jaar Zoötechnisch Centrum*, *Ibid.*, 2004, n° 3, p. 13-15. – M. Derez et A. Verbrugge, *De Celestijnenpriorij te Heverlee : van klooster tot bibliotheek*, Leuven, 2005. – B. Woestenborghs, R. Hermans et Y. Segers, *In het spoor van Demeter. Faculteit bio-ingenieurswetenschappen K.U. Leuven, 1878-2003* (ICAG studies), Leuven, 2005. – G. Vanpaemel et J. Snaet, *Medisch laboratorium of universitair bedrijf ? Het Instituut voor Bacteriologie te Leuven* (Lovaniensia), Leuven, 2016.

Sciences médicales. – E. Masoin, *La faculté de médecine à l'ancienne et à la nouvelle université de Louvain. Coup d'œil sur son histoire*, Louvain, 1909. – R. Bruynoghe, *La Faculté de Médecine de Louvain*, dans la *Revue Médicale de Louvain*, 1942, n° 11, p. 173-176 ; n° 12, p. 191-192 ; n° 13, p. 204-208 ; n° 14, p. 220-224. – F. A. Sondervorst, *Le Musée d'histoire de la médecine de l'Université de Louvain*, *Ibid.*, 1951, p. 3-8. – M. Debiève et A. Bruylants, *Figures de professeurs de pharmacie à l'Université de Louvain*, Louvain-la-Neuve, 1985. – C. Bruneel et P. Servais (dir.), *La formation du médecin : des Lumières au laboratoire. Actes du colloque du 9 décembre 1988* (Travaux de la Faculté de philosophie et lettres de l'Université catholique de Louvain, XXXVII – Centre d'histoire des sciences et des techniques. Sources et travaux, IV), Louvain-la-Neuve, 1989. – G. Aubert, *L'histoire de la médecine à l'Université de Louvain*, dans *Louvain médical*, 117, 1998, n° 8, p. 359-373. – J.-J. Haxe, *Si Saint-Luc m'était conté. Plus de trente ans d'histoire : 1966-1996*, Bruxelles, 2001 ; Id. (dir.), *Cinquante ans de Médecine à l'UCL. 1950-2000*, Bruxelles, 2002 – J. Vandendriessche, *Zorg en wetenschap. Een geschiedenis van de Leuvense academische ziekenhuizen in de twintigste eeuw*, Leuven, 2019..

Sciences humaines. – V. Brants, *La Faculté de Droit de l'Université de Louvain, à travers cinq siècles (1426-1906)*, Louvain-Paris, 1906. – R. Maere, *L'étude* de *l'archéologie chrétienne en Belgique*, dans *Revue d'histoire ecclésiastique*, 27, 1931, p. 591-598. – H. Draye, *Vijftig jaar Germanistiek te Leuven*, dans *Leuvense Bijdragen. Bijblad*, 39, 1949, p. 1-33. – M. Becqué et A. Louant, *Le dossier « Rome et Louvain » de Charles Périn*, dans *Revue d'histoire ecclésiastique*, 50, 1955, p. 35-124. – H. Haag, *L'Institut des sciences politiques et sociales*, dans *Amis de l'Université de Louvain. Bulletin trimestriel*, 1967, n° 4, p. 120-126. – J. Lavalleye, *L'Institut supérieur d'archéologie et d'histoire de l'art de l'Université catholique de Louvain*, dans *Revue des archéologues et historiens d'art de Louvain*, 2, 1969, p. 7-38. – E. De Jonghe, *Het onderwijs der politieke en sociale wetenschappen te Leuven. 1892-1976*, dans *Politica*, 26, 1976, p. 102-128. – L. Van Humbeeck, *Geschiedenis van de Afdeling Germaanse Filologie te Leuven. Een poging tot rekonstruktie van 75 jaar Germanistiek (1893-1968)*, Mémoire de licence en philologie germanique, Katholieke Universiteit Leuven, Leuven, 1976. – Ph. Godding, *La Faculté de droit de l'Université de Louvain. De Louvain à Louvain-la-Neuve (1426-1978)*, dans *Journal des tribunaux*, n° 5053, 14 févr. 1978, p. 553-557. – P. Naster, *De assyriologie aan de Universiteit te Leuven*, dans *Akkadica*, 6, 1978, p. 8-16. – J. Ruwet (dir.), *De la Faculté des arts à la Faculté de philosophie et lettres, des siècles d'histoire. Catalogue de l'exposition, 4-15 mars 1980*, Louvain-la-Neuve, 1980. – E. Rombauts, *De Neerlandistiek te Leuven. Een historisch overzicht*, dans M. De Schepper (dir.), *Nederlandse letteren in de Leuvense universiteitsbibliotheek. Catalogus van de tentoonstelling in de universiteitsbibliotheek, 31 augustus-4 september en 4-22 oktober 1982*, Leuven, 1982, p. 11-23. – G. Verbist, *De School voor politieke en sociale wetenschappen (1892-1914) aan de Leuvense Universiteit*, Mémoire de licence inédit en histoire, Katholieke Universiteit Leuven, Leuven, 1983. – R. Aubert, *Aux origines des Semaines d'ethnologie religieuse. Le cardinal Mercier et la curie romaine*, dans *Studi in onore di Lorenzo Bedeschi* (Fonti e Documenti, 14), t. II, Urbino, 1985, p. 581-622 ; Id., *La Revue d'histoire ecclésiastique de 1952 à 1990*, dans *Revue d'histoire ecclésiastique*, 95/2, numéro spécial publié à l'occasion du centième anniversaire, 2000, p. 523-538 (ce numéro est intégralement disponible en ligne sur www.rhe.eu.com). – M. Verwilghen, *Le notariat à l'Université catholique de Louvain. Mémorial. 1836-1886-1986. Historique-Portraits-Palmarès*, Louvain-la-Neuve, 1986. – P. Sauvage, *La Cité chrétienne (1926-1940). Une revue autour de Jacques Leclercq*, Paris-Gembloux, 1987 ; Id., *Jacques Leclercq (1891-1971). Un arbre en plein vent*, Paris-Louvain-la-Neuve, 1992. – H. Servotte, *Engelse literatuur in Leuven : de ontwikkeling van een vak*, Leuven, 1987. – G. Van Dievoet, D. Van den Auweele, F. Stevens, M. Oosterbosch et C. Coppens (dir.), *Lovanium docet. Geschiedenis van de Leuvense Rechtsfaculteit (1425-1914). Tentoonstelling. Leuven, Centrale Bibliotheek, 25 mei-2 juli 1988* (Faculteit der Rechtsgeleerdheid. Afdeling Romeins recht en Rechtsgeschiedenis), Leuven, 1988. – E. Gerard, *Sociale wetenschappen aan de Katholieke Universiteit* (Politica cahier, 3), Leuven, 1992 ; Id. et K. Wils, *Catholics and sociology in Leuven from D. Mercier to J. Leclercq : a process of appropriation*, dans J. Billiet et L. Voyé (dir.), *Sociologie et religions. Des relations ambiguës* (KADOC-Studies, 23), Leuven, 1999, p. 38-56. – Y. Pierrard, *Charles Moeller, professeur d'histoire à l'UCL de 1863 à 1919. Vie quotidienne et enseignement d'un professeur d'histoire*, Mémoire de licence inédit en histoire, Université catholique de Louvain, Louvain-la-Neuve, 1992. – J. Roegiers, *De bijdrage van de Leuvense universiteit tot de kerkgeschiedenis der Nederlanden*, dans M. Monteiro et J. Rosendaal (dir.), *De Dynamiek van religie en cultuur. Geschiedenis van het Nederlands katholicisme*, Kampen, 1993, p. 321-330 ; Id., *Albert De Meyer (1887-1952) : historien du jansénisme et deuxième directeur de la Revue d'histoire ecclésiastique*, dans *Revue d'histoire ecclésiastique*, 95/2, 2000, p. 494-522. – M. De Smedt, *Honderd jaar Germaanse filologie in Leuven (1894-1994)*, Leuven, 1994. – K. Wils, *De verleiding van de sociologie. Belgische en Nederlandse katholieken en het positivisme. 1880-1914*, dans *Trajecta*, 6, 1997, p. 156-173. – L. Courtois, *Paulin Ladeuze (1870-1940) et les débuts de la Revue d'histoire ecclésiastique (1900-1909)*, dans *Revue d'histoire ecclésiastique*, 95/2, 2000, p. 430-482 ; Id., *Les premières semaines d'ethnologie religieuse à Louvain (1912)*, dans O. Servais et G. van 't Spijker (dir.), *Anthropologie et missiologie : XIXe-XXe siècles : entre connivence et rivalité, Actes du colloque conjoint du CREDIC et de l'AFOM organisé avec la collaboration de l'Institut Interuniversitaire de Recherche Missiologique et Oecuménique d'Utrecht, du Nijmegen Institute for Missiology et du Centre Vincent Lebbe de Louvain-la-Neuve, à Doorn (Utrecht) du 14-18 août 2003*, Paris, 2004, p. 95-117 ; Id., *Ladeuze (Paulin-Pierre-Jean-Marie-Joseph)*, dans *Dictionnaire d'histoire et de géographie ecclésiastiques*, t. 29, Paris, 2007, col. 1287-1294 ; Id., *L'« histoire des religions » à l'Université de Louvain, de la création du Muséon (1882) à la première semaine d'ethnologie religieuse (Louvain, 1912) : le cas du chanoine Philémon Colinet (1853-1917)*, dans *Textus et studia*, 1, n° 1, 2015, p. 17-55 ; Id., *Le chanoine Philémon Colinet (1853-1917) et la première Semaine d'ethnologie religieuse de Louvain (1911-1912) : première approche d'une réaction antimoderniste*, dans D. Praet et C. Bonnet (dir.), *Science, Religion and Politics during the Modernist crisis. Science, Religion et Politique à l'époque de la crise moderniste* (Institut Historique Belge de Rome. Études-Belgisch Historisch Instituut te Rome. Studies, V), Bruxelles-Roma, 2018, p. 221-249. – V. Saroglou, *Église(s) et psychologie(s). Bilan et perspectives d'une ouverture prudente*, dans E. Louchez et J. Pirotte (dir.), *Deux mille ans d'histoire de l'Église. Bilan et perspectives historiographiques* (Revue d'histoire ecclésiastique, n° spécial), 95/3, 2000, p. 709-753. – Cl. Soetens, *La reprise de la RHE après la Première Guerre mondiale. L'ultime message du fondateur*, dans *Revue d'histoire ecclésiastique*, 95/2, 2000, p. 483-493 ; Id., *De l'histoire de l'Église à l'histoire religieuse. Quelques défis pour le 21e siècle*, dans J.-M. Sevrin et A. Haquin (dir.), *La théologie entre deux siècles. Bilan et perspectives. Actes du colloque organisé à l'occasion du 575e anniversaire de l'Université catholique de Louvain* (Cahiers de la Revue théologique de Louvain, 34), Louvain-La-Neuve, 2002, p. 147-162. – J. Tollebeek, *New periodicals for new ideas. On the birth of the Revue d'histoire ecclésiastique*, dans *Revue d'histoire ecclésiastique*, 95/2, 2000, p. 391-429. – L. Voyé, *Églises et sociologie*, dans E. Louchez et J. Pirotte (dir.), *Deux mille ans d'histoire de l'Église…, op. cit.*, p. 693-708. – J. Pirotte, G. Zelis et al. (dir.), *Pour une histoire du monde catholique au XXe* siècle : *Wallonie–Bruxelles. Guide du chercheur* (Collection Sillages), Louvain-la-Neuve, 2003 (dont : B. Groessens et T. Scaillet, *La pensée théologique*, p. 59-68 ; J. Famerée, *L'œcuménisme en milieu catholique*, p. 175-182 ; L. Courtois, *Les intellectuels catholiques. De la fin du 19e siècle à la Première Guerre mondiale*, p. 439-458 ; P. Sauvage, *Les intellectuels catholiques. L'entre-deux-guerres*, p. 459-466 ; J.-L. Jadoulle, *Les intellectuels catholiques. De la Libération au concile Vatican II*, p. 467-486). – G. Brône et F. Van de Velde (dir.), *Germaanse. Herinneringen aan een opleiding (1894-2004)*, Leuven, 2004. – T. Daems et F. Hutsebaut, *40 jaar criminologische wetenschappen in Leuven*, dans I. Aertsen, T. Daems, A. Haaren, F. Hutsebaut et J. Maesschalck (dir.), *Deviante wetenschap. Het domein van de criminologie. Liber Amicorum Johan Goethals*, Leuven, 2011, p. 17-26. – J. Casselman, I. Aertsen et S. Parmentier (dir.), *Tachtig jaar criminologie aan de Leuvense universiteit. Onderwijs, onderzoek en praktijk*, Antwerpen-Apeldoorn, 2012. – O. Servais, *Louvain et l'analyse du religieux. De l'ethnologie missionnaire à l'anthropologie prospective du virtuel*, dans *Histoire, monde et cultures religieuses*, n° 26, 2013, 2, p. 95-108.

Bibliothèque. – L. van der Essen, *Petite histoire de l'invasion et de l'occupation allemande en Belgique*, Bruxelles, 1917. – É. de Moreau, *La Bibliothèque de l'Université de Louvain. 1636-1914*, Louvain, 1918. – *La nouvelle bibliothèque de l'université. Notice descriptive avec 15 gravures et 2 plans*, Louvain, 1929. – L. Degrelle, *Furore teutonico ou l'histoire des balustrades de la bibliothèque de Louvain* (Cahier de la Jeunesse Catholique), Louvain, s.d. – G. Ryckmans, *Bis diruta bis restituta. Contribution à l'histoire de la bibliothèque de Louvain*, dans *Scrinium Lovaniense. Mélanges historiques Étienne Van Cauwelaert*, Gembloux, 1961, p. 2-30. – J. Schoonjans, *Universiteitsbibliotheek. Een bijdrage tot haar geschiedenis*, 1977. – J. Roegiers, *Vijf eeuwen bibliotheekgeschiedenis*, dans *Ex officina. Bulletin van de Vrienden van de Leuvense Universiteitsbibliotheek*, 1, 1984, p. 7-13. – C. Coppens, *Une bibliothèque imaginaire : de Leuvense universiteitsbibliotheek. 1914-1940*, *Ibid.*, 2, 1985, p. 64-69. – W. Schivelbusch, *Die Bibliothek von Löwen. Eine Episode aus der Zeit der Weltkriege*, München, 1988. – J. Celis et P. Uyttenhove, *De wederopbouw van Leuven na 1914*, Leuven, 1991. – M. Derez, *The Flames of Louvain. The War Experience of an Academic Community*, dans H. Cecil et P. H. Liddle (dir.), *Facing Armageddon. The First World War Experienced*, London, 1996, p. 617-629 ; Id., *De Leuvense universiteitsbibliotheek. 1425-1995*, Leuven, 1997. – J. N. Horne et A. Kramer, *German Atrocities, 1914. A History of Denial*, New Haven (Con.), 2001. – Ch. Coppens, M. Derez et J. Roegiers, *Universiteitsbibliotheek Leuven. 1425-2000. Sapientia aedificavit sibi domum* (Lovaniensia, 24), Leuven, 2005 (existe aussi en anglais). – J. Van Impe, *De Leuvense Universiteitsbibliotheek. Historische wandelgids* (Lovaniensia), Leuven, 2012 (existe aussi en anglais). – *Universiteitsbibliotheek*, s.l., s.d.

L'Institut orientaliste. – A. Roersch, F. Desonay et H. de Vocht, *La philologie en Belgique*, dans *Histoire de la Belgique contemporaine. 1830-1914*, t. III, Bruxelles, 1930 (le chapitre consacré à la philologie orientale, p. 198-205). – G. Ryckmans, *Les langues orientales*, dans *Le Ve centenaire de la Faculté de théologie de l'Université de Louvain. 1432-1932. Liber memorialis*, Bruges-Louvain, 1932, p. 101-117 ; Id., *L'orientalisme à Louvain avant 1936*, dans *Universitas catholica Lovaniensis. Trentième anniversaire de l'Institut orientaliste. 1er février 1966*, Louvain, 1966, p. 9-29. – J. Coppens, *L'orientalisme en Belgique*, Bruxelles, 1938, p. 10-12. – L.-T. Lefort, *Les recherches orientalistes à l'Université de Louvain*, dans J. Coppens, A. Deschamps et É. Massaux (dir.), *Sacra pagina. Miscellanea biblica congressus internationalis catholici de re biblica* (Bibliotheca Ephemeridum theologicarum lovaniensium, 12-13), 2 vol., Gembloux, 1959. – J. Ries, *Regards sur l'orientalisme louvaniste (1519-1979)*, dans *Université catholique de Louvain. L'Institut orientaliste*, Louvain-la-Neuve, 1979, p. 1-15. – L. Meyvis, *Leuvense oriëntalistiek tot 1936*, dans *Campuskrant*, 2001, 3, p. 12. – W. Vande Walle et P. Servais (dir.), *Orientalia. Études orientales et bibliothèques à Leuven et Louvain-la-Neuve. Exposition à la Bibliothèque royale de Belgique. 1er février 2001-15 mars 2001* (Symbolae Facultatis litterarum et philosophiae Lovaniensis, série B, t. XXI), Leuven, 2001. – W. De Pril, *De Leuvense theoloog en oriëntalist René Draguet (1896-1980). Studie van zijn theologische positie en zijn conflict met de kerkelijke overheid*, thèse de doctorat inédite en théologie de la KU Leuven, Leuven, 2010. – L. Courtois, *Le chanoine Philémon Colinet (1853-1917) et la première Semaine d'ethnologie religieuse de Louvain (1911-1912) : première approche d'une réaction antimoderniste*, dans D. Praet et C. Bonnet (dir.), *Science, Religion and Politics during the Modernist crisis. Science, Religion et Politique à l'époque de la crise moderniste* (Institut Historique Belge de Rome. Études, V), Bruxelles-Roma, 2017, p. 221-249.

L'Institut supérieur de philosophie. – L. D De Raeymaeker, *Les origines de l'Institut supérieur de Philosophie de Louvain*, dans *Revue Philosophique de Louvain*, 3e série, 49, n° 24, 1951, p. 505-633 ; Id., *Le cardinal Mercier et l'Institut supérieur de philosophie de Louvain*, Louvain, 1952 ; Id., *Vérité et libre recherche scientifique selon le cardinal Mercier, fondateur de l'Institut supérieur de philosophie à l'Université de Louvain, docteur en droit « honoris causa » de Columbia University*, dans *Liberté et vérité. Contribution de professeurs de l'Université catholique de Louvain à l'étude du thème proposé à l'occasion du bicentenaire de Columbia University*, Louvain, 1954, p. 13-37 ; Id., *Soixante années d'enseignement de la métaphysique à l'Institut supérieur de philosophie de l'Université de Louvain*, dans *Scrinium Lovaniense. Mélanges historiques Étienne Van Cauwenbergh* (Université de Louvain. Recueil de travaux d'histoire et de philologie, 4e série, fasc. 24), Louvain, 1961, p. 596-607. – R. Aubert, *Aspects divers du néo-thomisme sous le pontificat de Léon XIII*, dans G. Rossini (dir.), *Aspetti della cultura cattolica nell'età di Leone XIII. Atti del convegno tenuto a Bologna il 27-28-29 dicembre 1960* (Quaderni di storia, I-II), Roma, 1961, p. 133-227 ; Id., *Désiré Mercier et les débuts de l'Institut de Philosophie*, dans *Revue philosophique de Louvain*, 88/2, mai 1990, p. 147-167. – G. Verbeke, *De betekenis van Mercier voor filosofie*, dans *Algemeen nederlands tijdschrift voor wijsbegeerte*, 63/1, janvier 1976, p. 209-221. – G. Van Riet, *Originalité et fécondité de la notion de philosophie élaborée par le cardinal Mercier*, dans *Revue philosophique de Louvain*, 79, 1981, p. 532-565 ; Id., *Kardinal Désiré Mercier (1851-1926) und das philosophische Institut in Löwen*, dans *Christliche Philosophie im katholischen Denken des 19. und 20. Jahrhunderts*, t. II, Graz-Wien-Köln, 1988, p. 206-240. – J. Ladrière, *Cent ans de philosophie à l'Institut supérieur de philosophie*, dans *Revue philosophique de Louvain*, 88, 1988, p. 168-213. – C. E. M. Struyker Boudier, *De filosofie van Leuven* (Wijsgerig leven in Nederland en België. 1880-1980, t. IV-V), Leuven-Baarn, 1989. – C. Steel, *Thomas en de vernieuwing van de filosofie. Beschouwingen bij het thomisme van Mercier*, dans *Tijdschrift voor Filosofie*, 53/1, mars 1991, p. 44-89. – R. Wielockx, *De Mercier à De Wulf. Débuts de l'« École de Louvain »*, dans R. Imbach et A. Maieru (dir.), *Gli studii di filosofia medievale fra Otto e Novocento. Contributo a un bilancio storiografico. Atti del convegno internazionale, Roma, 21-23 settembre 1989* (Storia e letteratura, 179), Roma, 1991, p. 75-88. – K. Meerts, *De personalistische traditie aan de Katholieke Universiteit te Leuven rond de eeuwwisseling*, dans L. Bouckaert et G. Bouckaert (dir.), *Metafysiek en Engagement. Een personalistische visie op gemeenschap en economie*, Leuven, 1992, p. 65-86. – K. Wils, *Het verbond tussen geloof en wetenschap bedreigd. Het Leuvens Hoger Instituut voor Wijsbegeerte en het positivisme (1889-1914)*, dans *Trajecta*, 1, 1992, p. 388-408. – D. A. Boileau et J. A. Dick (éd.), *Tradition and Renewal. Philosophical Essays Commemorating the Centennial of Louvain's Institute of Philosophy* (Louvain Philosophical Studies, 5-7), 3 vol., Leuven, 1992-1993. – J.-P. Hendrick, J. Pirotte et L. Courtois (éd.), *Le cardinal Mercier (1851-1926). Un prélat d'avant-garde. Publications du Professeur Roger Aubert rassemblées à l'occasion de ses 80 ans*, Louvain-la-Neuve, 1994, dont : L. Courtois, *Le cardinal Mercier : introduction à l'étude d'une personnalité*, p. 79-97. – D. A. Boileau, *Cardinal Mercier : a Memoir*, Herent, 1996 ; Id. (dir.), *Cardinal Mercier's philosophical essays. A Study in neo-thomism*, Leuven, 2002. – F. Mirguet et F. Hiraux, *L'Institut supérieur de philosophie de Louvain (1889-1968). Inventaire des archives*, Louvain-la-Neuve, 2008. – L. Courtois, « *Il en retirera, il y ajoutera ce qui lui plaira* »... *Le dossier de Désiré Mercier à la congrégation des Études : un exemple caractéristique de falsification ecclésiastique (1905)*, dans P. Servais, F. Hiraux et F. Mirguet (dir.), *Les maltraitances archivistiques. Falsifications, instrumentalisations, censures, divulgations* (Publications des Archives de l'Université catholique de Louvain, 25), Louvain-la-Neuve, 2010, p. 129-145 ; Id. et M. Jačov (dir.), *Les débuts de l'Institut supérieur de philosophie (Louvain) à travers la correspondance de Désiré Mercier avec le Saint-Siège (1887-1904)* (Bibliothèque de la Revue d'histoire ecclésiastique, 96), Louvain-la-Neuve, 2013.

E. Lamberts et L. Courtois

2° *La Faculté de théologie*. – Sous le Régime hollandais. – Lors de l'ouverture de l'Université d'État de Louvain en 1817, le roi Guillaume Ier des Pays-Bas dut postposer la création d'une faculté de théologie en raison de la résistance des évêques du sud des Pays-Bas à sa politique d'enseignement. Le conflit éclata au grand jour en 1825, lorsque le gouvernement établit à Louvain un *Collegium Philosophicum*, dans lequel tous les candidats au sacerdoce étaient tenus de suivre une formation préparatoire obligatoire avant leurs études de théologie. Les autorités ecclésiastiques, sous la direction de Mgr François de Méan, archevêque de Malines, réagirent immédiatement contre cette ingérence civile dans la formation sacerdotale par un boycott de l'institution, qui conduisit à une quasi-stagnation de cette formation dans le sud. Ce conflit exacerba la résistance catholique contre la politique scolaire de Guillaume Ier et contribua ainsi à l'effondrement de l' « amalgame » entre les provinces du sud et les provinces du nord.

La nouvelle Faculté de théologie au XIXe siècle. – La Faculté de théologie occupait une place importante au sein de l'Université catholique restaurée en 1834. Au départ, l'idée de créer une université complète était même venue aux évêques en 1832 dans le prolongement de leur projet initial de créer un séminaire provincial pour former les meilleurs étudiants prêtres des différents diocèses de Belgique. Dans la nouvelle Université catholique, la *Facultas theologica* restait avant tout, aux yeux des évêques, un lieu de formation sacerdotale continuée, qu'ils entendaient bien superviser de près. Progressivement cependant, la Faculté devint une institution d'enseignement et de recherche académique à part entière au sein de l'Université. La Faculté ne dispensait pas seulement une formation en théologie, mais décernait également des diplômes en droit canonique. En règle générale, les candidats n'étaient acceptés qu'après trois ou quatre années d'études théologiques dans leur séminaire. L'intention d'intégrer pleinement la formation théologique dans l'environnement universitaire avait été clairement manifestée, entre autres, par la décision du recteur De Ram d'exiger, pour l'obtention du doctorat, la rédaction d'une thèse en plus de la défense classique de thèses (à partir de 1841, ces thèses furent publiées dans une série scientifique propre). Tous les étudiants en théologie séjournaient au Collège du Saint-Esprit (le *Collegium theologorum*), où résidaient également la plupart des professeurs. À partir de 1853, la Faculté organisa également des « cours élémentaires » pour les jeunes étudiants prêtres, cours suivis par un grand nombre d'étudiants étrangers. Ils furent également fréquentés par des candidats au sacerdoce qui demeuraient au nouveau Collège américain érigé en 1857. Ce séminaire préparait les prêtres à la mission aux États-Unis. Dans cette perspective, il recruta d'abord des candidats d'Europe de l'Ouest, mais très vite, ce furent surtout des étudiants prêtres américains qui reçurent leur formation au sein de l'*American College*. En 1877, les cours élémentaires furent supprimés. Mais en 1898, ils retrouvèrent vie sous le nom de *schola minor* (plus tard appelée *theologia brevior*), cette fois à destination explicite de la formation des étudiants du Collège américain. Le promoteur de ce rétablissement fut le canoniste Jules De Becker (1857-1936), qui devint la même année recteur de l'*American College*.

À l'origine, cinq chaires furent créées à la Faculté : Écriture Sainte, Théologie dogmatique, Théologie morale, Histoire ecclésiastique et Droit canonique. En 1838, la théologie dogmatique fut scindée en une chaire générale et une chaire spéciale. Plus tard, des cours non théologiques furent ajoutés à cette offre initiale, notamment un grand nombre de langues orientales.

Dans les années 1840, la jeune Faculté consacra beaucoup d'attention au concept et à la méthode de la théologie, ainsi qu'aux questions de théologie fondamentale en lien avec les rapports entre foi et raison, qui étaient très actuelles dans la théologie catholique à cette époque. Les discussions révélèrent des clivages parallèles aux tensions entre ultramontains et catholiques-libéraux en matière de position de l'Université. À la Faculté de théologie, se trouvaient ainsi en tension deux des plus importants professeurs : les dogmaticiens Jean-Baptiste Malou (1809-1864) et Arnold Tits (1807-1851). Malou, formé à Rome, était en faveur d'une théologie positive traditionnelle, qui considérait une reprise de la théologie classique suffisante pour défendre la foi catholique. Tits était le prototype du théologien spéculatif et voulait relever les défis de la pensée contemporaine en développant une nouvelle apologétique. Sa conception théologique était basée sur une philosophie traditionaliste qu'il développa avec son collègue, le philosophe Gérard Casimir Ubaghs (1800-1875). À partir des années 1840, la critique de l'œuvre d'Ubaghs s'exacerba et plusieurs de ses publications furent mises en accusation à Rome. Malou joua un rôle central dans cette résistance à la philosophie louvaniste après être devenu évêque de Bruges en 1848. Avec des évêques qui partageaient ses vues et en conflit de plus en plus ouvert avec l'archevêque Sterckx, il poursuivit la lutte contre Ubaghs et consorts et réussit finalement en 1866 à faire condamner l'œuvre de ce dernier à Rome. Après la condamnation du traditionalisme au Concile du Vatican, la Faculté de théologie de Louvain fut expurgée du traditionalisme par les évêques, grâce à la nomination de théologiens formés à Rome, à la censure des manuels et à l'introduction de traités rédigés par des théologiens enseignant à Rome. En 1873, le professeur de dogmatique Jean-Baptiste Lefebve (1821-1889) fut contraint de démissionner après des accusations répétées d'idées traditionalistes. Les conséquences de la controverse traditionaliste continuèrent à se faire sentir dans les années 1880 à travers un certain malaise à la Faculté, malaise qui était aussi lié à une baisse temporaire du nombre d'étudiants.

Alors que les théologiens systématiques avaient été presque réduits au silence par les interventions de l'autorité romaine, la science biblique aurait pu se développer davantage à la Faculté. Elle avait été initiée dès le début par le Néerlandais Jan Theodoor Beelen (1807-1884), qui pratiquait une exégèse philologique et développait également une étude approfondie de la théologie orientale. C'est ainsi qu'il jeta les bases de l'école orientaliste de Louvain, qui fut poursuivie par son successeur Thomas Joseph Lamy (1827-1907). Lamy s'était fait un nom dans l'orientalisme, mais en était resté à une exégèse biblique très traditionnelle et médiocre. Parmi les autres disciplines universitaires, la théologie morale ne réussit pas vraiment à se constituer en discipline scientifique. Les titulaires successifs furent généralement aussi directeurs du Collège du Saint-Esprit et se consacraient principalement à la formation des étudiants prêtres qui y résidaient. L'histoire de l'Église resta traditionnelle et conserva une forte orientation apologétique. Finalement, c'est surtout dans le domaine du droit canon que la Faculté acquit une renommée internationale au XIXe siècle, principalement grâce au Néerlandais Henri Feye (ou Feije, 1820-1894), une autorité dans le domaine du droit ecclésiastique du mariage. Feye fut le seul professeur de Louvain à participer au Concile du Vatican en tant qu'expert. Avant le Concile, la Faculté de théologie, peut-être en raison de l'insistance des évêques, s'était publiquement prononcée en faveur d'une dogmatisation de l'infaillibilité pontificale. Le canoniste Ferdinand Moulart (1832-1904), maître de conférences en droit civil ecclésiastique, acquit une renommée internationale dans les années 1880 avec un manuel de référence sur *L'Église et l'État* (1878).

Ce n'est qu'au cours de la dernière décennie du XIXe siècle que la Faculté amorça son « grand tournant » (R. Aubert), qui devait lui insuffler un nouveau dynamisme, surtout dans le domaine de la théologie positive. Dans les disciplines bibliques et historiques, les Louvanistes réussirent à développer de nouvelles approches méthodologiques. En 1889, Albin Van Hoonacker (1857-1933) fut nommé pour le nouveau cours d'« Introduction à l'histoire critique de l'Ancien Testament » (le premier cours de théologie à ne pas être donné en latin !), dans lequel il développait l'étude historico-critique de la Bible. En exégèse du Nouveau Testament, le renouveau fut initié par Paulin Ladeuze (1870-1940) qui, à partir de 1898, enseigna l'Écriture Sainte, la patrologie et quelques langues orientales. En 1890, Bernard Jungmann (1833-1895) mit sur pied un séminaire historique qui traitait de thématiques historiques, une innovation méthodique qui avait déjà été introduite à la Faculté de philosophie et de lettres. En 1895, l'historien Alfred Cauchie (1860-1922) succéda à Jungmann. En 1900, ce dernier fonda avec Ladeuze la *Revue d'histoire ecclésiastique*, qui devint le porte-voix des recherches louvanistes en matière d'histoire de l'Église. Publiée en collaboration avec la Faculté de philosophie et de lettres, la revue fut la première revue véritablement internationale de la Faculté de théologie. Avant cela, en 1864, le recteur De Ram avait fondé les *Analectes pour servir à l'histoire ecclésiastique de la Belgique*, qui parurent jusqu'en 1914. En 1881, Charles de Harlez (1932-1899) avait commencé à assurer la présence de Louvain dans le paysage international de la recherche en fondant la revue orientaliste *Le Muséon*. Ces périodiques, ainsi que d'autres nouvelles revues louvanistes, remplacèrent la *Revue catholique*, qui avait été fondée en 1843 et qui servit jusqu'en 1884 comme journal scientifique général de l'Université de Louvain.

Le développement scientifique de la théologie louvaniste fut rendu possible grâce à la collaboration des professeurs de la Faculté de théologie avec des collègues d'autres facultés. Ceci fut particulièrement évident dans le domaine des études orientales, où les travaux de Beelen et Lamy furent poursuivis par les futurs recteurs Adolphe Hebbelynck (1859-1939) et Paulin Ladeuze, ainsi que par Joseph Lebon (1879-1957). De plus, la Faculté de théologie décerna des diplômes universitaires en langues sémitiques à partir de 1909 (jusqu'à ce que ces études linguistiques trouvent leur place à l'Institut orientaliste organisé en 1936). Dans le domaine de l'histoire de l'Église, il y avait également un lien puissant avec la Faculté de philosophie et de lettres, dans le chef de Cauchie, professeur au sein des deux facultés, et qui est considéré comme le fondateur de l'école historique de Louvain. Ses successeurs furent

Le Collège du Saint-Esprit, par L. Van Peteghem, XIXe s., © BRES KU Leuven Centrale Bibliotheek, LM00166.

également des historiens de métier enseignant l'histoire de l'Église à la Faculté de théologie. Le lien entre les deux facultés se manifesta également avec l'introduction des sciences auxiliaires historiques, comme l'archéologie chrétienne, enseignée par l'historien Edmond Reusens (1831-1903) et son successeur René Maere (1869-1950).

En théologie dogmatique, l'impasse résultant de la condamnation du traditionalisme louvaniste ne fut que partiellement résolue grâce à l'introduction du néothomisme. En 1882, à la demande insistance du pape Léon XIII, les évêques consentirent à établir une chaire de philosophie thomiste à la Faculté de théologie. Le titulaire de ce nouveau cours ne fut autre que Désiré Mercier (1851-1926). En 1889, Mercier fonda ensuite l'Institut supérieur de philosophie, au moyen duquel il entama la réorientation de la philosophie à Louvain et la fit connaître sur le plan international, notamment via la *Revue néo-scolastique* (1894, qui devint la *Revue philosophique de Louvain* à partir de 1946). En parallèle, le séminaire Léon XIII créé par lui s'occupait de la formation de jeunes prêtres diocésains. La force de la philosophie de Louvain résidait dans sa conviction de la complémentarité entre la philosophie thomiste et les sciences. Cette conviction fut à l'origine du développement de diverses disciplines qui se révélèrent très utiles à la théologie au fil du temps. Le successeur de Mercier, Simon Deploige (1868-1927), fut actif dans le domaine de l'éthique sociale et de la sociologie, jetant ainsi les bases d'une recherche sociologique religieuse que Jacques Leclercq (1891-1971) poursuivit par la suite. Dès le début, la psychologie (expérimentale) fut également organisée par l'Institut en domaine de recherche. Au cours du XXe siècle, le développement de ces sciences comportementales à Louvain conduisit à la création d'instituts, puis de facultés indépendantes dans lesquelles la sociologie et la psychologie de la religion étaient explicitement abordées.

L'expansion de la Faculté au XXe siècle. – Le puissant développement de la science biblique et de l'orientalisme permit à la Faculté de Louvain de sortir relativement indemne de la crise moderniste. Les Louvanistes étaient convaincus que la pratique scientifique rigoureuse était parfaitement compatible avec une foi chrétienne bien comprise. En ce sens, ils appartenaient au groupe des intellectuels catholiques identifiés au groupe des « progressistes ». Néanmoins, certains professeurs furent suspectés, plus particulièrement Albin Van Hoonacker et surtout, Paulin Ladeuze. Ils échappèrent

Le recteur Paulin Ladeuze (1870-1940), tiré de L. Courtois (dir.), *Mémoires de Wallonie...*, *op. cit.*, p. 238.

Le chanoine et professeur Albert De Meyer (1887-1952), second directeur de la *Revue d'histoire ecclésiastique*, portrait présent dans les bureaux de la Revue, © DHGE, 2019.

cependant à la condamnation, notamment grâce aux interventions diplomatiques de Mgr Mercier, devenu entre-temps archevêque de Malines en 1906. Mais cela n'empêcha pas un jeune professeur comme Honoré Coppieters (1874-1947), futur évêque de Gand, d'être mis sur la touche. La position des professeurs louvanistes dans la controverse était comparable à celle de l'archevêque, qui combinait la confiance dans le progrès scientifique avec une attitude publique antimoderniste, dès lors que la loyauté à l'Église était en cause. Ultérieurement, Joseph Coppens caractérisa la position louvaniste en forgeant le néologisme « contre-modernisme » qu'il retrouvait particulièrement bien dans le travail de Camille Van Crombrugghe (1876-1940), professeur de théologie dogmatique à la faculté dans les années 1923-1927.

Dans les circonstances difficiles de l'après-guerre, la Faculté de Louvain réussit à maintenir la haute qualité de son enseignement et de sa recherche. Ce fut notamment le cas en 1920, lorsque le recteur Ladeuze promulgua un nouveau règlement de la faculté dans lequel les exigences relatives aux diplômes universitaires en théologie étaient revues à la hausse et où, à titre transitoire, les diplômes obtenus jusqu'alors à Louvain étaient d'office revalorisés, du grade de licencié à celui de docteur, et de celui de docteur à celui de maître, nouvellement introduit. En 1937, ce règlement pouvait être presque intégralement conservé dans le nouveau règlement élaboré pour répondre aux nouvelles normes édictées par la Constitution apostolique *Deus scientiarum Dominus* de Pie XI (1931). Avec le règlement de 1937, la formation en droit canonique fut séparée de la théologie et érigée en faculté autonome.

Au cours de l'Entre-deux-guerres, le corps des professeurs connut un renouvellement progressif. En 1919, deux jeunes professeurs furent nommés, le théologien moraliste Arthur Janssen (1886-1979) et l'historien ecclésiastique Albert De Meyer (1887-1952), qui développeront au cours de leur longue carrière un enseignement et une recherche très solides. Janssen s'appliqua à l'élaboration d'une théologie morale classique, orientée vers la *praxis*, et s'impliqua pendant de nombreuses années dans la vie sociale et culturelle catholique en Flandre. De Meyer, qui était membre de la Faculté de philosophie et de lettres, succéda à Alfred Cauchie à la chaire d'histoire de l'Église et, notamment, poursuivit ses recherches sur l'histoire du jansénisme. En 1928, en tant que rédacteur en chef de la *Revue d'histoire ecclésiastique*, il assuma désormais la responsabilité de la publication du *Dictionnaire d'histoire et de géographie ecclésiastiques* (fondé en 1909 à Paris par Mgr Alfred Baudrillart), qu'il continuera à éditer jusqu'à sa retraite en 1952. Il était également devenu directeur de la *Bibliothèque de la Revue d'histoire ecclésiastique*.

Dans les disciplines en pointe à Louvain, liées à l'étude du christianisme oriental, Joseph Lebon réussit à s'entourer de jeunes collègues prometteurs tels que René Draguet (1896-1980) et Gonzague Ryckmans (1887-1969). Après quelque temps, tous deux furent impliqués dans la publication du *Corpus Scriptorum Christianorum Orientalium*, un projet commun d'édition de textes chrétiens orientaux de l'Université de Louvain et de la Catholic University of America (Washington), auquel Jacques Forget (1852-1933) avait participé antérieurement pour le compte de Louvain. Lebon lui-même commença la série *Spicilegium sacrum lovaniense* en 1922. Une nouvelle génération de grande valeur faisait également ses débuts en sciences bibliques avec Édouard Tobback (1877-1930), Joseph Coppens (1896-1981) et Lucien Cerfaux (1883-1968).

En 1924, la Faculté fonda sa propre revue de théologie et de droit canonique, les *Ephemerides theologicae Lovanienses*, qui – avec la *Bibliotheca Ephemeridum theologicarum Lovaniensium* qui l'accompagnait – firent connaître la théologie louvaniste sur la carte internationale. Cet organe de publication illustrait le fait que la théologie positive à dominante historique continuait à prévaloir à la Faculté de Louvain. Ce courant était brillamment représenté par René Draguet qui, tout en enseignant également la dogmatique générale, s'acquit durant cette période une renommée internationale grâces à ses vues sur la méthode de la théologie et le développement du dogme, dans lequel il s'opposait de manière critique à la théologie néoscolastique habituelle. En 1942, il fut sanctionné par les autorités ecclésiastiques, après que ses conceptions aient été associées aux vues condamnées de Louis Charlier et Marie-Dominique Chenu. Draguet se vit écarté de son cours de théologie et ne resta actif que dans le domaine de la théologie et des langues orientales ; ce n'est qu'en 1965 qu'il fut complètement réhabilité. À la Faculté de théologie, Draguet fut remplacé par Louis Janssens (1908-2001). À la chaire de dogmatique spéciale, Gérard Philips (1899-1972) succéda en 1944 à Joseph Bittremieux (1878-1950).

Ces nominations s'inscrivaient dans le projet de l'archevêque belge Joseph-Ernest Van Roey (1874-1961), qui avait lui-même enseigné à la *schola minor* de Louvain de 1898 à 1907, de corriger l'orientation historique de la théologie à Louvain par un rééquilibrage en faveur d'une pratique théologique plus spéculative et plus enracinée dans le courant thomiste. Van Roey estimait qu'il fallait passer d'une approche historique à un discours plus philosophique afin de formuler une réponse catholique plus efficace à l'encontre des idéologies qui touchaient les esprits à l'époque. C'est ainsi qu'en 1937, il avait fait nommer le philosophe Franz Grégoire (1898-1977) à une chaire nouvellement créée consacrée aux « pseudo-mystiques contemporaines » ; en 1942, Grégoire fut également nommé en philosophie de la religion. Après que Gustave Thils (1909-2000) eut hérité en 1947 de la dogmatique générale de Louis Janssens (qui se consacra désormais à la théologie morale), la dogmatique à Louvain se détacha du modèle scolastique et commença à explorer des domaines nouveaux. Dans les années d'après-guerre, se développèrent ainsi considérablement l'ecclésiologie ainsi que la théologie œcuménique, qui en était à ses débuts. L'attention pour la place du laïc dans l'Église s'accrut également, non seulement chez les théologiens, mais aussi chez des collègues philosophes comme Albert Dondeyne (1901-1985) ou Charles Moeller (1912-1986). Tous furent influencés par le renouveau qui se manifestait à l'époque dans la pensée catholique française avec des courants tels que l'existentialisme et le personnalisme et qui les a amenés à concevoir une anthropologie chrétienne intégrale. Ce changement anthropologique fut surtout le fait des moralistes, et en particulier de Louis Janssens qui, à partir des années 1950, repensa son éthique dans un sens personnaliste.

À cette époque, la science biblique était la discipline la plus brillante à Louvain, plus précisément dans le domaine de l'exégèse du Nouveau Testament, où Lucien Cerfaux avait formé une véritable « école louvaniste ». Il avait non seulement développé une étude philologique et littéraire novatrice du Nouveau Testament, mais il y avait également intégré les connaissances puisées dans les travaux de synthèse en théologie biblique. La base structurelle de diffusion internationale de la science biblique louvaniste fut posée en 1949, avec la création du « Colloquium Biblicum Lovaniense » (ou « Journées bibliques de Louvain »), où chaque année se réunissaient, sous la direction énergique de Joseph Coppens, des biblistes du monde entier. Le travail de Cerfaux a été poursuivi par ses successeurs respectifs, Albert Descamps (1916-1980) et Frans Neirynck (1927-2012).

En 1949, Albert Van Roey (1915-2000) succéda à Lebon en patrologie. Dans le domaine de l'histoire de l'Église, Roger Aubert (1914-2009) fut nommé en 1952. Il devint l'un des principaux historiens de l'Église catholique de sa génération avec plusieurs ouvrages de référence sur l'histoire de l'Église contemporaine et fut pendant des décennies le directeur de la *Revue d'histoire ecclésiastique* et du *Dictionnaire d'histoire et de géographie ecclésiastiques*.

Lucien Cerfaux, exégète (1883-1968), Archives de l'Université de Louvain, coll. CHUL, dossier « Personalia », tiré de L. Courtois (dir.), *Mémoires de Wallonie*..., *op. cit*, p. 103.

Outre ces titulaires de chaires de théologie, plusieurs autres professeurs ont été actifs à la Faculté, notamment dans l'enseignement des langues anciennes ou des matières historiques. Ainsi par exemple, Robert De Langhe (1911-1963) enseigna à partir de 1945 diverses langues classiques et orientales. Habituellement, ces titulaires venaient d'autres facultés, ou parfois, indirectement, d'un ordre religieux, comme le jésuite Pierre Charles (1883-1954), qui enseigna l'histoire missionnaire à partir de 1932 dans le cadre de la Chaire Baron Descamps.

Cette dernière génération de théologiens louvanistes a par ailleurs réussi à jouer un rôle de premier plan au Concile Vatican II. Plusieurs d'entre eux ont travaillé en étroite collaboration avec les évêques belges et ont participé activement à toutes les étapes des travaux du Concile. Ils sont passés à la postérité sous le nom de « *squadra belga* », qui a exercé une influence significative sur le Concile, non seulement par son expertise théologique et canonique, mais aussi par sa perspicacité stratégique et ses capacités de négociation. Le rôle le plus important fut dévolu à Gérard Philips, en tant que secrétaire-adjoint de la Commission doctrinale et rédacteur de la Constitution sur l'Église *Lumen Gentium*.

Dans la période d'après-guerre, une plus grande diversité a été judicieusement introduite dans le cursus des études théologiques, avec l'idée d'offrir un enseignement sortant de la formation « classique ». Déjà en 1942, l'Institut Supérieur de Sciences Religieuses (Hoger Instituut voor Godsdienstwetenschappen) avait été fondé à Louvain sous la direction des professeurs

Cerfaux et Dondeyne, offrant des études théologiques complémentaires aux religieuses et aux laïcs. Cet offre d'enseignements s'est progressivement élargie et, en 1958, a été consacrée par une reconnaissance gouvernementale comme programme de formation universitaire à part entière, principalement destiné à la formation des enseignants de religion. Au sein de cet institut, un Centre de recherches catéchétiques fut créé en 1962, qui devint en 1968 le Centre de recherches catéchétiques et missiologiques. Les diplômés des ordres et congrégations religieuses pouvaient également obtenir des grades complémentaires, à savoir une licence en sciences morales et religieuses, en sciences catéchétiques et en missiologie. Ces cours étaient également ouverts aux diplômés de la *schola minor*, en particulier ceux de l'*American College*, et du *Collegium pro America latina*, fondé en 1953 au départ principalement pour préparer des prêtres diocésains belges à la pastorale en Amérique latine. Dans ce contexte, l'attrait international de l'Université s'en trouva accru, non seulement grâce à la Faculté de théologie, mais aussi grâce à des personnalités comme celle du sociologue François Houtart (1925-2017) qui, avec son Centre de recherches socio-religieuses, attirait des étudiants qui s'engagèrent ensuite dans le mouvement de libération de l'Église d'Amérique latine.

La multiplication des possibilités de formation changea peu à peu la physionomie de la Faculté, dans laquelle la *schola maior*, la formation théologique la plus prestigieuse, prit peu à peu un caractère moins exclusivement clérical. À partir de la fin des années 1950, il devint possible pour des laïcs et pour un non-catholique de suivre le cours supérieur de théologie. Au sein même de la *schola maior*, des tentatives laborieuses furent entreprises pour donner à la théologie pastorale une place égale à celle des autres disciplines théologiques. Mais ce n'est qu'en 1967 qu'un programme limité de théologie pastorale fut offert, et la mise en œuvre complète d'une unité de recherche en pastorale ne se concrétisa qu'après la division linguistique de la Faculté.

En raison de la diversité croissante des cours, la Faculté de théologie de Louvain devint de moins en moins la formation exclusive des étudiants prêtres diocésains, comme les évêques belges l'avaient toujours conçu depuis la fondation de l'Université. Cela s'est in fine manifesté dans un petit détail important, à savoir l'utilisation du latin dans les cours. Durant le XXe siècle, le latin se maintint sans trop de problèmes pour les disciplines théologiques, mais à partir des années 1950, la question fut débattue. Enfin, en 1965-1966, la *schola minor* fut « délatinisée » et, en 1968, le latin cessa d'être la seule langue officielle de la *schola maior*. Entre-temps, la question linguistique qui s'était invitée à l'Université de Louvain avait également exercé une influence au sein de la Faculté de théologie. Dans les années 1960, un nombre croissant de matières non théologiques, enseignées uniquement en français jusqu'alors, furent dédoublées en néerlandais. Cela conduisit à une scission de fait de la *schola minor* en 1965. Lors de la décentralisation des instances de décision universitaires, en 1966, les facultés dites ecclésiastiques conservèrent néanmoins leur statut unitaire. En 1968, la Faculté profita des nouvelles normes de formation théologique imposés par la Congrégation des Séminaires et des Universités pour procéder à une réorganisation de ses études dans laquelle la place de la formation théologique classique au sein des nouvelles disciplines fut rationalisée. En fait, cette réorganisation s'est accompagnée d'un dédoublement linguistique des structures de gestion et des cours. En octobre 1968, les deux groupes linguistiques décidèrent de créer deux facultés de théologie autonomes. Elles ont toutes deux continué à fonctionner à Louvain, jusqu'à ce que la Faculté francophone quitte Louvain en 1974-1975 et s'installe sur le nouveau campus universitaire à Louvain-la-Neuve.

DOYENS DE LA FACULTÉ DE THÉOLOGIE. – Jean-Mathieu Thiels (1836-1837). – Henri-Guillaume Wouters (1837-1843). – Jan Theodoor Beelen (1843-1844). – Marianus Verhoeven (1844-1845). – Jean-Baptiste Malou (1845-1846). – Jean-François D'Hollander (1846-1848). – Arnold Tits (1848-1850). – Henri-Guillaume Wouters (1850-1852). – Jan Theodoor Beelen (1852-1854). – Jean-François D'Hollander (1854-1856). – Henri-Jean Feye (1856-1858). – Jean-Baptiste Lefebve (1858-1860). – Philibert Vanden Broeck (1860-1862). – Jan Theodoor Beelen (1862-1864). – Henri-Guillaume Wouters (1864-1865). – Henri Jean Feye (1865-1866). – Jean-Baptiste Lefebve (1867-1869). – Ferdinand-Joseph Ledoux (1869-1871). – Thomas-Joseph Lamy (1871-1873). – Edmond Reusens (1873-1875). – Ferdinand-Joseph Moulart (1875-1877). – Bernard Jungmann (1877-1879). – Louis-Guillaume Roelants (1879-1881). – Antoine H. H. Dupont (1881-1882). – Adolphe-Bernard Van der Moeren (1882-1884). – Désiré-Joseph Mercier (1884-1886). – Henri Van den Berghe (1886-1888). – Thomas-Joseph Lamy (1888-1890). – Edmond Reusens (1890-1892). – Ferdinand-Joseph Moulart (1892-1894). – Bernard Jungmann (1894-1895). – Antoine H. H. Dupont (1895-1896). – Adolphe-Bernard Van der Moeren (1896-1898). – Jacques Forget (1898-1900). – Jules De Becker (1900-1902). – Albin Van Hoonacker (1902-1904). – Maurice De Baets (1904-1906). – Oscar Dignant (1906-1908). – Paulin Ladeuze (1908-1909). – René Maere (1909-1911). – Alphonse Van Hove (1911-1913). – Jacques Laminne (1913-1914). – Jacques Forget (1914-1916). – Léon Noël (1918-1920). – Nicolas Balthasar (1920-1922). – Joseph Lebon (1922-1924). – Joseph Bittremieux (1924-1926). – Arthur Monin (1926-1928). – René Maere (1928-1929). – Alphonse Van Hove (1929-1930). – Nicolas Balthasar (1930-1931). – Joseph Lebon (1931-1932). – Joseph Bittremieux (1932-1933). – Arthur Monin (1933-1934). – Arthur Janssen (1934-1936). – Jean-Joseph Van Der Vorst (1936-1938). – Nicolas Balthasar (1938-1940). – Joseph Lebon (1940-1942). – Joseph Bittremieux (1942-1944). – Arthur Janssen (1944-1946). – Jean-Joseph Van Der Vorst (1946-1947). – Joseph Coppens (1947-1948). – Gonzague Ryckmans (1948-1949). – Lucien Cerfaux (1949-1950). – Fernand Van Steenberghen (1950-1951). – Franz Gregoire (1951-1952). – Gérard Philips (1952-1953). – Arthur Janssen (1953-1954). – Joseph Coppens (1954-1955). – Gonzague Ryckmans (1955-1956). – Franz Gregoire (1956-1957). – Louis Janssens (1957-1958). – Joseph Coppens (1958-1961). – Albert Dondeyne (1961-1964). – Joseph Coppens (1964-1967). – Gustave Thils (1967-1969).

SOURCES. – *Theses quas annuente summo numine, ex auctoritate Rectoris Magnifici [...] et consensu S. Facultatis Theologicae, praeside [...] pro gradu [...] in Universitate catholica in oppido Lovaniensi, rite et legitime consequendo, publice propugnabit [...]*, Louvain, 1836-1967. – [P. F. X. De Ram], *Documens concernant les démarches faites en 1814 et 1815 pour le rétablissement de l'Université de Louvain*, dans *Annuaire de l'Université catholique de Louvain*, 1, *1837-*

1838, p. 199-254 ; [Id.], *Documents relatifs à l'érection et à l'organisation de l'université catholique de Louvain. 1833-1843*, Bruxelles, 1844. – *Praescripta ad obtinendos gradus in S. Theologia et Jure Canonico*, Louvain, 1857.

TRAVAUX. – J. De Becker, *The American College at Louvain*, dans *The Catholic Encyclopedia*, t. I, New York, 1907. – J. Van der Heyden, *The Louvain American College. 1857-1907*, Louvain, 1909. – *Le cinquième centenaire de la Faculté de théologie de l'Université de Louvain (1432-1932)* (Ephemerides Theologicae Lovanienses, 9), Bruges-Louvain, 1932. – J. Coppens, *Le Chanoine Albin Van Hoonacker. Son enseignement, son œuvre et sa méthode exégétiques*, Paris-Gembloux, 1935 ; Id., *Paulin Ladeuze, oriëntalist en exegeet 1870-1940. Een bijdrage tot de geschiedenis van de Bijbelwetenschap in het begin van de XXe eeuw* (Koninklijke Vlaamsche Academie voor Wetenschappen, Letteren en Schoone kunsten van België. Klasse der Letteren en der Moreele en Staatkundige Wetenschappen, 3/1), Bruxelles, 1941 ; Id., *Nederlandse hoogleraren in de theologie bij de heropgerichte Leuvense Universiteit*, dans *Wetenschappelijke tijdingen*, 30, 1971, p. 1-12 ; Id., *Les six dernières années des Facultés unitaires de théologie et de droit canonique 1962-1968. Nécrologies et Chronique 1962-1970. De laatste zes jaren van de niet gesplitste Faculteiten van Godgeleerdheid en Kerkelijk Recht 1962-1968. Necrologieën en Chronica 1962-1970* (Annua Nuntia Lovaniensia, 24), Leuven, 1980. – G. Ryckmans, *L'orientalisme en Belgique*, dans *Revue générale belge*, 4, 1947, p. 724-738 ; Id., *L'orientalisme à Louvain avant 1936*, dans *Le Muséon*, 79, 1966, p. 13-33. – A. Franco, *Geschiedenis van het Traditionalisme aan de Universiteit te Leuven (1835-1867)*, Thèse de doctorat inédite en théologie, 2 vol., Leuven, 1956 ; Id., *La première réaction systématique dans l'épiscopat belge contre l'enseignement du traditionalisme à l'Université de Louvain. Commentaire et étude critique du* Liber Memorialis *de Mgr Malou*, dans *Ephemerides Theologicae Lovanienses*, 34, 1958, p. 453-495. – R. E. Cross et E. L. Zoeller, *The Story of the American College*, Leuven, 1957 (tiré à part de *The American College Bulletin*, 36, 1957). – R. Aubert, *Le Collège américain de Louvain (1857-1957)*, dans *Ephemerides Theologicae Lovanienses*, 33, 1957, p. 713-729 [réimpression dans *Le Centenaire du Collège américain* (Annua Nuntia Lovaniensia, 14), Bruges-Louvain-Gembloux, 1958, p. 20-35] ; Id., *Le Collège américain de Louvain (1857-1957)*, dans *Revue Générale belge*, 43, 1957, p. 65-85 ; Id., *Le Collège américain de Louvain de 1857 à nos jours*, dans *Bulletin trimestriel de l'Association des amis de l'Université de Louvain*, 1957, 4, p. 114-126 ; Id., *Le Collège Américain de Louvain (1857-1957)*, dans *Annua Nuntia Lovaniensia*, 14, 1958, p. 20-35 ; Id., *Le grand tournant de la Faculté de Théologie de Louvain à la veille de 1900*, dans *Mélanges offerts à M.-D. Chenu, maître en théologie* (Bibliothèque thomiste, 37), Paris, 1967, p. 73-109 [traduction synthétique anglaise : *The Turn of the Century : A Turning Point for the Faculty of Theology*, dans *Louvain Studies*, 5, 1974-1975, p. 264-279] ; Id., *La faculté de théologie de Louvain du XVe siècle à Vatican II*, dans M. Caudron (dir.), *Faith and Society. Foi et société. Geloof en maatschappij. Acta Congressus Internationalis Theologici Lovaniensis 1976* (Bibliotheca Ephemeridum Theologicarum Lovaniensium, 47), Gembloux, 1978, p. 17-37. – R. Tambuyser, *L'érection de la chaire de philosophie thomiste à l'Université de Louvain (1880-1882)*, dans *Revue Philosophique de Louvain*, 56, 1958, p. 479-509. – R. De Langhe, *Les recherches bibliques à l'Université de Louvain*, dans J. Coppens, A. Descamps, É. Massaux (dir.), *Sacra Pagina. Miscellanea Biblica Congressus Internationalis Catholici de re biblica* (Bibliotheca Ephemeridum Theologicarum Lovaniensium, 12), t. 1, Gembloux, 1959, p. 28-40. – L. T. Lefort, *Les recherches orientalistes à l'Université de Louvain*, dans J. Coppens, A. Descamps, É. Massaux (dir.), *Sacra Pagina. Miscellanea Biblica Congressus Internationalis Catholici de re biblica* (Bibliotheca Ephemeridum Theologicarum Lovaniensium, 12), Gembloux, 1959, t. 1, p. 41-49. – J. D. Sauter, *The American College of Louvain (1857-1898)* (Université catholique de Louvain. Recueil de travaux d'histoire et de philologie, 4e série, 19), Leuven, 1959. – J. Grootaers, *Leuven op het Concilie*, dans *Onze Alma Mater*, 19, 1965, p. 80-107. – F. Neirynck (dir.), *De Theologische Faculteit 1919-1969* (Annua Nuntia Lovaniensia, 17), Leuven, 1970 ; Id., *Ephemerides Theologicae Lovanienses 1924-1981*, dans *Ephemerides Theologicae Lovanienses*, 57, 1981, p. 309-325 ; Id. (dir.), *Colloquium Biblicum Lovaniense. Journées Bibliques de Louvain. Bijbelse Studiedagen te Leuven 1949-2001* (Studiorum Novi Testamenti Auxilia, 19), Leuven, 2001. – R. F. Collins (dir.), *The Faculty of Theology of Louvain. Studies on the History of the Faculty of Theology on the Occasion of the 550th Anniversary of the Founding of the Catholic University of Louvain* (Annua Nuntia Lovaniensia, 20), Leuven, 1975, p. 217-328 [réimpression de : *Louvain Studies*, 5, 1974-1975, p. 217-328]. – R. Guelluy, *Les antécédents de l'Encyclique « Humani generis » dans les sanctions romaines de 1942 : Chenu, Charlier, Draguet*, dans *Revue d'histoire ecclésiastique*, 81/3-4, 1986, p. 421-497. – J. Tollebeek, *« L'Église n'a pas besoin de mensonges ». A. Cauchie et la Revue d'histoire ecclésiastique (1900-1922)*, dans *Bulletin de l'Institut Historique belge de Rome*, 57, 1987, p. 199-219 [version en néerlandais : *« L'Église na pas besoin de mensonges ». A. Cauchie en de Revue d'histoire ecclésiastique* [1900-1922], dans *Liber amicorum Dr. J. Scheerder. Tijdingen uit Leuven, de Spaanse Nederlanden, de Leuvense universiteit en Historiografie*, Leuven, 1987, p. 357-371] ; Id., *New Periodicals for New Ideas : On the Birth of the Revue d'histoire ecclésiastique*, dans *Revue d'histoire ecclésiastique*, 95, 2000, p. 391-429. – L. Kenis, *The Louvain Faculty of Theology and Its Professors : 1834-1889*, dans *Ephemerides Theologicae Lovanienses*, 67, 1991, p. 398-414 ; Id., *De Theologische Faculteit te Leuven in de negentiende eeuw 1834-1889* (Verhandelingen van de Koninklijke Academie voor Wetenschappen, Letteren en Schone Kunsten van België. Klasse der Letteren, 54e année, 143), Bruxelles, 1992 ; Id., *The Faculty of Theology in the Nineteenth Century on Augustine and Augustinism*, dans M. Lamberigts et L. Kenis (dir.), *L'Augustinisme dans l'ancienne Faculté de Théologie de Louvain. Actes du colloque, 7-9 novembre 1990* (Bibliotheca Ephemeridum Theologicarum Lovaniensium, 111), Leuven, 1994, p. 399-417 ; Id., *The Louvain Faculty of Theology in the Nineteenth Century. A Bibliography of the Professors in Theology and Canon Law, with Biographical Notes* (Annua Nuntia Lovaniensia, 34), Leuven, 1994 ; Id., *De theologische faculteit te Leuven in de negentiende eeuw. Een overzicht van haar ontwikkeling en haar relatie met de priesteropleiding in Nederland*, dans *Trajecta*, 9, 2000, p. 206-226 ; Id., *Movements toward Renewal. The Belgian Church and the Improvement of Clerical Education 1830-1850*, dans *Dutch Review of Church History/Nederlands Archief voor Kerkgeschiedenis*, 83, 2003 p. 371-389 ; Id., *Tussen filologie en polemiek. Het jodendom in publicaties van Leuvense theologen in de negentiende eeuw*, dans *Trajecta*, 15, 2006, p. 49-60. – M. Lamberigts, L. Gevers et B. Pattyn (dir.), *Hoger Instituut voor Godsdienstwetenschappen, Faculteit der Godgeleerdheid K.U. Leuven 1942-1992. Rondom catechese en godsdienstonderricht* (Documenta Libraria, 13), Leuven, 1992. – J. Roegiers, *De bijdrage van de Leuvense Universiteit tot de kerkgeschiedenis der Nederlanden*, dans M. Monteiro, G. Rooijakkers et J. Rosendaal (dir.), *De dynamiek van religie en cultuur. Geschiedenis van het Nederlands katholicisme*, Kampen, 1993, p. 321-330 ; Id., *Albert De Meyer (1887-1952), historien du jansénisme et deuxième directeur de la Revue d'histoire ecclésiastique*, dans *Revue d'histoire ecclésiastique*, 95, 2000, p. 494-522 ; Id., *Leuven en Rome : zes eeuwen*, dans J. Roegiers et I. Vandevivere (dir.), *Leuven/*

Louvain-la-Neuve. Kennis maken, Leuven, 2001, p. 65-76 [existe en français : Id. (dir.), *Leuven/Louvain-la-Neuve. Aller Retour*, Leuven, 2001, p. 65-76]. – A. Prignon, *Évêques et théologiens de Belgique au concile Vatican II*, dans C. Soetens (dir.), *Vatican II et la Belgique* (Collection Sillages-Arca), Ottignies–Louvain-La-Neuve, 1996, p. 141-184. – L. Courtois, *Paulin Ladeuze (1870-1940). Jeunesse et formation (1870-1898). Vie et pensée d'un intellectuel catholique au temps du modernisme (1898-1914)*, Thèse de doctorat inédite en histoire de l'Université catholique de Louvain, 5 vol., Louvain-la-Neuve, 1998 ; Id., *Paulin Ladeuze (1870-1940)*, dans *Clio. Revue de l'Association des historiens de l'Université catholique de Louvain*, 118, oct.-nov.-déc. 1998, p. 15-19 ; Id., *Paulin Ladeuze (1870-1940). Jeunesse et formation (1870-1898). Vie et pensée d'un intellectuel catholique au temps du modernisme (1898-1914)*, dans *Revue belge d'histoire contemporaine*, 29/1-2, 1999, p. 227-232 ; Id., *Paulin Ladeuze (1870-1940). Parcours d'un exégète progressiste de l'Université de Louvain au cours de la crise moderniste (1898-1909)*, dans *Lettre d'information sur l'histoire des universités*, 5, n° 1, 1999, p. 9-15 ; Id., *Paulin Ladeuze (1870-1940) et les débuts de la* Revue d'histoire ecclésiastique *(1900-1909)*, dans *Revue d'histoire ecclésiastique*, 95, 2000, p. 430-482 ; Id., *Paulin Ladeuze et l'introduction de la méthode critique en exégèse à l'UCL*, dans P. Radelet-de Grave, B. Van Tiggelen et al. (dir.), *Sedes Scientiæ. L'émergence de la recherche à l'Université. Contributions au séminaire d'histoire des sciences 2000-2001* (Réminisciences, 6), Louvain-la-Neuve, 2003, p. 247-273 ; Id., *Pie X, Mercier et le modernisme en Belgique à la lumière de* l'Archivio particolare di Pio X, dans J.-P. Delville, M. Jačov et al. (dir.), *La papauté contemporaine (XIXe-XXe siècles). Il papato contemporaneo (secoli XIX-XX). Hommage au chanoine Roger Aubert, professeur émérite à l'Université catholique de Louvain, pour ses 95 ans. Omaggio al canonico Roger Aubert, professore emerito all'Università cattolica di Lovanio, per i 95 anni* (Bibliothèque de la Revue d'histoire ecclésiastique, 90-Collectanea Archivi Vaticani, 68), Louvain-la-Neuve-Leuven-Città del Vaticano, 2006, p. 255-281 ; Id., *Paulin Ladeuze et la question des « Fratres Domini » (1903) : le sens d'une controverse méconnue à la veille de la crise moderniste*, dans G. Zelis (dir.), *Les intellectuels catholiques en Belgique francophone aux 19e et 20e siècles* (Université catholique de Louvain. Publications de la Faculté de philosophie et lettres, Collection Temps et Espaces, 7 – Archives du monde catholique. Coll. Sillages, 16), Louvain-la-Neuve, 2010, p. 281-306 ; Id., *Aux origines de la crise moderniste en Belgique : une dénonciation anonyme de l'exégète Paulin Ladeuze (février 1903)*, dans D. Vanysacker, P. Delsaerdt, J.-P. Delville et H. Schwall (dir.), *The Quintessence of Lives. Intellectual Biographies in the Low Countries Presented to Jan Roegiers* (Bibliothèque de la Revue d'histoire ecclésiastique, 91), Turnhout-Louvain-la-Neuve-Leuven, 2010, p. 485-503 ; Id. et M. Jačov (dir.), *Les débuts de l'Institut supérieur de philosophie (Louvain). À travers la correspondance de Désiré Mercier avec le Saint-Siège (1887-1904)* (Bibliothèque de la Revue d'histoire ecclésiastique, 96), Louvain-la-Neuve-Leuven-Turnhout, 2013 ; Id., *A Panorama of the Modernist Crisis in Belgium (1898-1914)*, dans L. Kenis et E. van der Wall (dir.), *Religious Modernism in the Low Countries* (Bibliotheca Ephemeridum Theologicarum Lovaniensium, 255), Leuven-Paris-Walpole, 2013, p. 45-63 ; Id., *L'« histoire des religions » à l'Université de Louvain, de la création du Muséon (1882) à la première semaine d'ethnologie religieuse (Louvain, 1912) : le cas du chanoine Philémon Colinet (1853-1917)*, dans *Textus et studia*, 1/1, 2015 [a paru en 2017], p. 17-55. – A. Denaux et G. Harpigny, *VI. La Belgique*, dans J. Doré (dir.), *Le devenir de la théologie catholique mondiale depuis Vatican II. 1965-1999* (Sciences théologiques et religieuses), Paris, 2000, p. 157-160 (jésuites et facultés de théologie). – L. Gevers, *Belgium and the Modernist Crisis. Main Trends in the Historiography*, dans A. Rotti et R. Cerrato (dir.), *Il modernismo tra cristianità e secolarizzazione : Atti del Convegno Internazionale di Urbino 1-4 ottobre 1997* (Studi e testi, 6), Urbino, 2000, p. 285-294. – C. Soetens, *La reprise de la* RHE *après la Première Guerre mondiale. L'ultime message du fondateur*, dans *Revue d'histoire ecclésiastique*, 95, 2000, p. 483-493. – B. Latré, *Aggiornamento in Leuven. Geschiedenis van de Universitaire Parochie (1959-1974)*, Leuven, 2002. – *La théologie entre deux siècles. Bilan et perspectives. Actes du colloque organisé à l'occasion du 575e anniversaire de l'Université catholique de Louvain* (Cahiers de la Revue théologique de Louvain, 34), Louvain-la-Neuve, 2002. – S. Faïk (éd.), *Robert Guelluy. Sa vie, sa pensée, son œuvre. Mots à vivre*, Louvain-la-Neuve, 2003. – D. Claes, *Theologie in tijden van verandering. De Theologische Faculteit te Leuven in de twintigste eeuw 1900-1968*, Thèse de doctorat inédite en théologie, Katholieke Universiteit Leuven, Leuven, 2004 ; Id., *The Study of Church History at the Catholic University of Leuven. 1834-1968*, dans P. Gheda, Ma. T. Guerrini, S. Negruzzo et S. Salustri (dir.), *La storia delle università alle soglie del XXI secolo. La ricerca dei giovani studiosi tra fonti e nuovi percorsi di indagine. Atti del Convegno internationale di studi, Aosta – 18-20 dicembre 2006*, Bologna, 2008, p. 125-137 ; Id., *Modernism, Catholic Science and the Anti-Modernist Reaction. On the Hermeneutical Gap in Biblical Exegesis and Church History : the Leuven Case*, dans M. Lamberigts, L. Boeve et T. Merrigan (dir.), *Orthodoxy, Process and Product* (Bibliotheca Ephemeridum Theologicarum Lovaniensium, 227), Leuven, 2009, p. 173-203. – R. De Bont, *Rome and Theistic Evolutionism. The Hidden Strategies behind the 'Dorlodot Affair', 1920-1926*, dans *Annals of Science*, 62, 2005, p. 457-478. – J. Ickx, *La Santa Sede tra Lamennais e San Tommaso d'Aquino. La condanna di Gerard Casimir Ubaghs e della dottrina dell'Università Cattolica di Lovanio (1834-1870)* (Collectanea Archivi Vaticani, 56), Città del Vaticano, 2005. – J. Pirotte, *Le microcosme belge*, dans L. Courtois, J.-P. Delville, E. Louchez et al. (dir.), *Écrire l'histoire du catholicisme des 19e et 20e siècles. Bilan, tendances récentes et perspectives (1975-2005). Hommage au professeur Roger Aubert à l'occasion de ses 90 ans* (Sillages, 9), Louvain-la-Neuve, 2005, p. 31-69. – C. Sappia, *La présence de prêtres européens et nord-américains en Amérique latine au tournant des années soixante. L'exemple du Collège pour l'Amérique latine de Louvain*, dans B. Caulier et L. Courtois (dir.), *Québec Wallonie : dynamiques des espaces et expériences francophones*, Québec, 2006, p. 279-294 ; Id. et P. Servais (dir.), *Les relations de Louvain avec l'Amérique latine (1953-1983). Entre évangélisation, théologie de la libération et mouvements étudiants* (Publications des Archives de l'Université catholique de Louvain, 14), Louvain-la-Neuve, 2006 [dont : P. Servais, *Louvain et l'Amérique latine au 20e siècle. Quelques pistes et matériaux*, p. 55-85 ; C. Sappia, *Le Collège pour l'Amérique latine et la présence de prêtres belges dans le continent latino-américain [1953-1983]*, p. 86-113 ; P. Sauvage, *Relations entre Belges et Latino-américains à l'UCL à propos de la théologie de la libération [1970-1980]*, p. 115-121] ; Id., *Un institut des hautes études doctrinales pour l'Amérique latine ? Reflets des conflits idéologiques latino-américains à l'Université catholique de Louvain (1964-1970)*, dans *Histoire et missions chrétiennes*, 14/2, 2010, p. 125-144 ; Id. *Un institut des hautes études doctrinales pour l'Amérique latine ? Reflets des conflits idéologiques latino-américains à l'Université catholique de Louvain (1965-1970)*, dans C. Sappia et O. Servais (dir.), *Missions et engagements politiques après 1945. Afrique, Amérique latine, Europe*, Paris, 2010, p. 51-70 ; Id., *Le Collège pour l'Amérique latine de Louvain et son ancrage au Brésil : outil d'un projet d'Église. 1953-1983*, Thèse de doctorat inédite en histoire, Université catholique de Louvain, Louvain-la-

Neuve, 2013. – K. A. Codd, *The Mission of the American College of Louvain to the North Pacific Coast of North America, 1860-1900. A Survey of Its Origins, Personalities and Importance*, Thèse de doctorat inédite en théologie de la KU Leuven, Leuven, 2007 ; Id., *The American College of Louvain*, dans *Catholic Historical Review*, 93, 2007, p. 47-83 ; Id. et B. G. Dick, *The American College of Louvain. America's Seminary in the Heart of Europe*, Leuven, 2007. – D. Donnelly, J. Famerée, M. Lamberigts et K. Schelkens (dir.), *The Belgian Contribution to the Second Vatican Council. International Research Conference at Mechelen, Leuven and Louvain-la-Neuve (September 12-16, 2005)* (Bibliotheca Ephemeridum Theologicarum Lovaniensium, 216), Leuven-Paris-Dudley, 2008. – W. De Pril, *Between Historicism and Theologism. The Relation between History and Theology in the Thinking of M. D. Chenu (1895-1990) and R. Draguet (1896-1980)*, dans P. Beentjes (dir.), *The Catholic Church and Modernity in Europe* (Tilburg Theological Studies, 3), Münster, 2009, p. 175-186 ; Id., *The Correspondence of René Draguet (1896-1980) with Berthold Altaner (1885-1964) and the Debate on the Relation between History and Theology in the Context of the Dogmatic Definition of the Assumption of Mary (1950)*, dans *Ephemerides Theologicae Lovanienses*, 86, 2010, p. 331-353 ; Id., *De Leuvense theoloog en oriëntalist René Draguet (1896-1980). Een historisch-theologisch onderzoek naar zijn theologische positie en zijn veroordeling door de kerkelijke overheid (1942)*, thèse doctorale inédite de la Faculté de théologie, Leuven, 2010 ; Id., *Modernism and the Problematic Relation between History and Theology. The Search for a Compromise by Louvain Historians and Theologians (1870-1910)*, dans *Church History and Religious Culture*, 91, 2011, p. 377-396 ; Id. et J. Leemans, *Patristics in Belgium around 1911. Universities and Beyond*, dans *Zeitschrift für Antikes Christentum. Journal of Ancient Christianity*, 15, 2011, p. 140-163 ; Id., *The Resurgence of Integrism. The Action of the Holy Office against René Draguet*, dans *Ephemerides Theologicae Lovanienses*, 91/2, 2015, p. 295-309 ; Id., *De bijdrage van René Draguet en Louis Charlier aan de reflectie over de speculatieve theologie*, dans J. Mettepenningen et L. Kenis (dir.), *Theologie als geloofsvertolking. Historische en theologische reflecties over het proefschrift van Piet Schoonenberg* (Annua Nuntia Lovaniensia, 68), Leuven-Paris-Bristol, 2016, p. 81-95 ; Id., *Theological Renewal and the Resurgence of Integrism. The René Draguet Case (1942) in Its Context* (Bibliotheca Ephemeridum Theologicarum Lovaniensium, 266), Leuven-Paris-Bristol, 2016. – K. Schelkens, *The Louvain Faculty of Theology and the Modern(ist) Heritage. Reconciling History and Theology*, dans *Revue d'histoire ecclésiastique*, 104, 2009, p. 856-891. – M. Lamberigts et L. Kenis, *De Maurits Sabbebibliotheek van de Faculteit Godgeleerdheid*, dans Id. (dir.), *Omnia autem probate, quod bonum est tenete. Opstellen aangeboden aan Etienne D'hondt, bibliothecaris van de Maurits Sabbebibliotheek*, Leuven, 2010, p. 1-20. – D. Bosschaert, *Gustave Thils, « Théologie des réalités terrestres » in Dialogue with Marrou, Maritain and de Montcheuil. Louvain Theology at the Crossroads of Christianity and Culture*, dans *Cristianesimo nella Storia*, 36, 2015, p. 65-83 ; Id., *A House with Many Mansions. The Anthropological Turn in Louvain Theology (1942-1962)*, dans *Church History and Religious Culture*, 95, 2015, p. 293-314 ; Id., *La « théologie des réalités terrestres » de Gustave Thils. Une construction théologique complétée par une approche sociétale ?*, dans *Revue théologique de Louvain*, 47, 2016, p. 353-377 ; Id., *Joys and Hopes of Louvain Theologians. The Genesis of Louvain Christian Anthropologies and Their Diverse Reception in* Gaudium et Spes *(1942-1965)*, Thèse de doctorat inédite en théologie, KU Leuven, Leuven, 2017. – M. Lamberigts et W. De Pril (dir.), *Louvain, Belgium, and Beyond. Studies in Religious History in Honour of Leo Kenis* (Bibliotheca Ephemeridum Theologicarum Lovaniensium, 299), Leuven, 2018 [inclus : D. Bosschaert, *Breaking the vow of academic monasticism. Leuven theologians entering the public square (1945-1956)*, p. 323-342 ; W. De Pril, *The historiography of twentieth-century theological renewal : the debate on* Nouvelle théologie, p. 289-304 ; L. Gevers, *A faculty of theology in upheaval : the process of separation and renewal at the Catholic University of Leuven*, p. 445-462 ; M. Lamberigts et W. De Pril, *Leo Kenis, professor of history of church and theology*, p. XI-XVIII ; D. Vanysacker, *Religious orders abroad and at home. Une page oubliée dans l'histoire des Semaines de missiologie de Louvain: Les origines et les débuts au Théologat des Pères de Scheut en 1923 et 1924*, p. 183-196].

L. Kenis

III. La crise des années 60 : rétroactes et déroulement. – Bien que Louvain ait été la première université belge à engager une politique – bien timide au départ – de flamandisation progressive des cours à partir de 1911 et que ce processus ait été pratiquement achevé avant la Seconde guerre mondiale, les tensions entre les deux communautés linguistiques allaient progressivement devenir explosives au cours des années 1960. C'est que, malgré le bilinguisme complet de l'administration universitaire, l'augmentation constante du nombre de professeurs flamands (on recrutait de préférence des professeurs bilingues, la plupart du temps flamands, capables de donner à bon compte des cours dans les deux régimes linguistiques) et le caractère presque exclusivement flamand du personnel technique recruté forcément sur place, un nombre croissant de Flamands, surtout parmi la petite bourgeoisie, avaient le sentiment que Louvain restait « une université francophone avec de nombreux cours en néerlandais ». Une certaine arrogance d'une frange des étudiants francophones, encore plus nombreux et très imbus de leur supériorité sociale et culturelle, l'usage exclusif du français dans tous les organes de direction de l'Université et la prépondérance subsistante de la culture française à Louvain en un temps où l'homogénéité culturelle de la Flandre était la grande revendication du mouvement flamand, expliquent largement cette situation.

Dans ce contexte conflictuel, les discussions autour de la loi d'expansion universitaire rendue nécessaire en raison de l'augmentation rapide, au cours des années 1960, du nombre d'étudiants, furent saisies par le mouvement flamand comme une opportunité pour réaliser son programme d'homogénéité culturelle : puisque le transfert hors de Louvain d'un certain nombre d'enseignements était à l'ordre du jour, l'opportunité était réelle de profiter de l'occasion pour favoriser l'installation en Wallonie de tout ou partie de la section francophone. Du côté francophone, demeuré dans l'ensemble très attaché à la Belgique unitaire francophone de 1830, cette solution était ressentie comme une menace grave contre l'unité de l'Université catholique de Louvain et, à travers elle, du pays tout entier. Mais lorsque, après des années de résistance, il apparut que la décision d'un transfert intégral était devenue inéluctable, on releva le défi en arrêtant un programme ambitieux : la création d'une véritable ville nouvelle, Louvain-la-Neuve, où l'université pourrait poursuivre en terres romanes sa mission séculaire d'enseignement.

Restaurée en 1834 à Malines et transférée l'année suivante à Louvain, l'Université catholique était en fait une université libre totalement indépendante de l'État et placée sous la seule autorité des évêques belges. Durant de nombreuses décennies, le seul enseignement dispensé en néerlandais fut le cours de littérature flamande, donné à l'origine par le chanoine Jan Baptist David (1801-1866). À partir de 1876, l'État reconnut les diplômes délivrés par les universités libres pour autant que ceux-ci sanctionnassent des études satisfaisant aux conditions, notamment de matières, prévues par la loi. C'est ainsi qu'à la suite de la nouvelle loi sur l'enseignement supérieur d'avril 1890, qui prévoyait qu'un certain nombre de fonctions publiques en Flandre nécessitaient la connaissance du néerlandais, quelques cours furent dédoublés : le droit et la procédure pénale, ainsi que les cours spéciaux de la candidature en philologie germanique. Il faudra attendre 1911 et les débats parlementaires relatifs à la flamandisation de l'Université de Gand pour voir se mettre timidement en place une politique de dédoublement linguistique des cours.

La première revendication d'un enseignement supérieur en néerlandais fut formulée en 1896, dans le cadre d'une Commission fondée à la suite du XXIIIe Congrès de langue et de littérature néerlandaises tenu à Anvers la même année. Mais le rapport, présenté en mai 1897 par Julius Mac Leod (1857-1919), professeur de botanique à Gand, proposant la transformation de son université en une institution bilingue, resta sans lendemain. Une seconde Commission vit le jour en 1907, dont les conclusions, plus radicales, formulées cette fois par Lodewijk de Raet (1870-1914), allaient servir de base aux premiers combats pour la flamandisation de l'enseignement universitaire. En ce qui concerne Gand, un projet de loi signé par des représentants des trois partis traditionnels et s'inspirant du rapport de Raet fut déposé en 1911 au Parlement : à la veille de la Première guerre ; cependant, il n'avait pas encore été examiné en séance plénière.

À Louvain, les discussions entamées au sujet de Gand ne restèrent pas sans effets. Dès 1902, les étudiants flamands firent sécession de l'antique Société générale des étudiants de Louvain et se constituèrent en un *Vlaams Verbond* (plus tard appelé *Katholieke Vlaamse Hoogstudend Verbond Leuven*), tandis qu'une Fédération wallonne (en fait francophone) des étudiants de Louvain succédait à la défunte Société générale. Et à partir de 1907, précisément, les militants du *Verbond* commencèrent à revendiquer énergiquement un dédoublement des cours et la mise sur pied d'un enseignement complet en néerlandais. Devant les objections financières du recteur, Mgr Hebbelynck, et l'opposition de principe de certains évêques, dont l'archevêque, Mgr Mercier, qui ne concevait pas, malgré l'exemple convaincant hollandais, qu'un enseignement supérieur puisse se donner en néerlandais, les étudiants accentuèrent leur pression. Lors de la commémoration du 75e anniversaire de l'Université, en 1909, ils troublèrent les fêtes par des manifestations en faveur de la flamandisation, ce qui ne fut pas étranger à la décision du recteur, à la fin de l'année académique, de démissionner. C'est son successeur, Mgr Ladeuze, qui, dans le contexte des débats sur la flamandisation de Gand, obtint des évêques l'introduction, certes encore modeste, d'un enseignement en néerlandais : en 1911, deux cours par faculté furent dédoublés, auxquels vinrent bientôt s'ajouter, avant 1914, quatre nouvelles matières suivies indifféremment en français ou en néerlandais par les étudiants.

Pendant la guerre, les universités belges fermèrent leurs portes par patriotisme, mais les Allemands, dans le cadre de leur « *Flamenpolitik* » menée avec la collaboration des activistes, flamandisèrent en 1916 l'Université de Gand. Si cette « *Von Bissing-universiteit* » fut immédiatement supprimée en 1918, la question de la flamandisation de Gand n'en était pas moins plus que jamais à l'ordre du jour et politiquement inévitable à terme. C'est dans ce contexte que fut à nouveau posée la question de la flamandisation à Louvain : dans les milieux ecclésiastiques, on redoutait très sérieusement que les étudiants catholiques flamands ne préfèrent en définitive une université « neutre » mais flamande (Gand) à une université catholique mais francophone (Louvain).

Pour Gand, la proposition de loi d'avant-guerre redéposée en décembre 1921 fut votée à la Chambre le 22 déc. 1922, mais rejetée au Sénat quelques mois plus tard. Pour sortir de l'impasse, Pierre Nolf (1873-1953), professeur de médecine à l'Université de Liège et à l'époque ministre des Sciences et Arts, prit l'initiative de déposer une proposition de loi visant à la flamandisation partielle de l'Université de Gand : les étudiants auraient le choix entre deux régimes, un régime flamand comportant deux tiers de cours flamands et un tiers de cours français, et un régime français comptant à l'inverse deux tiers de cours français et un tiers de cours flamands. Votée à la Chambre le 3 juil. 1923 et au Sénat le 27, la « *Nolf-wet* » entra en application dès la rentrée d'octobre 1923, mettant en place un système appelé à l'époque par dérision la « *Nolfbarak* » (la « Baraque Nolf »), et qui devait montrer rapidement ses limites...

À Louvain, l'épiscopat réagit d'abord, en 1920, en projetant l'établissement d'une nouvelle université catholique à Anvers, redoutant sans doute, à l'exemple de Mercier, que le dédoublement des cours à Louvain ne conduise à une opposition entre les deux régimes linguistiques, opposition qui se prolongerait ensuite dans la société. Mais les hommes politiques consultés rejetèrent le projet, notamment parce qu'il leur paraissait inacceptable que les Flamands quittent Louvain alors que la ville était située en Flandre. C'est donc dans le sens de la solution retenue en 1911, un dédoublement des cours, que l'on s'orienta, mais, suivant en cela les idées de Mgr Ladeuze, un dédoublement progressif et partiel. C'est que pour le recteur, non seulement le monde catholique ne disposait pas des moyens financiers nécessaires pour financer un dédoublement intégral, mais le danger était réel, selon lui, de voir dans l'hypothèse de la création d'une seconde université catholique, la section francophone de l'Université de Louvain apparaître aux Flamands comme la « *Delenda Carthago*, l'intruse à exclure du pays flamand ». Ladeuze, en effet, précisait ainsi sa pensée prémonitoire dans une lettre à Mercier du 24 juin 1920 : « si l'on pose la question de la création d'une seconde Univ(.)[ersité] Cath(.)[olique], les passionnés ne vont-ils pas faire campagne tout de suite pour qu'on flamandise Louvain et que l'on crée la nouvelle Université en Wallonie ? »...). Mieux valait ne flamandiser que partiellement – avec l'argent que les Flamands devraient trouver – et laisser passer à l'université flamande de l'État ceux qui mettraient leurs préoccupations linguistiques avant les intérêts de la cause catholique.

En toute hypothèse, en 1923, 36 autres cours avaient été dédoublés, ce qui portait le total des cours donnés en flamand à 50. Au-delà de la pression des opposants à la flamandisation et de la difficulté de recruter des personnes valables – on dut faire appel à plusieurs Hollandais –, le principal obstacle était d'ordre financier, l'Université n'ayant pas les moyens matériels de financer un second corps professoral. La solution qui consistait à faire appel à la bonne volonté de professeurs bilingues avait par ailleurs ses limites, car si un certain nombre de professeurs flamands étaient heureux d'apporter leur concours à l'entreprise, beaucoup, sans y être hostiles, n'entendaient pas y sacrifier leur temps. C'est dans ce contexte que se créèrent en 1924 les « *Vlaamse Leergangen* », une association chargée de collecter de l'argent destiné à la création de nouveaux cours flamands, mais dont l'action ne fut pas aisée : tandis que les francophones y voyaient un groupe de pression flamingant au sein de l'Université, les militants flamands les accusaient de collaborer au maintien d'une université francophone assortie d'un certain nombre de cours en flamand. En fait, il fallut attendre la flamandisation complète de l'Université de Gand en 1930 pour que le dédoublement s'accélère à Louvain : dès 1932, 103 nouveaux cours flamands furent créés et 159 durant les trois années suivantes. Excepté la Faculté de théologie et l'Institut supérieur de philosophie, restés en dehors du mouvement, toutes les facultés étaient alors pratiquement dédoublées.

Les choses demeurèrent en l'état jusque dans les années 1960 : comme nous l'avons signalé en commençant, c'est dans un contexte tendu que les deux communautés linguistiques de l'Université abordèrent la décennie. D'une manière générale, la Seconde guerre mondiale et la Question royale qui s'ensuivit n'avaient pas contribué à aplanir les tensions communautaires. Sur le terrain universitaire, deux facteurs allaient accroître les tensions : l'évolution de la population étudiante, favorable aux néerlandophones, et la mise en route, par le gouvernement, d'un processus de révision des lois linguistiques dans le sens d'un renforcement de l'homogénéité culturelle fondée sur le « droit du sol ». Pour les Flamands, en effet, la solution du bilinguisme adoptée pour la Flandre dans les années 1930 n'avait pas eu les effets escomptés. Loin de se stabiliser, l'usage du flamand continuait à reculer constamment, illustrant en cela le phénomène que l'on qualifie aujourd'hui de « diglossie » et qui veut que la cohabitation de deux langues, au sein d'un même espace, s'avère à terme impossible : il y a toujours une langue dominante et une langue dominée, cette dernière finissant par être totalement éradiquée par la première, comme l'a d'ailleurs très bien montré la quasi-disparition des parlers wallons (et du picard, ou du germanique, avec le francique mosellan luxembourgeois) de Wallonie après 1945.

À Louvain, double conséquence de l'évolution démographique et de la démocratisation de l'enseignement supérieur, en 1960-1961, le nombre des étudiants flamands dépassa pour la première fois celui des francophones. Cette évolution impliquait à terme la nomination d'un nombre croissant de jeunes enseignants flamands, moins ouverts que la génération précédente à la culture française et qui supportaient de plus en plus mal le poids de l'institution unitaire restée, elle, très largement francophone. Du côté francophone, la révision des lois linguistiques suscita une vive inquiétude quant à l'avenir de la section française de l'Université à Louvain. Au début de 1962 se constitua une *Association du corps académique et du personnel scientifique de l'Université de Louvain* (l'A.C.A.P.S.U.L.) visant à obtenir un maximum de garanties légales, association à laquelle répondit bientôt une *Vereniging van Vlaamse professoren*.

En définitive, les lois linguistiques de 1962-1963 accordèrent un certain nombre de facilités scolaires aux francophones en matière d'enseignement fondamental et secondaire destiné aux enfants du personnel universitaire francophone, mais suscitèrent l'opposition de nombreux Flamands : tandis que du côté francophone, on jugeait les concessions insuffisantes, du côté flamand, on redoutait que l'organisation à Louvain d'une « *Kasteschool* » (école de caste destinée précisément à ces enfants du personnel universitaire francophone) ne devienne un point d'appui permettant à la « tache d'huile » francophone de Bruxelles de progresser en Flandre. C'est dans ce contexte que, des deux côtés, certains commencèrent à parler d'un transfert de la section française en Wallonie, d'autant qu'un problème particulier se posait pour la Faculté de médecine : outre la question des rapports entre médecins francophones et malades flamands, le nombre de lits disponibles était devenu insuffisant par rapport au nombre croissant d'étudiants, ce qui justifiait à terme le transfert d'une partie au moins de ces derniers vers une autre ville. C'est ce qui explique que, dès 1963, l'Université – toujours unitaire – ait acquis une propriété de quelques hectares dénommée « *Hof ter Musschen* » (la « Ferme des Moineaux » à Woluwe-Saint-Lambert, Bruxelles), pour y implanter un hôpital complémentaire.

Pour tenter de trouver une solution à l'agitation communautaire, une commission de professeurs et d'étudiants des deux régimes linguistiques fut constituée au printemps de 1962, mais en vain. En août 1962, les évêques, qui avaient dès lors été amenés à prendre les choses en main, décidèrent la division des facultés en deux sections ayant chacune son propre doyen et délibérant séparément. Il ne fallut pas six mois pour que cette mesure, comme les Flamands l'avaient d'emblée bien compris, conduise, malgré les vives réticences des francophones, à l'autonomie complète des deux régimes linguistiques. Si une série de faits étaient de nature à rassurer ces derniers (refus d'une scission de l'Université, nomination d'un Wallon bilingue, Mgr Descamps, à la tête de celle-ci et érection d'une paroisse universitaire francophone à Louvain), la question n'allait cependant pas tarder à rebondir du fait de l'évolution de la démographie universitaire.

En raison de l'augmentation accélérée du nombre d'étudiants et de la volonté de soutenir la démocratisation des études, la problématique de l'expansion universitaire était à l'ordre du jour en Belgique. À Louvain, où le problème se posait tout particulièrement, diverses solutions étaient agitées : essaimage des candidatures, répartition des facultés entre différentes villes, voire création d'un nouveau campus. Mais, en toute hypothèse, puisqu'il était question de quitter partiellement la vieille cité brabançonne, ne fallait-il pas en profiter pour transférer progressivement la section francophone en terres romanes ? Beaucoup de Flamands, toujours soucieux de l'homogénéité culturelle de la Flandre, le pensaient, de même qu'un nombre croissant de Wallons, convaincus qu'il s'agissait là d'une chance à saisir pour leur région ; beaucoup, toutefois, surtout du côté bruxellois, restaient attachés à l'université unitaire, parce qu'à leurs yeux, elle constituait le symbole tout à la fois de la Belgique unitaire et de l'universalité du catholicisme.

La loi du 9 avr. 1965 sur l'expansion universitaire autorisait toutes les solutions : du point de vue francophone, la Faculté de médecine avait le feu vert pour s'installer à Woluwe-Saint-Lambert, tandis que pour le reste, l'Université obtenait la faculté de se développer dans le canton de Wavre, ce qui permettait un grand nombre d'options, allant d'un simple essaimage au transfert complet (la loi Janne du 9 avr. 1965, précédée d'un accord entre l'Université libre de Bruxelles et l'Université catholique de Louvain [accord du 25 mai et avenant du 10 juin 1964], autorisait ces deux institutions à essaimer respectivement dans les cantons de Nivelles et de Wavre). C'est dans ce contexte que des déclarations maladroites de responsables francophones (et notamment de Michel Woitrin, en novembre 1965, dans le journal estudiantin francophone *L'Ergot*) sur un grand Louvain élargi au triangle Louvain-Woluwe-Wavre mirent le feu aux poudres : pour les Flamands, ces déclarations ravivèrent l'angoisse de la « tache d'huile » francophone (*de Franstalige « olievlek »*) de Bruxelles se répandant en Brabant flamand et bientôt, les étudiants flamands, accusant les francophones de vouloir franciser Louvain comme ils l'avaient fait à Bruxelles, commencèrent à manifester aux cris de « Walen buiten ». Face à cette situation, les évêques confièrent à une commission de professeurs des deux régimes linguistiques, la Commission Leemans-Aubert (du nom des deux professeurs chargés de la présider), la mission d'étudier la restructuration de l'Université, mais ce fut un échec sur le plan linguistique : tandis que les francophones n'envisageaient que certains dédoublements partiels, les Flamands exigeaient au minimum le transfert de toutes les candidatures de la section française.

Les évêques se prononcèrent le 13 mai 1966. Tout en prenant une série de mesures visant à renforcer l'autonomie des deux sections, ils réaffirmèrent leur volonté de maintenir l'unité de l'institution et de lui garder son siège à Louvain. Toutefois, pour faire face à l'augmentation du nombre d'étudiants, ils décidèrent que la déconcentration géographique se ferait progressivement, par voie de dédoublement des candidatures dans les deux régimes linguistiques et non par transfert. La réaction de la communauté flamande contre ce qu'elle considérait comme une mesure contre la Flandre fut beaucoup plus radicale qu'on ne l'avait pensé. Parties de Louvain, l'agitation et la grève se répandirent sur toute la Flandre et trouvèrent bientôt un écho au Parlement avec la proposition de loi de Jan Verroken, président des sociaux-chrétiens flamands, qui visait à étendre le principe de l'homogénéité linguistique à l'enseignement supérieur. La proposition n'aboutit pas, mais les discussions auxquelles elle donna lieu démontrèrent combien le problème de Louvain divisait également le monde politique.

Cherchant à calmer le jeu, les évêques posèrent un certain nombre de gestes en direction de la communauté flamande. La nomination, le 25 mai, du professeur Pieter De Somer comme prorecteur de la section flamande et celle, le 4 juin, du professeur E. Leemans comme commissaire général, deux personnalités réputées pour leurs convictions flamandes, allaient dans ce sens. Leur déclaration du 15 juil. 1966 également, qui, sans désavouer leur précédente prise de position, abandonnait en fait la décision au pouvoir politique. De même enfin, le nouveau règlement organique publié au *Moniteur* le 7 oct. 1966, qui consacrait très largement le principe de l'autonomie de chaque section.

Si l'année académique 1966-1967 se déroula dans un calme relatif, les partisans du transfert n'avaient pas baissé pavillon. Tandis que du côté flamand les discussions ne portaient plus guère que sur la meilleure tactique à adopter pour atteindre l'objectif, du côté francophone, une évolution significative des esprits était en cours : à côté du groupe des défenseurs irréductibles du « Louvain à Louvain », de plus en plus nombreux étaient ceux qui se ralliaient, bon gré mal gré, à un départ qui leur paraissait à terme inévitable. Mais si, parmi les sympathisants wallons, on était loin de déplorer l'évolution en cours, du côté des autorités de la section francophone, on était beaucoup moins enthousiaste, comme l'indique le retard mis à arrêter le programme d'expansion et de déconcentration géographique prévu par la déclaration épiscopale de mai 1966. Rendu public le 15 janv. 1968, ce programme allait relancer les hostilités : non seulement il maintenait à Louvain l'essentiel de la section française, mais encore, en décidant l'installation de la Faculté de médecine à Woluwe et le dédoublement de certaines candidatures à Ottignies, il ressuscitait, à travers le triangle Louvain-Bruxelles-Ottignies, la crainte du « Grand-Bruxelles » entretenue dans les milieux flamands.

Après l'échec d'une tentative de conciliation au sein du Conseil d'administration, les évêques sollicités se divisèrent à leur tour : le jour avant leur réunion du 3 juin, Mgr E. J. De Smedt, évêque de Bruges, se désolidarisa publiquement de l'épiscopat en confessant s'être lourdement trompé en mai 1966. Dès lors que le dossier n'avait pu trouver une solution au niveau académique, c'est au monde politique qu'il revenait de trancher, mais la division entre sociaux chrétiens flamands et francophones provoqua la chute du gouvernement et des élections anticipées. Avec la défaite électorale des libéraux flamands, qui avaient fait campagne sur un programme unitariste, il apparut clairement que le principe de l'autonomie culturelle complète des deux régions du pays s'était désormais imposé en Flandre. Le 18 sept. 1968, le pouvoir organisateur approuva le nouveau plan d'expansion de la section francophone, qui programmait en fait un transfert complet hors de Flandre, et quelques semaines plus tard, un nouveau règlement organique rendait officielle la scission entre la Katholieke Universiteit te Leuven et l'Université catholique de Louvain. En juillet 1969, une loi fixa le montant de la subvention gouvernementale destinée au financement du transfert et en mai 1970, une autre loi octroya la personnalité civile aux deux nouvelles universités.

Fondamentalement, le problème du « Walen buiten » s'est posé dans le double contexte des années 1960 : d'une part, celui de l'extension universitaire et, d'autre part, celui du combat flamand pour l'homogénéité culturelle de la Flandre. Pour la communauté flamande, qui venait d'obtenir le vote des lois linguistiques de 1962-1963, dès lors que le nombre croissant d'étudiants imposait à terme des transferts plus ou moins significatifs en dehors du périmètre de Louvain, la question de la localisation des implantations louvanistes francophones en Wallonie ne pouvait pas ne pas se poser. En ce sens, le « Walen buiten » marque la fin d'une étape significative du processus de reconquête de la Flandre par le mouvement flamand. Du côté wallon et plus largement francophone, le « Walen buiten » constitue la fin de la Belgique de 1830 et du rêve unitariste. Dans cette perspective, que l'on y reste un nostalgique de la « Belgique de papa » ou que l'on voie dans l'expulsion des francophones de Louvain une chance pour la Wallonie, la création de Louvain-la-Neuve apparaît comme la matérialisation concrète d'un mouvement historique irréversible qui a contribué à l'émergence du fait régional wallon.

M. Verleyen, *« Vlaamse Leergangen te Leuven » en de invoering van de tweetaligheid aan de Leuvense universiteit. 1924-1935*, dans *Onze Alma Mater*, 26/3, 1972, p. 184-196 ; 26/4, p. 247-263 ; 27/2, 1973, p. 123-135 ; 27/3, p. 189-200. – A. Janssen et R. Boudens, *Uit de voorgeschiedenis van de nederlandstalige universiteit te Leuven*, *Ibid.*, 28/4, 1974, p. 204-217. – F. Vlaemynck et G. Fauconnier, *Het vraagstuk « Leuven » (1968) in de spiegel van de Belgische pers*, Leuven, 1974. – P. Beeckman, *De Leuvense studentenrevolte van 1924-25*, Antwerpen, 1975. – R. Boudens, *Kardinaal Mercier en de Vlaamse beweging*, Leuven, 1975. – *Encyclopedie van de Vlaamse Beweging*, 2 vol, Tielt-Amsterdam, 1975 : nombreuses notices sur des personnalités ou des institutions liées à la flamandisation des universités et à celle de Louvain en particulier, dont M. Verleyen, *Onderwijs en Vlaamse Beweging. C. Hooger onderwijs. 2. De Universiteit Leuven*, *Ibid.*, t. II, Tielt-Amsterdam, 1975, p. 1124-1131, et M. De Goeyse, *Katholieke Vlaamse Hoogstudend Verbond Leuven (KVHV-Leuven)*, *Ibid.*, p. 735-738. – L. Vos, *Ideologie en idealisme : de Vlaamse studentenbeweging te Leuven in de periode tussen de twee wereldoorlogen*, dans *Revue belge d'histoire contemporaine*, 6, 1975, p. 263-328 ; Id. et L. Gevers, *De Vlaamse studentenbeweging te Leuven 1836-1940*, dans *Spiegel historiael*, 12, n° 9, septembre 1977, p. 487-493 ; Id., *Terugblik op roerige jaren. De Leuvense studentbeweging sinds de jaren zestig*, dans *Onze Alma Mater*, 32/4, 1978, p. 223-242 ; Id., *Twee Leuvense studentenrevoltes (1924/25-1968) : een vergelijking*, dans *Liber amicorum dr. J. Scheerder. Tijdingen uit Leuven over de Spaanse Nederlanden, de Leuvense Universiteit en historiografie*, Leuven, 1987, p. 291-309 ; Id., *Studentensyndikalisme en Leuven Vlaams (1958-1968)*, Leuven, 1988 ; Id., M. Derez, I. Depraetere et W. Van der Steen, *Studentenprotest in de jaren zestig. De stoute jaren*, Tielt, 1988. – *L'Université de Louvain. 1425-1975*, Louvain-la-Neuve, 1976, p. 254-264 (455-456 pour la bibliographie). – W. Jonckheere et H. Todts, *Leuven vlaams. Splitsingsgeschiedenis van de Katholieke Universiteit Leuven*, Leuven, 1979. – K. De Clerck, *Kroniek van de strijd voor de vernederlandsing van de Gentse universiteit*, Beveren-Antwerpen, 1980 (2e édition, Gent, 1985). – *De Universiteit te Leuven. 1425-1985*, Leuven, 1986, p. 202-209 (397 pour la bibliographie). – M. Woitrin, *Louvain-la-Neuve. Louvain-en-Woluwe. Le grand dessein*, Paris-Gembloux, 1987, *passim*. – E. Lamberts et J. Roegiers, *Leuven University. 1425-1985*, Leuven, 1990, p. 223-233 (465-468 pour la bibliographie). – A. d'Haenens (dir.), *L'Université catholique de Louvain. Vie et mémoire d'une institution*, Bruxelles, 1992, p. 8-15 (396-397 pour la bibliographie). – P. Goossens, *Leuven '68 of Het geloof in de hemel*, Zellik, 1993. – *De Louvain à Louvain-la-Neuve : archives pour une mémoire. Les Archives de l'UCL évoquent les années de crise, de 1962 à 1972 par la presse, l'affiche, la photo, le film et la vidéo. Exposition. Louvain-la-Neuve. Université catholique de Louvain. Collège Erasme. 1997-09*, Louvain-la-Neuve, 1997. – *Nieuwe encyclopedie van de Vlaamse Beweging*, 3 vol., Tielt, 1998 : nombreuses notices sur des personnalités ou des institutions liées à la flamandisation des universités et à celle de Louvain en particulier, dont W. Weets, *Onderwijs. Hoger onderwijs. Leuven*, *Ibid.*, t. II, p. 2290-2302, et L. Gevers et L. Vos, *Studentenbeweging (universitair onderwijs). Leuven*, *Ibid.*, t. III, p. 2902-2917. – C. Laporte, *L'affaire de Louvain. 1960-1968*, Bruxelles, 1999. – P. Delforge, Ph. Destatte et M. Libon (dir.), *Encyclopédie du Mouvement wallon*, 3 vol., Charleroi, 2000-2001 : nombreuses notices sur des personnalités ou des institutions liées à la flamandisation des universités et à celle de Louvain en particulier, dont M. Libon, *Fédération wallonne des étudiants de Louvain (1886)*, *Ibid.*, t. II, p. 615-623, et C. Laporte, *Walen buiten (1960-1968)*, *Ibid.*, t. III, p. 1613-1619. – E. Coussement, *Het Belgisch episcopaat en de splitsing van de Leuvense universiteit. 1961-1968. Stapstenen naar een licentieverhandeling*, Katholieke universiteit Leuven, Leuven, 2004. – L. Declerck, *Louvain (1966-1968). Le rôle de Mgr E. J. De Smedt, évêque de Bruges, dans la « scission » de l'Université catholique de Louvain. Une chronique entre 1966 et 1968*, dans M. Lamberigs et W. De Pril (dir.), *Louvain, Belgium, and Beyond. Studies in Religious History in Honour of Leo Kenis* (Bibliotheca Ephemeridum Theologicarum Lovaniensium, 299), Leuven, 2018, p. 393-444.

L. Courtois et L. Vos

IV. La Katholieke Universiteit Leuven (KU Leuven) depuis 1968. – 1° *L'université.* – En 1970, l'université de Louvain fut officiellement scindée et une nouvelle université flamande fut créée à Louvain ; le médecin Pieter de Somer (1917-1985) en fut le premier recteur. Dès 1966, en tant que « prorecteur » de l'université unitaire bilingue, il avait commencé à bâtir une université séparée, qu'il appelait alors « Leuven-Nederlands » (Louvain-Néerlandophone). Elle reçut en propre son Conseil d'administration, son Conseil académique, sa revue, *Academische Tijdingen* (aujourd'hui *Campuskrant*), son programme de cours et son agenda académique. Après une scission formelle, De Somer organisa des élections rectorales en 1971, qu'il remporta en tant qu'unique candidat, et restructura davantage l'institution du sommet jusqu'à la base, avec des groupes, des facultés, des départements et des sections. Sous la pression des mentalités, il laissa une certaine place à la participation des étudiants et des assistants, mais réserva la responsabilité finale aux professeurs. Dans les faits, il mit en place un régime présidentiel où le recteur, une fois élu, pouvait largement « gouverner » seul.

Caricature : le navire de l'Université Catholique de Louvain vu par des étudiants wallons, dans le journal estudiantin *Balisage*, 20, 1961, p. 1, tirée de L. Courtois (dir.), *Mémoires de Wallonie*..., *op. cit.*, p. 25.

Dès le début, la politique du nouveau recteur visait à sauvegarder l'autonomie de son université – aujourd'hui dénommée KU Leuven – tant vis-à-vis de la hiérarchie ecclésiastique que de l'État. Les évêques flamands qui formaient le pouvoir organisateur recevaient bien un « rapport » annuel, mais leur influence fut de facto encore réduite. En fin de compte, ils ne pouvaient plus superviser que la nomination des professeurs dans les facultés qui décernaient les grades canoniques, à savoir la théologie et le droit canonique. En effet, De Somer voulait une université catholique, mais pas une université ecclésiastique. Cela concordait parfaitement avec l'opinion publique flamande et avec les vues de la communauté académique, pour qui le conflit avec l'épiscopat autour de « Leuven-Vlaams » était encore frais dans les mémoires. Plus personne ne désirait voir se reproduire une nouvelle ingérence cléricale autoritaire. Dans la vie quotidienne, il y avait d'ailleurs une sécularisation croissante qui conduisit à un pluralisme de fait dans la communauté académique.

Le nouveau recteur comptait également sur la pleine reconnaissance et le soutien financier équitable des autorités civiles envers la KU Leuven, sans qu'elle dût sacrifier son autonomie. La loi de 1971 sur l'expansion des universités, élaborée après consultation de tous les recteurs, garantissait que les universités libres et publiques jouissaient en principe de l'égalité des droits (en échange d'un contrôle gouvernemental). Elle stipulait que le nombre d'étudiants inscrits constituerait le critère objectif pour l'octroi des subventions gouvernementales et établirait une clé de répartition pour l'encadrement en fonction des domaines scientifiques. Comme le gouvernement assumait également les coûts d'investissement, on put développer une politique active de construction. Pour Louvain, on conçut un « plan à trois noyaux » : un campus des sciences humaines au centre-ville formant un anneau autour du parc communal (les nouveaux bâtiments emblématiques étant la bibliothèque de théologie et la maison Érasme des Lettres), un campus des sciences exactes à Heverlee et un campus de médecine dans la banlieue de la ville. À Courtrai (Flandre occidentale), où un campus avait démarré en 1965 avec des cours de candidatures pour certaines disciplines, on construisit aussi un campus « tremplin » entièrement nouveau dans le quartier '*t Hoge*.

Les premières années de la KU Leuven furent empreintes d'un grand optimisme. L'atmosphère de la révolte de janvier 1968 occupait encore les esprits du personnel académique et des étudiants. Entre-temps, le mouvement étudiant louvaniste avait abandonné le nationalisme flamand et développé une nouvelle contestation de gauche qui engagea immédiatement la confrontation avec le recteur sur les questions de la participation à la gestion et du droit à l'information. Dans les années qui suivirent, cette contestation se poursuivit et les prises de position politique s'étant radicalisées, on pouvait qualifier l'Université, dans la première moitié des années 1970, de « Louvain la rouge ». Pour de nombreux étudiants, tout cela allait de pair avec le développement d'un mode de vie alternatif, qui était observé avec défiance à l'extérieur de la ville universitaire par des « parents préoccupés ».

En 1975, la vieille université fêtait sa fondation 550 ans auparavant. Ce fut l'occasion pour la KU Leuven de se présenter au monde extérieur comme une nouvelle institution possédant une ancienne tradition. À cette intention, une exposition fut organisée au musée de Louvain et, avec l'UCL, on rédigea une histoire de l'université depuis sa fondation. Non sans satisfaction, la KU Leuven constata qu'entre 1964 et 1974, le nombre de ses étudiants était passé de 9836 à 16 596, avec un recrutement équitablement réparti dans tout le pays flamand. De plus, elle se tournait désormais vers le monde anglo-saxon, avec des sections anglophones, installées immédiatement dans les facultés de théologie et de l'Institut supérieur de philosophie. De Somer, lui-même chercheur internationalement renommé dans le domaine de l'immunologie, désirait placer la KU Leuven à la pointe de la recherche scientifique. Il insista pour que le gouvernement finance davantage la recherche et fonda l'unité de valorisation « Leuven

Research and Development » (LRD) en 1972 afin de faciliter la création de spin-offs et les dépôts de brevets. En 1979, dix ans après la fondation de la KU Leuven, lors d'un symposium de *l'association « Vlaamse Leergangen »*, on dressa le bilan de la contribution qu'elle avait entretemps apportée à la science. La crainte, née avec la scission, d'une atrophie en une institution régionale (l'« Université du Hageland ») avait été semble-t-il vraiment injustifiée.

Depuis la scission, il ne se passait pas une année sans protestations estudiantines, émaillées d'émeutes et de grèves. Sur la base d'une analyse sociétale élargie, les étudiants critiquaient certains aspects concrets de la vie académique à Louvain. C'est surtout le style de gouvernance plutôt assuré et autoritaire du recteur, en fonction depuis dix ans, qui suscitait la résistance. Un certain nombre de professeurs et de membres du personnel souhaitaient tout autant une université plus démocratique. Le challenger qui incarnait cette vision dut cependant renoncer face à De Somer. Ceci réduisit dès lors le « malaise » en un incident de communication et on se limita à quelques réformes au sommet. Mais le mécontentement au sujet de la concentration excessive du pouvoir dans les mains d'un petit cercle autour du recteur persistait. Lors de l'élection rectorale de 1981, De Somer donna le signal qu'il ne voulait plus être candidat, mais il se ravisa au dernier moment et ne s'en sortit face aux quatre autres candidats qu'après trois tours de scrutin.

Entre-temps, la crise économique de 1973 avait éclaté, impactant également les universités. Alors que le nombre d'étudiants continuait d'augmenter, les effectifs du personnel stagnaient. La menace d'un chômage académique incita les étudiants à la docilité et au repli individuel, de sorte que la contestation s'éteignit. La dépolitisation et l'individualisation mirent fin au mouvement estudiantin de gauche à Louvain. Les années '80 néolibérales furent aussi pour les étudiants celles de la « survie du plus fort ». L'idée qu'en tant que groupe, ils avaient la tâche de participer à la construction d'une société nouvelle s'était évaporée. En lieu et place, l'organisation de la communauté estudiantine s'est centrée non seulement sur les activités récréatives, mais encore sur la défense des propres intérêts des étudiants. La situation financière de l'université ne put être maintenue saine que par d'importantes mesures de réduction des coûts. Parce qu'elle dut immédiatement affronter des pouvoirs publics hostiles, cela déboucha sur des procès contre le gouvernement qui furent en partie gagnés par la KU Leuven.

Pendant longtemps, l'enseignement représenta la mission la plus importante de la KU Leuven. C'était même la raison de la fondation de la KULAK, où la formation était au centre des préoccupations. Celle-ci reçut même un soutien de la part du mouvement de contestation, qui voulait tester la pertinence sociale de l'enseignement et de la recherche. Mais dans les années '80, la perspective changea. L'université, qui constituait auparavant un lieu de formation pour « l'élite de demain », devint d'abord et avant tout un centre de « recherche pour la société de la connaissance d'aujourd'hui ». Les facultés de médecine, de sciences, de sciences appliquées et de sciences agronomiques construisirent des laboratoires impressionnants au sein desquels collaboraient des équipes de chercheurs issus de différentes disciplines. C'est la compétition qui déterminait le financement des projets de recherche. Parfois, la recherche fondamentale et la recherche appliquée s'imbriquaient, ce qui entraînait la création de spin-offs industrielles. Dans les années 1980, ces quatre facultés réussirent à se réserver 80% du budget de recherche de la KU Leuven. Et les *Geconcerteerde Onderzoeksacties* (« Actions Concertées de Recherche ») allèrent également en majeure partie à ces quatre facultés. En 1978, les autorités exigèrent que chaque université mette sur pied un Conseil de la recherche pour évaluer les projets de recherche et distribuer les fonds.

De ce fait, cela modifia l'image de la KU Leuven. L'accent n'était plus mis sur les sciences humaines, mais sur les sciences exactes et biomédicales, et non plus sur l'enseignement et la prestation de services, mais sur la recherche. Ces glissements rendirent les choses plus difficiles pour la KULAK, qui avait commencé comme un « campus à taille humaine » avec l'enseignement comme tâche principale, parce que le nombre d'étudiants commença à chuter dans les années 1980. Après un changement au sommet du campus courtraisien en 1989, un nouveau départ put être pris sous l'impulsion d'une génération plus jeune, mettant l'accent sur la recherche interdisciplinaire en médecine et en sciences et sur l'amélioration de l'offre d'enseignement, de la formation post-universitaire et de l'innovation didactique.

Lors de sa dernière intervention publique en 1985, à l'occasion de la visite du pape Jean-Paul II à Louvain, le recteur De Somer revendiqua « la liberté de vagabonder » pour le scientifique en quête de vérité. Quelques semaines plus tard, Pieter De Somer décéda et c'est le juriste Roger Dillemans qui lui succéda au terme des élections, exerçant cette fonction pendant dix ans. Il fonda un Conseil de l'enseignement, avec comme objectif premier une réduction du programme d'études. Cela répondait à la fois aux souhaits du gouvernement et aux plaintes des étudiants regrettant une pression des études trop élevée. L'harmonisation était également nécessaire dans la perspective du programme *Erasmus* pour les échanges d'étudiants en Europe, qui devait débuter en 1986. À partir de 1990-1991, le « plan Dillemans » limitait à dix le nombre de matières par année d'étude. En outre, le recteur préconisait une première année générale étendue. Le plan fut exécuté 'quantitativement', mais pas au plan du contenu, et dans certains domaines d'études, pratiquement rien ne changea.

Le plan Sainte-Anne, lancé par le gouvernement de centre-droit en 1986, voulait limiter la contribution financière du gouvernement aux universités. Pour le secteur de l'enseignement, cela constituait les mesures d'épargne les plus drastiques depuis la Seconde guerre mondiale, mesures qui, de plus, se réalisèrent principalement au détriment des universités. Le recteur Dillemans se plaignit de ce transfert de responsabilité du gouvernement vers le secteur privé. Selon lui, cela conduisait à la « commercialisation » de la science, représentait une menace pour la recherche fondamentale et entérinait le déclin des sciences humaines. À la fin de 1986, les étudiants tentèrent de résister en faisant grève, en occupant le Rectorat et en organisant une manifestation nationale à Bruxelles. Néanmois, ils ne purent renverser la vapeur. Le plan Sainte-Anne renforçait les tensions communautaires sur le plan académique. La répartition des ressources entre les universités flamandes et francophones s'était faite sur base d'un 50-50. Cela pénalisait les universités flamandes puisqu'elles avaient plus de personnel et d'étudiants. Il est compréhensible que la réforme de l'État de 1988 ait transféré le pouvoir sur l'enseignement aux communautés. Mais dans le décret de janvier 1989, le gouvernement flamand de Gaston Geens gela tous les budgets universitaires pendant dix ans. À l'époque, le financement de base de la KU Leuven était tombé à son périgée.

En 1990, en l'absence d'autre candidature, le recteur Dillemans fut réélu pour un second mandat. Juste avant cela, en mars 1990, il avait édicté une « déclaration de mission » de son université dans laquelle étaient réaffirmées les caractéristiques de sa spécificité catholique pour l'inspiration des membres de l'institution, et le projet encore à réaliser : « Une université catholique n'est pas une donnée de fait, mais une tâche à accomplir, un idéal à poursuivre, un titre à mériter », ainsi qu'il le formula plus tard dans un autre contexte.

Le décret universitaire de 1991 introduisit de nouveaux grades pour le personnel académique, mais maintenait l'enseignement comme fondement pour l'octroi des subsides. Le mécontentement suscité par le non-accroissement du financement de la recherche par le gouvernement déboucha en 1992 sur une grande manifestation des scientifiques flamands à Bruxelles. Non sans résultats, car le gouvernement flamand de Luc van den Brande créa en 1994 et 1995 de nouveaux canaux pour le financement de la recherche. Entretemps, l'administrateur général était aussi arrivé à la conclusion que l'université devait trouver sa propre place sur le marché de la « société de la connaissance » par une coopération accrue avec le secteur économique. Au plan interne, la KU Leuven avait renvoyé la disette financière aux facultés et aux unités de recherche, sur la base du principe de la responsabilisation. En juin 1994, un système d'allocation qui reposait en grande partie sur la charge d'enseignement était approuvé mais ne prenait en compte qu'un quart des activités de recherche. Le système était désavantageux pour les sciences humaines. À l'intérieur de l'université, l'opposition fondamentale que Charles Percy Snow (1905-1980) percevait déjà en 1959 entre les « deux cultures d'entreprise » des 'sciences' et des 'sciences humaines' s'était accrue. Cette opposition se manifesta lors des élections au poste de recteur en 1995, lorsqu'un candidat des sciences humaines défendant une vision universitaire classique s'en prit à un candidat des sciences exactes qui voulait faire de la KU Leuven, dans une large mesure, une « université entrepreneuriale ». C'est ce dernier qui l'emporta.

Il s'agissait de l'ingénieur André Oosterlinck qui, comme recteur, accomplit deux mandats de cinq ans et transforma la KU Leuven en une université entreprenante et innovante. Entre 1995 et 1999, le gouvernement flamand doubla presque son budget pour la politique scientifique. On porta également sur les fonts baptismaux

Le recteur Pieter de Somer (1917-1985), bronze dans la Charles Deberiotstraat à Louvain réalisé par Vic Gentils (1989), © DHGE, 2019.

trois grands instituts de recherche interuniversitaires, dont deux situés à Louvain : le Vlaams Instituut voor Biotechnologie (VIB, l'Institut flamand de biotechnologie) et l'Interuniversity Micro Electronics Centre (IMEC, le Centre interuniversitaire de microélectronique). En 1998 s'ajouta un financement supplémentaire pour des projets de recherche universitaire. Et durant cette période des changements majeurs intervinrent aussi dans le domaine de l'enseignement. En signant la Déclaration de Bologne en 1999, 29 ministres européens créèrent un espace académique européen, harmonisant les formations. Elles comprendraient partout un premier cycle de bachelier de trois ans et un second cycle de master d'une durée d'un ou deux ans. Cette structure fut introduite à partir de l'année académique 2004-2005. Depuis 2000, Louvain avait mis en place un système semestriel avec des examens après chaque semestre. L'évaluation annuelle des chargés de cours, initiée en 2003, se heurta toutefois dans les facultés à la lassitude des évaluations et à la critique de la bureaucratie excessive et de la centralisation. Elle fut temporairement suspendue et ne réapparaîtra ultérieurement que sous une forme adaptée et moins fréquente.

Durant son second mandat, Oosterlinck développa l'argumentaire suivant lequel le gouvernement, en échange d'un financement par enveloppe, avait le droit d'exiger un *return* économique et scientifique de la part de l'université. Dès 2003, pour répartir les subsides publics, on tenait compte d'une pondération des publications finalisées, ce qui nécessita l'élaboration d'un système bibliométrique. Le recteur était convaincu qu'une université de haut niveau avait besoin d'une structure de gouvernance rigoureuse. En 2001, il désigna lui-même le recteur du campus à la KULAK, au lieu de le laisser élire par la communauté académique de Courtrai. Dans son allocution de rentrée en 2002, il affirmait qu'une structure linéaire directive (*top-down*) de l'institution académique générerait davantage d'« *output* scientifique » qu'une direction légitimée participative (*bottom-up*). La « liberté académique » – dit-il un an plus tard – signifiait seulement la « liberté intellectuelle individuelle », mais pas l'« indépendance institutionnelle ». De nombreux professeurs avaient l'impression qu'il existait une menace de déficit démocratique. Néanmoins, le nouveau règlement organique d'avril 2004 conserva l'élection du recteur, mais pour une période plus longue. Le rapport de l'année stipulait : « Le mandat du recteur et de son équipe est porté à quatre ans, prolongé, aux termes d'une évaluation positive, jusqu'à huit ans ». Pour faire contrepoids, toutes les catégories de personnel étaient dorénavant représentées au conseil académique. À l'avenir, les moyens financiers seraient répartis en interne entre les secteurs (sciences exactes, sciences biomédicales et sciences humaines). Ceux-ci décideraient par eux-mêmes de la façon de les ventiler en leur sein.

Entretemps, le recteur réussit à consolider la position de la KU Leuven à l'extérieur. Le gouvernement flamand, dont les chrétiens-démocrates étaient absents entre 1999 et 2004, prévoyait de faire basculer les formations de quatre ans des hautes écoles vers les universités, et envisageait pour ce faire des associations par province. Cela aurait de facto enfermé la KU Leuven dans le Brabant flamand. Mais Oosterlinck doubla le gouvernement, en formant en 2002 une association avec quatorze hautes écoles catholiques de toute la Flandre, de telle sorte que les associations exigées par le gouvernement en 2003 ne pouvaient plus être réalisées par province. En outre, en 2002, la KU Leuven, avec douze universités européennes de premier plan, mit sur pied une *League of European Research Universities* (LERU), ce qui offrait également un cadre pour une coopération plus étroite avec l'UCL. Cette collaboration avait déjà été renforcée sous l'ère Dillemans, de sorte qu'en 1985, la KU Leuven et l'UCL furent à l'initiative de la création du réseau dit « groupe de Coïmbra » regroupant des universités européennes multidisciplinaires avec une tradition historique, et quelque temps après, de la Fédération Internationale des Universités Catholiques.

En 2005, le théologien Marc Vervenne fut élu recteur. Il était nommé pour une période de quatre ans, avec une évaluation dans la quatrième année de son mandat. Il centra ses efforts entre autres sur la relation entre les sciences et les arts, sur la participation des étudiants dans la gouvernance de l'université, sur la synergie de l'université et les cliniques universitaires, sur la féminisation des conseils de recherche et de l'enseignement, sur le rapprochement avec l'UCL, sur la réalisation de la structure baccalauréat-master. En plus, il essaya d'une manière amicale de gagner la communauté académique au développement de l'association KU Leuven, tout en gardant la spécificité de l'université. Mais cette association était présidée par l'ancien recteur Oosterlinck, ce qui donna lieu à bien des discussions tant au sommet que dans les facultés. La répartition équivoque des compétences entre le président de l'association et le recteur, ainsi que l'incertitude quant à l'intégration des programmes académiques des hautes écoles dans

Le prof. Marc Vervenne, doyen de la Faculté de théologie (1996-2000), recteur de la KU Leuven (2005-2009), © Rob Stevens, KU Leuven.

l'université, firent naître un certain malaise. Cela joua en 2008 un rôle dans l'évaluation du recteur. Celle-ci n'autorisa pas le prolongement du mandat du recteur sortant et le pouvoir organisateur décida l'organisation de nouvelles élections rectorales. Cette décision provoqua une grande indignation au sein de la communauté académique. L'élection en 2009 du médecin Mark Waer, à l'époque vice-recteur de Vervenne, fut considérée par pas mal de membres de la communauté académique comme un signe de protestation contre la procédure d'évaluation mise en place par le précédent recteur Oosterlinck. En fait, l'une des premières décisions sous le rectorat de Waer fut d'abolir l'évaluation du recteur et de revenir à l'election du recteur, mais pour un mandat de quatre ans seulement, non pour cinq comme dans la période précédente, suivi éventuellement d'une unique réélection.

Grâce à sa stratégie flexible, le recteur Waer réussit à combler le fossé au sein de la communauté universitaire et à rétablir un certain consensus académique. Sous sa houlette, d'autres démarches furent entreprises pour l'extension de l'association KU Leuven. Bien que dans un contexte postmoderne bien moins évident qu'autrefois, une jeune équipe de théologiens laïcs louvanistes réussit à reformuler la marque de fabrique catholique de l'institution. Elle fut – après une large discussion – explicitement confirmée, sans que cela n'entrave le caractère pluraliste réel de l'université. Le recteur sortant ne participa pas à l'élection rectorale de 2012, à l'issue de laquelle le canoniste Rik Torfs fut élu sixième recteur de la KU Leuven. En 2013, les formations académiques délivrées par les hautes écoles qui avaient rejoint en 2002 l'association KU Leuven furent pleinement intégrées dans l'université.

En 2017, la KU Leuven comptait 56 061 étudiants – dont 9355 étudiants étrangers – sur 15 campus différents, répartis dans 11 villes de Flandre. Sur le campus primitif de Louvain, ils étaient 41 155. L'université affiche une présence au premier rang du monde scientifique international. En septembre 2015, elle était positionnée dans le *ranking* de Reuters parmi le top 100 des universités les plus innovantes au monde et se situait même à la deuxième place en Europe sur ce point. Elle compte aujourd'hui plus de 100 spin-offs (soit plus de la moitié des spin-offs universitaires flamandes). En 2013-2014, elle a organisé 78 programmes de baccalauréat (4 avec un équivalent anglais), 127 masters initiaux (44 avec un équivalent en anglais et un équivalent en français). De plus, 8 programmes *Erasmus Mundi* ont été proposés, ainsi que 22 programmes de masters complémentaires en néerlandais, 25 en anglais et un en espagnol. Ainsi sont pratiquement couverts tous les domaines de la connaissance.

RECTEURS. – Pieter De Somer (1968-1985). – Roger Dillemans (1985-1995). – André Oosterlinck (1995-2005). – Marc Vervenne (2005-2009). – Mark Waer (2009-2013). – Rik Torfs (2013-2017). – Luc Sels (2017-).

Sur ce thème, la référence de base est le livre de J. Tollebeek et L. Nys, *The City on the Hill. A history of Leuven University. 1968-2005*, Leuven, 2006 (première version en néerlandais, 2005). Sont particulièrement utiles les chap. 1, 5 et 6 de L. Gevers (*Neither Prince nor Church* ; *Models. Transfer of knowledge* ; *Calling and profession*), 11 et 12 de J. Tollebeek (*Directing* ; *Specialisation*) et 2, 3 et 14 de L. Vos (*Structures* ; *Student politics* ; *Striking power, Income, expenditure and allocation formulas*). Pour une étude plus approfondie, voir, à la fin de cet ouvrage, les sources abondamment commentées et la revue de la littérature par R. Mantels (*Over archivalia, audiovisueel materiaal, gedrukte bronnen en literatuur*), p. 340-371. – J. Roegiers et I. Vandevivere (dir.), *Leuven-Louvain-la-Neuve. Aller Retour (Lovaniensia)*, Leuven-Louvain-la-Neuve, 2001. – Dans l'ouvrage d'E. Lamberts et J. Roegiers, *De universiteit te Leuven. 1425-1985*, Leuven, 1985, la quatrième partie est consacrée à *De K.U.Leuven. 1968-1985*. – Pour l'histoire de la KULAK, voir S. vanden Borre, *Toga's voor 't Hoge. Geschiedenis van de Leuvense universiteit in Kortrijk*, Leuven, 2015. – Pour la spécificité catholique, *cf.* L. Gevers, *De opdracht van een katholieke universiteit*, dans Id., *Kerk in de kering. De Katholieke Gemeenschap in Vlaanderen. 1940-1980*, Kalmthout, 2014, p. 389-412. – Sur le même sujet, L. Vos, *Verdampende identiteit ? De confessionele legitimering van de Leuvense universiteit*, dans *Trajecta*, 7, 1998, p. 339-368 ; Id., *Katholieke universiteit : verdampende identiteit ?*, dans L. Vos, *Idealisme en engagement. De roeping van de katholieke studerende jeugd in Vlaanderen (1920-1990)*, Leuven, 2011, p. 361-393. – La citation lors de la « Déclaration de mission » est tirée de R. Dillemans et H. Servotte, *Le sens d'une université catholique aujourd'hui*, dans A. Schifferlé (éd.), *Verantwortung und Freiheit. Vocation spirituelle de l'université*, Freiburg, 1990, p. 55-58. – Parmi les monographies récentes consacrées à quelques instituts et facultés, citons : R. Heynickx, *Tekenen en berekenen. Opstellen over het architectuurinstituut Sint-Lucas. 1862-2012*, Leuven, 2012. – G. van Paemel et J. Snaet, *Medisch laboratorium of universitaire bedrijf ? Het instituut voor Bacteriologie te Leuven*, Leuven, 2016. – L. Nys, *Van mensen en muizen. Vijftig jaar Nederlandstalige Faculteit Geneeskunde aan de KU Leuven*, Leuven, 2017. – J. Vandendriessche, *Zorg en wetenschap. Een geschiedenis van de Leuvense academische ziekenhuizen in de twintigste eeuw*, Leuven, 2019.

L. VOS

2° *La Faculté de théologie*. – La « *splitsing* » (scission) de l'Université de Louvain en octobre 1968 impliquait la division de la Faculté de Théologie en deux entités linguistiques, chacune maître de son propre destin. La *Faculteit der Godgeleerdheid* néerlandophone faisait désormais partie de la Katholieke Universiteit Leuven (aujourd'hui KU Leuven), tandis que son homologue francophone, la Faculté de théologie, devenait l'une des facultés de l'Université catholique de Louvain (aujourd'hui UCLouvain), dont le siège était transféré de Leuven à Louvain-la-Neuve, en Brabant wallon. Ce processus s'accompagna de profondes réformes. Non seulement le changement de contexte universitaire, mais aussi les nouvelles normes romaines pour les études ecclésiastiques promulguées en 1968, y contribuèrent. La réorganisation de la Faculté néerlandophone se déroula également dans le contexte d'un processus plus large de transformation des études ecclésiastiques qui eut lieu en Flandre pendant ces années post-conciliaires, comme ailleurs dans l'ensemble du monde catholique. Les nouvelles idées sur la formation sacerdotale et la crise du sacerdoce ont renforcé l'appel à l'expansion et à l'intégration.

La Faculté prit un nouveau départ au sein de la KU Leuven sous le nom de « Faculteit der Godgeleerdheid – Faculty of Theology ». L'exégète Frans Neirynck (1927-2012), véritable « architecte » de la transformation, en devint le premier doyen. La Faculté de théologie s'installa au centre de la ville universitaire, dans l'ensemble immobilier situé entre la Sint-Michielsstraat (rue Saint-Michel), le Collège du Pape (Pauscollege) et la Deberiotstraat (rue Charles de Bériot). Les cours se donnaient au Maria-Theresiacollege (Collège Marie-Thérèse). Le décanat et les services administratifs étaient situés dans le *Collegium Veteranorum* (Collège des Vétérans) adjacent. Une nouvelle bibliothèque universitaire avec des salles de séminaires et des bureaux pour les professeurs et les assistants fut construite en bordure du parc de la ville, dans la Deberiotstraat. Inaugurée en 1974, grâce notamment à son design dynamique, inspiré d'un projet de l'architecte Paul Van Aerschot, elle était considérée comme une pièce maîtresse de la nouvelle université. Grâce à l'accroissement systématique de ses collections par le biais d'achats, de dépôts et de dons (elle est passée d'environ 300 000 volumes en 1974 à environ 1 300 000 en 2015), elle est devenue l'une des plus grandes et des plus riches bibliothèques théologiques au monde. En 2004, elle a été rebaptisée « Maurits Sabbebibliotheek » (« Bibliothèque Maurice Sabbe »), en hommage à son fondateur, le bibliste Maurits Sabbe (1924-2004).

L'enseignement. – Le programme d'études réformé de la Faculté de théologie entra en vigueur en octobre 1969. Il prévoyait diverses orientations d'étude. La *schola maior* traditionnelle en quatre ans fut transformée en un programme de théologie comprenant un baccalauréat de trois ans et une licence de deux ans. Une des options importantes dans cette restructuration consistait dans le fait que la Faculté voulait se présenter non seulement comme une institution d'enseignement théologique, mais aussi comme un institut de formation et d'éducation permanente pour les prêtres et les religieux. Un programme d'études de théologie pratique fut créé à cet effet. Il s'agissait d'un premier cycle de trois ans nommé « Kandidatuur Morele en Religieuze Wetenschappen » (« Candidature en sciences morales et religieuses »), et d'un second cycle de deux ans, qui portait initialement le titre générique de « Bijzondere licenties » (« Licenses spéciales »), mais qui s'appelle depuis 1976 « Licentiaat Toegepaste Theologie » (« Licence en théologie pratique »). Dans ce programme de licence, diverses orientations de spécialisation furent proposées : Spiritualité (jusqu'en 1972), Pastorale, Liturgie et Sacramentologie, Sciences catéchétiques et Missiologie. Depuis la réorganisation de 1969, la Faculté a continué à former des professeurs de religion en intégrant le « Hoger Instituut voor Godsdienstwetenschappen » (la section néerlandophone de l'Institut supérieur des sciences religieuses fondé en 1942). Il prévoyait un programme de licence de quatre ans et un graduat de deux ans en sciences religieuses.

En plus de ces trois cursus en néerlandais, un programme complet en anglais fut mis en place pour garantir l'attractivité internationale de la faculté. Cette opération pouvait en effet s'appuyer sur la *schola minor* (à l'époque francophone), qui avait été localisée à l'American College. Au sein de ces programmes internationaux, une distinction fut également opérée entre le programme de théologie et celui en sciences religieuses.

Le développement des orientations d'études au sein de la Faculté a provoqué une forte augmentation du nombre d'étudiants. Ce nombre fluctuait autour de 450 étudiants et atteignit un sommet avec plus de 600 étudiants entre le milieu des années 1970 et le milieu des années 1980, grâce à l'afflux important à cette époque d'étudiants en sciences religieuses. En outre, ce programme attirait une majorité d'étudiantes, tandis que les autres cursus conservèrent pendant plusieurs décennies un public majoritairement masculin.

Au cours des premières décennies qui suivirent la réorganisation, le corps professoral conserva un caractère essentiellement masculin et clérical. Les prêtres séculiers, qui avaient jusqu'alors enseigné à la Faculté, furent désormais accompagnés dans tous les programmes par un nombre plus ou moins équivalent de réguliers de différents ordres et congrégations. À partir du milieu des années 1990, un changement de tendance se produisit avec une diminution rapide du nombre de professeurs prêtres et une augmentation proportionnelle du nombre de professeurs laïcs. La contribution des femmes au corps professoral resta cependant minime pendant de nombreuses décennies. Bien que la première enseignante ait été nommée en 1985, il fallut attendre la première décennie du XXIe siècle pour que les femmes apportent une contribution plus substantielle au personnel enseignant. Cette participation féminine se reflète aussi de plus en plus dans le personnel scientifique dont, depuis les années 1990, la part dans la recherche théologique augmentait spectaculairement.

Comparé à d'autres formations universitaires, le programme de la Faculté de théologie a conservé sa physionomie propre. Les normes spécifiques de l'Église en matière de délivrance des diplômes canoniques en théologie ont été ici déterminantes : baccalauréat (STB, *Sacrae Theologiae Baccalaureatus*, 3 ans, après 2 ans d'études philosophiques), licence (STL *Sacrae Theologiae Licentia*, 2 ans), et doctorat (STD, *Sacrae Theologiae Doctoratus*). Le titre exceptionnel de *magisterium* (maître) en théologie (sur présentation d'une seconde thèse) est devenu de facto obsolète. Grâce au droit de décerner ces diplômes ecclésiastiques, la Faculté a non seulement attiré de nombreux étudiants étrangers par le biais du programme de langue anglaise, mais elle a pu aussi se rattacher à d'autres formations théologiques, en concluant des contrats d'affiliation avec diverses institutions belges et étrangères, ce qui lui a permis, sous certaines conditions, d'accorder aux étudiants de ces institutions le diplôme de *Sacrae Theologiae Baccalaureatus per affiliationem*. De tels accords furent ainsi conclus dans les années 1970 et 1980 avec les grands séminaires des diocèses flamands, avec plusieurs institutions britanniques, puis avec des instituts de formation en Inde et aux Philippines.

Par ailleurs, il ne fut pas toujours facile pour la Faculté de maintenir ses propres normes, surtout lorsque l'université ou l'autorité civile prenaient des mesures pour rationaliser les exigences académiques en vue d'un système plus uniforme. 1990 et 1992, par exemple, furent des années de réforme en profondeur de l'enseignement à l'Université. La première intervention était le résultat de la rationalisation des études à l'Université de Louvain voulue par le recteur, Roger Dillemans. La seconde réforme était consécutive au « Décret sur les universités de la Communauté flamande », publié le 12 juin 1991. Dans le cadre de cette réforme, les candidatures en sciences morales et religieuses furent abandonnées et, en 1995, le programme Licentiaat Toegepaste Theologie fut lui aussi retiré. Le diplôme de deux ans en sciences religieuses fut pareillement aboli en 1994 en tant que diplôme d'enseignement supérieur de type court.

Suite aux réformes de l'enseignement supérieur résultant de l'Accord de Bologne (2003), la structure des programmes fut de nouveau profondément réformée et une structure commune BA-MA fut introduite, comprenant un baccalauréat de trois ans et un master d'un an. Afin de maintenir le parallèle avec la formation ecclésiastique, une maîtrise supplémentaire en études spécialisées fut créée. Une nouvelle réforme d'harmonisation suivit en 2014, avec la reconnaissance par le gouvernement flamand du research master de deux ans, qui n'est enseigné qu'en anglais. En outre, les étudiants peuvent continuer à obtenir une maîtrise d'un an, avec une spécialisation en enseignement et en pastorale. L'intégration de la théologie et des sciences religieuses s'est également poursuivie. Par ailleurs, des programmes d'études distincts en sciences religieuses ont été organisés, jusqu'à l'obtention d'un doctorat. L'harmonisation du programme dans le standard européen de Bologne a permis aux échanges Erasmus entre étudiants (et enseignants) de connaître un succès croissant, ce qui a contribué à l'internationalisation de la vie à la faculté de théologie.

La recherche. – Au fil du temps, l'enseignement s'est de plus en plus intégré à la recherche scientifique menée à la Faculté. Conformément aux disciplines de la théologie, cette recherche a été organisée en groupes de recherche, d'abord appelés « afdelingen » (« départements »), puis « onderzoekseenheden » (« research units », ou « unités de recherche »). Six départements furent créés en 1971 : Sciences bibliques, Théologie dogmatique, Théologie morale, Histoire de l'Église, Théologie pastorale, Liturgie et sacrements (cette dernière branche ayant été incorporée à la théologie pastorale en 1990). Le fonctionnement de ces unités de recherche est significatif de la planification et de l'organisation croissantes de la recherche théologique qui, au cours des décennies suivantes, connut une expansion spectaculaire grâce à un nombre croissant de projets de recherche, nationaux et internationaux, largement financés par l'extérieur. Dès le début, et avec une impulsion particulière en 1987, plusieurs centres de recherche furent créés. Le nombre de revues et de collections de la faculté a augmenté. Outre les revues scientifiques internationales *Ephemerides theologicae Lovanienses* (*ETL*) et *Revue d'histoire ecclésiastique* (*RHE*) déjà évoquées et leurs collections respectives (qui ont continué de paraître sous la direction conjointe de rédacteurs néerlandophones et francophones), plusieurs revues avaient une orientation plus locale et plus concrète. Dans un certain nombre de sous-disciplines, de nouvelles revues et collections vinrent s'ajouter. La revue de théologie générale *Louvain Studies*, publiée par l'American College depuis 1966, fut reprise par la Faculté à partir de 1972. La série *Louvain Theological & Pastoral Monographs* débuta en 1990. L'*Annua Nuntia Lovaniensia*, l'annuaire de la Faculté de 1935 à 1980, est devenu une collection générale de monographies et recueils théologiques. La Maurits Sabbebibliotheek publie deux séries : *Documenta Libraria* (depuis 1979) et *Instrumenta Theologica* (depuis 1984).

Les sciences bibliques. – L'approche historico-critique, qui avait été la marque de fabrique de la Faculté de théologie de Louvain pendant de nombreuses décennies, demeura la méthode de recherche privilégiée, en particulier dans les domaines de l'exégèse, de la patrologie et de l'histoire de l'Église. En exégèse, elle a été enrichie par la grande diversité des méthodes qui ont trouvé place dans l'exégèse catholique. Dans l'étude du Nouveau Testament surtout, la tradition de recherche, fondée par Lucien Cerfaux, fut poursuivie par son successeur Frans Neirynck, avec une inflexion particulière sur la critique littéraire et l'histoire de la rédaction des évangiles. Avec ses collègues Maurits Sabbe et Joël Delobel (°1935) et leurs successeurs Frans Van Segbroeck (1935-2008), Adelbert Denaux (°1938), Gilbert Van Belle (°1947) et Joseph Verheyden (°1957), il a mis en œuvre une étude approfondie des évangiles synoptiques, qui a donné lieu à la publication de divers ouvrages de références et instruments de travail. Plus spécifiquement, Neirynck et ses collaborateurs ont défendu l'hypothèse de la dépendance de l'Évangile de Jean vis-à-vis des synoptiques. Dans ce contexte, les chercheurs en Nouveau Testament ont fondé la série *Studiorum Novi Testamenti Auxilia* (1966). La série plus récente *Biblical Tools and Studies* créée en 2005 présente une portée similaire mais plus large. En 2010, les recherches de Leuven sur les évangiles ont reçu un coup de pouce supplémentaire avec la création du « Centrum voor de Studie van de Evangeliën » (« Leuven Centre for the Study of the Gospels »). À côté de Neirynck et de son école, Raymond F. Collins (°1935) et Jan Lambrecht (°1926), ainsi que son successeur Reimund Bieringer (°1957), ont également étudié les évangiles, mais leurs recherches furent (comme pour Joël Delobel) principalement consacrées à la littérature paulinienne. Ce faisant, ils combinèrent l'étude méticuleuse des textes et l'exégèse avec la théologie biblique, ainsi qu'avec des actualisations pastorales et spirituelles.

Dans le domaine de l'Ancien Testament, Chris Brekelmans (1922-2004) travailla sur les livres historiques, y compris les problèmes spécifiques de la rédaction du Pentateuque. Ce fut aussi le domaine de recherche de Luc Dequeker (°1931), qui plus tard (après son passage à la Faculté de philosophie et de lettres) se consacra à l'étude du judaïsme biblique et devint une autorité dans le domaine des relations entre judaïsme et christianisme. L'étude de la littérature historique dans la Bible hébraïque a été poursuivie par Marc Vervenne (°1949), Brian Doyle (°1956), et Bénédicte Lemmelijn (°1969). Pierre Van Hecke (°1970) a également étudié les livres poétiques. La littérature prophétique a été étudiée par Willem Beuken (°1931), qui a surtout commenté le prophète Isaïe, et par Johan Lust (°1937), un spécialiste d'Ezéchiel. L'attention particulière accordée à la critique des textes bibliques conduisit en 1988 Johan Lust à créer le « Centrum voor Septuaginta Studies en Tekstkritiek » (« Centre for Septuagint Studies and Textual Criticism » ou « Centre d'étude et de critique textuelle de la Septante »). Ce centre de recherche a travaillé, entre autres, sur un *Greek-English Lexicon of the Septuagint* (ou Lexique gréco-anglais de la Septante). En 2002, la nomination de Florentino García Martínez (°1942), une autorité dans l'étude des manuscrits de la mer Morte, a donné une impulsion particulière à la recherche sur le judaïsme ancien. Depuis 2008, son travail est poursuivi par Eibert Tigchelaar (°1959).

La théologie dogmatique. – En théologie systématique, la tradition thomiste a définitivement cédé le pas à la nouvelle théologie qui avait fait son apparition dans les années 1950 et qui a été confirmée au Concile Vatican II. En théologie dogmatique, la nouvelle Faculté a engagé des professeurs renommés issus des ordres religieux. Jan Hendrik Walgrave (1911-1986) développa une réflexion théologique renouvelée sur la foi en accord avec un humanisme chrétien. Il était surtout connu comme une autorité dans le domaine de la pensée de John Henry Newman. Tarcisius Jan van Bavel (1923-2007) prit part au renouveau de la christologie qui était à l'honneur dans la théologie néerlandaise avec des auteurs comme Piet Schoonenberg (1911-1999) et Ansfried Hulsbosch (1912-1973). Piet Fransen (1913-1983) fut un spécialiste de la théologie de la grâce et de l'ecclésiologie, où il a notamment développé une herméneutique des conciles. Leur travail fut poursuivi par des collègues tels que Benjamin Willaert (1926-2015) et Marc Caudron (1929-2006). Dans les années 1970-1980, la théologie de Leuven se focalisa davantage sur la théologie germanophone et anglophone, et la renaissance de la théologie catholique aux Pays-Bas fut expressément suivie. Edward Schillebeeckx (1914-2009) et son collègue Piet Schoonenberg de Nimègue furent des partenaires privilégiés des théologiens de Leuven. Herman-Emiel Mertens (1928-2012) s'intéressa également aux innovations de la théologie allemande, en particulier en théologie politique, et élabora sa propre théologie adaptée au contexte flamand. Robrecht Michiels (°1933) se spécialisa en ecclésiologie et fonda en 1994 le « Centrum voor Oecumenisme » (« Centre for Ecumenical Research » ou « Centre de recherche œcuménique »), un domaine de recherche dans lequel Jos Vercruysse (1931-2017) et Joseph Lescrauwaet (1923-2013) furent aussi très actifs. L'archevêque belge actuel, Jozef De Kesel (°1947), enseigna la christologie à la Faculté de 1989 à 1992. Plus tard, Kristof Struys (°1972) a œuvré en christologie et en théologie trinitaire.

L'intérêt pour la théologie de la libération était présent à la Faculté de Louvain depuis le début des années 1970 et se trouva stimulé en 1987 avec la création par Georges De Schrijver (1935-2016) d'un « Centrum voor Bevrijdingstheologie » (« Centre for Liberation Theology » ou « Centre de théologie de la libération »). Parmi la nouvelle génération de théologiens, Jacques Haers (°1956) a mené des recherches sur les développements de diverses théologies contextuelles de la libération à l'heure de la mondialisation (et dans l'intitulé du Centre, « théologie » se transforma en « théologies »), ce qui a permis à de nombreux jeunes chercheurs de tous les continents de trouver à Leuven un forum pour partager entre eux leur réflexion théologique. Terrence Merrigan (°1955) a publié d'importantes études sur la théologie de Newman et a exploré la nouvelle théologie des religions. Lieven Boeve (°1966), son collègue en théologie fondamentale, a conçu une justification contemporaine de la foi dans un contexte post-séculier, dans lequel il prône une recontextualisation de la tradition de la foi chrétienne, qui rendra qui rendra visible sa capacité de « rupture » vis-à-vis de la culture dominante. Peter De Mey (°1966) est actif dans l'ecclésiologie et la théologie œcuménique, avec une attention particulière pour la théologie des Églises orientales. Tous ces théologiens ont participé à la réflexion sur la conception d'une théologie chrétienne qui tienne compte des conditions de vie profondément modifiées dans une société pluraliste et mondialisée. Depuis 1997, ils ont créé dans cette perspective un forum international proposant des congrès LEST (« Leuven Encounters in Systematic Theology » ou « Rencontres louvanistes de théologie systématique »). Depuis 2013, cette unité de recherche a été renforcée par la nomination de trois nouveaux professeurs : Annemarie Mayer (°1967), Stephan van Erp (°1966) et Judith Gruber (°1982).

La théologie morale. – Dans le domaine de la théologie morale, ou de l'éthique théologique, les théologiens de Leuven ont continué à aborder le domaine dans la perspective personnaliste de Louis Janssens qui, depuis le Concile Vatican II, est devenue le fondement d'une morale de la responsabilité dans une société qui se polarise de plus en plus sur les questions d'éthique. Les premiers moralistes de la nouvelle faculté, Victor Heylen (1906-1981) et Jozef Ghoos (1924-2006), avaient une expérience active dans le mouvement social catholique, qui a contribué à éclairer l'orientation de leurs recherches. Pour ces deux théologiens, les questions de morale conjugale et sexuelle étaient importantes, et ce thème est resté, pour la génération suivante de moralistes de Leuven, particulièrement haut placé dans l'agenda des priorités durant les années 1970. Joseph Selling (°1945), spécialiste de la genèse de l'encyclique *Humanae vitae*, a aussi traité des questions d'éthique fondamentale. Roger Burggraeve (°1942) s'est également investi dans les deux domaines de la recherche ; en particulier, il a confronté ses perspectives éthiques avec la pensée du philosophe juif français Emmanuel Levinas, qu'il a fait connaître au monde néerlandophone. Patrick Vandermeersch (°1946) a abordé ces questions d'éthique sexuelle dans le contexte général de la santé mentale et de la psychiatrie. Les questions d'éthique fondamentale continuent d'être creusées, en particulier dans le groupe de recherche récemment créé par Yves De Maeseneer (°1976), qui s'attache au développement d'une nouvelle anthropologie théologique dans un contexte postmoderne.

L'accent mis sur le vaste champ de l'éthique sociale s'est accru dans les années 1980. Johan Verstraeten (°1955) a étudié la doctrine sociale de l'Église au sein du « Centrum voor de studie van het katholieke sociale denken » (« Centre for Catholic Social Thought » ou « Centre pour la pensée sociale catholique ») et a exploré le nouveau champ de l'éthique des affaires. Johan De Tavernier (°1957) s'est consacré aux questions de paix et d'éthique écologique dans le cadre du « Centrum voor Vredesethiek » (« Centre pour l'éthique de la paix ») (depuis 1994 : « Centrum voor Vredes- en milieu-ethiek », « Centre for Peace and Environmental Ethics » ou « Centre pour l'éthique de la paix et de l'environnement »). Il est également affilié à l'*Ethics@Arenberg*, le « Centre for Science, Technology and Ethics », le « Centre pour l'éthique de la science et de la technologie », créé dans le but de mener une réflexion éthique interdisciplinaire sur les nouveaux développements scientifiques et technologiques. De telles recherches ont également été développées dans le domaine de la bioéthique. Des problèmes urgents ont rendu nécessaire une mise en commun interdisciplinaire de la recherche et ont conduit à la création du « Centrum voor Biomedische ethiek en recht » (« Centre for Biomedical Ethics and Law » ou « Centre interfacultaire d'éthique biomédicale et de droit ») de la KU Leuven en 1987. Dans ce contexte, Bert Broeckaert (°1964) a mené une recherche comparative interreligieuse sur le problème de l'euthanasie. En 1989, la réflexion commune des éthiciens des différentes facultés de Leuven fut coordonnée par la création de l'« Overlegcentrum voor Christelijke Ethiek » (« Centre de réflexion sur l'éthique chrétienne »), qui publiait la revue *Ethische Perspectieven* depuis 1991. Plus tard, le centre fut rebaptisé « Overlegcentrum voor Ethiek » (« Centre de réflexion sur l'éthique ») tandis que le magazine était également publié en anglais sous le titre *Ethical Perspectives*. L'intérêt ancien pour l'éthique du mariage et de la famille fut renforcé en 2005 par l'intégration dans la bibliothèque Maurits Sabbe de la bibliothèque de l'Académie internationale de spiritualité conjugale (Bruxelles), avec la revue *INTAMS Review*, intitulée depuis 2017 *Marriage, Families & Spirituality*, et la chaire associée occupée par Thomas Knieps (°1961).

L'histoire de l'Église. – Les théologiens et les historiens de l'Église ont souvent mené après 1969 leurs recherches sur l'antiquité chrétienne, en collaboration avec des chercheurs d'autres facultés. Ainsi, en 1970, a été mis sur pied avec la Faculté de philosophie et de lettres le « Centrum Hellenisme en Christendom » (« Centre Hellénisme et Christianisme ») ; en 1990, il s'est poursuivi dans l'« Instituut voor Vroegchristelijke en Byzantijnse studies » (l'« Institut d'études du christianisme ancien et de Byzance »), désormais hébergé à la Faculté des lettres. Albert Van Roey (1915-2000), rédacteur en chef de la *Series Graeca* du *Corpus Christianorum*, a continué à promouvoir la patrologie grecque. Le successeur de Van Roey à la Faculté de théologie, Boudewijn Dehandschutter (1945-2011), a concentré ses recherches sur la littérature des martyres, un domaine qui a été approfondi par son successeur Johan Leemans (°1965). La patrologie latine était moins abordée à la Faculté de Leuven, mais s'est fortement développée à partir des années 1970 sous l'impulsion de Tarcisius J. van Bavel, une autorité dans l'étude d'Augustin, qui a organisé les recherches augustiniennes à la Faculté en collaboration avec l'« Augustijns Historisch Instituut » (« Institut Historique Augustinien ») (Heverlee-Leuven), et comme éditeur du journal spécialisé *Augustiniana*. Cette recherche théologique augustinienne s'est fortement développée sous ses successeurs, Mathijs Lamberigts (°1955), avec une attention particulière à la controverse sur le pélagianisme, et Anthony Dupont (°1979).

Traditionnellement, l'histoire et la théologie médiévales n'étaient pas très en vogue à la Faculté de théologie, en partie parce que l'enseignement de ces matières était à l'époque généralement confié à des professeurs de la Faculté de philosophie et lettres. Dans la nouvelle Faculté de théologie, Eligius Buytaert (1913-1975) fut surtout actif dans les études et l'édition de textes de Pierre Abélard. Après sa mort, la théologie médiévale fut enseignée par Alfred Vanneste (1922-2014), professeur et ancien doyen de la Faculté de théologie de l'Université de Lovanium à Kinshasa, puis par Robert Wielockx (°1942), spécialiste de l'étude critique des textes théologiques du Moyen-Âge (y compris Henri de Gand et Albert le Grand). D'autres recherches ont été menées à la Faculté sur l'histoire de la mystique et de la spiritualité médiévales. C'est l'œuvre des jésuites, en lien avec la Ruusbroecgenootschap (Société Ruusbroec) d'Anvers, qui ont également développé la recherche du mysticisme moyen néerlandais à Leuven. Paul Mommaers (°1935) fut un expert renommé de l'œuvre de Johannes Ruusbroec. Son travail a été poursuivi par Rob Faesen (°1958) dans le cadre de l'« Instituut voor de Studie van Spiritualiteit » (« Institute for the Study of Spirituality » ou « Institut pour l'étude de la spiritualité »), fondé en 2001 en collaboration avec la province flamande des jésuites. La bibliothèque de la faculté a acquis une vaste collection de *Jesuitica* et la recherche a été soutenue par la plate-forme Internet *Jesuitica*. De la même manière, l'acquisition, en 2011, de la bibliothèque des capucins flamands a occasionné la création d'un « Study and Documentation Centre Capuchins in the Low Countries » (« Centre d'étude et de documentation sur les capucins des Pays-Bas »).

La recherche en histoire religieuse des temps modernes s'est concentrée sur l'histoire de la Faculté de théologie de l'ancienne Université, dans le cadre du « Centrum voor de geschiedenis van de Theologische Faculteit te Leuven » (« Centre for the History of the Faculty of Theology at Louvain » ou « Centre d'Histoire de la Faculté de Théologie de Louvain »). Ce centre a focalisé les recherches de deux historiens de l'enseignement, Edmond van Eijl (1918-2002), titulaire d'un doctorat sur Michel Baius, et Karel Blockx (1925-1983), auteur d'un mémoire primé sur la réaction des théologiens de Louvain face à Luther. L'œcuméniste Jos Vercruysse (1931-2017) a également enseigné et réalisé des recherches sur Luther et le luthéranisme à la faculté. Parmi la nouvelle génération de professeurs, Wim François (°1963) concentre ses recherches sur les premières éditions et traductions catholiques modernes de la Bible aux Pays-Bas. Le champ de recherche de l'historien Dries Vanysacker (°1966) couvre différents secteurs de l'histoire religieuse, culturelle et mentale depuis les Temps modernes (de la sorcellerie à la mission en passant par l'histoire du sport). La tradition de recherche sur le théologien louvaniste Cornelius Jansenius et la controverse janséniste s'est poursuivie à la Faculté dans le cadre du « Centrum voor de Studie van het jansenisme » (« Centre pour l'étude du jansénisme ») (1983), qui devint plus tard le « Centrum voor de Studie van Augustinus, Augustinisme en Jansenisme » (« Centre for the Study of Augustine, Augustinianism and Jansenism » ou « Centre pour l'étude d'Augustin, de l'Augustinisme et du Jansénisme »).

En histoire contemporaine, Robrecht Boudens (1920-2003) a étudié les mouvements de renouveau dans l'Église catholique du XIXe siècle, comme le catholicisme libéral de Lamennais, et les auteurs engagés dans la crise moderniste, tels que George Tyrrell. Une attention particulière fut accordée à l'évolution de la théologie en Belgique, en particulier à la Faculté de théologie de Louvain, étudiée par Leo Kenis (°1953). Beaucoup de recherches ont été menées sur l'histoire de l'Église nationale belge, non seulement par Boudens, mais aussi par Lieve Gevers (°1947), qui a étudié l'évolution de l'Église belge, surtout de la Flandre catholique au XXe siècle. Dans ces domaines de recherche, les historiens de l'Église de la Faculté de théologie ont souvent collaboré avec le KADOC, le « Documentatie- en onderzoekscentrum voor Religie, Cultuur en Samenleving » (« Centre de documentation et de recherche sur la religion, la culture et la société »), fondé à Louvain en 1976. Ils ont participé à la fondation de *Trajecta* (1991), une revue sur l'histoire de la religion, de la culture et de la société aux Pays-Bas.

Enfin, le Concile Vatican II devint également un objet de recherche pour les historiens de l'Église. En 1969, le « Centrum voor conciliestudie Vaticanum II » (« Centre for the Study of the Second Vatican Council », « Centre d'études du Concile Vatican II ») a été créé à la Faculté en vue de la conservation et de l'analyse des archives et de la documentation relatives à la participation flamande/belge au Concile. Jan Grootaers (1921-2016) est à l'origine de ce projet. Après son éméritat, Mathijs Lamberigts lui succéda en tant que coordinateur du Centre.

La théologie pastorale. – La section de recherche en théologie pastorale s'est engagé concrètement dans la formation professionnelle des agents pastoraux en se fondant de plus en plus sur les résultats des recherches issues des sciences du comportement. Dès 1969, le « Centrum voor Socio-Religieus Onderzoek » (« Centre de recherche socio-religieuse »), à l'origine interdisciplinaire (qui s'était jusqu'alors inscrit dans le cadre de l'Institut supérieur des sciences religieuses), fut intégré à la Faculté de théologie. Ses activités se sont poursuivies à partir de 1975 dans le « Centrum voor Pastoraaltheologisch Onderzoek » (« Centre de recherche en théologie pastorale »), qui a subsisté jusqu'en 1990. C'est le théologien des sacrements Paul

Anciaux (1921-1979) qui a réussi à faire reconnaître la théologie pastorale comme une unité de recherche de la Faculté à part entière. Il a fondé la discipline sur de nouvelles conceptions de la théologie pastorale, combinant les principes de la théologie pratique avec l'analyse empirique des réalités concrètes. Pour son successeur Jan Kerkhofs (1924-2015), sociologue de formation, la réflexion en théologie pastorale s'est accompagnée d'une interaction critique avec la politique ecclésiale. Il a notamment dirigé le centre d'études et d'information *Pro Mundi Vita* (Bruxelles) et a été à l'avant-garde du grand projet international « European Values Study » (depuis 1979). Jan Grootaers a également participé activement à cette unité de recherche. Avec Kerkhofs, il fut le théologien de Louvain qui suivait de près les développements post-conciliaires de l'Église et les commentait d'une manière critique et fidèle aux événements. Conformément à l'accent mis sur le rôle des laïcs dans l'Église, l'intérêt pour la théologie féministe a progressé dans les années 1980, ce qui a conduit à la création en 1993 du « Centrum Vrouwenstudies Theologie » (« Centre for Women's Studies in Theology » ou « Centre d'études féminines en théologie »). Le successeur de Kerkhofs en théologie pastorale fut Kristiaan Depoortere (°1946), dont la spécialité de recherche privilégiée portait sur la pastorale des soins de santé. La dimension éthique des soins de santé a été abordée de manière approfondie par Axel Liégeois (°1959). Divers sous-domaines ont été pris en considération, comme l'homilétique, avec Ernest Henau (°1937), par ailleurs spécialiste des rapports de l'Église et des médias, puis par Marc Steen (°1959), également auteur de recherches dans le domaine de l'ecclésiologie pratique. L'apport empirique des sciences humaines aux disciplines théologiques pratiques a été le fait de professeurs d'autres facultés, venant de la sociologie et surtout de la psychologie. Le psychologue Dirk Hutsebaut (°1943), par exemple, a mené des recherches sur les aspects psychologiques du développement de la religiosité chez les jeunes. Les plus jeunes membres de cette unité de recherche, comme Annemie Dillen (°1978), ont encore renforcé cette approche empirique dans la recherche en théologie pratique. Entre-temps, les théologiens en pastorale ont joué un rôle croissant dans la formation des pasteurs de la communauté ecclésiale flamande. Cette formation a été organisée dans le cadre de l'« Academisch Centrum voor Praktische theologie » (« Academic Centre for Practical Theology » ou « Centre académique de théologie pratique »), dirigé par Anne Vandenhoeck (°1964). Dans le contexte de cette formation professionnelle des pasteurs néerlandophones, l'unité de recherche publie depuis 2001 les *Leuvense Cahiers voor Praktische Theologie*.

La liturgie et les sacrements. – En 1969, les professeurs de liturgie de Leuven ont fondé, en collaboration avec l'abbaye bénédictine du Mont-César (Keizersberg), un Institut de liturgie en vue d'organiser leurs recherches. Ils se sont assurés rapidement une réputation internationale en publiant les *Questions liturgiques* qui existaient depuis 1910 (à partir de 1987, elles prirent le nom de *Questions Liturgiques/Studies in Liturgy*), et en organisant un colloque biennal de liturgie. Cette collaboration avec le Mont-César a ainsi permis à la Faculté

Le professeur Mathijs Lamberigts, doyen de la Faculté de théologie (2000-2008, 2014-2018), actuel directeur de la *Revue d'histoire ecclésiastique,* © Rob Stevens, KU Leuven.

de s'inscrire dans la tradition des recherches en histoire de la liturgie. Eligius Dekkers (1915-1998), éditeur du *Corpus Christianorum*, fut responsable de cette entreprise, avec Ambrosius Verheul (1916-2005) et Sylveer De Smet (1924-2007). Plus tard, le card. Godfried Danneels (°1933) a également enseigné la liturgie et la théologie sacramentaire à la Faculté. Ces experts ont participé activement à la réforme liturgique après Vatican II, en particulier la traduction des textes liturgiques en néerlandais. L'intégration de la sacramentaire et de l'étude de la liturgie permit ici d'approfondir théologiquement le renouveau liturgique. Ce fondement théologique est perceptible dans les travaux de Lambert Leijssen (1942-2012), Jozef Lamberts (°1940) et Cor Traets (1927-2017). La multiplication des approches, comme la phénoménologie et l'étude des rites, a permis de donner une base plus large à l'étude de la liturgie, comme en témoigne l'œuvre de Joris Geldhof (°1976).

La catéchèse et la didactique de la religion. – Les professeurs de catéchèse et de didactique religieuse de la Faculté de théologie avaient auparavant enseigné à l'Institut supérieur des sciences religieuses. oris Baers (1923-2019) était un spécialiste de la catéchèse familiale et des adultes. Jozef Bulckens (°1930) fut la figure de proue du développement de la didactique religieuse et de la catéchèse à la Faculté. Il participa à de nombreuses initiatives prises dans ce domaine au sein de l'Église et de l'enseignement catholique flamands. Il prit part aux débats méthodologiques et théologico-pédagogiques qui se développèrent au niveau international dans les années 1970-1980 et il contribua à intégrer ces perspectives nouvelles dans divers manuels de pédagogie et de didactique religieuses. Il fut assisté dans son entreprise par Paul Cooreman (1937-2018), puis par le pédagogue Herman Lombaerts (°1935). Christiane Brusselmans (1930-1991), qui avait travaillé aux États-Unis à la conception de manuels de pastorale sacramentaire pour les enfants et les jeunes, bénéficiait d'une audience internationale. La génération suivante de professeurs a joué un rôle important dans le renouveau théorique et organisationnel de la pastorale scolaire et des jeunes et de l'enseignement de la religion. Didier Pollefeyt (°1966), en tant que coordinateur du « Centrum Academische Lerarenopleiding » (« Centre for Academic Teacher's Training in Religion » ou « Centre de formation académique des professeurs de religion »), a centré ses recherche sur la catéchèse et la pédagogie religieuses. En 2001, il a lancé le site Web *Thomas* à destination des professionnels de l'enseignement religieux. Il a également mené des recherches théoriques et empiriques sur une pédagogie de l'éducation religieuse des temps présents et sur une éducation interreligieuse à la foi, tout en développant des instruments de recherche empiriques en matière d'identité catholique des institutions.

La formation professionnelle des professeurs de religion impliquait une formation continue, dont l'ensemble de la Faculté assumait la responsabilité. Depuis 1969 étaient organisés à cet effet les cours Vliebergh-Sencie, des cours annuels de recyclage pour les professeurs de religion. Les publications en néerlandais qui en ont résulté sont parues dans la collection *Nikè-reeks* (« Série-Nikè ») à partir de 1981 (complétées depuis 1985 par les manuels théologiques de la série *Didachè*). Par la suite, toutes ces initiatives ont été regroupées dans un ensemble offert par « Didachè », le centre de formation permanente de la Faculté.

La missiologie et l'histoire des religions. – Le cours de missiologie fut au départ développé par Frank De Graeve (1927-1991), spécialiste de l'étude des religions non chrétiennes, qui avait déjà conçu dans les années 1970 une théologie du dialogue interreligieux. Par ailleurs, plusieurs chercheurs d'ordres et de congrégations missionnaires étaient actifs dans le domaine de la missiologie. Parmi eux, Omer De Grijse (1913-2002) s'est intéressé à l'évolution de la missiologie dans la période post-conciliaire, période au cours de laquelle de nouveaux mouvements comme la théologie de la Libération et des thèmes nouveaux comme l'inculturation sont devenus importants. Les relations entre christianisme et cultures locales ont en particulier été étudiées par Valeer Neckebrouck (°1936), qui dans ses travaux marie un travail anthropologique intensif sur le terrain avec une réflexion approfondie sur l'inculturation du christianisme en Afrique et Amérique centrale. Dès lors, dans ce domaine précis de la théologie également, l'étude « non théologique » de la religion a pris une part croissante. Enfin, étant donné l'évolution du contexte religieux, l'attention de la Faculté s'est de plus en plus portée sur l'étude de l'islam. Emilio Platti (°1943) est de longue date une autorité dans l'étude des relations entre le christianisme et l'Islam. En 2014, Mehdi Azaiez (°1974), un expert dans l'étude du Coran, a été engagé pour diriger et développer l'éventail croissant des études sur l'islam dans le programme d'études.

La part croissante de la recherche scientifique des religions à la Faculté de théologie reflète une tendance plus large à la diversification de la recherche en général, rendue nécessaire par un climat culturel et religieux en pleine mutation. La confrontation des deux approches de la religion (théologie et sciences religieuses) a fait l'objet de discussions dans les milieux universitaires, plus particulièrement en ce qui concerne le statut scientifique et même le droit à l'existence de la théologie universitaire. Au tournant du siècle, cette discussion s'est accompagnée de changements organisationnels dans les programmes universitaires de théologie qui, dans un pays voisin comme les Pays-Bas, ont parfois conduit à la division de l'étude de la religion en facultés de théologie ecclésiastiques et des formations de recherche en sciences religieuses, souvent intégrées dans des entités universitaires plus larges. À cet égard, la Faculté de Théologie de Louvain a opté pour l'intégration des deux approches au sein d'une seule et même Faculté, convaincue qu'une complémentarité réussie serait la meilleure illustration d'un égal respect pour la légitimité des deux approches. Cette option est devenue explicite en 2012, lorsque la Faculté fut rebaptisée « Faculteit Theologie en Religiewetenschappen » (« Faculty of Theology and Religious Studies » ou « Faculté de théologie et de sciences religieuses »).

Doyens de la Faculté de Théologie. – Frans Neirynck (1969-1972). – Christianus Brekelmans (1972-1975). – Marc Caudron (1975-1985). – Jan Lambrecht (1985-1990). – Joël Delobel (1990-1996). – Marc Vervenne (1996-2000). – Mathijs Lamberigts (2000-2008). – Lieven Boeve (2008-2014). – Mathijs Lamberigts (2014-2018). – Johan De Tavernier (2018-).

Liste des docteurs honoris causa. – 1° *De la Faculté*. – John Dearden (archevêque de Detroit), en 1971. – Raymond E. Brown (Union Theological Seminary, New York), en 1976. – Richard A. McCormick (Georgetown University), en 1986. – Marie-Émile Boismard (École biblique et archéologique française de Jérusalem), en 1988. – Louis-Marie Chauvet (Institut catholique de Paris), en 2007.

2° *De l'Université (sur proposition de la Faculté)*. – Johannes Willebrands (cardinal, archevêque d'Utrecht), en 1971. – Karl Rahner (Westfälische Wilhelms-Universität Münster), en 1972. – Edward Schillebeeckx (Katholieke Universiteit Nijmegen), en 1974. – Eligius Dekkers (Sint-Pietersabdij Steenbrugge, Belgique), en 1976. – Theodore M. Hesburgh (Notre Dame University), en 1978. – Joseph Albert Malula (archevêque de Kinshasa), en 1979. – Oscar Arnulfo Romero (archevêque de San Salvador), en 1980. – Aloisio Lorscheider (archevêque de Fortaleza), en 1982. – Joseph Bernardin (archevêque de Chicago), en 1984. – Jon Sobrino (Colegio de Nuestra Señora de Begena, San Salvador), en 1985. – Dennis E. Hurley (archevêque de Durban), en 1988. – Roger Schutz (communauté de Taizé), en 1990. – Jürgen Moltmann (Eberhard-Karls-Universität Tübingen), en 1995. – Bartholomeos I (patriarche œcuménique de Constantinople), en 1996. – Jean-Marc Éla (Université de Québec à Montréal), en 1999. – Jeanne Devos

(Zuster van de Jacht, Belgique), en 2000. – Walter Kasper (cardinal, président du Conseil pontifical pour la promotion de l'unité des chrétiens), en 2003. – Rowan Douglas Williams (archevêque de Cantorbéry), en 2011. – Theodor Dieter (Centre d'études œcuméniques, Strasbourg), en 2017.

Secrétaires de rédaction (puis General Editors à partir de 2004) des « Ephemerides Theologicae Lovanienses » (liste commune avec l'UCL). – Arthur Janssen (1924-1979). – Joseph Coppens (1928-1981). – Frans Neirynck (1981-1997). – Gilbert Van Belle (1997-2010, premier *General Editor*). – Joseph Verheyden (2011-...).

M. Sabbe (dir.), *De Bibliotheek van de Faculteit der Godgeleerdheid. Plechtige opening 16 oktober 1974* (Annua Nuntia Lovaniensia, 19), Leuven, 1975. – L. Kenis, *Zur Lage der Theologie in Flandern*, dans *ET-Bulletin*, 5, 1994, p. 2-9. – L. Gevers et L. Kenis (dir.), *De Faculteit Godgeleerdheid in de K.U. Leuven. 1969-1995* (Annua Nuntia Lovaniensia, 39), Leuven, 1997. – A. Denaux et G. Harpigny, *La Belgique*, dans J. Doré (dir.), *Le devenir de la théologie catholique mondiale depuis Vatican II. 1965-1999* (Sciences théologiques et religieuses, 10), Paris, 2000, p. 131-162. – J. Y. H. A. Jacobs, *Twee Belgische onderzoekscentra en het Tweede Vaticaans Concilie*, dans *Trajecta*, 9, 2000, p. 315-319. – J. Pirotte, *Le microcosme belge*, dans L. Courtois, J.-P. Delville, E. Louchez, F. Rosart et G. Zelis. (dir.), *Écrire l'histoire du catholicisme des 19e et 20e siècles. Bilan, tendances récentes et perspectives (1975-2005). Hommage au professeur Roger Aubert à l'occasion de ses 90 ans* (Sillages, 9), Louvain-la-Neuve, 2005, p. 31-69. – K. Schelkens, *The Centre for the Study of the Second Vatican Council in Leuven. Historical Developments and List of Archives*, dans *Ephemerides Theologicae Lovanienses*, 82, 2006, p. 207-231. – A. Dillen, *Hermeneutics in Real Life. Practical Theology in Flanders (Belgium)*, dans *International Journal of Practical Theology*, 12, 2008, p. 357-387. – M. Lamberigts et L. Kenis (dir.), *Quo vadis theologia? Theologie en religiewetenschap in Leuven*, Antwerpen, 2008 ; Id., *De Maurits Sabbebibliotheek van de Faculteit Godgeleerdheid*, dans M. Lamberigts et L. Kenis (dir.), *Omnia autem probate, quod bonum est tenete. Opstellen aangeboden aan Etienne D'hondt, bibliothecaris van de Maurits Sabbebibliotheek*, Leuven, 2010, p. 1-20. – G. Van Belle, *Johannine Scholarship in Dutch-Speaking Belgium and the Netherlands*, dans *Ephemerides Theologicae Lovanienses*, 89, 2013, p. 540-560.

L. Gevers et L. Kenis

v. L'Université catholique de Louvain (UCLouvain) depuis 1968. – 1° *L'université*. – Aperçu général. – Albert Descamps. – Le rectorat de Mgr Van Waeyenbergh, de plus en plus dépassé, fut assombri par la montée des tensions communautaires, comme on l'a vu. En même temps qu'ils s'attaquaient à la modernisation de l'administration, les évêques décidèrent en août 1962 de nommer recteur Mgr Albert Descamps (1916-1980), l'ancien recteur conservant le titre de recteur magnifique ainsi qu'un certain nombre de compétences honorifiques.

Exégète entré à l'Université en 1952 comme chargé de cours, Albert Descamps y avait repris en 1956 la succession de Mgr Cerfaux (1883-1968) dans la chaire de Nouveau Testament, en même temps qu'il accédait à la présidence du Collège du Saint-Esprit, la pédagogie des étudiants-prêtres en théologie. En 1960, sa carrière professorale avait été interrompue par sa nomination comme évêque titulaire de Tunis et sa désignation comme évêque auxiliaire de l'évêque de Tournai, mais ce détour par l'administration diocésaine fut de courte de durée, tout comme son rectorat du reste : il devait démissionner en 1969, à la suite de la scission de l'Université en deux ailes linguistiques autonomes, et reprit alors ses cours à Louvain, puis

Le recteur Albert Descamps (1916-1980), portrait au fusain par A. H., Louvain-la-Neuve, Faculté de Théologie, hall du 1er étage, © Fondation wallonne.

Louvain-la-Neuve. Son bref rectorat fut difficile et les événements ne lui laissèrent guère le loisir de s'occuper du développement universitaire. D'abord parce que son prédécesseur, qui était resté partiellement en place, ne faisait rien pour lui faciliter la vie, et ensuite surtout, parce que la pression du mouvement flamand finit par provoquer la « *splitsing* » de l'Université. Parfait bilingue, Descamps s'était certes donné comme objectif de pacifier les relations entre Flamands et francophones, mais il dut inexorablement se résoudre à la séparation pure et simple.

Édouard Massaux. – Édouard Massaux (1920-2008) avait été nommé pro-recteur de la section francophone en 1965, en même temps que Pieter De Somer, un laïc, était désigné comme pro-recteur de la section flamande. Une fois la rupture consommée définitivement, en 1969, ces derniers devinrent logiquement les recteurs des deux nouvelles universités, le nouveau recteur de la section francophone, par ailleurs prêtre du diocèse de Namur, reprenant le titre de « recteur magnifique ».

Exégète de formation, Mgr Massaux avait commencé une carrière scientifique remarquable à Louvain. Docteur (1948), puis maître en théologie (1950), il fut le premier théologien à obtenir un mandat d'aspirant du Fonds national de la recherche scientifique (1951-1953), avant de se voir chargé d'une série d'enseignements, principalement en exégèse du Nouveau Testament. Il publie alors de nombreux articles de

Le recteur Édouard Massaux (1920-2008), Portrait d'Édouard Mac Avoy, Halles Universitaires de l'UCL, 2e étage, © Fondation wallonne.

valeur et s'insère dans la recherche internationale de son domaine d'études. Ses engagements universitaires changèrent au tournant des années 1960. Nommé en 1959 secrétaire académique de la Faculté de médecine, sa puissance de travail et son sens de l'organisation firent merveille et il fut nommé l'année suivante bibliothécaire en chef adjoint, avant de prendre la tête, un an plus tard, de ce qui était à l'époque le plus gros service de l'Université. Les qualités qu'il y déploie ne sont sans doute pas étrangères à sa nomination, en 1965, comme pro-recteur de la section francophone, poste qui lui donne accès au rectorat en 1969, au moment de la séparation des deux universités, qu'il regardera toujours comme « un pêché contre l'esprit ». Ce fut le recteur du transfert de la section francophone à Bruxelles et en Wallonie, achevé en 1979, mené avec énergie et volontarisme, grâce à la programmation de l'administrateur général, Michel Woitrin, le second père fondateur de Louvain-la-Neuve, concepteur du projet d'une ville nouvelle, et le soutien des présidents du Conseil d'administration, André Oleffe (1914-1975), Jean Godeaux (1922-2009), puis Jean Hallet. On retiendra de son rectorat trois dimensions. Tout d'abord, une modernisation des instances de décision dans le sens d'une plus grande participation de la communauté universitaire. Ensuite la mise en place de la « départementalisation » de l'Université consistant en un rattachement à une instance disciplinaire des personnes, indépendante des fonctions effectivement occupées. Et enfin, la mise au point d'un « plan de sept ans » (1983-1989), un programme d'économie drastique lié à la diminution des subsides suite aux crises de 1973 et 1979.

L. Courtois

Pierre Macq. – Pierre Macq (1930-2013) fut le premier recteur laïc de l'UCL. Il exerça deux mandats (1986-1991 et 1991-1995) en vertu du Règlement organique du 27 nov. 1976 qui limitait l'exercice de la fonction à cinq ans renouvelables et de la règle de 1982 qui avait fixé l'âge de l'éméritat à soixante-cinq ans.

Il était physicien, professeur à la Faculté des sciences, Prix Francqui 1973. Spécialisé dans l'étude des particules, il avait entre autres travaillé à Saclay, au CERN à Genève et à Berkeley (États-Unis). À l'UCL, il avait notamment dirigé le Laboratoire de physique nucléaire et coordonné la création du Cyclotron de Louvain-la-Neuve, ce qui l'avait conduit à s'installer avec sa famille à Louvain-la-Neuve dès 1972.

Après avoir pris le temps de l'analyse, le recteur Macq lança trois grands types de chantiers en 1988. Il s'agissait de mettre les programmes et les pratiques d'enseignement d'une université largement ouverte par la démocratisation en résonance avec les besoins et les attentes d'un monde en mutation. L'Université avait un rôle international de premier plan à jouer en matière de recherche, ce qui supposait de réformer en premier lieu le recrutement, le statut et les conditions de travail des académiques et des jeunes chercheurs. L'UCL devait aussi veiller à son développement dans le paysage national à la veille de la communautarisation de l'enseignement supérieur (1989). La politique étudiante connut parallèlement un profond *aggiornamento* conduit par Gabriel Ringlet (vice-recteur en charge des affaires étudiantes de 1988 à 2001) qui fit notamment reconnaître que les engagements des

L'*Aula Magna* de Louvain-La-Neuve, © DHGE, 2019.

étudiants et les pratiques culturelles au sens large étaient une partie constitutive de leur formation.

Pierre Macq défendait la vision d'une université fondée sur l'excellence et l'humanisme et promouvait une université décléricalisée qui cultive les valeurs chrétiennes. Il apporta son soutien à la Faculté de médecine et aux cliniques universitaires Saint-Luc au moment où la fécondation *in vitro* (1988) et la légalisation de l'interruption volontaire de grossesse (1990) étaient en plein débat.

F. Hiraux

Marcel Crochet. – À l'éméritat de Pierre Macq, en 1995, c'est un ingénieur civil spécialiste de la mécanique des fluides, Marcel Crochet, qui lui succéda pour deux mandats (1995-2000 et 2000-2004). Muni d'un diplôme d'ingénieur électricien et mécanicien de Louvain (1961), il avait séjourné à l'Université de Berkeley où il avait obtenu en 1966 un PhD in Applied Mechanics. Rentré à Louvain en 1966 comme chargé de cours, il fut nommé professeur en 1972 et fut choisi comme secrétaire académique de la Faculté des sciences appliquées. En 1975, Michel Woitrin lui demanda d'assurer la coordination des facultés et de l'administration centrale, tâche dont il s'acquittera jusqu'en 1980. Responsable de l'Unité de mécanique appliquée en 1976 et Président du Département de mécanique en 1976, il présidait les jurys d'examens de sa faculté dont il fut élu doyen en 1994. C'est donc un homme qui avait une très bonne connaissance des rouages de son université qui accédait au rectorat.

Sans doute marqué par son expérience étasunienne, Marcel Crochet s'est particulièrement investi sur le terrain de la pédagogie universitaire. Dans le sillage des réflexions du groupe UCL 575 mis en place par Pierre Macq en 1993, un projet visant à remettre l'étudiant au centre du dispositif d'enseignement fut finalisé fin 1998 (Gérer sa formation- GSF). Ce projet débouchera sur une réforme des doctorats en médecine et surtout, sur le projet Candis 2000 à la Faculté des sciences appliquées (aujourd'hui l'École polytechnique de Louvain), où l'enseignement est entièrement repensé sur base d'un apprentissage par problème et la réalisation de projets interdisciplinaires. Dans ce contexte, l'Institut de pédagogie universitaire et des multimédias (IPM, aujourd'hui le Louvain Learning Lab), fondé en mars 1995 par Pierre Macq, se voit conforter dans son rôle.

Le rectorat de Marcel Crochet correspond aussi à la mise en place du processus de Bologne (faisant suite à la déclaration de Bologne du 19 juin 1999 visant à la création d'un espace européen de l'enseignement supérieur) et à son implémentation à l'UCL. À ce titre, il collabora activement aux tractations, au sein du Conseil des recteurs francophones, qui conduiront au décret du 31 mars 2004 de la Communauté française de Belgique (dit « Décret Bologne ») définissant l'enseignement supérieur francophone dans l'espace européen. Autre engagement pédagogique : le « Plan langue », en 1999, qui impose à chaque étudiant l'apprentissage d'une langue étrangère durant son cursus universitaire.

Sur le plan de l'enseignement et de la recherche, le rectorat de Marcel Crochet fut celui où toute une génération de professeurs nommés au moment de l'expansion universitaire arrivait à l'éméritat. C'est dans cette perspective que fut mis en place dès 1996 un Plan 2002-2007 destiné à planifier intelligemment les recrutements et que fut créée une nouvelle Administration de la recherche. En 1997 furent lancées les premières écoles doctorales, tandis qu'en 1999, fut portée sur les fonts baptismaux la Fondation Louvain, une nouveauté en Europe continentale, qui permettra à de nombreux mécènes de contribuer au développement de chaires nouvelles à l'Université. Signalons enfin pour terminer, les festivités du 575e anniversaire, en 2001, qui virent l'inauguration de l'Aula Magna, un grand auditoire de 1200 places à usage mixte.

Trois recteurs. – À la suite de Marcel Crochet, trois recteurs se sont depuis succédés : Bernard Coulie (2004-2009), un orientaliste, comme Hebbelynck (1898-1909) et Ladeuze (1909-1940) ; Bruno Delvaux (2009-2014), un ingénieur agronome, une grande première ; et Vincent Blondel (2014-), un ingénieur civil, comme Marcel Crochet. Le recul du temps cher à l'historien manque pour apprécier leur action, mais on peut néanmoins signaler quelques points de repères. Le rectorat de Bernard Coulie fut celui de l'implémentation du « Décret Bologne », avec la création de trois années de baccalauréat (et à l'UCL, de mineures), ainsi que de deux années de masters spécialisés en différentes filières. Dans le même contexte, ce fut aussi celui de la mise en route de l'*Académie Louvain* et des tentatives de rapprochement des institutions universitaires catholiques en Communauté française de Belgique (Facultés universitaires Notre-Dame de la Paix de Namur, Facultés universitaires Saint-Louis de Bruxelles, Facultés universitaires catholiques de Mons et Université de Louvain), tentatives qui échoueront sous le rectorat de Bruno Delvaux, seules les Facultés de Mons acceptant de finaliser le projet. *Last but not least*, le mandat de Bernard Coulie fut aussi celui de la gestion différentiée de l'enseignement (organisé en Commissions de Programme placées sous l'autorité des doyens) et de la recherche (organisée en Instituts de recherche placés sous l'autorité des présidents ayant le même rang que les doyens), tandis que l'on mettait en place les secteurs des sciences humaines, des sciences de la santé, et des sciences et technologies (septembre 2009). Sur le plan urbain, on peut signaler l'inauguration, en 2005, de « L'Esplanade », un projet immobilier mixte comprenant une galerie commerciale, des commerces, bureaux et logements dans la rue Charlemagne, ainsi qu'un complexe de cinéma qui terminait la dalle du centre côté Est.

Si Bruno Delvaux (premier recteur élu au suffrage universel pondéré) dut assumer l'échec de la fusion lancée sous le rectorat précédent, il put néanmoins inaugurer la faculté d'architecture, d'ingénierie architecturale, d'urbanisme (LOCI) mise sur pied l'année académique 2009-2010 en vue de l'application du décret de la Communauté française du 30 avr. 2009 transférant les Instituts d'architecture vers les universités : elle a ainsi intégré la formation des grades de bachelier et master architecte organisés jusque-là par les Instituts supérieurs d'Architecture Saint-Luc de Bruxelles et de Wallonie-Tournai. Il participa également aux tractations préalables au « Décret paysage » (dit aussi « Décret Marcourt ») du 7 nov. 2013 organisant, entre autres, l'enseignement supérieur en Communauté française en pôles géographiques sous une coupole unique de l'Académie de recherche et d'enseignement supérieur (ARES). C'est sous le rectorat de Vincent Blondel que ce décret a été mis en œuvre : l'avenir dira ce qu'il convient d'en penser... Notons quand même que depuis octobre 2018, l'Université catholique de Louvain a choisi un nouveau label d'identification : l'UCL s'appelle désormais l'UCLouvain...

L. Courtois

Le cadre institutionnel. – Le cadre légal. – Le transfert de la Section d'expression française de l'Université fut inscrit dans la déclaration gouvernementale du Premier ministre Gaston Eyskens du 25 juin 1968. Le Règlement organique du 19 novembre suivant définit que l'Université était composée de deux sections linguistiques « constituée chacune en un ensemble autonome étant l'*Université catholique de Louvain* et de *Katholieke Universiteit te Leuven* ». L'Acte de constitution et le Règlement organique de l'Université catholique de Louvain (UCL) datent du 24 juin 1970.

Le 1er janv. 1989, les compétences relatives à l'organisation de l'enseignement furent attribuées aux Communautés conformément aux dispositions de la troisième réforme de l'État. Le décret, dit « de Bologne », du 31 mars 2004 apporta la refonte complète des programmes de l'enseignement supérieur en Communauté française. Il prescrivit aussi le regroupement des universités en académies. L'UCL, les Facultés universitaires Notre-Dame-de-la-Paix (Namur), les Facultés universitaires Saint-Louis (Bruxelles) et les Facultés universitaires catholiques de Mons (FUCAM) fondèrent l'*Académie Louvain* le 29 juin suivant, laquelle s'entoura, les années suivantes, d'un pôle universitaire d'écoles d'enseignement supérieur de type court. Un projet de fusion des quatre partenaires fut lancé en 2007 et se solda finalement par la seule réunion de l'UCL et des FUCAM (23 mars 2011), faute d'avoir recueilli en décembre 2010 le nombre de suffrages suffisant au sein des facultés namuroises et bruxelloises. L'Université Saint-Louis-Bruxelles (nouveau nom des Facultés) et l'UCL entamèrent en juillet 2016 les négociations en vue de leur fusion sous le nom de UCLouvain. Les Instituts d'architecture Saint-Luc de Saint-Gilles et de Tournai furent agrégés à l'UCL en 2010, conformément au Décret du 30 avr. 2009 organisant le transfert de l'enseignement supérieur en architecture à l'université. Avec l'ancien Département d'architecture et d'urbanisme de l'École polytechnique de Louvain, ils forment une nouvelle Faculté d'architecture, ingénierie architecturale et urbanisme. L'*Académie Louvain* fut dissoute le 12 janv. 2015 conformément aux prescriptions du Décret « Paysage » du 6 nov. 2013. Mais la portée essentielle de ce texte réside dans la volonté politique d'organiser le paysage de l'enseignement supérieur en Communauté française sur une logique différente de celle mise en place par la Loi d'expansion universitaire d'avril 1965 avec trois universités complètes (Bruxelles, Liège, Louvain) et six incomplètes. Les universités et les hautes écoles furent regroupées en cinq pôles géographiques dotés de compétences importantes que les établissements exerçaient précédemment en propre et l'ensemble fut placé sous l'autorité d'une nouvelle structure, l'ARES (Académie de recherche et d'enseignement supérieur).

Le financement. – La loi du 27 juil. 1971 instaura le financement public de l'enseignement de premier et deuxième cycles (avec des régimes particuliers pour les étudiants extra-européens) dans toutes les universités. Dès la loi du 5 janv. 1976, l'État chercha à limiter la dépense dans le contexte de crise consécutif au premier choc pétrolier de 1973. En 1982, il imposa aux universités, toutes en difficulté budgétaire, d'assainir leur situation. L'UCL élabora le « plan de sept ans » (1982-1989) qui lui permit au prix, notamment, du gel des nominations académiques, d'affronter la réduction drastique des subsides. Afin de contenir les coûts, la Communauté française limita les habilitations, c'est-à-dire la faculté des universités d'organiser de nouveaux programmes d'enseignement en septembre 1994 et établit, en 1999, le principe de « l'enveloppe fermée » qui partageait l'allocation de l'État entre les universités en fonction des inscriptions. Quelques mesures ponctuelles intervinrent, notamment en 2010 pour rencontrer les besoins en forte hausse des facultés de médecine avant que le décret de la Communauté française du 16 juin 2016 n'organise un refinancement de l'enseignement supérieur.

Le Fonds national de la recherche scientifique et les fonds associés (Institut interuniversitaire des sciences nucléaires, Fonds de la recherche scientifique médicale, Fonds de la recherche fondamentale collective) attribuent des crédits et des postes de chercheurs. Dès les années 1970, l'Université développa des projets de valorisation de la recherche et de développement régional en concertation et avec l'appui des Régions bruxelloise et wallonne, de la Communauté française et de l'État fédéral (voir *infra* le point *Service à la société*). Elle s'est investie fortement dans les programmes d'actions de recherche concertées (ARC) entre l'État et les universités (créés au début des années 1970) ainsi que dans les PAI (Pôles d'attraction interuniversitaire), d'initiative fédérale (1986-2016), remplacés ensuite par le programme *Excellence of Science* (EOS), coordonné par le FNRS et le Fonds Wetenschappelijk Onderzoek – *Vlaanderen*. L'UCL participe aussi aux grands programmes européens : Programmes COST/EU (institué en 1971), Programmes-cadres (1984) et bourses d'excellence ERC du Conseil européen de la recherche (2007). Elle consacre également des fonds propres à sa recherche. La *Fondation Louvain*, créée en 1999, récolte des fonds pour financer des projets dans les quatre axes stratégiques de l'UCL : la recherche, la formation, la mobilité internationale et la culture.

Les structures. – Le Règlement organique du 24 mai 1970 définit les structures de la nouvelle UCL créée lors de la séparation en deux universités. Des aménagements eurent ensuite lieu, avant une grande réforme en 2009.

Le pouvoir organisateur se compose de l'archevêque de Malines-Bruxelles qui le préside et des évêques résidentiels de la région de langue française. Il compta des membres laïcs jusqu'en 2005.

Les quatre corps, académique, scientifique, étudiant et administratif et technique sont représentés dans les différents conseils de l'université, les trois premiers dès 1970, le quatrième à partir de 1976. Le Décret de la Communauté française du 12 juin 2003 renforça considérablement la participation et la représentation étudiantes. Le Conseil académique définit la politique scientifique en matière d'enseignement et de recherche. Le Conseil d'administration assume les responsabilités d'administration et de gestion que la loi attache à ce type d'organe. Le recteur/la rectrice, l'administrateur/l'administratrice général(e), les vice-recteurs/vice-rectrices (en charge des étudiants, du personnel et des trois secteurs des sciences de la santé, des sciences et technologies et des sciences humaines) et les prorecteurs/prorectrices chargé(e)s de mission (enseignement, recherche, international, affaires régionales) composent le Conseil rectoral mis en place en 2009 mais dont Pierre Macq avait lancé les prémisses en 1988. Depuis 1991, l'UCL se donne des plans d'orientation de sa politique : *Plan stratégique 1991-1995*, *UCL* 575, *Plan 2002-2007*, *Plan de développement* (développé de 2005 à 2009), *Louvain 20.20* (2015).

De 1970 à 2009, les facultés furent en charge des missions d'enseignement et de recherche de l'université. En 2009, le Règlement ordinaire du 1er septembre disposa que l'organisation de ces missions était sectorielle. Il définit que l'UCL comprend trois secteurs (sciences humaines, sciences de la santé, sciences et technologies), organisés en facultés pour les missions d'enseignement et en instituts pour celles de recherche. Les départements dont la création avait été esquissée en 1976 et généralisée en 1983 disparurent. Les facultés ont en charge l'organisation des études profondément remaniée et complexifiée par les Décrets de 2004 et 2013 (voir *infra* le paragraphe *La formation*). Les instituts favorisent la création d'équipes de recherche interdisciplinaires et complémentaires et apportent un soutien logistique à leurs projets.

Le recteur participe aux travaux de très nombreuses instances fédérales et régionales en charge de la politique et de la gestion de l'enseignement supérieur, de la recherche et de la santé publique. Avec les prorecteurs (qui succédèrent aux conseillers scientifiques en 1991), il conduit une politique active de présence de l'UCL à l'échelle aussi bien nationale (Conseil d'administration du FNRS, CREF – Conseil des recteurs créé autour des universités francophones en 1990 au lendemain de la communautarisation de l'enseignement supérieur –, ARES...) qu'internationale (réseaux universitaires, participation à des visites d'État, accords de partenariats...).

Relations monde catholique/chrétien. – Le Parti social-chrétien francophone (PSC, fondé en 1972) puis le Centre démocrate humaniste (CDH) qui lui a succédé en 2001 ont repris le rôle de soutien politique de l'université que le PSC-CVP avait exercé depuis 1945. André Oleffe et Jean Hallet, membres du MOC (Mouvement ouvrier chrétien, aile du PSC) ont présidé le Conseil d'administration de l'université (1970-1975 et 1982-1997).

Depuis les années 1980, on n'étudie plus ni ne s'engage à l'UCL pour des raisons de fidélité idéologique et sociologique au monde catholique. Le recteur Macq et ses successeurs ont mis l'accent sur les valeurs du christianisme et défini l'identité de l'UCL par rapport à elles. Ses engagements éthiques et les solidarités déployées en témoignent. Le Centre louvaniste d'études bioéthiques (devenu le Centre d'éthique biomédicale *Health, Ethics, Law, Economy ans Social Issues* en 2010) fut fondé en 1983 et la Chaire Hoover d'éthique économique et sociale, en 1991. L'Université se prononça en 1999 sur l'euthanasie et sur les conditions dans lesquelles pratiquer la recherche sur les cellules souches de l'embryon humain en 2002. En 2017, elle a adhéré au réseau *Scholars at risk* de protection des enseignants et des chercheurs en danger et de défense de la liberté académique et a lancé un programme de préparation aux études universitaires pour les personnes réfugiées. L'engagement en faveur des droits humains est un axe spécifique du Projet 20.20.

F. HIRAUX

Les hommes. – Le personnel académique et scientifique. – Longtemps, le recrutement à Louvain avait été de type « monarchique » : les professeurs étaient nommés par l'assemblée des évêques, généralement lors de leur assemblée annuelle de juillet, sur proposition du recteur. Outre leurs qualités scientifiques, les candidats devaient être irréprochables sur le plan de l'orthodoxie et de la pratique religieuse. Mais ce n'était pas suffisant. L'université étant dépourvue de moyens (l'État n'intervint que tardivement dans le financement), ils étaient mal payés, ce qui signifie en clair qu'ils devaient avoir une fortune personnelle pour faire face à leur statut. La situation était encore pire pour le personnel scientifique, quasi inexistant d'ailleurs. Dans ces conditions, la tentation était grande de recruter des ecclésiastiques, sous-payés, et qui pouvaient en outre rendre des services à l'institution (secrétariat, pédagogies, etc.). Le fait d'avoir un parent dans la place était également un atout non négligeable. D'où l'idée que l'on devenait professeur à Louvain « *per vaginam, per ecclesiam, per scientiam* »... Les choses changèrent après la Seconde guerre mondiale, parallèlement à la démocratisation des études, et le mouvement s'accentua à partir des années 1960 : pour faire face à la hausse des effectifs étudiants, il fallut engager massivement de jeunes professeurs dont beaucoup étaient désormais d'origine plus modestes. On prit aussi de plus en plus l'habitude de recruter dans le corps professoral des gens qui avaient séjourné à l'étranger et qui étaient passés par le Fonds National de la Recherche Scientifique (FNRS). Si sous le rectorat d'Édouard Massaux, le recteur, même encadré par des conseillers scientifiques de secteur, gardait la haute main sur les nominations, les choses évoluèrent rapidement à partir du rectorat de Pierre Macq dans le sens d'une professionnalisation du recrutement.

En matière de personnel académique et scientifique, le Conseil des recteurs réunit les recteurs des institutions universitaires de la Fédération Wallonie-Bruxelles (CREF) et publie sur son site Internet des statistiques très précises. Le dernier annuaire donne les chiffres pour 2014 (au 1er février) : soit 1605 académiques (autrement dit des personnes physiques ayant le statut de professeurs), mais qui ne représentent en réalité que 659,69 équivalents temps pleins. Soit, en termes de genres, 1167 hommes (72,71%) pour 438 femmes (27,29%), soit 495,69 (75,14%) équivalents temps pleins masculins pour 164 (24,86%) équivalents temps pleins féminins. On est loin de la parité ! À titre de comparaison, en équivalents temps pleins, la proportion est de 74,73%/25,27% pour Liège, 70,17%/29,83% pour Bruxelles, 73,19%/26,81% pour Mons, 75,72%/24,28% pour Namur, et 69,87%/30,13% pour Saint-Louis. Au 1er janv. 1996, il y avait à l'UCL 1138 professeur(e)s (soit 589,98 équivalents temps pleins), 1010 hommes pour 128 femmes (533,94/56,04 équivalents temps pleins, ce qui représente en pourcentages une proportion de 90,50%/9,50%). Il faut dire que l'on venait de loin : la première femme professeure, Marguerite Lefèvre, ne fut nommée à Louvain qu'en 1960, alors que, chef de travaux depuis 1928, elle en remplissait la fonction avec le titre de « directeur de l'Institut de géographie ». Et en 1973-1974, il n'y avait encore à l'Université que 8 femmes professeurs, 8 chargées de cours, et 12 attachées à temps partiel (soit 3,4% du total). La féminisation a donc progressé, mais trop lentement sans doute... Entre 1996 et 2014, le personnel académique a crû globalement de 69,71 équivalents temps pleins, soit 11,82%, alors que la croissance du nombre d'étudiants s'élève officiellement à 61,66%, mais en ce compris l'apport de nouveaux établissements qui ont été intégrés à l'Université (deux écoles supérieures d'architecture, une partie de l'Institut Marie-Haps, etc.).

Pour le personnel scientifique (il s'agit essentiellement de personnel scientifique temporaire occupé à la préparation d'une thèse de doctorat), les statistiques pour 2014 donnent 668 personnes pour 519,19 équivalents temps plein, qui se répartissent entre 51,44% d'effectifs masculins, pour 48,56% d'effectifs féminins : on n'est pas loin de la parité, mais ce qui traduit en réalité une sous-représentation féminine par rapport aux effectifs supérieurs d'étudiantes et de diplômées. Et au 1er janv. 1996, il y avait à l'Université 613 membres du personnel scientifique, soit 463,22 équivalents temps pleins (63,35% d'hommes pour 36,65% de femmes).

Dans l'ensemble, le recrutement académique et scientifique a été directement lié à deux paramètres essentiels : le nombre d'étudiants, qui a crû de manière régulière tirant avec lui vers le haut le personnel d'encadrement, et le financement public, qui a connu des évolutions contrastées. Les premières années de l'Université francophone commencèrent ainsi sous des auspices défavorables. Après les Trente Glorieuses, les crises pétrolières des années 1970 étaient passées par là et l'État imposa des économies drastiques aux universités. L'exercice fut particulièrement compliqué pour la section francophone de Louvain confrontée au « Grand déménagement » de Leuven à Louvain-la-Neuve, qui s'étala de 1968 à 1979. En 1982, le recteur Massaux se voyait contraint de mettre en route un « Plan de 7 ans » (1982-1989) qui signifia une contraction de -14,2% des effectifs du personnel académique, de -11,8% des effectifs du personnel scientifique et de -18,5% des effectifs du personnel administratif, technique et ouvrier...

La situation demeura stable durant le premier rectorat de Pierre Macq (1986-1991), ce qui lui permit de développer un Plan stratégique en vue de son second mandat (1991-1995) où était établi un cadre prospectif en matière de politique du personnel :

anticipation des départs et préparation des successions (prévision d'un engagement de 20 académiques par an) ; fin des nominations du personnel scientifique définitif et augmentation corrélative du personnel scientifique temporaire ; création de professeurs adjoints nommés pour une période probatoire de 3 ans, avant confirmation éventuelle ; diminution globale du portefeuille de cours pour libérer du temps pour la recherche, etc.

En 1993 fut créé le Groupe *UCL 575* pour réfléchir au devenir de l'Université en l'an 2000, à l'occasion de son 575e anniversaire. En faisait partie un certain Marcel Crochet, futur recteur (1995-2004), à qui il appartint pour une large part de concrétiser le rapport finalisé en 1995 (*Education for European. Towards the learning society*). Si l'une des grandes innovations de ce plan était de pousser au renouveau de la pédagogie universitaire (ou peut signaler ici la création dès 1995 de l'Institut de pédagogie universitaire et du multimédia [IPM] et en 1998, le programme « Gérer sa formation »), il n'eut pas d'effets perceptibles sur les effectifs.

Du point de vue du financement par l'État, par contre, 1999 fut une année charnière car on décida que, désormais, le budget global de l'enseignement supérieure serait calculé « à enveloppe fermée », le subside alloué à chaque institution par étudiant étant calculé en fonction du nombre global d'étudiants inscrits dans l'ensemble des établissements universitaires, ce qui, eu égard à l'augmentation croissante du nombre d'étudiants, signifiait nécessairement – et indépendamment des « pertes de marchés » – une diminution relative des crédits. La « Déclaration de Bologne » (1996), qui déboucha sur le Décret dit « de Bologne » de 2004, et le « Décret Paysage » 2013, n'eurent quant à eux guère d'impacts en termes de recrutements.

En termes d'effectifs, le Plan 2002-2007 mis en place lors du second mandat de Marcel Crochet cherchait à introduire des rééquilibrages internes entre disciplines, filières, etc., mais les transformations demeurèrent cosmétiques. Ce dernier note, dans ses souvenirs, qu'en juin 2004, Louvain comptait 508 professeurs à temps plein, dont 263 avait été nommés en 9 ans au cours de son rectorat. Nous ne disposons de données précises ni sur le *Plan de développement* (2005 à 2009), ni sur le projet *Louvain 20.20* (2015).

L. Courtois

Le personnel administratif et technique. – Les effectifs du personnel administratif et technique ont augmenté (15% de l'ensemble en 1970, 30% en 2017) sous la poussée de trois facteurs : l'accroissement des besoins d'administration, eux-mêmes liés à la croissance générale de l'université tant en matière d'enseignement que de recherche et au développement du cadre légal et réglementaire ; la technicité et la sophistication des outils technologiques ; et le besoin de soutenir et d'accroître les positions de l'UCL dans un environnement national et international de plus en plus compétitif, du fait de la fin des piliers en Belgique, de la concurrence que les accords de Bologne (1998) ont installée dans l'Europe de l'éducation, et de la mondialisation de la recherche.

Une véritable administration centrale (quasi inexistante jusqu'en 1966) se développa et fut structurée en 1983. Elle répond aux besoins classiques d'une institution (ressources humaines, finances, patrimoine immobilier...) et à ceux qui découlent des missions spécifiques de l'université (secteur étudiant, soutien aux chercheurs, relations internationales, communication...). Plusieurs services vinrent en soutien de l'activité des Autorités, comme le Service d'étude (dès 1964) et le Groupe des juristes (profondément reconfiguré en 1997). Les facultés furent dotées d'une administration à partir de 1968.

Le personnel administratif, technique et ouvrier participa aux travaux du Groupe de programmation académique (GPA) et de l'Assemblée représentative qui se déroulèrent de 1969 à 1971, date à laquelle il fut reconnu comme un des quatre corps institutionnels de l'université. La première convention collective fut signée en juillet 1969. Deux sections syndicales, de la Centrale nationale des Employés (CNE) et du SEL (Section du SETCA dans l'Enseignement libre), furent créées respectivement en 1971 et 1983. Elles participent au Conseil d'entreprise. La fonction de médiateur administratif fut instituée en 1992. Conformément à la législation sociale, l'université unitaire se dota en 1967 d'un Service de sécurité et d'un Service médical d'entreprise. Le Comité de sécurité, d'hygiène et d'embellissement des lieux de travail fut remplacé, sous l'effet de la loi du 4 août 1996, par le Comité pour la prévention et la protection au travail. Une série de conventions, les premières signées dans les années 1970, ont donné lieu à la création d'avantages et de facilités telles que la réduction des droits d'inscription des enfants du personnel et l'organisation d'activités festives pour les petits.

L'Association sportive du personnel (ASPU) propose depuis 1980 un grand nombre d'activités. L'Orchestre symphonique de l'UCL, fondé la même année, rassemble les personnels académique, scientifique, administratif et technique, ainsi que des étudiants. Une nouvelle chorale universitaire succéda en 2004 à la première, constituée en 1982.

Tous corps confondus, les membres de l'université se sont engagés dans des actions de solidarité chaque fois que l'actualité le commandait. Ainsi par exemple, au lendemain du coup d'État du 13 déc. 1981, ils ont mis en place le Comité d'aide médicale urgente à la Pologne-UCL (à Woluwe) et Solidarité-UCL (Louvain-la-Neuve) et dépêché dans le pays des convois de matériels.

Les étudiants. – En 1966, lorsque l'Université (encore unitaire) s'organise en deux sections linguistiques, elle compte 9524 étudiants francophones. Ils sont 20 000 en 1992 et l'égalité en nombre des étudiantes et des étudiants est atteinte en 1995 avant que les premières ne deviennent majoritaires (55% du total en 2017). 30 760 étudiants étaient inscrits à l'UCL en 2017, dont 20% d'internationaux. Les flux nord-nord ont pris le pas sur les flux sud-nord à la fin des années 2000, du fait du grand succès des programmes Erasmus et d'autres accords d'échanges mais aussi du développement universitaire des pays du sud qui a réorienté la coopération vers d'autres modes que l'accueil des étudiants de premier et de deuxième cycles.

Les dispositifs de promotion de l'égalité des chances à l'entrée de l'université ont été renforcés au cours des années 2000. En 2011, un label unique, « Étudiants à potentiel spécifique » est destiné aux étudiants porteurs d'un handicap, aux étudiants sportifs, entrepreneurs et artistes de haut niveau pour leur permettre d'allier leur spécificité à des études universitaires. Il succède aux premiers programmes systématiques de soutien aux étudiants handicapés (1991) et aux étudiants sportifs de haut niveau (2007). À côté des bourses qui relèvent de l'État, l'UCL et la *Fondation Louvain* (depuis sa création en 1999) ont développé différents mécanismes d'aide à des projets personnels étudiants de formation et de recherche.

Quatre collectifs coordonnent les activités des étudiants : le Groupement des cercles louvanistes, la Fédération wallonne des régionales, l'Organe qui fédère les kots-à-projets et la Coordination générale des étudiants internationaux. L'UCL subsidie l'animation étudiante depuis le début des années 1990. Elle s'est dotée en 2011 d'un Observatoire de la vie étudiante, unique en Belgique francophone. Un « pass » culturel pour les étudiants a été créé en 2008.

L'AGL (Association générale des étudiants de Louvain, créée en 1964) représente officiellement les étudiants. Elle siège au Conseil académique, dans les conseils des facultés et au Conseil des affaires sociales et étudiantes depuis mai 1968 (accords de cogestion). Elle participe au Conseil d'administration depuis 2003 (Décret du 12 juin 2003). Elle fut un des acteurs des travaux du Groupe de programmation académique et de l'Assemblée représentative qui ont réfléchi de 1969 à 1971 à des nouvelles structures institutionnelles et de nouveaux fonctionnements. Elle désigne les représentants des étudiants de l'UCL au sein de la FÉF (Fédération des étudiants francophones, créée en 1973) qui siège dans différents conseils et organismes des ministères de l'éducation, de la recherche et de la culture. L'AGL veille par ailleurs à la défense des intérêts des étudiants (logement, montant des droits d'inscription, *numerus clausus*, aide à la réussite, précarité étudiante...). Enfin, elle se veut un foyer actif d'interpellation de la société, de réflexion et d'expérimentation et lança dans ce sens les *Congrès* et *Colloques AGL*, les *Cours méta* (1992), *métis* (1993) et *Alter'cours* (2008).

Les kots-à-projets sont nés vers 1975. Les projets qu'ils mènent concernent les étudiants et les habitants proches, dans le domaine de la culture, de l'aide humanitaire ou sociale, du développement durable et du sport. En 2017, on en comptait environ 110.

F. HIRAUX

Le cadre matériel. – Ce n'est pas le lieu ici de reprendre l'histoire de la « *splitsing* » qui conduisit à la création de Louvain-en-Woluwe et de Louvain-la-Neuve et que nous venons de rappeler (*cf. supra*, point III), ni de reprendre l'histoire du développement urbain de Louvain-la-Neuve, qui a par ailleurs fait l'objet d'une notice propre traitée par Luc Boulet (*cf. DHGE*, t. XXXII, col. 766-777). Il faut néanmoins évoquer ici le cadre matériel du redéploiement de la section francophone sur ses deux sites bruxellois et wallon, c'est-à-dire les bâtiments universitaires qu'il a fallu programmer et réaliser dans des délais très courts.

Rappelons d'abord que, contrairement à une idée encore très répandue, le site de Louvain-en Woluwe où ont été inaugurées les Cliniques universitaires Saint-Luc en 1974 et la Faculté de médecine en 1976, ne doit rien à la crise des années 1960. Dès le début de la décennie, en effet, on était devenu conscient à l'Université que la formation à la section francophone des docteurs en médecine, dont le nombre ne cessait d'augmenter en lien avec la démocratisation des études, devenait de jour en jour plus compliquée : comment justifier la présence de stagiaires francophones à la clinique Saint-Pierre dont la patientèle était essentiellement flamande et dépendait par ailleurs de la Commission d'assistance publique (CAP) de la commune, elle aussi flamande. Dès 1963, à un moment où le gouvernement évoquait pour la première fois l'octroi prochain de crédits pour financer l'expansion universitaire, l'idée avait germé de transférer les doctorats de médecine à Bruxelles, à Woluwe-Saint-Lambert plus précisément, autour d'un vaste complexe hospitalier urbain desservant une patientèle francophone que Louvain n'offrait plus.

C'est dans cette perspective – encore incertaine à l'époque, car la loi de 1911 sur la personnification civile des universités libres interdisait le développement de l'UCL en dehors du canton de Louvain – que l'évêché de Malines y acheta le 10 oct. 1963 38 ha de terrains, ce qui devait s'avérer des plus judicieux par la suite. La loi d'expansion universitaire du 9 avr. 1965, en effet, admettait la nécessité, pour assurer la formation clinique des médecins louvanistes de langue française, de pouvoir organiser à Woluwe-Saint-Lambert, autour d'un grand hôpital, les seuls « doctorats et licences en médecine, dans la mesure où ils comportent un enseignement clinique ». À l'automne 1965, dès lors, l'Université put racheter officiellement les terrains de Woluwe à l'archevêché et dès 1966 déjà s'y installait une École de santé publique. La loi du 28 mai 1971 portant de nouvelles mesures d'expansion universitaire étendra l'autorisation d'installation à l'ensemble des composantes de la Faculté de médecine, donnant ainsi au projet de Louvain-en-Woluwe une base plus large de développement.

Pour ce qui est de Louvain-la-Neuve, ce fut certainement la réalisation, certes soutenue par de multiples concours humains, d'un homme visionnaire : Michel Woitrin, comme il le dit dans une interview à *La Libre Belgique* en juin 1963 à l'occasion de sa nomination comme secrétaire général et administrateur général de l'Université (25 avr. 1963), il s'inscrit d'emblée dans une perspective qui n'a rien à voir avec un campus et d'où naîtra le « grand dessein » d'une ville nouvelle : « l'université devait créer un milieu stimulant non seulement du point de vue strictement intellectuel, mais aussi du point de vue culturel, social et spirituel. La vie en petite communauté, par exemple, dans des maisons facultaires, la participation aux organisations d'étudiants, à la presse estudiantine, aux équipes à but spirituel, à la paroisse universitaire visent à former ce milieu conditionnant » (cité ici d'après *Louvain*, 158, octobre 2005, p. 24). Il saisit donc d'emblée l'opportunité des développements futurs en termes d'infrastructures et d'urbanisme qu'annonçaient les projets d'expansion universitaire pour concevoir ce qui deviendra Louvain-la-Neuve.

Programmé à partir de septembre 1968, le déménagement concret commença officiellement avec les bâtiments du Science 1, c'est-à-dire concrètement le Bâtiment Marc de Hemptinne, du nom du père du premier cyclotron belge en 1947, où devait s'installer le Cyclotron précisément. C'est d'ailleurs dans le hall du Cyclotron qu'eut lieu, le 2 févr. 1971, la pose officielle de la première pierre du site, en présence du Roi Baudouin.

Mais en réalité le premier bâtiment universitaire n'a pas véritablement d'histoire : il s'agit de ce qui est aujourd'hui le Centre de pisciculture Marcel Huet, qui occupe depuis le début des années 1980 un bâtiment universitaire peu connu du public (« OC5 » dans la nomenclature de l'Université), qui abrita le laboratoire de Génie civil chargé des études de stabilité des sols pour la construction des bâtiments de la future université (les travaux commencèrent le 20 janv. 1969).

La construction de la ville commence dès 1970 avec le quartier des sciences du haut de la ville. À côté de l'ensemble du Cyclotron, déjà évoqué, on termine la même année 1972 la place Sainte-Barbe, où a lieu en grande pompe le 12 oct. 1972, la translation du « Pavé sacré », transporté à pied de Leuven pour être serti au centre de la place… C'est dans les auditoires du même nom, que furent donnés les premiers cours de l'histoire du site, le 9 oct. 1972, aux premiers étudiants, de futurs ingénieurs. Parallèlement se construit la Place des sciences, due à André Jacqmain, véritable emblème de la ville nouvelle (sa figuration illustrera les Programmes de cours de 1977-1978 à 1993-1994), comprenant les restaurants universitaires Galilée (1972), la Bibliothèque des Sciences (1973), devenue le Musée L (2017), l'ancienne poste (1973) et les auditoires des sciences (1976). Le Bâtiment Pythagore, destiné au Centre de calcul, et les auditoires du même nom, ne sont pas de Jacqmain. À proximité sont érigés en 1974-1975 les bâtiments Réaumur (André Constant), Stévin (Pierre Humblet) et Vinci (Gabriel Epstein et Roger Thirion), abritant la Faculté polytechnique de Louvain. La place Croix-du-Sud, avec les auditoires éponymes construits de 1974 à 1975 et les bâtiments Carnoy (Robert Courtois, Jean Wynen, Alexandre de Haes et Marc Van Raemdonc) destinés à la biologie, est prolongée par les bâtiments Mendel, Boltzmann et De Serres pour les sciences agronomiques, et Kellner pour les sciences vétérinaires (Charles Vandenhove et Émile José Fettweis). Parallèlement s'érigent en contrebas, autour de la Place Louis Pasteur, les bâtiments Mercator pour la géographie (Jean Cosse et Émile Verhaegen), ainsi que Lavoisier et Van Helmont (Jean Barthélemy et Jean Potvin) pour la chimie.

À partir de ce premier noyau « historique », la ville se développe alors avec la Rue et la Place des Wallons, qui accueillent les premiers logements étudiants et aboutit à la gare et aux Halles Universitaires (1975-1976), bâtiment emblématique de Louvain-la-Neuve conçu par Yves Lepère. En 1976, le site accueille la Faculté des sciences économiques, sociales, politiques au Collège Jacques Leclercq (Jean Cosse et Émile Verhaegen). Les neufs auditoires Agora situés au Centre-Ville et terminés fin 1977 au bout de la nouvelle Grand-Rue, sont suivis l'année suivante par le Collège Thomas More destiné à la Faculté de droit et par les Auditoires Montesquieu bordant la Place éponyme. C'est en septembre 1977 également qu'arrive à Louvain-la-Neuve, dans le Bâtiment Pierre de Coubertin, l'Institut d'éducation physique et de

Stèle commémorative de l'inauguration du site de Louvain-La-Neuve, le 2 févr. 1971, Halles universitaires de Louvain-La-Neuve, tirée de L. Courtois (dir.), *Mémoires de Wallonie…, op. cit.*, p. 31.

réadaptation (aujourd'hui la Faculté des sciences de la motricité), qui peut d'emblée profiter du Centre sportif de Blocry construit en 1973 et géré en partenariat avec la Commune et l'ADEPS, mais qui devra attendre 1979 pour pouvoir utiliser la Piscine de Blocry.

Les derniers services à quitter Leuven, en août 1979, sont la Faculté de philosophie et Lettres, et ce qu'il subsistait de la Bibliothèque centrale (qui devenait le Centre général de documentation [CGD]), qui s'installent au Collège Érasme autour de la nouvelle Place Blaise Pascal, dans un ensemble signé Jean Cosse et Émile Verhaegen, encore eux… En fait, cette date d'août 1979 doit être regardée comme un *terminus ad quem* « pragmatique », car le recteur Mgr Édouard Massaux, qui regardait, on l'a dit *supra*, la scission KUL-UCL comme « un pêché contre l'Esprit » et qui n'était guère enthousiaste à l'idée d'habiter Louvain-la-Neuve, continua avec obstination à résider dans la Maison rectorale de la *Naamsestraat*, à Leuven, à côté du Collège américain, jusqu'à son éméritat en 1986…

En fait, malgré l'intensité des efforts consentis pour assurer le déménagement « complet » de Leuven à Louvain-la-Neuve pour la rentrée de 1979-1980, tout n'était pas réglé. La Faculté des sciences sociales, arrivée en 1977, se trouvait fort à l'étroit et il fallut attendre la

L'administrateur général de l'Université catholique de Louvain, le prof. Michel Woitrin (1919-2008), © Archives de l'Université catholique de Louvain, BE A4006 CO 029 Collections photographiques-CHUL.

construction du Collège Léon Dupriez, en 1981, pour les sciences économiques, et du Collège des Doyens, en 1992, pour l'Institut d'Administration et de Gestion (aujourd'hui la *Louvain School of Management*), pour réaliser la programmation académique initiale. Arrivés dès 1974 à Louvain-la-Neuve par solidarité avec leurs collègues des sciences, les théologiens avaient été logés temporairement dans le bâtiment Carnoy : ils rejoignirent en 1981 le Collège Albert Descamps (architectes Gabriel Epstein et Roger Thirion), du nom du dernier recteur de l'Université unitaire, décédé le 15 octobre précédent d'un accident de voiture à l'entrée de la ville nouvelle. Par ailleurs, la Faculté de psychologie et des sciences de l'éducation, qui s'était installée sur le site en 1977 dans des bâtiments loués près des Halles (où était logée sa bibliothèque) dut attendre 1995 pour s'installer dans ses meubles, au Collège Albert Michotte, sur la Nouvelle Place Cardinal Mercier. Ce Collège, construit par l'architecte Émile Verhaegen, forme un seul ensemble avec le Collège Désiré Mercier qui accueille, depuis 1995 également, l'Institut supérieur de philosophie, qui avait établi ses quartiers dès 1978 à la Faculté de droit. Enfin, en 2001 fut inaugurée l'*Aula Magna*, un grand auditoire de 1200 places dessiné par Philippe Samyn et qui symbolise, à l'occasion du 575e anniversaire de l'Université, le véritable achèvement du transfert.

Il y aurait encore bien d'autres choses à évoquer du point de vue des infrastructures académiques, notamment en termes de laboratoires de pointes ou d'équipements culturels, comme le *Théâtre Jean Vilar*, une salle de 654 places conçue par Jean Potvin et inaugurée en janvier 1979. Il trouve son origine lointaine dans le Théâtre universitaire de Louvain fondé en 1961 par Raymond Pouillart et Armand Delcampe à Leuven, qui devint l'*Atelier Théâtre Jean Vilar 1968* et qui s'installa à la Ferme de Blocry, où le Théâtre du même nom pouvait accueillir 220 personnes. Mais cela nous conduirait trop loin !

L. Courtois

La vie des facultés et instituts. – Généralités. – En 1970, l'université comptait dix facultés, l'Institut supérieur de philosophie et l'Institut de psychologie et des sciences pédagogiques ayant étant érigés en facultés respectivement en 1968 et 1969. En 2009, les Écoles de la Faculté de médecine deviennent quatre facultés, cependant que l'enseignement de la philosophie est confié à une Faculté de philosophie, arts et lettres et la recherche à un institut qui reprend le nom d'Institut supérieur de philosophie. À partir de ce moment, l'UCL se compose de quatorze facultés organisant l'enseignement et de vingt-deux instituts de recherche. Les paragraphes qui suivent retracent l'histoire des champs disciplinaires sans la scinder entre avant et après 2009.

Les sciences de la santé. – En septembre 2007 (deux ans avant la réforme générale des structures de l'université), la Faculté de médecine devint le Secteur des sciences de la santé pour mieux piloter la formation, la recherche et la mission de soins dans un contexte marqué par la hausse impressionnante du nombre d'étudiants, les exigences de la recherche de pointe et le débat politique sur le devenir du modèle hospitalier et les coûts de la santé. En 2009 (voir le § *Structures*), quatre facultés succèdent aux écoles et instituts de la faculté : la Faculté de médecine et de médecine dentaire, la Faculté de pharmacie et des sciences biomédicales, la Faculté de santé publique et la Faculté des sciences de la motricité. Cinq instituts regroupent une quarantaine d'équipes de recherche : l'Institut de Duve, l'Institut de recherche expérimentale et clinique, l'Institut de recherche santé et société, l'*Institute of neuroscience* et le *Louvain Drug Research Institute*.

La formation connut plusieurs grandes réformes (1980, 1993, 2004, 2011). À partir de 1996, l'UCL et les autres universités furent confrontées à des mesures gouvernementales visant à limiter l'accès à la profession en médecine, dentisterie et kinésithérapie et se virent sporadiquement imposer des filtres tels que : un *numerus clausus*, le contingentement des inscriptions d'étudiants non-résidents, des concours en début ou en fin de parcours. Un examen d'entrée est en fin de compte établi en 2017.

La recherche biomédicale dont Christian de Duve (Prix Nobel 1974) et Jacques Berthet notamment furent les précurseurs dans les années 1950 s'est considérablement développée depuis 1970 et constitue depuis le début des années 2000 un des piliers de l'activité du Secteur des sciences de la santé. L'Institut de Duve, l'Institut de recherche santé et société, *l'Institute of neuroscience* et le *Louvain Drug Research Institute* s'illustrent au cours de la décennie 2017 par des articles et des mises au point d'outils thérapeutiques dans le domaine de l'anxiété, de l'endocrinologie, du diabète, de la nutrition et de l'obésité, des nouveaux antibiotiques, du traitement des cancers, des pathologies du foie, des maladies neuromusculaires et de la lutte contre les infections à staphylocoque. L'enseignement et la recherche cliniques ont tout autant progressé. Les départements se sont multipliés dès la fin des années 1960 mais surtout à partir de 1980. L'UCL a enchaîné les premières en matière de transplantations d'organes et de tissus, de chirurgie orthopédique, d'obstétrique et de traitement de l'infertilité. L'offre de cours ne cessa pas lui non plus de s'étoffer. La kinésithérapie et la réadaptation furent introduites dans les programmes de l'Institut d'éducation en 1967. Des chaires sont dédiées à la problématique de la douleur, aux soins palliatifs et à la chirurgie d'urgence en 2016. Un Centre de recherche en épidémiologie des désastres fut créé en 1973 au sein de l'École de santé publique et associé aux activités de l'Organisation mondiale de la santé (OMS) en 1980.

Ingénieurs et architectes. – Les Écoles spéciales devinrent la Faculté des sciences appliquées en 1962. En octobre 1972, celle-ci fut la première à s'installer à Louvain-la-Neuve où elle dispose d'équipements dont l'UCL avait bloqué la construction à Heverlee depuis que la décision du transfert avait été prise. Son organisation repose alors sur les domaines classiques (mines-métallurgie, constructions civiles et architecture, chimie et physiques appliquées, électricité, mécanique, gestion industrielle, mathématiques appliquées). De nouvelles unités de recherche sont créées et reconfigurent cette géographie à mesure qu'émergent les nouvelles technologies : informatique, modélisation, robotique, science des données, tic, satellites, nouveaux matériaux, énergie, nanotechnologies, interactions avec le vivant...). Au début des années 2000, de plus en plus de projets associent les laboratoires de la faculté à d'autres, de médecine, de sciences et de bio-ingénierie. Le mouvement s'accélère en 2010 avec la création des instituts de recherche. Les ingénieurs participent essentiellement à l'ICTEAM (*Institute of Information and Communication Technologies, Electronics and Applied Mathematics*), l'IMMC (*Institute of Mechanics, Materials and Civil Engineering*) et l'IMCM (*Institute of Condensed Matter and Nanosciences*).

En juillet 2010, une nouvelle faculté d'architecture, d'ingénierie architecturale, d'urbanisme réunit l'ancien département d'architecture et d'urbanisme aux deux Instituts supérieurs d'architecture Saint-Luc de Saint-Gilles et de Tournai (voir le § *Le cadre légal, supra*). L'architecture climatique, l'architecture durable et les liaisons entre l'architecture, l'urbanisme et le tissu social sont une des caractéristiques majeures des recherches menées à l'UCL depuis 1970, avec, par exemple, la création des cellules « Architecture et climat » en 1980 et « Habitat et développement » (1984-1996). En 1975, des étudiants en architecture s'installent au quartier de la Baraque à Louvain-la-Neuve et y expérimentent avec quelques familles de nouvelles formes d'habitat.

Le transfert fut l'occasion d'une réforme importante des programmes et des méthodes d'enseignement de premier cycle. Elle était portée par une jeune génération de professeurs et d'assistants dont certains avaient activement pris part à la réflexion au sein du Cercle industriel (cercle étudiant) au cours de leurs études. Une nouvelle réforme, ambitieuse et pionnière pour toute l'UCL est mise en chantier en 1995 : c'est le projet *Candi 2000* fondé sur la formation par projet (voir le § Formation). La faculté travaille simultanément à son internationalisation au bénéfice de ses chercheurs et de ses étudiants. Au cours des années 1990 et 2000, un effort important porte sur l'encouragement à l'implication du plus grand nombre d'enseignants et d'étudiants au processus d'amélioration continue de la formation et de son adéquation aux besoins de la société. Un *Advisory Board*, organe de conseil consultatif et groupe de réflexion rassemblant des enseignants et des *alumni*, est créé en 2006 pour resserrer les liens avec le monde de l'entreprise.

La Faculté des sciences appliquées, devenue École polytechnique de Louvain en 2007, se distingue aussi par le nombre de spin-off que ses membres et diplômés ont lancées.

Elle pratique des échanges internationaux depuis la fin des années 1980 et participe à la fondation au consortium d'universités de sciences et de technologies CLUSTER en 1990. Elle noue des relations privilégiées avec l'*University of Texas* à Austin, l'*University of Illinois* à Urbana-Champaign, l'*Oklahoma State University* et *Polytechnique Montréal* à la fin des années 1990, ainsi qu'avec le *Massachusetts Institute of Technology* en 2011. Les relations avec l'Asie (Vietnam, Corée du sud et Japon notamment) se développent à partir de la fin de la décennie 2000. Des doubles diplômes sont organisés depuis 1995 (Réseau *Time*) et les premiers programmes de co-diplomation sont signés en 2008 avec la KU Leuven. Des bourses d'attractivité sont dédiées aux étudiants internationaux.

Le nombre d'enseignants et de chercheurs s'accroît à partir de 1970 et tranche avec la situation précédente où la Faculté comptait peu d'assistants et de doctorants et se composait en partie de professeurs extraordinaires qui exerçaient en parallèle une profession à l'extérieur. La proportion d'étudiantes extrêmement faible au départ (5 sur 1540 en 1962) s'éleva progressivement (15% en 2011) à la faveur conjointe d'évolutions sociétales et d'une politique volontariste de l'Université.

La bio-ingénierie. – La Faculté d'agronomie devint en 2001 la Faculté d'ingénierie biologique, agronomique et environnementale et, en 2014, la Faculté des bio-ingénieurs : de nouvelles dénominations qui traduisent les grandes évolutions qui ont marqué aussi bien l'exercice des professions auxquelles se destinent les étudiants que la recherche universitaire.

Les unités de recherche classiques ont poursuivi leurs travaux, bénéficiant des nouveaux laboratoires à Louvain-la-Neuve (où la Faculté s'installe en 1974) et des installations du Laboratoire de la Fagne à Chimay (créé en 1975) et du Centre d'expérimentation animale Alphonse de Marbaix à Corroy-le-Grand (créé en 1979 conjointement avec la Faculté de psychologie). Le laboratoire de mycologie et sa mycothèque sont reconnus comme centre de référence mondial.

En 1996, l'UCL coordonne 96 laboratoires dans le monde qui réalisent le séquençage complet du génome de la levure. Des programmes de recherche en biochimie de la nutrition sont lancés avec la Faculté de médecine en 1991. Les bio-ingénieurs participent à l'*Earth and Life Institute*, à l'Institut des sciences de la vie et à l'*Institute of Condensed Matter and Nanosciences* que

La place des Sciences à Louvain-La-Neuve, © DHGE, 2019.

l'UCL a mis en place en 2009 et travaillent avec les ingénieurs et les chercheurs des sciences biomédicales, par exemple dans le secteur des nouveaux matériaux (à partir de 1994), de la biologie synthétique (qui monte en puissance vers 2010) et dans ce qui concerne la transition écologique.

L'UCL pilote le pôle de compétitivité en agro-industrie *Walagrim* de la Région Wallonne lancé à Louvain-la-Neuve en septembre 2006. Elle s'entoure à la même époque de plusieurs spin-off et regroupe en novembre 2014 les asbl qui gravitent autour de la Faculté et de l'*Earth and Life Institute* dans la plate-forme *Agro Louvain Services*. Les révolutions sociales et environnementales des mondes agraires, la création de ressources pour les paysans du Sud, les menaces climatiques et l'économie circulaire ont été de plus en plus fortement prises en compte à partir des années 1990 dans la formation, la recherche et dans le service à la société des bio-ingénieurs de l'UCL.

F. Hiraux

Faculté des sciences. – La physionomie de la Faculté des sciences, comme celle de Lettres d'ailleurs, se caractérise par sa stabilité disciplinaire, même si derrière les intitulés, les contenus peuvent avoir considérablement variés. Aujourd'hui, la faculté comporte huit écoles correspondant pour une part à l'ancienne organisation : l'École de mathématique, l'École de physique, l'École de chimie, l'École de médecine vétérinaire, l'École de biologie, l'École de géographie, auxquelles se sont ajoutées l'École de statistique, biostatistique et sciences actuarielles (*Institute of Statistics, Biostatistics and Actuarial Sciences*) et l'Agrégation de l'enseignement secondaire supérieur en sciences.

Du point de vue de la recherche, le paysage s'est singulièrement diversifié avec la séparation enseignement/recherche. Les mathématiciens et physiciens, qui étaient autrefois groupés en un seul département, se retrouvent pour une part dans l'Institut de recherche en mathématique et physique (IRMP), qui groupe trois centres : le Centre de cosmologie, physique des particules et phénoménologie (CP3) ; le Centre de recherche en géométrie, physique et probabilité (GPP) ; et le centre Mathématiques (MATH). Cela dit, un certain nombre de chercheurs se retrouvent également dans : le centre *Nanoscopic Physics* (NAPS) de *l'Institute of Condensed Matter and Nanosciences* (IMCN) ; dans le pôle *Georges Lemaître Centre for Earth and Climate Research* (TECLIM) de l'*Earth and Life Institute* (ELI) ; dans le *Center for Space Radiations* (CSR) ; et dans le Laboratoire de didactique des sciences (LDS) du Centre de recherche interdisciplinaire sur les pratiques enseignantes et les disciplines scolaires (CRIPEDIS) rattaché à l'Institut d'analyse du changement dans l'histoire et les sociétés contemporaines (IACCHOS). Les chimistes – c'est plus simple – se retrouvent dans l'*Institute of condensed Matter and Nanosciences* (IMCN) ou le *Louvain Institute of Biomolecular Science and Technology* (LIBST) ; les biologistes dans l'*Earth and Life Institute* (ELI) ; et les géographes, soit dans le pôle *Georges Lemaître Centre for Earth and Climate Research* (TECLIM) de l'*Earth and Life Institute* (ELI), soit dans le *Center for Operations Research and Econometrics* (CORE) rattaché au Louvain *Institute of Data Analysis and Modeling in economics and statistics* (LIDAM). Il est à noter que l'École de médecine vétérinaire, anciennement la zoologie, n'organise qu'un bachelier en médecine vétérinaire, les étudiants devant ensuite poursuivre leur études à l'Université de Liège.

Il est difficile de tracer un bilan de la Faculté des sciences installée à Louvain-la-Neuve, mais pointons néanmoins – au risque d'être très injuste – deux secteurs qui se sont particulièrement distingués. La physique nucléaire, domaine du recteur Pierre Macq, tout d'abord, avec le cyclotron *Cyclone110* installé dans le premier bâtiment construit à Louvain-la-Neuve de 1970 à 1972 par la firme Thomson-CSF, en collaboration avec les Ateliers de Constructions Électriques de Charleroi (ACEC). Un deuxième accélérateur, *Cyclone30*, fut développé de 1984 à 1987 par l'équipe du Centre de recherche du Cyclotron, dont le premier directeur, Yves Jongen, considéré comme le premier habitant de Louvain-la- Neuve (1970), créa en 1986 la société *Ion Beam Application* (*IBA*), mondialement connue pour ses cyclotrons médicaux. Autre secteur connu, la climatologie, qui s'est illustrée avec André Berger, spécialiste mondialement reconnu de paléoclimatologie (théorie astronomique des paléoclimats et modélisation du climat) et, plus récemment, avec Jean-Pascal van Ypersele, vice-président du Groupe d'experts intergouvernemental sur l'évolution du Climat (GIEC) de 2008 à 2015.

Faculté de philosophie, arts et lettres. – Dernière faculté à quitter Louvain en août 1979, avec le fonds de la bibliothèque centrale échu à la section francophone, la Faculté s'est installée au Collège Érasme dont le nom évoque l'attachement à l'humanisme. Longtemps, l'enseignement y resta structuré par les cinq groupes définis par la loi de 1890 (à savoir la philosophie, l'histoire, la philologie classique, la philologie romane et la philologie germanique), groupes assortis d'instituts annexes dont les plus importants furent l'Institut orientaliste (1936) et l'Institut d'archéologie et d'histoire de l'art (1942), qui avaient été précédés par divers enseignements qui, se développant, finirent par justifier une forme d'institutionnalisation. Dans cette organisation, la philosophie constituait « un groupe fantôme », car pour des raisons historiques, elle bénéficia de la création par Désiré Mercier en 1889 de l'Institut supérieur de philosophie (ISP), qui délivrait des diplômes de philosophie conformes à la loi de 1890, mais également conformes aux exigences romaines pour la délivrance des grades canoniques (bachelier, licencié et docteur en philosophie thomiste).

Une première réforme intervint en 1983 avec la départementalisation (associant tous les enseignants d'un programme, mais aussi les chercheurs de la discipline dispersés ailleurs), ce qui eut pour effet de faire émerger cinq entités : le Département d'histoire (HIST), le Département d'études grecques, latines et orientales (GLOR), le Département d'études romanes (ROM), le Département d'études germaniques (GERM) et le Département d'archéologie et d'histoire de l'art (ARKE). Les programmes furent entièrement repensés en 2004 à la suite du décret de la Fédération Wallonie-Bruxelles dit « décret Bologne » (et c'est à cette époque que le Centre d'études théâtrales [CÉT], fondé en 1968 comme institut autonome, rejoignit la Faculté), tandis qu'en 2009, avec la création des Instituts de recherche doublant des Écoles d'enseignement, une École de philosophie (EFIL) fut détachée de l'Institut supérieur de philosophie, qui avait rang de faculté, ce dernier subsistant en tant qu'institut de recherche dédicacé à la philosophie. La Faculté de philosophie et lettres (FLTR) fut alors rebaptisée Faculté de philosophie, arts et lettres (FIAL). Enfin, en 2015, suite au décret « Paysage » de la Fédération Wallonie-Bruxelles réorganisant l'enseignement supérieur, la Faculté intégra les programmes de master en traduction et interprétation de l'Institut Marie Haps.

Au terme de ces évolutions, la Faculté regroupe aujourd'hui onze Commissions de gestion de programme : de l'École de philosophie ; en Langues et lettres françaises et romanes ; en Langues et lettres modernes ; en Langues et lettres anciennes ; en Langues et lettres anciennes et modernes ; en Communication multilingue ; en Linguistique ; en Histoire ; en Histoire de l'art ; en Arts du spectacle ; et enfin en traduction et interprétation, avec la *Louvain School of Translation and Interpreting* (LSTI).

En termes de recherches, les membres de la Faculté se retrouvent précisément – à côté de l'Institut supérieur de philosophie (ISP), qui, comme nous l'avons vu, a subsisté comme entité de recherche – dans divers instituts, parfois plus « fédérateurs » qu'autrefois. Ainsi, par exemple, l'ancien centre VALIBEL (VAriétés Linguistiques du Français de Belgique), créé à la Faculté en 1989 par Michel Francard, a fusionné en 2009 avec le CETIS (Centre d'Étude du Texte et du dIScours), dirigé par Élisabeth Degand et Anne-Catherine Simon, pour former le centre *Valibel-Discours et Variation* qui a rejoint l'Institut Langage et communication (ILC) où il côtoie d'autres entités venues par exemple de l'ancien Département de Communication sociale (COMU), comme le Laboratoire d'analyse des systèmes de communication des organisations (LASCO) ou l'Observatoire du récit médiatique (ORM), voire de la Faculté de Lettres elle-même : c'est le cas du Centre de traitement automatique du langage (CENTAL), qui a succédé en octobre 2001 au CEntre de Traitement Électronique des DOCuments (CETEDOC) fondé par Paul Tombeur en 1968 et qui est devenu le Centre *Traditio Litterarum Occidentalium* (CTLO) basé à Turnhout, chez Brepols.

Cela dit, l'essentiel des chercheurs facultaires se retrouvent dans l'*Institut des civilisations, arts et lettres* (INCAL), qui regroupe une douzaine de centres fédérant des activités rattachées antérieurement à une ou plusieurs Unités départementales (l'Unité de Musicologie, devenant le Centre de recherche en musicologie [CERMUS], par exemple, ou le Laboratoire de Recherches Historiques [LaRHis] fédérant les chercheurs qui autrefois se retrouvaient dans le Département d'histoire) ou à des centres qui avaient déjà une visibilité dans le cadre facultaire (l'ancien Institut orientaliste de Louvain devenant le Centre d'études orientales-Institut Orientaliste de Louvain [CIOL], par exemple, ou le Centre de recherche d'archéologie nationale [CRAN] conservant son ancienne appellation). Certains chercheurs ont également des attaches avec : l'institut de recherche pluridisciplinaire Religions Spiritualités Cultures Sociétés (RSCS) ou avec l'Institut d'analyse du changement dans l'histoire et les sociétés contemporaines (IACCHOS). Ainsi, les Archives du monde catholique (ARCA), fondées en 1989 au sein du Département d'histoire pour recueillir, sauver et étudier la documentation concernant la vie du monde chrétien en Wallonie et à Bruxelles aux XIXe et XXe siècles sont devenues une plateforme documentaire de l'Institut RSCS, tandis que le LaRHis est considéré comme un centre inter-instituts à l'intersection d'INCAL et de IACCHOS.

Certaines institutions de recherche ont même une structure plus complexe, puisque la *Revue d'histoire ecclésiastique* (*RHE*), dont dépend le *Dictionnaire d'histoire et de géographie ecclésiastiques* (*DHGE*), qui était autrefois cogérée par les Facultés de philosophie et lettres et de théologie (la revue avait été fondée en 1900 par Paulin Ladeuze, futur recteur, et Alfred Cauchie, au départ comme moyen d'expression du Séminaire historique créé par ce dernier en 1896 pour grouper tous les cours pratiques d'histoire relevant à la fois de philosophie et lettres et de théologie/droit canonique...), était donc une revue bi-facultaire au sein de l'université unitaire – ce qu'elle est officiellement restée aujourd'hui – et est devenue bi-universitaire après la « splitsing » : la revue est cogérée par les deux universités, la Katholieke Universiteit Leuven et l'Université catholique de Louvain.

Faculté de droit. – Dans les années 1960, les réformes légales successives qui valaient encore pour toutes les universités belges, modifièrent considérablement le paysage ancestral des études juridiques en Belgique. L'enseignement du droit avait hérité des lois de 1890 et 1929 d'une structure hybride : les étudiants commençaient leur cursus par un cycle de deux années de candidature en philosophie et lettres préparatoire au droit, et poursuivaient alors à la faculté de droit avec une candidature en droit et deux doctorats. L'arrêté royal du 18 mai 1967 (qui modifiait les lois coordonnées sur la collation des grades académiques et le programme des examens universitaires) introduisit deux candidatures en droit à la Faculté de droit, coupant ainsi les liens historiques avec la Faculté de Lettres. L'arrêté du 1er août 1969 transforma les trois années qui étaient assurées antérieurement en droit, en licences, et organisait un doctorat en droit avec thèse sur le modèle des autres facultés.

En 1983, dans le contexte de la départementalisation, le programme des cours fut modifié en vue de renforcer l'enseignement juridique en candidature, garantir une plus grande harmonie entre cours juridiques et non juridiques, ainsi qu'entre les cours de candidature et de licence. Cinq départements étaient mis en place (Droit privé, Droit public, Droit économique et social, Droit international, Criminologie et droit pénal), groupant une quinzaine d'Unités et centres spécialisés, auxquels il faut ajouter un Centre des droits de l'homme (professeur Silvio Marcus Helmons) et un Centre de philosophie du droit (professeur Jacques Lenoble). En 2005, en application du « décret Bologne », la Faculté institua un baccalauréat en droit (en trois ans), un master en droit (en deux ans), un master en droit à horaire décalé (en deux ans), un master en criminologie (en deux ans), ainsi que des masters complémentaires (en un an). Dans cette structure, une place particulière doit être faite à l'École des Sciences criminelles, fondée en 1929, qui a fêté ses 75 ans à l'UCLouvain en 2004 et ses 80 ans à la KU Leuven en 2009. Durant la crise des années 1960, c'est le professeur Christian Debuyst qui présida aux destinées de l'École et qui contribua à donner à l'enseignement sa physionomie actuelle (droit et administration de la justice, médecine et psychiatrie, psychologie et sociologie de la déviance).

Lors de la création des Instituts, en septembre 2009, les membres de la Faculté de droit se sont pour l'essentiel retrouvés dans l'Institut pour la recherche interdisciplinaire en sciences juridiques (JUR-I). Ce dernier s'est structuré en six pôles où se retrouve l'essentiel de la structure départementale : Pôle de droit privé (PJPR) ; Pôle de droit public (PJPU) ; Pôle de droit économique et social (PJES) ; Pôle de droit international et européen (PJIE) ; Pôle de droit pénal et criminologie (PJPC) ; et, nouveauté si l'on peut dire, Pôle de théorie du droit (PJTD). Ces pôles intègrent en réalité des centres qui s'identifient largement aux anciens Unités et Centres, le Centre de philosophie du droit (CPDR) voyant son statut promu au rang de Pôle. Font exceptions, quatre chaires et groupes de recherche, hors-pôles : le Centre de droit de la consommation (CDC), le Séminaire de droit de l'urbanisme et de l'environnement, la Chaire de droit européen et la Chaire *PricewaterhouseCoopers* de droit fiscal (PwC).

L. Courtois

Psychologie et sciences de l'éducation. – En 1969, l'Institut de psychologie et des sciences de l'éducation devient Faculté, au terme d'une décennie décisive pour la psychologie au plan mondial. C'est le moment de l'élévation du niveau des études, des recherches et surtout du statut même de la discipline, auquel se lie une hausse importante et continue du nombre d'étudiants. Le tournant est généralement situé en 1960 avec la poussée des sciences cognitives dont Jean Costermans fut un pionnier à l'UCL par le biais de la psycholinguistique (premier cours en 1967). Au cours des années 1980, les psychologues cognitivistes et les physiologistes et neurologues de la Faculté de médecine développent des programmes communs de recherche fondamentale et appliquées. En 2009, ils se retrouvent officiellement dans l'Institut de recherche des neurosciences (voir le paragraphe *Structures*). L'orientation cognitive amena l'extinction progressive de la psychologie expérimentale animale. Elle bouscula le courant psychanalytique qui avait fait le renom international de la psychologie clinique à Louvain dans les années 1960-1970, et stimula de nouvelles approches cliniques cognitivo-comportementales au milieu des années 1980. La psychologie sociale de son côté élargit considérablement son champ précédemment limité au monde du travail pour analyser les façons dont les pensées, les sentiments et les conduites des individus sont influencés par la présence réelle, imaginaire ou implicite d'autrui. Les sciences de l'éducation quant à elles, se sont spécialisées dans la psychologie de l'éducation et la psychopathologie. Elles se préoccupent de la formation des formateurs et d'orthopédagogie (apprenants en difficulté) et de logopédie (fonctionnement du langage oral et écrit).

L'UCLouvain, comme les Universités de Bruxelles (ULB), Gand (UGENT) et la KU Leuven, compte depuis les années 1990 des équipes scientifiques en psychologie de premier plan reconnues au niveau mondial. Elles travaillent de conserve dans une ambiance très conviviale.

F. Hiraux

Faculté de sciences politiques, économique et sociales et de communication. – En 1975, à l'occasion du transfert à Louvain-la-Neuve, la faculté, rebaptisée en 1967 Faculté des sciences économiques, sociales et politiques, fut réorganisée en neuf départements. Soit cinq anciens instituts : des sciences politiques et sociales (POLS), des sciences économiques (ECON), d'Administration et de gestion (IAG, jusque-là dénommé l'Institut des sciences économiques appliquées ou ISA), des sciences actuarielles (ACTU), et d'études des pays en développement (DVLP). Et quatre nouveaux : Communication sociale (COMU), Démographie (DEMO), Études européennes (EURO) et Sciences du Travail (TRAV). Les structures évoluent encore, mais de façon plutôt « institutionnelles », en 1983 (on passe à cinq Départements et deux Conseils sans cadre), en 1989 (quatre Départements et quatre Conseils sans cadre), et en 1991 (avec la création d'un cinquième Département de Sciences de la population et du développement [SPED] regroupant les Conseils en Démographie et en Développement).

Avec la réforme de Bologne sont mis en place six programmes de baccalauréat assortis de mineures (en information et communication ; en ingénieur de gestion ; en sciences économiques et de gestion ; en sciences humaines et sociales ; en sciences politiques, orientation générale ; et en sociologie et anthropologie) préparant à une quinzaine de masters [120], c'est-à-dire comptabilisant 120 ECTS ou unités du Système européen de transfert et d'accumulation de crédits. En 2008, l'Institut d'administration et de Gestion (IAG) devient autonome avec rang de faculté sous le label de *Louvain School of Management* (LSM), c'est-à-dire la *Business School* de l'Université délivrant les classiques Master of Business Administration (MBA).

À partir de 2009 et de la séparation entre écoles d'enseignement et instituts de recherche, ces programmes, auxquels il faut ajouter les masters [60], les agrégations, les masters de spécialisation et les certificats, vont être gérés par sept écoles : École des sciences politiques et sociales (PSAD), Economics School of Louvain, École interfacultaire en études européennes, École de communication, École des sciences du travail, etc., où se retrouvent largement les anciens départements., tandis que la Faculté adopte un nouveau nom, plus complet : Faculté des sciences économiques, sociales et politiques et de communication. En termes d'enseignement, il faut également signaler la fusion, intervenue en 2011, avec les Facultés universitaires catholique de Mons (FUCAM), ce qui implique l'organisation sur ce site de trois baccalauréats et de six masters, sans parler des deux baccalauréats et deux masters [120] qui y sont organisés par la LSM devenue autonome.

Du point de vue de la recherche, cinq instituts de recherches accueillent principalement les chercheurs de la Faculté : l'Institut d'analyse du changement dans l'histoire et les sociétés contemporaines (IACCHOS), avec le Centre Interdisciplinaire de Recherche Travail, État et Société (CIRTES), le Centre de recherche en démographie (DEMO), etc. ; l'Institut Langage et communication (ILC) où se retrouvent notamment des centres issus du Département de Communication sociale (COMU), comme le Laboratoire d'analyse des systèmes de communication des organisations (LASCO) ou l'Observatoire du récit médiatique (ORM) ; l'*Institute for Multidisciplinary Research in Quantitative Modeling and Analysis* (IMMAQ), devenu depuis le *Louvain Institute of Data Analysis and Modeling in economics and statistics* (LIDAM), qui a intégré le *Center for Operations Research and Econometrics* (CORE), connu de longue date pour ses travaux en économétrie, l'*Institute of Economic and Social Research* (IRES), tout aussi connu pour ses publications régulières d'analyse conjoncturelle, etc. ; et enfin, l'Institut de sciences politiques Louvain-Europe (ISPOLE), qui fédère des centres comme le Centre d'études européennes (CEE), le Centre d'études du développement (DVLP), etc.

Cette brève présentation serait gravement incomplète si l'on ne disait un mot rapide d'un certain nombre de réalités qui ont marqué la vie facultaire. En 1951 fut créé par Paul Lambin, professeur en médecine, l'Institut Supérieur du Travail (IST), justifiant ce projet au départ des recherches menées en médecine sur les pathologies du travail, en sciences sociales sur l'organisation du travail, en psychologie sur la psychologie industrielle, etc. Il s'agissait de coordonner les efforts dispersés dans les différentes facultés mais ayant toutes pour objet le travail, et cela en lien avec les partenaires sociaux. En 1968, fut ainsi organisée une licence en sciences du travail et en février 1974, la section francophone de l'IST devient l'Institut des Sciences du Travail, rattaché à Louvain-la-Neuve à la Faculté des sciences sociales, tandis que la section « Médecine du Travail » rejoignait la Faculté de Médecine à Woluwe-Saint-Lambert. À partir de l'année 1983-1984, la licence en sciences du travail fut désormais entièrement donnée en cours du soir, ce qui facilitait la formation des personnes déjà engagées dans la vie active. C'est d'ailleurs dans cette perspective que fut créée dès 1971 à l'Institut une cellule qui devait mettre sur pied le projet de Faculté ouverte de politique économique et sociale (FOPES), inaugurée par Mgr Massaux le 6 avr. 1974, qui organise encore aujourd'hui, toujours en horaire décalé, un Master [120] en politique économique et sociale accessible à des bacheliers ou sur base d'une valorisation des acquis d'apprentissages.

De 1986 à 1996, la Faculté a accueilli le Centre international de formation et de recherche en population et développement (CIDEP), en association avec les Nations-Unies. Il faut, pour terminer, évoquer la Chaire Hoover d'éthique économique et sociale créée en 1991 autour de la figure de Philippe Van Parijs pour développer la réflexion éthique dans la recherche et l'enseignement des matières facultaires et alimenter le débat public. Il s'agit d'un centre inter-Instituts, qui occupe une place un peu particulière dans la nouvelle structure universitaire.

L. Courtois

Outre les travaux signalés dans la partie consacrée aux années 1834-1968 et qui couvrent parfois la période post-1968, on pourra consulter les références ci-dessous.

W. Ugeux, *André Oleffe ou le dialogue en circuit fermé* (Ceux d'hier et d'aujourd'hui, 14), Bruxelles, 1973. – *De Leuven à Louvain-la-Neuve, un recteur, des régionales. Catalogue de l'exposition du 18 avril au 2 mai 1986* [É. Massaux], Louvain-la-Neuve, 1986. – J.-P. Voisin, *L'histoire rapportée et inachevée d'Édouard Massaux, prêtre et recteur. De Neufchâteau à Louvain-la-Neuve* (Hommes et destins), Paris-Bruxelles, 1986. – É. Massaux, *Pour l'Université catholique de Louvain. Le « recteur de fer » dialogue avec Omer Marchal* (Grands documents Didier Hatier. Histoire, récits, documents humains), Bruxelles, 1987 ; Id., *Dieu et mes père et mère. La foi de mon*

Le théologien Gérard Philips (1899-1972), HVKA Limburg, 26 nov. 1955, © Kadoc, Leuven, KFA19084.

enfance. Neufchâteau d'Ardenne. 1920-1938 (Terres secrètes), Bruxelles, 1991. – M. Woitrin, *The Multicultural University*, dans *Higher Education in Europe*, 13, n° 1, 1998, p. 71-75. – J.-J. Haxhe, *Si Saint-Luc m'était conté…*, Bruxelles, 2001 ; Id. (dir.), *50 ans de médecine à l'UCL. 1950-2000. Recueil de mémoires*, Bruxelles, 2002. – J. Roegiers et I. Vandevivere, *Leuven/Louvain-la-Neuve. Aller-retour*, Leuven, 2001. – M. Crochet, *Le processus de Bologne. L'aboutissement d'un long cheminement*, dans *Études*, 401, 2004, 11, p. 461-472 ; Id. (dir.), *L'agenda d'un recteur 1995-2004* (Acteurs pour l'université), Louvain-la-Neuve, Academia, 2011 ; Id. (dir.), *Des Écoles spéciales à l'EPL. 50 ans de science et de technologie à l'UCL*, Louvain-la-Neuve, 2012 ; Id. (dir.), *Pierre Macq dans son université* (Acteurs pour l'université), Louvain-la-Neuve, 2017. – F. Hiraux (dir.), *Étudiants du 21e siècle. Une nouvelle génération dans l'aventure universitaire*, Louvain-la-Neuve, 2005 ; Id. (dir.), *Les engagements étudiants. Des pratiques et des horizons dans un monde globalisé*, Louvain-la-Neuve, 2008 ; Id. *L'avènement d'une ville universitaire. La création de Louvain-la-Neuve. Hommage à Michel Woitrin*, Louvain-la-Neuve, 2009 ; Id. *Le financement des universités, instrument problématique du développement de la Communauté française de Belgique (1965-2010)*, dans J.-P. Condette (dir.), *L'école, une bonne affaire ? Institutions éducatives, marché scolaire et entreprises (XVIe-XXe siècle)* (Revue du Nord. Hors-série. Collection histoire, 29), Villeneuve d'Ascq, 2013, p. 349-365. – H. Bouillon, *Conception, réalisation et évaluation du « Plan Langues » de l'UCL. Réalisation d'objectifs en matière d'enseignement de langues étrangères à l'échelle d'une université*, dans L. Courtois et J. Pirotte (dir.), *L'enseignement des langues en Wallonie. Enjeux citoyens et chances pour l'avenir* (Publications de la Fondation Wallonne P.-M. et J.-F. Humblet. Série Recherches, V), Louvain-la-Neuve, 2006, p. 113-126. – P. Tilly, *André Oleffe*, Bruxelles, 2009. – M. Molitor, *Les transformations du paysage universitaire en Communauté française*, dans *Courrier hebdomadaire du CRISP*, 2052-2053, 2010, 7. – F. Rosart et G. Zelis (dir.), *Dans l'atelier de l'historien contemporanéiste : parcours d'historiens de l'Université catholique de Louvain* (Publications des Archives de l'Université catholique de Louvain, 26), Louvain-la-Neuve, 2012. – J.-É. Charlier et M. Molitor, *Les dynamiques de fusion dans l'enseignement supérieur francophone de 1999 à 2009*, dans *Courrier hebdomadaire du CRISP*, 2268, 2015, 23 ; Id., *Le décret définissant le paysage de l'enseignement supérieur francophone (« décret Marcourt »)*, *Ibid.*, 2273-2274, 2015, 28. – *Jean Hallet, un engagement pour l'université. Université catholique de Louvain 1966-1997*, Textes de Marcel Crochet et Françoise Hiraux. Propos de Jean Hallet recueillis par Olivier Standaert. Préface de Jean-Jacques Viseur (Acteurs pour l'université), Louvain-la-Neuve, 2015. – Chr. Machiel (dir.), *Former des adultes à l'université. La Faculté ouverte de politique économique et sociale (FOPES-UCL). 1974-2016*, Louvain-la-Neuve, 2018.

L. Courtois et F. Hiraux

2° *La Faculté de théologie*. – En 1968, « pour des raisons de paix publique », la décision fut prise de scinder (« *splitsing* ») l'Université catholique de Louvain en deux entités autonomes, l'une en terre flamande à Leuven (*Katholieke Universiteit Leuven* ou *KUL*), l'autre en territoire wallon (*Université Catholique de Louvain* ou *UCL*). L'Université francophone trouva accueil à une trentaine de kilomètres dans la commune d'Ottignies, en Brabant wallon. Dessinée par l'architecte Raymond Lemaître, une véritable « ville nouvelle » naquit, qui reçut le nom de Louvain-la-Neuve. Cet énorme défi fut relevé par les fondateurs-constructeurs du nouveau site : le recteur Mgr Édouard Massaux, le président du conseil d'administration André Oleffe et l'administrateur général Michel Woitrin. Déjà en 1963 avait été programmée la construction d'un nouvel hôpital universitaire à Woluwe en raison du trop petit nombre de patients francophones à Leuven et en 1966 celui de l'École de santé publique. L'hôpital Saint-Luc y sera construit ainsi que des locaux pour les étudiants en médecine et en sciences paramédicales.

Les professeurs de Louvain au Concile Vatican II. – Le Concile Vatican II (1962-1965) se déroula au cours des dernières années de la Faculté de théologie unitaire. Bien des professeurs s'y illustrèrent par leur compétence et leur disponibilité dans les commissions préparatoires et les travaux des années conciliaires et postconciliaires. Citons en particulier Mgr Gérard Philips (*Lumen Gentium, Dei Verbum, Gaudium et Spes*) et Mgr Gustave Thils (*Lumen Gentium, Unitatis redintegratio, Gaudium et Spes*). Bien d'autres furent experts dans les matières d'exégèse biblique, d'ecclésiologie, d'œcuménisme, de morale, de sociologie et de législation, comme aussi dans la réforme du droit canonique. Mentionnons notamment Mgr Willy Onclin et Mgr Henri Wagnon, Mgr Philippe Delhaye, Mgr Charles Moeller, Mgr Victor Heylen, Lucien Cerfaux, Beda Rigaux, Albert Dondeyne, François Houtart, etc.

Il serait exagéré de dire que Vatican II fut le « premier concile de Louvain », mais la *squadra belga* fut remarquée pour son objectivité, son « progressisme prudent » et sa capacité à rechercher des solutions et d'honorables compromis. C'est le cas spécialement de Gérard Philips. À Rome, les évêques et experts belges retrouvaient parmi les Pères conciliaires et leurs théologiens un certain nombre d'anciens de

La faculté de théologie de l'Université catholique de Louvain, sur la Grand'Place à Louvain-La-Neuve, © Photothèque UCLouvain.

Louvain avec lesquels une collaboration put s'établir. On peut également rappeler que plusieurs membres des facultés de théologie de Leuven et de Louvain-la-Neuve collaborèrent à l'*Histoire du concile Vatican II* de G. Alberigo (5 vol., 2000-2005).

Il faut le souligner : pour la théologie catholique et la vie de l'Église, il y a désormais un 'avant' et un 'après' Vatican II. Le corpus des seize documents conciliaires modifie profondément le paysage théologique et la formation assurée dans les facultés de théologie et les séminaires.

La *Revue théologique de Louvain*. Le transfert à Louvain-la-Neuve. – Dès 1969, sans attendre les professeurs de la Faculté de théologie décidèrent de se doter d'un organe de recherche et d'expression, la *Revue théologique de Louvain* (*RTL*). Les premiers co-directeurs en furent Philippe Delhaye et Gustave Thils, et l'administrateur Julien Ries. La revue proposera des recherches originales « Articles et Notes », des « Comptes rendus » critiques et des « Recensions », des « Chroniques louvanistes » concernant les activités de la faculté, notamment les thèses et mémoires, et d'autres « Chroniques » relatives à diverses initiatives extérieures. De 1975 à 2016, un « Index international des dissertations doctorales » en théologie était proposé annuellement. À partir de 1980, la revue s'enrichit d'une collection de « *Cahiers de la Revue théologique de Louvain* ».

Le transfert effectif de la Faculté de théologie et de la Faculté de droit canonique eut lieu en 1974 et 1975, d'abord dans les locaux de la Faculté d'agronomie (« Place Croix du Sud ») avant l'implantation définitive en 1981 sur la Grand-Place, au « Collège Albert Descamps ». En 1979, de nouvelles normes romaines sont édictées dans la Constitution *Sapientia Christiana*. Les trois cycles de théologie à ce moment sont le baccalauréat (3 ans) préparatoire à la licence (2 ans), le tout culminant dans le 3e cycle, c'est-à-dire le doctorat (2 ans) et éventuellement la maîtrise en théologie qui correspond à l'Agrégation de l'enseignement supérieur. À côté de la *Schola maior*, une *Schola minor* accueille à la Faculté les séminaristes et religieux engagés dans la formation théologique initiale.

Le partage de la Bibliothèque centrale de l'Université de Louvain ne fut pas facile. Après de nombreuses discussions et à défaut d'un compromis, il fut décidé que les livres seraient répartis selon leur code, les chiffres pairs étant attribués à l'*UCL* et les chiffres impairs à la *KUL*. Ce critère arbitraire entraîna le démembrement d'ensembles cohérents. Toutefois, les collections ne furent pas démembrées. Par après, lors de la dispersion de la bibliothèque du Grand Séminaire de Malines, les livres anciens et précieux antérieurs à 1801 furent attribués à la *KUL* tandis que l'*UCL* reçut les ouvrages postérieurs. Avec le transfert à Louvain-la-Neuve, il fallut reconstituer une partie de la bibliothèque ; le professeur Julien Ries fut particulièrement actif dans ce domaine pour lequel il fonda le « Centre Cerfaux-Lefort ». Les achats et dons permirent petit à petit de disposer d'un instrument de travail suffisant. La première rentrée universitaire fut célébrée sur le site de Louvain-la-Neuve en 1972. L'année 1984 vit la consécration de l'église Saint-François, suivie par la visite pastorale du pape Jean-Paul II en 1985.

Le remodelage des programmes d'études. – Le renouveau conciliaire, mais aussi les changements sociétaux de Mai 1968, la crise du sacerdoce, l'ouverture aux sciences humaines et aux recherches interdisciplinaires, notamment en sociologie et en psychologie, et l'installation à Louvain-la-Neuve, favorisèrent le remodelage des programmes de la licence en théologie qui accueillit de nouvelles sections : missiologie, catéchèse, œcuménisme, pastorale et histoire des religions. Des séminaires propres furent mis en place auxquels correspondaient des bibliothèques spécialisées. Une licence en sciences morales et religieuses fut également créée pour la formation continue des prêtres engagés dans le ministère pastoral.

Après une période de forte décentralisation, de nouveaux changements intervinrent dans les années 1976-1977 : le tronc commun de la licence en théologie fut renforcé ainsi que la part des cours magistraux. En 1983, la Faculté de théologie et la Faculté de droit canonique fusionnèrent en une seule entité intitulée « Faculté de théologie et de droit canonique ». Le diplôme de *licentia* en droit canonique fut délivré par la faculté conjointe jusqu'en 1993 ; une licence spéciale en droit canonique, habilitant devant les tribunaux ecclésiastiques, fut encore délivrée jusqu'en 1996 par les professeurs L.-L. Christians et J.-P. Lorette. L'intitulé de la Faculté redevint quant à lui « Faculté de théologie » en 2004, laissant subsister environ 135 heures d'enseignement de droit canonique dans ses programmes, et deux enseignants au cadre. Un groupe des canonistes francophones de Belgique, fondé en 1993 à l'initiative du professeur Ann Jacobs, contribue à maintenir depuis lors une activité scientifique à la faculté. Enfin, lors de la réforme dite « de Bologne », le programme de philologie biblique fut intégré à l'offre de formation de la Faculté de théologie.

L'Institut supérieur des sciences religieuses. – Fondé en 1942, l'*Institut supérieur des sciences religieuses* (côté francophone) et le *Hoger instituut voor godsdienstwetenschappen* (côté néerlandophone) ont pour but de « donner un enseignement religieux de niveau universitaire aux étudiants des diverses facultés » qui le souhaitent. C'est une sorte de baccalauréat spécial abordant les principaux domaines de la théologie. En 1956, des religieux et des religieuses rejoignaient les étudiants universitaires dans cette filière.

À partir du Pacte scolaire (1958) et de la Loi scolaire (1959) qui inscrit un cours de religion ou de morale dans l'enseignement primaire et secondaire officiels, il s'agit de former des enseignants de la religion qualifiés. La formation se renforça progressivement jusqu'à ce que l'Institut fût intégré dans la Faculté de théologie en 1993 tout en gardant une certaine autonomie. L'enseignement à temps plein comportera désormais deux années de candidature et deux années de licence, ainsi que l'Agrégation pour l'enseignement secondaire supérieur et les stages. Une licence complémentaire en sciences religieuses donnera aux licenciés d'autres facultés la formation requise pour l'enseignement de la religion dans l'enseignement secondaire supérieur. De 1977 à 1998, l'Institut proposait aussi un doctorat en sciences religieuses, supprimé dans les années 2000.

La « Société théologique de Louvain » fut créée en 1974 pour la formation permanente des enseignants laïcs. Elle faisait paraître régulièrement des 'Notes' et organisait des conférences destinées aux anciens et amis de la Faculté. Elle disparut en 2010. Il faut également rappeler l'existence de l'*ICAFOC* (Institut pour la formation permanente) devenu *CECAFOC*, qui chaque année organise une journée de formation pour les enseignants de religion.

Les centres de recherche. – Divers centres de recherche virent le jour dans les années 1980. Le « Centre de recherches sur la Bible latine » (*CRBL*) pour l'étude de la *Vetus Latina* (1984), dirigé par Roger Gryson, fut associé au *Vetus Latina Institut* (Beuron). Ses recherches, à commencer par le livre d'Isaïe, concernent les différentes versions latines de la Bible, les états successifs et les multiples formes revêtues par le texte jusqu'au IXe siècle. Le « Centre Lumen Gentium » (1982) recueille comme son équivalent de Leuven les archives d'acteurs belges, évêques et experts au Concile Vatican II et en dresse les inventaires. Le « Centre Vincent Lebbe » fut créé en 1981 pour accueillir et inventorier les archives du célèbre missionnaire belge en Chine, confiées à la Faculté par la « Société des Auxiliaires des Missions » (*SAM*). Le « Centre d'histoire des religions » (Julien Ries) a organisé pendant de nombreuses années des colloques en partenariat avec le « Centre d'Histoire des religions » de l'Université de Liège et a créé la collection *Homo religiosus*.

À l'instar du *KADOC* (Leuven), l'*ARCA* (« Archives du monde catholique ») fondé en 1989 à Louvain-la-Neuve est destiné à recueillir, sauvegarder et valoriser, notamment par diverses publications, les archives d'institutions, d'associations et de particuliers du monde catholique de Wallonie et de Bruxelles (XIXe au XXIe siècle).

L'évolution des mentalités entre 1975 et 2000. – Quelques volumes anniversaires donnent la température sur diverses questions et leur évolution entre 1975 et 2000, au plan des situations et des mentalités. Les discussions concernent notamment l'identité catholique de l'université et la place en son sein d'une Faculté de théologie. En 1975, le volume du 550e anniversaire *L'Université de Louvain 1425-1975*, édité en français, en néerlandais et en anglais, offre notamment l'occasion d'évoquer la participation au Concile Vatican II des professeurs de la Faculté de théologie unitaire, la création des deux universités autonomes avec leur paroisse universitaire propre, les préoccupations de la Faculté de théologie de Louvain-la-Neuve concernant la réorganisation des études, l'ouverture au dialogue avec la philosophie, les sciences humaines et les sciences sociales, dans la fidélité à la Tradition authentique de l'Église.

En 1992, un nouveau volume fut publié par l'Université de Louvain-la-Neuve : *L'Université catholique de Louvain. Vie et mémoire d'une institution*. La question du caractère confessionnel de l'Université, de sa signification et de ses exigences y trouve place, ainsi que la double appartenance de la Faculté de théologie à l'Université et à l'Église, comme le rappelle Jean-Marie Sevrin, tout en reconnaissant que cette faculté ne peut porter seule la question de l'identité catholique de l'université et de sa mise en œuvre. Gabriel Ringlet revient sur cette dimension confessionnelle, c'est-à-dire d'ouverture et d'universalité, qui doit exclure toute crispation identitaire et postule le dialogue avec les autres cultures, religions et philosophies.

Le 575e anniversaire de l'université (2000) qui coïncide aussi avec le 20e anniversaire de l'arrivée à Louvain-la-Neuve est marqué par une nouvelle publication, *Une aventure universitaire.* On y retrouve la réflexion sur l'identité catholique de l'université dans la ligne du « Rapport 575 », au sein d'une société pluraliste et d'un pluralisme de fait vécu à l'université. Roger Aubert rappelle la refondation en 1834 de l'université par les évêques belges et son caractère formellement confessionnel. Camille Focant retrace l'évolution du financement de l'Université catholique au XXe siècle et constate qu'en 2000 la Communauté française de Belgique accorde à l'université une importante subsidiation. Dans une contribution intitulée « L'Université catholique comme programme », Albert Bastenier et Michel Molitor font écho aux diverses opinions concernant le caractère confessionnel de l'Université. Ils estiment que celui-ci n'est acceptable que s'il est considéré comme un 'programme' à mettre en œuvre. Il s'agira de faire des choix enracinés dans l'inspiration évangélique. D'autre part, une université catholique digne de ce nom doit se distinguer par sa liberté de recherche et l'excellence de ses travaux. L'identité 'catholique' postule un engagement dans des solidarités concrètes et un véritable universalisme. Enfin, Jean-Marie Sevrin évoque les « Chantiers des théologiens », et en particulier la double appartenance de la Faculté de théologie à l'Université et à l'Église, à vivre d'une manière propre à chaque époque. Il s'agit aujourd'hui de proposer le donné chrétien de manière 'intelligible' et 'crédible', d'ouvrir des voies nouvelles et de s'ouvrir au dialogue. Le Concile Vatican II n'a-t-il pas tracé un chemin prometteur dans cette direction ?

En février 2000, à la demande des évêques belges, les facultés de théologie de Leuven et Louvain-la-Neuve organisaient un colloque interdisciplinaire « Vers quelle réduction de la dette du Tiers-Monde ? ». En cette même année du 575e anniversaire, la Faculté de théologie de Louvain-la-Neuve proposait un colloque intitulé « *La théologie entre deux siècles* » (2000) pour faire le point sur les divers secteurs de l'enseignement et de la recherche. Après le discours d'ouverture du card. G. Danneels « Le rôle d'une faculté de théologie », divers professeurs présentaient les évolutions et défis dans leur propre secteur : en éthique théologique (Éric Gaziaux), en exégèse biblique (André Wénin), en théologie pastorale (Philippe Weber), en science et théologie des religions (Jacques Scheuer), en dogmatique (Joseph Famerée) et en histoire de l'Église (Claude Soetens). Les problèmes d'inculturation de la théologie et de la vie chrétienne étaient abordés par trois théologiens non européens : André Kabasele pour l'Afrique, Antonio Manzatto pour l'Amérique Latine et Michel Amaladoss pour l'Asie.

Le professeur Camille Focant, exégète, doyen de la Faculté de théologie (1995-2000, 2003-2008), vice-recteur des Sciences humaines à l'Université catholique de Louvain (2009-2011), © Jacky Delorme.

À l'occasion de son centenaire (1900-2000), la *Revue d'Histoire Ecclésiastique* (*RHE*), gérée par les deux Facultés de théologie et les deux Facultés de philosophie et lettres de Leuven et Louvain-la-Neuve, publia un numéro spécial intitulé « *Deux mille ans d'histoire de l'Église. Bilan et perspectives historiographiques* ». Le premier siècle de la revue a permis à l'histoire de l'Église de sortir des sentiers apologétiques, des conflits foi-raison, et de développer une saine critique et des synergies avec bien d'autres domaines du savoir. Une douzaine de thématiques sont ici retenues. On peut les regrouper en quatre ensembles : *Dynamisme et pesanteurs dans les doctrines et les croyances* (sainteté ; mal ; péché) ; *Questions disciplinaires et organisationnelles* (autorité dans l'Église ; prêtres et religieux ; laïcs ; émergence des femmes) ; *Rencontre du monde et des cultures* (diffusion du christianisme et inculturation ; œcuménisme et rapport avec les autres Églises ; responsabilité de l'Église catholique dans les grands conflits ; positions face à la société moderne et aux droits de l'homme ; nouvelles frontières de l'historiographie ecclésiastique) ; *L'Église catholique face aux sciences* (face aux progrès des sciences humaines et des sciences sociales, et surtout de l'histoire elle-même). Parmi la petite quarantaine de contributions, signalons en particulier « *Église et sociologie* » (Liliane Voyé) et « *Église(s) et psychologies(s). Bilan et perspectives d'une ouverture prudente* » (Vassilis Saroglou).

Les revues et collections cogérées par Leuven et Louvain-la-Neuve. – La collaboration entre les deux universités et les deux Facultés de théologie se poursuit, notamment au plan des revues (accessibles sur papier et sur Internet) et des collections scientifiques. La revue *Ephemerides Theologicae Lovanienses* (*ETL*) et sa collection *Bibliotheca Ephemeridum Theologicarum Lovaniensium* (*BETL*) sont cogérées par les deux Facultés de théologie. La *Revue d'Histoire Ecclésiastique* (*RHE*) et sa collection *Bibliothèque de la Revue d'Histoire Ecclésiastique* (*BRHE*), ainsi que le *Dictionnaire d'histoire et de géographie ecclésiastique* (*DHGE*) le sont par les deux Facultés de théologie et les deux Facultés de philosophie et lettres.

En 2006, la *RHE* a repris la direction du *DHGE* dirigé depuis 1952 par Roger Aubert et aujourd'hui par Luc Courtois. Les nouveaux fascicules du *Dictionnaire* sont disponibles sur Internet et sur papier chez Brepols (Turnhout). Dorénavant, chaque fascicule couvre en principe toutes les lettres de l'alphabet. Des tables cumulatives permettent de retrouver les notices souhaitées. Cette manière de faire permet la parution rapide des articles disponibles. Quant à la bibliographie de la *RHE* et des *ETL*, elle est désormais disponible uniquement sur Internet (l'Index Religiosus via *Brepolis*).

Signalons encore le *Colloquium biblicum lovaniense* de réputation mondiale, organisé annuellement à Leuven par les unités d'exégèse biblique des deux facultés-sœurs, et dont les Actes font l'objet chaque année d'une publication scientifique de haut niveau dans la collection des *BETL*.

Le « Processus de Bologne ». – Depuis 1988, date de la signature de la Charte de Bologne par 480 universités européennes dont Louvain-la-Neuve, et depuis le Décret de Bologne (2004), le paysage universitaire est en pleine mutation. Les pays européens se sont unis pour arriver à une harmonisation des programmes et des cycles d'études, de sorte que les échanges de professeurs et d'étudiants soient possibles et s'intensifient. La réforme de Bologne s'est réalisée à l'*UCL* entre 2004 et 2009. Désormais le premier cycle intitulé 'bachelier' comporte trois années d'étude (180 crédits appelés *European Credits Transfer System* ou *ECTS*). Le second cycle appelé 'master' comporte en principe deux années d'étude (120 crédits) selon deux orientations possibles : la « finalité approfondie » prépare à la recherche, la finalité 'didactique' à l'enseignement. Il est toutefois possible de compléter par une Agrégation spécifique la finalité approfondie pour obtenir le titre pédagogique. Plus marginal, un « master 60 » en un an est également accessible. Il doit être complété par l'Agrégation pour les étudiants qui se destinent à l'enseignement et il ne donne pas accès au programme de doctorat.

Le succès des séjours 'Erasmus' à l'étranger est considérable. Les étudiants peuvent y trouver un complément de formation et se perfectionner dans les langues étrangères. L'*UCL* et la Faculté de théologie accueillent régulièrement des « étudiants Erasmus » qui accentuent le caractère international des auditoires. En interne, au stade du bachelier, Louvain-la-Neuve a opté pour un système de 'mineures' qui permet aux étudiants d'une faculté de s'inscrire dans une autre faculté afin de recevoir une initiation dans une discipline différente, voire même d'opter ensuite pour un autre cycle d'études, moyennant divers prérequis. Dans les années 1990 furent créées les salles informatiques qui assurent aux étudiants la possibilité d'un apprentissage en vue notamment de l'utilisation des ressources informatiques des bibliothèques et de l'Internet.

L'heure est aux changements ! – Depuis une vingtaine d'années, les changements se sont accélérés à la Faculté de théologie dans le corps professoral, qui traditionnellement était constitué majoritairement de prêtres diocésains et religieux. Les doyens Sevrin et Focant ont été clairvoyants face à cette nouvelle situation. Ils ont favorisé la venue de professeurs laïcs, qui aujourd'hui participent au rayonnement de la Faculté et à son caractère international. La création de la *Fondation « Sedes Sapientiae »* (1997) permet de récolter des fonds en vue de soutenir la recherche, de préparer la relève et de financer les études, en particulier par l'octroi de bourses de doctorat sur base d'un concours. La Fondation s'est également fait connaître par l'organisation d'un cycle annuel de conférences pris en charge par la Faculté, tant à Louvain-la-Neuve qu'à l'*UCL* Bruxelles. Depuis 2015, les conférences se tiennent uniquement à Louvain-la-Neuve. Par la suite, les divers exposés font l'objet de publications destinées à un large public.

Dans la Fédération Wallonie-Bruxelles, le décret 'Paysage' du Ministre Jean-Claude Marcourt en charge de l'enseignement supérieur est entré en vigueur en 2014-2015. Il vise à réformer et à unifier l'enseignement supérieur et ses pratiques. Il concerne notamment les passerelles à créer entre les hautes écoles (enseignement supérieur non universitaire) et les universités. L'*UCL* connaît aussi ses propres mutations. Une autre réforme profonde de l'Université a été portée par le recteur Bernard Coulie en 2009 : spécialiser désormais les facultés dans l'enseignement et confier la recherche à de nouvelles structures, autonomes, transversales et pluridisciplinaires : les « Instituts de recherche ».

C'est ainsi qu'en 2009 a vu le jour l'Institut de recherche *Religions, Spiritualités, Cultures, Sociétés* (*RSCS*) dont l'intitulé un peu complexe reflète une volonté d'ouverture et d'interaction avec l'ensemble des disciplines de sciences humaines et sociales autour d'un objet religieux. L'institut fédère ainsi de nombreuses disciplines : arts et lettres, socio-anthropologie, philosophie, psychologie, droit, histoire, en dialogue avec les théologies des grandes traditions (christianisme, judaïsme, islam, bouddhisme, hindouisme). L'institut met ainsi en contact (presque) tous les académiques et chercheurs de sciences humaines et sociales dont l'objet est religieux à l'UCLouvain. *RSCS* compte au sens large environ 150 personnes dont 70 professeurs et plus de 80 doctorants et chercheurs. Le lancement de l'Institut *RSCS* fut marqué en 2011 par un colloque *Mutations des religions et identités religieuses*. Trois axes de recherche ont été retenus : l'axe positif (les sources des religions et spiritualités, leur histoire et leur exégèse) ; l'axe systématique (l'herméneutique des religions et l'articulation de leurs éléments propres, notamment ce qui concerne la théologie et la foi chrétiennes) ; l'axe des pratiques chrétiennes et autres (théologie, anthropologie, psychologie, statistiques, etc.).

Chaque année depuis l'an 2000, la *RTL* propose à titre rétrospectif une rubrique intitulée *Activités organisées par la Faculté de théologie au cours de l'année académique*. Depuis 2011, cette chronique distingue clairement la *Recherche* (colloques et journées d'études, publications, activités de l'École doctorale en théologie et sciences bibliques), la *Formation* (programmes d'études ; formation continue ; conférences, sessions, séminaires) et la *Coopération interuniversitaire* (notamment grâce au *Réseau doctoral européen des facultés de théologie de langue française* ou *THEODOC*). *L'École doctorale en théologie et en études bibliques* de Louvain-la-Neuve (2004) organise chaque année une journée d'ouverture et un colloque avant l'été, et au cours de l'année des séminaires et des conférences notamment de collègues étrangers. De la sorte, les doctorants peuvent accéder à une véritable pratique théologique, s'ouvrir à d'autres domaines de la recherche, apprendre à communiquer, à s'exercer à une saine critique, etc.

Les formations actuelles à la Faculté de théologie. – Tout commence par le bachelier en sciences religieuses (3 ans), suivi éventuellement d'un master en théologie à finalité didactique (2 ans) ou d'un master à finalité approfondie en théologie, en études bibliques ou d'un master en sciences des religions (2 ans). Ces deux derniers sont nécessairement des masters de 120 crédits. Une particularité du master en sciences des religions, créé en 2007, est d'être inter-facultaire, puisque son organisation relève de quatre facultés de sciences humaines (Théologie, Philosophie Arts et Lettres, Droit, Psychologie et Sciences de l'éducation). La mineure en science des religions qui vient en complément disciplinaire à une majeure est la plus importante. L'autre mineure, en théologie, assure une première initiation à la théologie chrétienne.

Dans le cadre du master inter-facultaire en sciences des religions, la faculté de théologie a soutenu et obtenu en 2010 la création de trois cours nouveaux en théologie islamique (90h, qui commencèrent effectivement à la rentrée de l'année suivante), en vue d'accroître ses compétences universitaires en théologies comparées.

La Faculté décerne aussi des certificats universitaires en didactique du cours de religion catholique ou orthodoxe ou islamique, en partenariat avec des instituts de formation non universitaires. D'autres certificats universitaires sont plutôt des formations complémentaires pour des personnes engagées professionnellement : en pastorale de la santé, en pastorale liturgique et sacramentelle, en théologie pratique, en études bibliques, en sciences des religions, en théologie, ou en théologie fondamentale. De plus, les étudiants des séminaires diocésains peuvent obtenir un baccalauréat canonique par affiliation, s'ils répondent aux conditions requises, conformément à la Constitution *Sapientia Christiana* (1979).

Fondé en 2000, le *Réseau de recherche en narrativité et Bible* (*RRENAB*) rassemble une dizaine de facultés francophones de Belgique, France, Suisse et Canada. Son but est de promouvoir l'analyse narrative de la Bible dans le cadre de la pluralité des lectures bibliques et l'articulation de ces diverses approches dans un acte global de lecture. Une telle approche herméneutique se double d'échanges d'informations et de colloques en commun qui permettent aux étudiants de mûrir leur projet.

Le *Réseau doctoral européen des facultés de théologie de langue française* (*THEODOC*) fut créé en 2005, en vue de promouvoir un haut niveau de recherche dans le monde francophone et de créer des synergies entre les écoles doctorales (formations communes, rencontres, etc.), dans une perspective interconfessionnelle (protestants et catholiques). L'initiative en revient à Éric Gaziaux, professeur à Louvain-la-Neuve. Le doyen Camille Focant a organisé une première rencontre avec les futurs partenaires et rédigé la Charte commune. La Faculté de théologie a établi des partenariats avec d'autres facultés de théologie : les Facultés de Lyon et de Strasbourg, la Faculté catholique de Paris et celle de Fribourg (Suisse), les Facultés protestantes de Paris, de Montpellier, et celles de Genève et Lausanne. Le réseau *THEODOC* a répertorié les thèses en cours, au nombre d'environ 600.

D'autres partenariats existent avec les Facultés catholiques de Kinshasa, de Sao Paulo et Belo Horizonte (Brésil), de Kaslik (Liban), de Laval et de Montréal (Canada) et la faculté de théologie orthodoxe d'Iasi (Roumanie). Il s'agit souvent d'entraide et d'échange de professeurs ou de doctorants.

Divers accords bilatéraux concernent la possibilité d'échanges d'étudiants Erasmus, avec Leuven, Paris, Strasbourg, Tübingen, Iasi, Salamanque, Thessalonique, mais aussi avec Montréal et Québec (« *Erasmus Mundus* »).

Les centres et groupes de recherche de l'Institut de recherche *RSCS* selon les trois axes. – L'Axe positif ('découvrir') analyse et interprète les textes fondateurs des religions et spiritualités. On y trouve le *Centre de recherches sur la Bible latine* (*CRBL*), le *Groupe de recherches sur le Cantique des Cantiques*, le *Séminaire de 3ᵉ cycle en exégèse biblique*, le *Réseau international de recherche en analyse narrative des textes bibliques* (*RRENAB*) ainsi que le *Centre d'études syriaques*. Il faut y ajouter le *Séminaire d'études juives*, le *Centre interdisciplinaire d'études de l'Islam dans le monde contemporain* (*CISMOC*), le *Groupe de recherches en études bouddhiques et hindouistes* (*GREBH*), le réseau *Voies d'Orient* (Bruxelles), le *Centre d'histoire des religions Cardinal Julien Ries*, le *Séminaire de recherche sur le bouddhisme indo-tibétain*, l'*Association belge pour l'étude des religions* (*BABEL*), sans oublier le *Groupe d'analyse culturelle de la première modernité* (*GEMCA*) et le centre d'*Archives du monde catholique* (*ARCA*) axé sur la dimension sociale du catholicisme et ses intellectuels. Soulignons aussi la participation de biblistes de Louvain-la-Neuve à la *Societas Novi Testamenti Studiorum* (*SNTS*) et à la *Society of Biblical Littérature* (*SBL*).

L'Axe systématique ('dé-construire') fait œuvre d'herméneutique et de recherche de cohérence. Il faut ici mentionner le *Groupe de recherche Théologie et sciences des religions* (TEORE), le *Groupe de recherche en éthiques comparées* (*GREC*), le *Réseau de recherche Adolphe Gesché* (*RRAG*), le *Centre « Lumen Gentium »* (*CLG*) relié au *Réseau international « Herméneutique théologique du concile Vatican II »*. Ajoutons encore *l'Association européenne de théologie catholique*, section belge francophone (*AETC/Fr*) et l'*Association de théologiens pour l'étude de la morale* (*ATEM*), le *Réseau de données sociologiques et juridiques sur la religion en Europe* (*EUREL*). Au plan littéraire, signalons le *Groupe de recherche « Figures et formes de la spiritualité dans la littérature et ses expressions artistiques »* et le *Centre de recherche sur l'imaginaire* (*CRI*). Ce vaste ensemble débouche sur l'étude du dialogue interreligieux pratiqué notamment dans le *Dialogue interreligieux monastique* (*DIM*) et *l'European network of buddhist christian studies* (*ENBCS*) ainsi que la *Base de données bibliographiques sur l'Islam en Europe* (*EURISLAM*). L'approche philosophique du fait religieux se fait notamment grâce au réseau *Penser le religieux en Europe* du *Fonds national de la recherche scientifique* (*FNRS*).

L'Axe des pratiques chrétiennes et autres (« discerner les usages du religieux ») et leur mise en œuvre intéresse la théologie, l'anthropologie, la psychologie et les statistiques. Elle profite au plan européen du *Centre de recherche en théologie pratique*, du *Centre Vincent Lebbe* (*CVL*) et du *Centre de recherches et d'échanges sur la diffusion et l'inculturation du christianisme* (*CREDIC*), de l'*Association francophone œcuménique de missiologie* (*AFOM*), de la *Société internationale de théologie pratique* (*STIP*), de la *Société internationale de sociologie des religions* (*SISR*) et du *Laboratoire d'anthropologie prospective* (*LAP*). Sans oublier le *CISMOC (IACCHOS)*, déjà signalé plus haut, et le groupe de recherche *Cinéma, religions, spiritualités* (*CINESPI*). L'approche juridique bénéficie des travaux de la *Chaire en droit des religions* avec l'appui du *Groupe des canonistes francophones de Belgique*. Pour la dimension didactique, on mentionnera encore le *Centre de recherche éducation et religions* (*CRER*) relayé par deux réseaux internationaux : l'*Institut de formation à l'étude et à l'enseignement des religions* (*IFER*) et *l'Observatoire interuniversitaire sur les pratiques pastorales à l'intention de la jeunesse*. Ajoutons que depuis 2012 a été créé le *Réseau international de recherche en éthique, spiritualité et soins palliatifs* (*RIRESP*) qui rassemble des enseignants, des doctorants et des cliniciens.

Le travail de recherche accompli au sein de l'Institut *RSCS* est diffusé grâce au *Réseau doctoral européen des facultés de théologies de langue française* (*THEODOC*) notamment lors de ses rencontres thématiques bisannuelles.

Depuis septembre 2016, le *FNRS* a reconnu un nouveau doctorat « en sciences des religions ». Ce doctorat est porté par une école doctorale interuniversitaire organisée par trois entités de recherche : au sein de l'ULB (CIERL – Centre interdisciplinaire d'études des religions et de la laïcité), de l'UCL (l'Institut *RSCS*), et de l'ULg (CHAR – Centre d'histoire et d'anthropologie des religions). À l'UCL, la commission interfacultaire du doctorat en sciences des religions (CDSR) est gérée administrativement par la Faculté de théologie.

En conclusion. – Le dynamisme de la Faculté de théologie de Louvain-la-Neuve se remarque au nombre et à la qualité de ses formations, colloques et publications, et de ses revues scientifiques. En mars 2019, selon le *QS World University Ranking*, la Faculté de théologie de Louvain-la-Neuve était classée à la 8e place mondiale de sa catégorie et à la première place des facultés francophones. Ses travaux sont désormais répertoriés dans le dépôt institutionnel *DIAL* de l'*UCL*. Au terme d'un demi-siècle d'existence à Louvain-la-Neuve, l'avenir de l'Université catholique de Louvain et de sa Faculté de théologie s'annonce riche, à la hauteur des défis du temps.

Doyens de la Faculté de théologie. – Philippe Delhaye (1969-1972). – Albert Houssiau (1972-1977). – Joseph Ponthot (1977-1982). – Albert Houssiau (1982-1985). – Roger Gryson (1985-1990). – Jean-Marie Sevrin (1990-1995). – Camille Focant (1995-2000). – Jean-Marie Sevrin (2000-2003). – Camille Focant (2003-2008). – André Wénin (2008-2012). – Joseph Famerée (2012-2015). – Eric Gaziaux (2015-).

Directeurs de la « Revue Théologique de Louvain ». – Gustave Thils (1970-1977). – Albert Houssiau (1978-1982). – Joseph Ponthot (1983-1991). – Pierre-Maurice Bogaert (1992-1999). – André Haquin (2000-2006). – Jacques Scheuer (2007-2008). – Camille Focant (2009-2015). – André Wénin (2016-).

Directeurs de la « Revue d'Histoire Ecclésiastique » (liste commune avec la KUL, et pour les facultés de théologie et de philosophie et lettres). – Alfred Cauchie (1900-1922). – Albert De Meyer (1922-1952). – Roger Aubert (1952-1990). – Jan Roegiers (1990-2010). – Mathijs Lamberigts (2010-...).

Présidents de l'Institut « Religions, Spiritualités, Cultures, Sociétés ». – Eric Gaziaux (2000). – Jean-Pierre Delville (2010-2013). – Louis-Léon Christians (2013-2019), Geert Van Oyen (2019-).

Docteurs « Honoris Causa » de la Faculté. – Mgr Hélder Câmara (archevêque de Recife et Olinda), et Mgr Mark G. McGrath, CSC, archevêque émérite de Panama, en 1970. – Lucien Ceyssens, OFM, professeur émérite de l'*Antonianum*, Rome, en 1978. – le card. Bernardin Gantin, doyen du Sacré Collège, Rome, et Louis Doutreleau, SJ, Institut des Sources chrétiennes, Lyon, en 1983. – Hermann Josef Frede, *Vetus Latina Institut*, Beuron, en 1986. – Pierre Maraval, professeur à la Sorbonne, Paris, en 2000. – John F. Haught, Woodstock Theological Center, Georgetown University, en 2009. – Christoph Theobald, Centre Sèvres, Paris, et Danièle Hervieu-Léger, Centre d'études en sciences sociales des religions, Paris, en 2018.

Sources. Archives de la Faculté de théologie à Louvain-la-Neuve : *Procès-verbaux du Conseil de Faculté* : *TECO* 40 à 44 (1968-2010) ; *Procès-verbaux du Bureau de Faculté* : *TECO* 45 à 52 (1974-2010) ; *Procès-verbaux du Conseil de l'Institut supérieur des sciences religieuses* : *RELI* 53-55 (1961-1993). Voir aussi A.1. *Courrier* (boîtes 1 à 39) ; A.2. *Réunions du Bureau, du Conseil et des Commissions facultaires* (40 à 71). La suite de A.2. comporte les numéros 72 à 191, notamment *Règlements* (72-74), *Structures, missions, mandats* (75-78), *Entités de la Faculté* (79-86), *Rapports des Unités* (87-93), *Programmes d'études* (98-146), *Relations de la Faculté avec les Autorités* (147-149), *Relations de la Faculté avec les structures UCL* (149-155), *Relations de la Faculté avec des entités extérieures* (172-186), *Relations nationales* (187), *Relations internationales* (188), et *Bourses et Erasmus* (190-191). Les archives sont en voie de classement.

Archives de l'Université catholique de Louvain (Louvain-la-Neuve). – *Archives du Rectorat* concernant la faculté de théologie : *Fonds du Cabinet du recteur* (FI 277). Boîtes 803 (Facultés ecclésiastiques 1967-1970, Réunions, Rapports, Correspondance), 804 (Faculté de théologie, 1965-1970, Correspondance), 805 (Faculté de théologie, 1971-1974, Correspondance), 806 (Faculté de théologie, 1975-1976, Correspondance), 807 (Faculté de théologie, 1977-1978, Correspondance), 808 (Faculté de théologie, 1979-1980, Correspondance), 809 (Faculté de théologie, 1981-1983, Correspondance), 810 (Faculté de théologie, 1984-1986, Correspondance), 811 (Institut Supérieur des Sciences religieuses, 1968-1984, Correspondance), 812 (Droit canonique, 1968-1984, Correspondance), 813-816 (Procès-verbaux des réunions des bureaux et conseils de facultés), 817 (Faculté de théologie, 1986-1995, Correspondance), 2204 (Faculté de théologie, 1996-1999, Correspondance), 2656 (Faculté de théologie, 2000-2004, Correspondance). – *Archives de l'Université*. Les *Dossiers académiques* des professeurs ne sont pas consultables sans autorisation. Pour la documentation concernant les professeurs de la Faculté de théologie, voir Co 003. Archives notamment des professeurs Joseph Lebon, Louis Jadin, Lucien Cerfaux, Gustave Thils, Jean Giblet, Joseph Ponthot, Maurice Simon, Adolphe Vander Perre, Michel Schooyans, André de Halleux, Jean Vieujean, Joseph Comblin, Henri Wagnon, Albert Houssiau, Albert Dondeyne, Robert Guelluy, Adolphe Gesché, Charles Moeller et Roger Aubert. De nombreuses *Notes de cours* (*cf.* Co 002-CII) soit suivis par des professeurs des XIXe et XXe siècles, soit professés par eux. Pour la seconde partie du XXe siècle, les cours les plus nombreux sont ceux d'Adolphe Gesché, André de Halleux, Albert Houssiau et Roger Gryson.

Archives de la *Revue d'histoire ecclésiastique* (*RHE*), du *Dictionnaire d'histoire et de géographie ecclésiastique* (*DHGE*), de la *Revue théologique de Louvain* (*RTL*), des *Cahiers de la Revue théologique de Louvain*, ainsi que du *Service des publications du Secrétariat TECO*.

Les archives personnelles de Mgr E. Massaux, recteur de l'Université catholique de Louvain (Louvain-la-Neuve) de 1968 à 1986, ont été déposées à la Bibliothèque des Facultés ecclésiastiques de l'Institut Catholique de Toulouse.

TRAVAUX. *L'Université de Louvain. 1425-1975*, Louvain-la-Neuve, 1976 (existe en néerlandais et en anglais), spécialement « L'Université dans l'Université », p. 435-438. – R. Gryson et P.-M. Bogaert, *Recherches sur l'histoire de la Bible latine*, Louvain-la-Neuve, 1987. – A. d'Haenens (dir.), *L'Université catholique de Louvain. Vie et mémoire d'une institution*, Bruxelles, 1992, en particulier J.-M. Sevrin, *La Faculté de théologie*, p. 195-203. – C. Focant, *L'enseignement de la religion au carrefour de la théologie et de la pédagogie. Actes du colloque organisé pour le 50e anniversaire de l'Institut Supérieur des Sciences Religieuses de l'université Catholique de Louvain. Louvain-la-Neuve, 28 avril 1993*, Louvain-la-Neuve, 1994. – G. Ringlet (dir.), *Une aventure universitaire*, Bruxelles, 2000. Voir notamment C. Focant (dir.), *Catholique*, p. 317-348, en particulier R. Aubert, *L'Université 'catholique' de Louvain de 1834 à nos jours*, p. 319-326 ; C. Focant, *Évolution du financement de l'UCL*, p. 327 ; A. Bastenier et M. Molitor, *L'Université catholique comme programme*, p. 328-335 ; et J.-M. Sevrin, *Les chantiers des théologiens*, p. 336-338. – J. Pirotte et E. Louchez (dir.) *Deux mille ans d'histoire de l'Église. Bilan et perspectives historiographiques*, n[o] spécial de la *Revue d'histoire ecclésiastique*, 95/3, 2000. – Dans J. Doré (dir.), *Le devenir de la théologie catholique mondiale depuis Vatican II. 1965-1999*, Paris, 2000, voir A. Denaux et G. Harpigny, *La Belgique* (dont *Louvain et les Jésuites*, p. 157-160). – J.-M. Sevrin et A. Haquin (dir.), *La théologie entre deux siècles. Bilan et perspectives* (Cahiers de la Revue théologique de Louvain, 34), Louvain-la-Neuve, 2002. – S. Faïk (dir.), *Robert Guelluy. Sa vie, sa pensée, son œuvre. Mots à vivre*, Louvain-la-Neuve, 2003.

Au sujet du Concile Vatican II, lire J. Grootaers, *Leuven op het concilie*, dans *Onze Alma Mater*, 19/2, 1965, p. 80-107 ; Id., *Primauté et collégialité. Le dossier de Gérard Philips sur la Nota Explicativa Praevia (Lumen Gentium, Chap. III)* (Bibliotheca Ephemeridum Theologicarum Lovaniensium, 72), Leuven, 1986 ; Id., *Actes et Acteurs à Vatican II* (Bibliotheca Ephemeridum Theologicarum Lovaniensium, 139), Leuven, 1998 (dont *Belges et Hollandais au concile Vatican II*, p. 337-352). – A. Prignon, *Les évêques belges et le concile Vatican II*, dans *Le deuxième concile du Vatican (1959-1965). Actes du Colloque de l'École Française de Rome (Rome, 28-30 mai 1986)* (Collection de l'École Française de Rome, 113), Roma, 1989, p. 297-305. Voir aussi Id., *Évêques et théologiens de Belgique au Concile Vatican II*, dans Cl. Soetens (dir.), *Vatican II et la Belgique*, Louvain-la-Neuve, 1996, p. 141-184. – L. Gevers, *Vaticanum II en de Lage Landen. Bronnen en historiografie*, dans *Trajecta*, 1, 1992, p. 187-205. – M. Lamberigts, *The « vota antepraeparatoria » of the Faculties of Theology of Louvain and Lovanium (Zaïre)*, dans Id. et Cl. Soetens (dir.), *À la veille du concile Vatican* II, Leuven, 1992, p. 169-184 ; Id., *Research into the Second Vatican Council in the Low Countries. A Survey*, dans *Annuarium Historiae Conciliorum*, 32/2, 2000, p. 387-404 ; Id., *Der Forschungsschwerpunkt « Vaticanum II » an der Theologischen Fakulteit der Katholischen Universität Löwen*, dans P. Pfister (dir.), *Julius Kardinal Döpfner und das Zweite Vatikanische Konzil* (Schriften des Archivs des Erzbistums München und Freising, 4), Regensburg, 2002, p. 74-83 ; Id. et L. Declerck, *La contribution de la 'Squadra belga' au Concile Vatican II* , dans *Annuario de historia de la Iglesia*, 21, 2012, p. 157-183. – Cl. Soetens, *La « squadra belga » all'interno della maggioranza conciliare*, dans M. T. Fattori et A. Melloni (dir.), *L'Evento e le Decisioni*, Bologna, 1997, p. 143-172. – C. Van de Wiel, *Repertorium van de documenten in het archief Monseigneur Willy Onclin. Tweede Vaticaans Concilie en Pauselijke Commissie voor de herziening van het Wetboek van Canoniek Recht* (Novum Commentarium Lovaniensium in codicem iuris canonici, 2), Leuven, 1998. – L. Declerck, *Brève présentation du Journal conciliaire de Mgr. G. Philips*, dans M. T. Fattori et A. Melloni (dir.), *Experience, Organisations and Bodies at Vatican II* (Instrumenta Theologica, 21), Leuven, 1999, p. 219-231 ; Id., *Le rôle joué par les évêques et periti belges au concile Vatican II. Deux exemples*, dans *Ephemerides Theologicae Lovanienses*, 77/4, 2000, p. 445-464 ; Id., *De van de « Squadra belga » op Vaticanum II*, dans *Collationes*, 32, 2002, p. 341-372 ; Id., *Les réactions de quelques « periti » du Concile Vatican II à la « Nota Explicativa Praevia » (G. Philips, J. Ratzinger, H. de Lubac, H. Schauf)*, dans *Notiziario. Istituto Paolo VI*, 61, 2011, p. 47-69. – J. Y. H. A. Jacobs, *Twee Belgische onderzoekscentra en het Tweede Vaticaans Concilie*, dans *Trajecta*, 9, 2000, p. 315-319. – K. Schelkens (éd.), *Carnets conciliaires de Mgr. Gérard Philips, secrétaire adjoint de la commission doctrinale* (Instrumenta Theologica, 29), Leuven, 2006 ; Id. et M. Quisinsky, *Philips, Gerard Gustaaf Alfons*, dans *Bio-bibliographisches Kirchenlexikon*, 31, 2010, col. 1061-1072. – D. Donnelly, J. Famerée, M. Lamberigts et K. Schelkens (dir.), *The Belgian Contribution to the Second Vatican Council. International Research Conference at Mechelen, Leuven and Louvain-la-Neuve (September 12-16, 2005)* (Bibliotheca Ephemeridum Theologicarum Lovaniensium, 216), Leuven-Paris-Dudley, 2008. – C. Focant (éd.), *L'Église catholique a-t-elle donné sa chance au Concile Vatican II ? Analyses et perspectives*, Louvain-la-Neuve, 2016 (étude des 16 documents conciliaires). – Concernant le séminaire de Louvain-la-Neuve du « Groupe des exégètes francophones », voir C. Focant (dir.), *La loi dans l'un et l'autre testament*, Paris, 1997 et Id., *Quelle maison pour Dieu ?* Paris, 2003.

Concernant Mgr Massaux, premier recteur de l'Université de Louvain-la-Neuve, voir É. Massaux, *L'Université catholique au service de l'Église et du monde*, Louvain-la-Neuve, 1986. – R. Gryson (éd.), *Nature et mission de l'Université catholique. Actes du colloque de l'éméritat de Mgr E. Massaux*, Louvain-la-Neuve, 1987.

Parmi les livres d'hommage au chanoine Roger Aubert, signalons le dernier : J.-P. Delville et M. Jačov (éd.), *La papauté contemporaine (XIXe-XXe siècles). Il papato contemporaneo (secoli XIX-XX), Hommage au chanoine Roger Aubert, professeur émérite à l'Université catholique de Louvain, pour ses 95 ans*, Leuven-Louvain-la-Neuve-Città del Vaticano, 2009.

Pour la sociologie de la religion, se reporter à L. Voyé et J. Billiet (éd.), *Sociologie et Religions. Des relations ambiguës*, Leuven, 1999, ainsi qu'à la revue internationale *Social Compass* (Louvain-la-Neuve), notamment *Quel siècle pour 'Social Compass' ? 100 Years of Social Compass*, 51/1, 2004.

Pour la psychologie de la religion, voir A. Vergote, *Religion, foi, incroyance : étude psychologique*, Bruxelles, 1984. – V. Saroglou et D. Hutsebaut (dir.), *Religion et développement humain. Questions psychologiques. Hommage à Jean-Marie Jaspard*, Paris, 2001.

L'inauguration de l'Institut *RSCS* a donné lieu à un colloque publié par J.-P. Delville (éd.), *Mutations des religions et identités religieuses*, Paris, 2012.

Dans la série « Dieu pour penser » (Paris, Cerf), Adolphe Gesché a publié sept volumes (1993-2003) : *Le mal* ; *L'homme* ; *Dieu* ; *Le cosmos* ; *La destinée* ; *Le Christ* ; *Le sens*. Les « colloques Gesché » se tiennent tous les deux ans depuis 1995 et font l'objet de publications spécifiques.

Le réseau *THEODOC* a fêté ses dix années d'existence par un colloque tenu à Paris : *cf.* É. Gaziaux (éd.), *Les enjeux d'une théologie universitaire. Conférences du dixième anniversaire de Theodoc, Paris 20-21 novembre 2014*, dans *Cahiers de la RTL*, 42, 2016.

Le *Centre universitaire de théologie pratique* (Louvain-la-Neuve) édite en ligne avec d'autres institutions les *Cahiers internationaux de théologie pratique*.

Pour la *Revue théologique de Louvain* (*RTL*), le lecteur dispose de quatre *Tables décennales*, 1970-1979 (t. 1-10), 1980-1989 (t. 11 à 20), 1990-1999 (t. 21-30), 2000-2009 (t. 31-40) grâce auxquelles les travaux et la vie de la Faculté sont facilement repérables. À l'exception des cinq dernières années de parution, la *RTL* est libre d'accès sur le site *Persée*. Les *Cahiers de la Revue théologique de Louvain* (*CRTL*) livrent notamment les inventaires des archives Vincent Lebbe (Cl. Soetens), les inventaires d'archives d'évêques et d'experts belges au Concile Vatican II (présentés par Cl. Soetens, J. Famerée, L. Hulsbosch, E. Louchez, L. Declerck et A. Haquin), une série de travaux de G. Thils et les Conférences de l'École doctorale.

A. Haquin

VI. Bibliographie générale. – L. van der Essen, *L'Université de Louvain*, Bruxelles, 1921 ; Id., *L'Université de Louvain 1425 (1426)-1927. Contribution au cinquième centenaire de l'Alma Mater*, Liège, 1927 ; Id. (dir.), *L'Université de Louvain à travers cinq siècles. Études historiques*, Bruxelles, 1927 ; Id., *L'Université de Louvain. 1425-1940*, Bruxelles, 1945 ; Id., *L'Université de Louvain. Son origine, son histoire, son organisation. 1425-1953*, Bruxelles, 1953 (avec version en néerlandais). – J. Coppens, *Bibliographie sur l'Université de Louvain*, dans *Ephemerides theologicae Lovanienses*, 28, 1952, p. 199-202 et 599-600 ; V. Denis, *Université catholique de Louvain. 1425-1958*, Louvain, 1958 ; Id., *Université catholique de Louvain. 1425-1958. Supplément 1958-1965*, Louvain, 1965. – *L'Université de Louvain. 1425-1975*, Louvain-la-Neuve, 1975. – E. Lamberts, et J. Roegiers, *Leuven University, 1425-1985*, Leuven, 1990. – J. Roegiers, *550 Jaar Universiteit Leuven. 1425-1975. Catalogus van de Tentoonstelling in het Stedelijk Museum van Leuven 31 januari tot 25 april 1976*, Leuven, 1976 ; Id. et I. Vandevivere (dir.), *Leuven-Louvain-la-Neuve. Aller Retour* (Lovaniensia), Leuven-Louvain-la-Neuve, 2001. – A. D'Haenens (éd.), *La vie quotidienne à l'Université de Louvain. Scansions d'une longue durée : 1425-1985* (École des mémoires culturelles. Publications, n° 1), Louvain-la-Neuve, 1985 ; Id. (dir.), *L'Université catholique de Louvain. Vie et mémoire d'une institution*, Louvain-la-Neuve, 1992. – F. Hiraux, L. Honoré et F. Mirguet (dir.), *La vie étudiante à Louvain. 1425-2000* (Publications des Archives de l'Université catholique de Louvain, 4), Louvain-la-Neuve, 2002 ; *De Universiteit te Leuven. 1425-1985*, 2e édition, Leuven, 1988. – M. Derez, *Leuven*, Leuven, 1996. – *575 années de formation à l'Université de Louvain. Arrêts sur quelques pratiques d'apprentissage* (Publications des Archives de l'Université catholique de Louvain, 1), Louvain-la-Neuve, 2000.

LUCIFER, évêque de Calaris (Cagliari en Sardaigne).

L'action de Lucifer (*Lucifer Calaritanus*) se situe au cœur de la crise arienne. L'arianisme sévit en effet d'abord en Orient (*c.* 330-350) avant que les échos ne s'en fassent sentir en Occident, après la mort de l'empereur Constantin, avec l'attitude de Constance II : à la mort de son frère Constant, il en profite pour renforcer l'arianisme en Illyricum en s'appuyant sur les évêques Valens de Mursa, Ursace de Singidunum et Germinius de Sirmium (*c.* 337-340). Seul empereur en 353, Constance tente d'imposer en Occident ce qu'il a réussi à faire en Orient et en Illyricum. Le Pape Libère, à Rome, essaie de s'opposer à la politique de Constance en réclamant la réunion d'un concile pour confirmer la foi de Nicée (325).

Il dépêche, comme porteurs de sa missive à Constance venu s'établir à Milan, Lucifer de Cagliari, le prêtre romain Pancrace et le diacre Hilaire. C'est à cette occasion que Lucifer entre pour nous dans l'histoire. Le concile se réunit finalement en 355 à Milan : Ursace et Valens réclament, au lieu de la signature du symbole de Nicée, la condamnation d'Athanase d'Alexandrie. Presque tous les évêques signent à l'exception de Lucifer de Cagliari, Denys de Milan et Eusèbe de Verceil. Avec Pancrace et le diacre romain Hilaire, ils sont exilés. Lucifer est envoyé successivement à Germanicie (ou Germania) en Syrie, à Éleuthéropolis de Palestine, enfin au fond de la Thébaïde, multipliant contre Constance les pamphlets sarcastiques qui restent sans réponse (356-361). Sa « geste » et ses miracles sont relatés dans le *Libellus Precum* rédigé par ses partisans une quinzaine d'années après sa mort.

Lucifer se trouve relégué en Thébaïde lorsque le rejoint l'édit de Julien autorisant le retour des évêques exilés. Dès le printemps 362, Lucifer est convié par Athanase – revenant de son troisième exil – au concile d'Alexandrie, le « concile des Confesseurs », selon le mot de Rufin d'Aquilée (*Historia Ecclesiastica* 1, 1). Lucifer préfère ne pas s'y rendre et se fait représenter par ses deux diacres Herennius et Agapetus. Il prétexte alors que la situation d'Antioche l'oblige à se rendre dans la cité syrienne pour mettre un terme aux dissensions religieuses.

À son arrivée, l'Église d'Antioche, troublée depuis que son évêque Eustathe a été déposé dans le contexte des réactions anti-nicéennes, est alors divisée en trois communautés : une minorité arienne, réunie autour de l'évêque Euzoïus, un vieil ami d'Arius ; une majorité antiarienne – mais pas d'observance nicéenne – qui suit Mélèce, élu par les homéens pour remplacer Eudoxe passé à Constantinople au début de 360 et bientôt exilé pour la foi, et un groupe minoritaire de nicéens fidèles à la mémoire d'Eustathe, ralliés au prêtre Paulin. Au lieu d'attendre les décisions du concile d'Alexandrie, Lucifer consacre Paulin évêque d'Antioche, envenimant ainsi le « schisme d'Antioche » (362). Lorsque, porteur des décisions prises à Alexandrie, Eusèbe de Verceil arrive à Antioche, il trouve une situation irrémédiablement compromise par l'attitude de Lucifer et regagne l'Italie.

Mécontent de l'attitude d'Eusèbe, Lucifer refuse d'avaliser la signature de ses deux diacres au « Tome aux Antiochiens » qui contenait les décisions du concile des Confesseurs. Paulin, quant à lui, le signe. En refusant ainsi de reconnaître la signature de ses diacres, Lucifer entrave l'œuvre qui sera celle d'Eusèbe de Verceil et d'Hilaire de Poitiers.

Désavoué, Lucifer devient un nicéen intransigeant, il rentre en Sardaigne en passant par Naples et Rome. On perd ensuite sa trace. Selon Jérôme, il meurt sous Valentinien Ier (364-375), en 370, d'après la *Chronique*. Peu de temps après, à son exemple ou à sa suite, on ne sait trop, se développe une secte de « Lucifériens », d'intégristes, résolus à ne jamais transiger avec les évêques qui ont 'pactisé' avec les ariens, *i. e.* tous ceux qui avaient peu ou prou cédé ou avaient été trompés lors de la deuxième session du concile de Rimini à la fin de 359.

SOURCES. – *Luciferi Calaritani Opera quae supersunt* (Corpus Christianorum Series Latina, 8), éd. par G. F. Diercks, Turnhout, 1978 : *Quia absentem nemo debet iudicare nec damnare siue De Athanasio* I et II ; *De regibus apostaticis* ; *De non conueniendo cum haereticis* ; *De non parcendo in Deum delinquentibus* ; *Moriendum esse pro Dei filio* ; *Epistulae ad Florentium, ad Eusebium, Epistula Liberii papae ad Eusebium, Dionysium et Luciferum in exsilio constitutos* ; *Fides Luciferi (dubia)*. – A. Ceresa-Gastaldo (éd.), Gerolamo, *Gli uomini illustri*, 95 (Biblioteca Patristica, 12), Firenze, 1988, p. 200-201. – Hieronymus, *Altercatio Luciferiani et Orthodoxi* (editio maior) (Corpus Christianorum Series Latina, 79 B), éd. par A. Canellis, Turnhout, 2000. – Jérôme, *Débat entre un Luciférien et un Orthodoxe* (editio minor) (Sources chrétiennes, 473), éd. par A. Canellis, Paris, 2003. – S. Jérôme, *Chronique. Continuation de la Chronique d'Eusèbe, années 326-378, suivie de quatre études sur les Chroniques et chronographies dans l'Antiquité tardive (IVe-VIe siècles)* (coll. « Histoire »), B. Jeanjean et B. Lançon (éd.), Rennes, 2004 : année 355, R. Helm (éd.), *Eusebius Caesariensis. Werke Band 7. Die Chronik des Hieronymus/ Hieronymi Chronicon* (Die griechischen christlichen Schriftsteller der ersten Jahrhunderte, t. 47), Berlin, 1956, p. 239-240 ; trad. B. Jeanjean et B. Lançon (éd.), *op. cit.*, p. 93 ; année 370, R. Helm (éd.), *op. cit.*, p. 200-201 ; trad. B. Jeanjean et B. Lançon, p. 103. – Faustin (et Marcellin), *Supplique aux Empereurs = Libellus Precum* (editio maior) (Sources Chrétiennes, 504), éd. par A. Canellis, Paris, 2006 : Faustin, *Confession de foi*, Faustin (et Marcellin), *Livre de suppliques*, et *Loi Auguste*.

TRAVAUX. – *Lucifer de Cagliari* (§ 585), dans R. Herzog (éd.), *Restauration et renouveau. La littérature latine de 284 à 374 après J.-C.* (Nouvelle Histoire de la littérature latine, t. 5), Turnhout, 1993, p. 543-549. – J. Pérez Mas, *La crisis luciferiana. Un intento de reconstrucción histórica* (Studia Ephemeridis Augustinianum, 110), Roma, 2008. – *Documents from the Luciferians : In Defense of the Nicene Creed* (Writings from the Greco-Roman World), trad. avec notes et introduction (+ texte latin) par C. M. Whiting, Leiden, 2019 : Faustinus, *Confession of Faith*, Faustinus and Marcellinus, *Petition of Requests*, Theodosius, *Augustan Law*, Faustinus, *On the Trinity*, Pseudo-Athanasius, *Epistle 50*, *Epistle 51*.

A. CANELLIS

LUXEUIL, abbaye Saint-Pierre-et-Saint-Paul, France, département de la Haute-Saône, commune et canton de Luxeuil-les-Bains.

Fondé par l'Irlandais Colomban et le roi mérovingien de Bourgogne vers 595, le monastère a accueilli à ses débuts des moines venus d'Irlande et des membres de l'aristocratie franque (*cf. supra* Colomban, t. XXXII, col. 602-615). Il fut installé au sein d'une agglomération d'origine antique, peut-être pourvue d'une enceinte dans l'Antiquité tardive, et qui conservait d'anciens thermes. Cette agglomération est sans aucun doute déjà christianisée puisque les fouilles récentes ont mis au jour deux églises du Ve siècle à l'emplacement des églises monastiques médiévales dédiées à Saint-Martin et à Notre-Dame.

I. HISTOIRE DE L'ABBAYE DE LUXEUIL. – 1° *Luxeuil avant l'abbaye*. – 2° *Le développement du monastère à l'époque mérovingienne : une fondation royale influente*. – 3° *L'époque carolingienne, un apogée ?* – 4° *Le Moyen Âge (XIe-XVe siècles) : recherche d'un protecteur, renforcement de l'exemption, tensions avec la ville et défense du patrimoine*. – 5° *L'abbaye à l'époque moderne (XVIe-XVIIIe siècles) : entre la commende et la réforme*. – 6° *De la Révolution à nos jours : disparition de la communauté et nouvelles utilisations des bâtiments conventuels*. – II. ÉVOLUTION TOPOGRAPHIQUE ET ARCHITECTURALE DE L'ABBAYE. – 1° *La topographie du haut Moyen Âge*. – 2° *L'abbatiale Saint-Pierre et le cloître au Moyen Âge*. – 3° *Les reconstructions et aménagements de l'époque moderne*. – 4° *Les restaurations et aménagements, du XIXe* siècle à nos jours. –

I. HISTOIRE DE L'ABBAYE DE LUXEUIL. – 1° *Luxeuil avant l'abbaye*. – L'agglomération de Luxeuil s'est développée dans un paysage de légères ondulations prolongeant les plateaux calcaires de la Haute-Saône au sud, à la limite des premiers contreforts des Vosges au nord. Le lieu se distingue par un réseau hydrographique qui compte une vingtaine de sources, chaudes, ferrugineuses et salées, pour certaines à l'origine de l'occupation du site. Luxeuil (*Luxovium*) est avec Mandeure (*Epomanduodurum*) l'une des deux principales agglomérations antiques de l'ancienne *Provincia Maxima Sequanorum* dont la capitale est Besançon (*Vesontio*). Les origines précises de l'agglomération nous échappent encore ; en 1865, un dépôt votif contenant une centaine d'*ex-voto* en bois fut découvert à proximité de la source du Pré-Martin, à la limite septentrionale du quartier thermal. La présence de ces *ex-voto* laisse supposer une occupation qui se serait constituée à partir d'un sanctuaire thérapeutique d'origine indigène, dont on perçoit les premiers indices de structuration – comprenant déjà un établissement thermal – à partir du début du Ier siècle après J.-C. Luxeuil était traversée par la voie du Rhin qui reliait Langres à Bâle, du nord-ouest au sud-est, en contournant le massif vosgien au sud avant de s'enfiler dans la trouée de Belfort. À la fin du second siècle de notre ère, on estime que l'agglomération s'étendait sur une surface comprise entre 35 et 50 ha. L'étude du monnayage et les résultats des fouilles archéologiques accréditent l'hypothèse d'une importante récession économique de l'agglomération à la fin du IIe siècle, ce qui, conjugué au contexte général de la seconde moitié du IIIe siècle, aurait conduit à une rétraction des neuf dixièmes de sa surface, à l'intérieur des murs d'un *castrum*, entre le dernier quart du IIIe siècle et le premier quart du IVe siècle. La première occurrence du *castrum* dans les sources écrites anciennes est relevée dans la *Vie* de Colomban. Une portion de sa muraille aurait été localisée à l'occasion de travaux rue Jean Jaurès (actuelle rue Gilles Cugnier) entre 1845 et 1847, révélant trente-cinq stèles funéraires des IIe-IIIe siècles en remploi dans des fondations, selon un mode de construction caractéristique du Bas-Empire. Dans ce secteur de l'agglomération, le tracé

Plan topo-archéologique général de l'abbaye de Luxeuil, © D. Vuillermoz, L. Fiocchi, M. Dupuis, d'après S. Bully (Apahj / Umr ARTeHIS 6298 du Cnrs).

de l'enceinte précoce aurait en partie déterminé celui de l'enceinte du XIIIe siècle.

2° *Le développement du monastère à l'époque mérovingienne : une fondation royale influente.* – Contrairement à ce que semble affirmer Jonas, le biographe de Colomban, l'abbaye de Luxeuil a été fondée dans une agglomération d'origine gallo-romaine encore suffisamment importante, sinon par sa population, du moins par son emplacement (sources et thermes, voies de communication) pour avoir été maintenue au Bas-Empire sous la forme d'un *castrum*. La fouille menée sur l'ancienne église Saint-Martin et les sondages archéologiques ouverts dans le centre ancien démontrent une continuité d'occupation entre l'agglomération antique et le monastère mérovingien. Colomban et les premiers moines s'installèrent donc dans un complexe paléochrétien des Ve-VIe siècles. La grande abbaye éclipsa rapidement les deux autres fondations primitives de Colomban, Annegray et Fontaine, situées elles aussi au pied des Vosges, aux confins de la Bourgogne et de l'Austrasie, à moins d'une quinzaine de kilomètres à l'est de Luxeuil pour la première et à environ 6 km au nord-ouest pour la seconde.

De Luxeuil à l'époque mérovingienne, seul l'abbatiat d'Eustaise († 629), successeur de Colomban, est quelque peu connu grâce au récit de Jonas. On perçoit les bonnes relations du monastère avec le roi Clothaire II et un certain nombre de difficultés dans les relations avec le monastère proche de Remiremont (*monasterium Habendum*), à cause des critiques du moine Agrestius, bientôt mis à l'écart. Jonas ne dit rien sur l'administration du monastère à cette époque.

Davantage que nos connaissances sur l'abbaye de Luxeuil elle-même, ce sont les nombreuses traces écrites de son influence qui montrent qu'elle était sans nul doute une des plus grandes abbayes du royaume mérovingien. Cette influence de Luxeuil est particulièrement marquée en Neustrie où de nombreux dignitaires du palais ont été en contact direct ou indirect avec Colomban. Deux familles ont particulièrement développé le monachisme luxovien :

– la famille d'Autharius dont un fils (Dado-Audoin-Ouen) après avoir servi au palais devint évêque de Rouen et dont l'autre, Ado, participa à la fondation du monastère de Jouarre dès 630 (*cf. supra* Jouarre, t. XXVIII, col. 297-300).

– la famille de Chagnéric dont le fils Faro devint évêque de Meaux et y créa le monastère Sainte-Croix (Saint-Faron), un autre fils Chagnoald fut moine à Luxeuil puis évêque de Laon et la fille Burgondofara fonda le monastère d'Eboriacum (Faremoutiers, *cf. supra*, t. XVI, col. 534-545).

À ces deux familles, on peut rattacher d'autres fondations, en particulier celles du diocèse de Rouen où Ouen fut évêque, Jumièges, Pavilly, Fécamp et surtout Fontenelle : les *Gesta abbatum Fontanellensium* mentionnent un codex qui contenait « la règle de saint Benoît et de saint Colomban ». Ami de S. Ouen, Éloi créa le monastère de Solignac où les moines devaient observer la « règle des bienheureux pères Benoît et Colomban ». Plus tardivement, Ebroïn, maire du palais de Neustrie, créa, de concert avec l'évêque Drausin, le monastère Sainte-Marie de Soissons, dont le privilège (667) précise l'observance de la règle de S. Benoît « à la façon du monastère de Luxeuil ». Dans le sillage de Luxeuil furent également créés un certain nombre de monastères austrasiens, dont le plus célèbre est Remiremont, fondé par un grand aristocrate d'Austrasie, Romaric qui, pour diriger sa nouvelle fondation, s'adressa à un moine de Luxeuil, Amatus. Du fait de ces mentions conjointes de la règle de S. Benoît et de celle de Colomban, on a souvent écrit qu'à partir de Walbert, deuxième successeur de Colomban à Luxeuil († vers 670), la règle de S. Colomban avait été en partie abandonnée, comme « adoucie » par l'observance de la règle de S. Benoît ; mais la « règle colombanienne » à elle seule ne pouvait suffire à définir l'observance d'un monastère (*cf.* article Colomban *supra*) ; il est donc fort probable qu'à l'époque de Colomban et d'Eustaise la règle bénédictine était déjà connue des moines de Luxeuil. Peut-être même Colomban et ses disciples ont-ils été les principaux vecteurs de l'introduction de la règle bénédictine en Gaule, ce que rendent plausibles les échanges existants entre Colomban et le pape Grégoire le Grand (*cf.* Moyse). Un autre type d'influence peut être attribué à Luxeuil : l'obtention par de nombreux monastères, dès l'époque mérovingienne, de la liberté ecclésiastique, c'est-à-dire l'indépendance du monastère vis-à-vis de l'évêque diocésain. Mais on ne peut affirmer, faute de sources incontestables, que Luxeuil a reçu, du roi, de l'évêque du diocèse ou même du pape un tel privilège, semblable à celui, authentique, octroyé par l'évêque de Meaux Burgondofaron, à l'abbaye de Rebais en 637-638 (*cf.* les points de vue quelque peu différents d'Ewig, Moyse et Morelle).

Le *scriptorium* de Luxeuil, sans doute apparu dans les premières décennies du monastère, fut un autre vecteur important de son influence. Il doit sa renommée au grand type d'écriture élaboré en son sein connu sous le nom d'« écriture de Luxeuil ». Celle-ci, apparentée par certains aspects à l'écriture diplomatique, se caractérise par des lettres de petit module, étroites, légèrement penchées sur la gauche et comportant de nombreuses ligatures. Le premier témoin daté de l'activité de ce centre de copie est un manuscrit contenant les *Homélies* de S. Augustin, achevé en 669, peu avant la mort de l'abbé Walbert. Une vingtaine de manuscrits ou de fragments copiés dans cette écriture sont parvenus jusqu'à nous. Outre une minuscule spécifique, ils présentent également des passages en onciale, semi-onciale ou capitale, ce dernier type comportant en particulier un O rhomboïdal. Les initiales des textes sont parfois décorées de motifs zoomorphes (souvent des poissons et des oiseaux) ou géométriques. Certains ouvrages sont même ornés de pages entières de décor de grandes croix évoquant les objets d'orfèvrerie des églises. Pour l'essentiel, le support utilisé est le parchemin, mais l'un des manuscrits qui nous est parvenu est partiellement copié sur papyrus.

Si les caractéristiques de la calligraphie et du décor de ces manuscrits ont permis de déterminer une origine commune, leurs destinataires sont en revanche largement méconnus. On sait toutefois que l'un d'entre eux fut copié pour un évêque d'Ivrée ou qu'un autre était destiné à une dame Ragyndrudis. En revanche, le centre pour lequel fut copié, vers 700, l'un des plus illustres témoins du *scriptorium* de Luxeuil, le lectionnaire dit « de Luxeuil », conservé à la BnF, reste inconnu.

Le *scriptorium* de Luxeuil a donc largement contribué au rayonnement du monastère vosgien, par la transmission de textes, la circulation des ouvrages, mais également par la formation de scribes passés à d'autres établissements et son influence sur d'autres *scriptoria*, parmi lesquels le *scriptorium* de Corbie, dont le premier abbé, Théofrid (661-670), était un ancien moine de Luxeuil. De plus, si le *scriptorium* de Luxeuil est fameux pour sa production de l'époque mérovingienne, on lui attribue également des manuscrits carolingiens, à l'écriture également distinctive, qui adopta la caroline tout en maintenant une identité propre.

3° *L'époque carolingienne, un apogée ?* – À l'époque carolingienne, Luxeuil était sans doute une des grandes abbayes du royaume (Adson évalue le patrimoine à 15 000 manses sous Drogon), ce qui fait qu'elle fut dévolue à deux reprises au moins à de grands personnages.

Après qu'Anségise fut devenu abbé de Fontenelle, les destinées de l'abbaye de Luxeuil sont mal connues. Selon Adson, qui écrit dans la seconde moitié du Xe siècle, Drogon, fils de Charlemagne, reçut, outre l'évêché de Metz, la direction de Luxeuil ; c'est là qu'il trouva la mort en 855 ; on a supposé, sans autre source sur laquelle s'appuyer, que Drogon avait reçu Luxeuil après Anségise, soit dès 823 quand Anségise devint abbé de Fontenelle et donc après la mort de celui-ci en 833 ; mais ce put être bien plus tard puisque la liste (qui comprenait sans doute des morts et des vivants) des quelque 150 moines de Luxeuil, recopiée vers 830 dans le *Livre de Confraternité* de Reichenau, ne mentionne pas Drogon mais un abbé Dęddanus ainsi que, parmi les moines, le théologien Angelomus contemporain de Drogon, qui, dans la préface de son commentaire sur la Genèse écrit vers 850, mentionne l'intérêt porté à l'étude de l'Écriture par son maître Mellinus (abbé avant Drogon selon Adson) et dédie son traité à un autre moine, Leotricus, lui aussi mentionné dans la liste de Reichenau.

Cette dévolution à l'évêché de Metz fut sans doute éphémère puisque, lors du traité de Meersen (870), Luxeuil figure dans la part de Louis le Germanique ; en 891, un diplôme du roi de Germanie, Arnulf, fait de

Luxeuil une possession de l'Église de Metz, mais rien ensuite ne vient confirmer cette disposition.

En effet, mis à part quelques noms d'abbés donnés par Adson, on ignore presque tout des destinées de l'abbaye de la fin du IXe au début du XIe siècle. Adson évoque en termes très vagues une incursion de païens qui tuèrent quelques moines et l'abbé Girbaldus mais ne parvinrent pas à détruire le monastère. De l'interprétation erronée de Mabillon est issue une tradition selon laquelle l'abbaye aurait été détruite par les Sarrasins vers 731, ou bien, selon Godfried Henschen (éditeur des *Acta Sanctorum*), par les Normands ; si cette incursion a bien eu lieu, elle put, plus vraisemblablement, être le fait des Hongrois au début du Xe siècle. Adson fait également état des attaques du duc Richard (Richard le Justicier, duc de Bourgogne, † 921) contre les églises mais ne dit rien de précis sur Luxeuil qui fut, selon lui, protégée par les reliques de Walbert, ensuite efficaces contre d'autres tentatives laïques d'usurpations. Notons que, s'il a sans doute été moine à Luxeuil avant d'être écolâtre de Toul puis abbé de Montier-en-Der, Adson ne fut pas, contrairement à ce qu'affirme une tradition ancienne, abbé de Luxeuil (*cf.* Goullet et Moyse).

4.° *Le Moyen Âge (XIe-XVe siècles) : recherche d'un protecteur, renforcement de l'exemption, tensions avec la ville et défense du patrimoine.* –

Seules les bulles des papes Benoît VIII, en 1018, et Léon IX, en 1049, pourraient apporter quelques lumières sur l'histoire de Luxeuil, si leur authenticité n'avait pas été souvent mise en doute : connues seulement par des copies de la fin du XIIIe siècle, l'une et l'autre, tout en reprenant les termes de la bulle de Jean IV, elle aussi suspecte, reflètent plutôt la conception de l'exemption en usage au XIIe siècle. Cependant il est probable que malgré leur aspect formel anachronique, elles reflètent bien l'autonomie de Luxeuil vis-à-vis de l'ordinaire, à l'instar d'autres abbayes, depuis l'époque carolingienne au moins.

De l'incorporation du royaume de Bourgogne (et donc du comté de Bourgogne où se trouve Luxeuil) à l'empire germanique en 1032 jusqu'à la prise de contrôle du comté (donc de la Franche-Comté) par Philippe le Bel en 1301, l'histoire de Luxeuil se décline au gré des guerres opposant la noblesse franc-comtoise et l'empereur germanique et dont l'abbaye est souvent un enjeu : l'abbaye est incendiée en 1201 et ses archives brûlées. Durant cette période, l'action des abbés et des moines a trois objectifs : récupérer les biens anciens et accroître le patrimoine de l'abbaye, maintenir et accroître son autonomie vis-à-vis de l'archevêque de Besançon, trouver un protecteur laïque efficace et bienveillant. Le réquisitoire contre Luxeuil de l'abbé de Cluny Pierre le Vénérable qui, en 1131-1133, accuse les moines de vivre comme des séculiers, fait supposer un relâchement de la vie régulière qui n'est peut-être pas si catastrophique puisque plusieurs bulles papales viennent confirmer les biens de l'abbaye, de 1136 à 1147. Il témoigne plutôt du souci de l'abbé de Cluny de réformer les abbayes anciennes pour mieux faire face à la concurrence des ordres nouveaux, prémontrés et cisterciens, dont l'expansion menace leur influence sur l'aristocratie laïque et donc leur équilibre économique. L'autonomie de Luxeuil vis-à-vis de l'ordinaire se renforce peu à peu au fil des bulles octroyées en 1144, 1222 et 1268 : un évêque ne peut y célébrer les offices ni procéder aux consécrations sans l'invitation de l'abbé, seul le pape y possède un pouvoir disciplinaire qui lui permet de casser des élections abbatiales irrégulières ou d'autoriser un transfert. Le diplôme de Charlemagne forgé au XIIe siècle, reflet des prétentions temporelles des moines, fait état de biens dispersés dans l'Est de la France et dans la vallée du Rhône, mais en réalité seuls restent (ou sont revenus) entre leurs mains, outre les domaines dépendant directement de l'abbaye et proches d'elle, une douzaine de prieurés et une quarantaine d'églises situés dans la région (dans le Bassigny proche et le diocèse d'Autun). La possession de ces églises, sans doute pour une part restituées par les laïcs à la faveur de la réforme grégorienne, témoigne d'un rayonnement spirituel non négligeable. Le problème de la garde de l'abbaye, qui conditionne pour une part sa prospérité, est le plus épineux et le plus complexe. Dans un premier temps, Luxeuil resta sous la protection du souverain germanique qui lui confirma son exemption de tonlieux et de péages dans tout l'empire en 1123, puis sitôt après l'incendie de 1201, rappela ses anciennes immunités judiciaires, fiscales et commerciales et garantit la liberté des élections abbatiales. Mais, à partir du milieu du XIIe siècle, la garde de Luxeuil fut inféodée aux comtes de Bourgogne ; cette protection s'avérant illusoire, Luxeuil se dota de fortifications en 1214 puis rechercha d'autres protecteurs : en 1248, l'abbaye conclut un traité de pariage avec le duc de Lorraine et le comte de Bar associés à l'administration temporelle de son domaine ; en 1258, un nouveau traité de pariage fut conclu avec le comte de Champagne Thibaud IV. Mais c'est en vain que l'abbaye fit appel à ses deux alliés successifs contre le comte de Bourgogne en 1267 et 1268. En 1271, l'abbaye fit sa soumission au comte de Bourgogne Othon IV qui acquit la confiance du monastère et fonda sa politique sur l'alliance avec le roi de France. En 1295, Othon IV céda l'administration de son comté au roi Philippe le Bel, également comte de Champagne, qui devint le gardien du monastère et, en tant que comte de Champagne, renouvela en 1301 le traité de pariage de 1258. Durant cette période difficile, l'abbaye adapta sa gestion aux conditions nouvelles en abandonnant l'administration directe de ses biens au profit d'acensements de toutes natures, vendit le prieuré d'Annegray au seigneur de Faucogney, celui d'Héricourt au comte de Montbéliard et, sans aucun doute contre espèces sonnantes et trébuchantes, l'abbé Thibaud de Faucogney accorda des franchises aux bourgeois de Luxeuil, en 1291.

Malgré cet évident redressement, au XIIIe siècle, des signes inquiétants sont visibles, comme la proximité des abbés avec les familles aristocratiques locales (en particulier les seigneurs de Faucogney), la relative faiblesse du nombre des moines (une vingtaine au plus), plusieurs élections abbatiales contestées et des démissions d'abbés en liaison avec les difficultés politiques.

La protection du roi de France ne suffit pas, semble-t-il, à résoudre tous les problèmes de l'abbaye, d'autant que le contrôle royal sur cette région alla en s'affaiblissant à partir du milieu du XIVe siècle : en 1373, le duc de Bourgogne, Philippe le Hardi, fit l'acquisition des châteaux de Faucogney et de Château-Lambert, entourant ainsi les terres de Luxeuil ; les officiers du duc prélevèrent ainsi des taxes sur l'abbaye, lors de la croisade contre les Turcs, le paiement de la rançon de Jean sans Peur et, en 1402, pour le mariage du duc en Bretagne. En 1416, la duchesse Marguerite intervint dans l'élection de l'abbé Pierre de Lugny et fit occuper l'abbaye par son bailli. Après la mort de Jean sans Peur (1419) et le traité de Troyes (1420), le duc de Bourgogne Philippe le Bon continua d'appesantir sa domination sur l'abbaye. Une nouvelle crise s'ouvrit avec la succession de l'abbé de Luxeuil, Étienne de Perrecy en 1424 : les religieux élurent son neveu Guy, âgé de 20 ans, et firent confirmer son élection par l'archevêque de Besançon. Le pape Martin V refusa l'élection et donna l'abbaye à Jean de Vincelles, prieur de la Charité-sur-Loire, qui se heurta à l'opposition violente de son compétiteur, soutenu par les moines, et demanda l'aide du duc de Bourgogne qui fit occuper par ses officiers les terres de l'abbaye. Luxeuil fut pendant deux années l'enjeu d'une querelle qui la dépassait et que le parlement de Paris, peu soucieux de régler un litige entre le roi anglais et le duc de Bourgogne, fut incapable d'arbitrer. Guy de Perrecy occupa l'abbaye par la force et jeta Jean de Vincelles en prison ; le pape Martin V excommunia Guy, qui fut, peut-être avec l'appui des troupes bourguignonnes, définitivement chassé, tandis que Jean, devenu abbé de Tournus puis abbé de Saint-Claude, se désintéressait de la question. En 1435, une clause du traité d'Arras abandonna à Philippe le Bon la garde du temporel de Luxeuil. Les moines cédèrent à condition que le duc prête le serment de défendre les libertés de leur église et d'observer le traité de 1258 ; le serment ne fut prêté que le 3 juin 1441.

Les troubles consécutifs à la fin de la guerre n'épargnèrent pas la terre de Luxeuil qui subit le passage des 'écorcheurs' et des 'routiers' en août 1444. Une période de tranquillité suivit, sous l'abbé Jouffroy, de 1449 à 1468. Après la mort de Charles le Téméraire le 6 janv. 1477, le roi de France fit occuper le duché de Bourgogne et réclama la garde de la Franche-Comté, mais Marie de Bourgogne, fille du duc donna sa main à l'héritier d'Autriche : les Francs-comtois se soulevèrent et les troupes royales furent battues. Au printemps 1479, Louis XI reprit l'offensive ; Dole fut pillée et incendiée, les autres villes se livrèrent. L'abbé de Luxeuil négocia : le traité de Faucogney réduisit la terre abbatiale à l'obéissance du roi de France, contre la protection de celui-ci.

L'émancipation des bourgeois de Luxeuil se poursuivit : en 1485, le droit de bourgeoisie fut accordé par l'abbé. À la fin du XVe siècle, la municipalité comptait quatre échevins (renouvellement par moitié chaque année après deux ans d'exercice) et un conseil des treize (renouvelés tous les ans à la même époque que les échevins). Cependant le droit des échevins à exercer la justice, haute, moyenne et basse dans la ville et son territoire était encore contesté par les abbés.

Charles VIII renonça à la Franche-Comté qu'il abandonna à Maximilien de Habsbourg par le traité de Senlis (23 mai 1493). À la mort de l'abbé Antoine de Neuchâtel, Maximilien élut l'abbé de son choix, Jean de la Palud ; le pape Alexandre VI en nomma un autre mais dut céder.

5° *L'abbaye à l'époque moderne (XVIe-XVIIIe siècles) : entre la commende et la réforme.* – Marguerite, fille de Maximilien, gouvernait la Franche-Comté et fit reconnaître la neutralité de ses États au traité de Saint-Jean-de-Losne (1522) où il est précisé que la neutralité concernait aussi l'abbé, le monastère et les habitants de Luxeuil. En 1530, Charles Quint reprit le gouvernement de la Franche-Comté ; il envoya deux officiers prendre possession de la terre de Luxeuil. Les habitants de la ville et des villages relevant de l'abbaye ainsi que l'abbé devaient prêter serment de fidélité à l'empereur. Le conflit entre l'abbé de Luxeuil et les échevins au sujet de la justice se poursuivit : en 1543, les échevins firent appel au parlement de Dole pour faire respecter leur droit d'instruire et de juger les procès criminels à l'exclusion des officiers abbatiaux, tandis que l'abbé François de Bonvalot en appela à Charles Quint qui, en 1547, confirma que la haute justice appartenait à l'abbé et à ses officiers.

L'abbé François Bonvalot était aussi attaché à défendre les immunités religieuses de son abbaye : il empêcha l'archevêque de Besançon d'administrer les sacrements dans l'église Saint-Martin, qui servait depuis longtemps d'église paroissiale. Après lui, les éminents personnages qui devinrent abbés (le card. de Granvelle, l'évêque de Trente) ne résidaient plus à Luxeuil, qui subit le contrecoup de la guerre entre la France et l'Espagne (1595-1598) au cours de laquelle la Franche-Comté fut dévastée. L'autonomie des bourgeois se renforça ensuite : ils refusèrent de donner les clés de la ville à l'abbé et même d'ouvrir celle-ci pour le nouvel abbé Jean-Baptiste Clerc (1642-1671) avant qu'il n'ait prêté serment de ne rien entreprendre contre les privilèges des bourgeois.

En 1633, l'infante Isabelle, gouvernante générale des Pays-Bas et de la Franche-Comté, nomma comme abbé dom Jérôme Coquelin, moine bénédictin appartenant à la congrégation de Saint-Vanne pour qu'il y rétablisse, avec les vingt religieux qui l'accompagnaient, la discipline régulière mise à mal par le régime de la commende, ce qui entraîna la reconstruction quasi complète des bâtiments conventuels. Après la mort de Coquelin en 1639, son successeur, dom Jean-Baptiste Leclerc, poursuivit la reconstruction de l'abbaye. Mais après sa mort, les souverains d'Espagne puis de France (la Franche-Comté fut conquise par Louis XIV en 1674) renouèrent avec la nomination d'abbés commendataires. Malgré cela, le redressement et la reconstruction se poursuivirent : le chapitre général de la congrégation de Saint-Vanne put se tenir à Luxeuil en 1723-1724, ce qui nécessita le logement d'une centaine de religieux.

Les relations de l'abbaye avec la ville se formalisèrent ; le traité du 23 mai 1703 régla la question du partage de la justice entre l'abbaye et les bourgeois de la ville : le maire et ses officiers obtinrent le droit de juger en première instance tous les délits et crimes commis sur le territoire de la ville (avec droit d'appel au bailli nommé par l'abbé), mais ne pouvaient connaître les délits commis dans l'abbaye et ses dépendances, sur les bois et les domaines de l'abbaye et des religieux. Malgré cela, l'abbé Aymard de Clermont-Tonnerre, nommé à 19 ans, en 1743, se heurta à l'opposition des habitants de Luxeuil et, en 1766, dut reconnaître aux officiers municipaux le droit de s'occuper des bois

Vue aérienne de l'abbaye de Luxeuil, © A. et S. Bully, M. Gaillard.

communaux et de juger les délits qui y seraient commis. Suite à l'édit d'août 1779 qui abolit la mainmorte dans les terres du roi et dans les seigneuries tenues de lui, Clermont-Tonnerre négocia directement avec les communautés villageoises : les traités furent transmis au roi en février 1789. Les 19-22 juil. 1789, les paysans se soulevèrent, envahirent l'abbaye, brûlèrent ses archives et forcèrent l'abbé à signer l'abandon de ses droits seigneuriaux. À ce moment, l'abbaye ne comptait plus, outre l'abbé, que dix-sept prêtres, deux novices et cinq frères convers. Le 7 juil. 1790, Clermont-Tonnerre quitta pour toujours l'abbaye de Luxeuil.

6° *De la Révolution à nos jours : disparition de la communauté et nouvelles utilisations des bâtiments conventuels.* – Après la suppression des ordres monastiques en 1792, les derniers moines quittèrent l'abbaye qui devint bien national ; pendant les guerres révolutionnaires, elle servit d'hôpital militaire. L'église Saint-Martin, après avoir été utilisée comme magasin militaire, fut démolie à partir de 1797. En 1811, Napoléon ayant décidé la création d'un petit séminaire dans chaque département, les bâtiments de l'abbaye de Luxeuil y furent affectés. En 1901, l'archevêché de Besançon racheta les bâtiments à l'État pour maintenir le séminaire. À partir de 1976, ils abritèrent le collège catholique Saint-Colomban, un centre d'accueil et un centre pastoral.

II. ÉVOLUTION TOPOGRAPHIQUE ET ARCHITECTURALE DE L'ABBAYE. – 1° *La topographie du haut Moyen Âge.* – Le récit de Jonas ne donne que très peu de renseignements architecturaux et topographiques sur le premier monastère de Luxeuil : les matériaux employés à sa construction, bois ou pierre, ne sont pas précisés mais on relève cependant la mention d'un réfectoire, d'un cellier, d'un grenier fermant à clef, d'une église dotée d'un *atrium* – dont la réalité architecturale est difficile à définir – et d'une hôtellerie. Le terme *septum*, utilisé également par Jonas, est plus équivoque : se rapporte-t-il à l'espace occupé par les bâtiments monastiques ou à une véritable clôture dont on ne sait pas si elle était matérialisée dans l'espace ? On imagine cependant difficilement que les limites du monastère n'aient pas été définies pas un mur, une palissade, un fossé ou une combinaison de plusieurs de ces dispositifs.

Les textes, souvent tardifs, laissent néanmoins entrevoir une topographie cultuelle complexe dès le haut Moyen Âge. Dans une lettre de recommandation de Colomban à ses moines, un autel, dont le vocable n'est pas précisé, est consacré par un évêque Aidus ; il s'agit, avec la mention à plusieurs reprises par Jonas d'une église, sans autre détail, de la seule évocation en rapport avec un lieu de culte. Les premières mentions du vocable apostolique de l'église apparaissent au IXe siècle dans les *Gesta* des abbés de Fontenelle et dans les deux *Vies* de S. Gall où Wetti puis Walahfrid rapportent que Colomban s'installa dans des ruines antiques, et qu'il fit construire un oratoire en l'honneur de S. Pierre, ainsi que des cellules. La *Vie* de Walbert, rédigée à la fin du Xe siècle par Adson, mentionne les églises Saint-Pierre et Saint-Martin : l'église principale aurait été érigée par Colomban et agrandie par son premier successeur Eustaise (610-625), dont le tombeau avait pris place à l'intérieur de l'édifice, derrière l'autel dédié à S. Pierre. Quant à Walbert, dont on fixe la mort à l'année 670, il aurait été enseveli dans la crypte de l'église Saint-Martin, aménagée derrière l'autel par l'évêque Nicetius (contemporain de Colomban) dès les années 600. Les recherches archéologiques ont démontré que Saint-Martin était à l'origine une basilique funéraire paléochrétienne dépendant de l'agglomération réduite de Luxeuil. À la fondation du monastère, l'église conserva une fonction funéraire, mais semble avoir été réservée exclusivement aux moines. Un grand nombre d'entre eux furent inhumés dans des sarcophages disposés au chevet de l'église et de la crypte externe dite de « saint Walbert ». Vers 1000, l'église a été en partie reconstruite et la tombe de Walbert fut transférée dans le bras sud du nouveau transept. Des sondages archéologiques ont révélé une seconde église du Ve siècle entre Saint-Martin et Saint-Pierre. Elle semble bien correspondre à un vocable marial, rencontré lui aussi dans la *Chronique des abbés de Fontenelle*, que l'on retrouve ensuite sans doute au XIe siècle mais dans un document dont la plus ancienne copie conservée ne remonte qu'au XIIIe siècle. L'église a ensuite été reconstruite au XVe siècle. D'après les données archéologiques, on y inhumait également à partir du VIIe siècle et jusqu'au Moyen Âge. Pour le haut Moyen Âge, il s'agirait également de religieux du monastère.

2° *L'abbatiale Saint-Pierre et le cloître au Moyen Âge*. – L'édifice actuel succède à au moins deux églises bâties depuis l'installation de Colomban vers 595. Au milieu du XIe siècle, une nouvelle église, dédicacée à S. Pierre, est construite mais elle fut détruite un siècle et demi plus tard par un incendie. La construction de la nouvelle abbatiale commença au début du XIIIe siècle ; elle fut consacrée le 7 déc. 1340. Les matériaux de construction sont pour la plupart d'origine locale : grès aux multiples couleurs, bois et laves pour la couverture. Deux clochers de forme pyramidale couronnaient l'édifice ; l'un a été en partie détruit par la foudre en 1680 et pourvu d'un dôme à lanternons, l'autre a été supprimé en 1812. L'édifice, long de soixante mètres et haut de dix-huit, a été construit sur un plan en croix latine ; en avant du chevet, un vaste transept dessert quatre chapelles latérales. Le portail principal (condamné par la construction du palais abbatial) était surmonté d'une tour-porche.

La nef présente une élévation tripartite : de grandes arcades, soutenues par de puissants piliers à colonnes engagées entourées de quatre colonnettes, s'ouvrent sur les bas-côtés et sont surmontées d'un *triforium* à baies géminées. Un jubé séparait le chœur des moines du reste de la nef ; il n'en reste qu'une vierge polychrome contemplant le corps de son fils, placée au XIXe siècle dans le bas-côté nord, dont les piliers et les voûtes du XIIIe siècle sont toujours en place. Le bas-côté sud donnant accès aux bâtiments conventuels fut remanié au XVIIe siècle et ne garde qu'une seule fenêtre d'origine (au-dessus de la porte des moines). Le transept, long de trente-sept mètres et large de sept, porte les traces des interruptions et des reprises de chantier ; il est éclairé par six grandes rosaces, deux fenêtres hautes et trois étroites lancettes ; les quatre chapelles latérales sont à chevet plat avec des fenêtres d'inspiration romane. L'abside conserve son plan, son élévation et une partie des matériaux de construction du XIVe siècle.

Le cloître gothique encore debout a été bâti en une cinquantaine d'années au début du XVe siècle mais reste marqué par l'esthétique romane du XIIe siècle ; les quatre galeries voûtées en croisées d'ogive possèdent une lourde couverture de 'laves', c'est-à-dire de dalle de grès (récemment reconstituée). Une seule travée a gardé sa façade en claire-voie donnant sur le jardin du cloître : entre deux contreforts, les baies géminées en plein cintre sont encadrées par des colonnettes géminées assemblées sous un tailloir unique, et au-dessus de la baie centrale se trouve un oculus. Rien n'a été retrouvé d'un éventuel cloître antérieur ; la position de l'actuel cloître, le long du logis de l'abbé et non de l'église abbatiale, suscite des interrogations quant à sa fonction réelle.

3° *Les reconstructions et aménagements de l'époque moderne*. – L'entrée de l'abbaye dans la congrégation de Saint-Vanne provoqua une reconstruction complète des bâtiments conventuels, de 1635 à 1724. Le grand bâtiment du nord, bientôt appelé le « grand quartier », achevé en 1854, comprenait réfectoire, cuisine et infirmerie au rez-de-chaussée (surélevé et entièrement voûté), au premier étage les logements des valets et une salle de réunion, au deuxième étage douze cellules de moines, un chauffoir et une bibliothèque ; l'ensemble des salles (donnant sur le jardin) était desservi à chaque étage par une galerie à l'ouest. Le second corps de bâtiment comprenant la sacristie, la salle du chapitre et, à l'étage, d'autres chambres pour les religieux, ne fut terminé qu'en 1684 ; un vestibule voûté, d'où part « l'escalier des moines », fait le lien entre les deux bâtiments.

Quelques années après le rattachement de la Franche-Comté à la France, les remparts médiévaux furent détruits à l'est et au sud ainsi que la tour du XIVe siècle qui servait alors de grenier à blé.

L'aménagement de l'entrée du monastère fut effectué dans le premier quart du XVIIIe siècle :

– Un grenier à blé fut construit au sud à l'emplacement de l'ancien rempart,

– À l'est le « grand quartier » fut prolongé par un pavillon d'angle avec d'élégantes façades donnant sur le jardin et fut pourvu d'une galerie sur arcades,

– À l'ouest furent édifiés les deux pavillons d'entrée qui renfermaient les écuries des religieux,

– Un nouveau bâtiment à quatre niveaux (boulangerie, appartements des hôtes de marque, bibliothèque) et pourvu d'un grand escalier fut construit près de la galerie méridionale du cloître, ce qui entraîna la destruction du toit du cloître et l'édification d'arcades massives.

L'église abbatiale fut seulement réaménagée :

– Dans le bas-côté nord, le mur gouttereau et les contreforts extérieurs ont été en majeure partie reconstruits en 1664 et de larges fenêtres ont remplacé les ouvertures romanes,

– Le bas-côté sud, assombri par la construction en 1663 de l'aile du chapitre, fut doté de larges fenêtres semblables à celles du bas-côté nord ; la porte des moines y donne accès à la salle du chapitre et une autre porte au cloître.

Le jubé fut remplacé par une grille à la fin du XVIIe siècle ; les stalles des moines rachetées aux chanoines de Besançon en 1693 (confectionnées entre 1545 et 1549 pour Saint-Étienne de Besançon, détruite en 1674 lors de la construction de la citadelle) ont été mises en place dans les deux premières travées de la nef ; elles ont été déplacées dans l'abside après la Révolution et en partie détruites.

Les grandes orgues qui occupent le fond de la nef ont été commanditées au début du XVIIe siècle par l'abbé Antoine de la Baume.

Dans le bas-côté nord, vidé de ses monuments funéraires en 1793, le groupe sculpté, appelé « Notre-Dame de la Pitié » comprend des éléments distincts datant de la fin du XVe siècle ou du début du XVIe siècle (Vierge provenant du jubé, niche aux fins rinceaux dorés obstruant l'entrée de la galerie menant à l'église Notre-Dame détruite en 1782).

En 1794, la ville acheta le cloître pour en faire un marché couvert, ce qui paradoxalement en permit la conservation même si la galerie occidentale fut détruite ainsi que la plupart des façades donnant sur le jardin.

4° *Les restaurations et aménagements, du XIXe siècle à nos jours.* – La transformation de l'abbaye en petit séminaire nécessita d'importants aménagements, en particulier la construction de la chapelle Saint-Colomban (d'abord dans l'ancienne bibliothèque, puis transférée en 1854 dans l'ancien grenier à blé et reconstruite en 1880 après un incendie dans un style néo-renaissance) et, en 1887, d'un grand préau à structure métallique contre la façade orientale du « grand quartier ».

Une visite impromptue de Napoléon III en 1856, provoqua la restauration de l'église, devenue église paroissiale ; l'empereur signala l'église à Prosper Mérimée, qui en confia la restauration à Viollet-le-Duc.

Dans l'abside reconstruite en 1862 sous la direction de Viollet-le-Duc, des vitraux, œuvres du maître verrier Louis Stenhel, furent placés entre 1865 et 1875 ; les médaillons représentent quarante moines et abbés de Luxeuil, traités à la manière du XIIIe siècle. Un maître-autel en bronze doré dessiné par Viollet-le-Duc et fabriqué par Louis Bachelet a été mis en place en 1865.

Une partie des stalles des moines a été remplacée en 1871 par la chaire dite « de Lacordaire », réalisée au tout début du XIXe siècle et en provenance de Notre-Dame de Paris.

Dans le bas-côté nord, les vitraux de style renaissance ont été placés au XIXe siècle. Dans le transept, des vitraux de style gothique ont été posés en 1880 (avec l'armorial des abbés depuis 1330) ainsi que, toujours au XIXe siècle, les vitraux et mosaïques des chapelles latérales.

SOURCES. – Pour la fondation du monastère, on se reportera aux sources et à la bibliographie de l'article de M. Gaillard, *Colomban*, dans *DHGE*, *supra*, en ligne et, t. XXXII, col. 602-615.

SOURCES ÉDITÉES. – G. Henschen (éd.), *Vita Waldeberti auctore Adsone, abbate Luxoviensi* (*Bibliotheca Hagiographica Latina*, 8775), *Acta Sanctorum, maii*, t. I, Antwerpen, 1680, p. 279-282 ; édition partielle : O. Holder-Egger, *Miracula SS. Waldeberti et Eustasii* (Monumenta Germaniae Historica. Scriptores, 15), Hannover, 1888, p. 1170-1176 ; édition scientifique complète dans M. Goullet, *Adsonis Dervensis opera hagiographica* (Corpus christianorum. Continuatio mediaevalis 198), Turnhout, 2003, p. 70-101. – B. Krusch (éd.), *Vita Galli confessoris* (Monumenta Germaniae Historica. Scriptores rerum Merovingicarum, 4), Hannover-Leipzig, 1902, *auctore Wettino* (*Bibliotheca Hagiographica Latina*, 3246), p. 258, et *auctore Walahfrido* (*Bibliotheca Hagiographica Latina*, 3247), p. 286. – F. Grat, *Die Urkunden Arnolfs* (Monumenta Germaniae Historica. Diplomata Regum Germaniae ex Stirpe Karolinorum, 3), Berlin, 1940, n° 90, p. 132-133. – G. S. M. Walker (éd.), *Sancti Columbani opera, Epist. IV, 4*, Dublin, 1957, p. 30, l. 5-9. – F. Grat, J. Vielliard, S. Clémencet et L. Levillain (éd.), *Annales de Saint-Bertin*, Paris, 1964, a. 870, p. 172. – J. Autenrieth, D. Geuenich et K. Schmid (éd.), *Das Verbrüderungsbuch der Abtei Reichenau* (Monumenta Germaniae Historica. Libri memoriales et necrologia. Nova series, 1), Hannover, 1979, § 23, f^b 53. – P. Pradié (éd. et trad.), *Chronique des abbés de Fontenelle* (Classiques de l'histoire de France au Moyen Âge), Paris, 1999, p. 152-161.

TRAVAUX. – H. Baumont, *Étude historique sur l'abbaye de Luxeuil (590-1790)*, Luxeuil, 1896. – P. Bauvain de Beauséjour, *Le monastère de Luxeuil, l'église abbatiale, étude historique et archéologique*, Besançon, 1891. – A. Bossuat, *Une clause du traité d'Arras. Philippe le Bon et l'abbaye de Luxeuil*, dans *Annales de Bourgogne*, 9, 1937, p. 7-23. – A. Erlande-Brandenburg, *Le monastère de Luxeuil au IXe siècle*, dans *Cahiers archéologiques*, 14, 1964, p. 239-243. – B. Buffet, *L'abbaye de Luxeuil aux XIVe et XVe siècles*, Mémoire de maîtrise, Université de Franche-Comté, 1971. – G. Moyse, *Les origines du monachisme dans le diocèse de Besançon (V^e-Xe siècles)*, dans *Bibliothèque de l'École des Chartes*, 131, 1973, p. 21-104 et 369-485, spéc. p. 63-64 (réimpr. : Id., *Les origines du monachisme dans le diocèse de Besançon (V^e-Xe siècles)*, Paris, 1973) ; Id., *Monachisme et réglementation monastique en Gaule avant Benoît d'Aniane*, dans *Sous la règle de saint Benoît : structures monastiques et sociétés en France du moyen âge à l'époque moderne* (École pratique des hautes études. Sciences historiques et philologiques. Hautes études médiévales et modernes, 47), Genève, 1982, p. 3-19 ; Id., *Luxeuil et la papauté jusqu'au XIe siècle* », dans R. Große (éd.), *L'Église de France et la papauté (Xe-XIIIe siècle)* (Studien und Dokumente zur Gallia Pontificia/ Études et documents pour servir à une Gallia Pontificia, 1), Bonn, 1993, p. 179-196 ; Id., « L'essaimage colombanien, un moment de l'histoire européenne », Quatorzième centenaire de la fondation de l'abbaye de Luxeuil..., p. 40-74 ; Id. (dir.), *Le monachisme luxovien à l'époque de saint Eustaise, successeur de Colomban*, Les cahiers colombaniens 2016, Luxeuil-les-Bains, 2018. – N. Bonvalot, Ch. Card et Y. Jeannin, *Luxovium, retour aux sources*, Besançon, Centre régional de documentation archéologique, 1991. – Ch. Card, *Luxeuil-les-Bains (Haute-Saône) : une agglomération antique*, dans *Éclats d'histoire*, Besançon, 1995, p. 203-204. – G. Cugnier, *Histoire du monastère de Luxeuil à travers ses abbés (590-1790)*, Langres, 3 vol., 2004-2005. – A. Dierkens, *Prolégomènes à une histoire des relations culturelles entre les îles britanniques et le continent pendant le haut Moyen Âge, la diffusion du monachisme dit colombanien ou iro-franc dans quelques monastères de la région parisienne au VIIe siècle et la politique religieuse de la reine Bathilde*, dans H. Atsma (éd.), *La Neustrie*, II, Sigmaringen, 1989, p. 371-393. – E. Ewig, *Beobachtungen zu den Klosterprivilegien des 7. und frühen 8. Jahrhunderts*, dans *Ewig, Spätantikes und fränkisches Gallien*, vol. 2, 1979, p. 411-426. – M. Goullet, *Adson hagiographe*, dans P. Corbet (éd.), *Les moines du Der 673-1790*, Langres, 2000, p. 103-134. – Ph. Kahn, *Luxeuil (Haute-Saône)*, dans M. Mangin et al. (dir.), *Les agglomérations secondaires en Franche-Comté romaine*, Paris, 1986, p. 74 ; Id., *La basilique Saint-Pierre et Saint-Paul, Le cloître de l'abbaye Saint-Pierre, L'abbaye Saint-Colomban*, dans *Luxeuil-les-Bains. Histoire et patrimoine*, Luxeuil-les-Bains, 2011, p. 24-41. – R. Locatelli, *Luxeuil aux XIIe et XIIIe siècles. Heurts et malheurs d'une abbaye bénédictine*, dans *Revue Mabillon*, 60, 1981-1982, p. 77-102 ; Id., *Sur les chemins de la perfection. Moines et chanoines dans le diocèse de Besançon vers 1060-1220* (CERCOR, Travaux et recherches), Publications de l'université de Saint-Étienne, 1992, p. 59-62, 279-281 ; Id., G. Moyse et B. de Vregille, *Gallia Pontificia : le diocèse de Besançon, Hundert Jahre Papsturkundenforschung, bilanz-methoden-perspektiven*, Göttingen, 1998, p. 171-191. – R. G. Babcock, *Angelomus and manuscripts from the Luxeuil library*, dans *Aevum : rassegna di scienze storiche, linguistiche e filologiche*, 74-2, 2000, p. 431-440. – J.-M. Picard (dir.), *Autour du scriptorium de Luxeuil* dans *Les cahiers colombaniens, 2001*, Luxeuil-les-Bains, 2012. – S. Shimahara, *Mellinus, Léotric et Angélome : les sciences bibliques à Luxeuil dans le deuxième tiers du IXe siècle* », dans *Les Cahiers colombaniens 2013*, P. Riché (dir.), *Les écoles monastiques au haut Moyen Âge*, Luxeuil-les-Bains, 2014. – *De Colomban à Luxeuil, de Luxeuil à l'Europe. Des manuscrits en héritage (VIIe-XVIIe siècles)*, Catalogue d'exposition, Luxeuil-les-Bains, 2015. – B. Tewes, *Die Handschriften der Schule von Luxeuil, Kunst und Ikonographie eines frühmittelalterlichen Skriptoriums* (Wolfenbütteler Mittelalter-Studien, 22), Wiesbaden, 2011. – L. Williams, *Continuities at the Luxeuil scriptorium :*

Merovingian to Carolingian, dans *Manuscripta*, 53/1, 2009, p. 87-130. – S. Bully, A. Bully et M. Causevic-Bully, *Les origines du monastère de Luxeuil (Haute-Saône) d'après les récentes recherches archéologiques*, dans M. Gaillard (éd.), *L'empreinte chrétienne en Gaule du IVe au IXe siècle*, Turnhout, 2014, p. 311-356. – S. Bully et E. Marron, *L'instant Colomban". Conditions de fondation et premiers éléments de topographie des monastères d'Annegray et de Luxeuil*, dans S. Bully, A. Dubreucq et A. Bully (dir.), *Colomban et son influence. Moines et monastères du haut Moyen Âge en Europe*, Rennes, 2018, p. 139-164. – L. Morelle, *La liberté de Luxeuil et son expression diplomatique. À propos d'une charte épiscopale absente et d'un privilège pontifical encombrant (Jean IV, 640-642)*, *Ibid.*, p. 239-260. – D. Ganz, *Les relations entre Luxeuil et Corbie*, *Ibid.*, p. 261-270.

A. Bully, S. Bully et M. Gaillard

MALONE (Sylvester), prêtre américain, réformateur social (8 mai 1821-29 déc. 1899).

Né de parents catholiques, Laurence et Marcella Malone, née Martin, à Trim, comté de Meath, en Irlande, il commença ses études dans une école protestante locale. Plus tard, il affirma que cette éducation plus diversifiée avait été très formatrice pour lui. En 1839, le jeune Malone émigra aux États-Unis et commença des études sacerdotales en vue d'être ordonné pour le diocèse de New York, puis les poursuivit au séminaire Saint-Joseph de Fordham. Il fut ordonné prêtre par l'évêque coadjuteur John McCloskey le 15 août 1844. La première affectation de Malone fut celle de pasteur de l'église Sainte-Marie de Williamsburg, sur Long Island, où il demeura jusqu'à sa mort. Il rebaptisa finalement sa paroisse en Saints-Pierre-et-Paul et construisit également une nouvelle église conçue par Patrick Keely, le plus célèbre architecte d'églises catholiques aux États-Unis au XIXe siècle. À terme, plus de deux douzaines de nouvelles paroisses seront taillées dans celle-ci au fur et à mesure que la population augmentera de façon spectaculaire. En 1853, il devint prêtre du nouveau diocèse de Brooklyn, qui coïncidait avec l'ensemble de Long Island, y compris les quartiers ouest qui devinrent partie intégrante de New York City en 1898.

À une époque où la plupart des prêtres travaillant dans les grands centres urbains se consacraient aux besoins quotidiens de leurs communautés, dont beaucoup étaient composées d'immigrants, Malone se fit connaître et exerça son influence auprès d'un plus large public. Contrairement à la plupart des autres catholiques des États-Unis d'avant la guerre de Sécession, Malone était un fervent partisan de l'abolitionnisme et défendit la cause de l'Union pendant la guerre civile américaine (1861-1865). Après avoir appris la défaite de la garnison de l'Union à Fort Sumter en Caroline du Sud, Malone hissa le drapeau américain en haut du clocher de son église. De telles positions et de telles actions lui valurent l'opprobre de certains de ses coreligionnaires, dont Mgr John McGill, évêque de Richmond, qui l'accusa de 'négrophilie'. Malone prêta également sa voix à d'autres combats controversés, notamment par son soutien aux écoles publiques aux États-Unis et à la *Land League and Home Rule* en Irlande. En 1868, il participa à un événement public en présence du clergé protestant et juif qui était considéré à l'époque comme radical, en particulier du point de vue catholique. C'est à peu près à la même époque qu'il s'impliqua dans un groupe de prêtres progressistes new-yorkais appelé 'Accademia', qui se réunissait régulièrement au presbytère du P. Thomas Farrell, à l'église Saint-Joseph de Greenwich Village, pour débattre d'importantes questions religieuses et politiques de l'heure. Malone éveilla les soupçons en raison de son appartenance à ce groupe et des positions que ses membres adoptaient parfois, comme la défense du caractère facultatif du célibat ecclésiastique et l'utilisation de la langue vernaculaire dans la liturgie. Malone fut particulièrement critiqué pour son soutien manifeste au Dr Edward McGlynn, un prêtre new-yorkais, qui avait été malmené et suspendu par l'archevêque Michael A. Corrigan de New York à la fin des années 1880. Tandis que les autorités ecclésiastiques avaient tendance à se méfier de Malone, il était très populaire parmi les catholiques ordinaires et les autres New-Yorkais. Pour preuve, en 1894, il obtint un siège au *New York State Board of Regents* au détriment de Mgr Bernard McQuaid, évêque de Rochester.

Même s'il était certainement très courageux de vouloir s'engager en faveur de causes impopulaires, la parole de Malone était parfois trop rapide, usant de termes qui manquaient souvent de mesure. Le Dr Richard Burtsell, un prêtre new-yorkais membre de l''Accademia', qui tint pendant de nombreuses années un journal détaillé de sa vie personnelle et de la vie ecclésiastique à New York, a écrit un jour que Malone n'avait « jamais eu de cervelle » en commentant une remarque injuste qu'il avait faite au sujet de John McLoughlin, évêque fondateur de Brooklyn.

En 1895, Malone se lança dans l'organisation d'un gala d'honneur à l'occasion de son cinquantième anniversaire d'ordination, auquel participèrent des responsables civils et ecclésiastiques, dont l'archevêque John Ireland de Saint-Paul (MN). Malone et Ireland avaient beaucoup en commun. En plus d'être tous deux 'libéraux', dans le sens du catholicisme américain du XIXe siècle, ils avaient aussi tous deux des egos surdimensionnés qui ne manquaient jamais l'occasion d'étaler leurs opinions au grand – et moins grand – public. À l'occasion de ce somptueux événement, l'archevêque Ireland loua les vertus et les réalisations du curé de Brooklyn, en prédisant que « le succès futur de l'Église catholique d'Amérique se mesurerait par sa conformité aux tendances qui se dégageaient de l'œuvre et de la vie du père Malone ».

La plupart des historiens s'accordent sur le fait que Malone et ses amis eurent des intuitions prémonitoires dans un certain nombre de domaines, notamment en affirmant, à juste titre, que les anciens modèles de relations entre l'Église et l'État devaient être repensés dans le nouveau contexte américain, très différent de la vieille Europe. Toutefois, d'autres analystes, y compris de nombreux membres de la hiérarchie, ne partageaient pas cette perspective. Et ce sont les opinions de ce dernier parti qui finirent par l'emporter à l'époque, avec la condamnation de l'hérésie de « l'américanisme » par le pape Léon XIII dans sa lettre apostolique *Testem benevolentiae* de 1899. Le P. Malone est mort à Brooklyn le 29 déc. 1899 alors qu'il était encore pasteur.

D. R. O'Brien, *The Centenary of Rev. Sylvester Malone, Great Catholic and Great Citizen*, dans *The Journal of American Irish Historical Society*, 20, 1921, p. 179-192. – J. K. Sharp, *History of the Diocese of Brooklyn. 1853-1953*, 2 vol., New York, 1954.

Mgr Frederic Baraga, év. de Sault-Sainte-Marie, tiré de : J. Gilmary Shea, *History of the Catholic Church in the United States 1844-1866*, vol. 4, New York-Chicago, 1892, p. 588.

– A. D. Andreassi, *Malone, Sylvester (1821-99)*, dans M. Glazier and Th. J. Shelley (dir.) *The Encyclopedia of American Catholic History*, Collegeville (MN), 1997, p. 835-836.

A. D. ANDREASSI

MARIÈS (Louis), jésuite français, philologue (1876-1958).

Il est né à Paris le 19 août 1876. Après ses études au collège de Vaugirard, il entre en 1894 au noviciat des jésuites, alors réfugiés à Canterbury. C'est là qu'il étudie les Lettres supérieures avec les PP. Loghaye, Laurand et Lebreton. Il devient licencié *ès* lettres en 1899. Après une année de Régence au collège de Poitiers, il étudie la philosophie à Jersey (1899-1902) et se spécialise ensuite en philologie, discipline qu'il enseigne aussi au noviciat à ses jeunes confrères (1902-1904). Durant ses études théologiques à Canterbury puis à Hastings (1904-1908), il est lauréat du scholarship *Lord Braye* en prenant part à un concours pour une dissertation sur le texte hébreu retrouvé de *l'Ecclésiastique*. À Hastings, il prolonge son cursus par deux ans de philologie patristique et biblique, sous la houlette du P. Albert Condamin (1862-1940), y étudiant l'hébreu, le syriaque et le copte. En 1910, il restitue à Diodore de Tarse son *Commentaire des Psaumes*, attribué jusqu'alors à Anastase, métropolite de Nicée. Louis Mariès se consacre désormais à l'édition de textes et à l'exégèse. Prêtre depuis 1907, il fait sa troisième année de probation à Canterbury puis sa profession en 1913. Il étudie le grec moderne, le russe et l'arménien. À l'École pratique des hautes études, il suit les enseignements de paléographie grecque et de grammaire comparée.

Puis il s'engage comme aumônier militaire en octobre 1915, au sein de la 32e division d'infanterie, groupe de brancardiers divisionnaire. Il n'hésite pas à se rendre en première ligne au plus fort des bombardements, ce qui lui vaut d'être intoxiqué par les gaz au Mont Kemmel (8-9 mai 1918). Il est de retour à Paris quatre ans plus tard avec la Croix de guerre et la Légion d'honneur (16 juin 1920). Il revient alors à ses études à la Sorbonne, présentant une thèse principale : *Prolégomènes à l'édition de Diodore de Tarse sur les psaumes* et une thèse complémentaire consacrée au problème de critique à propos du *Contre les sectes* d'Eznik de Kolb. En 1926, c'est lui qui inaugure à l'Institut catholique de Paris la chaire d'arménien classique, cathèdre qu'il tiendra pendant plus de vingt ans. Son maître et ami linguiste Antoine Meillet (1866-1936) le comptait parmi les meilleurs arménistes européens. Diplômé de l'École pratique des hautes études grâce à son *Étude sur quelques noms et verbes d'existence*, il y fait ses premiers pas de maître en tant que suppléant de Daniel Serruys, puis durant quelques années, il est chargé par A. Meillet du cours portant sur *L'influence de commentaires patristiques sur illustration du Psautier byzantin*. Reçu avec Meillet en 1932 à l'académie arménienne Saint-Lazare, il collabore en outre avec lui à la 2e édition de *L'esquisse de la grammaire comparée de l'arménien classique* (1936). En 1934, le P. Mariès quitte l'École pratique des hautes études pour rejoindre les *Études*. Professeur exigeant, il savait obtenir de ses élèves la perfection dans le sens et la maîtrise de la langue. Déchargé d'enseignement en 1946, il se dédie beaucoup plus à l'édition, rédigeant quelques ouvrages : *Patrologie orientale*, *sur les bénédictions d'Isaac, de Jacob et de Moïse* (1954), *l'Orient Syrien* (1959), et collaborant dans le même temps à la *Revue d'Acétique et de mystique* et aux *Recherches en sciences religieuses*. De 1948 à 1956, le P. Mariès est directeur d'étude d'un groupe de jésuites à la rue de Dantzig. Envoyé ensuite à Chantilly, il tombe malade et décline jusqu'à son décès, survenu le 19 nov. 1958.

SOURCES. AFSI (Archives jésuites de la province de France) : fonds personnel du P. Louis Mariès. – *La preuve du sang. Livre d'or du clergé et des congrégations (1914-1922)*, t. 2, Paris, 1924-1925, p. 250.

TRAVAUX. P. Christophe (éd.), *Les carnets du cardinal Baudrillart (13 février 1932-19 novembre 1935)*, Paris, 2003, p. 535, n. 178. – P. Duclos, « Mariès, Louis », dans Id. (dir.), *Les Jésuites* (Dictionnaire du monde religieux dans la France contemporaine, 1), Paris, 1985, p. 191 ; Id., « Mariès, Louis », dans Ch. E. O'Neill et J. M.ª Domínguez (dir.), *Diccionario histórico de la Compañía de Jesús biográfico-temático*, t. III, Roma-Madrid, 2001, p. 2508. – H. Beylard, « Mariès (Louis), jésuite », dans G. Jacquemet et G. Mathon (dir.), *Catholicisme. Hier-Aujourd'hui-Demain*, t. 8, Paris, 1978, col. 679-680.

B. BAUDRY

MARQUETTE, diocèse des États-Unis comprenant 15 comtés ruraux dans la péninsule supérieure de l'État du Michigan, d'une superficie de 42 416 km^2. Elle est séparée de la péninsule inférieure (le reste de l'État du Michigan) par le détroit de Mackinaw et comprend 29 % de la superficie de l'État, mais seulement 3 % de sa population. C'est un siège suffragant de l'archidiocèse de Détroit.

Les missionnaires jésuites français du Canada furent actifs parmi les tribus amérindiennes de la région dès le XVIIe siècle. S. Isaac Jogues célébra la première messe dans la péninsule supérieure en 1641. Cependant, les origines institutionnelles permanentes de l'Église catholique ne remontent qu'au milieu du XIXe siècle, lorsque l'industrie forestière et minière a attiré des immigrants européens dans la région malgré le climat hivernal rigoureux.

Le 29 juil. 1853, le pape Pie IX créa le vicariat apostolique du Haut-Michigan sous l'autorité de l'évêque Frédéric Baraga, né en Slovénie. Quatre ans plus tard, il devint le diocèse de Sault Sainte Marie. En 1864, l'évêque Baraga transféra le siège de son diocèse à la grande ville de Marquette, du nom du missionnaire pionnier jésuite français, le P. Jacques Marquette, qui fonda le premier établissement européen permanent du Michigan à Sault Sainte Marie en 1688. Il fut officiellement appelé le diocèse de Sault Sainte Marie et Marquette jusqu'en 1937, date à laquelle il devint le diocèse de Marquette. Baraga écrivit de nombreuses lettres à la Société pour la Propagation de la Foi qui les publia pour faire connaître son action à ceux qui soutenaient les activités missionnaires aux États-Unis. Le Pape Benoît XVI a déclaré Mgr Baraga bienheureux le 10 mai 2012.

La population catholique de la péninsule supérieure atteint un sommet d'environ 100 000 personnes au début du XXe siècle, mais a ensuite diminué après la Première guerre mondiale en raison de l'effondrement des industries minières du fer et du cuivre. En 2016, le diocèse comptait 72 paroisses (42 avec un pasteur résident), 22 missions, 9 écoles primaires catholiques, 1 hôpital, 80 prêtres diocésains, 5 prêtres religieux et 31 diacres permanents. Les catholiques étaient au nombre de 42 997, soit 14 % d'une population totale de 311 361 personnes.

M. Mc Donnell, *Marquette, diocese of (Marquettensis)*, dans *New Catholic Encyclopedia*, 1ère édition, t. IX, Washington, 1966, p. 254-255. – *Official Catholic Directory*, New York, 2016, p. 769, 2051.

TH. J. SHELLEY

MARTIN (Auguste Marie Aloysius), premier évêque de Natchitoches (Louisiane) né à Saint-Malo, France, le 1er févr. 1803 et décédé à Natchitoches (LA), le 29 sept. 1875.

Ordonné pour le diocèse de Rennes, le 31 mai 1828, Martin a servi dans ce dernier (1828-1839), puis dans le diocèse de Vincennes (IN) (1839-1846) et dans celui de la Nouvelle-Orléans (1846-1853) jusqu'à sa nomination, le 18 juil. 1853, par Pie IX, comme premier évêque de Natchitoches, dans la Louisiane du Nord, où la présence catholique date de la période coloniale française. Son grand diocèse missionnaire de 56 980 km² couvrait la majeure partie de l'État, mais ne comptait que 5 prêtres, 6 églises et 3 chapelles missionnaires.

Pendant la guerre de Sécession (1861-1865), Martin fut un fervent partisan de la *Confederacy* et un ardent défenseur de l'esclavage. Sa lettre pastorale du 21 août 186l, publiée dans le journal diocésain de la Nouvelle-Orléans, décrit l'esclavage comme « la volonté manifeste de Dieu » et comme « un arrangement éminemment chrétien par lequel des millions de personnes passent de l'obscurité intellectuelle à la douce lumière de l'Évangile ». Lorsque la lettre pastorale fut portée à la connaissance de la Congrégation de l'Index, il reçut l'ordre, le 30 déc. 1864, de corriger ses « erreurs et inexactitudes » sur l'esclavage. On ne sait pas s'il s'y est conformé. Il a assisté au Concile du Vatican et a écrit un journal inédit des délibérations. Il mourut à Natchitoches le 29 sept. 1875. À sa mort, le diocèse comptait environ 55 paroisses, missions et stations, 19 écoles catholiques, 16 prêtres et 3 communautés religieuses.

R. Baudier, *The Catholic Church in Louisiana*, New Orleans, 1939. – B. Blied, *Catholics and the Civil War*, Milwaukee, 1945. – D. O. McCants (éd. et trad.), *They Came to Louisiana. Letters of a Catholic Mission. 1854-1882*, Baton Rouge (LA), 1970. – A. Caravaglios, *A Roman Critique of the Pro-Slavery Views of Bishop Martin of Natchitoches*, dans *Records of the American Catholic Historical Society of Philadelphia*, 83, juin 1972, p. 67-81. – E. J. Doyle, *Bishop Auguste Marie Martin of Natchitoches and the Civil War*, dans G. R. Conrad (dir.), *Cross, Crozier and Crucible. A Volume Celebrating the Bicentennial of a Catholic Diocese in Louisiana*, Lafayette (LA), 1993, p. 135-144. – C. E. Nolan, *Martin, Auguste (1803-75)*, dans M. Glazier et Th. J. Shelley (dir.), *Encyclopedia of American Catholic History*, Collegeville (MN), 1997, p. 845-846. – M. Pasquier, *« Though Their Skin Remains Brown, I Hope Their Souls Will Soon Be White » : Slavery, French Missionaries, and the Roman Catholic Priesthood in the American South, 1789-1865*, dans *Church History*, 77/2, 2008, p. 337-370.

TH. J. SHELLEY

MATTIOLI (Nicolás), augustin italien, enseignant et hagiographe (1836-1904).

Il est né le 14 sept. 1836 à Matelica (Macerata, Italie). Après avoir étudié le latin et les sciences humaines, il a revêtu l'habit religieux dans l'Ordre de Saint-Augustin, où il a prononcé des vœux simples et suivi des études ecclésiastiques, démontrant ainsi sa capacité intellectuelle et son ingéniosité. Le 19 mars 1855, il prononça ses vœux solennels et, après avoir terminé ses études théologiques, il fut ordonné prêtre le 18 avr. 1859. Il s'est distingué comme professeur de philosophie depuis 1862, et prédicateur de la Parole de Dieu, travail qu'il a réalisé dans différentes villes – Bologne, Rapallo, Venise, Milan, Côme, etc. – avec l'admiration particulière des fidèles. En 1876, après avoir passé les examens académiques, il obtint le titre de Maître en Théologie, intensifiant son travail comme professeur et auteur de livres d'hagiographie augustinienne. À partir d'août 1885, il réside au Colegio Santa Monica à Rome. Il a occupé les postes de secrétaire général, élu au chapitre de 1889, et assistant général, une nomination reçue au chapitre de 1895. Il a édité le magazine *La Madre del Buon Consiglio*. En 1898, le Pape Léon XIII le nomme consultant auprès de la Sacrée Congrégation des Indulgences. Les archives du couvent romain de Santa María del Pópulo conservent un grand nombre de conférences, sermons et discours non publiés. En 1901, il fut nommé prieur du couvent Saint-Augustin à Rome, poste qu'il occupait lorsqu'il souffrit d'une apoplexie cérébrale, qui mit fin à ses jours le 3 janv. 1904.

ÉCRITS. – *Raccolta di memorie intorno alla vita dell'eminentissimo cardinale Tommaso Maria Martinelli, vescovo suburbicario di Sabina, dell'Ordine romitano di S. Agostino*, Roma, 1888. – *Antico volgarizzamento delle Confessioni di s. Agostino, edito la prima volta ed illustrato con prefazione note e breve glossario dal p. Nicola Mattioli agostiniano*, Roma, 1888. – *B. Guglielmo da Tolosa dell'Ordine romitano di S. Agostino, cenni storici raccolti dal P. Nicola Mattioli del medesimo Ordine*, Roma, 1894. – *Vita del b. Grazia da Cattaro prima povero operaio, poi laico professo agostiniano*, Roma, 1890. – *Il trionfo della Croce : ragionamento inedito, di Giacomo Leopardi ; pubblicato sull'autografo da Nicola Mattioli. agostiniano*, Roma, 1894. – *Studio critico sopra Egidio Romano Colonna, arcivescovo di Bourges, del'Ordine romitano di Sant'Agostino*, Roma, 1896. – *Il beato Simone Fidati da Cascia, dell'Ordine romitano di S. Agostino e i suoi scritti editi ed inediti pubblicati per cura e studio del p. Nicola Mattioli del medesimo Ordine*, Roma, 1898. – *Fra Giovanni da Salerno dell'Ordine romitano di S. Agostino del secolo* XIV *e le sue opere volgari inedite, pubblicate dal p. Nicola Mattioli agost. ; con uno studio comparativo di altre attribuite al P. Cavalca*, Roma, 1901. – *Gli evangelii del B. Simone da Cascia : esposti in volgare dal suo discepolo fra Giovanni da Salerno : opera del secolo* XIV. *(Testo di Lingua) dilucidati con prefazione e glossario dal P. Nicola Mattioli*, Roma, 1902. – *Non si da moralita senza religione*, Roma, 1904. – *Fra Giovanni da Salerno dell'ordine romitano di S. Agostino del secolo* XIV, *e le sue opere volgari inedite, pubblicate dal P. M. agost. ; con uno studio comparativo di altre attribuite al P. Cavalca*, Roma, 1910.

TRAVAUX. – D. A. Perini, *Studio Bio-Bibliografico sul Card. Agostino Ciasca*, Roma, 1903, p. 197-199 ; Id., *Bibliographia Augustiniana cum notis biographicis. Scriptores Itali*, vol. II, Firenze, 1931, p. 198-200. – *Analecta Augustiniana*, 1, 1905-1906, p. 19-20 ; 3, 1909-1910, p. 255, 258-259, 262-263, 280, 282 ; 8, 1919-1920, p. 283-284 ; 14, 1931-1932, p. 167-168, 172, 175, 177, 328 ; 21, 1947-1950, p. 126 ; 22, 1951-1952, p. 68-69, 178.

R. LAZCANO

MCCLOSKEY (John), premier cardinal américain et deuxième archevêque de New York, né à Brooklyn (NY), le 10 mars 1810 et mort à New York, le 10 oct. 1885.

Ses parents, Patrick McCloskey et Élizabeth Harron étaient des immigrants irlandais qui s'étaient installés à Brooklyn en 1808 et déménagèrent à New York en 1817. Après la mort de son père en 1820, Cornelius Heeney, riche homme d'affaires catholique, devint son tuteur légal et assura son éducation, d'abord dans des écoles privées à New York, puis au collège Mount St. Mary's et au séminaire d'Emmitsburg (MD), où il étudia à la fois comme étudiant et comme séminariste.

McCloskey fut ordonné prêtre du diocèse de New York par l'évêque John Dubois (*cf. DHGE*, t. XXXII, col. 268-269), dans l'ancienne cathédrale Saint-Patrick, le 12 janv. 1834 : c'était le premier natif de l'État de New York à être ordonné prêtre diocésain. Sa première affectation comme professeur de philosophie au malheureux séminaire de Dubois à Nyack (NY), se termina brusquement à l'été de cette année-là lorsque le séminaire fut détruit par le feu. Le jeune P. McCloskey accepta alors sagement l'opportunité de passer les trois années suivantes à étudier à Rome et à voyager à travers l'Europe. Il ne remplit jamais les conditions d'obtention d'un doctorat romain, non qu'elles fussent trop exigeantes, mais parce que, comme il l'admit avec une certaine candeur dans sa vieillesse, « je ne voulais pas m'ennuyer ».

À son retour à New York en 1837, McCloskey fut nommé pasteur de l'église Saint-Joseph de Greenwich Village, à New York, où il s'engagea dans un long conflit avec les dirigeants laïcs de la paroisse, conflit dont il sortit victorieux grâce à sa patience et à sa persévérance. La carrière de McCloskey prit brusquement un autre tournant en 1839 avec l'arrivée à New York de John Hughes (*cf. DHGE*, t. XXV, col. 146-149), dont l'ascension fulgurante dans la hiérarchie américaine le fit passer en l'espace d'une décennie d'évêque coadjuteur de Dubois, à administrateur du diocèse et quatrième évêque de New York, en 1842, avant de devenir le premier archevêque de la ville en 1850.

Le pugnace Hughes avait une personnalité totalement différente de McCloskey, aux manières douces, mais Hughes voyait en McCloskey des qualités de leader qu'il admirait. En 1841, il nomma McCloskey premier président de son nouveau collège diocésain de Saint-Jean (la future Université Fordham), et obtint sa nomination comme évêque coadjuteur de New York avec droit de succession en 1844, ainsi que sa promotion comme premier évêque d'Albany, New York, en 1847. Au cours de ses 17 années d'épiscopat à Albany, qui couvrent plus des deux tiers de la surface de l'État de New York, le diocèse de McCloskey connut une croissance rapide du nombre d'églises et de prêtres. La population catholique passa d'environ 60 000 à 290 000 personnes, et le nombre d'églises avait plus que doublé, passant de 47 à 120.

À la mort de l'archevêque Hughes, le 4 janv. 1864, Mgr McCloskey lui succéda comme deuxième archevêque de New York, le 6 mai 1864, et fut installé dans l'ancienne cathédrale Saint-Patrick le 21 août. La période la plus créative de la vie de McCloskey est peut-être celle qu'il a passée à Albany. En tant qu'archevêque de New York, il avait tendance à réagir aux événements plutôt qu'à tenter de les façonner, et il admettait volontiers d'avoir la chance de récolter ce que les autres avaient semé.

En effet, deux des réalisations principales de Mgr McCloskey en tant qu'archevêque de New York furent en réalité l'accomplissement d'initiatives de Mgr Hughes. Tout d'abord, avec l'aide de prêtres diocésains du diocèse de Gand, en Belgique, il fit du Séminaire provincial Saint-Joseph, fondé par Hughes à Troy (NY) en 1864, un grand séminaire américain, qui a formé 750 prêtres en 32 ans d'histoire. Il acheva ensuite la nouvelle cathédrale Saint-Patrick qu'Hughes avait commencée en 1858 et la consacra le 25 mai 1879, en présence de 7000 personnes. C'était à l'époque l'une des plus grandes églises gothiques des États-Unis, et c'était une affirmation inébranlable de la présence de la communauté catholique à New York. Aujourd'hui, située au cœur de la métropole, c'est l'une des églises les plus connues des États-Unis.

McCloskey reconstruisit également l'ancienne cathédrale Saint-Patrick, qui avait été fortement endommagée par un incendie en 1866. Il fut également à l'origine de la création de deux des institutions caritatives les plus célèbres de l'archidiocèse de New York, le New York Foundling Hospital et la Mission de l'Immaculée Conception, l'un des plus grands orphelinats de l'État de New York. Moins glorieuse fut son incapacité à fournir suffisamment de nouvelles paroisses pour son archidiocèse en pleine croissance, son refus de répondre aux plaintes répétées concernant les conditions de vie déplorables dans son séminaire, et sa négligence des besoins pastoraux des catholiques afro-américains, tant au niveau local que national.

McCloskey participa au premier Concile du Vatican où, comme la plupart des membres de la hiérarchie américaine, il rejoignit le bloc des évêques 'inopportunistes' qui s'opposaient à la définition de l'infaillibilité pontificale pour le motif pastoral qu'elle était inutile et susceptible de susciter un sentiment anticatholique aux États-Unis et en Europe. Malgré ses réserves théologiques et son désir d'apporter d'autres modifications au texte jusqu'à cinq jours avant la définition du dogme, McCloskey l'accepta sans enthousiasme comme la volonté de la majorité des évêques et vota en sa faveur lors du vote final. À une époque d'ultramontanisme larvé, McCloskey était également modéré sur la question du pouvoir temporel du pape, que l'archevêque Hughes avait élevé au rang de dogme de la foi. Ayant vécu pendant trois ans comme jeune prêtre dans la Rome papale, McCloskey ne se faisait aucune illusion sur les raisons pour lesquelles de nombreux Italiens considéraient les États pontificaux comme un anachronisme douloureux. Et il n'émit qu'une protestation superficielle lorsque les Italiens occupèrent Rome en septembre 1870.

Pie IX nomma McCloskey cardinal le 15 mars 1875, premier prélat américain à recevoir cet honneur. Cette promotion s'explique peut-être davantage par la prééminence de New York comme la plus grande ville et le plus grand archidiocèse des États-Unis que par la prééminence de son archevêque… Avec sa modestie caractéristique, McCloskey l'attribua surtout à l'influence du card. Paul Cullen, archevêque de Dublin.

Trois ans plus tard, McCloskey arriva à Rome trop tard pour participer au conclave qui élut Léon XIII. En 1880, il reçut un coadjuteur, Mgr Michael A. Corrigan, évêque de Newark (NJ), qui assuma progressivement une part de plus en plus grande de l'administration de l'archidiocèse, à mesure que la santé de McCloskey commençait à se détériorer. Avec une exagération pardonnable, Mgr Corrigan a dit de son prédécesseur que « ce fut pour lui un privilège de grandir avec la catholicité de ce diocèse et d'assister à un progrès et un développement sans précédent dans l'histoire ». McCloskey, en effet, était né deux ans après la fondation du diocèse de New York, alors qu'il n'y avait que deux églises, une demi-douzaine de prêtres et peut-être 14 000 catholiques dans l'État de New York. À sa mort en 1885, dans le seul archidiocèse de New York (dix fois moins grand que le diocèse original), il y avait environ 600 000 catholiques, 139 paroisses, 279 prêtres et 2136 religieuses.

McCloskey rendit un dernier service à l'Église universelle quand il persuada le gouvernement américain d'empêcher le gouvernement anticlérical italien de confisquer les biens du North American College de Rome après l'occupation italienne de la ville en 1870. McCloskey mourut à New York le 10 oct. 1885 et fut enterré dans la crypte de la cathédrale St Patrick, sous le maître-autel.

J. T. Smith, *The Catholic Church in New York*, 2 vol., New York-Boston, 1905. – J. Farley, *The Life of John Cardinal McCloskey*, New York, 1918. – J. Reynolds, *McCloskey, John*, dans *New Catholic Encyclopedia*, 1ère édition, t. IX, Washington, 1966, p. 6-8. – M. J. Becker, *A History of Catholic Life in the Diocese of Albany. 1609-1864*, New York, 1975. – R. E. Curran, *Michael Augustine Corrigan and the Shaping of Conservative Catholicism in America. 1878-1902*, New York, 1978. – F. D. Cohalan, *A Popular History of the Archdiocese of New York*, Yonkers, 1983. – Th. J. Shelley, *Good Work in its Day. St. Joseph's Provincial Seminary, Troy, New York*, dans *Revue d'histoire ecclésiastique*, 88, 1993, p. 416-438 ; Id., *McCloskey, John Cardinal (1810-85)*, dans M. Glazier et Th. J. Shelley (dir.), *Encyclopedia of American Catholic History*, Collegeville (MN), 1997, p. 874-875 ; Id., *The Bicentennial History of the Archdiocese of New York*, Strasbourg, 2008. – *American National Biography*, t. XIV, Oxford, 1999, p. 879-880. – J. C. Farley, *The Life of John Cardinal McCloskey. First Prince of the Church in America. 1810-1885*, New York, 2007.

TH. J. SHELLEY

Card. John McCloskey, archevêque de New York, tiré de : J. O'Kane Murray, *A Popular History of the Catholic Church in the United States*, New York, 1882, avant la préface.

MCGLYNN (Edward), prêtre diocésain, réformateur social, activiste politique, né à New York le 27 sept. 1837 et mort à Newburgh (NY), le 7 janv. 1900.

Fils d'immigrants irlandais, McGlynn commença ses études au séminaire à l'âge de 13 ans lorsque Mgr John Hughes l'envoya étudier à Rome, au Collège urbain de la *Propaganda Fide*, où il passa 10 années et obtint un doctorat en théologie. Il fut ordonné prêtre le 24 mars 1860, et, à son retour à New York, il subit l'influence du P. Thomas Farrell, son premier pasteur, qui lui recommanda de s'intéresser aux problèmes sociaux

En 1866, à l'âge de 29 ans, le Dr McGlynn (tel qu'il se présentait toujours lui-même en raison de son doctorat romain) devint pasteur de l'église St. Stephen's, la plus grande paroisse de l'archidiocèse, où 20 000 personnes, principalement des immigrants irlandais, assistaient régulièrement à la messe chaque dimanche. Profondément troublé par l'exploitation et la pauvreté de ses paroissiens à l'apogée du capitalisme américain du « laissez-faire », McGlynn joua un rôle actif dans la promotion des réformes sociales.

Comme certains réformateurs idéalistes de son époque, McGlynn s'est fait l'apôtre de la théorie économique contestable d'Henry George, qui soutenait dans son livre *Progress and Poverty* (1879) qu'une taxe unique sur la propriété était la solution au problème de la pauvreté. McGlynn poussa le raisonnement fiscal d'Henry George, panacée universelle à la Question sociale, jusqu'à sa conclusion la plus radicale en préconisant l'expropriation de toute propriété privée sans dédommagement aux propriétaires, ce qui mit en émoi un large éventail du public américain, en ce compris son supérieur ecclésiastique, le très conservateur Michael Corrigan, archevêque de New York.

La prise de position de McGlynn en faveur de la théorie de l'impôt unique d'Henry George ouvrit la voie à l'un des conflits les plus médiatisés de l'histoire américaine entre un évêque catholique et un prêtre, lorsque Henry George devint le candidat du *United Labor Party* au poste de maire de New York City, lors de la campagne électorale âprement disputée de 1886. Bien qu'Henry George ait perdu l'élection, s'étant pourtant assuré le soutien d'une coalition hétéroclite de progressistes, de radicaux, de socialistes, de journalistes, de dirigeants syndicaux, de nationalistes irlandais-américains, et même du très en vue gendre de Karl Marx, le Dr McGlynn avait néanmoins fait publiquement campagne pour lui. Une série de confrontations entre McGlynn et Corrigan s'ensuivirent, dont le point culminant fut la destitution de McGlynn comme pasteur de l'église St. Stephen's et son excommunication le 3 juil. 1887, en raison de son refus d'obéir à une convocation à comparaître devant les autorités ecclésiastiques à Rome !

Au cours des cinq années suivantes, McGlynn devint une source de profonde division et de scandale public dans la communauté catholique américaine, non seulement au niveau local, mais aussi au plan national. Ses partisans le considéraient comme un champion persécuté de la justice sociale, tandis que ses détracteurs le regardaient comme un prêtre rebelle et un démagogue clérical. L'excommunié McGlynn, puissant et charismatique orateur, fonda en avril 1887 l'*Anti-Poverty Society*, qui attira de grandes foules à ses conférences du dimanche soir. L'archevêque Corrigan riposta en faisant de l'adhésion à la Société anti-pauvreté ou même de la participation à ses réunions un péché 'réservé', qui ne pouvait être absous que par Corrigan ou son délégué. « Sommes-nous en Russie ? » demanda le père Sylvester Malone, un ami du Dr McGlynn.

Corrigan fut également à l'origine d'une série de serments de loyauté imposés au clergé. La manœuvre se retourna contre lui en raison du refus d'environ un cinquième des prêtres diocésains de signer le serment de loyauté. Ceux qui refusèrent furent considérés par la suite comme des ennemis personnels de l'archevêque et furent traités en conséquence. Plus que toute autre chose, le serment de loyauté empoisonna la relation de Corrigan avec beaucoup de ses prêtres, une erreur dont il ne se remit jamais et qui laissa un amer héritage pendant des décennies dans le diocèse. « Avec les meilleures intentions du monde, a écrit le prêtre historien John Talbot Smith en 1908, [Corrigan] a suscité plus de controverse en une décennie que l'ensemble du corps catholique n'en avait connu dans toute son histoire ».

Comme Mgr Corrigan ne réussissait pas à mettre fin à la tourmente qui régnait dans son archidiocèse, d'autres évêques américains, notamment Mgr John Ireland, archevêque de Saint-Paul, persuadèrent Mgr Francesco Satolli, le nouveau porte-parole du Saint-Siège aux États-Unis, d'intervenir. À la demande de Satolli, McGlynn soumit un exposé de ses vues sur la propriété privée à un groupe de quatre théologiens de la faculté de l'Université catholique d'Amérique. Après que ces derniers lui eurent assuré que les explications de McGlynn quant à son point de vue sur la propriété privée étaient compatibles avec l'enseignement catholique, Satolli leva l'excommunication de McGlynn le 23 déc. 1892, mais de façon assez inexplicable, il omit d'informer Corrigan de sa décision.

L'archevêque Corrigan découvrit la nouvelle de la réconciliation de McGlynn dans la presse le lendemain. Il en fut profondément choqué et confessa à son mentor, Mgr Bernard McQuaid, évêque de Rochester, « Nous sommes dans une situation de terreur » et d'ajouter que « les classes les meilleures [de la société] » étaient particulièrement contrariées par la réhabilitation de McGlynn. Richard Croker, le chef du parti démocrate de New York, menacé par la popularité de McGlynn auprès de la classe ouvrière irlandaise, estima auprès de Corrigan que c'était « le plus grand coup que l'Église de ce pays ait jamais reçu ».

Deux ans plus tard, Corrigan rétablit à contrecœur McGlynn dans ses fonctions de curé en le nommant dans une paroisse du nord de l'État de New York où plusieurs de ses alliés religieux avaient déjà été exilés. Un admirateur de McGlynn affirma que : « Le cerveau du diocèse remontait la rivière Hudson ». McGlynn fut enterré dans le principal cimetière catholique de New York, mais, dans un acte de mesquinerie post-mortem, les autorités diocésaines refusèrent à ses amis la permission d'ériger sur la tombe une statue à son effigie. Ironiquement, la statue se trouve aujourd'hui dans un cimetière laïc de New York qui contient également la tombe d'une catholique dévouée morte en 1889 et dont l'inhumation avait été refusée dans le cimetière catholique où McGlynn est enterré parce qu'elle avait été membre de la société anti-pauvreté de ce dernier.

J. T. Smith, *The Catholic Church in New York*, 2 vol., New York, 1908. – S. Malone, *Dr. Edward McGlynn*, New York, 1918. – S. Bell, *Rebel, Priest and Prophet. A Biography of Dr. Edward McGlynn*, New York, 1937. – E. H. Smith, *McGlynn, Edward*, dans *New Catholic Encyclopedia*, 1ère édition, t. IX, Washington, 1966, p. 18-19. – R. E. Curran, *Michael Augustine Corrigan and the Shaping of Conservative American Catholicism. 1878-1902*, New York, 1977. – *Prelude to Americanism. The New York Accademia and Clerical Radicalism in the Late Nineteenth Century*, dans *Church History*, 47, 1978, p. 48-65. – F. D. Cohalan, *A Popular History of the Archdiocese of New York*, Yonkers (NY), 1983. – D. Scibilia, *Edward McGlynn. American Social Catholic*, dans *Records of the American Catholic Historical Society of Philadelphia*, 101, 1990, p. 1-16 ; Id., *McGlynn, Edward*, dans *American National Biography*, t. XV, New York, 1999, p. 59-61. – M. S. Shanaberger, *A Missionary Priest and his Social Gospel*, dans *U.S. Catholic Historian*, 13, 1995, p. 23-47. – A. Isacsson, *The Determined Doctor. The Story of Edward McGlynn*, Tarrytown (NY), 1997 ; Id., *McGlynn, Edward (1837-1900)*, dans M. Glazier et Th. J. Shelley (dir.), *Encyclopedia of American Catholic History*, Collegeville (MN), 1997, p. 882-885. – A. D. Andreassi, *The Cunning Leader of a Dangerous Clique ? The Burtsell Affair and Archbishop Michael Augustine Corrigan*, dans *Catholic Historical Review*, 80, 1999, p. 620-639. – Th. J. Shelley, *The Bicentennial History of the Archdiocese of New York : 1808-2008*, Strasbourg, 2007.

TH. J. SHELLEY

MICHEL (Virgil), moine bénédictin, savant liturgiste, défenseur de la justice sociale, né à St. Paul (MN), le 26 juin 1890 et décédé à Collegeville (MN), le 26 nov. 1938.

Fils de Fred et Mary Michel, née Griebler, catholique d'origine allemande du Midwest, il a fait ses études à l'Université St. John's de Collegeville, au Minnesota, où il est devenu moine de l'abbaye St. John's en 1909, a été ordonné prêtre en 1916, a étudié à la Catholic University of America et est revenu à Collegeville pour enseigner à l'Université St John's. Sa contribution majeure au catholicisme américain a été le rôle qu'il a joué dans la promotion du réveil liturgique aux États-Unis à une époque où il était pratiquement inconnu en Amérique. Il a également convaincu son abbé, Alcuin Deutsch, que l'abbaye Saint-Jean devait devenir le centre principal du renouveau liturgique aux États-Unis.

Virgil Michel est largement considéré comme le fondateur du mouvement liturgique aux États-Unis, une réputation qu'il a acquise au cours de sa brève période d'activité entre 1925 et 1938. Encouragé par son abbé, il développa d'abord son intérêt savant pour la liturgie avec des études à Saint-Anselme à Rome et à Louvain, puis paracheva sa formation académique par des visites aux monastères bénédictins qui étaient à l'avant-garde du renouveau liturgique en Europe, comme Solesmes, Beuron, Maredsous, Maria Laach, et surtout le monastère belge du Mont-César, où il fut sous l'influence de dom Lambert Beauduin, un autre grand moine bénédictin. C'est Beauduin qui introduisit Michel à la doctrine du Corps mystique du Christ comme fondement théologique de la célébration communautaire de la liturgie, dont il fut le témoin quotidien dans les abbayes bénédictines progressistes d'Europe occidentale. Cette expérience l'a aussi inspiré à promouvoir une spiritualité plus communautaire parmi les laïcs des États-Unis qui mettrait surtout l'accent sur l'obligation de justice sociale, ainsi que sur la culture de la piété personnelle.

Dom Virgil ne fut pas seulement un savant liturgiste accompli, mais aussi un prodigieux organisateur et un homme d'affaires avisé qui déploya de nombreux moyens pour introduire le clergé diocésain et les laïcs des États-Unis au renouveau liturgique venu d'Europe. À l'abbaye Saint-Jean de Collegeville, il fonda en 1926 *Liturgical Press* qui, au cours des 90 dernières années, a publié plusieurs centaines de livres savants et populaires sur la liturgie. Michel lui-même a traduit et publié d'importants livres européens sur la liturgie, dont la *Liturgie et la vie de l'Église*, de Dom Lambert Beauduin. Il parraina également la publication d'une série d'études sur la liturgie à l'intention du grand public.

En 1926, il fonda la revue *Orate Fratres* (rebaptisée *Worship* en 1951) qui permit à d'autres pionniers du mouvement liturgique américain de s'exprimer et influença toute une génération de curés et de séminaristes diocésains américains progressistes pour approfondir leur connaissance de la liturgie et l'appliquer au niveau paroissial. *Worship* est rapidement devenue la plus importante revue savante d'études liturgiques, non seulement aux États-Unis, mais dans l'ensemble du monde anglophone. Influencé par l'impact de la Grande Dépression aux États-Unis dans les années 1930, Michel, dans ses dernières années, insista toujours davantage dans ses discours et ses écrits sur le lien entre la liturgie et la justice sociale.

Épuisé par ses efforts inlassables pour promouvoir le renouveau liturgique et la justice sociale, ainsi que par ses nombreuses responsabilités à l'abbaye et à l'université St. John's, Michel contracta une pneumonie et mourut à l'âge de 48 ans.

P. Marx, *Virgil Michel and the Liturgical Movement*, Collegeville, 1957 ; Id., *Michel, Virgil*, dans *New Catholic Encyclopedia*, 1ère édition, t. IX, Washington, 1966, p. 800-801. – J. Hall, *The American Liturgical Movement. The Early Years*, dans *Worship*, 50/6, 1976, p. 472-481. – R. W. Franklin et R. L. Spaeth, *Virgil Michel. American Catholic*, Collegeville (MN), 1988. – V. Michel, *The Scope of the Liturgical Movement*, dans *Orate Fratres*, 10, 1936, p. 485-490. – *Worship*, 62/3, mai 1988. – R. Reeder, *Liturgical movement in America (The)*, et J. L. Klein, *Michel, Virgil (1890-1938)*, dans M. Glazier et Th. J. Shelley (dir.), *Encyclopedia of American Catholic History*, Collegeville (MN), 1997, p. 806-812, 920-922. – M. Searle, *Michel, Virgil*, dans *American National Biography*, t. XV, New York, 1999, p. 421-422.

TH. J. SHELLEY

MOUNT ANGEL (ABBAYE DE), communauté de moines bénédictins située dans la ville de St. Benedict dans l'archidiocèse de Portland, dans l'ouest de l'Oregon.

Elle a été fondée le 30 oct. 1882 à Gervais (OR), comme prieuré, par 6 moines de l'abbaye d'Engelberg, Suisse, à l'initiative du P. Adelhelm Odermatt (1844-1920), moine d'Engelberg venu en Oregon l'année précédente comme missionnaire. Le même jour, un groupe de moniales bénédictines suisses a fondé sa propre communauté monastique à Gervais. En 1884, les moines s'installèrent dans la ville voisine de Fillmore, qui allait bientôt être rebaptisée Mount Angel (Engelberg). Trois ans plus tard, les moniales ont fait de même. La communauté des moines devint l'abbaye de Mount Angel et la communauté des moniales devint le monastère de la Reine des Anges.

Les moines du monastère de Mount Angel s'occupèrent également de la pastorale des immigrants catholiques allemands de Bavière venus dans l'Oregon occidental à la fin du XIXe siècle. En 1904, le prieuré du Mount Angel devint une abbaye sous la direction de l'abbé Thomas Meienhofer, originaire de Suisse. Dans les années 1970, la communauté comptait 125 moines, ce qui en faisait l'une des plus grandes abbayes bénédictines des États-Unis. Dès 1887, les moines avaient fondé le Mount Angel College et deux ans plus tard, à la demande de l'archevêque William H. Gross, CSSR, d'Oregon City (Portland), ils portèrent sur les fonts baptismaux le premier séminaire de l'Ouest américain consacré à la formation de prêtres diocésains. Le collège a par la suite été abandonné, mais le séminaire continue de servir de grand séminaire pour plusieurs diocèses d'Amérique de l'Ouest. En 2009, 64 % des 185 séminaristes étaient d'origine hispanique, vietnamienne ou philippine, ce qui reflète les changements démographiques contemporains de la population catholique américaine.

L'abbaye de Mount Angel a fondé trois maisons-filles : l'abbaye de Westminster à Vancouver, Colombie-Britannique (1939), le prieuré de l'Ascension en

Idaho (1965) et le prieuré Notre-Dame des Anges à Cuernavaca, Mexique (1965).

M. Pollard et H. Feiss, *Mount of Communion : Mount Angel Abbey. 1882-1982*, Saint Benedict (OR), 1985. – A. Dieker, *A Tree Rooted in Faith. A History of Queen of Angels Monastery*, Eugene (OR), 2007. – C. Drnjevic, *From « Bomb » to Butte. The Establishment of Mount Angel Abbey*, dans *American Benedictine Review*, 58/4, décembre 2007, p. 404-432, et t. 59/1, mars 2008, p. 3-19.

TH. J. SHELLEY

NEO-PATRISTIC MOVEMENT, school of theological thought, Eastern Orthodoxy, 20th century.

The Neo-Patristic school of theology was the most influential movement in 20th-century Orthodox Christianity. It consisted of a large group of 20th-century Orthodox theologians who advocated the need of Eastern theology to return to the patristic sources of Christianity in order to renew itself and depart from the influences of Western scholasticism, which had permeated its ecclesiology, ethics, and spirituality for centuries. Initiated in the 1930s and 1940s in the Russian Parisian diaspora by Georges Florovsky (1893-1979), the Neo-patristic movement continued in the US, UK, France, Greece, and other Eastern Orthodox countries through the writings of theologians such as Justin Popović (1894-1979), Vladimir Lossky (1903-1958), Dumitru Stăniloae (1903-1993), Alexander Schmemann (1921-1983), John Meyendorff (1926-1992), John Romanides (1927-2001), Panagiotis Nellas (1936-1986), John Zizioulas (b. 1931), Kallistos Ware (b. 1934), and Christos Yannaras (b. 1935).

GENESIS. – In the immediate centuries following the collapse of the Byzantine Empire under the invading army of the Ottoman Turks (1453), Orthodox theology had been experiencing dramatic changes in its style and ethos. After having been for centuries an uninterrupted source of intellectual power and spiritual strength, the Orthodox Church had now entered into a process of ossification and petrification. Both the lack of theological vitality and the decline of the educational system in the East forced Orthodox students to seek theological training in Western universities. In doing so, they served – consciously or unconsciously – as vehicles of change in Orthodoxy, in the sense that the language, the presuppositions, and the categories of Latin scholasticism that prevailed at that time in the West were quickly adopted by the Orthodox East. As a result, Orthodox academic theology was in danger of becoming overly intellectualistic and arid, while losing its connections to the Church's spirituality and life. Even though Russia never experienced the tragic political situation of all the other Orthodox territories, the Latinization of its own system of theological education has been the immediate consequence of the Church reforms of Peter the Great (1672-1725).

It was only at the beginning of the 20th century that Orthodox theologians voiced the need for Eastern Christianity to break with the arid, over-speculative and rigid Latin scholasticism, and to recover its sense of independence from Western patterns of thought, in order to renew itself. As such, at the First Congress of Orthodox Schools of Theology, which was held in Athens in 1936, Georges Florovsky, who lived at that time in France and taught at the St Sergius Theological Institute in Paris, argued that Orthodoxy would renew and liberate itself from the influences of Western scholasticism only if it returned to the Fathers of the Church (*ad mentem patris*), that is, to their way of theologizing. The revival of the patristic style was the premise of theological renaissance in Orthodox Christianity. The two papers given by Florovsky in Athens (*Western Influences in Russian Theology* and *Patristics and Modern Theology*) are considered as the *manifesto* of the Neo-patristic movement. Florovsky's call for a "return to the Church Fathers" was so widely shared by his colleagues that the search for a Neo-patristic synthesis in theology reached the point of dominating the Orthodox scene in the second half of the 20th century.

Even though the Neo-patristic movement originated in the 1930s and 1940s, its roots can be traced to the late 18th century, when the *Philokalia* (a collection of spiritual texts written between the 4th and the 15th century by Greek and Byzantine patristic authors) was published in 1782 by Macarius of Corinth (1731-1805) and Nicodemus from Mount Athos (1749-1809). The publication of the Greek *Philokalia* and its translations into Slavonic by Paisius Velichkovsky (1722-1794) in 1793 can be considered as a proto-*ressourcement* or as a *ressourcement avant la lettre*, for they mediated the rediscovery of the Fathers of the Church in Orthodox Christianity. Apart from the internal stimuli that determined 20th-century Orthodox theologians to revive the riches of the Church Fathers, the Neo-patristic movement significantly benefited from its encounters and interactions with the French Catholic *ressourcement*, which was concerned with a rediscovery of the depth of biblical and patristic thought in pre-Vatican II Western Christianity. The fact that both Georges Florovsky and Vladimir Lossky had frequent contacts in Paris with the representatives of the so-called *nouvelle théologie* (Yves Congar, Jean Daniélou, Henri de Lubac, and Louis Bouyer) testifies to a mutual influence between the Orthodox Neo-patristic movement and the French Catholic *ressourcement*.

THEOLOGICAL DIRECTIONS WITHIN THE MOVEMENT. – The Neo-patristic movement was not a uniform, homogeneous, and indistinct whole, but consisted of different directions, all of them united by their common goal: a *restauratio patristica* in 20th-century Orthodox theology. As scholars point out, three main – yet very often overlapping – directions can be identified within the Neo-patristic School of Theology: (i) a *historical-patristic-ecclesiological direction*, which was shaped by Georges Florovsky and John Meyendorff; (ii) a *mystical-Palamite-philokalic direction*, which was represented by Vladimir Lossky, Dumitru Stăniloae, and John Romanides; and (iii) a *Eucharistic-liturgical-eschatological* direction, which was developed by Nicholas Afanasiev, Alexander Schmemann, and John Zizioulas. Moreover, the fact that in their references to the Fathers of the Church the Neo-patristic theologians manifested certain preferences bears witness to the pluralization of directions present within the movement: Vladimir Lossky favored the theological vision of Dionysius the Areopagite and Gregory Palamas; Dumitru Stăniloae showed deep appreciation for the thinking of Maximus the Confessor and Gregory Palamas; John Zizioulas remained very much attached to the works of the Cappadocian Fathers; Alexander Schmemann devoted increased attention to the Church Fathers of the first three Christian centuries.

Even though it was not envisaged to promote a theology of repetition, the Neo-patristic movement did not venture too much into uncharted territories but focused on classic theological themes already explored by the Fathers of the Church: the transformative value of theology; apophaticism as the regulating principle of theological discourse; Trinitarian theology: divine essence and uncreated divine energies; Chalcedonian Christology; ecclesiology in light of Trinitarian and Eucharistic theology; the doctrine of the Mystical Body of Christ; the pneumatological fundament of spirituality; deification/*theosis* as the fulfillment of human existence; the human person as the image of God; the unity between humanity and the rest of creation; the sacramentality of creation; liturgy as the *topos* of an inaugurated eschatology, just to name a few of them. Major dogmatic themes figure, therefore, highly on the agenda of the Neo-patristic movement, while issues of economics, law, politics, and society – although not totally absent – received less attention in the works of the Orthodox *ressourcement* theologians.

PHASES. – Three main phases are to be distinguished so far in the development of the Neo-patristic movement: (i) the incipient phase of the movement (1936-1948); (ii) the consolidation and internationalization of the movement (1948-2000); (iii) the period of reassessment of the Neo-patristic movement by Orthodox theologians (after 2000). The third phase of the Neo-patristic movement is still in development.

1936-1948. – The incipient phase was the period when the Neo-patristic movement shared the Orthodox scene with two other theological directions: on the one hand, the old school of the manualist tradition whose scholastic approach to theology was very much criticized by the representatives of the Neo-patristic movement; on the other hand, the Russian school of religious philosophy, which emerged in Russia but soon moved to Paris with the emigration of its best representatives Sergius Bulgakov (1871-1944) and Nicholas Berdiaev (1874-1948). Like the Neo-patristic movement, the Russian school of religious philosophy was equally concerned with the renewal of modern Orthodox theology and its liberation from the influences of Western scholasticism. However, the major difference between the two movements lies in the fact that the Russian school of religious philosophy did not consider the Church Fathers as the absolute norm for all subsequent theological developments: in order to grapple with the challenges of the modern world, either social, political or economic, Orthodoxy – while keeping its patristic foundation – was expected to go beyond the patristic Hellenic heritage and transpose its entire theology into 20th-century philosophical frameworks. Despite the many tensions and frictions between them, the Neo-patristic movement and the Russian school of religious philosophy must not be seen as completely opposite to each other; they have much more in common than normally considered.

1948-2000. – The incipient phase of the Neo-patristic movement can also be called the Parisian phase, as the French capital was the place where the call for a "return to the Fathers of the Church" had started with Georges Florovsky and Vladimir Lossky. Florovsky's move to New York in 1948, to take a position as dean of St Vladimir's Orthodox Seminary, marks the end of the first phase and the internationalization of the movement, as other Orthodox centers in the world, apart from Paris, embarked on the Neo-patristic project: New York, Athens, Bucharest, and Belgrade. 1948 is also the year when the death of Nikolai Berdiaev silences the Russian school of religious philosophy, which enters into decline and almost disappears from the scene. The old school of the manualist tradition followed shortly. The fact that the Neo-patristic movement went unchallenged by anyone after 1948 led to its consolidation and dominance, to the extent that, in the second half of the past century, it seemed to many people as if it was synonymous with Orthodox theology. As a result, by the late 20th century almost all Orthodox theologians subscribed to the Neo-patristic agenda and identified themselves with the most influential movement in modern Eastern Christianity.

After 2000. – The turn of the new millennium marked the beginning of the new phase in the history of the Neo-patristic movement, as more and more Orthodox theologians started questioning both its monopoly in the Eastern Christian world and the basic tenets of its agenda. Paul Valliere, Pantelis Kalaitzidis, Brandon Gallaher, Cyril Hovorun, Aristotle Papanikolaou, and Paul Gavrilyuk are among the most well-known critics of the Neo-patristic movement. In a nutshell, their criticism concerns (i) the Neo-patristic movement's claim that Hellenism is the perennial philosophical category of Christianity, which leaves little room for inculturation and for the transposition of Christian truth into the language of contemporary philosophy; (ii) the role played by the Neo-patristic agenda in the consolidation of anti-Western and anti-ecumenical attitudes in the Orthodox world. Even though the representatives of the Neo-patristic movement were not anti-Western and anti-ecumenical, their quest to 'de-Westernize' Orthodox theology had a side effect: in some circles of the Orthodox world it inevitably led to a stronger polarization between East and West; (iii) the Neo-patristic movement's tendency to see the theology of the Church Fathers as a harmonious and perfectly symphonic system of thought, which pays less or no attention to individual voices and to the many disagreements existing between Church Fathers on several doctrinal issues; (iv) the relatively poor interest of the Neo-patristic movement in the study of Scriptures, which explains the neglect of biblical studies in modern and contemporary Orthodoxy; (v) the Neo-patristic theology's weak engagement with the many challenges brought by modernity and post-modernity.

SOURCES. – J. Popović, *Dogmatics of the Orthodox Church*, vols I-III, Beograd, 1932, 1935, 1980. – G. Florovsky, *Puti Russkogo Bogosloviia* [*The Ways of Russian Theology*], Paris, 1937; Id., *Westliche Einflüsse in der russischen Theologie*, in H. Alivisatos (ed.), *Procès-verbaux du premier congrès de théologie orthodoxe à Athènes, 29 novembre-6 décembre 1936*, Athens, 1939, pp. 212-231; Id., *Patristic and Modern theology*, *ibid.*, pp. 238-242; Id., *The Collected Works of Georges Florovsky*, vols I-XIV, Belmont/Vaduz, 1972-1989. – D. Stăniloae, *Iisus*

Hristos sau restaurarea omului [*Jesus Christ and the Restoration of Humankind*], Sibiu, 1943; Id., *Teologia dogmatică ortodoxă*, vols I-III, Bucureşti, 1978-1979; Id., *Spiritualitate ortodoxă: ascetica şi mistica* [*Orthodox Spirituality*], Bucureşti, 1982; Id., *Spiritualitate şi comuniune în liturghia ortodoxă* [*Spirituality and Communion in the Orthodox Liturgy*], Bucureşti, 1986; Id., *Chipul nemuritor al lui Dumnezeu* [*The Immortal Image of God*], Craiova, 1987; Id., *Iisus Hristos, lumina lumii şi îndumnezeitorul omului* [*Jesus Christ, Light of the World and Deifier of Man*], Bucureşti, 1993; Id., *Sfânta Treime sau la început a fost iubirea* [*The Holy Trinity: In the Beginning There Was Love*], Bucureşti, 1993. – V. Lossky, *Essai sur la théologie mystique de l'Église d'Orient*, Paris, 1944; Id., *À l'image et à la ressemblance de Dieu*, Paris, 1967. – J. Meyendorff, *St Grégoire Palamas et la mystique orthodoxe*, Paris, 1959; Id., *L'Église Orthodoxe: hier et aujourd'hui*, Paris, 1960; Id., *Orthodoxie et catholicité*, Paris, 1965; Id., *Le Christ dans la théologie byzantine*, Paris, 1969; Id., *Byzantine Theology: Historical Trends and Doctrinal Themes*, London, 1974; Id., *Living Tradition: Orthodox Witness in the Contemporary World*, New York, 1978; Id., *Catholicity of the Church*, New York, 1983. – K. Ware, *The Orthodox Church*, London, 1963; Id., *The Inner Kingdom*, New York, 2000; Id., *Orthodox Theology in the Twenty-First Century*, Genève, 2012. – A. Schmemann, *Introduction to Liturgical Theology*, London, 1966; Id., *The World as a Sacrament*, London, 1966; Id., *For the Life of the World: Sacraments and Orthodoxy*, New York, 1973; Id., *Church, World, Mission: Reflections on Orthodoxy in the West*, New York, 1979; Id., *The Eucharist: Sacrament of the Kingdom*, New York, 1988. – J. Zizioulas, *Being as Communion: Studies in Personhood and the Church*, New York, 1985; Id., *Eucharist, Bishop, Church: The Unity of the Church in the Divine Eucharist and the Bishop during the First Three Centuries*, Brookline (MA), 2001; Id., *Communion and Otherness: Further Studies in Personhood and the Church*, London, 2006. – P. Nellas, *Deification in Christ: Orthodox Perspectives on the Nature of the Human Person*, New York, 1987. – C. Yannaras, *La foi vivante de l'église: introduction à la théologie orthodoxe*, Paris, 1989; Id., *On the Absence and Unknowability of God: Heidegger and the Areopagite*, London, 2005; Id., *Orthodoxy and the West: Hellenic Self-Identity in the Modern Age*, Brookline (MA), 2006; Id., *Person and Eros*, Brookline (MA), 2007. – J. Romanides, *The Ancestral Sin*, New Jersey, 1998. – P. Ladouceur and B. Gallaher (eds), *The Patristic Witness of Georges Florovsky: Essential Theological Writings*, New York, 2019.

LITERATURE. – A. Schmemann, *Russian Theology: 1920-1972. An Introductory Survey*, in *St. Vladimir's Theological Quarterly*, 16, 1972, pp. 172-194. – G. H. Williams, *The Neo-Patristic Synthesis of Georges Florovsky*, in A. Blane (ed.), *Georges Florovsky: Russian Intellectual and Orthodox Churchman*, New York, 1993, pp. 287-340. – A. Nichols, *Light from the East: Authors and Themes in Orthodox Theology*, London, 1995. – E. Vilanova, *Histoire des théologies chrétiennes, t. 3: XVIIIe-XXe siècle*, Paris, 1997, pp. 815-847. – S. S. Horushy, *Neo-Patristic Synthesis and Russian Philosophy*, in *St Vladimir's Theological Quarterly*, 44, 2000, pp. 309-328. – P. Valliere, *Conclusions: The Limits of Tradition*, in Id., *Modern Russian Theology: Bukharev, Soloviev, Bulgakov: Orthodox Theology in a New Key*, Grand Rapids, 2000, pp. 373-403. – B. Gudziak, *Towards an Analysis of the Neo-patristic Synthesis of Georges Florovsky*, in *Logos: A Journal of Eastern Christian Studies*, 41-42, 2000-2001, pp. 197-238. – H. Alfeyev, *Orthodox Theology in the Twenty-First Century*, in *The Ecumenical Review*, 52, 2000, pp. 309-325; Id., *The Patristic Heritage and Modernity*, *ibid.*, 54, 2002, pp. 91-111. – C. Fillipo, *La sintesi neo-patristica di G. Florovsky e la questione del metodo in teologia*, in *Ho Theologos*, 22, 2004, pp. 27-63. – C. I. Toroczkai, *Teologia rusă din diaspora. Context istoric: principalii reprezentanţi şi originalităţile lor teologice*, Sibiu, 2005. – R. L. Petersen, *Local Ecumenism and the Neo-Patristic Synthesis of Father Georges Florovsky*, in *The Greek Orthodox Theological Review*, 41, 2006, pp. 217-242. – N. Russell, *Modern Greek Theologians and the Greek Fathers*, in *Philosophy and Theology*, 18, 2006, pp. 77-93; Id., *The Orthodox Neo-patristic Movements as Renewal of Contemporary Orthodox Theology: An Overview*, in *Review of Ecumenical Studies*, 7, 2015, pp. 94-115. – A. Louth, *The Patristic Revival and its Protagonists*, in M. B. Cunningham and E. Theokritoff (eds), *The Cambridge Companion to Orthodox Christian Theology*, Cambridge, 2008, pp. 188-203; Id., *French Ressourcement Theology and Orthodoxy: A Living Mutual Relationship?*, in G. Flynn and P. D. Murray (eds), *Ressourcement: A Movement for Renewal in Twentieth-Century Catholic Theology*, Oxford, 2012, pp. 495-507; Id., *Modern Orthodox Thinkers: From the Philokalia to the Present*, London, 2015. – M. Baker, *"Neo-Patristic Synthesis": An Examination of a Key Hermeneutical Paradigm in the Thought of Georges V. Florovsky*, Unpublished master's thesis (Holy Cross Greek Orthodox School of Theology), Brookline (MA), 2010; Id., *Theology reasons – in History: Neo-patristic Synthesis and the Renewal of Theological Rationality*, in *Theologia*, 81, 2010, pp. 81-118; Id., *Neopatristic Synthesis and Ecumenism: Towards the 'Reintegration' of Christian Tradition*, in A. Krawchuk and T. Bremer (eds), *Eastern Orthodox Encounters of Identity and Otherness: Values, Self-Reflection, Dialogue*, New York, 2014, pp. 235-260. – A. P. Glazkov, *Understanding of Historicity in Philosophy of Neo-patristic Synthesis G. V. Florovsky*, in *Journal of Philosophy*, 1, 2010, pp. 24-32. – P. Kalaïtzidis, *From the 'Return to the Fathers' to the Need for a Modern Orthodox Theology*, in *St. Vladimir's Theological Quarterly*, 54, 2010, pp. 5-36; Id. and N. Asproulis (eds), *Neopatristic Synthesis or Postpatristic Theology: Can Orthodox Theology Be Contextual* (Proceedings of a conference held at the Volos Academy of Theological Studies, 3-6 June 2010), Volos, 2018 (English version forthcoming). – B. Petrà, *Nuove vie: oltre la neopatristica*, in *Il Regno: quindicinale di attualità e documenti*, 16, 2010, pp. 508-510. – J. R. Sauve, *Georges V. Florovsky and Vladimir N. Lossky: An Exploration, Comparison and Demonstration of Their Unique Approaches to the Neopatristic Synthesis*, unpublished PhD thesis, Durham University, 2010. – B. Gallaher, *Waiting for the Barbarians: Identity and Polemicism in the Neo-Patristic Synthesis of Georges Florovsky*, in *Modern Theology*, 27, 2011, pp. 659-691. – N. Asproulis, *Is a Dialogue between Orthodox Theology and (Post)modernity Possible?: The Case of the Russian and the Neo-patristic 'Schools'*, in *Communio Viatorum*, 54, 2012, pp. 203-222. – S. Gerogiorgakis, *Modern and Traditional Tendencies in the Religious Thought of the Russian and Greek Diaspora from the 1920s to the 1960s*, in *Religion, State and Society*, 40, 2012, pp. 336-348. – P. Ladouceur, *Treasures New and Old: Landmarks of Orthodox Neopatristic Theology*, in *St Vladimir's Theological Quarterly*, 56, 2012, pp. 191-228; Id., *Modern Orthodox Theology: "Behold, I Make All Things New"*, London, 2019. – I. Noble, *A Latin Appropriation of Christian Hellenism: Florovsky's Marginal Note to Patristics and Modern Theology and Its Possible Addressee*, in *St Vladimir's Theological Quarterly*, 56, 2012, pp. 269-287; Id., *Wrestling with the Mind of the Fathers*, New York, 2015; Id., K. Bauerová, T. Noble and P. Parushev, *The Ways of Orthodox Theology in the West*, New York, 2015. – A. Papanikolaou, *Eastern Orthodox Theology*, in C. Meister and J. Beilby (eds), *Routledge Companion to Modern Christian Thought*, New York, 2012, pp. 538-548. – K. Ware, *Orthodox Theology Today: Trends and Tasks*, in *International Journal for the Study of the Christian Church*, 12, 2012, pp. 105-121. – P. Dorroll, *Scripture and Dissent: Engaging with the Neo-Patristic Paradigm of Modern Orthodox Theology*, in *International Journal of Orthodox Theology*, 4, 2013, pp. 133-

160. – P. Gavrilyuk, *Florovsky's Neopatristic Synthesis and the Future of Orthodox Theology*, in G. Demacopoulos and A. Papanikolaou (eds), *Orthodox Constructions of the West*, New York, 2013, pp. 102-124; Id., *Georges Florovsky and the Russian Religious Renaissance: Changing Paradigms in Historical and Systematic Theology*, Oxford, 2013; Id., *Vladimir Lossky's Reception of Georges Florovsky's Neo-Patristic Theology*, in J. Mihoc and L. Aldea (eds), *A Celebration of Living Theology: A Festschrift in Honour of Andrew Louth*, London, 2014, pp. 191-202; Id., *The Epistemological Contours of Florovsky's Neo-Patristic Synthesis*, in *Journal of Eastern Christian Studies*, 69, 2017, pp. 1-24. – I. Ică Jr, *Modern and Contemporary Orthodox Theology: Key Moments, Key Figures, Developments, and Assessments*, in V. Ioniță (ed.), *Orthodox Theology in the 20th Century and Early 21st Century: A Romanian Orthodox Perspective*, Bucharest, 2013, pp. 21-94. – D. Gonnet and M. Stavrou (eds), *Les pères de l'Église aux sources de l'Europe*, Paris, 2014. – C. Hovorun, *Patristics after Neo-Patristics*, in J. Mihoc and L. Aldea (eds), *A Celebration of Living Theology: A Festschrift in Honour of Andrew Louth*, London, 2014, pp. 205-213. – C. Filiotis-Vlachavas, *La théologie orthodoxe, entre retour aux Pères et appel de la modernité*, in *Revue des Sciences Religieuses*, 89, 2015, pp. 425-442. – C. Berger, *Florovsky's 'Mind Of The Fathers' and the Neo-Patristic Synthesis of Dumitru Stăniloae*, in *Journal of Eastern Christian Studies*, 69, 2017, pp. 5-50. – V. Coman, *Revisiting the Agenda of the Neo-Patristic Movement*, in *The Downside Review*, 138, 2018, pp. 99-117; Id., *Vladimir Lossky's Involvement in the Dieu Vivant Circle and Its Ecumenical Journal*, in *Irish Theological Quarterly* (forthcoming 2019). – S. Horujy, *The Concept of Neopatristic Synthesis at a New Stage*, in *Russian Studies in Philosophy*, 57, 2019, pp. 17-39.

V. Coman

NICETA(S) DE REMESIANA, évêque d'expression latine de la ville de Remesiana en Dacie méditerranéenne (366 ?-414), aujourd'hui Bela Palanka en Serbie.

Sources. – Nicetas est surtout connu par les écrits de Paulin de Nole qui l'accueille en 400 et 403 ; il lui consacre un poème, le *propemptikon* (*carmen* 17 de 400), lui fait visiter ses constructions à Nole *(carmen* 27 de 403, vers 360-467). Dans la lettre 29 (§ 14) de 400 adressée à Sulpice Sévère, il rappelle qu'il lui a lu la *Vie de saint Martin de Tours*. Par ailleurs, le nom de Nicetas figure dans deux lettres du pape Innocent Ier : la lettre 16 datée de 409 et la lettre 17 de 414. À la fin du ve siècle, Gennade de Marseille lui consacre une notice au chapitre 22 de son *De viris illustibus*. À ces principales sources, s'ajoutent les écrits de Nicetas dont l'attribution à Nicetas évêque de Remesiana n'est pas toujours attestée avec certitude, d'une part parce qu'il y a d'autres Nicetas (d'Aquilée ou de Trèves), d'autre part parce que tous ses écrits ne nous sont pas parvenus intégralement ; son œuvre principale s'adressait à des candidats au baptême (*Instructio ad competentes*).

Les débuts de sa carrière. – Nicetas est très certainement originaire de cette région de l'Illyricum où il a exercé son épiscopat, puisque Paulin note qu'en retournant en Dacie, il revenait dans sa patrie. En revanche, on ignore les débuts de sa carrière ecclésiastique. Il est peut-être déjà évêque en 366, si toutefois il convient de l'identifier au Nicha (nom déformé pour Nicetas) qui est au nombre des destinataires d'une lettre du prélat arien Germinius de Sirmium qui y marquait un retour vers l'orthodoxie nicéenne (lettre conservée dans les *fragmenta* d'Hilaire de Poitiers). C'est peut-être, selon J. Zeiller, à la suite de la réception de cette lettre que Nicetas composa le *De diversis apellationibus*, très court écrit qui traite de christologie. Quoiqu'il en soit, pendant trente ans, la vie de Nicetas nous demeure inconnue jusqu'à ce qu'on le retrouve à Nole auprès de Paulin en 400.

Paulin de Nole et Nicetas. – Paulin accueille Nicetas à Nole en 400. Il n'est pas exclu qu'étant évêque d'expression latine, il se soit rendu à Rome pour recevoir les instructions pontificales et en ait profité pour rendre visite à Paulin qui le reçoit pour la célébration du natalice de S. Félix le 14 janv. 400.

Le séjour de Nicetas se prolonge vraisemblablement jusqu'au printemps 400 et Paulin lui lit à haute voix la *Vie de saint Martin de Tours* écrite par Sulpice Sévère. Celui-ci rappelle à la fin de ses *Dialogues* que c'est Paulin qui a répandu cet ouvrage dans l'Illyricum : « de cette façon, je t'ai toi, Martin, révélé au vénérable et très savant évêque Nicetas venu de Dacie pour y être à juste titre admiré des Romains ». Dans le poème qu'il compose pour Nicetas (le *propemptikon* ou chant d'adieu), Paulin décrit le voyage de retour de Nicetas qui restera par son esprit présent à Nole ; il traverse l'Apulie, la Calabre, l'Adriatique, il arrive en Épire, puis en Macédoine, traverse la Mer Noire et revient en Dacie. Il célèbre l'action missionnaire de l'évêque de Remesiana auprès des peuples de l'Illyricum, en particulier des *Bessi* au sud de la Thrace. Il est considéré par Paulin comme l'évangélisateur des barbares en particulier des Scythes qui se sont convertis grâce à lui. Paulin n'hésite pas à comparer Nicetas à Martin de Tours, l'évangélisateur de la Gaule.

En 403, Nicetas revient à Nole trois ans après son premier séjour et Paulin lui présente alors les diverses constructions qu'il a entreprises sur le site de Cimitile (Nola), en particulier les travaux de rénovation de l'ancienne basilique Saint-Félix. Ensuite, il emmène Nicetas dans les *atria*, lui fait contempler un portique surmonté d'un étage où se trouvent les cellules des hôtes venus pour prier et d'où ils peuvent contempler l'autel de la nouvelle basilique de Saint-Félix, symbole de la Trinité. Il lui évoque les difficultés dues au manque d'eau et lui montre les citernes qu'il a fait édifier. Puis il le fait entrer afin qu'il chante des psaumes et qu'il puisse admirer dans cette nouvelle basilique les peintures du cycle de l'Ancien Testament.

Innocent Ier et Nicetas. – Le nom de Nicetas figure dans deux lettres du pape Innocent écrites respectivement en 409 et 414. La province de Dacie dépendait alors politiquement de Constantinople ; mais pour les questions ecclésiastiques, elle était rattachée à Thessalonique et à Rome, ce qui explique la mention de son nom dans les lettres pontificales et peut-être les voyages de Nicetas en Italie pour régler des questions disciplinaires. En effet, dès la fin du ive siècle se noue entre Rome et Thessalonique une collaboration faite d'inquiétudes et d'intérêts convergents suite aux diverses difficultés suscitées par la résistance de l'évêque hérétique Bonose de Sardique à sa condamnation par le concile de Capoue en 392/393. En 409, dans la lettre 16 écrite à l'évêque de Nišh Marcianus, Innocent réglait l'affaire des clercs ordonnés par Bonose en enjoignant à l'évêque d'accepter leur communion pourvu que leur contribution fût orthodoxe ; il évoque la participation de Nicetas à l'ordination des clercs de Nišh, le célébrant comme un frère. Dans la lettre 14 de 412 adressée à Rufus de Thessalonique, le pape renforce son autorité sur les Églises d'Orient dont celles de Dacie méditerranéenne (dont dépendait le diocèse de Remesiana, même si le nom de Nicetas n'est pas mentionné) et exige que les problèmes de doctrine soient débattus à Rome. Enfin, dans la lettre 17 de 414 adressée aux évêques et diacres de Macédoine, figure aux côtés de Rufus de Thessalonique le nom de l'évêque Nicetas (*Nicetae* ou *Nicetio* selon les manuscrits) : le pape établissait l'autorité directe du tribunal pontifical en imposant la discipline romaine, en particulier sur la réconciliation des clercs hérétiques que Bonose avait ordonnés.

LES ÉCRITS DE NICETAS. – Gennade de Marseille consacre à 'Niceas' (pour Nicetas) à la fin du Vᵉ siècle une notice dont on peut espérer qu'elle reflète la réalité ; selon cette source, son œuvre principale s'adressait à des candidats au baptême (*sex competentibus ad baptistum instructionis libelli*) dont il ne reste que quelques parties et des fragments disjoints (se reporter à Alina Soroceanu, *Niceta von Remesiana*, p. 27). Le premier *libellus* (fragment 1, 2, 6) concerne les candidats au baptême (*qualiter se debeant agere conpetentes, qui ad baptismi gratiam cupiunt pervenire* ; le second (fragment 4 et 5) traite des erreurs du paganisme (*de gentilitatis erroribus*), le troisième de la foi (*de fide unicae maiestatis*), écrits identifiés avec un *de ratione fidei* et un *de spiritus sancti potentia*, le quatrième perdu contre l'astrologie (*adversus genetbliologiam*), le cinquième (fragment 3 et 7), un commentaire du Symbole (*de symbolo*), le sixième perdu (*de agni paschalis victima*).

Suit dans la notice de Gennade une œuvre, le *libellus ad lapsam virginem*, qui fait partie des œuvres que l'on ne peut attribuer avec certitude à Nicetas (*opera dubia*). En effet, par leur nature pastorale, les écrits de l'évêque de Remesiana ont été beaucoup repris par d'autres, si bien qu'il n'est pas facile de lui attribuer telle ou telle œuvre. Ainsi, au VIᵉ siècle, Cassiodore dans ses *Institutiones* 1, 16, 3, louait un *Liber de fide* d'un évêque Nicetas attribué à d'autres, identifié tantôt à Nicetas d'Aquilée, tantôt à Nicetius de Trêves.

En revanche, Paulin lui attribue la composition d'Hymnes ; Dans le *de psalmodiae bono*, Nicetas défend l'usage liturgique du chant des hymnes en Occident à la fin du IVᵉ siècle mais nous n'avons retrouvé aucune de ses hymnes. On ne peut pas lui attribuer avec certitude le *Te Deum* malgré l'affirmation de certains spécialistes dont J. Zeiller. De même, selon Paulin, Nicetas défend la pratique des vigiles, en particulier celles du samedi et dimanche (*De vigiliis servorum*).

CONCLUSIONS. – Malgré les incertitudes sur ses écrits et les zones d'ombre du déroulement de sa carrière, Nicetas est célébré comme un évêque très cultivé (*doctissimus*), soucieux d'instruire son peuple et d'évangéliser les barbares. Il fut même le diffuseur de la *Vie de saint Martin de Tours* écrite par Sulpice Sévère. Ses longs voyages en Italie, ses rapports très étroits avec Paulin de Nole mais aussi avec le pape Innocent Iᵉʳ qui le qualifie de *frater* font de Nicetas, pourtant évêque de second rang, un personnage très important à la charnière entre deux mondes assurant la liaison entre Rome et l'Illyricum.

ÉCRITS DE NICETAS. – Se reporter aux ouvrages sur Nicetas de Remesiana : S. Nicetae episcopi Aquiliensis, *De ratione fidei, De Spiritus sancti potentia, De diversis appellationibus, D. N. Jesu Christo convenientibus, Explanatio Symboli, Fragmenta sex*, dans J.-P. Migne (éd.), *Patrologia Latina*, 52, 1894, col. 837-876. – S. Nicetae episcopi Trevirensis, *De Psalmodiae bono*, *ibid.*, 68, col. 365-376. – A. E. Burn, *Niceta of Remesiana, His Life and Works*, Cambridge, 1905. – C. H. Turner, *Niceta of Remesiana*, De vigiliis servorum Dei, dans *Journal of Theological studies*, 22, 1920-1921, p. 305-320 ; Id., *Niceta of Remesiana*, De Psalmodiae bono, *ibid.*, 23, 1922-1923, p. 225-252. – G. G. Walsh, *Niceta of Remesiana, Writings* (The Fathers of the Church, 7), New York, 1949 (réimpr., 1970). – K. Gamber, *Niceta von Remesiana*, Instructio ad Competentes. *Sermonen* ad competentes, De lapsu Susannae. *Mit einem Workkonkordanz zu des Schrifen des Nicetas* (Textus Patristici e Liturgici, 1, 2, 5, 7), Regensburg, 1964-1969. – C. Riggi, *Niceta di Remesiana. Catechesi preparatorie al battesimo* (Testi Patristici, 53), Roma, 1985. – C. Granado, *Nicetas de Remesiana. Catecumenado de adultos*, introducciòn, traducciòn del latin y notas de C. Granado S. J., Madrid, 1992. – E. Dekkers, *Clavis Patrum Latinorum CPL*, Turnhout, 1995 : 646-649 ; incertains 650-652. – A. Soroceanu, *Niceta von Remesiana, Seelsorge und Kirchenpolitik im spätantiken unteren Donauraum* (Zivilisationen und Geschichte, 23), Frankfurt, 2013.

SOURCES. – Innocentius I, *Epistulae* 14, dans J.-P. Migne (éd.), *Patrologia Latina*, 20, 1840-1845, col. 515A-517B ; *Ep.* 16, col. 520A-521 ; *Ep.* 17, col. 526D-527A. – Gennadius Massiliensis, *De viris illustribus*, éd. par E. C. Richardson (Texte und Untersuchungen, 14,1), Leipzig, 1896, ch. 22. – Hilarius Pictaviensis, *Fragmenta historica* (Corpus scriptorum ecclesiasticorum latinorum, 65), Wien, 1916, A III, p. 47-48, B IV, p. 156-157, B V, p. 159-160, B VI, p. 160-164. – Cassiodorus, *De institutione diuinarum litterarum*, éd. par R. A. B. Mynors, Oxford, 1961, (I, 16, 3). – C. Halm (éd.), *Sulpicius Severus* (Corpus scriptorum ecclesiasticorum latinorum, 1), Wien, 1866 (trad. Française, P. Monceaux, Paris 1926). – Sulpicius Severus, *Vita Martini, Vie de Martin*, introduction, texte critique, traduction, commentaire et index par J. Fontaine (Sources chrétiennes, 133-135), Paris, 1967-1969. – Sulpicius Severus, *Chronicorum libri*, II, introduction, texte critique et commentaire par G. de Senneville-Grave (Sources chrétiennes, 44), Paris, 1999. – Sulpicius Severus, *Gallus, Dialogi* I-III par J. Fontaine (Sources chrétiennes, 510), Paris, 2006 (*Dial. II*, 16). – Paulinus Nolanus, *Epistulae*, éd. par W. von Hartel (Corpus scriptorum ecclesiasticorum latinorum, 29), Wien, 1894, editio altera supplementis aucta, M. Kamptner, Wien, 1999 (*Ep.* 29, 14). – Paulinus Nolanus, *Carmina*, éd. par W. Von Hartel (Corpus scriptorum ecclesiasticorum latinorum, 30), Wien, 1894, editio altera supplementis aucta, M. Kamptner, Wien, 1999 (*carmen* 17, *carmen* 27, vers 360-467). – P. G. Walsh, *Letters of St Paulinus of Nola* I-II (Ancient christian writers, 35-36), New-York, 1966-1967 ; Id., *The Poems of St Paulinus of Nola*, (Ancient christian writers, 40), New York, 1975. – G. Santaniello, *Paolino di Nola, Le lettere*, vol. 1-2 (Strenae Nolanae, 4-5), Roma-Napoli, 1992. – A. Ruggiero, *Paolino di Nola, I Carmi I-II* (Strenae Nolanae, 6-7), Roma-Napoli, 1996. – M. Skeb, *Paulinus von Nola, Epistulae-Briefe* (Fontes christiani, 25), 3 vol., Freiburg, 1998. – Paulin De Nole, *Correspondance avec Sulpice Sévère*, édition établie et annotée par J. Desmulliez, C. Vanhems et J.-M. Vercruysse (Sagesses Chrétiennes), Paris, 2016.

TRAVAUX. – G. Morin, *Nouvelles recherches sur l'auteur du* Te Deum, dans *Revue bénédictine*, 11, 1894, p. 49-77. – A. E. Burn, *The Te Deum and its author*, London, 1926. – J. Zeiller, *Un ancien évêque d'Illyricum, peut-être auteur du* Te Deum, *saint Niceta de Remesiana*, dans *Comptes rendus des séances de l'Académie des inscriptions et des belles Lettres*,

86/4-6, 1942, p. 356-369. – M. Simonetti, *Sul* De Spiritus Sancti Potentia, *di Niceta di Remesiana e sulle fonti del* De Spiritu Sancto *di S. Ambrogio*, dans *Rivista di Letterature Classiche*, 4, 1951, p. 239-248. – E. Kähler, *Studien zum Te Deum und zur Geschichte des 24. Psalms in der alten Kirche*, Göttingen, 1958. – K. Gamber, *Die sex Bücher, « ad Competentes » des Niceta von Remesiana*, *Ostkirchliche Studien*, 9, 1960, p. 123-173 ; Id., *Fragen zu Person und Werk des Bischofs Niceta von Remesiana*, dans *Römische Quartalschrift für christliche Altertumskunde und Kirchengeschichte*, 62, 1967, p. 222-231 ; Id., *Niceta von Remesiana als Katechet und Hymnendichter. Ein Rechenschafts- und Forschungsbericht* (Schriften der Balkankommission, Antiquarische Abt., XVI), Wien, 1986, p. 71-83. – Ch. Pietri, *Roma christiana*, Roma, 1976 ; Id., *Histoire du christianisme des origines à nos jours*, t. 2, *Naissance d'une chrétienté (250-430)*, Paris, 1995. – M.-G. Mara, *Nicetas de Remesiana* dans A. Di Bernardino (dir.), *Dictionnaire encyclopédique du christianisme ancien*, adaptation française sous la direction de F. Vial, Paris, 1990, p. 1746-1747. – A. Gattiglia, *Paulin de Nole et Nicetas de Remesiana : Voyages et pèlerinage de rang élevé*, dans *Akten des XII. CIAC* [JbAC Ergänzungsband, 20, 2], Teil 2, Bonn, 1991 (Münster, 1995), p. 805-814. – J. Bouhot, *L'*instructio ad Competentes *de Nicétas de Remesiana* dans L. Holtz et J.-C. Fredouille (éd.), *De Tertullien aux Mozarabes*, I, *Antiquité tardive et christianisme ancien (IIIe-VIe siècles). Mélanges offerts à Jacques Fontaine*, Paris, 1992, p. 281-290. – M. Marin, *Note retoriche ed esegetiche su Niceta di Remesiana. Il* de Psalmodio bono, dans *Vetera Christianorum*, 33, 1996, p. 309-335 ; Id., *Il* De diversis appellationibus *di Niceta von Remesiana*, dans *Romanita orientale e Italia meridionale dall'antichità almedioevo : paralleli storici e culturali. Atti del II Convegno di studi italo-romeno* (Bari, 19-22 ottobre 1998), Bari, 2000, p. 217-223. – A. Despinescu, *Personnalités marquantes de la romanité orientale et de l'Italie méridionale dans l'Antiquité : St. Nicéta de Remésiana et St. Paulin de Nole*, dans *Studia Antiqua et archeologica*, 5, 1998, p. 109-114. – L. Pietri, *Histoire du christianisme*, t. 3, *Les églises d'Orient et d'Occident*, Paris, 1998. – G. Guttila, *L'esordio di Paolino come poeta « dotto » cristiano. Il propemptikon a Niceta* [carm. *17*], dans *Impegno e dialogo*, 13, 1998-2000, p. 359-390. – J. Desmulliez, *Meropius Meropius Pontius PAVLINVS* dans Ch. et L. Pietri (dir.), *Prosopographie chrétienne du Bas-Empire 2, 2, Italie (313-604)*, Roma, 2000, p. 1630-1654 ; Ead., *Paulin de Nole*, dans P.-G. Delage (éd.), *Paulin et l'amitié chrétienne* (Petite journée patristique, 17 mars 2012, Saintes), dans *Caritas Patrum*, 2012, p. 11-45 ; Ead. et L. Pietri, *SEVERVS 1 cognomento Sulpicius*, dans L. Pietri et M. Heijmans (dir.), *Prosopographie chrétienne du Bas-Empire 4, Gaule (314-614)*, Paris, 2013, p. 1744-1752. – S. Mratschek, *Der Briefwechsel des Paulinus von Nola, Kommunikation und soziale Kontakte zwischen christlichen Intellektuellen*, dans *Hypomnemata*, 134, Göttingen, 2002. – Y.-M. Duval, *Nicetas de Remesiana*, dans J. Leclant (dir.), *Dictionnaire de l'Antiquité*, Paris, 2005, p. 1524. – F. Gabrielli, *La Trinità nel pensiero di Niceta di Remesiana*, in appendice : preghiere e immagini in onore della SS. Trinità, Roma, 2010. – Th. Lehmann, *Il santuario di Cimitile/Nola nel reperto archeologico nelle lettere di Paolino di Nola*, dans J. Desmulliez, Ch. Hoët-Van Cauwenberghe et J.-Ch. Jolivet (éd.), *L'étude des correspondances dans le monde romain de l'Antiquité classique à l'Antiquité tardive : permanences et mutations*, Actes du XXXe Colloque international de Lille, 20-22 novembre 2008, UL3, Villeneuve d'Ascq, 2010, p. 273-292. – G. Herbert de la Portbarré-Viard, *Les descriptions du complexe basilical dédié à saint Félix dans l'œuvre de Paulin de Nole, leur rôle dans l'évolution de l'art paléochrétien et ses représentations littéraires*, dans *Connaissance des Pères de l'Église*, 123, 2011, p. 39-49.

J. DESMULLIEZ

Oscar de Poli, dans *Le Triboulet*, 24 juil. 1881, p. 4 (sur le site Gallica de la BnF).

POLI (Oscar de), soldat des Tirailleurs franco-belges, fondateur de l'Association des Chevaliers Pontificaux, écrivain, journaliste devenu sous-préfet, 1838-1908.

Né le 12 mai 1838 à Rochefort-sur-Mer (Charente-Maritime), Oscar Philippe François Joseph de Poli est le fils de Jean-Philippe (1803-1848), chef de bataillon au 21e Régiment d'Infanterie de Ligne tué durant la Révolution de 1848, Chevalier de la Légion d'honneur, originaire de Corse, et de Clémentine Félicie Hemery.

En 1859, ce fervent royaliste s'engage au service de François II, roi des Deux-Siciles, contre Garibaldi et ses Chemises Rouges qui ont envahi son royaume. En 1860, il rejoint les « Croisés de Cathelineau » (*cf. DHGE*, t. XXXII, col. 621-623), un corps de volontaires catholiques créé au mois de juin par Henri de Cathelineau pour défendre le pouvoir temporel du pape Pie IX. Le corps est dissout au mois d'août et Oscar de Poli est affecté à la 4e Compagnie des Tirailleurs Franco-Belges (matricule n° 378), sous l'autorité du capitaine adjudant-major Louis de Chillaz et des sous-lieutenants Emmanuel de Marcieu et Charles de Cherisey. Les Franco-Belges, du nom des deux nationalités prédominantes dans le bataillon, formeront le futur bataillon des zouaves pontificaux (*cf. DHGE*, t. XXXII, col. 892-896) en 1861, mais Oscar de Poli n'en fera pas partie. Au mois de septembre 1860, il participe à la bataille de Castelfidardo contre les troupes du roi de Sardaigne, Victor-Emmanuel II, futur roi d'Italie, désireux de s'emparer des États du pape afin de réaliser l'unité complète du royaume avec Rome pour capitale. Au cours de l'assaut, Poli est blessé d'un coup de baïonnette dans la poitrine et d'un coup de sabre au bras gauche. Il est évacué et sera libéré après la campagne. Il quitte le bataillon avec les honneurs, recevra pour son engagement et sa bravoure la médaille de Castelfidardo, ainsi que l'ordre de Saint-

Grégoire-le-Grand et l'ordre de Saint-Sylvestre, dont il sera fait Commandeur ; il est par ailleurs créé comte romain par le pape par bref du 20 déc. 1864. Il est aussi Chevalier de grâce de 2e classe de l'ordre Constantinien (Royaume des Deux-Siciles), Commandeur de l'ordre de la Couronne de chêne (Grand-duché de Luxembourg) et Grand-Croix et Procureur de l'Ordre équestre du Saint-Sépulcre de Jérusalem.

Oscar de Poli est aussi un publiciste réputé et un auteur prolifique. Tout au long de sa vie, il publiera de nombreux ouvrages. Il a ainsi écrit plusieurs récits de voyages, des livres historiques ou militaires, des écrits politiques monarchistes, des poésies ou encore des mélodies. Concernant son engagement dans l'armée du pape, il publiera trois ouvrages : *Souvenir du bataillon des Zouaves pontificaux* (1861), *De Paris à Castelfidardo* (1867) et *Les soldats du pape* (1868).

Officier dans un régiment de marche durant la guerre de 1870 contre la Prusse, il entame une carrière préfectorale après la défaite. En fervent monarchiste, il n'en reste pas moins hostile à la République, ce qui ne l'empêche pas d'être nommé sous-préfet de Romorantin (Loir-et-Cher) le 15 mai 1871, de Pontivy (Morbihan) le 15 févr. 1873, de Roanne (Loire) le 16 oct. 1873, et d'Abbeville (Somme) le 24 mai 1876. L'année suivante, il est nommé par le ministre de l'Intérieur Oscar Bardi de Fourtou, préfet du Cantal, du 21 mai au 18 décembre 1877.

Passionné de généalogie et d'héraldique, il devient membre de la Société des archives de la Saintonge et de l'Aunis en 1875 et crée en 1885 le Conseil héraldique de France, dont il est président et publie l'Annuaire du Conseil héraldique jusqu'à sa mort. Et en 1890, il fonde ce qui restera comme l'une de ses grandes œuvres : l'Association des Chevaliers Pontificaux, qui existe toujours aujourd'hui. Celle-ci s'est d'abord appelée « Association de Secours Mutuels des Chevaliers Pontificaux », pour tenir compte du désir de Léon XIII de voir la structure se préoccuper du sort de ses membres et particulièrement des anciens Zouaves, puis a pris le nom de « Noble Association des Chevaliers Pontificaux ».

Elle a d'emblée recueilli les encouragements et l'appui du pape Léon XIII, successeur de Pie IX, qui souhaitait, vingt ans après le dernier sacrifice des zouaves pontificaux à Rome, « que soient réunis en une distinction particulière les titulaires initialement français des ordres de dignités décernés ou reconnus par le Saint-Siège ». Les statuts sont présentés au Souverain Pontife qui les approuve officiellement le 26 août 1890. En fondateur zélé, Poli œuvre efficacement pour que « de nombreux catholiques français ayant reçu une décoration pontificale se retrouvent au sein de l'association dans un esprit de charité, d'assistance mutuelle et d'immuable fidélité à la Papauté. L'Association des Chevaliers Pontificaux se développa ainsi rapidement en regroupant ses serviteurs de l'Église soucieux de propager les enseignements pontificaux, de participer à des œuvres de charité et de s'entraider en cas de besoin ». Les activités de l'association se sont poursuivies jusqu'à nos jours, et avec la disparition des derniers Zouaves (le dernier officier est mort en 1932), elles se sont orientées en particulier en faveur des prêtres âgés. Régulièrement approuvées par les successeurs de Léon XIII, les statuts de l'association ont été actualisés dans ce sens sous le pontificat du pape Pie XI et l'approbation confirmée en 1936. Alors qu'il était encore nonce apostolique en France, le card. Roncalli, devenu en 1958 le pape Jean XXIII, avait présidé en 1950 la manifestation officielle du soixantième anniversaire de l'Association en la cathédrale Notre-Dame de Paris.

Oscar de Poli meurt le 6 janv. 1908 à Paris 16e et avec lui s'éteint la famille Poli. De son mariage avec Idalia de Choiseul-Gouffier, il a eu deux filles : Alix, l'aînée, décédée en 1948, avait épousé Jean-Baptiste de Courtin de Neufbourg, et Isabeau, la cadette, décédée en 1896, avait épousé Gabriel de Caix de Saint-Amour.

Oscar de Poli, *Voyage au royaume de Naples en 1862*, Paris, 1863, 328 p. ; Id., *De Naples à Palerme (1863-1864)*, Paris, 1865, 491 p. ; Id., *De Paris à Castelfidardo*, Paris, 1867, 280 p. ; Id., *Les Soldats du Pape*, Paris, 1868, 559 p. ; Id., *Des origines du royaume d'Yvetot*, Paris, 1872 ; Id., *Un martyr de la patrie : Recherches sur Ringois d'Abbeville*, E. Dentu, libraire-éditeur, 1879, 229 p. ; Id., *Louis XVIII*, Paris, 1880, 356 p. ; Id., *Royal-Vaisseaux (1638-1792)*, Paris, 1885, 222 p. ; Id., *Récits d'un soldat*, Paris, 1885, 355 p. ; Id., *Les défenseurs du Mont Saint-Michel (1417-1450)*, Conseil Héraldique de France, 1895, 434 p. ; Id., *Aux bords du Tibre*, Paris et Lyon, 1897, 331 p. ; Id., *Les seigneurs et le Château de Béthon*, Conseil Héraldique de France, 1885, 227 p.

Précis généalogique de la Maison de La Noüe, Paris, Conseil Héraldique de France, 1886, 252 p. – *Annuaires du Conseil Héraldique de France*, Conseil Héraldique de France, 21 numéros, 1888-1909. – *Maison de Rarécourt de La Vallée de Pimodan*, Conseil Héraldique de France, 1895, 96 p.

L. GRUAZ

RELIQUES (ANTIQUITÉ, MOYEN ÂGE ET ÉPOQUE MODERNE). Dans le christianisme, les reliques sont les restes corporels des saints, du Christ et de la Vierge, mais aussi des objets leur ayant appartenu ou encore qui ont été en contact avec leur corps ou leur tombeau.

I. RELIQUES. – I. DÉFINITION, TERMINOLOGIE. – II. LES SOURCES. – III. HISTOIRE DU CULTE. – 1° *Les origines.* – 2° *Premier essor.* – 3° *Le haut Moyen Âge.* – 4° *Au* VIIIe *siècle : l'accumulation de reliques.* – 5° *Translations et inventions aux* IXe-XIe *siècles.* – Aperçu. – Reliques et politique. – Reliques, emblèmes du transfert du pouvoir. – 6° *La fin du Moyen Âge.* – 7° *L'époque moderne.* – IV. FONCTIONS DES RELIQUES. – V. CÉRÉMONIES AVEC DES RELIQUES. – VI. CRITIQUES DU CULTE. – VII. CATÉGORIES. – II. RELIQUAIRES. – III. PERSPECTIVES COMPARATISTES.

I. RELIQUES. – I. DÉFINITION, TERMINOLOGIE. – Le mot relique (latin pluriel *reliquiae* ; grec *lipsana*) apparaît dans cet usage à la fin du IVe siècle en Afrique du Nord. Il est utilisé par S. Augustin, par le concile de Carthage de 397, puis par une inscription à Sétif en 452. Cependant toute une série d'autres termes ont le sens de restes sacrés. Parfois, « saint » ou « sainte » (*sanctus, sancta*) désigne les reliques ; de la même façon, l'inhumation auprès des reliques des martyrs et des saints est exprimée par la formule elliptique *ad martyres, ad sanctos*.

Des termes génériques se réfèrent à la matérialité concrète du corps d'un saint (*corpus*, *ossa*, *membra*). Des mots empruntés au vocabulaire profane acquièrent un sens spirituel et métaphorique pour évoquer des reliques : *gleba* (corps, cadavre) ; *margaretum, margarita* (perle, objet précieux) ; *pignora, pignera* (preuve, gage) ; *trophaea* (trophée) ; *patrocinia* (secours, aide) ; *signa* (signes) ; *beneficia* (bienfaits) ; *memoria* ; *exuviae* (dépouilles).

Les reliques de contact sont appelées *brandea, palliola* quand il s'agit de morceaux d'étoffe ayant touché le tombeau, ou avec un sens plus général, *sanctuaria*.

II. Les sources. – En dehors des mentions éparses dans les écrits historiographiques, théologiques et autres, les genres hagiographiques sont les sources principales. Les Vies des saints se terminent parfois par l'évocation du destin des dépouilles du saint. Les recueils de miracles relatent en majorité ceux accomplis auprès des restes sacrés (tombeau, reliques partielles). Le premier livret de miracles est inséré dans la *Cité de Dieu* (XXII, VIII) de S. Augustin, évêque d'Hippone, écrit vers 426-427. C'est à peu près à la même époque qu'un important recueil des miracles de S. Étienne est rédigé à Uzalis (Tunisie actuelle), faisant écho à l'invention des reliques du protomartyr Étienne en 415 à Kaphar Gamala près de Jérusalem. Les recueils de miracles deviennent un genre hagiographique prolifique au Moyen Âge.

Les récits d'inventions de reliques racontent la découverte des restes, dans la plupart des cas, dans des circonstances miraculeuses : à la suite de l'apparition du saint révélant le lieu où repose son corps et d'autres signes (l'endroit est signalé par la lumière, par la verdure exceptionnelle).

Les récits de translation de reliques ont pour objet le transport des reliques d'un endroit à un autre dans le but de leur vouer un culte liturgique ou rendre un culte déjà existant plus éclatant, plus digne. Ayant en général une valeur historique, ces récits ne sont pas exempts d'éléments miraculeux.

Les inventaires et catalogues de reliques témoignent de la richesse des reliques des églises et des trésors ecclésiastiques et laïcs. Les authentiques de reliques – petits morceaux de parchemin ou de papier – accompagnaient les restes dans les reliquaires pour les identifier, précisant le nom du saint et éventuellement la nature des restes, voire leur provenance. Les plus anciennes ont été trouvées à Rome (*Sancta Sanctorum*), à la cathédrale de Sens et à l'abbaye de Chelles.

Les inscriptions ou notices de dédicaces d'autel et de consécration d'églises énumèrent les reliques déposées dans l'autel et l'église.

Plusieurs textes liturgiques concernent également le culte des reliques : martyrologes, sacramentaires, rituels de processions, coutumiers, litanies.

Les reliquaires eux-mêmes constituent également des sources essentielles de l'histoire du culte des reliques.

Quant à l'archéologie des reliques, il s'agit de l'examen scientifique du contenu des reliquaires, pour déterminer les caractéristiques morphologiques et anthropologiques des ossements.

III. Histoire du culte. – 1° *Les origines*. – Avant même la naissance du culte des reliques eut lieu l'excavation du tombeau du Christ et l'invention de sa croix. C'est en 325 ou 326 que l'empereur Constantin fit rechercher l'emplacement du tombeau puis fit construire un complexe de monuments au-dessus et autour de lui. L'invention de la croix du Christ que la légende attache à Hélène, mère de Constantin, a eu lieu entre 338 et 347. Dans le même temps, l'identification des sites des événements bibliques sur la Terre sainte en tant que lieux sacrés ne peut pas non plus être dissociée du culte naissant des reliques.

Les origines du culte des reliques sont complexes. L'un des fondements est la vénération des martyrs des persécutions, le souci de donner une inhumation digne aux victimes. Les chrétiens prenaient un soin particulier de ceux qui avaient sacrifié leur vie pour leur foi en imitant le Christ, les martyrs. Au milieu du IIe siècle, la *Lettre sur la passion de Polycarpe* précise que la communauté chrétienne a rassemblé les restes du corps brûlé de l'évêque martyr de Smyrne et les a placés dans un lieu digne, avec l'intention de s'y réunir pour célébrer l'anniversaire de son martyre. Lors de ces rassemblements, les chrétiens priaient et organisaient aussi de véritables banquets funéraires, qui étaient à la fois la survivance de la pratique païenne de l'offrande aux morts et l'anticipation du banquet céleste. Progressivement, des rites spécifiquement chrétiens donnaient un nouveau sens à ces tombes : on commença à y célébrer l'eucharistie pour rappeler que le sacrifice du Christ fut imité par les martyrs.

Un autre élément essentiel était la croyance au pouvoir thaumaturgique des restes. On constata des phénomènes miraculeux auprès des tombeaux des martyrs à partir du milieu du IVe siècle. S. Hilaire, évêque de Poitiers, écrivit après 360, sous l'influence de son séjour en Orient, que le sang et les ossements des martyrs faisaient gronder les démons et chassaient les maladies.

Bien que le phénomène fût considéré comme incompréhensible à l'intelligence humaine, on croyait tout au moins que Dieu était la source ultime de ce pouvoir. Vers 396, Victrice, évêque de Rouen, écrivit que « l'Esprit divin anime les saints dans le ciel et leur corps sur la terre. Leur sang, même après le martyre, demeure tout imprégné du don de la divinité » (*De la louange des saints*). Autour de 420, S. Augustin hésita entre plusieurs hypothèses pour expliquer le pouvoir miraculeux des reliques : soit c'est Dieu lui-même qui agit ; soit il opère par les esprits des martyrs comme s'ils vivaient encore ici-bas de la vie corporelle ; soit il intervient par les anges (*La Cité de Dieu*, XXII, 9). Il y a aussi la trace d'une croyance selon laquelle le corps mort garde la marque ou l'empreinte de l'âme. La formulation la plus éloquente de cette croyance se trouve sur l'épitaphe d'une vierge nommée Juliana, provenant probablement du cimetière de Cyriaque : « Car les âmes laissent aux membres qui étaient à elles leurs empreintes, et l'esprit et les corps mêlent le mérite qui est leur » (*Inscriptiones Christianae Urbis Romae*, VII, 18944).

La foi en l'Incarnation du Sauveur et en la résurrection des corps était aussi fondamentale pour la genèse de cette croyance. Cyrille de Jérusalem écrivit que « le Christ a opéré la résurrection [...] pour que l'on croie que subsiste une force enfouie dans les corps saints » (*Catechesis*, XVIII, 16).

2° *Premier essor*. – Avec la diffusion de la croyance au pouvoir miraculeux des reliques, attirant les fidèles auprès des tombeaux des martyrs, les régions et cités dépourvues de tels saints désiraient aussi se doter de reliques. C'est la raison principale des inventions, des translations et des morcellements de reliques.

La législation de l'Empire romain condamnait toute violation des tombes – donc les exhumations, les divisions des corps –, s'il s'agissait d'une inhumation définitive, car les tombes étaient considérées comme des lieux sacrés. Mais l'empereur ou le gouverneur avait le droit d'autoriser un transfert. On sait aussi que pour les mettre à l'abri des profanations, les chrétiens déplaçaient les restes des martyrs. La première translation, celle du corps de S. Babylas dans l'église de Daphné (faubourg d'Antioche) eut lieu au milieu du IVe siècle.

À partir du IVe siècle, la nouvelle capitale de l'Empire, Constantinople, profita des translations de reliques particulièrement emblématiques, venant de la Terre Sainte. Théodose le Grand obtint et apporta le chef de Jean-Baptiste à Constantinople en 391. Lors des dédicaces successives de la basilique Sainte-Sophie furent déposées les reliques d'un martyr d'Antioche, Pamphile et de ses compagnons en 360, et les restes du patriarche Joseph, fils de Jacob, et de Zacharie, père de Jean le Baptiste en 415.

Dès le IVe siècle débutèrent aussi les inventions de reliques. L'invention des corps des martyrs Gervais et Protais en 386 par l'évêque de Milan Ambroise a été brièvement rapportée par l'évêque lui-même dans l'une de ses *Épîtres* (*Epistolae XXII*, dans *Patrologie latine*, t. 16, *Epistola prima classis*, col. 1019-1026).

À Rome, le pape Damase (366-384) rechercha et retrouva des tombeaux des martyrs dans les catacombes autour de Rome, puis fit graver leurs noms et des épigrammes qui les célébraient.

L'invention du plus grand retentissement, celle du protomartyr Étienne, en compagnie d'autres corps : Nicodème, Gamaliel ainsi que le fils de Gamaliel, Abidas, eut lieu en décembre 415 à la suite des apparitions de Gamaliel au prêtre Lucien à Kaphar Gamala près de Jérusalem. Cet événement, suivi du morcellement et de la distribution des reliques du saint, eut un retentissement décisif dans le développement du culte des reliques.

3° *Le haut Moyen Âge*. – Les témoignages les plus complets sont les livres des miracles de Grégoire de Tours. Ils dessinent une « géographie du sacré » du VIe siècle avant tout en Gaule, mais aussi en Italie, en Espagne et en Orient. Pour Grégoire de Tours, les hauts lieux sacrés se trouvaient dans les églises abritant les tombeaux et d'autres les reliques thaumaturges des saints.

Plusieurs basiliques furent fondées sur les reliques par les rois du haut Moyen Âge : par le roi des Burgondes, Sigismond, à Agaune sur les reliques de S. Maurice et des autres martyrs de la légion thébaine en 515 ; par Childebert sur une relique de Vincent de Saragosse ; vers 560, par Clotaire Ier à Soissons sur le corps de Médard, évêque de Noyon. La reine Radegonde possédait déjà de nombreuses reliques quand elle fonda un monastère à Poitiers. Elle obtint de l'empereur byzantin une parcelle de la vraie Croix en 569. Gontran, roi de Burgondie, fit venir les reliques de la légion thébaine à Chalon-sur-Saône, le centre de son pouvoir, et en 584, il fonda un monastère sur les reliques de S. Marcel. Dagobert fit retrouver les sarcophages des SS. Denis, Rustique et Éleuthère et fit construire une église magnifique au-dessus de leurs tombeaux. On sait qu'il y avait plusieurs reliques dans le trésor royal mérovingien, dont la *cappa* de S. Martin sur laquelle on prêtait serment.

En Angleterre, au témoignage de Bède le Vénérable, les restes du roi martyr Oswald, mort à la bataille contre le roi païen de Mercie en 642, ont été vénérés dans le monastère de Bardney (transférés en 909 à Gloucester) et au palais royal de Bamburgh.

Selon une légende tardive, le roi des Lombards Liutprand fit transférer en 710 le corps de S. Augustin de Sardaigne à Pavie, dans la basilique Saint-Pierre-Ciel d'or.

4° *Au VIIIe siècle : accumulations de reliques*. – À partir du VIIIe siècle, on peut observer une tendance à concentrer les reliques dans les centres du pouvoir. Constantinople devint progressivement la ville la plus riche en reliques. La ceinture et le vêtement de la Mère de Dieu y seraient arrivés dès le Ve siècle. Après avoir récupéré la relique de la Croix, enlevée par les Perses de Jérusalem, l'empereur Héraclius la fit transférer à Constantinople en 635. Aux IXe-Xe siècles, Constantinople se procura le chef de Jean Baptiste (850), le corps de S. Lazare de Chypre (début du Xe siècle), le corps de Marie Madeleine, puis à la suite de la campagne byzantine en Syrie, le *mandylion* (empreinte du visage du Christ) d'Édesse (944). Au Xe siècle, les principales reliques de la Passion – la couronne d'épines, la lance qui transperça le côté du Christ, les sandales du Christ, des images du Christ non faites de main d'homme, le linceul, le roseau, etc. –, se trouvaient dans l'une des églises du Palais sacré, celle de la Vierge du Phare.

À Rome, les papes furent à l'initiative de la concentration et de l'accumulation des reliques. Léon III (795-816) fit placer dans l'oratoire *Sancta Sanctorum*, situé au palais pontifical de Latran, un coffre en cyprès, rempli de reliques précieuses. Lors de l'avancée des Lombards qui dévastèrent les cimetières autour de Rome, les papes firent transporter des ossements extraits des cimetières suburbains dans les églises de l'intérieur de la ville. Paul Ier (757-767) fit ouvrir les tombeaux des martyrs les plus célèbres et transféra à Rome plus de cent reliques. Pascal Ier (817-824) fit transporter dans l'église Sainte-Praxède des ossements de plusieurs cimetières, jusqu'à 2300 ossements selon une inscription. Serge II (844-847) et Léon IV (847-855) continuèrent encore cette accumulation de reliques dans les églises qu'ils firent construire (Saint-Martin, Saint-Sylvestre et Quatre-Saints-Couronnés).

À Bénévent, le prince Aréchis II (758-787) qui se considérait comme l'héritier du royaume des Lombards, imita le modèle byzantin en construisant le Palais Sacré à Bénévent et l'église Sainte-Sophie. Il y fit transférer les reliques de douze frères martyrs de quatre villes de l'Italie du Sud. En 768, Aréchis fit exhumer le corps de S. Mercure à Eclano et le fit transférer à Bénévent. Gualtari, gastald d'Aréchis ramena de Constantinople les reliques de S. Helianus, un des 40 martyrs de Sébaste. Les successeurs d'Aréchis continuèrent à rassembler les reliques à Bénévent. Sico fit enlever à Naples des reliques du martyr Janvier en 821 et les fit déposer dans la nouvelle cathédrale. Sicard se procura en 838 les reliques de Barthélemy, conservées sur l'île de Lipari.

En Espagne, le roi des Asturies Alphonse le Chaste (788-842) construisit une nouvelle capitale à Oviedo. Il fit transférer le corps de Ste Eulalie à la chapelle palatine où il fit déposer également une châsse – l'*Arca Santa* – remplie de nombreuses reliques, provenant de la Terre Sainte, passée par l'Afrique, transférée à Carthagène puis à Tolède. Selon son catalogue du XIe siècle, l'arche contenait une véritable anthologie de l'histoire sacrée : des reliques christiques, apostoliques, vétérotestamentaires ainsi que des reliques des martyrs et des saints vénérés en Espagne.

Charlemagne obtint des reliques de S. Étienne, offertes par le pape Léon III, ainsi que des reliques de la Terre Sainte, dons du patriarche de Jérusalem. Les récits postérieurs attribuent à Charlemagne des acquisitions de reliques particulièrement importantes. Selon la légende élaborée à la fin du XIe siècle dans l'abbaye Saint-Denis, intitulée *Descriptio qualiter Karolus magnus clavum et coronam a Constantinopoli Aquisgrani detulerit qualiterque Karolus Calvus haec ad S. Dionysium retulerit*, Charlemagne partit libérer Jérusalem. Au retour, il s'arrêta à Constantinople, où il obtint de l'empereur en récompense des reliques insignes : la couronne d'épines, un clou de la crucifixion, une parcelle de la croix, le saint suaire, la chemise de la Vierge, les langes de l'enfant Jésus et un bras du vieillard Siméon. Il les rapporta à sa 'capitale' à Aix-la-Chapelle. Charles le Chauve fit cadeau de trois de ces reliques à l'abbaye de Saint-Denis : la couronne d'épines, le clou et la parcelle de la croix, et il fit transférer le saint suaire à Compiègne.

Dans les légendes tardives, Charlemagne devient dispensateur de reliques. Le saint Sang et une parcelle de la Croix, obtenus par le monastère de Reichenau en 925, auraient été des cadeaux que l'empereur avait reçus de Jérusalem et qu'il a offerts au duc de Rhétie Hunfrid.

Selon les légendes de la fondation de l'abbaye de Charroux (rédigées au XIe siècle), c'est Charlemagne qui a fourni les reliques à Roger, comte de Limoges, fondateur de l'abbaye. De même, le duc Guillaume, fondateur de Gellone (plus tard Saint-Guilhem-le-Désert), avant de quitter la cour de l'empereur, sollicita et obtint de lui une parcelle de la vraie croix, cadeau que le patriarche de Jérusalem avait envoyé à Charlemagne.

5° *Translations et inventions aux IXe-XIe siècles.* – Aperçu. – Les IXe-Xe siècles ont été marqués par des translations de reliques importantes. À l'apogée de l'empire carolingien, le désir d'obtenir des reliques romaines répondait au besoin de nouvelles fondations de monastères, en particulier en Germanie, et reflétait le lien resserré entre les Francs et la papauté. C'est alors qu'un diacre romain, Deusdona, avec ses deux frères, se servit dans les catacombes de Rome pour vendre des reliques à Éginhard à trois reprises (827, 830, 836), dont celles des martyrs Marcellin et Pierre. En 851, le comte saxon Walbraht obtint du pape Léon IV plusieurs reliques, dont celles du martyr Alexandre, pour le monastère de Wildeshausen. En 854, le marquis de Frioul Évrard reçut les reliques du pape Calixte pour sa fondation à Cysoing près de Tournai. Le pape Serge II céda les reliques des SS. Anastase et Innocent pour Gandersheim, fondé par Liudolf, duc des Saxons, en 852.

À la même époque, pour augmenter leur prestige, les monastères essayaient de se procurer des reliques célèbres, parfois même par le vol, selon le récit de la translation des reliques de Ste Foy d'Agen à Conques en 865 ou 866.

Au témoignage des sources écrites, certaines grandes abbayes furent particulièrement riches en reliques au IXe siècle, comme celle de Centula/Saint-Riquier, avec la *capsa major* (vingt-cinq reliques originaires de la Terre Sainte) dans la crypte du Saint-Sauveur et le tombeau de S. Riquier entouré de treize reliquaires, placés sur l'entablement des arcades au-dessus de l'autel (Hariulf, *Chronique de Saint-Riquier*, d'après la liste de l'abbé Angilbert).

À l'époque des invasions normandes, les abbayes accessibles à partir des côtes de la Manche et de l'océan Atlantique constituaient les cibles privilégiées des attaques. Fuyant leurs monastères, les moines partaient avec leurs reliques. D'après le récit d'Ermentaire, moine de Noirmoutier († 867-868), les tribulations des reliques de S. Philibert constituent un exemple exceptionnel. De Noirmoutier, elles ont été transférées successivement en 836 à Déas, au bord du lac de Grandlieu (Loire atlantique), puis en 846 à Cunault en Anjou ; en 862 à Messay en Poitou ; en 875 enfin, quand Charles le Chauve offrit aux moines le monastère Saint-Valérien de Tournus, ils s'y installèrent avec les reliques. En Angleterre, sous la menace des Danois, le corps de S. Cuthbert († 687) fut emmené de Lindisfarne en 875, puis à Chester-le-Street et Ripon, pour finalement être déposé à Durham en 995.

Dans le sud, l'occupation arabe servit de prétexte pour l'acquisition du corps de S. Marc à Alexandrie au profit de Venise (828). Bientôt abrité dans la splendide basilique élevée à son honneur, il devint une véritable relique d'État et contribua au prestige de Venise.

À partir du Xe siècle, dans le contexte de l'émergence des princes territoriaux, on observe des tendances à concentrer et à mettre en valeur des reliques de saints locaux dans les centres de pouvoir.

Les comtes de Flandre étaient particulièrement impliqués dans ce rassemblement, en commençant par Baudouin Ier Bras de Fer († 879) qui fit déposer dans son *castrum* à Bruges les reliques de S. Donatien et fit transférer les restes de Ste Amelberge au Mont-Blandin à Gand. Baudouin II (879-918) renforça Bergues par des fortifications et par les reliques de S. Winnoc (vers 900). Les plus importantes actions s'attachent au comte Arnoul le Grand (918-964), qui fit transférer des reliques de Normandie et de Picardie à Gand et à Saint-Bertin.

Les reconstructions et les nouvelles fondations après l'arrêt des invasions normandes et des guerres intestines nécessitaient quantité de reliques. C'est alors que bon nombre d'inventions de reliques eurent lieu : soit celles des restes cachés pendant les troubles, soit celles des corps des saints jusque-là inconnus dont l'identité n'était pas attestée par des textes.

L'invention des reliques de S. Bertin (*c.* 610-709) dans l'église abbatiale de Sithiu (1042-1065) fut liée à la reconstruction de l'abbaye après un incendie en 1033. Selon le récit rédigé par l'abbé Bovon (1042-1065), on découvrit une urne avec des reliques et un crucifix avec le nom du S. Bertin sous l'autel de saint-

Martin où l'abbé Folcuin l'avait cachée lors des menaces normandes.

Le récit d'invention de S. Yves, rédigé par Goscelin, raconte une découverte fortuite. En 1001, en labourant la terre, un paysan heurta un sarcophage. Lors de ses apparitions multiples, le saint révéla son identité et demanda de faire transporter son corps ainsi que ceux de ses deux compagnons dans l'abbaye de Ramsey, fondée en 969.

Les acteurs de la réforme monastique cherchaient aussi à augmenter le prestige de leurs établissements en les enrichissant avec des reliques. Ainsi Richard, abbé de Saint-Vanne de Verdun à partir de 1004, obtint quantité de reliques des abbayes de proximité (Metz, Gorze, Toul, etc.), mais aussi de Saint-Denis ou de Tours, et découvrit les corps des évêques inhumés dans son monastère dont Madalvée qu'il fit élever sous l'autel.

Lors du concile réformateur de Reims en 1049, le pape Léon IX installa le corps de S. Remi au centre de l'assemblée des évêques comme pour les placer sous l'autorité céleste.

Reliques et politique. – Dans les royaumes nés après la désintégration de l'empire carolingien ainsi que dans l'empire romano-germanique, la mise en valeur des reliques accompagnait l'affermissement du pouvoir politique.

Robert le Pieux fit édifier au-dessus du tombeau de S. Aignan à Orléans une église avec dix-neuf autels, et fit orner la châsse du saint d'or, de pierres précieuses et d'argent. De même, il commanda pour le corps de S. Savinien une nouvelle châsse somptueuse. Le lien des rois Capétiens avec l'abbaye de Saint-Denis se raffermit à l'époque de Suger, qui inventa le rituel de l'exposition des reliques de Denis et de ses compagnons sur l'autel de l'abbatiale lorsqu'une guerre menaçait le royaume (1124).

En Espagne, le roi de Léon Alphonse VI et sa sœur Urraca offrirent un reliquaire somptueux aux reliques de l'*Arca Santa* à Oviedo en 1075. En 1063, l'acquisition des reliques de S. Isidore de Séville par le roi Ferdinand Ier pour Léon scella un lien avec le passé wisigothique dans le contexte de la Reconquête.

Le culte du roi martyr Edmond († 869 ou 870), victime de la résistance anglo-saxonne face aux Danois, envahisseurs de l'Est-Anglie, fut promu par toute une série de rois d'Angleterre, depuis Aethelstan (925-939) jusqu'à Guillaume le Conquérant, en passant par Knut le Grand et Édouard le Confesseur. Les Plantagenêt ont continué cette tradition, notamment Richard Cœur de Lion qui vouait une dévotion particulière à Edmond. Il se rendit deux fois pendant son règne au tombeau du saint à Edmondsbury.

Henri II est intervenu pour la canonisation d'Édouard le Confesseur, dernier roi anglo-saxon de Westminster. La date de la translation d'Édouard fut fixée par le roi lui-même pour le 13 oct. 1163. Lors de la cérémonie de translation, le corps fut porté en procession par le roi et les grands du royaume. Le culte d'Édouard fut ensuite particulièrement favorisé par le roi Henri III qui fit reconstruire l'église de Westminster et fit élever une nouvelle châsse pour le saint derrière le maître autel consacré en 1269.

Peu de temps après, sur l'initiative de l'empereur Frédéric Barberousse et son chancelier Rainald de Dassel, qui est aussi archevêque de Cologne et archichancelier d'Italie, l'antipape Pascal III canonisa Charlemagne.

Reliques, emblèmes du transfert du pouvoir. – Dès le Xe siècle, les translations de reliques acquièrent le sens de transfert de pouvoir.

Vers 923, le roi de Saxe Henri Ier reçut du roi des Francs occidentaux, Charles, la main de S. Denis. À cette occasion, l'ambassadeur évoqua la translation des reliques de S. Vit en 836 de Saint-Denis au monastère de Corvey en Saxe. Dans son discours, rapporté par le chroniqueur Widukind de Corvey, il présenta la perte de ces reliques comme le début des guerres incessantes en Gaule, la paix perpétuelle en Saxe, le déclin des affaires des Francs et la floraison des Saxons.

L'obtention de la lance de Constantin le Grand en Germanie fut un autre transfert emblématique du pouvoir. Contenant des clous de la crucifixion, elle appartenait aux rois d'Italie ; un comte italien l'avait apportée à Rodolphe Ier, roi de Bourgogne (912-937) pour le persuader de venir régner en Italie. Ayant appris cela, le roi de Germanie Henri Ier l'obtint sous la menace. Elle devint dès le Xe siècle un insigne impérial, figurant parmi les *regalia* à partir de l'époque d'Henri II.

La soumission politique d'un pays, d'une ville, avait en général pour suite la spoliation des reliques, transférant les protecteurs célestes dans le pays qui imposait sa domination. À l'époque de l'empereur Otton Ier, Thierry Ier, évêque de Metz, qui l'accompagna lors de son périple en Italie, rassembla entre 970 et 972 un très grand nombre de reliques qu'il rapporta à Metz et à d'autres monastères situés dans les centres de gravité de l'Empire.

Au XIIe siècle, la translation des reliques des Rois Mages de Milan à Cologne eut lieu dans le contexte de la guerre entre l'Empire et les villes de Lombardie, qui soutenaient le pape. Les Milanais découvrirent les corps des trois rois en 1158 lors des destructions des faubourgs. Après la capitulation de Milan (1162), les reliques des Rois Mages furent offertes par l'empereur Frédéric Barberousse à Rainald de Dassel, son chancelier et archevêque de Cologne, qui les emporta en 1164 à Cologne.

L'époque des croisades fut particulièrement favorable aux importations de reliques de l'Orient en Occident. En 1071, les marchands de Bari se sont emparés des reliques de Nicolas à Myre ; peu après, les Génois passèrent aussi à Myre et y ont découvert des reliques de Jean Baptiste. Un long récit raconte comment les Vénitiens ont obtenu également à Myre une partie des reliques de S. Nicolas. En 1126, deux Latins ont enlevé le corps de Ste Agathe à Constantinople pour le ramener à Catane.

À la suite de la 4e croisade, aboutissant à la conquête de Constantinople en 1204, les Latins ont mis la main sur les reliques tant convoitées de la ville. Elles ont été réparties entre les Vénitiens, les autres croisés et l'empereur latin Baudouin. En dehors de cette distribution, d'autres acquisitions eurent aussi lieu. Wallon de Sarton, chanoine de Picquigny, découvrit des reliques de S. Georges et de Jean Baptiste dans des ruines et les a rapportées en France. Il offrit la tête de Jean Baptiste à la cathédrale d'Amiens. En

1205, Florence a obtenu du roi de Jérusalem le bras de S. Philippe ; en 1208, le cardinal-légat Philippe de Capoue a ramené de Constantinople à Amalfi une relique de S. André.

L'obtention par Louis IX des reliques de la Passion (1239-1242) qui avaient été conservées durant des siècles à Constantinople fut interprétée dès son époque comme un transfert du pouvoir de l'Orient en Occident, au royaume de France. Profitant de l'opportunité résultant des difficultés financières de l'empereur latin de Constantinople Baudouin II, S. Louis obtint les plus fameuses reliques de la Passion, notamment la Couronne d'épines, rachetées à Venise où elles furent mises en gage. C'est pour les contenir et exalter que le roi de France fit construire la Sainte-Chapelle. La Grande Châsse qui abritait la collection avait pour modèle l'Arche d'Alliance. Détruite à la Révolution avec presque tous les reliquaires, on ne connaît son aspect que grâce aux miniatures et gravures.

Après Louis IX, la Sainte-Chapelle continua de s'enrichir de nouvelles reliques, déposées par ses successeurs et devint le *palladium* du royaume. En 1370, quand Charles V augmenta la dotation des chanoines desservant la chapelle, il évoqua comme motif « la conservation du royaume ».

L'acquisition des reliques de la Passion par S. Louis trouva un écho au royaume d'Angleterre. Henri III Plantagenêt imita l'exemple du roi de France. En 1247, il obtint du patriarche de Jérusalem le Précieux Sang, contenu dans une fiole de cristal. Il organisa la translation, partie de l'église Saint-Paul de Londres à Westminster, et confia à Matthieu Paris la tâche de mettre par écrit la cérémonie.

6° *La fin du Moyen Âge.* – Avec le développement de la religion civique, en particulier en Italie, la mise en valeur des reliques connut de nouvelles formes avec l'intervention des autorités urbaines.

Dominique de Guzman est mort en 1221 à Bologne ; la translation de son corps eut lieu après la réconciliation entre l'évêque Enrico della Fratta et la commune. Ils agirent ensemble pour la canonisation de Dominique, aboutie en 1234. Les autorités urbaines furent présentes à chaque cérémonie autour des reliques, notamment en 1267, lors de l'installation du corps dans le sarcophage sculpté par Nicola Pisano et Arnolfo di Cambio.

Immédiatement après la mort du pauvre pénitent Rigo, mort à Trévise en 1315, le Conseil de la ville vota l'édification de son tombeau aux frais de la communauté ; l'année suivante, on transféra son corps dans un tombeau édifié dans la cathédrale.

La pénitente et tertiaire franciscaine Marguerite de Cortone, morte en 1297, a fait l'objet d'une vénération immédiate ; la commune entreprit la construction d'une nouvelle église pour recevoir ses reliques et statua sur l'organisation des manifestations autour de ses reliques dont le pèlerinage. Son cénotaphe en marbre, surmonté d'un baldaquin, a été réalisé sur le modèle typique des monuments funéraires de prélats et laïcs importants.

Dans l'empire, Charles IV (1346-1378) se distingua particulièrement par sa passion pour les reliques. Il offrit un reliquaire somptueux pour S. Wenceslas, élevé au rang de patron de la Bohême. Il fit construire le château de Karlštejn pour abriter les reliques de la Passion et les insignes de l'Empire. La chapelle haute, achevée en 1368-1369, où fut conservée notamment une relique de la Croix, est tapissée de cent-trente tableaux représentant des saints. Le cadre de chaque image recelait une niche à relique.

La passion de collectionner des reliques atteignit son apogée à l'extrême fin du Moyen Âge. Le prince électeur de Saxe, Frédéric de Wise (1488-1525), mena véritablement une « chasse aux reliques » qu'il rassembla dans l'église de Tous-les-saints de Wittemberg. Leur ostension avait lieu tous les ans le deuxième dimanche après Pâques, entre 1503 et 1523. En 1518, il y avait 17 443 fragments rassemblés ! De même, Albrecht de Brandenburg, élu archevêque de Mayence en 1518, fonda une église à Halle pour sa collection de reliques (8133 pièces). Ces collections faisaient l'objet de livres illustrés (*Heiltumsbuch*) : Lucas Cranach orna celui de Wittemberg.

7° *L'époque moderne.* – À la fin du Moyen Âge, les ostensions de reliques avec la vente des indulgences constituaient une source financière importante pour l'Église. Les abus de ce trafic ont été dénoncés par Jean Hus, Wycliff, Érasme, puis par les protestants, Luther, Calvin. Les destructions de reliques, reliquaires et d'autres objets religieux par les protestants ont commencé dès 1520.

La relance du culte des reliques s'inscrivit dans les objectifs de la Contre-Réforme. Le concile de Trente (1563) promulgua la réhabilitation de ce culte et condamna ses détracteurs.

On constitua des collections de reliques très importantes comme à l'Escorial, dans l'église des jésuites à Lisbonne, dans l'église *Gesu Nuovo* de Naples. Le palais-monastère de l'Escorial, bâti par Philippe II (1563-1584) à 45 km de Madrid, possède l'une des plus grandes collections de reliques : 7500 pièces, abritées dans 570 reliquaires, présentés en grande partie dans la basilique Saint-Laurent.

En 1578, on redécouvrit les catacombes de Rome. À partir du pontificat de Sixte V (1585-1590) jusqu'au XIXe siècle, on a extrait les ossements des catacombes pour les distribuer dans toute la chrétienté. La Congrégation des rites créée en 1587 s'occupait de l'authentification des ossements. On considérait que toute sépulture où l'on trouvait le dessin d'une palme sur l'épitaphe et, à l'intérieur de la tombe, une ampoule (avec un liquide desséché qu'on prenait pour du sang), était celle d'un martyr... Quand on ne trouvait pas d'inscription comportant le nom, on attribuait une identité au soi-disant saint : Beatus, Félix, Prosper, Déodat, Clemens, etc.

Avec l'expansion du catholicisme européen à partir du XVIe siècle, le culte des reliques fut introduit en Amérique et en Asie. En Inde, l'invention du lieu d'inhumation de l'apôtre Thomas au début du XVIe siècle par les Portugais fit naître une ville catholique (Meliapor). Des reliques furent envoyées au Mexique pour les distribuer aux maisons de la Compagnie de Jésus.

La Révolution française a provoqué une destruction massive des reliques et des reliquaires. La loi du 10 sept. 1792 ordonna d'apporter les objets de culte et les reliquaires à l'hôtel de la Monnaie dans le but de les faire fondre.

Le buste-reliquaire de S. Lambert de Liège, © Photo Achim Bedzdorf, © Liège, Trésor de la cathédrale de Liège (avec tous nos remerciements à Ph. George et à J. Maquet, conservateur du Trésor).

IV. FONCTIONS DES RELIQUES. – Le pouvoir miraculeux que l'on attribue aux reliques se manifeste dans plusieurs domaines.

Le premier effet des reliques est l'éloignement des démons qu'on imaginait habiter dans les temples et les idoles des païens, ainsi que dans le corps des possédés et des malades. C'est cette emprise sur les démons que nota S. Hilaire : « En tout lieu, on a recueilli le sang sacré des bienheureux martyrs et leurs ossements vénérables portent quotidiennement témoignage, en faisant gronder les démons, en chassant les maladies, en opérant sous nos yeux des merveilles étonnantes ».

Dès le IVe siècle, les tombeaux des saints attiraient les malades et les possédés. Dans l'espoir d'un soulagement, les malades s'y recueillaient en prière et y restaient parfois durant plusieurs jours, voire plusieurs semaines ou des mois.

Par le biais des pèlerinages, les reliques avaient une fonction économique très importante pour les sanctuaires. Les miraculés offraient des richesses, des ex-voto et d'autres dons (propriétés, privilèges) qui contribuaient à la prospérité des établissements religieux.

Les reliques se virent attribuer d'autres fonctions bénéfiques. Certaines devenaient gages de victoire sur l'ennemi ou, au contraire, protectrices des villes.

À Constantinople, on attribua au vêtement de la Mère de Dieu la défense de la ville à plusieurs reprises : en 626, en 822, en 864, en 926. Au VIIIe siècle, la ceinture de la Vierge est évoquée comme le gage de protection de la ville et elle est comparée à une muraille.

En Occident, d'après Grégoire de Tours, en 542, lorsque les Francs assiégèrent la ville de Saragosse, les habitants agitèrent la tunique de S. Vincent sur les remparts, contraignant ainsi les Francs à lever le siège. À l'époque des invasions normandes, lors du siège de Paris en 885-886, les reliques de Ste Geneviève et de S. Germain furent portées aux points stratégiques de la défense. Pour obtenir le succès militaire, on emporta des reliques à la guerre : Charlemagne fit porter les reliques de S. Denis dans son expédition contre les Saxons. Les parcelles de la Croix, incorporées dans des crucifix, furent considérées comme gages de victoire : selon le rituel wisigothique, l'évêque de Tolède remettait une croix-reliquaire au roi avant son départ à la guerre, afin que « le bois par lequel le Christ a vaincu les principautés et puissances... le mène à la victoire militaire... ». Lors des combats contre les musulmans, les reliques de la Croix furent également portées devant les Francs, comme en 1177 à la bataille de Mont-Gisard, ou en 1188 à Hattin mais lors de cette bataille, Saladin s'empara de la relique. En Occident, la victoire en 1141 de l'évêque de Liège pour reprendre son château à Bouillon fut attribuée à la présence du corps de S. Lambert retiré de la cathédrale de Liège. Dix ans plus tard, la chevalerie de l'évêque de Liège triompha de l'armée namuroise à Andenne où les reliques de S. Lambert furent également apportées.

Beaucoup de miracles attribuent aux reliques une emprise sur la régulation du temps météorologique. La découverte d'un corps saint, sa translation, ou la procession avec des reliques provoquaient la pluie. C'est ainsi qu'après l'invention des reliques d'Étienne Protomartyr, une longue période de sécheresse prit fin. Même la procession avec le vêtement d'un saint (la tunique de S. Euthicius de Nursie) suffit pour faire venir la pluie selon un miracle rapporté par Grégoire le Grand dans ses *Dialogues*.

Pour obtenir la pluie, on sortait les reliques corporelles, peut-être pour la première fois, à l'époque de l'évêque de Verdun, Dadon (880-923) : on porta les reliques de S. Baudri, conservées au monastère de Montfaucon, à la rencontre de celles de S. Jovin. Pendant la procession, une averse tomba.

Dans d'autres cas, les inondations furent maîtrisées. Après l'invention du chef de Jean-Baptiste (1016) au monastère d'Angély, on y transporta les reliques de S. Martial de Limoges : « bientôt toute l'Aquitaine, qui depuis longtemps déjà avait souffert de l'inondation de pluies excessives, la sérénité retrouvée, se réjouit de la venue de son père ». De même, grâce aux reliques de Ste Geneviève, l'inondation de la Seine fut surmontée en 1206.

Non seulement les reliques conjuraient les calamités, mais elles faisaient reverdir les arbres desséchés, éclore les fleurs en automne ou en hiver, produire de riches moissons. La verdeur inhabituelle de la végétation pouvait indiquer l'emplacement d'un corps saint : là où le roi martyr Oswald avait été tué en 642, le sol était devenu plus verdoyant. Après l'arrêt des invasions normandes, au retour des reliques de S. Martin en Touraine, malgré la saison hivernale, les arbres se vêtirent de feuilles et de fleurs. Ou encore, dans le

Ponthieu, quand Hugues Capet y ramena les corps des SS. Valery et Riquier (981), bien que les champs de blé aient été piétinés par le passage de son armée, les moissons furent particulièrement abondantes par l'effet des reliques.

Les reliques acquirent aussi des fonctions proprement sociales dès l'Antiquité tardive et servaient parfois au règlement de conflits, de désordres et de litiges.

La fonction judiciaire des reliques, le serment prêté sur les reliques est attesté à partir du VIe siècle. Le serment purgatoire était utilisé pour se disculper des accusés devant les juridictions ecclésiastiques et séculières. On prêtait serment sur des reliques également lors des engagements tels les serments promissoires des évêques. Dès le VIIe siècle, les liens personnels entre un puissant et un vassal furent scellés par un serment sur reliques. Charlemagne exigea de ses sujets un serment de fidélité à deux reprises. De même, les accords de paix furent confirmés par le serment sur reliques. Lors du mouvement de la Paix de Dieu au XIe siècle, on sortait régulièrement les reliques de leurs sanctuaires, pour assurer une présence surnaturelle dans ces assemblées où, sur l'initiative ecclésiastique ou princière, les seigneurs et leurs hommes d'armes s'engageaient à limiter les guerres privées et les dévastations.

Pour obtenir gain de cause dans des affaires judiciaires, les religieux et ecclésiastiques utilisaient parfois les reliques, en espérant exercer une pression sur la partie adverse par la présence des corps saints. Les moines de Conques avaient l'habitude de porter les reliques de Ste Foy en procession, notamment dans le cas d'usurpation de leurs biens. C'est également contre des usurpateurs que l'abbé Hugues Ier (1085-1107) organisa un voyage avec les reliques de S. Amand à travers le Brabant en 1107. Elles furent transportées là où les « hommes méchants » avaient l'habitude d'usurper les biens de l'abbaye et en présence des reliques, furent excommuniés tous ceux qui désormais commettraient une 'injure' contre les biens du saint.

V. Cérémonies avec des reliques. – Jusqu'au XIIe siècle, les élévations et translations de reliques, autorisées et organisées par l'évêque diocésain, constituaient les cérémonies essentielles pour la reconnaissance de la sainteté. Lorsque les reliques venaient d'une autre région, leur avènement (*adventus*) était célébré en grande pompe à l'instar de celui des empereurs et des rois.

Les reliques figuraient dans les rituels de la dédicace et de consécration des autels dès le haut Moyen Âge. À Rome, on commença à déposer des reliques dans les églises urbaines dès le dernier quart du IVe siècle. À la fin du VIe, la coutume de déposer des reliques dans l'autel pour la dédicace des églises semble s'être généralisée. Mais c'est seulement dans le sacramentaire grégorien (*ordo* XLII) qu'apparut le rituel de déposition. Après la large diffusion du pontifical romano-germanique à partir du Xe siècle, le *Rational des divins offices* de Guillaume Durand, évêque de Mende, fixa le rituel en 1286.

Les reliques ont été portées en procession lors de la fête des Rameaux et des Rogations. À partir du XIe siècle, certains monastères et églises instituaient aussi la fête des reliques possédées dans leur établissement. De même, il y avait des processions coutumières à certains endroits, par exemple avec la châsse de S. Ouen sur un mont près de Rouen à la fin du XIe siècle, ou encore une procession avant la foire du Lendit à Saint-Denis.

Lors des épidémies et d'autres calamités, on sortait les reliques de leurs sanctuaires pour les porter en procession, en espérant l'intercession du saint (ou des saints) pour mettre fin aux malheurs.

À diverses occasions, on exposa les reliques à la vénération des fidèles, par exemple le saint Clou à l'abbaye Saint-Denis ou le saint Suaire à Compiègne. Un rituel spécifique d'élévation et d'exposition de reliques durant une expédition militaire fut mis au point par Suger dans l'abbaye Saint-Denis, en 1124, avant le départ du roi Louis VI contre l'empereur Henri V qui se dirigeait vers Reims. Les châsses de S. Denis et de ses compagnons, Rustique et Éleuthère, enlevées de leur place habituelle, furent posées sur l'autel « comme pour le défendre ». Durant toute la campagne, les reliques restèrent sur l'autel, veillées par les moines en prière.

En 1215, le IVe concile de Latran réglementa les ostensions : les reliques devaient être montrées sous la protection d'un reliquaire.

Dès le milieu du XIVe siècle, des ostensions périodiques furent organisées dans la région rhénane à Aix-la-Chapelle, Cologne, Trèves, Maastricht, Tongres, Cornelimünster. On présentait les reliques à la foule en hauteur ; pour capter leur pouvoir miraculeux, les pèlerins utilisaient des miroirs dits de dévotion.

Les ostensions en Limousin devinrent régulières à partir de 1463, et septennales au début du XVIIe siècle. Elles connaissent un renouveau dès 1960 et se déroulent dans 20 localités. Les processions solennelles sont précédées de la 'reconnaissance' des reliques, avec l'ouverture des châsses pour vérifier leur intégrité.

VI. Les critiques du culte des reliques. – À la fin de l'Antiquité, les païens voyaient dans le culte voué aux martyrs une idolâtrie, un culte rendu aux dieux. Les auteurs chrétiens ripostaient qu'il ne s'agissait pas d'adorer, mais de célébrer la mémoire des martyrs. Ils faisaient aussi l'apologie des coutumes d'origine païenne dont avait hérité le culte des martyrs : l'usage des cierges et des lampes dans les églises, l'offrande des ex-voto pour les saints, les agapes sur les tombeaux, les gestes de vénération (baiser au tombeau).

Dès le Ve siècle, l'Église dut aussi lutter contre les autels élevés sur des reliques de faux martyrs (Ve concile de Carthage, 401) et contre les inventions de reliques douteuses. À la fin du IVe siècle, S. Martin de Tours fit détruire l'oratoire d'un prétendu martyr qui s'est avéré être un brigand. De même, un archimandrite égyptien, Chenouté d'Atripe, éleva la voix contre ceux qui évoquaient l'apparition des martyrs pour identifier les ossements de morts inconnus. Il pensait que ces apparitions pouvaient être l'œuvre des démons.

Les fausses reliques, les reliques fantaisistes censées tromper les personnes crédules furent dénoncées dès le haut Moyen Âge. Grégoire de Tours rencontra un montreur de fausses reliques à Tours puis à Paris ; il fut dévoilé, et on trouva sur lui un sac rempli de racines d'herbes, de dents de taupe, des os de souris, de griffes et de graisse d'ours (*Histoire des Francs*, IX, 6). Ce genre de pratique perdurait à travers les siècles. Chaucer fit figurer un vendeur d'indulgences et de reliques sans scrupules dans ses *Contes de Canterbury* (*The Pardoner's*

Tale, *c.* 1380). À la Renaissance, les moines tricheurs sont devenus l'objet de dérision, comme le Frère Oignon qui prétendait posséder une plume de l'ange Gabriel et un charbon provenant du feu sur lequel S. Laurent avait été grillé (Boccace, *Décaméron*), ou le moine qui montrait la crête du coq qui avait chanté chez Pilate, la moitié d'une latte de l'arche de Noé, un caillou du Paradis (*Farce du Pardonneur*, début du XVIe siècle).

Une véritable critique de la vénération de reliques douteuses a été rédigée par Guibert de Nogent au XIIe siècle dans son traité sur les *Reliques de saints* (*De pignoribus sanctorum*). Il s'élevait contre les fausses croyances concernant les reliques, notamment celle de la dent de lait du Christ, vénérée à Saint-Médard de Soissons. D'après lui, les abus venaient du morcellement et des translations des reliques, motivés par la cupidité.

La dénonciation la plus virulente du culte des reliques est le *Traité des reliques* de Jean Calvin (1543), voulant démontrer la fausseté de la plupart des reliques. Son pamphlet qui cite et discrédite 327 reliques, veut démontrer leur fausseté en raison de leur multiplicité (plusieurs corps et parties de corps attribués à la même personne).

Le *Dictionnaire critique des reliques et des images* de Collin de Plancy, publié en 1821-1822, combattait le « culte ridicule » des reliques. Il contient 670 articles classés par ordre alphabétique.

VII. CATÉGORIES. – Quelques reliques vétérotestamentaires furent entourées d'une vénération particulière à Constantinople : celles des prophètes Samuel, Ésaïe, Daniel, de Joseph, fils de Jacob, des trois jeunes Hébreux dans la fournaise, toutes arrivées à la capitale impériale au Ve siècle. Le piédestal de la colonne de Constantin contenait la hache de Noé et la pierre dont Moïse avait fait jaillir l'eau. La trompette de Jéricho fut gardée à Sainte-Sophie ; le bâton de Moïse au Palais sacré.

On estimait particulièrement les reliques du Christ et de la Vierge, témoignages matériels de leur corporéité, de leur passage sur terre. Les reliques du Christ étaient les plus recherchées. La Vraie Croix du Christ reçut une vénération liturgique importante à Jérusalem dès le IVe siècle. Après son enlèvement par les Perses, puis sa reconquête par Héraclius qui la fit transporter à Constantinople en 635, le culte de la Croix connut un succès retentissant. Les parcelles de la Croix, diffusées à partir de la cour byzantine, furent probablement les reliques les plus appréciées et les plus répandues (plus de mille attestées). Elles figuraient parmi les cadeaux diplomatiques distribués aux empereurs, aux rois et aux grands, qui en faisaient souvent don à des monastères.

Parmi les autres instruments de la Passion, les clous de la crucifixion et la lance dite de Longin qui avait transpercé le côté du Christ reçurent un culte particulier. Les clous sont déjà mentionnés dans la légende de Constantin. Leur valeur était d'autant plus inestimable que l'on ne pouvait pas les morceler, bien qu'il en ait existé jusqu'à trente-deux. Selon la tradition, un des clous fut incorporé dans le fer de la Lance impériale (conservée aujourd'hui au Trésor de la Couronne à Vienne). Un autre parvint à l'abbaye Saint-Denis à l'époque de Charles le Chauve. La Couronne d'épines et d'autres reliques de la Passion que l'empereur latin de Constantinople avait mises en gage à Venise furent rachetées par S. Louis. La lance qui avait transpercé le côté du Christ fut vénérée à Jérusalem au VIe siècle, puis à Constantinople à partir de 644. Cependant en 1098, à la suite des révélations miraculeuses, les croisés la découvrirent à Antioche, mais elle disparut ensuite sans laisser de trace. Si le sang répandu par le Christ fut assimilé au sacrement de la communion dès le christianisme primitif, il n'apparut que tardivement en tant que relique. À partir du IXe siècle, plusieurs villes prétendirent le posséder (Reichenau, Mantoue, Rome, Weingarten). Selon des légendes tardives (XIIe siècle), le sang du Christ recueilli par Nicodème arriva par les flots en Normandie (Fécamp et Bec-Hellouin). Avec les croisades, d'autres reliques du Précieux Sang parvinrent en Occident, à Bruges, Boulogne, Namur, Reims et Paris.

Les différents linges qui conservaient l'empreinte du visage ou du corps du Christ étaient aussi considérés comme reliques et pourvus de pouvoir thaumaturge. L'une de ces images « non faites de main d'homme » (en grec *achéoropoiètes*) est le *mandylion*, gage de protection de la ville d'Édesse, qui fut importé à Constantinople au Xe siècle. La Véronique (*vera icona*, « vraie image ») aurait été l'empreinte de la sainte face sur le linge que la femme hémoroïsse avait présenté au Christ sur le chemin du Calvaire. Elle fut attestée seulement au XIIe siècle ; gardée et vénérée à Saint-Pierre de Rome, elle disparut lors du sac de la ville en 1527. Quant au linceul (suaire) du Christ, il était mentionné en 1353 dans la collégiale de Lirey. Il fut ensuite transporté à Chambéry, puis à Turin en 1578.

De la Mère de Dieu, on conserva le voile, la ceinture et le linceul à Constantinople où on les utilisa pour la protection de la ville dès le VIIe siècle. En Occident, la vénération des reliques mariales ainsi que la genèse des légendes qui s'y attachent sont plus tardives. À partir du XIIe siècle, bon nombre de statues et d'images de la Vierge, découvertes miraculeusement, prirent le relais de ses reliques.

Au Moyen Âge apparurent aussi des reliques hautement fantaisistes du Christ et de la Vierge : le cordon ombilical (Clermont, Châlons-sur-Marne), le prépuce (Charroux, Conques, Metz), les larmes (Vendôme), le berceau (fragments de bois, Sainte-Marie-Majeure, Rome), les tuniques du Christ (Trèves, Argenteuil) ; le lait (Reims et d'autres villes) et la maison (*Santa Casa* de Lorette) de la Vierge. À Bethléem, on confectionna des petites boules avec la poudre de la « Grotte du lait », devenue blanche selon la légende par des gouttes de lait de la Vierge.

Dans la hiérarchie des reliques des saints, celles des martyrs, et avant tout celles des apôtres, ainsi que celle de Jean Baptiste étaient les plus estimées. Si la vénération du tombeau de S. Pierre remonte au christianisme antique, la plupart des corps des autres apôtres furent déplacés, volés, ou « inventés » – dans le sens de « découverts » – parfois plusieurs siècles après leur mort. La découverte de S. Jacques à Compostelle, plus de sept siècles après son martyre à Jérusalem, ou encore le vol à Alexandrie du corps de S. Marc par les Vénitiens au IXe siècle, répondaient à la profonde aspiration des Occidentaux à posséder des reliques apostoliques.

Après l'arrêt des persécutions des chrétiens, les ermites, évêques, religieux et religieuses, et, bien plus rarement, des laïcs vivant dans le siècle, furent entourés également d'un culte de sainteté. Les premiers évêques des cités, fondateurs d'églises, devenaient souvent les saints patrons de leur communauté, et leur culte resta vivant bien au-delà du haut Moyen Âge : S. Martin de Tours, S. Ambroise de Milan, S. Rémi de Reims, S. Augustin de Canterbury ou encore S. Arnoul de Metz.

Non seulement les restes corporels des saints s'étaient imprégnés de la *virtus* thaumaturge, mais à leur contact, les vêtements, les objets et les tombes devenaient aussi des reliques. Une grande partie, peut-être la plupart, des reliques n'étaient que des reliques non corporelles, comme les objets, les meubles, les vêtements ayant appartenu aux saints. La paille du lit de S. Martin dans la sacristie d'une église entre Bourges et Tours, ou le lit funèbre et le brancard d'Étienne d'Obazine (1159) produisirent des miracles. De même, on considérait comme reliques miraculeuses les objets ayant été en contact avec les restes et avec le tombeau des saints (ainsi les morceaux de tissu appelés *brandea*, ou la poussière de la pierre d'un tombeau, et la terre autour du tombeau), ou même des liquides qui s'écoulaient du tombeau (huiles suintantes, source), ou avec lesquels on lavait soit les ossements d'un saint corps, soit le tombeau même (« vinage »). Par exemple, l'eau qui servit à laver les ossements du roi martyr Oswald dans le monastère de Beardaneu (Bardney, Lincolnshire) fut versée dans un coin de l'église (697) ; la poussière du dallage fut utilisée à chasser le démon hors des possédés.

Ce n'est qu'à l'époque moderne qu'une distinction entre les différentes catégories de reliques fut établie par l'Église. Selon les critères de la Congrégation des rites (1628), les reliques insignes désignent le corps entier ou un membre entier d'un saint. Une relique notable est une partie plus petite du corps : un doigt, une côte, une mâchoire. Une relique minime ou exiguë n'est qu'un plus petit fragment.

II. RELIQUAIRES. – La possession du corps entier d'un saint ou d'une sainte était particulièrement précieuse. Dans certains cas, les autels furent construits sur le tombeau même (autels *ad corpus*), comme sur le corps de S. Pierre et de S. Paul à Rome, ou sur celui de S. Jean l'Évangéliste à Ephèse. Bon nombre de tombeaux se trouvaient dans les cryptes des églises. Dans quelques cas, on réutilisait des sarcophages antiques pour y déposer des reliques des saints. Les restes de S. Andéol du Vivarais, découverts en 858, furent déposés dans le sarcophage d'un enfant païen ; l'une de ses faces reçut au XIIe siècle une inscription, entourée de la représentation des SS. Polycarpe et Andéol. Le corps de S. Césaire d'Arles fut transféré dans un sarcophage du IVe siècle ; celui de S. Guilhem (Saint-Guilhem-le-Désert), dans un sarcophage antique retravaillé au XIIIe siècle. Les personnages sculptés sur le sarcophage des martyrs Nabor et Félix (Milan, Saint-Ambroise), exécuté entre 1178-1211, imitent le style tardo-antique. De même, le sarcophage de S. Dominique, œuvre de Nicola Pisano et Arnolfo de Cambio, représentant les scènes de la vie du saint, fut inspiré des sarcophages romains paléochrétiens (1267, Bologne).

Quant aux reliques partielles, on les déposait soit sous la table d'autel dans une cavité, imitation de tombeau, appelée *sepulcrum* ou *confessio*, soit dans des reliquaires. Les reliques pouvaient aussi être déposées dans des niches aménagées dans les parois de l'église (Sainte-Marie-l'Antique, Rome), ou suspendues au-dessus de l'autel (c'était la disposition des châsses des SS. Denis, Éleuthère et Rustique, conçues par l'abbé Suger dans l'abbatiale Saint-Denis), ou encore insérées dans des chapiteaux (Magdebourg, Hildesheim). Dans le trône-reliquaire du VIe siècle dit de Saint-Marc, il y a une logette pour reliques (Venise, trésor de Saint-Marc).

La forme des reliquaires connut une très grande variété. Les reliques furent enveloppées dans des étoffes précieuses – soie, brocard, pourpre –, importées d'Orient (Perse, Byzance) ou d'Andalousie. Plusieurs fragments de ces tissus se trouvent dans le trésor de la cathédrale de Sens et au musée des tissus de Lyon. La forme la plus répandue était la châsse : coffret, cassette, boîte, imitant la structure d'une maison, d'une église ou d'une tombe. Certaines d'entre elles étaient en métal pur, en os, en pierre, mais le plus souvent, la châsse avait une 'âme' en bois, que l'on recouvrait de métal précieux (or, argent) ou semi-précieux (laiton), et décorait de pierres précieuses, de camées ou simplement de cabochons en verre. En Occident, l'orfèvrerie héritée de l'époque des invasions investit l'art somptuaire et en particulier les châsses dès le VIIe siècle. Au cours des siècles, les reliquaires subirent des transformations : en les adaptant au goût de l'époque ; en les complétant avec l'adjonction de nouveaux éléments (pierres précieuses, perles, mais aussi un piédestal ou un autre élément décoratif) ; ou parfois en créant un nouvel objet avec la réutilisation des éléments provenant d'anciens reliquaires (par exemple, le reliquaire dit de Pépin au trésor de Conques qui a fait l'objet de plusieurs remontages et additions entre le VIIIe et le XVIe siècle).

Les reliquaires abritaient souvent les restes de plusieurs saints : l'exemple le plus célèbre est l'*Arca Santa* d'Oviedo. Parfois ils étaient présentés sous la forme d'un tableau-reliquaire, tel l'« échiquier de Charlemagne », où les logettes à reliques alternent avec des émaux représentant des saints (XIVe siècle, Roncevaux, trésor de Sainte-Marie).

Les autels portatifs, utilisés pour dire la messe en dehors des églises, sont des châsses recouvertes d'une plaque en pierre (marbre, porphyre, agate, améthyste, cristal de roche), encadrée de riches ornements, souvent avec des représentations des saints mais aussi du Christ, des apôtres, des évangélistes et des thèmes bibliques. Le plus ancien est celui de S. Cuthbert (VIIe siècle, cathédrale de Durham) ; les autels portatifs les plus nombreux sont des XIe et XIIe siècles.

Les châsses monumentales apparurent au XIe siècle. La première châsse monumentale conservée est celle de S. Isidore, offerte par Ferdinand Ier (1037-1065) et son épouse Sancha en 1063 (Léon). La fabrication des châsses monumentales fut particulièrement importante aux XIIe-XIIIe siècles dans les régions mosane et rhénane. À Aix-la-Chapelle, la châsse de Charlemagne (terminée en 1215) et celle la Vierge Marie (terminée entre 1236-1238), ainsi qu'à Cologne la châsse des Rois Mages (1180-1220), sont toujours conservées.

À partir du XIIe siècle se répandirent les petits reliquaires limousins en émail champlevé et en laiton (700 conservés), dont plusieurs contribuaient à la diffusion du culte du martyr Thomas Becket († 1170).

Les reliquaires à usage privé présentaient toute une variété de genres. Les ampoules-reliquaires, fioles plates en métal, en terre cuite ou en verre, servaient à emporter l'huile sainte recueillie sur les lieux saints. Elles étaient décorées de scènes de la vie du Christ ou des figures de saints (Ménas, Thècle, Serge). Plusieurs exemplaires du VIe siècle sont conservés à Monza et à Bobbio. Les bourses-reliquaires, suspendues à une chaînette ainsi que toutes sortes de bijoux-reliquaires, appelés phylactères ou *encolpia* (sing. *encolpion*), ou 'pendants' (pendentifs) à la fin du Moyen Âge, pouvaient être portés suspendus au cou. Le « talisman de Charlemagne » est un bijou en forme d'ampoule, contenant une parcelle de la Vraie Croix sous verre, serti d'or et orné de pierreries et perles (IXe siècle, Reims, trésor de la cathédrale). Un très grand nombre de bijoux-reliquaires figuraient dans les trésors princiers de la fin du Moyen Âge. Celui de la sainte Épine (œuvre parisienne, vers 1340, British Museum) est une petite boîte ovale, recélant une cachette abritant la sainte Épine, recouverte d'un feuillet en parchemin, représentant la Nativité, ainsi que trois pages d'or émaillées, chacune comportant deux images : la Vierge à l'enfant/couple royal agenouillé ; la Présentation au temple/la Fuite en Égypte ; la Descente de la croix/ Crucifixion.

Au IXe siècle apparurent de nouvelles formes 'révolutionnaires' : les statues-reliquaires. Elles représentaient le saint ou la sainte dont elles contenaient aussi les reliques, déposées dans une cavité située soit dans la tête, soit dans la poitrine ou dans le dos de la statue. La 'Majesté' de Ste Foy de Conques, abritant les reliques d'une martyre, est le plus ancien témoin conservé de cette nouveauté, en grande partie exécuté au Xe-XIe siècle. La jeune fille couronnée est assise sur un trône, dans une position hiératique, fixant d'un regard intense le spectateur. Toute la statue est recouverte de plaques d'or, d'argent, de camées, de pierres précieuses.

Quant aux reliquaires de forme anatomique, ils suggèrent par leur apparence la nature de la relique qu'ils contiennent : tête, bras, pied, doigt, etc. Les parcelles de la Vraie Croix étaient présentées dans des reliquaires cruciformes (staurothèques).

À l'époque gothique, bon nombre de reliquaires-monstrances dévoilaient leur contenu aussi par la transparence, une ouverture permettant d'apercevoir les reliques nues : une épine de la couronne d'épines, le sang du Christ, un fragment d'os.

De plus en plus, on créa de véritables mises en scène pour présenter les reliques : par exemple, des anges portant un reliquaire en cristal de S. Louis (vers 1300, Bologne, trésor de l'église Saint-Dominique) ; ou encore, le reliquaire contenant les restes de S. Siméon et entouré de personnages : l'enfant Jésus dans les bras de Siméon, et Marie, tenant des colombes apportées pour la circoncision de son fils (XIVe siècle, trésor d'Aix-la-Chapelle). Le soubassement du buste-reliquaire monumental de l'époque gothique tardive (1512), celui de S. Lambert de Liège, est décoré de six scènes en relief représentant les épisodes de la vie du saint.

Les reliques faisaient aussi partie intégrale des retables. En Italie, on les plaçait dans des logettes autour du panneau central ou dans le socle d'un retable peint. En Allemagne, les retables sculptés pouvaient avoir des compartiments à reliquaires intégrés dans une structure architectonique (retable de l'abbaye cistercienne de Marienstadt, XIVe siècle). À la fin du Moyen Âge apparurent les arrangements dits « jardins de reliques », tableaux composés de fragments de reliques entourés d'étoffes, de fleurs artificielles, de perles et de paillettes de couleurs brillantes et joyeuses. Ce genre de composition devint particulièrement populaire à l'époque baroque.

Dans certaines églises baroques, on présentait un foisonnement de reliquaires sur les murs autour de l'autel, comme dans une chapelle du monastère d'Alcobaça (Portugal, 1669-1672). Dans la « salle d'or » de l'église Sainte-Ursule de Cologne (1643), la partie haute des murs est décorée des ossements arrangés en forme de lettres et d'ornements, et en bas sont exposés cent-vingt bustes-reliquaires des vierges martyres.

Quant aux « saints des catacombes » découverts au XVIIe siècle, on les présentait en revêtant leurs ossements de somptueuses parures, dans des postures comme s'ils étaient vivants : debout, assis, ou même demi-allongés, avec la tête relevée. Le squelette de Prosper, habillé par les capucins en 1790 pour l'église de Tavel (Suisse, actuellement Musée d'art et d'histoire de Fribourg), porte l'habit d'un légionnaire romain, il a une couronne et un nimbe doré, et ses ossements sont entourés de fils métalliques d'argent, agencés en fleurs et feuillages. Le saint, dans une position demi-allongée, appuyé la tête sur son coude, porte une palme dans sa main et devant lui sont placées une épée et une ampoule de sang. Tout comme au Moyen Âge, ces reliques magnifiées devaient non seulement stimuler la dévotion des fidèles, mais aussi attirer les pèlerins et, avec eux, les dons pour les églises.

III. PERSPECTIVES COMPARATISTES. – Le christianisme n'est pas la seule religion où les reliques ont un culte. L'Antiquité grecque et romaine vouait une vénération aux héros dont les armes et d'autres objets étaient gardées dans des temples et possédaient des pouvoirs thaumaturgiques (la lance d'Achille dans le temple d'Athéna à Phasélis, le navire d'Enée à Rome, la lyre d'Orphée dans plusieurs temples, etc.).

Dans le bouddhisme, les reliques ont une grande importance. Celles issues des cendres du Bouddha, les objets en forme de perles ont été diffusés et conservés dans les *stûpa* et des reliquaires en Inde, Japon, Chine, et dans les autres pays bouddhistes d'Asie. Plusieurs dents du Bouddha sont vénérées. Les momies des saints moines bouddhistes, recouverts de laque, furent transformées en statue en Chine.

Les musulmans conservent plusieurs reliques du Prophète au palais de Topkapi d'Istanbul : bannière, morceau de dent, arc, bague, chaussures et sandales, épées et boucliers, lettres autographes, eau ayant lavé son corps mort. Les cheveux et la barbe de Mohammed, réputés efficaces contre le mauvais œil, ont été intégrés dans des amulettes ; des talismans reproduisent la forme de ses sandales, et des milliers d'empreintes de ses pieds, enfermées dans des reliquaires, sont conservées dans des mosquées, sanctuaires et tombes.

F. de Mély, *Reliques de Constantinople*, dans *Revue de l'art chrétien*, 40, 1897, p. 1-11, 120-127, 287-302 ; 42, 1899, p. 91-103, 208-212, 318-324, 478-490 ; 43, 1900, p. 102-115, 218-230, 393-409, 491-507. – F. Pfister, *Der Reliquienkult im Altertum*,

Giessen, 1912. – P. Lefeuvre, *Courte histoire des reliques*, Paris, 1932. – P. Séjourné, *Reliques*, dans *Dictionnaire de théologie catholique*, t. 13/2, Paris, 1937, col. 2312-2376. – J. Braun, *Die Reliquien des christlichen Kultes und ihre Entwicklung*, Freiburg im Brisgau, 1940. – A. Grabar, *Martyrium. Recherches sur le culte des reliques et l'art chrétien antique*, Paris, 1946. – H. Leclercq, *Reliques et reliquaires*, dans *Dictionnaire d'archéologie chrétienne et de liturgie*, t. 14, Paris, 1948, col. 2294-2359. – A. Frolow, *La relique de la Vraie Croix. Recherches sur le développement d'un culte*, Paris, 1961 ; Id., *Les reliquaires de la Vraie Croix*, Paris, 1965. – P. Boussel, *Des reliques et de leur bon usage*, Paris, 1971. – N. Herrmann-Mascard, *Les reliques des saints. Formation coutumière d'un droit*, Paris, 1975. – M. Heinzelmann, *Translationsberichte und andere Quellen des Reliquienkultes* (Typologie des sources du Moyen Âge occidental, 33), Turnhout, 1979. – M.-M. Gautier, *Les routes de la foi. Reliques et reliquaires de Jérusalem à Compostelle*, Paris-Freiburg, 1983. – D. Rollason, *Saints and Relics in Anglo-Saxon England*, Oxford, 1989. – A. Legner (dir.), *Reliquien. Verehrung und Verklärung*, Köln, 1989. – P. Geary, *Le vol des reliques au Moyen Âge*, Paris, 1993. – A. Angenendt, *Heilige und Reliquien. Die Geschichte ihres Kultes vom frühren Christentum bis zu Gegenwart*, München, 1994. – A. Legner, *Reliquien in Kunst und Kult zwischen Antike und Aufklärung*, Darmstadt, Wissenschaftliche Buchgesellschaft, 1995. – G. Snoek, *Medieval Piety from Relics to the Eucharist. A Process of Mutual Interaction*, Leiden, 1995. – B. D. Boehm, *Body-Part Reliquaries. The State of Research*, dans *Gesta*, 36/1, 1997, p. 8-19 (plusieurs autres articles consacrés aux reliquaires). – M. Budde, *Altare portatile. Kompendium der Tragaltäre des Mittelalters. 600-1600*, Münster, 1998. – E. Bozoky et A.-M. Helvétius (dir.), *[Les] reliques. Objets, cultes, symboles. Actes du colloque international de l'Université du Littoral-Côte d'Opale (Boulogne-sur-Mer), 4-6 septembre 1997* (Hagiologia 1), Turnhout, 1999. – *[La] mort n'en saura rien. Reliques d'Europe et d'Océanie. Paris, Musée national des Arts d'Afrique et d'Océanie, 12 octobre 1999-24 janvier 2000*, Paris, 1999. – H. Kühne, Ostensio reliquiarum. *Untersuschungen über Enstehung, Ausbreitung, Gestalt, und Funktion der Heiltumsweisungen im römisch-deutschen Regnum*, Berlin, 2000. – Ch. L. Diedrichs, *Vom Glauben zum Sehen. Die Sichtbarkeit der Reliquie im Reliquiar. Ein Beitrag zur Geschichte des Sehens*, Berlin, 2001. – M. Mayr, *Geld, Macht und Reliquien. Wirtschaftliche Auswirkungen des Reliquienkultes im Mittelalter*, Innsbruck, 2001. – H. Van Os, *The Way to Heaven. Relic veneration in the Middle Ages*, Baarn, 2001. – L. Canetti, *Frammenti di eternità. Corpi e reliquie tra Antichità e Medioevo*, Roma, 2002. – H. Röckelein, *Reliquientranslationen nach Sachen. Über Kommunikation, Mobilität und Öffentlichkeit im Frühmittelalter*, Stuttgart, 2002. – J. Durand et B. Flusin (dir.), *Byzance et les reliques du Christ*, Paris, 2004. – H. Klein, *Byzanz, der Westen, und das Wahre Kreuz. Die Geschichte einer Reliquie und ihrer künstlerischen Fassung in Byzanz und im Abendland*, Wiesbaden, 2004. – Ph. Bourgeaud et Y. Volokhine (dir.), *[Les] objets de la mémoire. Pour une approche comparatiste des reliques et de leur culte* (Studia religiosa helvetica Jahrbuch), Bern, 2005. – J.-L. Deuffic (dir.), *Reliques et sainteté dans l'espace médiéval* (Pecia. Ressources en médiévistique, 8-11), Turnhout, 2005. – B. Reudenbach et G. Toussaint, *Reliquiare im Mittelalter*, Hamburg, 2005. – E. Bozoky, *La politique des reliques de Constantin à Saint Louis. Protection collective et légitimation du pouvoir*, Paris, 2006. – J. Wortley, *The Origins of Christian Veneration of Body-parts*, dans *Revue de l'Histoire des religions*, 223, 2006, p. 5-28. – S. Chaganti, *The Medieval Poetics of the Reliquary. Enshrinement, Inscription, Performance*, New York, 2008. – Ph. Boutry, P. A. Fabre et D. Julia (dir.), *Reliques modernes. Cultes et usages chrétiens des corps saints des Réformes aux révolutions*, Paris, 2009. – J. Wortley, *Studies on the Cult of Relics in Byzantium up to 1204* (Variorum collected studies series, CS 935), Farnham, 2009. – A. Walsham (dir.), *Relics and Remains, Past & Present*, Supplement 5, Oxford, 2010. – M. Bagnoli, H. A. Klein, C. Griffith Mann et J. Robinson (dir.), *Treasures of Heaven. Saints, relics and devotion in medieval Europe* [catalogue], London, 2011. – J. Crook, *English Medieval Shrines*, Woodbridge, 2011. – Ch. Freeman, *Holy bones, holy dust. How relics shaped the history of medieval Europe*, New Haven-London, 2011. – C. J. Hahn, *Strange Beauty. Issues in the Making and Meaning of Reliquaries, 400-circa 1204*, University Park (Penn.), 2012 ; Ead. et H. A. Klein (dir.), *Saints and Sacred Matter : The Cult of Relics in Byzantium and Beyond*, Cambridge (Mass.), 2015 ; Ead., *The Reliquary Effect. Enshrining the Sacred Object*, London, 2017. – J. Smith, *Portable Christianity : Relics in the Medieval West (c. 700-c. 1200)*, dans *Proceedings of the British Academy*, 181, 2012, p. 143-167. – M.-Ch. Comte, *Les reliquaires du Proche-Orient et de Chypre à la période protobyzantine (IVe-VIIIe siècles)* (Bibliothèque de l'Antiquité tardive, 20), Turnhout, 2012. – P. Koudounaris, *Trésor des catacombes*, Paris, 2013. – E. Cronnier, *Les inventions de reliques dans l'Empire romain d'Orient (IVe-VIe siècle)* (Hagiologia, 11), Turnhout, 2015. – S. Baciocchi et Ch. Duhamelle (dir.), *Reliques romaines. Invention et circulation des corps saints des catacombes à l'époque moderne* (Collection de l'École Française de Rome, 519), Roma, 2016. – A. Beck, *Heilige und geheiligte Dinge. Formen und Funktionen* (Beiträge zur Hagiographie, 20), Stuttgart, 2017. – A. M. Migdal, *Regina Cœli. Les images mariales et le culte des reliques. Entre Orient et Occident au Moyen Âge* (Hagiologia, 12), Turnhout, 2017. – Ph. George, *Reliques. Se connecter à l'Au-delà*, Paris, 2018.

E. Bozoky

VENDROUX (Jacques), député gaulliste, frère d'Yvonne, épouse du général de Gaulle (Calais, 28 août 1897-Calais, 1er avr. 1988).

La célèbre biscuiterie qui porte le nom d'une famille bourgeoise catholique originaire des Flandres est née en 1872 pour concurrencer le monopole anglais en matière de fournitures alimentaires militaires. Son père, Jacques-Philippe, prend la succession de huit générations d'armateurs, dirige l'entreprise familiale, est vice-président de la chambre de commerce, conseiller municipal. Sa mère, Marguerite Forest, issue d'une famille de notaires et d'industriels ardennais met au monde quatre enfants, Jacques l'aîné, Yvonne le 22 mai 1900, très attachée à la pratique religieuse, Jean en 1902 et Suzanne en 1905.

Le jeune Vendroux fait ses études au collège de la rue Leveux, du nom d'un de ses ancêtres, maire de Calais de 1790 à 1797. Après l'obtention de son baccalauréat, il suit les cours du King's College de Canterbury en Angleterre et passe ses vacances en Allemagne, se disposant ainsi à des études préparatoires à une carrière diplomatique. En janvier 1916, il est mobilisé au titre de la classe 17. Il quitte Calais pour rejoindre le 73e régiment d'infanterie à Périgueux. Il effectue ensuite un stage de six mois à Saint-Maixent pour devenir sous-lieutenant et revient à Toulouse pour effectuer une période d'officier mitrailleur. Envoyé à Verdun au début de l'année 1917, il part pour la Belgique puis revient à Verdun le 1er juin 1918 lors de la grande offensive allemande. Blessé à deux reprises, il est fait prisonnier et en octobre 1918 s'évade du camp d'Armstadt, se cache dans une famille strasbourgeoise et revient en France au moment de l'armistice. Il reçoit, en même temps que sa mère, infirmière major bénévole de la Croix-Rouge, la croix de guerre en septembre 1919 sur la place d'Armes des mains du général Albert Ditte, gouverneur de Calais.

Durant l'Entre-deux guerres, marié religieusement à Marie-Élisabeth Bellaigue, Jacques Vendroux se soucie essentiellement de la prospérité de son entreprise en tant que président directeur général des Biscuits Vendroux. En mai 1940, devenu l'adjoint du commandant de la Place de Calais en tant que capitaine de réserve, il s'installe au bureau militaire de l'hôtel de ville. Dès l'appel du 18 juin 1940, connu par les Allemands pour ses liens de parenté avec de Gaulle, d'abord étroitement surveillé, il est arrêté et déporté dans un oflag en Silésie d'où il sort en 1941 comme tous les combattants de la Grande Guerre. Informé par Madeleine, la sœur catholique très fervente du général, de l'existence d'un réseau clandestin « Résistance », il met son usine à disposition pour ravitailler des résistants belges, aide des familles qui cachent des réfractaires et surtout, pour déjouer la surveillance de la Gestapo, change souvent de domicile familial avant de tenter en vain par le réseau de Gaston Berthe de traverser la Manche. En février 1944, pris en charge par le réseau Éleuthère, la famille se disperse. Le 7 septembre, sur ordre du général, il revient de Toulouse à Paris et se voit confier le commandement de la Place de Calais dès sa libération ; le 14 septembre, il prend contact avec le commissaire de la République, Francis Closon, réussit dans les jours suivants à regrouper sous son autorité les forces résistantes et fait son entrée dans la ville libérée le 1er octobre, devenant trois jours plus tard maire à titre provisoire.

Le 12 sept. 1945, à la tête d'une liste d'union rassemblant notamment communistes et républicains populaires, il est élu avec 70,08% des suffrages face aux socialistes. Il démissionne le 30 nov. 1945 devant l'émotion suscitée chez les communistes notamment par son ralliement officiel au Mouvement républicain populaire (M.R.P.) avec lequel il partage la défense de l'école catholique. Il est élu député dans la 1ère circonscription du Pas-de-Calais en octobre 1945 avec 46,4% et en juin 1946 avec 36,1% des suffrages sous l'étiquette M.R.P. Proche du général de Gaulle, il est présent à La Boisserie en 1946, lors de l'entrevue avec Pierre-Henri Teitgen, l'un des responsables du nouveau parti démocrate chrétien. Ayant refusé de voter la seconde constitution, il rompt avec le Mouvement en septembre 1946 et se fait élire en tant que A.D.S. (Action démocratique et sociale) en nov. 1946 où il recueille 20,37% des voix, et comme Rassemblement du peuple français (R.P.F.) en juin 1951 avec 30,75% des votes. En 1956, inscrit sur la liste des républicains sociaux qui ne recueille que 17,1%, il doit céder son siège à un socialiste, A. Parmentier. Membre du conseil de direction du RPF attaché à la défense de la liberté de l'enseignement à partir de 1952, il est élu conseiller général en mars 1949 dans le canton nord-ouest de la ville.

Le retour du général de Gaulle le remet en selle : en novembre 1958, il est réélu député de l'Union pour la nouvelle république (U.N.R.) dans la 7e circonscription du Pas-de-Calais avec 62,69% des voix au second tour face à Danel, le candidat communiste, puis avec 55,04% dès le premier tour en novembre 1962. Il doit attendre à nouveau le second tour avec 55,5% des voix pour être réélu en mars 1967 et profite de la poussée gaulliste en juin 1968 pour rassembler 59,74% des suffrages au second tour, toujours face au candidat du Parti communiste. Dans le même temps, il retrouve le siège de premier magistrat en mars 1959 et va diriger la cité jusqu'en 1969, grâce à une liste d'union avec les républicains populaires au second tour, puis dès le premier en mars 1965. Soucieux d'obtenir les dommages de guerre revendiqués par les habitants de sa commune à la Libération, Jacques Vendroux souhaite faire de sa ville une sous-préfecture et réalise son vœu le 11 janv. 1962. Il maintient l'activité dentellière sans réussir à diversifier les implantations industrielles. La croissance démographique de la ville l'oblige à construire une ZUP où se concentre une population démunie. Il réussit à faire avancer deux projets importants pour l'avenir de la cité : la construction de l'autoroute A 26 reliant Calais à Reims et la construction d'un tunnel sous la Manche. Il s'investit également dans les missions internationales, devient président de l'Association France-Allemagne et de l'Association parlementaire France-Afrique. Il défend une position de fermeté dans la question du statut de la Sarre, œuvre pour le rapprochement franco-allemand et se montre favorable à l'établissement d'un équilibre européen dans les relations économiques, mais combat l'idée d'une Europe politique supranationale au sein du Conseil de l'Europe au profit d'une éventuelle confédération.

Chevalier de l'ordre de Léopold de Belgique, il est officier du mérite social en 1964 et reçoit la Grande croix du Mérite de la République fédérale d'Allemagne en 1967. Après le décès de son beau-frère, il vient régulièrement voir sa sœur, Yvonne de Gaulle, chez les sœurs de l'Immaculée conception de Notre-Dame de Lourdes, avenue de La Bourdonnais à Paris.

ÉCRITS. *Souvenirs de famille et journal politique*, 2 t., Paris, 1974-1975.

SOURCE. État civil de la mairie de Calais, courrier du 19 nov. 1998.

TRAVAUX. Y.-M. Hilaire et al., *Atlas électoral Nord-Pas-de-Calais. 1946-1972*, Lille, 1972, p. 33. – I. Galland, *Jacques Vendroux, de Gaulle et Calais*, mémoire de maîtrise de l'Université du Littoral Côte d'Opale, Dunkerque, 1995. – C. Clerc, *Vendroux, Jacques*, dans Cl. Andrieu et al. (dir.), *Dictionnaire de Gaulle*, Paris, 2006, p. 1150-1151. – J. Pozzi, *Le gaullisme de Jacques Vendroux : entre fidélité et intransigeance*, dans *Revue du Nord*, 394, janvier-mars 2012, p. 171-186. – J.-M. Guislin, *Vendroux, Jacques*, dans L. Ducerf et al. (dir.), *Franche-Comté* (coll. Dictionnaire du Monde religieux dans la France contemporaine, 12), Paris, 2016, p. 544-545.

B. BÉTHOUART